PSAT·LEET

고난도 지문
20일완성

인문예술·사회문화 편

SD에듀
(주)시대고시기획

PREFACE

PSAT · LEET 대비

고난도 지문 독해

20일 완성

인문예술 · 사회문화 편

Always with you

사람의 인연은 길에서 우연하게 만나거나 함께 살아가는 것만을 의미하지는 않습니다.
책을 펴내는 출판사와 그 책을 읽는 독자의 만남도 소중한 인연입니다.
SD에듀는 항상 독자의 마음을 헤아리기 위해 노력하고 있습니다. 늘 독자와 함께하겠습니다.

머리말

PSAT · LEET 등의 관문을 통과하기 위해서는 언어능력을 필수로 갖춰야 합니다. 그중 언어영역의 독해를 어려워하는 수험생들이 많습니다.

언어영역은 PSAT · LEET 및 여러 시험을 준비하는 수험생들이 겪어야 할 과목이며, 따로 공부하자니 시간이 없고, 그렇다고 그냥 시험을 보면 항상 시간에 쫓겨 아는 문제도 풀지 못하고 지문만 읽다 끝나는 영역입니다. 또한 잠깐 문제집으로 공부한다고 해서 실력이 크게 향상되지 않습니다. 특히 장문으로 되어 있는 문제는 시간도 오래 걸리고 어렵기만 합니다. 언어영역은 시간싸움이기 때문에 빠듯한 시간 속에서 유형을 익히고, 상세한 해설을 봐가며 문제를 풀어야만 합니다.

이에 SD에듀는 기간을 정해두고 체계적으로 학습하여 고난도의 지문들을 술술 읽고 풀어나갈 수 있길 바라는 마음으로 다음과 같은 특징을 지닌 도서를 출간하게 되었습니다.

도서의 특징

❶ PSAT, LEET, 대학수학능력시험 등에서 실제 출제됐던 문제들로 구성하였습니다.
❷ DAY별 구성으로 20일간 체계적으로 학습할 수 있도록 하였습니다.
❸ 상세한 지문 분석과 명쾌한 해설로 문제를 완전히 습득할 수 있도록 하였습니다.

마지막으로 SD에듀는 본서를 통해 PSAT · LEET 및 여러 시험을 준비하는 모든 수험생들에게 합격의 기쁨이 있기를 진심으로 기원합니다.

SD공무원시험연구소 씀

도서 200% 활용하기

DAY로 나눠진 학습으로 20일 완성!

하루에 서너 지문씩 총 20일 구성으로 체계적인 학습을 할 수 있도록 하였습니다.

실제 기출로 PSAT·LEET에 대비!

PSAT, LEET, 대학수학능력시험 등 실제로 출제되었던 장문 독해 문제들로 구성하여
시험에 대비할 수 있도록 하였습니다.

지문 분석+풀이 포인트+배경지식으로 이뤄진 상세한 해설!

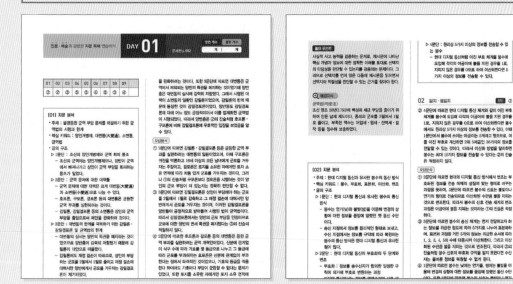

문제마다 제공되는 상세한 지문 분석과 풀이 포인트, 배경지식으로 문제를 더 쉽게 이해할 수 있도록 하였습니다.

일반상식 핵심 키워드 부록으로 마무리!

메타버스(Metaverse)

가상과 현실이 융합된 초현실세계

'Meta(가상·초월)'와 'Universe(경험 세계)'의 조합 어이다. 현실세계와 가상세계를 더한 3차원 가상세계를 가리킨다. 자신을 상징하는 아바타가 게임, 회의에 참여하는 등 가상세계 속에서 사회·경제·문화적 활동을 펼친다. 메타버스라는 용어는 닐 스티븐슨이 1992년 출간한 소설〈스노 크래시(Snow Crash)〉에서 처음 나왔다. 미국 조 바이든 대통령이 대선 당시 게임 '포트나이트'와 '동물의 숲'에 유세 활동을 펼치는 등 메타버스를 활용하는 사례가 증가하고 있다.

대시 식단(DASH Diet)

고혈압 환자의 혈압을 낮추기 위해 식단

'DASH'는 'Dietary Approaches to Stop Hypertension'의 약자이며, 미국 국립보건원(NIH)이 고혈압 환자의 혈압을 낮추기 위해 개발한 식단이다. 대시 식단은 소금(나트륨)을 비롯해 붉은 고기, 단 음식, 설탕이 든 음료 등의 섭취를 제한하는 대신 채소나 과일, 통곡물, 견과류, 저지방 또는 무지방 유제품, 가금류(닭고기·오리고기), 생선 등 식이섬유의 칼륨·마그네슘을 풍부하게 섭취할 수 있도록 구성되어 있다.

헨리여권지수(HPI)

특정 국가의 여권 소지자가 무비자로 쉽게 방문할 수 있는 국가를 지표화한 것

스킴플레이션(Skimpflation)

물가상승과 반비례해 상품 및 서비스의 질이 떨어지는 현상

'Skimp(인색하게 굴다)'와 'Inflation'의 조합어이다. 코로나19 사태의 장기화로 인해 글로벌 공급망이 불안해지면서 원자재 및 부품 수급, 물류 등 차질이 생겨 물가가 상승했고, 급격한 비용 증가로 사업자가 인건비를 줄이면서 서비스의 질이 저하했다. 현재 정부가 작성하는 물가통계에는 반영되지 않으며, 이로 인한 불편은 소비자가 감수해야 한다는 점이 문제이다.

지능정보기술

정보통신 기술로써 인지·학습·추론·판단 등 고차원적 정보처리 활동을 구현하는 기술

전자적 방법으로 학습·추론·판단 등을 구현하는 기술 및 데이터를 전자적 방법으로 수집·분석·가공하는 기술 등을 뜻한다. 이러한 내용은〈지능정보화 기본법〉에 규정되어 있는데, '지능정보화'는 '정보의 생산·유통 또는 활용을 기반으로 지능정보기술이나 그 밖의 다른 기술을 적용·융합하여 사회 각 분야의 활동을 가능하게 하거나 그러한 활동을 효율화·고도화하는 것'을 말한다. 이 법에 따라 정부는 지능정보기술의 개발·보급을 촉진하기 위한 정책을 추진하고 있다.

탄소중립 실천 포인트

다. 포인트는 현금과 신용카드사 포인트 중에서 선택해 지급받을 수 있으며, 한 사람이 1년 동안 받을 수 있는 포인트는 최대 7만 원이다.

첫만남이용권

양육 비용을 경감하기 위해 2022년 이후 출생 아동에게 200만 원의 바우처를 주는 제도

〈저출산·고령사회기본법〉에 따라 출생 아동의 보호자 혹은 대리인이 아동의 관할 읍·면·동 주민센터에서 첫만남이용권을 신청할 수 있으며, 각 지방자치단체는 신청 30일 이내에 지급 여부를 결정해 신청자의 신용카드나 체크카드, 전용카드 등을 통해 포인트를 지급한다. 단, 아동복지시설에서 보호하는 아동의 경우에는 아동 명의의 계좌에 현금으로 지급된다. 유흥업소, 사행업소, 레저업종을 제외한 어디에서나 포인트 사용이 가능하며, 사용기간(출생일로부터 1년 이내)이 지나면 잔액은 자동 소멸된다.

뉴 스페이스(New Space)

우주항공산업이 정부에서 민간 주도로 이전되는 것

'뉴 스페이스'는 정부 주도의 '올드 스페이스(Old Space)'에 대비되는 개념으로, 우주항공산업의 중심이 민간·중소기업으로 옮겨지면서 나타난 우주항공산업 생태계의 변화를 포함한다. 뉴 스페이스는 국가 소유로 여겨졌던 발사체와 위성 등이 기술이 개방되고 상용화되는 등의 배경에서 유래했다. 현재 민간기업의 우주항공산업은 테슬라의 '스페이스

은 표기가 자주색인 데서 기인했다. 몰림복은 1952년 당시 민주당의 장기 집권 이후 20년 만에 공화당 출신 대통령으로 당선된 아이젠하워가 연방정부 직책 파악이 어려워 이를 해결하기 위해 전임 정권에 연방정부의 직위 리스트를 넘겨달라고 요청한 것에서 시작됐다. 이후 대선이 있는 대선이 있는 해의 12월에 미국 인사관리처의 지원을 받아 제작하고 있다.

리테일 테라피(Retail Therapy)

'Retail(유통)+Therapy(치료)', 즉 쇼핑을 통해 소비 치료를 제공하는 것

코로나19 사태 이후 사회적 거리두기가 장기화됨에 따라 비대면 소비 및 경험 소비에 대한 수요가 늘어나면서 리테일 테라피가 대두됐다. 소비자에게 특별한 경험을 제공하는 공간과 마련해 다양한 체험과 소비 활동을 자연스럽게 접목했다는 특징이 있다. 백화점 등의 대형 유통업체에서는 판매 공간을 줄이고 고객들에게 휴식과 다양한 체험, 볼거리 등을 제공하는 공간을 늘리는 식이다.

반도체 특별법

국가첨단전략산업 경쟁력 강화를 위한 법안

국세사회의 첨단산업 주도권 경쟁 심화에 대응하기 위해 제정된 법으로, 정식 명칭은〈국가첨단전략산업 경쟁력 강화 및 보호에 관한 특별조치법〉으로 2022년 2월 3일 제정됐다(2022년 2월 4일부터 시

지문에서 알아두면 가독성이 좋아지는 일반상식 개념들을 정리하여 따로 학습하지 않아도
편하게 읽어보면서 지식을 쌓을 수 있도록 하였습니다.

20일 완성 학습플랜

본서의 20일 구성을 따라가며 확인할 수 있는 학습플랜입니다. 하루에 1DAY씩 확인 체크를 하며 공부할 수 있도록 하였습니다. 만약 학습기간을 더 줄이고 싶다면 하루에 2DAY씩 풀고 체크해나가면 10일 완성도 할 수 있습니다.

PART 1 인문·예술	DAY	확인
	DAY 01	☐
	DAY 02	☐
	DAY 03	☐
	DAY 04	☐
	DAY 05	☐
	DAY 06	☐
	DAY 07	☐
	DAY 08	☐
	DAY 09	☐
	DAY 10	☐

PART 2 사회·문화	DAY	확인
	DAY 01	☐
	DAY 02	☐
	DAY 03	☐
	DAY 04	☐
	DAY 05	☐
	DAY 06	☐
	DAY 07	☐
	DAY 08	☐
	DAY 09	☐
	DAY 10	☐

나만의 학습플랜

필기시험을 처음 준비하는 수험생이나 장기간에 걸쳐 꾸준히 학습하기 원하는 수험생, 그리고 자신의 일정에 따라 준비하고자 하는 분들은 나만의 학습 플랜을 구성하여 목표한 만큼은 꼭 공부하세요! 이 책의 목차를 바탕으로 자신의 시간과 능력에 맞게 계획을 제대로 세웠다면, 합격으로 반 이상 간 것이나 다름없습니다.

☑ **1주 차**

SUN	MON	TUE	WED	THU	FRI	SAT

☐ **2주 차**

SUN	MON	TUE	WED	THU	FRI	SAT

☐ **3주 차**

SUN	MON	TUE	WED	THU	FRI	SAT

☐ **4주 차**

SUN	MON	TUE	WED	THU	FRI	SAT

이 책의 차례

Add+

최신 기출복원문제

※ 정답 및 해설은 최신 기출복원문제 바로 뒤 p.018에 있습니다.

┃ 2023년 5급 PSAT(공직적격성평가) 언어논리 영역

01 다음 글에서 알 수 있는 사실로 가장 적절한 것은?

> 서유럽에서 중세와 르네상스기에 가장 중요한 어휘적 원천이었던 언어는 라틴어이다. 그 당시에 라틴어는 더 이상 어느 나라에서도 모어로 사용하지 않았지만, 과거 영화로웠던 로마 문명의 후광 속에서 로마가톨릭교회의 행정 및 예배의 언어로서 위신을 전혀 잃지 않고 있었다. 어휘에서도 라틴어의 영향은 여전히 강력했다. 라틴어에서 발달한 로맨스어의 일종인 프랑스어는 이미 라틴어에서 온 어휘를 사용하고 있었는데, 학술적 어휘에서는 당시 사용하던 것보다 더 고형의 라틴어를 다시 차용하기도 하였다.
>
> 막강한 제국이었던 로마의 언어가 차용되는 것을 보고, 어휘차용을 일으킨 원인이 꼭 정치적 힘 때문이라고 생각해서는 안 된다. 예를 들어 로마인들은 그리스를 군사적으로 몇 세기 동안 지배하다가 결국에는 합병했는데도 그리스의 문학, 음악, 미술에 계속 압도당해 이 분야의 많은 용어를 그리스어에서 차용하였다. 더 극적인 사례는 바이킹의 경우이다. 현재의 노르망디 지방을 911년에 무력으로 차지한 이 용맹한 전사들은 새 정착지에 매료되어 새로운 분야의 어휘 중 일부만 차용한 것이 아니라 언어 전체를 차용하고 말았다. 그래서 그로부터 155년 후에 그들의 후손이 잉글랜드 연안을 공격할 때에는 고대 노스어가 아닌 고대 프랑스어로 군가를 불렀다.
>
> 언어와 문화가 존중받아 어휘의 차용이 일어나기도 하지만 다른 경우도 있다. 새로운 개념이 등장했으나 해당 언어에서 이를 일컫는 어휘가 없을 경우, 즉 '어휘빈칸'이 생겼을 때 이를 보충하는 편리한 수단으로 차용이 일어나기도 한다. 이 경우에 차용되는 어휘는 해당 개념의 발명자의 언어에서가 아니라 그 개념을 소개한 집단의 언어에서 차용될 때가 많다. 예를 들어 기독교 교회의 신학과 예배 의식 관련 개념들은 애초에 아람어, 히브리어, 그리스어 사용자들이 발명한 것이다. 그런데 서유럽에 이 개념들을 소개하고 전파한 자들은 라틴어 사용자였으며, 기독교 교회와 관련된 아주 많은 서유럽들의 어휘들이 라틴어에 기원을 두게 되었다.

① 그리스가 문화적으로 로마제국을 압도하여 결국 정치적으로 살아남았다.

② 차용하려는 언어에 대한 존중의 의미를 담기 위해 어휘빈칸을 채우게 된다.

③ 라틴어 사용자들이 기독교 교회의 신학과 예배 의식에 관련된 개념들을 서유럽에 퍼뜨렸다.

④ 바이킹이 프랑스 문화에 매료되어 특히 음악 분야의 어휘를 프랑스어에서 많이 차용하였다.

⑤ 프랑스가 르네상스기 이후에 새롭게 채택한 학술적 어휘들은 대부분 당시 유행하던 라틴어 어휘에 기반하였다.

02 다음 중 밑줄 친 빈칸 ㉮와 ㉯에 들어갈 말을 적절하게 나열한 것은?

대략 기원전 900년에서 기원전 200년 사이, 인류의 정신에 자양분이 될 위대한 전통, 중국의 유교와 도교, 인도의 힌두교와 불교, 이스라엘의 유대교, 그리스의 철학적 합리주의가 탄생하였다. 이 시기를 '축의 시대'라고 부르면서 이 시기가 인류의 정신적 발전에서 중심축을 이룬다고 보는 견해가 있다.

축의 시대의 예언자, 철학자, 시인들은 워낙 앞서 나갔으며 그들의 사상은 매우 심오하고 급진적이었다. 그러다 보니 후대인들은 이 현자들의 가르침을 　㉮　 경향이 있었다. 그래서 후대인들은 종종 축의 시대 현자들이 없애고 싶어했던 바로 그런 종교성을 만들어내기도 하였다. 축의 시대 현자들은 세상의 이치를 궁구하고 살아가는 법을 탐구하였지만 자신의 가르침이 절대적인 맹신의 대상이 되기를 바라지 않았다. 오히려 종교적 가르침을 의심 없이 받아들이지 말고 경험에 비추어 검증할 것을 주문하였다. 그런데 후대인들은 동일한 교의를 믿는 집단을 형성하고 특정 종교의 어떤 조항에 동의하는가를 중요시하여 강제적 교리를 고집하였다.

축의 시대 현자들에게 중요한 것은 무엇을 믿느냐보다 어떻게 행동하느냐였다. 종교의 핵심은 깊은 수준에서 자신을 바꾸는 행동을 하는 것이었다. 축의 시대 이전에는 제의와 동물 희생이 종교적 행위의 중심이었다. 한 존재가 또 다른 수준으로 인도되는 이 신성한 의식에서 신을 경험하였던 것이다. 축의 시대 현자들은 새로운 변화를 도모하였다. 종교적 행위에서 여전히 제의의 가치를 인정했지만, 거기에 새로운 윤리적 의미를 부여하고　㉯　 축의 시대 현자들이 추구했던 것은 타인을 배려하는 삶, 즉 자비로운 삶의 실천이었다. 그들은 자비를 자기만족으로 제한할 수 없다는 것을 깨닫고 공동체로 관심을 확대해야 한다고 생각하였다. 그래서 "네가 당하고 싶지 않은 일을 남에게 하지 말라."라는 가르침을 폈다.

① ㉮ : 올바로 이해하지 못하고 자의적으로 받아들이는
　㉯ : 육체적 고통을 통한 정신적 만족을 강조하였다.
② ㉮ : 올바로 이해하지 못하고 자의적으로 받아들이는
　㉯ : 공동체 내에서의 도덕과 실천을 중요시하였다.
③ ㉮ : 체계적인 수행 과정을 통해 제대로 이해하고 수용하는
　㉯ : 공동체 내에서의 도덕과 실천을 중요시하였다.
④ ㉮ : 체계적인 수행 과정을 통해 제대로 이해하고 수용하는
　㉯ : 육체적 고통을 통한 정신적 만족을 강조하였다.
⑤ ㉮ : 체계적인 수행 과정을 통해 제대로 이해하고 수용하는
　㉯ : 제의의 영역과 윤리의 영역을 엄격히 구분하였다.

03 다음 중 글의 내용으로 가장 적절한 것은?

979년 송 태종은 거란을 공격하러 가는 길에 고려에 원병을 요청했다. 거란은 고려가 참전할 수도 있다는 염려에서 크게 동요했다. 하지만 고려는 송 태종의 요청에 응하지 않았다. 이후 거란은 송에 보복할 기회를 엿보는 한편, 송과 다시 싸우기 전에 고려를 압박해 앞으로도 송을 군사적으로 돕지 않겠다는 약속을 받아내고자 했다.

당시 거란과 고려 사이에는 압록강이 있었는데, 그 하류 유역에는 여진족이 살고 있었다. 이 여진족은 발해의 지배를 받았지만, 발해가 거란에 의해 멸망한 후에는 어느 나라에도 속하지 않은 채 독자적 세력을 이루고 있었다. 거란은 이 여진족이 사는 땅을 여러 차례 침범해 대군을 고려로 보내는 데 적합한 길을 확보했다. 이후 993년에 거란 장수 소손녕은 군사를 이끌고 고려에 들어와 몇 개의 성을 공격했다. 이때 소손녕은 "고구려 옛 땅은 거란의 것인데 고려가 감히 그 영역을 차지하고 있으니 군사를 일으켜 그 땅을 찾아가고자 한다."라는 내용의 서신을 보냈다. 이 서신이 오자 고려 국왕 성종과 대다수 대신은 "옛 고구려의 영토에 해당하는 땅을 모두 내놓아야 군대를 거두겠다는 뜻이 아니냐?"라며 놀랐다. 하지만 서희는 소손녕이 보낸 서신의 내용은 핑계일 뿐이라고 주장했다. 그는 고려가 병력을 동원해 거란을 치는 일이 없도록 하겠다는 언질을 주면 소손녕이 철군할 것이라고 말했다. 이렇게 논의가 이어지고 있을 때 안융진에 있는 고려군이 소손녕과 싸워 이겼다는 보고가 들어왔다.

패배한 소손녕은 진군을 멈추고 협상을 원한다는 서신을 보내왔다. 이 서신을 받은 성종은 서희를 보내 협상하게 했다. 소손녕은 서희가 오자 "실은 고려가 송과 친하고 우리와는 소원하게 지내고 있어 침입하게 되었다."라고 했다. 이에 서희는 압록강 하류의 여진족 땅을 고려가 지배할 수 있게 묵인해 준다면, 거란과 국교를 맺을 뿐 아니라 거란과 송이 싸울 때 송을 군사적으로 돕지 않겠다는 뜻을 내비쳤다. 이 말을 들은 소손녕은 서희의 요구를 수용하기로 하고 철군했다. 이후 고려는 북쪽 국경 너머로 병력을 보내 압록강 하류의 여진족 땅까지 밀고 들어가 영토를 넓혔으며, 그 지역에 강동 6주를 두었다.

① 거란은 압록강 유역에 살던 여진족이 고려의 백성이라고 주장하였다.
② 여진족은 발해의 지배에서 벗어나기 위해 거란과 함께 고려를 공격하였다.
③ 소손녕은 압록강 유역의 여진족 땅을 빼앗아 강동 6주를 둔 후 그곳을 고려에 넘겼다.
④ 고려는 압록강 하류 유역에 있는 여진족의 땅으로 세력을 확대한 거란을 공격하고자 송 태종과 군사동맹을 맺었다.
⑤ 서희는 고려가 거란에 군사적 적대 행위를 하지 않겠다고 약속하면 소손녕이 군대를 이끌고 돌아갈 것이라고 보았다.

※ 다음 글을 읽고 이어지는 질문에 답하시오. [04~06]

도덕 공동체의 구성원은 도덕적 고려의 대상이 되는 존재로서 도덕 행위자와 도덕 피동자로 구분된다. 도덕 행위자는 도덕 행위의 주체로서 자신의 행위에 따른 결과에 대해 책임질 수 있는 존재이다. 반면에 도덕 피동자는 영유아처럼 이성이나 자의식 등이 없기에 도덕적 행동을 할 수 없는 존재이다. 그럼에도 영유아는 도덕적 고려의 대상이라는 것이 우리의 상식인데, 영유아라고 해도 쾌락이나 고통을 느끼는 감응력이 있기 때문이다. 쾌락이나 고통을 느끼기에 그것을 좇거나 피하려고 한다는 도덕적 이익을 가지고 있으므로 도덕적 고려의 대상이 되어야 한다는 것이다.

싱어와 커루더스를 비롯한 많은 철학자들은 이러한 이유로 감응력을 도덕적 고려의 기준으로 삼는다. 싱어는 영유아뿐만 아니라 동물도 감응력이 있으므로 동물도 도덕 공동체에 포함해야 한다고 주장한다. 반면에 커루더스는 고차원적 의식을 감응력의 기준으로 보아 동물을 도덕 공동체에서 제외하는데, 이 주장을 따르게 되면 영유아도 도덕적 고려의 대상에서 제외되고 만다. 영유아는 언젠가 그런 의식이 나타날 것이므로 잠재적 구성원이라고 주장할 수도 있다. 그러나 문제는 그런 잠재성도 없는 지속적이고 비가역적인 식물인간의 경우이다. 식물인간은 고차원적 의식은 물론이고 감응력도 없다고 생각되는데 그렇다면 도덕적 공동체에서 제외되어야 하는가?

식물인간을 흔히 의식이 없는 상태라고 판단하는 것은 식물인간이 어떤 자극에도 반응하지 못한다는 행동주의적 관찰 때문이다. 이런 관찰은 식물인간이 그 자극에 대한 질적 느낌, 곧 현상적 의식을 가지지 않는다고 결론 내린다. 어떤 사람이 현상적 의식이 없는 경우 그는 감응력이 없을 것이다. 그런데 거꾸로 감응력이 없다고 해서 꼭 현상적 의식을 가지지 못하는 것은 아니다. 즉, 현상적 의식과 감응력의 개념은 일치하지 않는다. 외부 자극에 좋고 싫은 적극적인 의미가 없어도 어떠한 감각 정보가 접수된다는 수동적인 질적 느낌을 가질 수 있기 때문이다. 반면 감응력은 수동적인 측면을 넘어서 그런 정보를 바라거나 피하고 싶다는 능동적인 측면을 포함한다. 이것은 자신이 어떻게 취급받는지에 신경 쓸 수 있다는 뜻이므로, 감응력을 도덕적 고려의 기준으로 삼는 철학자들은 여기에 도덕적 고려를 해야 한다고 생각하는 것이다. 행동주의적 기준으로 포착되지 않는 심적 상태는 도덕적 고려의 대상으로 여기지 않는 것이다.

그렇다면 감응력이 없고 현상적 의식만 있는 식물인간은 도덕적 고려의 대상이 아닐까? 도덕적 고려는 어떤 존재가 가지고 있는 도덕적 속성으로 결정되는 것이 아니라, 도덕적 행위자가 그 존재와 맺는 구체적 관계에 의해 결정된다는 주장도 있다. 다양한 존재들은 일상에서 상호작용하는데, 도덕 공동체의 가입 여부는 그러한 관계에 따라 정해진다는 것이다. 그러나 이런 관계론적 접근은 우리와 더 밀접한 관계를 갖는 인종이나 성별을 우선해서 대우하는 차별주의를 옹호할 수 있다. 그리고 똑같은 식물인간이 구체적 관계의 여부에 따라 도덕 공동체에 속하기도 하고 속하지 않기도 하는 문제도 생긴다. 결국 식물인간을 도덕적으로 고려하려면 식물인간에게서 도덕적으로 의미 있는 속성을 찾아야 한다.

감응력이 전혀 없이 오직 현상적 의식의 수동적 측면만을 가진 사람, 즉 '감응력 마비자'를 상상해 보자. 그는 현상적 의식을 가지고 있기는 하지만 못에 발을 찔렸을 때 괴로워하거나 비명을 지르지는 않는다. 그러나 안전한 상황에서 걸을 때와는 달리 발에 무언가가 발생했다는 정보는 접수할 것이다. 이런 상태는 얼핏 도덕적 고려의 대상이 되기에 무언가 부족해 보인다. 하지만 감응력 마비자는 사실상 감응력이 있는 인간의 일상생활의 모습을 보여 준다. 예컨대 컴퓨터 자판을 오래 사용한 사람은 어느 자판에 어느 글자가 있는지를 보지 않고도 문서를 작성할 수 있다. 이 사람은 특별한 능동적인 주의력이 필요한 의식적 상태는 아니지만, 외부의 자극에 대한 정보가 최소한 접수되는 정도의 수동적인 의식적 상태에 있다고 해야 할 것이다. 정도가 미약하다는 이유만으로는 그 상태를 도덕적으로 고려할 수 없다는 주장은 설득력이 부족하다. ㉠ 이와 마찬가지로 식물인간이 고통은 느끼지 못하지만 여전히 주관적 의식 상태를 가질 수 있다면, 이는 도덕 공동체에 받아들일 수 있는 여지가 있다는 것을 보여 준다.

04 다음 중 윗글에 대한 이해로 적절하지 않은 것은?

① 도덕적 행위를 할 수 없는 존재도 도덕 공동체에 들어올 수 있다.
② 도덕 피동자는 능동적인 주의력은 없지만 수동적인 의식적 상태는 있다.
③ 관계론적 접근에서는 동물이 도덕적 고려의 대상이 아닐 수도 있다.
④ 식물인간이 고통을 느끼지 못한다고 판단하는 것은 자극에 반응이 없기 때문이다.
⑤ 식물인간은 도덕 공동체의 구성원이 되어도 스스로 책임질 수 있는 존재는 아니다.

05 다음 중 현상적 의식 과 감응력 에 대해 추론한 것으로 가장 적절한 것은?

① '감응력 마비자'는 현상적 의식을 가지고 있지 못하다.
② 감응력은 정보 접수적 측면은 없지만 능동적 측면은 있다.
③ 현상적 의식과 달리 감응력은 행동주의적 기준으로 포착되지 않는다.
④ 커루더스는 현상적 의식이 있지만 감응력이 없는 존재를 고차원적 의식이 없다고 생각한다.
⑤ 싱어는 감응력 없이 현상적 의식의 상태에 있는 대상에게 위해를 가하는 것을 비윤리적이라고 주장할 것이다.

06 다음 중 ㉠에 대한 비판으로 가장 적절한 것은?

① 감응력이 있는 현상적 의지를 가진 존재만을 도덕적으로 고려하면 고통과 쾌락을 덜 느끼는 사람을 처벌하게 되지 않을까?
② 도덕 피동자가 책임질 수 있는 도덕적 행동을 할 수 없더라도 도덕 행위자는 도덕 피동자에게 도덕적 의무를 져야 하는 것 아닐까?
③ 외부의 자극에 대한 수동적인 의식적 상태는 자신이 어떻게 취급받는지에 신경 쓰지 않는다는 뜻인데 여기에 도덕적 고려를 할 필요가 있을까?
④ 식물인간의 도덕적 고려 여부는 식물인간이 누구와 어떤 관계를 맺느냐가 아니라 어떤 도덕적 속성을 가지고 있느냐를 보고 판단해야 하지 않을까?
⑤ 일상에서 특별한 능동적인 주의력이 필요한 의식 상태라고 하는 것도 알고 보면 외부 자극에 대한 정보가 최소한 접수되는 정도의 의식적 상태가 아닐까?

※ 다음 글을 읽고 이어지는 질문에 답하시오. [07~10]

(가) 　중국에서 비롯된 유서(類書)는 고금의 서적에서 자료를 수집하고 항목별로 분류, 정리하여 이용에 편리하도록 편찬한 서적이다. 일반적으로 유서는 기존 서적에서 필요한 부분을 뽑아 배열할 뿐 상호 비교하거나 편찬자의 해석을 가하지 않았다. 유서는 모든 주제를 망라한 일반 유서와 특정 주제를 다룬 전문 유서로 나눌 수 있으며, 편찬 방식은 책에 따라 다른 경우가 많았다. 중국에서는 대체로 왕조 초기에 많은 학자를 동원하여 국가 주도로 대규모 유서를 편찬하여 간행하였다. 이를 통해 이전까지의 지식을 집성하고 왕조의 위엄을 과시할 수 있었다.

Ⓐ 　고려 때 중국 유서를 수용한 이후, 조선에서는 중국 유서를 활용하는 한편, 중국 유서의 편찬 방식에 따라 필요에 맞게 유서를 편찬하였다. 조선의 유서는 대체로 국가보다 개인이 소규모로 편찬하는 경우가 많았고, 목적에 따른 특정 주제의 전문 유서가 집중적으로 편찬되었다. 전문 유서 가운데 편찬자가 미상인 유서가 많은데, 대체로 간행을 염두에 두지 않고 기존 서적에서 필요한 부분을 발췌, 기록하여 시문 창작, 과거 시험 등 개인적 목적으로 유서를 활용하고자 하였기 때문이었다.

　이 같은 유서 편찬 경향이 지속되는 가운데 17세기부터 실학의 학풍이 하나의 조류를 형성하면서 유서 편찬에 변화가 나타났다. ㉮ 실학자들의 유서는 현실 개혁의 뜻을 담았고, 편찬 의도를 지식의 제공과 확산에 두었다. 또한 단순 정리를 넘어 지식을 재분류하여 범주화하고 평가를 더하는 등 저술의 성격을 드러냈다. 독서와 견문을 통해 주자학에서 중시되지 않았던 지식을 집적했고, 증거를 세워 이론적으로 밝히는 고증과 이에 대한 의견 등 '안설'을 덧붙이는 경우가 많았다. 주자학의 지식을 이어받는 한편, 주자학이 아닌 새로운 지식을 수용하는 유연성과 개방성을 보였다. 광범위하게 정리한 지식을 식자층이 쉽게 접할 수 있어야 한다고 생각했고, 객관적 사실 탐구를 중시하여 박물학과 자연 과학에 관심을 기울였다. 조선 후기 실학자들이 편찬한 유서가 주자학의 관념적 사유에 국한되지 않고 새로운 지식의 축적과 확산을 촉진한 것은 지식의 역사에서 적지 않은 의미를 지닌다.

(나) 　예수회 선교사들이 중국에 소개한 서양의 학문, 곧 서학은 조선 후기 유서(類書)의 지적 자원 중 하나로 활용되었다. 조선 후기 실학자들 가운데 이수광, 이익, 이규경 등이 편찬한 백과전서식 유서는 주자학의 지적 영역 내에서 서학의 지식을 어떻게 수용하였는지를 보여 주는 대표적인 사례이다.

　17세기의 이수광은 주자학뿐 아니라 다른 학문에 대해서도 열린 태도를 가지고 있었다. 주자학에 기초하여 도덕에 관한 학문과 경전에 관한 학문 등이 주류였던 당시 상황에서, 그는 『지봉유설』을 통해 당대 조선의 지식을 망라하여 항목화하고 자신의 견해를 덧붙였을 뿐 아니라 사신의 일원으로 중국에서 접한 서양 관련 지식을 객관적으로 소개했다. 이에 대해 심성 수양에 절실하지 않을뿐더러 주자학이 아닌 것이 뒤섞여 순수하지 않다는 ㉯ 일부 주자학자의 비판이 있었지만, 그가 소개한 서양 관련 지식은 중국과 큰 시간 차이 없이 주변에 알려졌다.

　18세기의 이익은 서학 지식 자체를 ㉠ 『성호사설』의 표제어로 삼았고, 기존의 학설을 정당화하거나 배제하는 근거로 서학을 수용하는 등 서학을 지적 자원으로 활용하였다. 특히 그는 서학의 세부 내용을 다른 분야로 확대하며 상호 참조하는 방식으로 지식을 심화하고 확장하여 소개하였다. 서학의 해부학과 생리학을 그 자체로 수용하지 않고 주자학 심성론의 하위 이론으로 재분류하는 등 지식의 범주를 바꾸어 수용하였다. 또한 서학의 수학을 주자학의 지식 영역 안에서 재구성하기도 하였다.

　19세기의 이규경도 ㉡ 『오주연문장전산고』를 편찬하면서 서학을 적극 활용하였다. 그는 『성호사설』의 분류 체계를 적용하였고 이익과 마찬가지로 서학의 천문학, 우주론 등의 내용을 수록하였다. 그가 주로 유서의 지적 자원으로 활용한 중국의 서학 연구서들은 서학을 소화하여 중국의 학문과 절충한 것이었고, 서학이 가지는 진보성의 토대가 중국이라는 서학 중국 원류설을 반영한 것이었다. 이에 따라 이규경은 이 책들에 담긴 중국화한 서학 지식과 서학 중국 원류설을 받아들였고, 문명의 척도로 여겨진 기존의 중화 관념에서 탈피하지 않으면서도 서학 수용의 이질감과 부담감에서 자유로울 수 있었다. 이렇듯 이규경은 중국의 서학 연구서들을 활용해 매개적 방식으로 서학을 수용하였다.

07 다음 중 Ⓐ에 대한 이해로 적절하지 않은 것은?

① 조선에서 편찬자가 미상인 유서가 많았던 것은 편찬자의 개인적 목적으로 유서를 활용하려 했기 때문이다.

② 조선에서는 시문 창작, 과거 시험 등에 필요한 내용을 담은 유서가 편찬되는 경우가 적지 않았다.

③ 조선에서는 중국의 편찬 방식을 따르면서도 대체로 국가보다는 개인에 의해 유서가 편찬되었다.

④ 중국에서는 많은 학자를 동원하여 대규모로 편찬한 유서를 통해 왕조의 위엄을 드러내었다.

⑤ 중국에서는 주로 서적에서 발췌한 내용을 비교하고 해석을 덧붙여 유서를 편찬하였다.

08 다음 중 ㉮에 대한 이해를 바탕으로 ㉠, ㉡에 대해 파악한 내용으로 적절하지 않은 것은?

① 지식의 제공이라는 ㉮의 편찬 의도는, ㉠에서 지식을 심화하고 확장하여 소개한 것에서 나타난다.

② 지식을 재분류하여 범주화한 ㉮의 방식은, ㉠에서 해부학과 생리학을 주자학 심성론의 하위 이론으로 수용한 것에서 나타난다.

③ 평가를 더하는 저술로서 ㉮의 성격은, ㉡에서 중국 학문의 진보성을 확인하고자 서학을 활용한 것에서 나타난다.

④ 사실 탐구를 중시하며 자연 과학에 대해 드러낸 ㉮의 관심은, ㉡에서 천문학과 우주론의 내용을 수록한 것에서 나타난다.

⑤ 새로운 지식을 수용하는 ㉮의 유연성과 개방성은, ㉠과 ㉡에서 서학을 지적 자원으로 받아들인 것에서 나타난다.

09 다음 중 ㉯를 반박하기 위한 '이수광'의 주장으로 가장 적절한 것은?

① 학문에서 의리를 앞세우고 이익을 뒤로하는 것보다 중한 것이 없으니, 심성을 수양하는 것은 그다음의 일이다.

② 주자학에 매몰되어 세상의 여러 이치를 연구하지 않는 것은 널리 배우고 익히는 앎의 바른 방법이 아닐 것이다.

③ 주자의 가르침이 쇠퇴하게 되면 주자학이 아닌 학문이 날로 번성하게 되니, 주자의 도가 분명히 밝혀져야 한다.

④ 유학 경전에서 쓰이지 않은 글자를 한 글자라도 더하는 일을 용납하는 것은 바른 학문을 해치는 길이 될 것이다.

⑤ 참되게 알고 참되게 행하는 것이 어려우니, 우리 학문의 여러 경전으로부터 널리 배우고 면밀히 익혀야 할 것이다.

10 다음 중 (가), (나)를 읽은 학생이 〈보기〉의 『임원경제지』에 대해 보인 반응으로 적절하지 않은 것은?

> **보기**
>
> 서유구의 『임원경제지』는 19세기까지의 조선과 중국 서적들에서 향촌 관련 부분을 발췌, 분류하고 고증한 유서이다. 국가를 위한다는 목적의식을 명시한 이 유서에는 향촌 사대부의 이상적인 삶을 제시하는 과정에서 향촌 구성원 전체의 삶의 조건을 개선할 수 있는 방안이 실렸고, 향촌 실생활에서 활용할 수 있는 내용이 집성되었다. 주자학을 기반으로 실증과 실용의 자세를 견지했던 서유구의 입장, 서학 중국 원류설, 중국과 비교한 조선의 현실 등이 반영되었다. 안설을 부기했으며, 제한적으로 색인을 넣어 검색이 가능하도록 하였다.

① 현실 개혁의 뜻을 담았던 (가)의 실학자들의 유서와 마찬가지로 현실의 문제를 개선하려는 목적의식이 확인되겠군.

② 증거를 제시하여 이론적으로 밝히거나 의견을 제시하는 경우가 많았던 (가)의 실학자들의 유서와 마찬가지로 편찬자의 고증과 의견이 반영된 것이 확인되겠군.

③ 당대 지식을 망라하고 서양 관련 지식을 소개하고자 한 (나)의 『지봉유설』에 비해 특정한 주제를 중심으로 편찬되는 전문 유서의 성격이 두드러지게 드러나겠군.

④ 기존 학설의 정당화 내지 배제에 관심을 두었던 (나)의 『성호사설』에 비해 향촌 사회 구성원의 삶에 필요한 실용적인 지식의 활용에 대한 관심이 드러나겠군.

⑤ 중국을 문명의 척도로 받아들였던 (나)의 『오주연문장전산고』와 달리 중화 관념에 구애되지 않고 중국의 현실과 조선의 현실을 비교한 내용이 확인되겠군.

※ 다음 글에서 알 수 있는 사실로 적절한 것을 고르시오. [01~02]

| 2023년 5급 PSAT(공직적격성평가) 언어논리 영역

01

예로부터 진실을 부정하는 사람들은 자신이 믿고 싶지 않은 사실에는 지나치게 높은 검증 기준을 들이대는 반면, 자기 의견에 부합하는 것에는 검증 기준을 낮추거나 덮어두고 맹신한다. 그 결과는 일부 사실들이 은폐되는 것으로 끝나지 않는다. 신뢰할 수 있는 방식으로 사실을 수집하고 활용하여 세계에 대한 믿음을 구축하는 과정 자체가 변질된다. 또한, 어떤 사실들은 개인의 감정과 무관하게 참이며 그런 사실들을 찾으려고 노력할 때 우리 모두에게 이익이 된다는 건전한 사고방식이 위협받는다. 진실이 위협받는 위기는 과거에도 늘 있어 왔지만 진실이 밝혀지면 위기는 대부분 해소되었다. 반면 오늘날에는 많은 사람이 거리낌 없이 현실을 왜곡해 자기 생각에 꿰맞추려 하며, 그러한 현상은 광범위하게 나타난다.

최근 유럽에서 '올해의 단어'로 선정된 이른바 '탈진실'은 객관적 사실보다 개인의 신념과 감정에 호소하는 것이 여론 형성에 더 큰 영향을 발휘하는 현상을 의미한다. 대표적 사례로 2016년 영국의 유럽연합 탈퇴 국민투표와 미국의 대선을 들 수 있다. 국가 차원의 중요한 결정을 숙의하는 과정에서 사실이 아닌 터무니없는 주장들이 난무하고 여론 형성에 크게 영향을 미쳤다. 이 같은 탈진실 현상은 어떤 사실이든 마음대로 선별하고 수정할 수 있다는 신념으로 이어져 정치 전략으로 악용되고 있다는 점에서 문제의 심각성이 크다.

탈진실 현상의 발생 원인으로 공적 기관과 전통 미디어에 대한 불신, 정치적 양극화와 포퓰리즘 등 다양한 것들이 언급된다. 이 같은 외부적 요인도 있겠지만 인간 내부에서도 그 요인을 찾아볼 수 있다. 명백한 사실이나 쉽게 확인할 수 있는 사실에 아무 이유 없이 이의를 제기하는 사람은 거의 없다. 이의를 제기하는 이들은 자신이 얻을 수 있는 이익이 있기 때문이다. 불편한 진실 때문에 자신의 감정이 불쾌해지거나 신념을 포기하느니 차라리 진실을 외면하거나 왜곡하는 쪽을 택하는 것이다. 이는 의식 차원에서도 일어나지만 무의식 차원에서도 일어난다.

① 우리의 감정과 무관하게 참인 것은 우리에게 이익이 되지 않는다.
② 탈진실 현상의 발생 원인에는 정치적 요인뿐 아니라 심리적 요인도 있다.
③ 진실을 부정하는 사람은 사실을 검증할 때마다 동일한 검증 기준을 제시한다.
④ 2016년 이후 서구 사회에서 탈진실 현상이 처음 발생하였고 이후 전세계적으로 보편화되었다.
⑤ 신념을 포기하지 않고 진실을 외면하는 것은 무의식 차원에서가 아니라 의식 차원에서 일어난다.

02

정보통신과 매스미디어의 급격한 발달은 개인의 성명과 초상이 광고에 이용되는 것까지도 낯설지 않게 만들었다. 특정인임을 인식할 수 있는 표지 자체가 상업적으로 활용될 수 있는 것이다. 이러한 재산적 가치에 대한 권리로서 '퍼블리시티권'이 등장하였다. 이는 성명·초상·음성 등 개인의 자기 동일성에서 유래하는 재산적 가치를 그 개인이 상업적으로 이용할 수 있도록 하는 권리로서, '프라이버시권'이나 '저작권'과 비교해 보면 뚜렷이 특성을 살필 수 있다.

프라이버시권이 보호하려는 것은 사생활의 비밀과 자유이며, 주거나 통신의 불가침도 포함한다. 고도의 정보화 사회에서 개인의 사생활은 언론·출판·미디어의 침해와 공개에 노출될 위험이 갈수록 커지는 실정이기도 하다. 이에 대응하는 프라이버시권의 보호법익은 인간의 존엄성이라 할 수 있다. 따라서 그에 대한 침해에서는 정신적·육체적 고통을 중심으로 손해의 정도를 파악한다. 반면에 퍼블리시티권은 자기동일성의 사업적 가치를 보호법익으로 하기 때문에, 침해가 발생하였을 때는 그 상업적 가치와 함께 가해자가 얻은 이익을 고려하여 손해를 산정한다.

저작권은 저작자가 자신이 창작한 저작물을 경제적으로 이용할 수 있도록 보장하여 사회적으로 유익한 창작을 유도하고 창작물을 불법 사용으로부터 보호한다. 저작권과 퍼블리시티권은 모두 개인의 인격이 깃든 가치를 보호한다고 볼 수 있는데, 보호 대상이 구별된다. 저작권은 보호하려는 대상이 개인의 창작물이고, 퍼블리시티권은 개인의 자기동일성을 식별하는 표지이다. 그리고 저작권은 유형의 매체에 고정된 문학작품, 음악작품, 음성녹음 등 창작물 자체를 보호 대상으로 한다. 퍼블리시티권은 그러한 창작물에 나타나기도 하는 개인의 성명·외관·음성 등 자기동일성의 요소를 그 대상으로 하며, 이들 요소는 성질상 꼭 표현 매체에 고정될 필요가 없다.

① 퍼블리시티권과 저작권은 인격이 밴 재산적 가치로써 수익을 얻을 수 있게 하는 권리이다.
② 프라이버시권은 개인의 사생활과 경제적 이익에 대한 침해를 막기 위하여 등장한 개념이다.
③ 저작권은 창작의 자유를 보장하여 창작물의 이용과 유통에 대한 규제를 해소하는 데 목적이 있다.
④ 퍼블리시티권과 프라이버시권은 보호법익이 서로 같지만 침해되었을 때의 손해산정 기준은 동일할 수 없다.
⑤ 프라이버시권과 저작권은 그 보호 대상이 유형의 표현 매체에 고정되어야 한다는 점에서 퍼블리시티권과 차이가 있다.

03 다음 글의 핵심 논지로 가장 적절한 것은?

> 독일 통일을 지칭하는 '흡수 통일'이라는 용어는 동독이 일방적으로 서독에 흡수되었다는 인상을 준다. 그러나 통일 과정에서 동독 주민들이 보여준 행동을 고려하면 흡수 통일은 오해의 여지를 주는 용어일 수 있다.
>
> 1989년에 동독에서는 지방선거 부정 의혹을 둘러싼 내부 혼란이 발생했다. 그 과정에서 체제에 환멸을 느낀 많은 동독 주민들이 서독으로 탈출했고, 동독 곳곳에서 개혁과 개방을 주장하는 시위의 물결이 일어나기 시작했다. 초기 시위에서 동독 주민들은 여행·신앙·언론의 자유를 중심에 둔 내부 개혁을 주장했지만 이후 "우리는 하나의 민족이다!"라는 구호와 함께 동독과 서독의 통일을 요구하기 시작했다. 그렇게 변화하는 사회적 분위기 속에서 1990년 3월 18일에 동독 최초이자 최후의 자유총선거가 실시되었다.
>
> 동독 자유총선거를 위한 선거운동 과정에서 서독과 협력하는 동독 정당들이 생겨났고, 이들 정당의 선거운동에 서독 정당과 정치인들이 적극적으로 유세 지원을 하기도 했다. 초반에는 서독 사민당의 지원을 받으며 점진적 통일을 주장하던 동독 사민당이 우세했지만, 실제 선거에서는 서독 기민당의 지원을 받으며 급속한 통일을 주장하던 독일동맹이 승리하게 되었다. 동독 주민들이 자유총선거에서 독일동맹을 선택한 것은 그들 스스로 급속한 통일을 지지한 것이라고 할 수 있다. 이후 동독은 서독과 1990년 5월 18일에 「통화·경제·사회보장동맹의 창설에 관한 조약」을, 1990년 8월 31일에 「통일조약」을 체결했고, 마침내 1990년 10월 3일에 동서독 통일을 이루게 되었다.
>
> 이처럼 독일 통일의 과정에서 동독 주민들의 주체적인 참여를 확인할 수 있다. 독일 통일을 단순히 흡수 통일이라고 부른다면, 통일 과정에서 중요한 역할을 담당했던 동독 주민들을 배제한다는 오해를 불러일으킬 수 있다. 독일 통일의 과정을 온전히 이해하기 위해서는 동독 주민들의 활동에도 주목할 필요가 있다.

① 자유총선거에서 동독 주민들은 점진적 통일보다 급속한 통일을 지지하는 모습을 보여주었다.
② 독일 통일은 동독이 일방적으로 서독에 흡수되었다는 점에서 흔히 흡수 통일이라고 부른다.
③ 독일 통일은 분단국가가 합의된 절차를 거쳐 통일을 이루었다는 점에서 의의가 있다.
④ 독일 통일 전부터 서독의 정당은 물론 개인도 동독의 선거에 개입할 수 있었다.
⑤ 독일 통일의 과정에서 동독 주민들의 주체적 참여가 큰 역할을 하였다.

※ 다음 글을 읽고 이어지는 질문에 답하시오. [04~06]

나이의 정치적 효과를 분석하는 데 있어 가장 중요한 쟁점은 생애주기 효과(A), 기간 효과(P), 코호트 효과(C)를 구분하는 것이다. APC 효과의 관점에서 보면, 개인이 특정 시점에 갖는 정치 성향은 그가 속한 코호트, 조사 시점의 정치 사회 환경, 그리고 나이가 들며 변화해 가는 생애주기 효과에 의해 종합적으로 구성된다.

우선 생애주기 효과는 "나이가 들수록 보수화된다."라는 가설에 기반한다. 생애주기 효과가 말하는 보수화에는 비단 정치적 보수화뿐만 아니라 인지적 경직성과 권위주의적 성향의 증가도 포함된다. 트루엣은 약 30,000명의 버지니아 주민들을 대상으로 생애주기별 보수주의 점수를 측정하면서 50세 이후에는 보수화 성향이 지속되는 것을 확인하였다. 그에 따르면 성별, 거주지별, 교육 수준별로 약간의 차이는 있지만 20 ~ 30대에서는 낮은 보수주의 점수가 안정적으로 이어지는 반면, 30 ~ 40대를 거치면서 이 점수가 급격히 높아지며, 50세 이후부터 생애주기의 끝까지 높은 보수주의 점수가 유지된다.

다음으로 기간 효과는 특정 조사 시점의 영향을 받아 나타나는 차이를 의미한다. 즉, 특정 시점에 발생한 역사적 사건이나 급격한 사회변동이 전 연령 집단의 사고방식이나 인식에 포괄적, 보편적 영향을 미치는 효과이다. 특정 시기의 사회화 과정이나 일부 세대에서 나타나는 효과가 아니라, 1987년 민주화나 1997년 IMF 구제금융 사례처럼 전 세대가 공유하는 경험에 따른 태도 변화를 지칭한다.

그리고 코호트 효과는 정치사회화가 주로 이루어지는 청년기에 유권자들이 특정한 역사적 경험을 공유하면서 유사한 정치적 성향을 형성하고 그 독특성이 해당 연령 집단을 중심으로 이후에도 유지되는 현상을 의미한다. 이렇게 형성된 정치 세대, 즉 코호트란 유사한 정치적 태도를 보이고 이념 성향을 공유하는 연령 집단을 의미한다. 정치사회화 과정에서 형성된 정치적 세대 의식은 나이가 들면서 완고성이 증가하여 큰 변화 없이 지속되게 된다. 이는 중장년기보다 성년 초기 시점이 사회 변화나 역사적 사건들로부터 영향을 받기 더 쉽다는 사실을 전제로 한다. 예컨대, 영국에서 2차 세계대전 이후 노동당 지지 성향이 강한 진보적 코호트가 등장하였다면 1980년대에는 대처 총리 집권기의 영향을 받아 보수적 코호트가 형성되었다는 연구들이 존재한다. 한편 국내 선행 연구에 따르면, 한국전쟁 직후 등장한 소위 전후 세대는 여타 코호트 집단에 비해 권위주의적 성향과 보수적 정치 성향이 더 강하다고 알려져 있으며, 한국 민주화 운동의 대명사라 할 수 있는 86세대나 탈권위를 유행시켰던 X세대의 경우 나이가 들어서도 보수화되는 경향이 상대적으로 완만한 것으로 나타났다.

이 세 효과는 개념적으로는 쉽게 구분되지만, 경험적으로는 이들을 구별하기 어렵다. 세 개념 자체가 밀접하게 연관되어 있고, 독립적으로 개별 효과를 측정할 지표 역시 충분히 갖고 있지 않기 때문이다. 이러한 근본적 제약 속에서 나이 관련 변수들이 만들어내는 합성 효과를 구별하는 것이 지금까지 사회과학적 세대 연구의 핵심 과제였고 이를 해결하기 위한 다양한 연구 방법들이 고안되었다. APC의 합성 효과를 구분해 개별 효과를 비교하기 위해서는 동일 코호트의 시간 흐름에 따른 태도 차이를 측정하는 종단면 디자인, 동일 시점에서 정치 세대 간의 태도 차이를 측정하는 횡단면 디자인, 다른 시점의 동일 연령대 집단의 태도 차이를 측정하는 시차 연구 디자인의 조합이 필요하다.

일반적으로 연령 집단은 조사 당시 나이, 기간 효과는 조사 연도, 코호트는 출생 연도와 같은 변수들로 측정된다. 그러나 연구의 난관은 우리가 혼재된 나이 효과를 구별하는 데 있어 식별 문제에 직면하게 된다는 것이다. 즉, 셋 중 두 정보로부터 다른 항의 값이 자동 도출되므로, 3개의 미지수(효괏값)와 3개의 정보(변수)가 있는 듯 보이지만, 실제로는 정보 하나가 부족한 셈이 된다. 위의 연구 디자인을 적용하여 APC 효과를 통제된 하나의 개별 효과와 나머지 두 개가 이루는 합성 효과로 나누어 파악할 수는 있지만, 3개의 개별 효괏값으로 명확하게 구분해 내기 어렵다. 이러한 한계가 나이와 정치 성향의 관계에 대한 경험적 연구를 오랜 기간 가로막아 왔다. 기술적으로 완전한 극복 방안은 없으며, 불완전하나마 여러 가지 수단을 통해 이 관계를 엿볼 수 있었을 뿐이다. 대부분 추정 모형에 일정한 제약을 가해서 문제를 피해 갔다. 부가정보를 이용해 세 효과 중 하나를 제외하거나, 아니면 한 효과가 고정되도록 설정하여 개입을 통제하는 방식으로 이 문제에서 벗어날 수 있다. 그 밖에도 세 변수 중 하나를 다른 대리변수로 대체하는 방법도 있다. 하지만 이러한 방법 모두 임기응변일 뿐이고, 매우 특수한 조건에서만 활용 가능해 주의가 필요하다.

04 다음 중 윗글의 내용과 일치하지 않는 것은?

① 조사 시기와 조사 당시 연령을 알면 코호트 집단을 특정할 수 있다.
② 트루엣의 연구에 따르면 생애주기 효과는 개인의 사회경제적 배경과는 무관하다.
③ 식별 문제의 해결을 위한 방편으로 추정 모형에 제약 조건을 적용하기도 한다.
④ 문제 해결을 위해 세 변수 중 하나를 다른 대리변수로 대체하는 방법을 사용하기도 한다.
⑤ 나이와 정치 성향과의 관계 연구에서 APC의 개별 효과를 각각 구분해 내는 방법은 아직 없다.

05 다음 중 윗글에서 추론한 내용으로 적절한 것을 〈보기〉에서 모두 고르면?

> **보기**
>
> ㉠ 한국 유권자들을 대상으로 2022년 7월 24일에 정치의식 조사를 실시한다면, X세대의 권위주의 성향 점수가 한국 전후 세대보다 평균적으로 낮게 나올 것이다.
> ㉡ 1980년대에 50대였던 영국 전후 세대와 비교해 2010년대에 같은 50대가 된 대처 세대가 평균적으로 더 진보적 정치 성향을 드러내는 조사 결과가 존재한다면, 기간 효과가 주요하게 작용했다고 판단해 볼 수 있다.
> ㉢ 영국의 대처 세대가 30대 때였던 1990년도 조사에서보다 50대가 되어서인 2010년 조사에서 이념적으로 덜 보수적이라는 결과가 나왔다면, 2010년 조사 당시 영국의 다른 정치 코호트들 또한 진보적 분위기의 시대적 영향을 받았을 수 있다.

① ㉠
② ㉢
③ ㉠, ㉡
④ ㉡, ㉢
⑤ ㉠, ㉡, ㉢

06 다음 중 윗글을 바탕으로 〈보기〉의 내용을 가장 적절하게 이해한 것은?

> **보기**
>
> 아래 그림은 나이의 정치적 효과를 측정하기 위한 연구 디자인을 도식화한 것이다. 조사는 t1, t2의 시점에 이루어졌다. A(t1)와 B(t1)는 각각 t1 기준 청년 코호트와 중년 코호트를 나타내며, 시간이 경과한 t2에는 각각 중년기와 노년기에 이르게 된다.

	청년 세대	중년 세대	노년 세대
1차 측정 시점(t1)	A(t1)	B(t1)	
2차 측정 시점(t2)		A(t2)	B(t2)

① A(t1)와 A(t2)의 차이는 코호트를 고정한 채 도출해 낸, 기간 효과와 코호트 효과의 합성 효과이다.

② A(t1)와 B(t1)의 차이는 동일 시간대의 다른 코호트 간 차이를 측정하는 종단면적 연구 디자인을 적용하여 알 수 있다.

③ A(t2)와 B(t2)의 차이는 조사 시점을 고정하여 얻은 코호트 간 차이로서 생애주기 효과의 개입이 통제되고 있다.

④ B(t1)와 A(t2)의 차이는 다른 시점의 동일 연령대 집단의 태도 차이를 비교하는 시차 연구 디자인을 적용하여 알 수 있지만, 기간 효과와 코호트 효과를 구분하기 어렵다.

⑤ B(t1)와 B(t2)의 차이는 동일 연령대 집단의 태도 차이를 측정하는 시차 연구 디자인을 적용하여 알 수 있다.

※ 다음 글을 읽고 이어지는 물음에 답하시오. **[07~09]**

법령의 조문은 대개 'A에 해당하면 B를 해야 한다.'처럼 요건과 효과로 구성된 조건문으로 규정된다. 하지만 그 요건이나 효과가 항상 일의적인 것은 아니다. 법조문에는 구체적 상황을 고려해야 그 상황에 맞는 진정한 의미가 파악되는 불확정 개념이 사용될 수 있기 때문이다. 개인간 법률관계를 규율하는 민법에서 불확정 개념이 사용된 예로 '손해 배상 예정액이 부당히 과다한 경우에는 법원은 적당히 감액할 수 있다.'라는 조문을 들 수 있다. 이때 법원은 요건과 효과를 재량으로 판단할 수 있다. 손해 배상 예정액은 위약금의 일종이며, 계약 위반에 대한 제재인 위약벌도 위약금에 속한다. 위약금의 성격이 둘 중 무엇인지 증명되지 못하면 손해 배상 예정액으로 다루어진다.

채무자의 잘못으로 계약 내용이 실현되지 못하여 계약 위반이 발생하면, 이로 인해 손해를 입은 채권자가 손해 액수를 증명해야 그 액수만큼 손해 배상금을 받을 수 있다. 그러나 손해 배상 예정액이 정해져 있었다면 채권자는 손해 액수를 증명하지 않아도 손해 배상 예정액만큼 손해 배상금을 받을 수 있다. 이때 손해 액수가 얼마로 증명되든 손해 배상 예정액보다 더 받을 수는 없다. 한편 위약금이 위약벌임이 증명되면 채권자는 위약벌에 해당하는 위약금을 받을 수 있고, 손해 배상 예정액과는 달리 법원이 감액할 수 없다. 이때 채권자가 손해 액수를 증명하면 손해 배상금도 받을 수 있다.

불확정 개념은 행정 법령에도 사용된다. 행정 법령은 행정청이 구체적 사실에 대해 행하는 법 집행인 행정 작용을 규율한다. 법령상 요건이 충족되면 그 효과로서 행정청이 반드시 해야 하는 특정 내용의 행정 작용은 기속 행위이다. 반면 법령상 요건이 충족되더라도 그 효과인 행정 작용의 구체적 내용을 고를 수 있는 재량이 행정청에 주어져 있을 때, 이러한 재량을 행사하는 행정 작용은 재량 행위이다. 법령에서 불확정 개념이 사용되면 이에 근거한 행정 작용은 대개 재량 행위이다.

행정청은 재량으로 재량 행사의 기준을 명확히 정할 수 있는데 이 기준을 ㉠ 재량 준칙이라 한다. 재량 준칙은 법령이 아니므로 재량 준칙대로 재량을 행사하지 않아도 근거 법령 위반은 아니다. 다만 특정 요건하에 재량 준칙대로 특정한 내용의 적법한 행정 작용이 반복되어 행정 관행이 생긴 후에는, 같은 요건이 충족되면 행정청은 동일한 내용의 행정 작용을 해야 한다. 행정청은 평등 원칙을 지켜야 하기 때문이다.

07 다음 중 윗글의 내용과 일치하지 않는 것은?

① 법령의 요건과 효과에는 모두 불확정 개념이 사용될 수 있다.

② 법원은 불확정 개념이 사용된 법령을 적용할 때 재량을 행사할 수 있다.

③ 불확정 개념이 사용된 법령의 진정한 의미를 이해하려면 구체적 상황을 고려해야 한다.

④ 불확정 개념이 사용된 행정 법령에 근거한 행정 작용은 재량 행위인 경우보다 기속 행위인 경우가 많다.

⑤ 불확정 개념은 행정청이 행하는 법 집행 작용을 규율하는 법령과 개인 간의 계약 관계를 규율하는 법률에 모두 사용된다.

08 다음 중 밑줄 친 ㉠에 대한 이해로 가장 적절한 것은?

① 재량 준칙은 법령이 아니기 때문에 일의적이지 않은 개념으로 규정된다.

② 재량 준칙으로 정해진 내용대로 재량을 행사하는 행정 작용은 기속 행위이다.

③ 재량 준칙으로 규정된 재량 행사 기준은 반복되어 온 적법한 행정 작용의 내용대로 정해져야 한다.

④ 행정청은 재량 준칙이 정해져야 특정 요건하에 행정 작용의 구체적 내용을 선택할 수 있는 재량을 행사할 수 있다.

⑤ 재량 준칙이 특정 요건에서 적용된 선례가 없으면 행정청은 동일한 요건이 충족되어도 행정 작용을 할 때 재량 준칙을 따르지 않을 수 있다.

09 다음 중 윗글을 바탕으로 〈보기〉의 내용을 가장 적절하게 이해한 것은?

> **보기**
>
> 갑은 을에게 물건을 팔고 그 대가로 100을 받기로 하는 매매 계약을 했다. 그 후 갑이 계약을 위반하여 을은 80의 손해를 입었다. 이와 관련하여 세 가지 상황이 있다고 하자(단, 아래의 모든 상황에서 세금, 이자 및 기타 비용은 고려하지 않음).
>
> ㉮ 갑과 을 사이에 위약금 약정이 없었다.
> ㉯ 갑이 을에게 위약금 100을 약정했고, 위약금의 성격이 무엇인지 증명되지 못했다.
> ㉰ 갑이 을에게 위약금 100을 약정했고, 위약금의 성격이 위약벌임이 증명되었다.

① ㉮에서 을의 손해가 얼마인지 증명되지 못한 경우, 갑이 을에게 80을 지급해야 하고 법원이 감액할 수 없다.

② ㉯에서 을의 손해가 80임이 증명된 경우, 갑이 을에게 100을 지급해야 하고 법원이 감액할 수 있다.

③ ㉯에서 을의 손해가 얼마인지 증명되지 못한 경우, 갑이 을에게 100을 지급해야 하고 법원이 감액할 수 없다.

④ ㉰에서 을의 손해가 80임이 증명된 경우, 갑이 을에게 180을 지급해야 하고 법원이 감액할 수 있다.

⑤ ㉰에서 을의 손해가 얼마인지 증명되지 못한 경우, 갑이 을에게 80을 지급해야 하고 법원이 감액할 수 없다.

01	02	03	04	05	06	07	08	09	10
③	②	⑤	②	④	③	⑤	③	②	⑤

[01] 지문 분석

• 주제 : 라틴어 사례를 통해 살펴본 어휘차용
• 핵심 키워드 : 라틴어, 어휘차용, 어휘빈칸
• 글의 구조
  ▷ 1문단 : 서유럽에서 어휘적 원천이었던 라틴어
    − 라틴어는 서유럽의 중세 ~ 르네상스기에 가장 중요한 어휘적 원천
    − 로마 문명의 후광으로 라틴어는 로마가톨릭교회의 행정, 예배 언어로서의 위신 유지
    − 어휘에서 라틴어의 강력한 영향 : 프랑스어는 라틴어에서 어휘를 차용(학술어에 고형의 라틴어 차용)
  ▷ 2문단 : 어휘차용의 원인이 반드시 정치적 힘 때문은 아님
    − 로마는 지배・합병했던 그리스어에서 문학・음악・미술 용어를 차용함
    − 바이킹은 정복지였던 노르망디 지방의 언어 전체를 차용함
  ▷ 3문단 : 어휘빈칸을 보충하는 수단으로서의 어휘차용
    − 언어와 문화에 대한 존중 외에도 어휘빈칸(=새로운 개념을 일컫는 어휘가 없는 경우)을 보충하는 수단으로 어휘차용이 일어나기도 함
    − 새로운 개념의 발명자의 언어가 아니라 개념을 소개한 집단의 언어에서 차용할 때가 많음 → 기독교 교회의 신학, 예배 의식 관련 개념들을 지칭하는 어휘는 그것을 소개한 라틴어에서 차용됨

01 일치・불일치

정답 ③

③ 1문단에 따르면 아람어・히브리어・그리스어 사용자들은 기독교 교회의 신학과 예배 의식 관련 개념들을 발명했으며, 라틴어 사용자들은 이러한 개념들을 서유럽에 소개・전파했다.

오답분석

① 2문단에 따르면 로마인들은 그리스를 군사적으로 몇 세기 동안 지배하다가 결국에는 그리스를 합병했지만, 로마는 그리스의 문학・음악・미술에 계속 압도당했다. 따라서 ①의 진술에서 그리스가 문화적으로 로마제국을 압도했다는 내용은 타당하다. 그러나 그리스는 로마제국에 합병당했으므로, 그리스가 결국 정치적으로 살아남았다고 보기 어렵다.

② 3문단에 따르면 언어와 문화가 존중받아 어휘의 차용이 일어나기도 하지만, 어휘빈칸을 채우기 위한 편리한 수단으로 어휘를 차용하기도 한다. 이때 어휘빈칸은 새로운 개념이 등장했으나 해당 언어에서 이를 일컫는 어휘가 없을 경우를 뜻한다. 따라서 어휘빈칸을 채우는 목적은 ②의 진술처럼 언어에 대한 존중의 의미를 담기 위한 것이 아니라 새로운 개념을 표현하기 위한 것이다.

④ 2문단에 따르면 바이킹은 노르망디 지방을 무력으로 차지했으나 새 정착지에 매료되어 언어 전체를 정착지의 언어에서 차용했으며, 고대 프랑스어로 군가를 불렀다. 그러나 ④의 진술처럼 바이킹이 프랑스 문화에 매료되었는지, 음악 분야의 어휘를 프랑스어에서 많이 차용했는지 알 수 있는 근거는 제시문에서 찾을 수 없다.

⑤ 1문단에 따르면 프랑스어는 라틴어에서 발달한 로맨스어의 일종인 프랑스어는 학술적 어휘에서 당시 사용하던 것보다 더 고형의, 즉 더 오래된 형태의 라틴어를 차용하기도 했다. 따라서 ⑤의 진술에서 '당시 유행하던 라틴어'라는 내용은 적절하지 않으며, 라틴어를 차용했다고 해서 '학술적 어휘들의 대부분이 라틴어 어휘에 기반했다'고 단정하기 어렵다.

풀이 포인트

사실적 사고 능력을 검증하는 문제로, 제시문의 내용과 선택지의 진술이 일치하는지 묻는 유형이다. 이 문제는 제시문과 선택지의 일치 여부를 알 수 있는 내용이 제시문에 비교적 선명하게 드러나 있다. 따라서 제시문의 정보와 선택지의 내용을 비교해 일치 여부를 확인해야 한다. 이때 선택지의 내용을 제시문에서 확인할 수 없는 경우는 불일치하는 것으로 본다.

라틴어

인도·유럽 어족의 하나인 이탤릭 어파에 속하는 언어이며, 프랑스어·이탈리아어·에스파냐어·포르투갈어·루마니아어 등의 로맨스어의 근원이 되었다. 본디 이탈리아 반도 중부를 흐르는 라티움 지방에 거주하던 라티니족(族)의 언어로, 로마제국의 언어로 부각된 이후 로마제국의 세력 확장과 함께 다른 나라로 널리 퍼졌다. 그리스어와 함께 전문 용어의 원천이 되었으며, 로마가톨릭교회의 공용어로 쓰인다.

어휘의 차용

언어에 있어서 차용이 가장 잘 일어나는 요소는 어휘이며, 이러한 어휘의 차용의 결과로 차용어·외래어가 등장해 한 언어권의 어휘량이 풍부해진다. 차용의 유형 중 하나인 번역 차용은 이전에 없던 단어·표현을 외국어의 번역을 통해 만들어내는 것으로, 예컨대 '차용어'라는 'Loanword'는 같은 뜻의 독일어 'Lehnwort'를 번역한 차용어이다. 또한 외국어의 영향을 받아 기존의 어휘가 새로운 의미로 바뀌는 것도 번역 차용의 일종으로 볼 수 있는데, 예컨대 'Heaven'이라는 영어는 원래 물리적인 의미의 하늘만을 지칭했으나 기독교 전래의 영향으로 종교적 의미의 '천국'이라는 뜻으로 변했고, 이후 물리적인 의미의 하늘을 가리키기 위해 'Sky'라는 어휘가 차용되었다고 한다.

[02] 지문 분석

• 주제 : 축의 시대 현자들의 가르침
• 핵심 키워드 : 축의 시대, 종교성, 자비의 실천
• 글의 구조
  ▷ 1문단 : '축의 시대'가 인류의 정신적 발전의 중심축을 이룬다고 보는 견해 소개
    − 기원전 900년 ~ 기원전 200년에 인류의 정신에 자양분이 될 위대한 전통이 탄생함
    − 이러한 '축의 시대'가 인류의 정신적 발전에서 중심축을 이룬다고 보는 견해 소개
  ▷ 2문단 : 현자들의 가르침과 반대로 행동한 후대인들
    − 축의 시대 현자들의 사상은 매우 심오하고 급진적 → 후대인들이 현자들의 가르침을 ㉮하는 경향 발생 → 현자들이 없애려 했던 종교성을 후대인들이 도리어 만들어냄
    − 현자들은 종교적 가르침을 맹신하지 말고 경험에 비추어 검증하기를 주문함
    − 그러나 후대인들은 동일한 교의를 믿는 집단을 형성하고 강제적 교리를 고집함

▷ 3문단 : 현자들이 주장한 종교의 핵심과 자비로운 삶의 실천
  − 현자들은 어떻게 행동하는가를 중요하게 여겼기에 자신을 바꾸는 행동을 하는 것을 종교의 핵심으로 여김
  − 현자들이 도모한 새로운 변화 : 제의의 가치에 새로운 윤리적 의미를 부여하고 ㉯를 함 → 타인에게 자비로운 삶의 실천을 추구
  − 현자들은 자비를 자기만족으로 제한할 수 없음을 깨닫고 공동체로 관심을 확대해야 한다고 생각함 → "네가 당하고 싶지 않은 일을 남에게 하지 말라."

02 추론하기 | 정답 ②

㉮ 빈칸 ㉮를 포함한 문장과 전후 문맥을 분석해보면, 축의 시대 현자들은 워낙 앞서 나갔으며 그들의 사상은 매우 심오하고 급진적인 탓에 후대인들은 이 현자들의 가르침을 ㉮하는 경향이 있었다. 그래서 후대인들은 현자들이 없애고 싶어했던 종교성을 만들어내기도 하였다. 즉, 후대인들은 현자들의 가르침을 제멋대로 받아들여 제대로 파악하지 못한 탓에 그 가르침과 반대로 행동했음을 알 수 있다. 따라서 문맥을 자연스럽게 만들려면 ㉮에는 '후대인들은 올바로 이해하지 못하고 자의적으로 받아들였다'는 내용이 들어가는 것이 적절하다.

㉯ 빈칸 ㉯를 포함한 문장과 전후 문맥을 분석해보면, 현자들은 종교적 행위에 새로운 윤리적 의미를 부여하고 ㉯를 했다. 그들은 타인을 배려하는 자비로운 삶의 실천을 추구했으며, 공동체로 관심을 확대해야 한다고 생각했다. 즉, ㉯를 하였기 때문에 자비로운 삶의 실천을 추구하고 공동체로 관심을 확대해야 한다고 생각한 것이다. 따라서 문맥을 자연스럽게 만들려면 ㉯에는 '현자들은 공동체 내에서의 도덕과 실천을 중요하게 여겼다'는 내용이 들어가는 것이 적절하다.

오답분석

㉮ 후대인들이 '체계적인 수행 과정을 통해 현자들의 가르침을 제대로 이해하고 수용'했다면 종교성을 없애려 한 현자들의 가르침과 반대로 종교성을 만드는 행동을 하지 않았을 것이다. 따라서 '후대인들은 체계적인 수행 과정을 통해 현자들의 가르침을 제대로 이해하고 수용했다'는 진술은 ㉮에 들어갈 내용으로 적절하지 않다.

㉯ 3문단에서 현자들은 자비를 자기만족으로 제한할 수 없다는 것을 깨달았다고 했으므로 '현자들은 육체적 고통을 통한 정신적 만족(=자기만족)을 강조했다'는 진술은 ㉯에 들어갈 내용으로 적절하지 않다. 한편 3문단에서 현자들은 종교적 행위에서 여전히 제의의 가치를 인정했지만, 거기에 새로운 윤리적 의미를 부여했다고 했으므로 '현자들은 종교적 행위에서 제의의 영역과 윤리의 영역을 엄격히 구분했다'는 진술 또한 ㉯에 들어갈 내용으로 부적절하다.

추리적 사고 능력을 검증하는 문제로, 제시문의 내용에 대한 이해와 문장의 흐름을 토대로 생략된 내용을 추론할 수 있는지 묻는 유형이다. 이러한 유형의 문제는 문맥을 고려해 적절한 접속 부사, 접속 어구를 넣어 보면 내용을 쉽게 파악하고 생략된 내용을 추론할 수 있다. 따라서 원인과 결과, 주장과 근거 등 문장 사이의 선후 관계를 파악해 문맥을 가장 자연스럽게 만들 수 있는 내용을 도출할 수 있어야 한다.

축의 시대(Axial Age)
독일의 철학자 칼 야스퍼스가 1947년 제안한 개념으로, 기원전 900부터 기원전 200년까지의 시기에 등장한 사상·종교·철학 등이 현대에 이르기까지 인류 사상의 중심축 역할을 한다는 의미이다. 이 시기에는 공자·묵자·노자(중국), 싯다르타(인도), 소크라테스·플라톤·아리스토텔레스(그리스) 등의 사상가가 등장해 후학들을 길렀고, 이스라엘 등지에서는 구약성서가 집필되었으며, 유대교·불교·이슬람교·힌두교 등의 종교들이 세계 각지에서 발흥했다. 특이한 점은 당시에는 동서양의 사상적·문화적 교류가 거의 없었음에도 불구하고 새로운 사상·철학이 동시다발적으로 등장했다는 것이다. 야스퍼스의 저술에 따르면 축의 시대에 이르러 인간은 비로소 '자연과 도덕의 보편성'을 추구하기 시작했고, '이성과 인격'을 갖춘 정신적 존재로 변화되었다고 보았다.

---

[03] 지문 분석

• 주제 : 고려가 거란의 침입을 협상으로 해결하고 영토를 확장하기까지의 과정과 송·거란·여진족 등에 대한 고려의 외교 정책
• 핵심 키워드 : 송나라, 거란, 여진족, 소손녕, 서희
• 글의 구조
  ▷ 1문단 : 송의 원병 요청에 대한 고려의 거절과 고려에 대한 거란의 압박
  　－ 고려 : 거란 공격을 위한 송 태종의 원병 요청을 거절함
  　－ 거란 : 고려를 압박해 송을 군사적으로 돕지 않겠다는 약속을 받으려 함
  ▷ 2문단 : 거란군 소손녕의 서신에 대한 고려 조정의 논의
  　－ 여진족 : 발해 멸망 이후 압록강 하류 유역에서 독자적 세력 형성

　－ 거란 : 여진족 거주지를 수차례 침범해 고려 침입을 위한 길 확보
　－ 거란의 소손녕 : 고려 공격, 고려가 차지한 고구려의 옛 땅은 거란의 영역이므로 수복하려 한다는 서신 보냄
　－ 소손녕의 서신에 대한 고려 조정의 반응 : "고구려의 옛 땅에 해당하는 영토를 내놓아야 철군할 것"
　－ 서희의 생각 : "서신의 내용은 핑계, 거란을 치지 않겠다는 언질만 주면 철군할 것"
　－ 고려에서 논의가 이어지던 중 안융진에 있는 고려군이 거란전(戰)에서 이김
  ▷ 3문단 : 거란과의 협상 타결, 여진족에 대한 공격으로 영토를 확장한 고려
  　－ 협상에서 소손녕이 밝힌 고려 침입 이유 : 고려가 송과 친하고 거란과는 소원함
  　－ 서희의 답변 : 여진족 땅에 대한 고려의 지배를 묵인해 주면 거란과 수교하고 송을 군사적으로 돕지 않겠다. → 서희의 요구 수용과 철군을 이끌어냄
  　－ 협상 이후의 고려 : 여진족을 공격해 영토를 확장하고 강동 6주 설치

03　일치·불일치　　　　　　　　　정답 ⑤

⑤ 2문단에 따르면 군사를 일으켜 고구려의 옛 땅을 되찾겠다는 소손녕의 서신에 대해 서희는 고구려의 옛 땅을 되찾겠다는 것은 핑계일 뿐이며, 고려가 병력을 동원해 거란을 치는 일이 없도록 하겠다는 언질을 주면 소손녕이 철군할 것이라고 주장했다. 따라서 서희는 고려가 거란에 군사적 적대 행위를 하지 않겠다고 약속하면 소손녕이 철군할 것이라고 생각했다는 ⑤의 진술은 제시문의 내용과 일치한다.

오답분석

① 2문단에 따르면 여진족은 고려와 거란의 접경 지역이었던 압록강 하류에서 거주하고 있었으며, 과거 발해의 지배를 받았으나 거란이 발해를 멸망시킨 이후 어느 나라에도 속하지 않은 채 독자적 세력을 형성하고 있었다. 그러나 ①에서 '거란은 여진족이 고려의 백성이라고 주장하였다'는 진술의 진위를 판단할 근거가 제시문에는 없다.

② 2문단에 따르면 발해는 거란의 공격을 받아 멸망했으며, 여진족은 발해가 멸망하기 전까지는 발해의 지배를 받았음을 알 수 있다. 또한 거란이 소손녕을 보내 고려를 공격한 시기는 발해 멸망 이후이다. 그러므로 ②에서 '여진족은 발해의 지배에서 벗어나려고 거란과 함께 고려를 공격했다'는 진술은 제시문과 일치하지 않는다.

③ 3문단에 따르면 서희가 소손녕과의 협상에 성공해 거란군이 철군한 이후 고려는 병력을 보내 압록강 하류의 여진족 땅까지 밀고 들어가 영토를 확장하고, 그 지역에 강동 6주를 설치했다. 따라서 '소손녕은 압록강 유역의 여진족 땅을 빼앗아 강동 6주를 설치했다'는 ③의 진술은 제시문의 내용과 일치하지 않는다. 또한 고려군과는 별개로 소손녕의 군대가 ③의 진술과 같은 일을 했다고 하더라도 이를 입증할만한 내용이 제시문에는 없다.

④ 1문단에 따르면 송 태종은 거란 공격을 위해 고려에 원병을 요청했지만, 이러한 요청에 고려는 응하지 않았다. 또한 3문단에 따르면 고려는 거란과 송의 전쟁에서 송을 군사적으로 돕지 않겠다고 하였다. 즉, 고려는 거란을 공격하려 하지 않았다고 볼 수 있다. 그러나 ④의 진술처럼 고려가 거란을 공격하려 했는지, 그리고 고려가 송과 군사동맹을 맺었는지 판단할 근거가 제시문에는 없다.

풀이 포인트

사실적 사고 능력을 검증하는 문제로, 제시문의 내용을 정확히 파악해 선택지와의 일치 여부를 판단할 수 있는지 묻는 유형이다. 이 문제는 독해할 때 거란의 침입 배경과 협상에서 합의한 내용, 이후 고려의 영토 확장 등의 과정을 정리하는 것이 바람직하며, 각 선택지의 진위를 판단할 수 있는 근거를 제시문에서 신속히 확인해 대조해야 한다. 이때 제시문을 통해 진위 여부를 판단할 수 없는 선택지는 제시문의 내용과 일치하지 않는다고 본다.

🔍 배경지식

고려의 외교

고려는 복잡한 구도의 국제 환경에 대처하고 국가의 이익을 보호하기 위해 강경책과 온건책을 병행하며 운용의 묘를 살리는 외교 정책을 취했다. 예컨대, 제4대 왕 광종은 칭제건원을 했으나 현실적인 필요에 따라 중국(송)의 연호를 사용해 우호적인 대중관계를 도모하면서 요나라·여진족 등의 공격을 방어하거나 협공할 계획을 세우기도 했다. 이처럼 고려 조정의 외교 정책의 기본 방향은 '친송'과 '북진'이었기에 거란·여진족 등의 왕성한 북방 세력에 눌려 그들과 수교하거나 또는 송과의 관계를 끊으려 하지 않았다. 한때 거란의 위세에 눌려 서희가 송과 단교하겠다고 거란에 약속하기도 했으나, 이는 외교적인 언사였을 뿐이며 실제로는 암암리에 송과의 교류를 이어나갔다. 이처럼 고려와 송이 외교관계를 지속한 이유는 고려는 송의 문물을 원했고, 송은 이민족의 침입에 맞설 수 있는 고려의 군사적 지원을 원했기 때문이다.

[04~06] 지문 분석

• 주제 : 식물인간을 도덕 공동체로 받아들일 수 있는 가능성에 대한 논의

• 핵심 키워드 : 도덕 공동체, 도덕 행위자, 도덕 피동자, 감응력, 현상적 의식

• 글의 구조

▷ 1문단 : 도덕적 고려의 대상이 되는 도덕 공동체의 구성원
- 도덕 공동체의 구성원은 도덕 행위자와 도덕 피동자로 구분 ← 도덕적 고려의 대상
- 도덕 행위자(도덕 행위의 주체) : 자신의 행위에 따른 결과에 대해 책임을 짐
- 도덕 피동자(이성·자의식 없음) : 감응력(=쾌락·고통을 느끼는 능력)이 있음 → 도덕적 이익을 가짐 → 도덕적 고려의 대상이 됨

▷ 2문단 : 감응력을 도덕적 고려의 기준으로 삼을 때 제기되는 문제점
- 싱어와 커루더스 외 많은 철학자들은 감응력을 도덕적 고려의 기준으로 삼음
- 싱어는 동물에게 감응력이 있으므로 도덕 공동체에 포함된다고 주장
- 고차원적 의식을 감응력의 기준으로 보는 커루더스의 주장에 따르면 영유아가 도덕적 고려의 대상에서 제외되는 문제는 잠재적 구성원의 개념(=영유아에게 언젠가 감응력이 나타날 것임)으로 해결. 그러나 식물인간이 도덕적 공동체에서 제외되는 문제가 남음

▷ 3문단 : 식물인간을 도덕적으로 고려할 때 해야 하는 도덕적 고려
- 식물인간은 의식이 없다는 판단의 이유 : 식물인간이 현상적 의식(=자극에 대한 질적 느낌)을 가지지 않는다는 행동주의적 관찰의 결론
- '현상적 의식이 없음 → 감응력이 없음'. 그러나 '감응력이 없음 ↛ 현상적 의식이 없음', 즉 현상적 의식≠감응력(∵ 식물인간이 수동적인 질적 느낌을 가질 수 있음)
- 현상적 의식의 2종류(적극적인 의미의 질적 느낌 / 수동적인 질적 느낌) 중에서 식물인간은 수동적인 질적 느낌을 가질 수 있으므로 식물인간은 현상적 의식을 가짐
- 감응력은 수동적인 측면(=감각 정보의 접수)을 넘어서 능동적인 측면(=감각 정보를 바라거나 피하고 싶음)을 포함한다는 것은 자신이 어떻게 취급받는지에 신경 쓸 수 있다는 뜻 → 감응력은 수동적인 측면과 능동적인 측면 모두를 포함함. 따라서 식물인간은 능동적인 측면의 감응력을 갖지 못하므로 감응력을 갖지 않음

안심Touch

– 감응력을 도덕적 고려의 기준으로 삼는 철학자들은 감응력의 능동적인 측면에 도덕적 고려(= '행동주의적 기준으로 포착되지 않는 심적 상태, 즉 수동적인 질적 느낌을 갖는 상태는 도덕적 고려의 대상이 아니다')를 해야 함

▷ 4문단 : 식물인간을 도덕적으로 고려할 때 도덕적 속성을 찾아야 하는 이유
  – 감응력이 없고 현상적 의식만 있는 식물인간은 도덕적 고려의 대상인가?
  – 도덕적 고려의 결정 방법 : '어떤 존재가 가지고 있는 도덕적 속성으로' 또는 '도덕적 행위자가 그 존재와 맺는 구체적 관계에 의해'
  – 관계론적 접근(=도덕 공동체의 가입 여부는 다양한 존재들의 일상적인 상호작용의 관계에 따라 정해진다는 입장)은 차별주의 옹호 및 동일한 식물인간이 구체적 관계의 여부에 따라 도덕 공동체에 속하기도, 속하지 않기도 하는 문제 초래
  – 따라서 식물인간을 도덕적으로 고려하려면 도덕적으로 유의미한 속성을 찾아야 함

▷ 5문단 : 식물인간을 도덕 공동체에 받아들일 수 있는 이유
  – 감응력 마비자(감응력이 없으며 현상적 의식의 수동적 측면만 가짐)는 도덕적 고려의 대상이 되기에는 부족하지만 감응력이 있는 인간의 일상생활의 모습을 보여 줌
  – 감응력이 있는 인간도 외부 자극에 대한 정보가 최소한으로 접수되는 정도의 수동적인 의식적 상태에 있는 경우가 있으며, 이때 정도가 미약하다는 이유만으로는 그 상태를 도덕적으로 고려할 수 없다는 주장은 설득력이 부족함
  – 마찬가지로 식물인간이 주관적 의식(=수동적인 현상적 의식을 갖는) 상태를 갖는다면 식물인간을 도덕 공동체에 받아들일 수 있음

04　세부 내용의 이해　　　정답 ②

② 1문단에 따르면 이성·자의식이 없어서 도덕적 행동을 할 수 없는 도덕 피동자를 도덕적 고려의 대상으로 여기는 것은, 도덕 피동자가 쾌락·고통을 느끼는 감응력이 있어 쾌락·고통을 좇거나 피하려고 하는 도덕적 이익을 가지므로 도덕적 고려의 대상이 되기 때문이다. 즉, 도덕 피동자는 감응력(=쾌락·고통을 느끼는 능력)이 있는 존재이다. 또한 3문단에서 현상적 의식이 없으면 감응력이 없는 것이지만 거꾸로 감응력이 없다고 해서 꼭 현상적 의식을 가지지 못하는 것은 아니며, 감응력은 수동적인 측면을 넘어서 감각 정보를 바라거나 피하고 싶다는 능동적인 측면을 포함한다고 했으므로 도덕 피동자는 현상적 의식의 능동적인 주의력을 갖춘 대상임을 알 수 있다. 따라서 도덕 피동자는 능동적인 주의력이 없다는 ②의 진술은 제시문에 대한 이해로 적절하지 않다.

① 1문단에 따르면 도덕 공동체의 구성원은 도덕 행위자와 도덕 피동자로 구분되며, 도덕 피동자는 영유아처럼 이성·자의식 등이 없기에 도덕적 행동을 할 수 없는, 즉 도덕 행위의 주체가 될 수 없는 존재이다. 그러나 영유아라고 해도 쾌락·고통을 느끼는 감응력이 있기에, 즉 쾌락·고통을 느끼기에 이를 좇거나 피하려고 하는 도덕적 이익을 가지고 있으므로, 도덕적 고려의 대상이 되어야 한다. 또한 5문단에 따르면 감응력이 전혀 없는 감응력 마비자의 경우에도 그가 주관적 의식 상태를 가질 수 있다면 도덕 공동체에 받아들일 수 있다. 따라서 도덕적 행위를 할 수 없는 존재, 즉 도덕 피동자는 도덕 공동체에 들어올 수 있다는 ①의 진술은 제시문에 대한 이해로 적절하다.

③ 3문단에 따르면 도덕적 고려는 도덕적 행위자가 그 존재와 맺는 구체적 관계에 의해 결정된다는 주장으로 도덕 공동체의 가입 여부는 일상적인 상호작용의 관계에 따라 도덕 공동체의 가입 여부가 정해진다는 입장이다. 이러한 관계론적 접근은 똑같은 식물인간이 구체적 관계의 여부에 따라 도덕 공동체에 속하거나 속하지 않는 일관성 부족의 문제를 초래하기도 한다. 즉, 관계론적 접근을 따르면 동물·영유아·식물인간 등은 관계에 의해서 도덕적 고려의 대상이 될 수도 있고 되지 못할 수도 있다. 예컨대, 어떤 동물이 다른 도덕적 행위자와 관계를 맺지 않을 경우에 그 동물은 도덕적 고려의 대상이 아니라고 할 수 있다. 따라서 관계론적 접근에서는 동물이 도덕적 고려의 대상이 아닐 수도 있다는 ③의 진술은 제시문에 대한 이해로 적절하다.

④ 3문단에 따르면 식물인간이 어떤 자극에도 반응하지 못한다는 행동주의적 관찰 때문에 식물인간을 흔히 의식이 없는 상태라고 판단한다. 또한 식물인간은 능동적인 측면의 감응력(=감각 정보를 바라거나 피하고 싶음)을 갖지 못하므로 감응력을 갖지 않는다고 하였다. 따라서 식물인간은 자극에 반응이 없기 때문에 식물인간이 고통을 느끼지 못한다고 판단한다는 ④의 진술은 제시문에 대한 이해로 적절하다.

⑤ 1문단과 3문단을 종합해보면, 도덕 피동자는 도덕 공동체의 구성원이 되며, 도덕 피동자인 식물인간은 이성·자의식 등이 없기에 도덕적 행동을 할 수 없다. 즉 도덕 행위의 주체가 될 수 없으므로 자신의 행위에 따른 결과를 책임질 수 있는 존재가 아니다. 또한 도덕 피동자는 도덕적 고려의 대상이라는 것이 상식인 것은, 도덕 피동자에게 쾌락·고통을 느끼는 감응력이 있기 때문이다. 그리고 감응력은 수동적인 측면과 능동적인 측면 모두를 포함하는데, 식물인간은 능동적인 측면의 감응력을 갖지 못하므로 감응력 또한 갖지 않는다. 즉, 식물인간은 능동적인 감응력이 없어 감응력을 갖지 못한다고 할 수 있으며, 자신의 행위에 대해 책임 또한 질 수 없다. 따라서 식물인간은 도덕 공동체의 구성원이 되어도 스스로 책임질 수 없다는 ⑤의 진술은 제시문에 대한 이해로 적절하다.

05 추론하기 정답 ④

④ 2문단에 따르면 커루더스는 고차원적 의식을 감응력의 기준으로 여긴다. 즉, 감응력이 없다면 고차원적 의식 또한 없다고 보는 것이다. 또한 2문단에서 식물인간은 고차원적 의식과 감응력이 없다고 생각된다고 하였다. 그리고 3문단에 따르면 식물인간을 흔히 의식이 없는 상태라고 판단하며, 식물인간은 현상적 의식의 종류 중 하나인 수동적인 질적 느낌을 가질 수 있으므로 현상적 의식을 가진다. 요컨대, 식물인간은 현상적 의식이 있지만 감응력이 없는 존재로 이해할 수 있으며, 커루더스도 식물인간이 고차원적 의식을 갖지 않는다고 생각할 것이다. 따라서 커루더스는 식물인간처럼 현상적 의식이 있지만 감응력이 없는 존재를 고차원적 의식이 없다고 생각한다는 ④의 추론은 타당하다.

오답분석

① 5문단에 따르면 감응력 마비자는 감응력은 전혀 없지만 현상적 의식의 수동적 측면만을 가진(=능동적인 측면을 갖지 못한) 사람이다. 이는 '적극적인 의미의 질적 느낌'과 '수동적인 질적 느낌'이라는 현상적 의식의 2종류 중에 수동적인 질적 느낌을 가질 수 있기에 현상적 의식을 가진다는 것이다. 따라서 감응력 마비자는 현상적 의식을 가지지 못한다는 ①의 추론은 타당하지 않다.

② 3문단에 따르면 수동적인 질적 느낌은 감각 정보가 접수된다는 것이며, 감응력은 수동적인 측면을 넘어서 어떠한 감각 정보를 바라거나 피하고 싶다는 능동적인 측면을 포함한다. 즉, 감응력은 수동적인 측면(=정보 접수적 측면)과 능동적인 측면을 모두 포함하는 개념이다. 따라서 감응력은 정보 접수적 측면이 없다는 ②의 추론은 타당하지 않다.

③ 3문단에 따르면 식물인간을 흔히 의식이 없는 상태라고 판단하는 것은 식물인간이 어떤 자극에도 반응하지 못한다는 행동주의적 관찰 때문이며, 이런 관찰은 식물인간이 그 자극에 대한 질적 느낌, 곧 현상적 의식을 가지지 않는다고 결론 내린다. 어떤 사람이 현상적 의식이 없는 경우 그는 감응력이 없을 것이다. 또한 감응력을 도덕적 고려의 기준으로 삼는 철학자들은 감응력의 능동적인 측면에, 행동주의적 기준으로 포착되지 않는 심적 상태, 즉 수동적인 질적 느낌을 갖는 상태는 도덕적 고려의 대상이 아니라는 도덕적 고려를 해야 한다. 요컨대, 행동주의적 기준으로 포착되는 감응력과 달리 현상적 의식은 행동주의적 기준으로 포착되지 않는다. 따라서 현상적 의식은 행동주의적 기준으로 포착되고, 감응력은 행동주의적 기준으로 포착되지 않는다는 ③의 추론은 타당하지 않다.

⑤ 1문단에 따르면 감응력은 쾌락·고통을 느끼는 능력을 뜻하며, 감응력을 갖고 있다면 쾌락·고통을 좇거나 피하려고 한다는 도덕적 이익을 가지고 있으므로 도덕적 고려의 대상이 된다. 또한 2문단에 따르면 싱어는 영유아뿐만 아니라 동물도 감응력이 있으므로 동물도 도덕 공동체에 포함해야 한다고 주장한다. 즉, 싱어에게 도덕적 고려의 대상(=도덕 공동체에 포함해야 하는 대상)을 판단하는 기준은 감응력의 보유 유무이므로, 감응력을 갖추지 못했다면 도덕적 고려의 대상이 될 수 없다. 따라서 싱어에게 ⑤에서 언급한 '감응력 없이 현상적 의식의 상태에 있는 대상'은 도덕적 고려의 대상이 아니며, 이처럼 도덕적 고려의 대상이 아닌 대상에게 위해를 가하는 것은 비윤리적이라고 주장하지 않을 것이다.

안심Touch

③ 먼저 5문단의 내용을 통해 ㉠을 이해하자면 다음과 같다. 외부 자극에 대한 정보가 접수되는 정도가 미약하다는 이유만으로는 수동적인 의식적 상태(=외부 자극 정보가 최소한으로 접수되는 상태)를 도덕적으로 고려할 수 없다는 주장이 설득력 부족인 것과 마찬가지로, 식물인간이 주관적 의식(=수동적인 현상적 의식을 갖는) 상태를 갖는다면 식물인간을 도덕 공동체에 받아들일 수 있다(=식물인간은 도덕적 고려의 대상이 될 수 있다). ㉠의 요지는 식물인간이 주관적 의식 상태를 가질 수 있다면 도덕 공동체의 구성원으로 받아들여야(=도덕적 고려를 해야) 한다는 것이다. 또한 3문단에 따르면 감응력은 수동적인 측면은 물론 어떠한 감각 정보를 바라거나 피하고 싶다는 능동적인 측면을 포함하며, 이때 '능동적인 측면을 포함'한다는 것은 자신이 어떻게 취급받는지에 신경 쓸 수 있다는 뜻이다. 즉, '자신이 어떻게 취급받는지에 신경 쓸 수 있음=감응력의 능동적인 측면을 가짐'으로 이해할 수 있다. 그런데 ③에서 언급한 '외부의 자극에 대한 수동적인 의식적 상태'는 5문단에 나타난 감응력 마비자가 처한 '외부의 자극에 대한 정보가 최소한 접수되는 정도의 수동적인 의식적 상태'로, 감응력 마비자는 자신이 어떻게 취급 받는지 신경쓰지 않는 상태에 있다고 이해할 수 있다. 그러므로 ㉠은 자신이 어떻게 취급받는지 신경쓰지 않는 상태 또한 도덕적 고려의 대상이 될 수 있다는 주장인 것이며, ㉠을 비판하려면 식물인간은 도덕적 고려의 대상이 될 수 없다고 반박해야 한다. 따라서 도덕적 고려가 필요하지 않다는 ③의 진술은 ㉠에 대한 비판으로 적절하다.

[오답분석]

① 5문단을 통해 ㉠을 정리하자면, ㉠은 감응력이 전혀 없음에도 불구하고 감응력 마비자, 곧 식물인간은 현상적 의식을 가진 존재이기 때문에 도덕적 고려의 대상이 될 수 있다는 것이다. 이때 '감응력이 전혀 없음'은 쾌락·고통을 전혀 못 느낀다는 뜻이고, '현상적 의식을 가진 존재'는 ①에서 언급한 '현상적 의지를 가진 존재'에 대응될 수 있고, ㉠은 감응력이 있는 존재만을 도덕적으로 고려해야 한다는 주장이 아니다. 따라서 '감응력이 있는 존재만을 도덕적으로 고려하면 고통·쾌락을 덜 느끼는 사람을 처벌하게 된다'는 ①의 진술은 ㉠에 대한 비판으로 적절하지 않다.

② 1문단에 따르면 도덕 피동자는 이성·자의식이 없기 때문에 도덕적 행동을 할 수 없지만, 쾌락·고통을 느끼는 감응력이 있으므로 도덕적 고려의 대상이 된다. 또한 도덕 행위자는 도덕 행위의 주체로서 자신의 행위에 따른 결과에 대해 책임질 수 있는 존재이다. 또한 ㉠은 도덕 피동자와 도덕 행위자 사이의 도덕적 의무와 관련한 주장이 아니다. 그런데 ②는 도덕 행위자는 도덕 피동자에게 도덕적 의무을 져야 한다는 주장이다. 따라서 ㉠을 포함한 제시문의 논점과 동떨어진 ②의 진술은 ㉠에 대한 비판으로 적절하지 않다.

④ 4문단에 따르면 도덕적 고려의 결정 기준은 '어떤 존재가 가지고 있는 도덕적 속성'과 '도덕적 행위자가 그 존재와 맺는 구체적 관계'의 2가지가 있는데, 후자는 도덕 공동체의 가입 여부는 다양한 존재들의 일상적인 상호작용 관계에 따라 정해진다는 관계론적 접근이다. 그러나 이러한 관계론적 접근은 차별주의를 옹호할 수 있고, 똑같은 식물인간이 구체적 관계의 여부에 따라 도덕 공동체에 속하기도 하고 속하지 않기도 하는 일관성 부족의 문제를 초래한다고 비판하였다. 결국 식물인간을 도덕적으로 고려하려면 식물인간에게서 도덕적으로 의미 있는 속성을 찾아야 한다. 요컨대, 도덕적 고려의 결정 기준으로 관계론적 접근을 반대하고 도덕적 속성에 주목한 것이다. 그런데 ㉠은 관계론적 접근과는 무관한 주장이며, ④는 누구와 어떤 관계를 맺느냐가 아니라 도덕적 속성을 근거로 도덕적 고려 여부를 판단해야 한다는 주장이다. 따라서 ④의 진술은 도덕적 고려 여부의 판단 기준으로 관계론적 접근을 거부하고 도덕적 속성에 주목한 4문단의 내용과 입장을 같이 하며, ㉠과는 무관하므로 ㉠에 대한 비판으로 적절하지 않다.

⑤ 5문단에 따르면 자판을 오래 사용해 어느 자판에 어느 글자가 있는지 보지 않고도 문서를 작성할 수 있는 사람이 자판을 사용할 때는 특별한 능동적인 주의력이 필요한 의식적 상태는 아니지만, 외부의 자극에 대한 정보가 최소한 접수되는 정도의 수동적인 의식적 상태에 있다고 해야 한다. 이때 외부 자극 정보가 접수되는 정도가 미약하다는 이유만으로는 그 상태를 도덕적으로 고려할 수 없다는 주장이 설득력이 부족한 것과 마찬가지의 논리로 식물인간이 고통은 느끼지 못하더라도 주관적 의식 상태를 가질 수 있다면 식물인간을 도덕 공동체에 받아들일 수 있다는 것이 ㉠의 주장이다. 그런데 ⑤의 진술처럼 '능동적인 주의력이 필요한 의식 상태'가 '외부 자극에 대한 정보가 최소한 접수되는 정도의 의식적 상태(=수동적인 의식적 상태)'와 같다고 하더라도, 식물인간은 주관적 의식이 있기에 도덕 공동체에 받아들일 수 있다는 ㉠의 주장은 약화되지 않는다. 오히려 ⑤의 주장은 ㉠의 주장을 강화할 수 있다. 따라서 ⑤의 진술은 ㉠에 대한 비판으로 적절하지 않다.

[풀이 포인트]

비판적 사고 능력을 검증하는 문제로, 제시문에 나타난 주장을 비판한 선택지의 논리성을 판단할 수 있는지 묻는 유형이다. 따라서 제시문에 나타난 주장의 논점과 그것에 대한 근거를 충분히 이해한 후에 선택지가 제시문의 주장을 논박할 수 있는지 검토해야 한다. 아울러 이 문제에서는 ㉠을 포함한 5문단을 독해할 때 감응력이 없는 식물인간을 도덕 공동체로 받아들일 수 있다는 ㉠의 주장의 근거를 정리하는 것이 바람직하다.

- 주제 : 유서에 대한 이해 및 조선의 유서 편찬에 나타 난 서학의 수용
  - (가) 중국과 조선의 유서의 특징과 의의(1문단 ~ 4 문단)
  - (나) 조선 후기 유서 편찬에 있어 서학 수용 양상(5 문단 ~ 8문단)
- 핵심 키워드 : 유서(類書), 실학, 주자학, 서학, 지봉 유설, 성호사설, 오주연문장전산고
- 글의 구조
  ▷ 1문단 : 유서의 개념, 유형 및 중국 유서의 특징
    - 유서 : 고금의 서적에서 자료를 수집하고 항목 별로 분류·정리해 편리하게 이용할 수 있게 한 서적 → 배열할 뿐 상호 비교나 해석 없음
    - 유서의 유형 : 일반 유서, 전문 유서 → 편찬 방 식은 책에 따라 다른 경우 많음
    - 중국 유서의 특징 : 국가 주도의 대규모 편찬 → 지식의 집성, 왕조의 위엄 과시
  ▷ 2문단 : 조선 유서의 특징
    - 중국 유서를 활용했고, 중국 유서의 편찬 방식에 따라 필요에 맞게 유서 편찬
    - 개인이 소규모로 유서를 편찬하는 경우가 많고, 전문 유서를 집중적으로 편찬함
    - 편찬자가 미상인 전문 유서가 많은 것은 간행을 염두에 두지 않고 개인적 목적으로 유서를 활용 하려 했기 때문
  ▷ 3문단 : 17세기 이후 유서 편찬의 변화
    - 17세기부터 실학의 학풍이 조류를 형성하면서 유서 편찬이 변화함
    - 실학자들의 유서 : 현실 개혁(취지), 지식의 제 공·확산(편찬 의도), 지식의 재분류·범주화 (방식) 및 평가를 더함(저술로서의 성격), 주자 학에서 중시되지 않은 지식을 집적, 고증과 안설 (按設=의견), 유연성·개방성, 식자층이 지식 을 쉽게 접할 수 있어야 함, 객관적 사실 탐구
  ▷ 4문단 : 조선 후기 실학자들의 유서의 의의
    - 주자학의 관념적 사유에 국한되지 않고 새로운 지식의 축적과 확산을 촉진
  ▷ 5문단 : 조선 후기 유서의 지적 자원으로서의 서학
    - 서학은 조선 후기 유서의 지적 자원으로 활용
    - 유서에 서학을 수용한 사례 : 이수광, 이익, 이 규경이 편찬한 백과전서식 유서
  ▷ 6문단 : 17세기 이수광의 『지봉유설』
    - 이수광 : 주자학과 다른 학문에 대해 열린 태도 견지
    - 당시의 주류 : 주자학에 기초해 도덕과 경전에 관한 학문 연구

  - 『지봉유설』 : 조선의 지식을 망라(항목화)+견 해+서양 관련 지식 소개
  - 『지봉유설』에 대한 주자학자들의 비판 : 심성 수양에 절실하지 않음, 주자학이 아닌 것이 뒤섞 여 순수하지 않음
  - 『지봉유설』의 의의 : 중국과 큰 시간 차이 없이 서양 관련 지식을 알림
  ▷ 7문단 : 18세기 이익의 『성호사설』
    - 이익 : 기존의 학설을 정당화하거나 배제하는 근거로 서학 수용
    - 『성호사설』 : 서학 지식 자체를 표제어로 삼음, 지식의 심화·확장(서학의 세부 내용을 다른 분 야로 확대하며 상호 참조), 지식의 범주를 바꾸 어 수용(서학의 해부학·생리학을 주자학 심성 론의 하위 이론으로 재분류), 서학의 수학을 주 자학의 지식 영역 안에서 재구성
  ▷ 8문단 : 19세기 이규경의 『오주연문장전산고』
    - 이규경 : 『오주연문장전산고』를 편찬하면서 서 학을 적극 활용
    - 『오주연문장전산고』 : 『성호사설』의 분류 체계 적용, 이익처럼 서학의 천문학·우주론 수록
    - 『오주연문장전산고』에 드러난 매개적 방식의 서학 수용 : 서학과 중국의 학문을 절충하고 서 학 중국 원류설(=서학의 진보성의 토대가 중국 이라는 학설)을 반영한 중국 서학 연구서들을 활 용 → 서학 중국 원류설 수용 및 중화 관념에서 탈피하지 않으면서도 서학 수용의 이질감·부 담감에서 자유로움

07　일치·불일치　　　　　[정답] ⑤

⑤ 1문단에 따르면 유서는 중국에서 비롯되었으며, 일반적으 로 기존 서적에서 필요한 부분을 뽑아 배열할 뿐 상호 비 교하거나 편찬자의 해석을 가하지 않았다. 따라서 발췌한 내용을 비교하고 해석을 덧붙여 유서를 편찬했다는 ⑤의 진술은 Ⓐ와 일치하지 않는다.

[오답분석]

① 2문단에 따르면 조선의 유서는 대체로 개인이 소규모로 편찬하는 경우가 많았고, 목적에 따른 특정 주제의 전문 유서가 집중적으로 편찬되었다. 그리고 전문 유서 가운데 편찬자가 미상인 유서가 많은 것은 간행을 염두에 두지 않 고 개인적 목적으로 유서를 활용하고자 하였기 때문이다. 따라서 편찬자 미상의 유서가 많았던 이유는 개인적 목적 으로 유서를 활용하려 했기 때문이라는 ①의 진술은 Ⓐ와 일치한다.

② 2문단에 따르면 조선에서는 목적에 따른 특정 주제의 전문 유서가 집중적으로 편찬되었는데, 전문 유서 가운데 편찬자가 미상인 유서가 많은 것은 기존 서적에서 필요한 부분을 발췌·기록해 시문 창작, 과거 시험 등 개인적 목적으로 유서를 활용하고자 하였기 때문이었다. 따라서 조선에서는 시문 창작, 과거 시험 등에 필요한 내용을 담은 유서가 편찬되는 경우가 적지 않았다는 ②의 진술은 Ⓐ와 일치한다.

③ 2문단에 따르면 조선에서는 중국 유서의 편찬 방식에 따라 필요에 맞게 유서를 편찬했는데, 대체로 국가보다 개인이 소규모로 유서를 편찬하는 경우가 많았다. 따라서 조선에서는 중국의 편찬 방식을 따르면서도 대체로 국가보다는 개인에 의해 유서가 편찬되었다는 ③의 진술은 Ⓐ와 일치한다.

④ 1문단에 따르면 중국에서는 대체로 왕조 초기에 많은 학자를 동원해 국가 주도로 대규모 유서를 편찬했는데, 이를 통해 이전까지의 지식을 집성하고 왕조의 위엄을 과시할 수 있었다. 따라서 중국에서는 많은 학자를 동원해 대규모로 편찬한 유서를 통해 왕조의 위엄을 드러냈다는 ④의 진술은 Ⓐ와 일치한다.

풀이 포인트

사실적 사고 능력을 검증하는 문제로, 제시문의 내용을 정확히 파악해 선택지와 제시문의 일치 여부를 판단할 수 있는지 묻는 유형이다. 이 문제를 풀려면 유서의 정의, 편찬 주체, 편찬 의도 등의 특징을 정리해야 하며, 제시문 Ⓐ에 주어진 내용과 선택지와의 일치 여부를 대조하는 작업으로 정답을 찾을 수 있다.

⊕ 배경지식

유서(類書)

경서(經書), 사서(史書), 제자(諸子), 문집(文集) 등의 여러 책들을 내용이나 항목별로 분류·편찬하는 방식 또는 그러한 방식으로 편찬한 책을 통틀어 이르던 말이다. 중국에서 발생해 고려와 조선으로 이어졌으며, 지금의 백과사전과 비슷하다. 유서는 망실되기 쉬운 고전의 내용을 보존하는 것은 물론 지식의 기록·확산·활용에 이바지했으나, 한편으로는 표절 또한 쉬워져 오히려 학문의 건전한 발전을 방해하기도 했다.

08 추론하기   정답 ③

③ 3문단에 따르면 ㉠에는 평가를 더하는 등 저술의 성격이 드러난다. 또한 8문단에 따르면 ㉡을 편찬한 이규경은 서학을 소화해 중국의 학문과 절충하고 서학 중국 원류설(＝서학의 진보성의 토대가 중국이라는 학설)이 반영된 중국의 서학 연구서들을 지적 자원으로 활용함으로써 기존의 중화 관념에서 탈피하지 않으면서 서학을 수용하고

자 했다. 따라서 ③에서 '㉠는 평가를 더하는 저술로서의 성격이 있다'는 진술은 맞지만, '이규경은 중국 학문의 진보성을 확인하려고 서학을 활용했다'는 진술은 타당한 추론이 아니다.

오답분석

① 3문단에 따르면 ㉠의 편찬 의도는 지식의 제공과 확산이다. 따라서 ①에서 '㉠의 편찬 의도는 지식의 제공이다'는 진술은 타당하다. 또한 7문단에 따르면 ㉠을 편찬한 이익은 ㉠에서 서학의 세부 내용을 다른 분야로 확대하며 상호 참조하는 방식으로 지식을 심화·확장해 소개했다. 즉, ㉠에서 지식을 심화·확장해 소개한 것은 ㉠의 편찬 의도와 부합함을 알 수 있다. 따라서 ①에서 '㉠에서 지식을 심화·확장해 소개한 것에서 ㉠의 편찬 의도가 나타난다'는 진술은 타당한 추론이다.

② 3문단에 따르면 ㉠는 단순 정리를 넘어 지식을 재분류하여 범주화하는 방식을 취한다. 따라서 ②에서 '지식의 재분류·범주화는 ㉠의 편찬 방식이다'는 진술은 타당하다. 또한 7문단에 따르면 ㉠을 편찬한 이익은 서학의 해부학·생리학을 그 자체로 수용하지 않고 주자학 심성론의 하위 이론으로 재분류하는 등 지식의 범주를 바꾸어 수용했다. 즉, ㉠에서 서학의 해부학·생리학을 주자학 심성론의 하위 이론으로 재분류한 것은 ㉠의 편찬 방식과 부합함을 알 수 있다. 따라서 ②에서 '㉠의 편찬 방식은 ㉠에서 해부학과 생리학을 주자학 심성론의 하위 이론으로 수용한 것에서 나타난다'는 진술은 타당한 추론이다.

④ 3문단에 따르면 ㉠는 객관적 사실 탐구를 중시해 자연 과학에 관심을 기울였다. 따라서 ④에서 '㉠는 사실 탐구를 중시하며 자연 과학에 대해 드러냈다'는 진술은 타당하다. 또한 8문단에 따르면 ㉡을 편찬한 이규경은 ㉡에 서학의 천문학, 우주론 등의 내용을 수록했다. 즉, ㉡에서 서학의 천문학·우주론을 수록한 것은 ㉠에서 드러난 자연 과학에 대한 관심과 부합함을 알 수 있다(천문학과 우주론은 자연 과학에 포함된다). 따라서 ④에서 '㉠의 관심은 ㉡에서 천문학과 우주론의 내용을 수록한 것에서 나타난다'는 진술은 타당한 추론이다.

⑤ 3문단에 따르면 ㉠는 주자학의 지식을 이어받으면서 주자학 외의 새로운 지식을 수용하는 유연성·개방성을 보였다. 따라서 ⑤에서 '㉠는 새로운 지식을 수용하는 유연성과 개방성이 있다'는 진술은 타당하다. 또한 7문단에 따르면 ㉠을 편찬한 이익은 기존의 학설을 정당화하거나 배제하는 근거로 서학을 수용하는 등 서학을 지적 자원으로 활용했으며, 8문단에 따르면 ㉡을 편찬하면서 서학을 적극 활용한 이규경은 중국의 서학 연구서들을 활용해 매개적 방식으로 서학을 수용하였다. 즉, ㉠과 ㉡에서 서학을 수용한 것은 새로운 지식에 대한 ㉠의 유연성·개방성과 부합함을 알 수 있다. 따라서 ⑤에서 '㉠의 유연성·개방성은 ㉠·㉡에서 서학을 지적 자원으로 받아들인 것에서 나타난다'는 진술은 타당한 추론이다.

풀이 포인트

추리적 사고 능력을 검증하는 문제로, 제시된 상위의 개념에 대한 정확한 이해를 토대로 하위의 개념을 파악할 수 있는지 묻는 유형이다. 이 문제에서 '㉮ 실학자들의 유서'는 상위 개념으로서 '㉠『성호사설』'과 '㉡『오주연문장전산고』' 등의 하위 개념을 포괄하므로, ㉮의 일반적 특징은 ㉠과 ㉡에 모두 계승되는 관계를 이룬다. 따라서 이러한 관계에 대한 정확한 이해를 토대로 선택지의 추론적 이해가 타당한지 판단할 수 있어야 한다. 다만, 이러한 판단을 위한 근거가 ㉮와 ㉠·㉡을 포함한 문단에 드러나 있으므로 추리를 통해 정답을 도출할 수 있을 것이다.

🔎 배경지식

『성호사설』과 『오주연문장전산고』

- 성호사설(星湖僿說) : 조선 영조 때 이익이 평소에 지은 글을 모아 1740년경에 그의 조카들이 엮은 책으로, 천지(天地)·만물(萬物)·인사(人事)·경사(經史)·시문(詩文) 등의 부문으로 나누어졌으며, 부문마다 고증을 덧붙였다. '성호(星湖)'는 이익의 호이며, 자질구레한 논설이라는 뜻의 '사설(僿說)'은 이익이 겸손의 의미로 붙인 것이다.
- 오주연문장전산고(五洲衍文長箋散稿) : 조선 헌종 때 이규경이 조선과 중국(청나라)을 비롯한 여러 나라의 고금(古今)의 사물을 1,400여 항목에 걸쳐 고증하고 해설한 책이다. 천문, 시령(時令), 지리, 풍속, 관직, 궁실(宮室), 음식, 금수(禽獸) 등 여러 분야에 관한 것을 수록했다. '오주(五洲)'는 이규경의 호, '연문(衍文)'은 군더더기 글귀('거친 문장'이라는 뜻의 겸양 표현), '장전(長箋)'은 긴 형태의 문장, '산고(散稿)'는 흩어진 원고(겸양 표현) 등을 뜻한다.

09 비판하기

정답 ②

② 6문단에 따르면 주자학뿐 아니라 다른 학문에 대해서도 열린 태도를 가지고 있던 이수광이 편찬한 『지봉유설』에서 당대 조선의 지식을 망라해 항목화하고 자신의 견해를 덧붙였으며 중국에서 접한 서양 관련 지식을 객관적으로 소개했다. 또한 주자학에 기초해 도덕에 관한 학문과 경전에 관한 학문 등이 주류였던 당시 상황에서 ㉯의 일부 주자학자들은 『지봉유설』이 심성 수양에 절실하지 않으며, 주자학이 아닌 것이 뒤섞여 순수하지 않다고 비판한다. 그런데 6문단에서 이수광은 주자학과 다른 학문에 대해서 열린 태도를 가지고 있다고 했으므로, 이수광이 ㉯를 반박하려면 '주자학이 아닌 것이 뒤섞여 순수하지 않다'는 ㉯의 비판에 대해 주자학이 아닌 다른 학문에 대해서도 열린 태도를 가져야 한다고 논박하는 것이 적절하다. 따라서 주자학에 매몰되어 세상의 여러 이치를 연구하지 않는 것은

앎의 바른 방법이 아니라는 ②의 진술은 ㉯에 대한 이수광의 반박으로 적절하다.

오답분석

① 6문단에 따르면 일부 주자학자들은 이수광이 편찬한 『지봉유설』의 내용이 심성 수양에 절실하지 않다며 『지봉유설』을 비판한다. 그러나 이수광이 ①에서 언급한 '학문에서 의리를 앞세우고 이익을 뒤로하는 것'을 가장 중요하게 여겼는지, 그리고 '심성을 수양하는 것은 그다음의 일'로 여겼는지 등의 여부를 판단할 수 있는 근거가 제시문에는 없다. 오히려 6문단에서 이수광은 주자학뿐 아니라 다른 학문에 대해서도 열린 태도를 가지고 있었다고 했으므로 ①의 진술처럼 우열을 가려 우선순위를 정하는 사고를 하지 않았을 것이다. 따라서 심성 수양은 차선의 것이라는 ①의 진술은 심신 수양을 중시하는 ㉯에 대한 반박이 될 수 있다고 하더라도 ㉯에 대해 이수광이 반박할 수 있는 말로 적절하지 않다.

③ 6문단에 따르면 『지봉유설』을 편찬한 이수광은 주자학뿐 아니라 다른 학문에 대해서도 열린 태도를 가지고 있었다. 그런데 ③의 진술은 오직 주자학만을 강조하며 주자학이 아닌 학문이 번성하는 것을 문제 삼아 이를 경계하고 있으므로 이수광의 태도와 다르며, 또한 이수광의 『지봉유설』을 비판한 일부 주자학자들의 입장에 부합하므로 ㉯를 반박하는 것이 아니라 오히려 지지하는 것이다. 따라서 이수광의 태도와 다르며 ㉯를 지지할 수 있는 ③의 진술은 ㉯에 대해 이수광이 반박할 수 있는 말로 적절하지 않다.

④ 6문단에 따르면 주자학뿐 아니라 다른 학문에 대해서도 열린 태도를 가지고 있던 이수광은 『지봉유설』을 통해 당대 조선의 지식을 망라해 항목화하고 자신의 견해를 덧붙였다. 그런데 유학 경전에서 쓰이지 않은 글자를 한 글자라도 더하는 일을 용납할 수 없다며 편찬자가 자신의 견해를 덧붙이는 것을 거부하는 ④의 진술은 주자학이 아닌 것이 뒤섞여 순수하지 않다며 『지봉유설』을 비판한 ㉯의 주장에 부합하므로, 이수광이 열린 태도로 『지봉유설』에서 자신의 견해를 덧붙인 것을 비판할 수 있다. 따라서 이수광의 태도를 비판하며 ㉯를 지지할 수 있는 ④의 진술은 ㉯에 대해 이수광이 반박할 수 있는 말로 적절하지 않다.

⑤ 6문단에 따르면 이수광은 『지봉유설』을 통해 자신이 중국에서 접한 서양 관련 지식을 객관적으로 소개했다. 그런데 ⑤에서 언급한 '우리 학문의 여러 경전'은 서학이 아니라 주자학 등 조선이 경전으로 삼았던 기존의 주자학 등의 경전을 가리키므로 ⑤의 진술은 ㉯의 주장에 가깝다. 또한 이러한 ⑤의 진술은 주자학뿐만 아니라 서학을 포함한 다양한 외래 학문의 지식을 수용하려 한 이수광의 열린 태도에 부합하지 않는다. 따라서 이수광의 태도와 부합하지 않으며 ㉯를 지지할 수 있는 ⑤의 진술은 ㉯에 대해 이수광이 반박할 수 있는 말로 적절하지 않다.

10 추론하기 　　　　　정답 ⑤

⑤ 8문단에 따르면 이규경이 편찬한 『오주연문장전산고』는 서학 중국 원류설(＝서학의 진보성의 토대는 중국이라는 학설)을 받아들였고 당시 문명의 척도로 여겨진 기존의 중화 관념에서 벗어나지 않았다. 즉, 『오주연문장전산고』는 중국 문화를 문명의 척도로 삼았다. 또한 보기에 따르면 서유구가 주자학을 기반으로 편찬한 『임원경제지』에는 서학 중국 원류설, 중국과 비교한 조선의 현실 등이 반영되었다. 그러므로 『임원경제지』는 『오주연문장전산고』처럼 중화 관념에서 탈피하지 않았음(＝중화 관념에 구애됨)을 알 수 있다. 따라서 ⑤에서 '『오주연문장전산고』는 중국을 문명의 척도로 받아들였다. 『임원경제지』에서는 중국과 조선의 현실을 비교한 내용이 확인될 것이다'라는 진술은 옳지만, '『임원경제지』가 중화 관념에 구애되지 않았다'는 진술은 『임원경제지』에 대한 반응으로 적절하지 않다.

오답분석

① 3문단에 따르면 실학자들은 유서에 현실 개혁의 뜻을 담았다. 또한 보기에 따르면 서유구는 『임원경제지』에 향촌 구성원 전체의 삶의 조건을 개선할 수 있는 방안을 실었다. 따라서 '실학자들의 유서에 현실 개혁의 뜻을 담긴 것과 마찬가지로 『임원경제지』에서는 현실의 문제를 개선하려는 목적의식이 확인될 것이다'라는 ①의 진술은 『임원경제지』에 대한 반응으로 적절하다.

② 3문단에 따르면 실학자들은 유서에 증거를 세워 이론적으로 밝히는 고증과 이에 대한 의견 등 안설을 덧붙이는 경우가 많았다. 또한 보기에 따르면 실증·실용의 자세를 견

지했던 서유구는 『임원경제지』에서 19세기까지의 조선·중국 서적들에서 향촌 관련 부분을 발췌·분류하고 고증했으며 안설을 부기했다. 따라서 '실학자들의 유서는 증거를 제시해 이론적으로 밝히거나 의견을 제시하는 경우가 많았던 것과 마찬가지로 『임원경제지』에서는 편찬자의 고증과 의견이 반영된 것이 확인될 것이다'라는 ②의 진술은 『임원경제지』에 대한 반응으로 적절하다.

③ 1문단에 따르면 유서는 모든 주제를 망라한 일반 유서와 특정 주제를 다룬 전문 유서로 나눌 수 있다. 그리고 6문단에서 이수광은 『지봉유설』에서 당대 조선의 지식을 망라해 항목화하고, 자신이 중국에서 접한 서양 관련 지식을 객관적으로 소개했다고 했으므로 『지봉유설』은 일반 유서임을 알 수 있다. 또한 보기에서 서유구는 『임원경제지』에서 19세기까지의 조선과 중국 서적들에서 향촌 관련 부분을 발췌·분류했다고 했으므로 『임원경제지』는 전문 유서임을 알 수 있다. 따라서 '『임원경제지』는 『지봉유설』에 비해 전문 유서로서의 성격이 두드러지게 드러날 것이다'라는 ③의 진술은 『임원경제지』에 대한 반응으로 적절하다.

④ 7문단에 따르면 이익은 『성호사설』에서 기존의 학설을 정당화하거나 배제하는 근거로 서학을 수용하는 등 서학을 지적 자원으로 활용했다. 또한 보기에서 서유구는 『임원경제지』에서 향촌 구성원 전체의 삶의 조건을 개선할 수 있는 방안을 싣고, 향촌 실생활에서 활용할 수 있는 내용을 집성했다. 따라서 '『임원경제지』는 『성호사설』에 비해 향촌 사회 구성원의 삶에 필요한 실용적인 지식의 활용에 대한 관심이 드러날 것이다'라는 ④의 진술은 『임원경제지』에 대한 반응으로 적절하다.

01	02	03	04	05	06	07	08	09
②	①	⑤	②	⑤	④	④	⑤	②

[01] 지문 분석

- 주제 : 탈진실로 인한 문제와 탈진실의 원인
- 핵심 키워드 : 건전한 사고방식, 탈진실
- 글의 구조
  ▷ 1문단 : 오늘날 진실이 위협받는 현상이 광범위하게 일어나게 된 배경
    − 진실을 부정하는 사람들의 일관적이지 않은 검증 기준 적용 → 사실의 은폐, 세계에 대한 믿음을 구축하는 과정 자체의 변질, 건전한 사고방식에 대한 위협 등을 초래
    − 건전한 사고방식 : 개인의 감정과 무관하게 참인 사실들을 찾으려고 노력할 때 우리 모두에게 이익이 된다는 사고방식
    − 오늘날 진실이 위협받는 현상이 광범위하게 발생하는 이유 : 과거와 달리 많은 사람이 현실을 왜곡해 자기 생각에 꿰맞추려 함
  ▷ 2문단 : 탈진실의 정의와 탈진실 문제의 심각성
    − 탈진실 : 객관적 사실보다 개인의 신념·감정에 호소하는 것이 여론 형성에 더 큰 영향을 끼치는 현상
    − 영국과 미국의 사례 : 터무니없는 주장들이 여론 형성에 큰 영향을 끼침
    − 탈진실 문제의 심각성 : 사실을 임의로 선별·수정할 수 있다는 신념으로 이어짐 → 정치 전략으로 악용
  ▷ 3문단 : 탈진실 현상의 원인
    − 외부적 요인 : 공적 기관·전통 미디어에 대한 불신, 정치적 양극화, 포퓰리즘
    − 내부적(심리적) 요인 : 진실 때문에 감정이 불쾌해지거나 신념을 포기하는 것보다 진실을 외면하거나 왜곡하는 것을 선택함 ← 의식 또는 무의식 차원에서 모두 발생

01 일치 · 불일치 　　　　　　정답 ②

② 3문단에 따르면 탈진실 현상은 공적 기관(≒정부)에 대한 불신, 정치적 양극화와 포퓰리즘 등의 정치적 요인으로 발생한다. 또한 불편한 진실 때문에 감정이 불쾌해지거나 신념을 포기하는 것보다 진실을 외면하거나 왜곡하는 것을 선택하는 등의 심리적 요인 때문에도 탈진실 현상이 발생한다고 하였다. 따라서 ②의 진술처럼 탈진실 현상의 발생 원인에는 정치적 요인과 심리적 요인이 있음을 알 수 있다.

오답분석

① 1문단에 따르면 '건전한 사고방식'은 어떤 사실들은 개인의 감정과 무관하게 참이며 그런 사실들을 찾으려고 노력할 때 우리 모두에게 이익이 된다는 사고방식을 뜻한다. 즉, 우리의 감정과 무관하게 참인 것을 찾으려고 노력할 때 우리 모두에게 이익이 된다는 것이다. 따라서 '우리에게 이익이 되지 않는다'고 단정한 ①의 진술은 타당하지 않다.

③ 1문단에 따르면 진실을 부정하는 사람들은 자신이 믿고 싶지 않은 사실에는 지나치게 높은 검증 기준을 들이대는 반면, 자기 의견에 부합하는 것에는 검증 기준을 낮추거나 덮어두고 맹신한다. 즉, 검증 기준을 적용할 때 일관적이지 않다는 것이다. 따라서 '동일한 검증 기준을 제시한다'는 ③의 진술은 타당하지 않다.

④ 2문단에 따르면 2016년 영국의 유럽연합 탈퇴 국민투표와 미국의 대선은 탈진실의 대표적 사례이다. 그러나 이러한 내용만으로는 '2016년 이후 서구 사회에서 탈진실 현상이 처음 발생했다'는 ④의 진술의 옳고 그름을 알 수 없으며, 이를 판단할 수 있는 근거 또한 제시문에는 없다.

⑤ 3문단에 따르면 불편한 진실 때문에 자신의 감정이 불쾌해지거나 신념을 포기하느니 차라리 진실을 외면하거나 왜곡하는 쪽을 택하는 것은 의식 차원과 무의식 차원 모두에서 일어난다. 따라서 '무의식 차원에서가 아니라 의식 차원에서만 일어난다'는 ⑤의 진술은 타당하지 않다.

풀이 포인트

사실적 사고 능력을 검증하는 문제로, 제시문에 주어진 정보를 통해 선택지의 내용을 알 수 있는지 묻는 유형이다. 이 문제는 제시문을 독해할 때 탈진실 현상의 요인 등 세부 정보를 잘 파악하고 있어야 한다. 따라서 선택지의 진위 여부를 가릴 수 있는 근거를 제시문의 내용 중에서 찾아 대조함으로써 일치 여부를 판별할 수 있다. 이때 제시문에서 언급하지 않아 옳고 그름을 알 수 없는 선택지는 제시문과 불일치하는 것으로 본다.

배경지식

탈진실(脫眞實)

'진실에서 벗어난다'는 뜻으로, 여론이 형성될 때 객관적인 사실·진실보다 개인의 신념·감정이 여론에 큰 영향을 끼치는 현상을 뜻한다. 미국의 극작가인 스티브 테쉬흐가 1992년에 한 주간지에 기고한 글에서 탈진실의 영어 표현인 'Post-Truth'를 처음으로 사용한 것으로 알려져 있다. 또한 옥스퍼드 사전이 'Post-Truth'를 '대중의 의견을 형성하는 데 있어 객관적 사실이 개인적 신념·감정에 호소하는 것보다 영향력이 적은 환경'이라고 정의하며 2016년 올해의 단어로 선정한 것과, 이 단어에 대한 높은 사회적 관심은 현대가 진실이 작동하지 않는 시대, 사실보다 감정에 의해 여론이 형성될 가능성이 높은 시대, 거짓이 진실을 크게 위협하는 시대라는 반증이 될 수 있다.

---

[02] 지문 분석

• 주제 : 프라이버시권, 저작권 등과 비교해 파악한 퍼블리시티권
• 핵심 키워드 : 퍼블리시티권, 프라이버시권, 저작권, 자기동일성, 보호법익
• 글의 구조
  ▷ 1문단 : 퍼블리시티권의 등장 배경과 개념
    – 정보통신·매스미디어의 발달 → 특정인임을 인식할 수 있는 표지(성명·초상)를 상업적으로 활용하는 것에 대한 재산적 가치에 대한 권리로서 '퍼블리시티권' 등장
    – 퍼블리시티권의 정의 : 성명·초상·음성 등 개인의 자기동일성에서 유래하는 재산적 가치를 그 개인이 상업적으로 이용할 수 있도록 하는 권리
    – 퍼블리시티권은 프라이버시권, 저작권과 뚜렷이 다른 특징 있음
  ▷ 2문단 : 프라이버시권과 퍼블리시티권의 비교
    – 개인의 사생활 침해·노출 위험 커지는 실정에 대응해 프라이버시권은 사생활의 비밀·자유, 주거·통신의 불가침 등을 보호하려 함

구분	프라이버시권	퍼블리시티권
보호법익	인간의 존엄성	자기동일성의 사업적 가치
손해산정 기준	정신적·육체적 고통	상업적 가치와 가해자가 얻은 이익

  ▷ 3문단 : 저작권과 퍼블리시티권의 비교
    – 저작권 : 창작물에 대한 저작자의 경제적 이용권 보장 → 사회적으로 유익한 창작 유도, 창작물을 불법 사용으로부터 보호

구분	저작권	퍼블리시티권
공통점	개인의 인격이 깃든 가치를 보호	
보호대상	개인의 창작물 자체	개인의 자기동일성을 식별하는 표지
고정성	유형의 매체에 고정	표현 매체에 고정될 필요 없음

---

02 일치·불일치   정답 ①

① 3문단에 따르면 저작권과 퍼블리시티권은 모두 개인의 인격이 깃든 가치를 보호한다고 볼 수 있으며, 저작권은 저작자가 자신이 창작한 저작물을 경제적으로 이용할 수 있도록 보장한다. 또한 1문단에 따르면 퍼블리시티권은 개인의 자기동일성에서 유래하는 재산적 가치를 그 개인이 상업적으로 이용할 수 있도록 하는 권리이다. 따라서 ①의 진술처럼 퍼블리시티권과 저작권은 인격이 밴 재산적 가치로써 수익을 얻을 수 있게 하는 권리임을 알 수 있다.

오답분석

② 2문단에 따르면 개인의 사생활은 언론·출판·미디어의 침해와 공개에 노출될 위험이 갈수록 커지는 고도의 정보화 사회의 실정에 대응해 프라이버시권이 보호하려는 것은 사생활의 비밀·자유, 주거·통신의 불가침 등이며, 프라이버시권의 보호법익은 인간의 존엄성 그 자체이다. 따라서 '프라이버시권은 경제적 이익에 대한 침해를 막기 위해 등장했다'는 ②의 진술은 제시문의 내용과 다르며, 프라이버시권이 경제적 이익을 보호하려는 것인지의 여부를 알 수 있는 근거 또한 제시문에는 없다.

③ 3문단에 따르면 저작권은 저작자가 자신이 창작한 저작물을 경제적으로 이용할 수 있도록 보장해 사회적으로 유익한 창작을 유도하고 창작물을 불법 사용으로부터 보호한다. 즉, 저작권은 '창작의 자유'가 아니라 '창작물에 대한 저작자의 경제적 이용권'을 보장하는 것이다. 따라서 '저작권은 창작의 자유를 보장한다'는 ③의 진술은 제시문의 내용과 다르다. 또한 '저작권은 창작물의 이용·유통에 대한 규제를 해소하는 데 목적이 있다'는 ③의 진술도 제시문의 내용과 다르며, 3문단에서 '저작권은 창작물을 불법 사용으로부터 보호한다'고 했으므로 저작권을 보장하려면 소비자가 창작물을 이용·유통하는 것에 대한 규제가 오히려 필요해질 수 있을 것이다.

④ 2문단에 따르면 프라이버시권의 보호법익은 인간의 존엄성이고, 퍼블리시티권의 보호법익은 자기동일성의 사업적 가치이다. 또한 프라이버시권이 침해되었을 때는 정신적·육체적 고통을 중심으로 손해의 정도를 파악하는 반면에 퍼블리시티권이 침해되었을 때는 자기동일성의 상업적 가치와 함께 가해자가 얻은 이익을 고려해 손해를 산정한다. 따라서 ④에서 '퍼블리시티권과 프라이버시권은 침해되었을 때의 손해산정 기준은 동일할 수 없다'는 진술은 옳지만, '보호법익이 서로 같다'는 진술은 제시문의 내용과 배치된다.

⑤ 3문단에 따르면 저작권은 유형의 매체에 고정된 문학작품·음악작품·음성녹음 등 창작물 자체를 보호 대상으로 하며, 퍼블리시티권의 자기동일성의 요소는 성질상 꼭 표현 매체에 고정될 필요가 없다. 그러므로 '저작권은 그 보호 대상이 유형의 표현 매체에 고정되어야 한다는 점에서 퍼블리시티권과 차이가 있다'는 진술은 제시문의 내용과 일치한다. 그러나 '저작권은 그 보호 대상이 유형의 표현 매체에 고정되어야 한다'는 ⑤의 진술의 옳고 그름을 알 수 있는 근거가 제시문에는 없다.

풀이 포인트

사실적 사고 능력을 검증하는 문제로, 제시문에 나타난 정보를 통해 선택지의 내용을 미루어 알 수 있는지 묻는 유형이다. 이 문제에서는 퍼블리시티권, 프라이버시권, 저작권 등 주요 개념들의 공통점·차이점을 파악해야 하며, 제시문을 독해할 때 표로 정리해 두면 신속한 문제 풀이에 도움이 된다. 따라서 제시문에서 주어진 정보와 선택지의 진술을 대조해 일치 또는 불일치하는지 판별한다.

⊕ 배경지식

퍼블리시티권(Publicity權)

자신의 성명·외관·음성 등의 공적인 이미지를 재산으로 간주해 타인이 무단으로 이용하지 못하게 할 수 있는 배타적 권리로서, 양도·상속이 가능한 재산권이다. 우리나라에서는 퍼블리시티권을 명시적으로 규정한 법률이 없으나, 2021년 12월 「부정경쟁 방지 및 영업비밀 보호에 관한 법률」을 통해 "국내에 널리 인식되고 경제적 가치를 가지는 타인의 성명, 초상, 음성, 서명 등 그 타인을 식별할 수 있는 표지를 공정한 상거래 관행이나 경쟁질서에 반하는 방법으로 자신의 영업을 위하여 무단으로 사용함으로써 타인의 경제적 이익을 침해하는 행위(제2조 제1호 타목)"를 부정경쟁 행위의 하나로 규정함으로써 퍼블리시티권을 간접적으로 인정했다. 한편 법무부는 2022년 12월 '인격표지영리권(퍼블리시티권)' 조항을 신설하는 「민법」 일부개정안을 입법예고했는데, 이에 개인의 재산권을 보호한다는 찬성론과 표현의 자유를 침해한다는 반대론이 맞서고 있는 상황이다.

[03] 지문 분석

- **주제** : '흡수 통일'이라는 용어가 독일 통일의 과정에서 중요한 역할을 했던 동독 주민들을 배제하게 할 수 있는 이유
- **핵심 키워드** : 흡수 통일, 자유총선거
- **글의 구조**
  ▷ 1문단 : 오해의 여지가 있는 '흡수 통일'이라는 용어
  – '흡수 통일'은 동독이 일방적으로 서독에 흡수되었다는 인상을 줌
  – 통일 과정에서 동독 주민들이 보여준 행동을 고려하면 '흡수 통일'은 오해의 여지가 있음
  ▷ 2문단 : 독일의 통일을 요구한 동독 주민
  – 체제에 환멸을 느낀 많은 동독 주민들이 서독으로 탈출, 개혁·개방 요구 시위 발생
  – 내부 개혁을 요구한 시위 초기 이후 독일의 통일을 요구 및 자유총선거 실시
  ▷ 3문단 : 자유총선거의 결과와 독일의 통일 달성
  – 선거운동 과정에서 서독과 협력하는 정당 등장과 서독 정치인들의 유세 지원
  – 선거 결과의 의미 : 서독 기민당의 지원을 받으며 급진 통일을 주장한 독일동맹 승리는 동독 주민 스스로가 급진 통일을 지지했기 때문
  – 1990년 두 건의 조약을 체결함으로써 동서독 통일 달성
  ▷ 4문단 : '흡수 통일'이라는 용어가 초래할 수 있는 오해
  – 독일 통일의 과정에서 동독 주민들의 주체적인 참여 확인 가능
  – 독일 통일을 '흡수 통일'이라 한다면 통일 과정에서 중요한 역할을 했던 동독 주민들을 배제하게 됨
  – 독일 통일의 과정을 온전히 이해하려면 동독 주민들의 활동에 주목해야 함

03 세부 내용의 이해 　　정답 ⑤

⑤ 1문단에서 통일 과정에서 동독 주민들이 보여준 행동을 고려하면 '흡수 통일'이라는 용어는 오해의 여지가 있다고 지적했다. 또한 2문단에 따르면 동독 주민들은 시위를 통해 독일 통일을 요구했으며, 3문단에 따르면 동독의 자유총선거에서 독일동맹이 승리한 것은 동독 주민 스스로 급속한 통일을 지지했기 때문이며, 4문단에 따르면 동독 주민들은 독일 통일의 과정에서 주체적으로 참여하는 등 통일 과정에서 중요한 역할을 담당했다. 즉, 1문단에서 제시한 '흡수 통일이라는 용어는 오해의 여지가 있다'는 지적의 근거를 2문단과 3문단에서 상세히 설명하고, 4문단에서 동독 주민들이 주체적으로 보여준 행동의 의의를 결론적으로 평가하고 있는 것이다. 예를 들어 제시문 전체를

아우르고 주제를 표현할 수 있도록 논지를 요약하면 "독일 통일 과정에서 동독 주민들은 중요한 역할을 주체적으로 수행했으므로, '흡수 통일'이라는 용어는 이러한 동독 주민들을 배제하게 될 수 있다"는 것이다. 따라서 '독일 통일의 과정에서 동독 주민들의 주체적 참여가 큰 역할을 했다'는 ⑤의 진술은 제시문의 핵심 논지로 가장 적절하다.

오답분석

① 3문단에 따르면 자유총선거에서 급속한 통일을 주장하던 독일동맹이 승리한 것은 동독 주민들 스스로 급속한 통일을 지지한 것이라고 할 수 있다. 그러나 이는 동독과 서독의 통일 과정 중에서 동독 주민들이 주체적으로 참여해 통일 달성의 중요한 역할을 수행한 사례일 뿐이지 제시문의 핵심 논지는 아니다.

② 1문단에 따르면 독일 통일을 지칭하는 '흡수 통일'이라는 용어는 동독이 일방적으로 서독에 흡수되었다는 인상을 준다. 그러나 통일 과정에서 동독 주민들이 보여준 행동을 고려하면 흡수 통일은 오해의 여지를 주는 용어이다. 즉, '흡수 통일'이라는 용어에 부정적이다. 따라서 ②에서 '독일 통일은 흔히 흡수 통일이라고 부른다'는 타당하지만 '동독이 일방적으로 서독에 흡수되었다'는 진술은 제시문의 내용과 배치된다.

③ 3문단에 따르면 동독의 자유총선거가 급속한 통일을 주장하던 독일동맹의 승리로 끝난 이후 동독과 서독은 1990년에 두 차례의 조약을 맺음으로써 통일을 이루었다. 그러나 이러한 합의 절차는 통일 과정에서 동독 주민들 보여준 주체적 참여에 대한 설명일 뿐이지 제시문의 핵심 논지는 아니다.

④ 3문단에 따르면 동독과 서독이 통일하기 전에 치러진 동독 자유총선거 과정에서 서독과 협력하는 동독 정당들이 생겨났고, 이들 정당의 선거운동에 서독 정당과 정치인들이 적극적으로 유세 지원을 하기도 했으며, 서독 기민당의 지원을 받은 동독의 독일동맹이 승리했다. 따라서 '독일 통일 전부터 서독의 정당과 개인은 동독의 선거에 개입할 수 있었다'는 ④의 진술은 제시문의 내용과 부합한다. 그러나 이는 동독과 서독의 통일 과정을 설명하는 내용일 뿐이지 제시문의 핵심 논지는 아니다.

풀이 포인트

사실적 사고 능력을 검증하는 문제로, 문단별 내용에 대한 이해를 토대로 제시문의 구조를 파악함으로써 글 전체를 관통하는 논지를 도출할 수 있는지 묻고 있다. 이 문제에서는 논증을 분석해 '도입부(문제 제기) 역할을 하는 1문단 → 이를 입증하는 2 ~ 3문단(근거 제시) → 주제의 확인과 의의에 대한 평가로 글을 마무리하는 4문단'으로 글의 구조를 파악해야 하며, 아울러 '논하는 글의 취지'라는 '논지(論旨)'의 정의에 대한 이해가 필요하다. 따라서 독해할 때 제시문 각 문단을 정리한 내용을 토대로 결론을 찾아내 선택지의 적절성을 검증해야 한다.

⊕ 배경지식

흡수 통일

체제가 다른 두 나라가 통일을 할 경우에 한쪽의 체제에 다른 쪽의 체제를 완전히 맞추어 이루는, 즉, '대등하지 않은 관계'에서 이루어지는 통일을 뜻한다. 독일 통일 방식을 흔히 '흡수 통일'이라고 보는 것은 동독의 공산주의를 폐기하고 서독의 자본주의를 기본 체제로 받아들인 점, 동독 지역이 서독 연방에 개별적으로 편입되는 방식에 따라 통일을 이룬 점 등을 근거로 동독이 서독에 흡수되었다고 보기 때문이다. 그러나 '흡수 통일'은 통일 과정에서 드러나는 동독 시민들의 주체적인 역할 참여를 무시한다는 비판도 제기된다.

[04~06] 지문 분석

• 주제 : APC 효과를 통해 분석하는 나이의 정치적 효과

• 핵심 키워드 : 나이의 정치적 효과, 생애주기 효과, 기간 효과, 코호트 효과, APC 효과

• 글의 구조

▷ 1문단 : APC 효과
  - 나이의 정치적 효과 분석의 쟁점 : 생애주기 효과(A), 기간 효과(P), 코호트 효과(C) 등의 구분
  - APC 효과의 관점 : 특정 시점에서 개인의 정치 성향은 코호트, 정치 사회 환경, 생애주기 효과 등에 의해 종합적으로 구성

▷ 2문단 : 생애주기 효과
  - 생애주기 효과의 기반 : 나이가 들수록 보수화된다는 가설 → 정치적 보수화, 인지적 경직성, 권위주의적 성향의 증가
  - 트루엣의 조사 : 20 ~ 30대 보수주의 낮음 → 30 ~ 40대 보수주의 급증 → 50세 이후 높은 보수주의 유지

▷ 3문단 : 기간 효과
  - 기간 효과 : 특정 조사 시점의 영향을 받아 나타나는 차이
  - 특정 시점의 사건, 사회변동이 전 연령 집단의 사고방식 · 인식에 포괄적 · 보편적 영향 → 전 세대가 공유하는 경험에 따른 태도 변화

▷ 4문단 : 코호트 효과
  - 코호트 효과 : 청년기에 유권자들이 특정한 역사적 경험을 공유하면서 유사한 정치적 성향을 형성하고 그 독특성이 해당 연령 집단을 중심으로 이후에도 유지되는 현상
  - 코호트 : 유사한 정치적 태도를 보이고 이념 성향을 공유하는 연령 집단(정치 세대)

- 정치적 세대 의식은 나이가 들면서 완고성 증가해 큰 변화 없이 지속 ← 중장년기보다 성년 초기 시점이 사회 변화, 역사적 사건의 영향을 받기 쉽다는 사실을 전제

▷ 5문단 : APC 효과의 근본적 제약의 해결을 위한 합성 효과 구별 연구 방법들
- APC 효과의 근본적 제약 : APC의 세 개념이 밀접하게 연관되어 있고, 독립적으로 개별 효과를 측정할 지표가 불충분하여 APC 효과를 경험적으로 구별하기 어려움
- 근본적 제약 속에서 APC의 합성 효과를 구분해 개별 효과를 비교하는 연구 방법으로 종단면 디자인, 횡단면 디자인, 시차 연구 디자인 고안
- 종단면 디자인 : 동일 코호트의 시간 흐름에 따른 태도 차이를 측정
- 횡단면 디자인 : 동일 시점에서 정치 세대 간의 태도 차이를 측정
- 시차 연구 디자인 : 다른 시점의 동일 연령대 집단의 태도 차이를 측정

▷ 6문단 : APC 효과의 한계에 대응하는 불완전한 수단들
- APC 효과의 변수 : 연령 집단은 조사 당시 나이, 기간 효과는 조사 연도, 코호트는 출생 연도
- APC 효과 연구의 난관 : 혼재된 나이 효과를 구별하는 데 있어 식별 문제에 직면하게 됨 → 셋 중 두 정보로부터 다른 항의 값이 자동 도출 → 3개의 미지수(효괏값)와 2개의 정보(변수)로 정보 하나가 부족
- APC 효과의 한계 : 통제된 하나의 개별 효과와 나머지 두 개가 이루는 합성 효과로 나누어 파악할 수 있으나, 3개의 개별 효괏값으로 명확하게 구분하기 어려움 → 불완전한 수단으로 나이와 정치 성향의 관계를 엿보았을 뿐
- 식별 문제의 회피를 위해 추정 모형에 제약을 가하는 방법 : 부가정보를 이용해 세 효과 중 하나 제외하기, 한 효과가 고정되도록 설정해 개입 통제하기, 세 변수 중 하나를 다른 대리변수로 대체하기 → 임기응변일 뿐, 특수한 조건에서만 활용 가능

04 일치·불일치   정답 ②

② 2문단에 따르면 생애주기 효과는 나이가 들수록 정치적 보수화, 인지적 경직성, 권위주의적 성향 등이 증가한다는 가설에 기반한다. 또한 트루엣은 성별, 거주지별, 교육 수준별로 약간의 차이는 있지만 20 ~ 30대에서는 낮은 정도에서 안정적으로 이어지던 보수화 성향이 30 ~ 40대에 급증해 50세 이후 지속됨을 확인했다. 즉, 트루엣은 성별, 거주지, 교육 수준 등은 약간이나마 생애주기 효과와 관련이 있다고 본 것이다. 따라서 '생애주기 효과는 개인

의 사회경제적 배경과 무관하다'는 ②의 진술은 제시문의 내용과 일치하지 않는다.

오답분석

① 4문단에 따르면 코호트는 유사한 정치적 태도를 보이고 이념 성향을 공유하는 연령 집단(=정치 세대)을 의미하며, 코호트 효과는 정치사회화가 주로 이루어지는 청년기에 유권자들이 특정한 역사적 경험을 공유하면서 유사한 정치적 성향을 형성하고 그 독특성이 해당 연령 집단을 중심으로 이후에도 유지되는 현상을 가리킨다. 또한 6문단에 따르면 코호트는 출생 연도라는 변수로 측정된다. 따라서 ①의 진술처럼 조사 시기와 그 시기에서의 연령을 알고 있다면 코호트 집단을 따로 정할 수 있다.

③ 6문단에 따르면 APC 효과 연구의 난관은 혼재된 나이 효과를 구별하는 데 있어 식별 문제에 직면하게 된다는 것이고, 이에 대해 기술적으로 완전한 극복 방안은 없으며, 대부분 추정 모형에 일정한 제약을 가해서 식별 문제를 피해갔다. 따라서 '식별 문제의 해결을 위한 방편으로 추정 모형에 제약 조건을 적용하기도 한다'는 ③의 진술은 제시문의 내용과 일치한다.

④ 6문단에 따르면 혼재된 나이 효과를 구별하는 데 있어 직면하게 되는 식별 문제에서 벗어나는 방법으로 조사 당시 나이, 조사 연도, 출생 연도 등의 세 변수 중 하나를 다른 대리변수로 대체하는 방법이 있다. 따라서 '문제 해결을 위해 세 변수 중 하나를 다른 대리변수로 대체하는 방법을 사용하기도 한다'는 ④의 진술은 제시문의 내용과 일치한다.

⑤ 6문단에 따르면 APC 효과 연구는 혼재된 나이 효과를 구별하는 데 있어 식별 문제에 직면하게 된다. 또한 종단면 디자인, 횡단면 디자인, 시차 연구 디자인 등을 조합하면 통제된 하나의 개별 효과와 나머지 두 개가 이루는 합성 효과로 나누어 APC 효과를 파악할 수 있으나, 3개의 개별 효괏값(미지수)으로 명확하게 구분하기 어렵다는 한계가 있다. 그리고 기술적으로 이러한 한계를 완전히 극복할 수 있는 방안은 없다고 하였다. 따라서 '나이와 정치 성향과의 관계 연구에서 APC의 개별 효과를 각각 구분하는 방법은 아직 없다'는 ⑤의 진술은 제시문의 내용과 일치한다.

풀이 포인트

사실적 사고 능력을 검증하는 문제로, 제시문에서 설명한 정보를 정확하게 이해하고 있는지 묻는 유형이다. 이 문제에서는 생애주기 효과와 코호트 집단의 특징, APC 효과 연구의 한계 및 이를 극복하기 위한 방안들에 대한 평가 등을 파악해야 한다. 따라서 선택지의 진위를 판별할 수 있는 근거를 제시문에서 찾아 검증한다.

코호트 분석

'Cohort'는 원래 군대의 세부 조직 단위를 뜻하는 단어에서 유래했으며, 사회과학에서는 같은 시기를 살아가면서 특정한 사건을 함께 겪어 같은 가치체계와 사회적 태도·믿음 등을 공유하는 사람들의 집합, 즉 통계적으로 동일한 행동 양식을 공유하는 집단을 가리킨다. 코호트 효과(C)를 분석하려면 반드시 생애주기 효과(A)와 기간 효과(P)를 동시에 고려한 분석을 해야 하기 때문에 코호트 분석법을 APC(Age, Period, Cohort) 분석법이라고 부르기도 한다. 이러한 APC 분석은 정교하게 통제된 효과를 추출할 수 있다는 장점이 있다. 그러나 APC 구조를 통한 분석 모형의 과정이 실제적으로 쉽지 않은 것은 A, P, C 등 개별 요소의 결합으로 인한 한계 때문이다. 이러한 한계를 완전히 해소할 수 있는 일반화된 과정은 아직 없으며, 여러 가지 분석 결과들을 해석해 모형 설정상의 오류를 줄이는 접근이 최선이다.

05 추론하기   정답 ⑤

㉠ 4문단에 따르면 코호트는 유사한 정치적 태도를 보이고 이념 성향을 공유하는 연령 집단을 뜻한다. 또한 한국전쟁 직후 등장한 소위 전후 세대는 여타 코호트 집단에 비해 권위주의적 성향과 보수적 정치 성향이 더 강하며, 탈권위를 유행시켰던 X세대는 나이가 들어서도 보수화되는 경향이 상대적으로 완만한 것으로 나타났다고 하였다. 따라서 전후 세대는 다른 코호트 집단보다 권위주의적 성향이 강하다고 했으므로 ㉠의 진술처럼 '2022년 7월 24일에 정치의식 조사를 실시할 경우에는 X세대가 전후 세대보다 권위주의 성향이 낮다'는 추론은 적절하며, 이때 생애주기 효과와 코호트 효과가 작용했음을 알 수 있다.

㉡ 4문단에 따르면 코호트 효과는 청년기에 유권자들이 특정한 역사적 경험을 공유하면서 유사한 정치적 성향을 형성하고 그 독특성이 해당 연령 집단을 중심으로 이후에도 유지되는 현상을 의미한다. 그리고 영국에서는 2차 세계대전 이후 노동당 지지 성향이 강한 진보적 코호트가 등장했고, 1980년대에는 대처 총리 집권기의 영향을 받아 보수적 코호트가 형성되었다고 하였다. 또한 3문단에 따르면 기간 효과는 특정 조사 시점의 영향을 받아 나타나는 차이, 즉 특정 시점에 발생한 역사적 사건이나 급격한 사회변동이 전 연령 집단의 사고방식·인식에 포괄적·보편적 영향을 미치는 효과를 뜻한다. 즉, 코호트 효과에 의한다면 2010년에 50대가 된 대처 세대는 보수적이어야 한다. 그러나 ㉡의 진술처럼 '대처 세대가 전후 세대보다 진보적'이라는 반대의 결과가 나온다면, 이는 코호트 효과보다는 기간 효과가 크게 작용했다고 추론할 수 있다.

㉢ 2문단에 따르면 생애주기 효과에 의해 나이가 들수록 정치적 보수화, 인지적 경직성과 권위주의적 성향 등이 증가한다. 또한 3문단에 따르면 기간 효과에 의해 특정 시점에 발생한 역사적 사건이나 급격한 사회변동은 일부 세대뿐만이 아니라 전 연령 집단의 사고방식이나 인식에 포괄적·보편적 영향을 끼친다. 즉, 보수적인 대처 세대는 생애주기 효과에 의해서 나이가 들수록 더 보수화되는 것이 더 일반적인데, ㉢의 진술처럼 덜 보수화되었다면 이는 생애주기 효과보다는 기간 효과가 크게 작용했음을 알 수 있다. 따라서 기간 효과에 의해 ㉢의 진술처럼 다른 정치 코호트들도 진보적 분위기의 시대적 영향을 받았을 수 있다고 추론할 수 있다.

추리적 사고 능력을 검증하는 문제로, 제시문에 주어진 정보를 토대로 보기의 사례에서 타당한 추론을 할 수 있는지 묻는 유형이다. 이 문제에서는 제시문을 독해할 때 한국의 전후 세대와 X세대, 영국의 전후 세대와 대처 세대 등의 보수 또는 진보 성향을 파악해야 하며, 이를 토대로 APC 효과에 입각해 보기의 ㉠처럼 조사 결과를 예측하거나 ㉡·㉢처럼 가정하고 있는 조사 결과와 비교할 수 있어야 한다. 따라서 제시문에서 선택지의 타당성을 판별할 수 있는 내용을 찾아 선택지를 분석·검증한다.

06 세부 내용의 이해   정답 ④

④ 5문단에 따르면 시차 연구 디자인은 APC의 합성 효과를 구분해 개별 효과를 비교하기 위한 연구 방법으로서, 다른 시점의 동일 연령대 집단의 태도 차이를 측정하는 것이다. 그리고 보기를 보면 B(t1)와 A(t2)의 차이는 t1, 즉 1차 측정 시점에서 중년 세대인 B(t1)과 t2(2차 측정 시점)에서 중년 세대가 된 A(t2)를 비교하는 것이므로 ④에서 '다른 시점에서 동일 연령대 집단의 태도 차이를 측정하는 시차 연구 디자인을 적용한다'는 진술은 적절하다. 또한 6문단에 따르면 연령 집단은 조사 당시 나이, 기간 효과는 조사 연도, 코호트는 출생 연도 등의 변수로 측정되며, 시차 연구 디자인을 적용해 APC 효과를 통제된 하나의 개별 효과와 나머지 두 개가 이루는 합성 효과로 나누어 파악할 수 있다. 즉, 시차 연구 디자인 방법에서는 생애주기 효과의 개입을 통제하고 기간 효과와 코호트 효과의 합성 효과로 파악할 수 있다. 그런데 6문단에서 3개의 개별 효괏값을 명확하게 구분해 내기 어렵다고 했으므로 '기간 효과(t1과 t2라는 측정 시점의 차이)와 코호트 효과(A와 B라는 코호트의 차이)를 구분하기 어렵다'는 ④의 진술은 보기를 이해한 것으로 적절하다.

① 5문단에 따르면 종단면 디자인은 APC의 합성 효과를 구분해 개별 효과를 비교하기 위해서 동일 코호트의 시간 흐

름에 따른 태도 차이를 측정하는 연구 방법이다. 그리고 보기를 보면 A(t1)와 A(t2)의 차이는 t1(1차 측정 시점)에서 청년 세대인 A(t1)과 t2(2차 측정 시점)에서 중년 세대가 된 A(t2)를 비교하는 것이므로, 코호트를 A로 고정하고 t1과 t2라는 시간의 흐름에 따른 태도 차이를 측정하는 종단면 디자인 방법을 적용한 것이다. 따라서 코호트가 고정이기에 나머지 두 가지 효인인 기간 효과와 생애주기 효과의 합성 효과임을 알 수 있으므로, '기간 효과와 코호트 효과의 합성 효과이다'라는 ①의 진술은 보기를 이해한 것으로 적절하지 않다.

② 5문단에 따르면 종단면 디자인은 동일 코호트의 시간 흐름에 따른 태도 차이를 측정하고, 횡단면 디자인은 동일 시점에서 정치 세대 간의 태도 차이를 측정한다. 그리고 보기를 보면 A(t1)와 B(t1)의 차이는 t1이라는 동일한 측정 시점에서 A와 B라는 다른 코호트를 비교하는 것이므로 동일 시점에서 코호트의 태도 차이를 측정하는 횡단면 디자인을 적용한 것이다. 따라서 ②의 진술에서는 '종단면적 연구 디자인'이 아니라 '횡단면적 연구 디자인'이라고 해야 적절하다.

③ 보기를 보면 A(t2)와 B(t2)의 차이는 t2이라는 동일한 측정 시점에서 A와 B라는 다른 코호트를 비교하는 것이므로, 조사 시점을 고정하고 코호트 간의 태도 차이를 측정하는 횡단면 디자인을 적용한 것이다. 그러므로 'A(t2)와 B(t2)의 차이는 조사 시점을 고정하여 얻은 코호트 간 차이이다'라는 ③의 진술은 적절하다. 그러나 횡단면 디자인은 생애주기와 효과 코호트 효과의 합성 효과로 파악되므로, 개입이 통제되는 효과는 생애주기 효과가 아니라 기간 효과이다. 따라서 '생애주기 효과의 개입이 통제된다'는 ③의 진술은 적절하지 않다.

⑤ 5문단에 따르면 시차 연구 디자인은 다른 시점의 동일 연령대 집단의 태도 차이를 측정하는 것이다. 따라서 시차 연구 디자인은 동일 연령대 집단의 태도 차이를 측정하는 것이라는 ⑤의 진술은 적절하다. 그런데 보기를 보면 B(t1)과 B(t2)의 차이는 t1과 t2라는 다른 측정 시점에서 B라는 동일한 코호트의 태도 차이를 비교하는 것이므로, 동일 코호트의 시간 흐름에 따른 태도 차이를 측정하는 종단면 디자인 방법을 적용하기에 적절한 경우이다. 따라서 따라서 ⑤의 진술에서는 '시차 연구 디자인'이 아니라 '종단면 디자인'이라고 해야 적절하다.

풀이 포인트

사실적 사고 능력을 검증하는 문제로, 제시문에 대한 이해를 토대로 보기에서 선택지와 같은 이해를 이끌어낼 수 있는지 묻고 있다. 이 문제에서는 종단면 디자인, 횡단면 디자인, 시차 연구 디자인 등의 차이점 및 각 연구 방법마다 APC 효과 중에서 고정되도록 설정해 개입을 통제하는 효과를 파악해야 한다. 따라서 선택지의 내용을 확인할 수 있는 정보를 제시문에서 찾아 선택지의 옳고 그름을 판정한다.

[07~09] 지문 분석

- 주제 : 법조문의 요건·효과에서의 불확정 개념과 이에 대한 재량 판단
- 핵심 키워드 : 법조문의 불확정 개념, 손해 배상 예정액, 위약금, 위약벌, 행정 법령, 행정 작용, 기속 행위, 재량 행위, 재량 준칙, 행정 관행
- 글의 구조
  ▷ 1문단 : 법조문에서 사용되는 불확정 개념과 민법에서 불확정 개념이 사용된 예
    - 법령의 조문 : 요건과 효과로 구성된 조건문으로 규정
    - 법조문에는 불확정 개념이 사용될 수 있으므로 요건·효과가 항상 일의적인 것은 아님
    - 불확정 : 구체적 상황을 고려해야 그 상황에 맞는 진정한 의미가 파악됨
    - 민법에서 불확정 개념이 사용된 예 : '손해 배상 예정액이 부당히 과다한 경우에는 법원은 적당히 감액할 수 있다' → 법원에서 요건과 효과를 재량으로 판단
    - 성격에 따른 위약금의 종류 : 손해 배상 예정액, 위약벌(=계약 위반에 대한 제재)
    - 위약금의 성격이 손해 배상 예정액과 위약벌 중 무엇인지 증명되지 못하면 손해 배상 예정액으로 다룸
  ▷ 2문단 : 계약 위반의 경우에 채권자가 채무자에게 받을 수 있는 금액
    - 손해 배상 예정액이 정해져 있지 않은 경우 : 채권자가 손해 액수를 증명해야 손해 배상금을 받을 수 있음
    - 손해 배상 예정액이 정해진 경우 : 손해 액수를 증명하지 않아도 손해 배상 예정액만큼 손해 배상금을 받을 수 있음 ← 손해 배상 예정액보다 더 받을 수 없음(법원의 재량으로 감액될 수 있음)
    - 위약금이 위약벌임이 증명된 경우 : 위약벌에 해당하는 위약금을 받을 수 있고, 법원이 감액할 수 없음 → 채권자가 손해 액수를 증명하면 손해 배상금도 받을 수 있음
  ▷ 3문단 : 행정 법령에 사용되는 불확정 개념과 각 행정 작용
    - 행정 법령 : 행정 작용(=행정청이 구체적 사실에 대해 행하는 법 집행)을 규율함
    - 기속 행위 : 법령상 요건이 충족되면 그 효과로서 행정청이 반드시 해야 하는 특정 내용의 행정 작용
    - 재량 행위 : 법령상 요건이 충족되어도 행정 작용의 구체적 내용을 고를 수 있는 재량이 행정청에 주어져 있을 때, 이러한 재량을 행사하는 행정 작용 → 법령에서 불확정 개념이 사용되면 이에 근거한 행정 작용은 대개 재량 행위임

▷ 4문단 : 재량 준칙과 행정 관행
- 재량 준칙(=행정청이 재량으로 정하는 재량 행사의 기준)은 법령이 아니므로 재량 준칙대로 재량을 행사하지 않아도 법려 위반이 아님
- 다만, 행정 관행이 생긴 후에는 평등 원칙에 따라 같은 요건이 충족되면 동일한 내용의 행정 작용을 해야 함

07 일치 · 불일치

정답 ④

④ 3문단에 따르면 불확정 개념은 행정 법령에도 사용되며, 행정 법령은 행정 작용을 규율한다. 이처럼 행정 법령에 근거한 행정 작용 중에는 재량 행위와 기속 행위가 있으며, 법령에서 불확정 개념이 사용되면 이에 근거한 행정 작용은 대개 재량 행위라고 하였다. 따라서 불확정 개념이 사용된 행정 법령에 근거한 행정 작용은 재량 행위인 경우가 기속 행위인 경우보다 많은 것이므로 '기속 행위인 경우가 재량 행위인 경우보다 많다'는 ④의 진술은 제시문의 내용과 배치된다.

오답분석

① 1문단에 따르면 법령의 조문은 요건과 효과로 구성된 조건문으로 규정되는데, 법조문에는 구체적 상황을 고려해야 그 상황에 맞는 진정한 의미가 파악되는 불확정 개념이 사용될 수 있기 때문에 그 요건이나 효과가 항상 일의적인 것은 아니다. 따라서 ①의 진술처럼 법령의 요건과 효과에는 모두 불확정 개념이 사용될 수 있기에 요건·효과가 항상 일의적인 것은 아님을 알 수 있다.

② 1문단에 따르면 민법에서 불확정 개념이 사용된 예로 '손해 배상 예정액이 부당히 과다한 경우에는 법원은 적당히 감액할 수 있다.'라는 조문이 있는데, 이때 법원은 요건과 효과를 재량으로 판단할 수 있다. 따라서 ②의 진술처럼 법원이 불확정 개념이 사용된 법령을 적용할 때는 재량을 행사할 판단할 수 있음을 알 수 있다.

③ 1문단에 따르면 법조문에는 구체적 상황을 고려해야 그 상황에 맞는 진정한 의미가 파악되는 불확정 개념이 사용될 수 있기 때문에 법령의 조문에 나타나는 요건과 효과가 항상 일의적인 것은 아니다. 따라서 ③의 진술처럼 불확정 개념이 사용된 법령의 의미를 이해하려면 해당 법령이 적용되는 사안의 구체적 상황을 고려해야 함을 알 수 있다.

⑤ 1문단과 2문단을 종합하면 개인 간 법률관계를 규율하는 민법에는 불확정 개념이 사용된다. 또한 3문단과 4문단을 종합하면 행정 작용(=행정청이 구체적 사실에 대해 행하는 법 집행)을 규율하는 행정 법령에도 불확정 개념이 사용된다. 따라서 ⑤의 진술처럼 불확정 개념은 행정청이 행하는 법 집행 작용을 규율하는 민법과 개인 간의 계약 관계를 규율하는 행정 법령에 모두 사용됨을 알 수 있다.

풀이 포인트

사실적 사고 능력을 검증하는 문제로, 선택지 중에서 제시문의 정보와 일치하는 것을 고를 수 있는지 묻는 유형이다. 이 문제에서는 법조문의 확정 개념과 관련한 정보가 각 문단마다 흩어져 있으므로 독해할 때 정리해 두어야 한다. 이때 불확정 개념이 사용되는 이유와 민법과 행정 법률에서의 사례를 통해 불확정 개념이 사용됨을 파악해야 한다. 따라서 제시문의 정보를 종합해 선택지와의 일치 여부를 판별해야 한다.

⊕ 배경지식

법조문의 불확정 개념
발생 가능한 모든 상황에 부합하는 행정 행위를 법령으로 규제하는 것은 실제로 불가능하기에 법조문은 일반적으로 다의적이고 추상적인 문언으로 규정된다. 이에 따라 행정청은 각각의 상황에서 법조문의 의미를 명확히 해석해 그것에 부합하도록 행정 행위를 한다. 이처럼 행정청의 해석·판단에 따라 구체적으로 확정되는 법조문상의 행정 행위 요건을 불확정 개념이라고 부른다. 재량 행위가 선택 가능한 여러 행위 가운데 하나를 행정청의 판단에 의해 선택할 수 있게 하는 것이라면, 불확정 개념은 구체적인 상황에서 타당한 해석은 오직 하나뿐이라는 점에서 다르다.

08 세부 내용의 이해

정답 ⑤

⑤ 4문단에 따르면 행정청이 정하는 재량 행사의 기준인 재량 준칙은 법령이 아니므로 재량 준칙대로 재량을 행사하지 않더라도 위법한 것은 아니다. 다만 특정 요건하에 재량 준칙대로 적법한 행정 작용이 반복되어 행정 관행이 생겼다면 행정청은 평등 원칙을 지켜야 하기 때문에 같은 요건이 충족되면 내용의 행정 작용을 해야 한다. 따라서 재량 준칙이 특정 요건에서 적용된 선례가 없다면 동일한 요건이 충족되더라도 행정 작용을 할 때 재량 준칙을 따르지 않아도 된다는 ⑤의 진술은 ㉠에 대한 이해로 적절하다.

오답분석

① 4문단에 따르면 재량 준칙은 법령이 아니므로 재량 준칙대로 재량을 행사하지 않아도 근거 법령 위반은 아니다. 또한 3문단과 4문단을 종합하면 재량 준칙은 행정 법령에 불확정 개념이 사용된 때에 행정청이 재량으로 정한 재량 행사의 기준이다. 즉, 행정청이 재량 준칙을 정하는 취지는 불확정 개념으로 규정된 행정 법령에 근거한 행정 작용의 기준을 행정청의 재량으로 정하기 위함이며, 만일 재량 준칙이 불확정 개념으로 규정되면 재량 행사의 기준을 정하려는 재량 준칙의 의도와 부합하지 않게 된다. 그리고 ①에서 언급한 '일의적이지 않은 개념'은 1문단에 따르면 불확정 개념으로 볼 수 있다. 따라서 ①에서 '재량 준칙은 법령이 아니다'라는 진술은 ㉠에 대한 이해로 적절하지만,

'재량 준칙은 일의적이지 않은 개념으로 규정된다'는 진술은 적절하지 않다.

② 3문단에 따르면 기속 행위는 법령상 요건이 충족되면 그 효과로서 행정청이 반드시 해야 하는 특정 내용의 행정 작용을 가리키며, 재량 행위는 법령상 요건이 충족되더라도 그 효과인 행정 작용의 구체적 내용을 고를 수 있는 재량이 행정청에 주어져 있을 때 이러한 재량을 행사하는 행정 작용을 뜻한다. 또한 4문단에 따르면 행정청은 재량으로 재량 행사의 기준을 명확히 정할 수 있는데 이 기준을 재량 준칙이라 하며, 특정 요건하에 재량 준칙대로 특정한 내용의 적법한 행정 작용이 반복되어 행정 관행이 생긴 후에는 같은 요건이 충족되면 행정청은 동일한 내용의 행정 작용을 해야 한다. 요컨대, 재량 준칙으로 정해진 내용이라 하더라도 재량을 행사하는 행정 작용은 행정청의 재량 행위에 속하기 때문에, 이는 법령상 요건이 충족되면 그 효과로서 행정청이 반드시 해야 하는 특정 내용의 행정 작용인 기속 행위가 아닌 것이다. 따라서 재량 준칙으로 정해진 내용대로 재량을 행사하는 행정 작용은 ②의 진술과 달리 기속 행위가 아니라 재량 행위임을 알 수 있다.

③ 4문단에 따르면 재량 준칙은 행정청이 재량으로 재량 행사의 기준을 정한 것이며, 특정 요건 하에 재량 준칙대로 특정한 내용의 적법한 행정 작용이 반복되면 행정 관행이 생긴다. 그리고 행정 관행이 생긴 후에는 같은 요건이 충족되면 행정청은 평등 원칙을 지키기 위해 재량 준칙에 따라 동일한 내용의 행정 작용을 해야 한다. 요컨대, 반복되어 온 적법한 행정 작용의 내용에 따라 생긴 행정 관행이 재량 준칙으로 규정된 재량 행사의 기준이 된다는 것이다. 따라서 '재량 준칙으로 규정된 재량 행사 기준은 반복되어 온 적법한 행정 작용의 내용대로 정해져야 한다'는 ③의 진술은 선후 관계가 뒤바뀐 진술이며, '재량 행사 기준은 반복되어 온 적법한 행정 작용 이전에 정해진다'라고 고쳐야 한다.

④ 4문단에 따르면 재량 준칙은 행정청이 재량으로 정할 수 있는 재량 행사의 명확한 기준을 뜻한다. 즉, 재량 준칙을 정할 때는 행정청이 재량을 행사하는 것이다. 따라서 '재량 준칙이 정해져야 행정청이 재량을 행사할 수 있다'는 ④의 진술은 ㉠에 대한 이해로 적절하지 않다.

➕ 배경지식

재량 준칙

행정 기관이 재량 처분을 할 때에 재량권 행사의 일반적인 방향과 기준을 제시하기 위한 규칙을 뜻한다. 법조계에서 재량 준칙의 법적 성격에 대해서는 이견이 엇갈리고 있으나, 재량 준칙을 일종의 행정규칙으로 보는 전제 아래 법률의 수권에 의거해 법규명령의 형식으로 제정된 경우에는 법규명령으로 보는 입장이 다수를 이룬다.

09 추론하기 ［정답］②

② 1문단에 따르면 위약금의 성격이 손해 배상 예정액과 위약벌 중 무엇인지 증명되지 못하면 손해 배상 예정액으로 다루어진다. 또한 2문단에서 손해 배상 예정액이 정해져 있었다면 채권자는 손해 액수를 증명하지 않아도 손해 배상 예정액만큼 손해 배상금을 받을 수 있으며, 이때 손해 액수가 얼마로 증명되든 손해 배상 예정액보다 더 받을 수는 없다고 하였다. 그런데 보기의 ㉯는 갑이 을에게 위약금 100을 약정했고, 위약금의 성격이 무엇인지 증명되지 못한 상황이다. 그러므로 ㉯의 경우에는 위약금 100이 손해 배상 예정액으로 다루어진다. 이때 보기에서 을은 80의 손해를 입었다고 하였으나 이미 손해 배상 예정액이 100으로 정해져 있으므로 을을 갑으로부터 100을 받을 수 있는데, 1문단에서 제시한 '손해 배상 예정액이 부당히 과다한 경우에는 법원은 적당히 감액할 수 있다.'는 민법에 따라 법원은 손해 배상 예정액을 감액할 수 있다. 따라서 ②의 진술처럼 ㉯에서 을의 손해가 80임이 증명된 경우에는 갑이 을에게 100을 지급해야 하고, 법원은 이를 감액할 수 있는 것이다.

［오답분석］

① 2문단에 따르면 채무자의 잘못으로 계약 위반이 발생했을 때 손해 배상 예정액이 정해져 있지 않았다면 손해를 입은 채권자가 손해 액수를 증명해야 그 액수만큼 손해 배상금을 받을 수 있다. 또한 보기의 ㉮는 갑과 을 사이에 위약금 약정이 없는 상황이다. 그러므로 위약금 약정이 없었던 ㉮의 경우에 을이 자신이 입은 손해 액수를 증명하지 못하면 갑은 을에게 80을 지급할 이유가 없다. 아울러 법원의 감액 여부 또한 고려 대상이 아니다. 따라서 ①에서 언급한 '㉮에서 을의 손해가 얼마인지 증명되지 못한 경우'에는 ①의 진술과 달리 갑이 을에게 80을 지급하지 않을 수 있고, 이때 법원은 감액 여부를 고려하지 않는다.

③ 1문단에 따르면 위약금의 성격이 손해 배상 예정액과 위약벌 중 무엇인지 증명되지 못하면 손해 배상 예정액으로 다루어진다. 그러므로 보기의 ㉯처럼 위약금의 성격이 무엇인지 증명되지 못한 상황에서는 위약금의 성격이 손해 배상 예정액으로 다루어짐을 알 수 있다. 또한 2문단에 따르면 손해 배상 예정액이 정해져 있는 경우에는 채권자는 손해 액수를 증명하지 않아도 손해 배상 예정액만큼 손해

배상금을 받을 수 있다. 이때 손해 액수가 얼마로 증명되든 손해 배상 예정액보다 더 받을 수는 없고 법원이 감액할 수 있다. 즉, '손해 배상 예정액이 부당히 과다한 경우에는 법원은 적당히 감액할 수 있다.'는 민법에 따라 법원이 재량으로 손해 배상 예정액을 감액할 수 있는 것이다. 따라서 ㉯에서 갑이 을에게 위약금 100을 약정했다고 했으므로 ③에서 '㉯에서 을의 손해가 얼마인지 증명되지 못한 경우, 갑이 을에게 100을 지급해야 한다'는 진술은 타당하지만, '법원이 감액할 수 없다'는 진술은 타당하지 않다.

④ 1문단에 따르면 계약 위반에 대한 제재인 위약벌은 위약금의 일종이며, 2문단에서 위약금이 위약벌임이 증명되면 채권자는 위약벌에 해당하는 위약금을 받을 수 있고, 법원이 감액할 수 없으며, 이때 채권자가 손해 액수를 증명하면 손해 배상금도 받을 수 있다고 하였다. 그런데 보기에서 을은 80의 손해를 입었으며, ㉰는 위약금의 성격이 위약벌임이 증명된 상황이므로 갑은 을에게 손해 액수 80에 위약금 100을 더한 180을 지급해야 하고, 법원은 재량으로 감액할 수 없다. 따라서 ④에서 '㉰에서 을의 손해가 80임이 증명된 경우, 갑이 을에게 180을 지급해야 한다'는 진술은 타당하지만, '법원이 감액할 수 있다'는 진술은 타당하지 않다.

⑤ 2문단에 따르면 위약금의 성격이 위약벌임이 증명되면 채권자는 위약벌에 해당하는 위약금을 받을 수 있고, 법원이 감액할 수 없으며, 채권자가 손해 액수를 증명하면 손해 배상금도 받을 수 있다. 그런데 보기의 ㉰는 위약금 100을 약정했고 위약금의 성격이 위약벌임이 증명된 상황이므로 을은 위약벌에 해당하는 위약금 100을 지급받을 수 있다. 다만, 을이 손해 액수를 증명하지 못하면 손해 배상금은 받을 수 없다. 따라서 ⑤에서 '법원이 감액할 수 없다'는 진술은 타당하지만, ⑤의 진술과 달리 갑은 을에게 100을 지급해야 한다.

풀이 포인트

추리적 사고 능력을 검증하는 문제로, 제시문에 나타난 원리를 보기의 상황에 적용해 선택지와 같은 추론을 도출할 수 있는지 묻는 유형이다. 이 문제에서는 위약금의 종류인 손해 배상 예정액과 위약벌의 비교, 법원의 재량이 인정 여부 등을 파악해 ㉮~㉰의 상황에 따른 위약금의 총액을 예상할 수 있어야 한다. 따라서 제시문에서 주어진 원리·정보를 이해하고 보기의 상황에 이를 적용해 선택지의 옳고 그름을 판별한다.

배경지식

위약금

계약을 체결할 때 계약을 위반할 경우에 채무자가 채권자에게 손해 배상 또는 제재로서 지급할 것을 미리 약속한 돈을 뜻한다. 「민법」 제398조 제4항에 따르면 '위약금의 약정은 손해배상액의 예정으로 추정'하므로 채무 불이행의 경우에는 실제 손해액과 상관없이 예정된 배상액을 청구할 수 있고, 배상액의 예정이 아닌 경우(위약벌 등)에는 그것을 입증해야 한다. 또한 위약금이 배상액의 예정으로 추정된 결과, 손해 배상의 예정액이 부당히 과다한 경우에 법원은 적당히 감액할 수 있고(동조 제2항), 손해 배상의 예정은 이행의 청구나 해제에 영향을 미치지 않는다(동조 제3항). 당사자가 금전이 아닌 것으로써 손해의 배상에 충당할 것을 예정한 경우에도 위약금의 약정은 손해 배상액의 예정으로 추정한다(동조 제5항).

I wish you the best of luck!

I wish you the best of luck!

인문
·
예술편

| 2022년 5급 PSAT(공직적격성평가) 언어논리 영역

01 다음 글에서 알 수 있는 것은?

조선의 군역제는 양인 모두가 군역을 담당하는 양인개병제였다. 그러나 양인 중 양반이 관료 혹은 예비 관료라는 이유로 군역에서 빠져나가고 상민 또한 군역 부담을 회피하는 풍조가 일었다.

군역 문제가 심각해지자 이에 대한 여러 대책이 제기되었다. 크게 보면 균등한 군역 부과를 실현하려는 대변통(大變通)과 상민의 군역 부담을 줄임으로써 폐단을 완화하려는 소변통(小變通)으로 나눌 수 있다. 전자의 예로는 호포론(戶布論)·구포론(口布論)·결포론(結布論)이 있고, 후자로는 감필론(減疋論)과 감필결포론이 있다. 호포론은 신분에 관계없이 식구 수에 따라 가호를 몇 등급으로 나누고 그 등급에 따라 군포를 부과하자는 주장이었다. 이는 신분에 관계없이 부과한다는 점에서 파격적인 것이었으나, 가호의 등급을 적용한다 하더라도 가호마다 부담이 균등할 수 없다는 문제가 있었다. 구포론은 귀천을 막론하고 16세 이상의 모든 남녀에게 군포를 거두자는 주장이었다. 결포론은 토지를 소유한 자에게만 토지 소유 면적에 따라 차등 있게 군포를 거두자는 것이었다. 결포론은 경제 능력에 따라 군포를 징수하여 조세 징수의 합리성을 기할 수 있음은 물론 공평한 조세 부담의 이상에 가장 가까운 방안이었다.

그러나 대변통의 실시는 양반의 특권을 폐지하는 것이었으므로 양반층이 강력히 저항하였다. 이에 상민이 내는 군포를 줄여주어 그들의 고통을 완화시켜 주자는 감필론이 대안으로 떠올랐다. 그런데 감필론의 경우 국가의 군포 수입이 줄어들게 되어 막대한 재정 결손이 수반되므로, 이에 대한 대책이 마련되어야 하였다. 이에 상민이 부담해야 하는 군포를 2필에서 1필로 감축하고 그 재정 결손에 대해서만 양반에게서 군포를 거두자는 감필결포론이 제기되었다. 양반들도 이에 대해 일정 정도 긍정적이었으므로, 1751년 감필결포론을 제도화하여 균역법을 시행하였다. 그러나 균역법은 양반층을 군역 대상자로 온전하게 포괄한 것이 아니었다. 양반이 지게 된 부담은 상민과 동등한 군역 대상자로서가 아니라 민생의 개선에 책임을 져야 할 지배층으로서 재정 결손을 보충하기 위한 양보에 불과한 것이었다. 결국 균역법은 불균등한 군역 부담에서 야기된 폐단을 근본적으로 해결하는 개혁이 될 수 없었다.

① 구포론보다 결포론을 시행하는 것이 양인의 군포 부담이 더 컸다.

② 양반들은 호포론이나 구포론에 비해 감필결포론에 우호적인 입장을 보였다.

③ 균역법은 균등 과세의 원칙 아래 군포에 대한 양반의 면세 특권을 폐지하였다.

④ 결포론은 공평한 조세 부담의 이상에, 호포론은 균등한 군역 부과의 이상에 가장 충실한 개혁안이었다.

⑤ 구포론은 16세 이상의 양인 남녀를 군포 부과 대상으로 규정한 반면, 호포론은 모든 연령의 사람에게서 군포를 거두자고 주장하였다.

02 다음 글에서 알 수 없는 것은?

봉수란 낮에는 연기를, 밤에는 불빛을 이용하여 변경의 상황에 대한 정보를 중앙에 알렸던 우리나라의 옛 통신 수단이다. 아궁이 5개로 이루어졌으며 각각의 아궁이에 불을 지핌으로써 연기나 불빛을 만들어 먼 곳까지 신호를 보낸다. 봉수는 이렇게 송신 지점에서 정보를 물리적인 형태로 변환시켜 보내고, 수신 지점에서는 송신측에서 보낸 정보를 정해진 규약에 따라 복원해내는 통신 방식이다. 이러한 방식은 현대 디지털 통신과 유사한 점이 많다.

정보를 송신하기 위해서는 먼저 보내려고 하는 정보를 송수신자가 합의한 일정한 규칙에 의거하여 부호로 변환시켜야 하는데, 이를 부호화 과정이라 한다. 디지털 통신에서는 정보를 불연속적인 신호 체계를 통해 보내기 때문에, 부호화는 표본화 및 이산화 두 단계의 과정을 통해 이루어진다. 여기에서 표본화는 정보에서 주요한 대목만을 추려내어 불연속적인 것으로 바꾸는 과정이다. 이산화란 표본화 과정을 거친 정보를 이진수 또는 자연수 등 불연속적 신호 체계에 대응시키는 과정이다. 이렇게 부호화된 정보는 또다시 전송 매체의 성질에 맞는 형태로 바꾸는 과정이 필요하며, 이를 변조라 한다.

봉수의 송신 체계도 이와 비슷한 과정을 거친다. 먼저 전달하고자 하는 정보를 위급한 정도에 따라 '아무 일도 없음', '적이 출현했음', '적이 국경에 다가오고 있음', '국경을 넘었음', '피아간에 전투가 벌어지고 있음'으로 표본화한다. 표본화 과정을 거친 5개의 정보는 위급한 순서에 따라 가장 덜 위급한 것부터 1, 2, 3, 4, 5의 수에 대응시켜 이산화한다. 그리고 봉수의 신호는 불빛이나 연기의 형태로 전송되므로 이산화된 수만큼 불을 지피는 것으로 변조한다.

봉수의 신호 체계에서는 표본화된 정보를 아궁이에 불을 지핀 숫자에 대응하는 자연수로 이산화했지만, 이산화하는 방법이 이것만 있는 것은 아니다. 현대 디지털 통신 체계와 같이 이진 부호 체계를 도입하여 각각의 아궁이에 불을 지핀 경우를 1로, 지피지 않은 경우를 0으로 하여 이산화한다면 봉수에서도 원리상 5가지 이상의 정보를 전송할 수 있다.

① 봉수의 신호 전송 체계에서 아궁이에 불을 지피는 것은 변조 과정이다.
② 이산화 방법을 달리하면 봉수는 최대 10가지 정보를 전송할 수 있다.
③ 봉수 신호의 부호화 규칙을 알지 못한다면 수신자는 올바른 정보를 복원할 수 없다.
④ 봉수대에서 변조된 신호의 형태는 낮과 밤이 다르다.
⑤ 봉수를 이용한 신호 전송에서, 연기가 두 곳에서 피어오른 봉수 신호는 '적이 출현했음'을 나타낸다.

※ 다음 글을 읽고 이어지는 질문에 답하시오. [03~05]

5·16 군사쿠데타 이후 집권세력은 '부랑인'을 일소하여 사회의 명랑화를 도모한다는 명분 아래 사회정화사업을 벌였다. 무직자와 무연고자를 '개조'하여 국토 건설에 동원하려는 목적으로 「근로보도법」과 「재건국민운동에 관한 법률」을 제정·공포했다. 부랑인에 대한 사회복지 법령들도 이 무렵 마련되기 시작했는데, 「아동복리법」에 '부랑아보호시설' 관련 규정이 포함되었고 「생활보호법」에도 '요보호자'를 국영 또는 사설 보호시설에 위탁할 수 있음이 명시되었다.

실질적인 부랑인 정책은 명령과 규칙, 조례 형태의 각종 하위 법령에 의거하여 수행되었다. 특히 ㉠「내무부훈령 제410호」는 여러 법령에 흩어져 있던 관련 규정들을 포괄하여 부랑인을 단속 및 수용하는 근거 조항으로 기능했다. 이는 걸인, 껌팔이, 앵벌이를 비롯하여 '기타 건전한 사회 및 도시 질서를 저해하는 자'를 모두 '부랑인'으로 규정했다. 헌법, 법률, 명령, 행정규칙으로 내려오는 위계에서 행정규칙에 속하는 훈령은 상급 행정기관이 하급 기관의 조직과 활동을 규율할 목적으로 발하는 것으로서, 원칙적으로는 대외적 구속력이 없으며 예외적인 경우에만 법률의 위임을 받아 상위법을 보충한다. 위 훈령은 복지 제공을 목적으로 한 「사회복지사업법」을 근거 법률로 하면서도 거기서 위임하고 있지 않은 치안 유지를 내용으로 한 단속 규범이다. 이를 통한 인신 구속은 국민의 자유와 권리를 필요한 경우 국회에서 제정한 법률로써 제한하도록 규정한 헌법에 위배되는 것이기도 하다.

1961년 8월 200여 명의 '부랑아'가 황무지 개간 사업에 투입되었고, 곧이어 전국 곳곳에서 간척지를 일굴 개척단이 꾸려졌다. 1950년대 부랑인 정책이 일제 단속과 시설 수용에 그쳤던 것과 달리, 이 시기부터 국가는 부랑인을 과포화 상태의 보호시설에 단순히 수용하기보다는 저렴한 노동력으로 개조하여 국토 개발에 활용하고자 했다. 1955년부터 통계 연표에 수록되었던 '부랑아 수용보호 수치 상황표'가 1962년에 '부랑아 단속 및 조치 상황표'로 대체된 사실은 이러한 변화를 시사한다.

이 같은 정책 시행의 결과로 부랑인은 과연 '개조'되었는가? 개척의 터전으로 총진군했던 부랑인 가운데 상당수는 가혹한 노동 조건이나 열악한 식량 배급, 고립된 생활 등을 이유로 중도에 탈출했다. 토지 개간과 간척으로 조성된 농지를 분배 받기를 희망하며 남아 있던 이들은 많은 경우 약속된 땅을 얻지 못했으며, 토지를 분배 받은 경우라도 부랑인 출신이라는 딱지 때문에 헐값에 땅을 팔고 해당 지역을 떠났다. 사회복지를 위한 제도적 기반이 충분히 갖추어져 있지 않은 상황에서 사회법적 '보호' 또한 구현되기 어려웠다. 「아동복리법 시행령」은 부랑아 보호시설의 목적을 '부랑아를 일정 기간 보호하면서 개인의 상황을 조사·감별하여 적절한 조치를 취함'이라 규정했으나, 전문적인 감별 작업이나 개별적 특성과 필요를 고려한 조치는 드물었고 규정된 보호 기간이 임의로 연장되기도 했다. 신원이 확실하지 않은 자들을 마구잡이로 잡아들임에 따라 수용자 수가 급증한 국영 또는 사설 복지기관들은 국가보조금과 민간 영역의 후원금으로 운영됨으로써 결국 유사 행정기구로 자리매김했다. 그중 일부는 국가보조금을 착복하는 일도 있었다.

국가는 「근로보도법」과 「재건국민운동에 관한 법률」 등을 제정하여 부랑인을 근대화 프로젝트에 활용할 생산적 주체로 개조하고자 하는 한편, 그러한 생산적 주체에 부합하지 못하는 이들은 「아동복리법」이나 「생활보호법」의 보호 대상으로 삼았다. 또한 각종 하위 법령을 통해 부랑인을 '예비 범죄자'나 '우범 소질자'로 규정지으며 인신 구속을 감행했다. 갱생과 보호를 지향하는 법체계 내부에 그 갱생과 보호의 대상을 배제하는 기제가 포함되어 있었던 것이다.

국가는 부랑인으로 규정된 개개의 국민을 경찰력을 동원해 단속·수용하고 복지기관을 통해 규율했을 뿐만 아니라, 국민의 인권과 복리를 보장할 국가적 책무를 상당 부분 민간 영역에 전가시킴으로써 비용 절감을 추구했다. 당시 행정당국의 관심은 부랑인 각각의 궁극적인 자활과 갱생보다는 그가 도시로부터 격리된 채 자활·갱생하고 있으리라고 여타 사회 구성원이 믿게끔 하는 데에 집중되었던 것으로 보인다. 부랑인은 사회에 위협을 가하지 않을 주체로 길들여지는 한편, 국가가 일반 시민으로부터 치안 관리의 정당성을 획득하기 위한 명분을 제공했다.

03 윗글의 내용과 일치하는 것은?

① 부랑인 정책은 갱생 중심에서 격리 중심으로 초점이 옮겨갔다.
② 부랑아의 시설 수용 기간에 한도를 두는 규정이 법령에 결여되어 있었다.
③ 부랑인의 수용에서 행정기관과 민간 복지기관은 상호 협력적인 관계였다.
④ 개척단원이 되어 도시를 떠난 부랑인은 대체로 개척지에 안착하여 살아갔다.
⑤ 부랑인 정책은 치안 유지를 목적으로 하여 사회복지 제공의 성격을 갖지 않았다.

04 ㉠에 대한 비판으로 적절하지 않은 것은?

① 상위 규범과 하위 규범 사이의 위계를 교란시켰다.
② 근거 법령의 목적 범위를 벗어나는 사항을 규율했다.
③ 법률을 제정하는 국회의 입법권을 행정부에서 침해하는 결과를 초래했다.
④ 부랑인을 포괄적으로 정의함으로써 과잉 단속의 근거로 사용될 여지가 있었다.
⑤ 부랑인 단속을 담당하는 하급 행정기관이 훈령을 발한 상급 행정기관의 지침을 위반하도록 만들었다.

05 〈보기〉의 내용을 윗글에 적용했을 때, 적절하지 않은 것은?

> **보기**
>
> 국가는 방역과 예방 접종, 보험, 사회부조, 인구조사 등 각종 '안전장치'를 통해 인구의 위험을 계산하고 조절한다. 그 과정에서 삶을 길들이고 훈련시켜 효용성을 최적화함으로써 '순종적인 몸'을 만들어내는 기술이 동원된다. 이를 통해 정상과 비정상, 건전 시민과 비건전 시민의 구분과 위계화가 이루어지고 '건전 사회의 적'으로 상정된 존재는 사회로부터 배제된다. 이는 변형된 국가인종주의의 발현으로 이해할 수도 있다. 고전적인 국가인종주의가 선천적이거나 역사적으로 구별되는 인종을 기준으로 이원 사회로 분할하는 특징이 있다면, 변형된 국가인종주의는 단일 사회가 스스로의 산물과 대립하며 끊임없이 '자기 정화'를 추구한다는 점에서 차이가 있다.

① 부랑인을 '우범 소질'을 지닌 잠재적 범죄자로 규정한 것은 한 사회의 '자기 정화'를 보여준다고 할 수 있다.
② 부랑인을 '개조'하여 국토 개발에 동원하고자 한 것은 삶을 길들이고 훈련시키는 기획을 보여준다고 할 수 있다.
③ 부랑인을 생산적 주체와 거기에 이르지 못한 주체로 구분 지은 것은 변형된 국가인종주의의 특징을 보여준다고 할 수 있다.
④ 치안 관리라는 명분을 위해 부랑인의 존재를 이용한 것은 건전 시민과 비건전 시민의 구분과 위계화를 보여준다고 할 수 있다.
⑤ 부랑인의 갱생을 지향하는 법체계에 배제의 기제가 내재된 것은 '순종적인 몸'을 만들어내는 기술과 '안전장치'가 배척 관계임을 보여준다고 할 수 있다.

PART 1

DAY 01
DAY 02
DAY 03
DAY 04
DAY 05
DAY 06
DAY 07
DAY 08
DAY 09
DAY 10

※ 다음 글을 읽고 물음에 답하시오. [06~09]

(가) 18세기 북학파들은 청에 다녀온 경험을 연행록으로 기록하여 청의 문물제도를 수용하자는 북학론을 구체화하였다. 이들은 개인적인 학문 성향과 관심에 따라 주목한 영역이 서로 달랐기 때문에 이들의 북학론도 차이를 보였다. 이들에게는 동아시아에서 문명의 척도로 여겨진 중화 관념이 청의 현실에 대한 인식에 각각 다르게 반영된 것이다. 1778년 함께 연행길에 올라 동일한 일정을 소화했던 박제가와 이덕무의 연행록에서도 이러한 차이가 확인된다.

Ⓐ ┌ 북학이라는 목적의식이 강했던 박제가 인식한 청의 현실은 단순한 현실이 아니라 조선이 지향할 가치 기준이었다. 그가 쓴 『북학의』에 묘사된 청의 현실은 특정 관점에 따라 선택 및 추상화된 것이었으며, 그런 청의 현실은 그에게 중화가 손상 없이 보존된 것이자 조선의 발전 방향이기도 하였다. 중화 관념의 절대성을 인정하였기 때문에 당시 조선은 나름의 독자성을 유지하기보다 중화와 합치되는 방향으로 나아가야 한다는 생각이 그의 북학론의 밑바탕이 되었다. 명에 대한 의리를 중시하는 당시 주류의 견해에 대해 그는 의리 문제는 청이 천하를 차지한 지 백여 년이 지나며 자연스럽게 소멸된 것으로 여기고, 청 문물제도의 수용이 가져다주는 이익을 논하며 북학론의 당위성을 설파하였다. 대체로 이익 추구에 대해 부정적이었던 주자학자들과 달리, 이익 추구를 인간의 자연스러운 욕망으로 긍정하고 양 └ 반도 이익을 추구하자는 등 실용적인 입장을 보였다.

이덕무는 『입연기』를 저술하면서 청의 현실을 객관적 태도로 기록하고자 하였다. 잘 정비된 마을의 모습을 기술하며 그는 황제의 행차에 대비하여 이루어진 일련의 조치가 민생과 무관하다고 지적하였다. 하지만 청 문물의 효용을 도외시하지 않고 박제가와 마찬가지로 물질적 삶을 중시하는 이용후생에 관심을 보였다. 스스로 평등견 이라 불렀던 인식 태도를 바탕으로 그는 당시 청에 대한 찬반의 이분법에서 벗어나 청과 조선의 현실적 차이뿐만 아니라 양쪽 모두의 가치를 인정하였다. 이런 시각에서 그는 청과 조선은 구분되지만 서로 배타적이지 않다고 보았다. 즉, 청을 배우는 것과 조선 사람이 조선 풍토에 맞게 살아가는 것은 서로 모순되지 않는다는 것이다. 하지만 그는 중국인들의 외양이 만주족처럼 변화된 것을 보고 비통한 감정을 토로하며 중화의 중심이라 여겼던 명에 대한 의리를 중시하는 등 자신이 제시한 인식 태도에서 벗어나는 모습을 보이기도 하였다.

(나) 18세기 후반의 중국은 명대 이래의 경제 발전이 정점에 달해 있었다. 대부분의 주민들이 접근할 수 있는 향촌의 정기 시장부터 인구 100만의 대도시의 시장에 이르는 여러 단계의 시장들이 그물처럼 연결되어 국내 교역이 활발하게 이루어지고 있었다. 장거리 교역의 상품이 사치품에 한정되지 않고 일상적 물건으로까지 확대되었다. 상인 조직의 발전과 신용 기관의 확대는 교역의 질과 양이 급변하고 있었음을 보여 준다. 대외 무역의 발전과 은의 유입은 중국의 경제적 번영에 영향을 미친 외부적 요인이었다. 은의 유입, 그리고 이를 통해 가능해진 은을 매개로 한 과세는 상품 경제의 발전을 자극하였다. 은과 상품의 세계적 순환으로 중국 경제가 세계 경제와 긴밀하게 연결되었다.

그러나 청의 번영은 지속되지 않았고, 19세기에 접어들 무렵부터는 심각한 내외의 위기에 직면해 급속한 하락의 시대를 겪게 된다. 북학파들이 연행을 했던 18세기 후반에도 이미 위기의 징후들이 나타나고 있었다. 급격한 인구 증가로 인한 여러 문제는 새로운 작물 재배, 개간, 이주, 농경 집약화 등 민간의 노력에도 불구하고 해결되지 않았다. 인구 증가로 이주 및 도시화가 진행되는 가운데 전통적인 사회적 유대가 약화되거나 단절된 사람들이 상호 부조 관계를 맺는 결사 조직이 성행하였다. 이런 결사 조직은 불법적인 활동으로 연결되곤 했고 위기 상황에서는 반란의 조직적 기반이 되었다. 인맥에 기초한 관료 사회의 부정부패가 심화된 것 역시 인구 증가와 무관하지 않았다. 교육받은 지식인들이 늘어났지만 이들을 흡수할 수 있는 관료 조직의 규모는 정체되어 있었고, 경쟁의 심화가 종종 불법적인 행위로 연결되었다. 이와 같이 18세기 후반 청의 화려한 번영의 그늘에는 ⑤ 심각한 위기의 씨앗들이 뿌려지고 있었다.

PART 1

DAY 01

DAY 02

DAY 03

DAY 04

DAY 05

DAY 06

DAY 07

DAY 08

DAY 09

DAY 10

통치자들도 번영 속에서 불안을 느끼고 있었다. 조정에는 외국과의 접촉으로부터 백성들을 차단하려는 경향이 있었으며, 서양 선교사들의 선교 활동 확대로 인해 이런 경향이 강화되기도 하였다. 이 때문에 18세기 후반에 청 조정은 서양에 대한 무역 개방을 축소하는 모습을 보였다. 그러나 그때까지는 위기가 본격화되지는 않았고, 소수의 지식인들만이 사회 변화의 부정적 측면을 염려하거나 개혁 방안을 모색하였다

06 (가)의 '박제가'와 '이덕무'에 대한 이해로 적절하지 않은 것은?

① 박제가는 청의 문물을 도입하는 것이 중화를 이루는 방도라고 간주하였다.
② 박제가는 자신이 파악한 청의 현실을 조선을 평가하는 기준이라고 생각하였다.
③ 이덕무는 청의 현실을 관찰하면서 이면에 있는 민생의 문제를 간과하지 않았다.
④ 이덕무는 청 문물의 효용성을 긍정하면서 청이 중화를 보존하고 있음을 인정하였다.
⑤ 박제가와 이덕무는 모두 중화 관념 자체에 대해서는 긍정적인 태도를 견지하였다.

07 평등견 에 대한 이해로 가장 적절한 것은?

① 조선의 풍토를 기준으로 삼아 청의 제도를 개선하자는 인식 태도이다.
② 조선의 고유한 삶의 방식을 청의 방식에 따라 개혁해야 한다는 인식 태도이다.
③ 청과 조선의 가치를 평등하게 인정하고 풍토로 인한 차이를 해소하려는 인식 태도이다.
④ 중국인의 외양이 변화된 모습을 명에 대한 의리 문제와 관련지어 파악하려는 인식 태도이다.
⑤ 청에 대한 배타적 태도를 지양하고 청과 구분되는 조선의 독자성을 유지하자는 인식 태도이다.

08 문맥을 고려할 때 ㉠의 의미를 파악한 내용으로 가장 적절한 것은?

① 새로운 작물의 보급 증가가 경제적 번영으로 이어지는 상황을 가리키는 것이다.
② 신용 기관이 확대되고 교역의 질과 양이 급변하고 있는 상황을 가리키는 것이다.
③ 반란의 위험성 증가 등 인구 증가로 인한 문제점들이 나타나는 상황을 가리키는 것이다.
④ 이주나 농경 집약화 등 조정에서 추진한 정책들이 실패한 상황을 가리키는 것이다.
⑤ 사회적 유대의 약화로 인하여 관료 사회의 부정부패가 심화되는 상황을 가리키는 것이다.

09 〈보기〉는 (가)에 제시된 『북학의』의 일부이다. Ⓐ와 (나)를 참고하여 〈보기〉에 대해 비판적 읽기를 수행한 학생의 반응으로 적절하지 않은 것은?

> **보기**
>
> 우리나라에서는 자기가 사는 지역에서 많이 나는 산물을 다른 데서 산출되는 필요한 물건과 교환하여 풍족하게 살려는 백성이 많으나 힘이 미치지 못한다. … 중국 사람은 가난하면 장사를 한다. 그렇더라도 정말 사람만 현명하면 원래 가진 풍류와 명망은 그대로다. 그래서 유생이 거리낌 없이 서점을 출입하고, 재상조차도 직접 융복사 앞 시장에 가서 골동품을 산다. … 우리나라는 해마다 은 수만 냥을 연경에 실어 보내 약재와 비단을 사 오는 반면, 우리나라 물건을 팔아 저들의 은으로 바꿔 오는 일은 없다. 은이란 천년이 지나도 없어지지 않는 물건이지만, 약은 사람에게 먹여 반나절이면 사라져 버리고 비단은 시신을 감싸서 묻으면 반년 만에 썩어 없어진다.

① 〈보기〉에 제시된 중국인들의 상업에 대한 인식은 Ⓐ에서 제시한 실용적인 입장에 부합하는 것이라 볼 수 있다.

② 〈보기〉에 제시된 조선의 산물 유통에 대한 서술은 Ⓐ에서 제시한 북학론의 당위성을 뒷받침하는 근거라 볼 수 있다.

③ 〈보기〉에 제시된 중국인들의 상행위에 대한 서술은 (나)에 제시된 중국 국내 교역의 양상과 상충되지 않는다고 볼 수 있다.

④ 〈보기〉에 제시된 은에 대한 평가는 (나)에 제시된 중국의 경제적 번영에 기여한 요소를 참고할 때, 은의 효용적 측면을 간과한 평가라 볼 수 있다.

⑤ 〈보기〉에 제시된 중국의 관료에 대한 묘사는 (나)에 제시된 관료 사회의 모습을 참고할 때, 지배층의 전체 면모가 드러나지 않는 진술이라 볼 수 있다.

인문·예술과 관련한 **지문 독해** 연습하기　**DAY 02**　해설편 p.011

시작 시간　종료 시간
시　분　시　분

PART 1

DAY 01
DAY 02
DAY 03
DAY 04
DAY 05
DAY 06
DAY 07
DAY 08
DAY 09
DAY 10

┃ 2022년 5급 PSAT(공직적격성평가) 언어논리 영역

01　다음 글에서 알 수 있는 것은?

> 일본은 청일전쟁으로 타이완을 차지한 뒤 러일전쟁을 통해 조선과 남만주 일부를 지배하는 대륙국가가 되었다. 일본은 언제부터 대륙 침략의 길을 지향했을까? 이 문제에 대한 한·중·일 3국의 견해는 다음과 같다.
>
> 종래 일본에서는 일본의 근대화와 대륙 침략은 불가분의 것이었다고 보았다. 다만 조선으로의 팽창 정책이 기본 노선이었지 중국은 팽창 대상이 아니라고 보았다. 언제부터 대륙으로의 팽창을 기본 방침으로 삼았는지에 대해서는 류큐 분도 교섭 이후와 임오군란 이후로 견해가 나뉘어 있다. 그러나 최근에 청일전쟁까지만 하더라도 일본은 제국주의 국가의 길 말고도 다른 선택지가 있었다는 견해가 대두되었다. 즉 일본의 근대화에서 팽창주의·침략주의는 필연이 아니었는데 청일전쟁이 전환점이 되었다는 것이다.
>
> 이에 대해 중국은, 일본의 대륙 침략 목표는 처음부터 한반도와 만주를 차지하는 것이었으며, 이 정책을 수립하기까지 일련의 과정을 거쳤다고 본다. 그에 따르면 메이지 정부는 1868년 천황의 이름으로 대외 확장 의지를 표명하고, 기도 다카요시의 정한론, 오가와 마타지의 청국정벌책안 등에서 대륙 침략의 대상을 명확히 했다. 1890년에는 내각총리대신이 일본의 주권선은 일본 영토, 이익선은 일본과 긴밀한 관계를 갖는 구역인 조선이라고 규정하고, 곧이어 조선, 만주, 러시아 연해주를 영유해야 한다고 했다. 이러한 대륙 침략 방침이 제국의회와 내각의 인가를 얻어 일본의 침략 정책으로 이어졌으며, 청일전쟁, 러일전쟁, 한국병합, 만주사변, 중일전쟁에 이르는 과정은 모두 이 방침을 지속적이고 철저하게 실행에 옮긴 결과라는 것이다.
>
> 한편 한국은 일본의 대륙 침략에 있어 정한론에 주목하고 있다. 메이지 정부가 수차례에 걸쳐 조선에 보낸 국서에는 전통적인 교린 관계에서 볼 수 없던 '천황', '황실' 따위의 용어가 있었고, 조선은 규범에 어긋난다며 접수하지 않았다. 정한론은 이를 빌미로 널리 확산되고 주창되었는데, 이에는 자국의 내란을 방지하기 위해 조선과 전쟁을 벌이고 이를 통해 대외 팽창을 꾀하겠다는 메이지 정부의 의도가 담긴 것이라고 한국은 보았다. 1875년 운요호의 강화도 침공은 이를 구체적으로 실행에 옮긴 것이며, 이후로도 일본의 대한국 정책은 이전과 마찬가지로 한결같이 대륙 침략의 방침하에 수행되었다고 한국은 파악하고 있다.

① 한국과 중국은 일본의 대륙 침략이 메이지 정부 이래로 일관된 방침이었다고 본다.

② 최근 일본은 일본이 조선을 침략하지 않았어도 근대화된 대륙국가가 될 수 있었다고 본다.

③ 한국은 조선이 일본과의 전통적 교린 관계를 고수하자 일본 내에서 정한론이 발생했다고 본다.

④ 중국은 일본이 주권선으로 규정한 지역이 정한론에서 이미 침략 대상으로 설정되었다고 본다.

⑤ 기존 일본은 일본이 추진한 조선으로의 팽창 정책이 임오군란 이후 기본 노선으로 결정되었다고 본다.

02 다음 글에서 추론할 수 있는 것은?

영조 3년 6월 2일, 좌부승지 신택이 왕에게 주청하기를, "국경을 지키며 감시하는 파수는 무엇보다 중요한 일입니다. 그런데 압록강 중류에 위치한 강계(江界) 경내에서 국경 파수꾼들이 근무하는 파수보는 백여 곳이나 됩니다. 그곳의 파수는 평안도 지역에 거주하는 백성 중에서 군역을 져야 하는 사람들이 순번을 돌아가며 담당하는데, 파수는 5월부터 9월까지만 하고 겨울 추위가 오기 전에 철수합니다. 파수꾼이 복무하는 달은 다섯 달에 불과하지만, 그 기간 동안 식량도 제공되지 않고, 호랑이의 습격을 받기도 합니다. 그런 까닭에 파수보에 나가는 것을 마치 죽을 곳에 가는 것처럼 꺼리는 사람이 많습니다. 그나마 백성들이 파수를 나갈 때 위안으로 삼는 것은 선왕 때부터 산삼을 캘수 있도록 허락했다는 사실 하나입니다. 선왕께서는 파수보에 배치된 파수꾼 중 파졸 2명과 지휘자인 파장만 파수보에 남고, 나머지는 부근의 산지에서 산삼을 캘 수 있도록 허락했습니다. 그 후 파졸들은 캐낸 산삼 중 일부는 세금으로 내고, 남은 것을 팔아 파수보에 있는 동안 사용할 식량이나 의복을 마련했습니다. 그런데 평안병사로 임명된 김수는 그런 사정도 모른 채 올해 3월 부임하자마자 파수보에 배치된 어떤 사람도 보를 떠나서는 안 되며 모든 인원은 보에서 소임을 다하라고 명령하고, 그 명령을 어긴 사람을 처벌했습니다. 이런 조치가 취해지니 민심이 동요하고, 몰래 파수보를 벗어나 사라지는 파졸까지 생겨나고 있습니다. 이는 아주 난처한 일이니, 제 소견으로는 규정에 정해진 파수보 정원 9명 중 파장을 제외한 파졸 8명은 절반씩 나누어 한 무리는 파수보를 지키게 하고, 나머지 한 무리는 산삼을 캐게 하되 저녁에는 반드시 파수보로 돌아와 다음날 교대로 근무할 수 있도록 하는 것이 좋을 듯합니다."라고 하였다.

이 말을 듣고 왕이 말하기를, "평안병사가 올 초에 내린 조치를 몇 달 지나지 않아 거두어들이도록 하는 것은 참 난감한 일이다. 하지만 좌부승지가 이렇게 간곡하게 말하니 거절할 수 없겠다."라고 하고 비변사에 명령하여 좌부승지의 의견대로 즉시 시행하게 조치하였다. 이후 강계 파수보에 관한 제반 사항은 영조 대에 그대로 유지되었다.

① 영조 4년 한 해 동안 파졸 1인이 파수보에 있는 시간은 영조 2년보다 2배로 늘었을 것이다.
② 강계의 파수보에 배치된 파졸은 평안도 지역의 군역 대상자 중에서 평안병사가 선발하였을 것이다.
③ 영조 4년 한 해 동안 강계 지역에서 채취된 산삼의 수량은 2년 전에 비해 절반으로 줄었을 것이다.
④ 김수의 부임 이전에 강계에 배치된 파졸들의 최대 사망 원인은 굶주림과 호랑이에 의한 피해였을 것이다.
⑤ 영조 3년 5월에 비해 다음 해 5월 강계의 파수보에서 파수 근무해야 하는 1일 인원수가 줄어들었을 것이다.

※ 다음 글을 읽고 물음에 답하시오. [03~05]

15세기 초 브루넬레스키가 제안한 선원근법은 서양의 풍경화에 큰 변화를 가져왔다. 고정된 한 시점에서 대상을 통일적으로 배치하는 기하학적 투시도법으로 인간의 눈에 보이는 대로 자연을 화폭에 담을 수 있게 된 것이다. 문학 비평가 가라타니 고진은 이러한 풍경화의 원리를 재해석한 '풍경론'을 통해 특정 문학 사조를 추종하는 문단의 관행을 비판했다.

고진에 따르면, 풍경이란 고정된 시점을 가진 한 사람에 의해 통일적으로 파악되는 대상이다. 내 눈 앞에 펼쳐진 풍경은 있는 그대로 존재하는 자연이 아니라 내가 보았기 때문에 여기 있는 것이며, 그런 점에서 모든 풍경은 내가 새롭게 발견한 대상이 된다. '풍경'은 단순히 외부에 존재해서가 아니라 주관에 의해 지각될 때 비로소 풍경이 된다.

고진은 이러한 과정을 '풍경의 발견'이라 부르고, 이를 근대인의 고독한 내면과 연결시켰다. 가령, 작가 구니키다 돗포의 소설에는 외로움을 느끼지만 정작 자기 주변의 이웃과 사귀지 않고 산책길에 만난 이름 모를 사람들이나 이제는 만날 일이 없는 추억 속의 존재들을 회상하며 그들에게 자신의 감정을 일방적으로 투사하는 주인공이 등장한다. 죽어갈 운명이라는 점에서는 모두가 동일하다면서, 주인공은 인간이란 누구든 다 친근한 존재들이라 말한다. 실제 이웃과의 관계 맺기를 기피한 채, 주인공은 현실적으로 아무 상관이 없는 사람들과 하나의 세계를 이루어 살고 있다. 고진은 인간마저도 하나의 풍경으로 취급해 버리는 주인공으로부터, 전도(顚倒)된 시선을 통해 풍경을 발견하는 '내적 인간'의 전형을 읽는다. 이로부터 고진은 "풍경은 오히려 외부를 보지 않는 자에 의해 발견된 것"이라는 결론을 얻는다.

고진의 풍경론은 한쪽에서는 내면성이나 자아라는 관점을, 다른 한쪽에서는 대상의 사실적 묘사라는 관점을 내세우며 대립하는 문단의 세태를 비판하기 위해 제시되었다. 주관의 재현과 객관의 재현을 내세우기에 마치 상반된 듯 보이지만 사실 두 관점은 서로 얽혀 있다는 것이다. 이미 풍경에 익숙해진 사람은 주관에 의해 배열된 세계를 벗어나지 못하고, 눈에 보이는 것이 본래적인 세계의 모습이라 믿는다. 풍경의 안에 놓여 있으면서도 풍경의 밖에 서 있다고 믿는 것이다. 고진은 만일 이러한 믿음에서 나온 외부 세계의 모사(模寫)를 리얼리즘이라 부른다면 그것이 곧 전도된 시선에서 비롯된 것임을 알아야 한다고 말한다. 리얼리즘의 본질을 '낯설게 하기'에서 찾는 러시아 형식주의의 견해 또한 마찬가지이다. 너무 익숙해서 실은 보고 있지 않은 것을 보게 만들어야 한다는 이 견해를 따른다면, 리얼리즘은 항상 새로운 풍경을 창출해야 한다. 따라서 리얼리스트는 언제나 '내적 인간'일 수밖에 없다.

물론 자신이 풍경 안에 갇혀 있다는 사실을 자각하는 이가 있을 수도 있다. 작가 나쓰메 소세키는 '문학이란 무엇인가'라는 질문을 던졌을 때, 자신이 참고해 온 문학책들이 자신의 통념을 만들고 강화했을 뿐이라는 사실을 깨닫고는 책들을 전부 가방에 넣어 버렸다. "문학 서적을 읽고 문학이 무엇인가를 알려고 하는 것은 피로 피를 씻는 일이나 마찬가지라고 생각했기 때문"이다. 고진은 소세키야말로 자신이 풍경에 갇혀 있다는 사실을 자각했던 것이라 본다. 일단 고정된 시점이 생기면 그에 포착된 모든 것은 좌표에 따라 배치되며 이윽고 객관적 세계의 형상을 취한다. 이 세계를 의심하기 위해서는 결국 자신의 고정된 시짐 자체에 질문을 던지며 회의할 수밖에 없다. 이른바 '풍경 속의 불안'이 시작되는 것이다.

그렇다면 만일 선원근법에 의존하지 않는 풍경화, 예컨대 서양의 풍경화가 아닌 동양의 산수화를 고려한다면 고진의 풍경론은 달리 해석될까. 기하학적 투시도법을 따르지 않은 산수화에는 그야말로 자연이 있는 그대로 재현된 것처럼 보이니 말이다. 그러나 산수화의 소나무조차도 화가의 머릿속에 있는 소나무라는 관념을 묘사한 것이지 특정 시공간에 실재하는 소나무가 아니다. 요컨대 질문을 던지며 회의한들 그 외의 방식으로는 세계와 대면하는 방법을 알지 못하기에 막연한 불안이 생기는 사태를 막을 수는 없다. 그럼에도 불구하고 문학을 다루는 사람은 자신의 전도된 시선을 의심하는 일에 게을러서는 안 된다. 전도된 시선의 기만적 구도는 풍경 속의 불안을 느끼는 이들에 의해서만 감지될 수 있다. 이 미묘한 앞뒷면을 동시에 살피려는 시도가 없다면, 우리는 풍경의 발견이라는 상황을 보지 못할 뿐 아니라 단지 풍경의 눈으로 본 문학만을 쓰고 해석하게 될 것이다.

PART 1

DAY 01
DAY 02
DAY 03
DAY 04
DAY 05
DAY 06
DAY 07
DAY 08
DAY 09
DAY 10

03 윗글과 일치하지 않는 것은?

① 브루넬레스키의 선원근법은 풍경화에 사실감을 부여했다.

② 러시아 형식주의자들은 익숙한 세계를 새롭게 인식해야 한다고 주장했다.

③ 산수화와 풍경화는 기하학적 투시도법의 적용 여부에 따라 대상의 재현 양상이 대비된다.

④ 나쓰메 소세키는 문학 서적을 통해서 문학을 연구하는 작업이 자기 반복이라고 보았다.

⑤ 구니키다 돗포는 공적 관계를 기피하고 사적 관계에 몰두하는 인물을 소설의 주인공으로 삼았다.

04 '전도된 시선'을 설명한 것으로 가장 적절한 것은?

① 세계의 미묘한 앞뒷면을 동시에 살피는 것이다.

② 내면의 세계를 외부자의 시선으로 발견하는 것이다.

③ 현실을 취사선택하여 비현실적 세계를 만드는 것이다.

④ 실재로서 존재했지만 아무도 보지 못했던 풍경을 보는 것이다.

⑤ 주관적 시각을 통해 구성된 세계를 객관적 현실이라 믿는 것이다.

05 윗글에 따를 때 고진의 관점에서 〈보기〉에 나타난 최재서의 입장을 해석한 것으로 가장 적절한 것은?

> **보기**
>
> 최재서는 내면성과 자아의 실험적 표현을 추구하는 이상의 소설을 사실적 묘사라는 관점에서 '리얼리즘의 심화'라고 비평한 바 있다. 이상의 〈날개〉에는 돈을 사용하는 법도 모르고 친구를 사귀지도 않으며 자신의 작은 방을 벗어나지 않는 주인공이 등장한다. 최재서에 따르면, 자폐적으로 자기 세계에 갇혀 지내는 사내의 심리에 주목한 〈날개〉는 특정 대상의 내면까지도 '주관의 막을 제거한 카메라'를 들이대어 투명하게 조망한 사례이다. 대상에 따라 관점은 이동할 수 있다는 것, 문학 작품의 해석에 미리 확정된 관점이나 범주란 없다는 것이 최재서의 결론이다.

① 대상에 따라 관점이 이동할 수 있다는 의견은, 고진에게는 작가의 머릿속에 있는 관념이 서양 풍경화의 방식으로 재현되는 것이라 해석되겠군.

② 작품 해석에서 미리 확정된 범주란 없다는 의견은, 고진에게는 주관이 외부를 적극적으로 파악하여 풍경 속의 불안을 벗어난 것이라 해석되겠군.

③ 내면성과 자아의 실험적 표현을 추구하는 작품도 리얼리즘에 속할 수 있다는 의견은, 고진에게는 풍경 안에 갇혀 있음을 자각한 것이라 해석되겠군.

④ 〈날개〉가 대상의 내면에 '주관의 막을 제거한 카메라'를 들이댔다는 의견은, 고진에게는 주관의 재현과 객관의 재현을 내세우며 대립하는 것이라 해석되겠군.

⑤ 이상이 〈날개〉에서 자폐적으로 자기 세계에 갇혀 지내는 사내를 그렸다는 의견은, 고진에게는 풍경을 지각하지 못하는 '내적 인간'의 전형을 그린 것이라 해석되겠군.

※ 다음 글을 읽고 물음에 답하시오. [06~07]

다의어란 두 가지 이상의 의미를 가진 단어를 말한다. 다의어에서 기본이 되는 핵심 의미를 중심 의미라고 하고, 중심 의미에서 확장된 의미를 주변 의미라고 한다. 중심 의미는 일반적으로 주변 의미보다 언어 습득의 시기가 빠르며 사용 빈도가 높다. 그러면 다의어의 특징에 대해 좀 더 알아보자.

첫째, 주변 의미로 사용되었을 때는 문법적 제약이 나타나기도 한다. 예를 들면 '한 살을 먹다'는 가능하지만 '한 살이 먹히다'나 '한 살을 먹이다'는 어법에 맞지 않는다. 또한 '손'이 '노동력'의 의미로 쓰일 때는 '부족하다, 남다' 등 몇 개의 용언과만 함께 쓰여 중심 의미로 쓰일 때보다 결합하는 용언의 수가 적다.

둘째, 주변 의미는 기존의 의미가 확장되어 생긴 것으로서, 새로 생긴 의미는 기존의 의미보다 추상성이 강화되는 경향이 있다. '손'의 중심 의미가 확장되어 '손이 부족하다', '손에 넣다'처럼 각각 '노동력', '권한이나 범위'로 쓰이는 것이 그 예이다.

셋째, 다의어의 의미들은 서로 관련성을 갖는다.

> 줄 명
> ① 새끼 따위와 같이 무엇을 묶거나 동이는 데에 쓸 수 있는 가늘고 긴 물건.
>   예 줄로 묶었다.
> ② 길이로 죽 벌이거나 늘여 있는 것. 예 아이들이 줄을 섰다.
> ③ 사회생활에서의 관계나 인연. 예 내 친구는 그쪽 사람들과 줄이 닿는다.

예를 들어 '줄'의 중심 의미는 위의 ①인데 길게 연결되어 있는 모양이 유사하여 ②의 의미를 갖게 되었다. 또한 연결이라는 속성이나 기능이 유사하여 ③의 뜻도 지니게 되었다. 이때 ②와 ③은 '줄'의 주변 의미이다. 그런데 ㉠ 다의어의 의미들이 서로 대립적 관계를 맺는 경우가 있다. 예를 들어 '앞'은 '향하고 있는 쪽이나 곳'이 중심 의미인데 '앞 세대의 입장', '앞으로 다가올 일'에서는 각각 '이미 지나간 시간'과 '장차 올 시간'을 가리킨다. 이것은 시간의 축에서 과거나 미래 중 어느 방향을 바라보는지에 따른 차이로서 이들 사이의 의미적 관련성은 유지된다.

06 윗글을 참고하여 추론한 내용으로 적절하지 않은 것은?

① 대부분의 아이들이 '별'의 의미 중 '군인의 계급장'이라는 의미보다 '천체의 일부'라는 의미를 먼저 배우겠군.

② '앉다'의 의미 중 '착석하다'의 의미로 쓰이는 빈도가 '요직에 앉다'처럼 '직위나 자리를 차지하다'의 의미로 쓰이는 빈도보다 더 높겠군.

③ '결론에 이르다'와 '포기하기에는 아직 이르다'에서 '이르다'의 의미들은 서로 관련성이 없으니, 이 두 의미는 중심 의미와 주변 의미의 관계로 볼 수 없겠군.

④ '팽이를 돌리다'는 어법에 맞는데 '침이 생기다'라는 의미의 '돌다'는 '군침을 돌리다'로 쓰이지 않으니, '군침이 돌다'의 '돌다'는 주변 의미로 사용된 것이겠군.

⑤ 사람의 감각 기관을 뜻하는 '눈'의 의미가 '눈이 나빠져서 안경의 도수를 올렸다'에서의 '눈'의 의미로 확장되었으니, '눈'의 확장된 의미는 기존 의미보다 더 구체적이겠군.

07 밑줄 친 단어들의 의미를 고려하여 ⊙의 예에 해당하는 것만을 〈보기〉에서 있는 대로 고른 것은?

보기

영희 : 자꾸 말해 미안한데 모둠 발표 자료 좀 줄래?

민수 : 너 빚쟁이 같다. 나한테 자료 맡겨 놓은 거 같네.

영희 : 이틀 뒤에 발표 사전 모임이라고 금방 문자 메시지가 왔었는데 지금 또 왔어. 근데 빚쟁이라
니, 내가 언제 돈 빌린 것도 아니고…….

민수 : 아니, 꼭 빌려 준 돈 받으러 온 사람 같다고. 자료 여기 있어. 가현이랑 도서관에 같이 가자.
아까 출발했다니까 금방 올 거야.

영희 : 그래. 발표 끝난 뒤에 다 같이 밥 먹자.

① 빚쟁이
② 빚쟁이, 금방
③ 뒤, 돈
④ 뒤, 금방, 돈
⑤ 빚쟁이, 뒤, 금방

인문·예술과 관련한 **지문 독해** 연습하기 DAY **03** 해설편 p.018

시작 시간 · 종료 시간
시 분 · 시 분

PART 1

DAY 01
DAY 02
DAY 03
DAY 04
DAY 05
DAY 06
DAY 07
DAY 08
DAY 09
DAY 10

| 2021년 5급 PSAT(공직적격성평가) 언어논리 영역

01 다음 글의 내용과 부합하는 것은?

화원(畵員)이란 조선 시대의 관청인 도화서 소속의 직업 화가를 말한다. 화원은 임금의 초상화인 어진과 공신초상, 의궤와 같은 궁중기록화, 궁중장식화, 각종 지도, 청화백자의 그림, 왕실 행사를 장식하는 단청 등 왕실 및 조정이 필요로 하는 모든 종류의 회화를 제작하고 여러 도화(圖畵) 작업을 담당하였다. 그림과 관련된 온갖 일을 한 화원들은 사실상 거의 막노동에 가까운 일을 했던 사람들이다.

고된 노역과 적은 녹봉에도 불구하고 이들은 왜 어려서부터 그림 공부를 하여 도화서에 들어가려고 한 것일까? 그림에 재능이 있는 사람이 화원이 되려고 한 이유는 생각보다 간단하다. 화원이 된다는 것은 국가가 인정한 20 ~ 30명의 최상급 화가 중 한 사람이 된다는 것을 의미한다. 비록 중인이지만 화원이 되면 종9품에서 종6품 사이의 벼슬을 받는 하급 관료가 되는 것이다. 따라서 화원이 된 사람은 국가가 인정한 최상급 화가라는 자격과 함께, 경제적으로는 별 도움이 되는 것은 아니지만 관료라는 지위를 갖게 된다.

실상 화원은 국가가 주는 녹봉으로 생활했던 사람들이 아니었다. 이들은 낮에는 국가를 위해 일했으나 퇴근 후에는 사적으로 주문을 받아 작품을 제작하였다. 화원들은 벌어들이는 돈의 대부분을 사적 주문에 의한 그림 제작을 통해 획득하였다. 국가 관료라는 지위와 최상급 화가라는 명예는 그림 시장에서 그들의 작품에 보다 높은 가치를 부여하였고, 녹봉에만 의지하는 다른 하급 관료보다 경제적으로 풍요롭게 만들었다. 반면 도화서에 들어가지 못한 일반 화가들은 경제적으로 곤궁하였다. 이들은 일정한 수입이 없었으며 그때그때 값싼 그림을 팔아 생활하였다. 따라서 화원과 비교해 볼 때 시정(市井)의 직업 화가들의 경제 여건은 늘 불안정하였다. 이런 이유로 화원 집안에서는 대대로 화원을 배출하려고 노력했고, 조선 후기에는 몇몇 가문이 도화서 화원직을 거의 독점하게 되었다.

① 일반 직업 화가들은 화원 밑에서 막노동에 가까운 일을 담당하였으나 신분은 중인이었다.

② 화원은 국가 관료라는 지위를 가졌으나 경제적 여건은 일반 하급 관료에 비해 좋지 않은 편이었다.

③ 임금의 초상화를 그리는 도화서 소속 화가는 다른 화원에 비해 국가가 인정한 최상급 화가라는 자격을 부여받았다.

④ 도화서 소속 화가는 수입의 가장 많은 부분을 사적으로 주문된 그림을 제작하는 데서 얻었다.

⑤ 적은 녹봉에도 불구하고 화원이 되려는 경쟁이 치열했으므로 화원직의 세습은 힘들었다.

02 다음 글의 내용과 부합하는 것은?

〈승정원일기〉는 조선 시대 왕의 비서 기관인 승정원의 업무 일지이다. 승정원에서 처리한 업무는 당시 최고의 국가 기밀이었으므로 〈승정원일기〉에는 중앙과 지방에서 수집된 주요한 정보와 긴급한 국정 사항이 생생하게 기록되었다. 〈승정원일기〉가 왕의 통치 기록으로서 주요한 자리를 차지할 수 있었던 것은 조선의 통치 구조와 관련이 있다. 조선은 모든 국가 조직이 왕을 중심으로 짜여 있는 중앙집권제 국가였다. 국가 조직은 크게 여섯 분야로 나뉘어져 이, 호, 예, 병, 형, 공의 육조가 이를 담당하였다. 승정원도 육조에 맞추어 육방으로 구성되었고, 육방에는 담당 승지가 한 명씩 배치되었다. 중앙과 지방의 모든 국정 업무는 육조를 통해 수합되었고, 육조는 이를 다시 승정원의 해당 방의 승지에게 보고하였다. 해당 승지는 이를 다시 왕에게 보고하였고, 왕의 명령이 내려지면 담당 승지가 받아 해당 부서에 전하였다.

승정원에 보고된 육조의 모든 공문서는 승정원의 주서가 받아서 기록하였는데, 상소문이나 탄원서 등의 문서도 마찬가지였다. 만약 사헌부, 사간원, 홍문관 등에서 특정 관료나 사안에 대해 비판하는 경우 주서가 그 내용을 기록하였으며, 왕과 신료가 만나 국정을 의논하거나 경연을 할 때 주서는 반드시 참석하여 그 대화 내용을 기록하였다. 즉, 주서는 사관의 역할도 겸하였으며, 주서가 사관으로서 기록한 것을 사초라 하였다. 하루 일과가 끝나면 주서는 자신이 기록한 사초를 정리하여 이것을 승정원에서 처리한 공문서나 상소문과 함께 모두 모아 매일 〈승정원일기〉를 작성하였다. 한 달이 되면 이를 한 책으로 엮어 왕에게 보고하였고, 왕의 결재를 받은 다음 자신이 근무하는 승정원 건물에 보관하였다.

〈승정원일기〉는 오직 한 부만 작성되었으므로 궁궐의 화재로 원본 자체가 소실되기도 하였다. 임진왜란 전에 승정원은 경복궁 근정전 서남쪽에 위치하였는데, 왜란으로 경복궁이 불타면서 〈승정원일기〉도 함께 소실되었다. 이후에도 여러 차례 궁궐에 화재가 발생하였다. 영조 23년에는 창덕궁에 불이 나 〈승정원일기〉가 거의 타버렸으나 영조는 이를 복원하도록 하였다.

① 주서는 사초에 근거하여 육조의 국정 업무 자료를 선별해 수정한 뒤 책으로 엮어 왕에게 보고하였다.
② 형조에서 수집한 지방의 공문서는 승정원의 형방 승지를 통해 왕에게 보고되었다.
③ 왕이 사간원에 내리는 공문서는 사간원에 배치된 승지를 통해 전달되었다.
④ 사관의 역할을 겸하였던 주서와 승지는 함께 〈승정원일기〉를 작성하였다.
⑤ 경복궁에 보관되어 있던 〈승정원일기〉는 영조 대의 화재로 소실되었다.

※ 다음 글을 읽고 물음에 답하시오. [03~05]

평등은 자유와 더불어 근대 사회의 핵심 이념으로 자리 잡고 있다. 인간은 가령 인종이나 성별과 상관없이 누구나 평등하다고 생각한다. 모든 인간은 평등하다고 말하는데, 이 말은 무슨 뜻일까? 그리고 그 근거는 무엇인가? 일단 이 말을 모든 인간을 모든 측면에서 똑같이 대우하는 절대적 평등으로 생각하는 이는 없다. 인간은 저마다 다르게 가지고 태어난 능력과 소질을 똑같게 만들 수 없기 때문이다. 절대적 평등은 개인의 개성이나 자율성 등의 가치와 충돌하기도 한다.

평등에 대한 요구는 모든 불평등을 악으로 보는 것이 아니라 충분한 이유가 제시되지 않은 불평등을 제거하는 데 목표를 두고 있다. '이유 없는 차별 금지'라는 조건적 평등 원칙은 차별 대우를 할 때는 이유를 제시할 것을 요구하고 있다. 이것은 어떤 이유가 제시된다면 특정한 부류에 속하는 사람들에게는 평등한 대우를, 그 부류에 속하지 않는 사람들에게는 차별적 대우를 하는 것을 허용한다. 그렇다면 사람들을 특정한 부류로 구분하는 기준은 무엇인가? 이것은 바로 평등의 근거에 대한 물음이다.

근대의 여러 인권 선언에 나타난 평등 개념은 개인들 사이의 평등성을 타고난 자연적 권리로 간주하였다. 하지만 이러한 자연권 이론은 무엇이 자연적 권리이고 권리의 존재가 자명한 이유가 무엇인지 등의 문제에 부딪히게 된다. 그래서 롤스는 기존의 자연권 사상에 의존하지 않는 방식으로 인간 평등의 근거를 마련하려고 한다. 그는 어떤 규칙이 공평하고 일관되게 운영되며, 그 규칙에 따라 유사한 경우는 유사하게 취급된다면 형식적 정의는 실현된다고 본다. 하지만 롤스는 형식적 정의에 따라 규칙을 준수하는 것만으로는 정의를 담보할 수 없다고 생각한다. 그 규칙이 더 높은 도덕적 권위를 지닌 다른 이념과 충돌할 수 있기에, 실질적 정의가 보장되기 위해서는 규칙의 내용이 중요한 것이다.

롤스는 인간 평등의 근거를 설명하면서 영역 성질(Range Property) 개념을 도입한다. 예를 들어 어떤 원의 내부에 있는 점들은 그 위치가 서로 다르지만 원의 내부에 있다는 점에서 동일한 영역 성질을 갖는다. 반면에 원의 내부에 있는 점과 원의 외부에 있는 점은 원의 경계선을 기준으로 서로 다른 영역 성질을 갖는다. 그는 평등한 대우를 받기 위한 영역 성질로서 '도덕적 인격'을 제시한다. 도덕적 인격이란 도덕적 호소가 가능하고 그런 호소에 관심을 기울이는 능력이 있다는 것인데, 이 능력을 최소치만 갖고 있다면 평등한 대우에 대한 권한을 갖게 된다. 도덕적 인격이라고 해서 도덕적으로 훌륭하다는 뜻이 아니라 도덕과 무관하다는 말과 대비되는 뜻으로 쓰고 있다. 그런데 어린 아이는 인격체로서의 최소한의 기준을 충족하고 있는지가 논란이 될 수 있다. 이에 대해 롤스는 도덕적 인격을 규정하는 최소한의 요구 조건은 잠재적 능력이지 그것의 실현 여부가 아니기에 어린 아이도 평등한 존재라고 말한다.

싱어는 위와 같은 롤스의 시도를 비판한다. 도덕에 대한 민감성의 수준은 사람에 따라 다르다. 그래서 도덕적 인격의 능력이 그렇게 중요하다면 그것을 갖춘 정도에 따라 도덕적 위계를 다르게 하지 말아야 할 이유가 분명하지 않다고 말한다. 그리고 평등한 권리를 갖는 존재가 되기 위한 최소한의 경계선을 어디에 그어야 하는지도 문제로 남는다고 본다. 한편 롤스에서는 도덕적인 능력을 태어날 때부터 가지고 있지 않거나 영구적으로 상실한 사람은 도덕적 지위를 가지고 있지 못하게 되는데, 이는 통상적인 평등 개념과 어긋난다. 그래서 싱어는 평등의 근거로 '이익 평등 고려의 원칙'을 내세운다. 그에 따르면 어떤 존재가 이익, 즉 이해관계를 갖기 위해서는 기본적으로 고통과 쾌락을 느낄 수 있는 능력을 갖고 있어야 한다. 그리고 그 능력을 가진 존재는 이해관계를 가진 존재이기 때문에 평등한 도덕적 고려의 대상이 된다. 이때 이해관계가 강한 존재를 더 대우하는 것이 가능하다. 반면에 그 능력을 갖지 못한 존재는 아무런 선호나 이익도 갖지 않기 때문에 평등한 도덕적 고려의 대상이 되지 않는다.

03 '평등'을 설명한 것으로 가장 적절한 것은?

① 형식적 정의에서는 차별적 대우가 허용되지 않는다.
② 조건적 평등과 달리 절대적 평등은 결과적인 평등을 가져온다.
③ 불평등은 충분한 이유가 있더라도 평등의 이념에 부합하지 않는다.
④ 규칙에 따라 유사한 경우는 유사하게 취급해도 결과는 불평등할 수 있다.
⑤ 인간의 능력은 절대적으로 평등하게 만들 수 있지만 자율성에 어긋날 수 있다.

04 롤스와 싱어를 이해한 것으로 적절하지 않은 것은?

① 롤스에서 평등의 근거가 되는 특성을 가지지 못한 존재는 부도덕하다.
② 롤스에서 영역 성질은 정도의 차를 감안하지 않는 동일함을 가리킨다.
③ 싱어에서는 인간이 아닌 존재가 느끼는 고통과 쾌락도 도덕적으로 고려해야 한다.
④ 싱어에서는 도덕적으로 평등하다고 인정받는 사람들도 차별적 대우를 받을 수 있다.
⑤ 롤스와 싱어는 도덕에 대한 민감성이 사람마다 다름을 인정한다.

05 〈보기〉에 대한 반응으로 적절하지 않은 것은?

> **보기**
> • 갑은 고통을 느끼는 능력과 도덕적 능력을 회복 불가능하게 상실하였다.
> • 을은 도덕적 능력을 선천적으로 결여했지만 고통을 느낄 수 있다.
> • 병은 질병으로 인해 일시적으로 도덕적 능력을 상실하였다.

① 갑에 대해 싱어는 도덕적 고려의 대상이 아니라고 보겠군.
② 을이 도덕적 능력이 있는 사람보다 더 고통을 느낀다면 싱어는 더 대우를 받아야 한다고 생각하겠군.
③ 을이 도덕적 고려의 대상임을 설명할 수 있다는 점에서 싱어는 자신의 설명이 통상적인 평등 개념에 부합한다고 생각하겠군.
④ 병에 대해 롤스는 그 질병에 걸리지 않은 사람과 달리 평등하지 않게 생각하겠군.
⑤ 갑과 을에 대해 싱어는 롤스가 도덕적 인격임을 설명하지 못할 것이라고 보겠군.

※ 다음 글을 읽고 물음에 답하시오. [06~07]

국어사적 사실이 현대 국어의 일관되지 않은 현상을 이해하는 데 도움이 되는 경우가 많다. 예를 들어 'ㄹ'로 끝나는 명사 '발', '솔', '이틀'이 ㉠'발가락', ㉡'소나무', ㉢'이튿날'과 같은 합성어들에서는 받침 'ㄹ'의 모습이 일관되지 않는데, 이를 이해하기 위해서는 이들 단어의 옛 모습을 알아야 한다.

'소나무'에서는 '발가락'에서와는 달리 받침 'ㄹ'이 탈락하였고, '이튿날'에서는 받침이 'ㄹ'이 아닌 'ㄷ'이다. 모두 'ㄹ' 받침의 명사가 결합한 합성어인데 왜 이러한 차이를 보이는 것일까? 현대 국어에는 받침 'ㄹ'이 'ㄷ'으로 바뀌거나, 명사와 명사가 결합할 때 'ㄹ'이 탈락하는 규칙이 없기 때문에 이러한 차이는 현대 국어의 규칙만으로는 설명할 수 없다.

'발가락'은 중세 국어에서 대부분 '밠 가락'으로 나타난다. 중세 국어에서 'ㅅ'은 관형격 조사로 사용되었으므로 '밠 가락'은 구로 파악된다. 이는 '밠 엄지 가락(엄지발가락)'과 같은 예를 통해 잘 알 수 있다. 이후 'ㅅ'은 점차 관형격 조사의 기능을 잃고 합성어 내부의 사이시옷으로만 흔적이 남았는데, 이에 따라 중세 국어 '밠 가락'은 현대 국어 '발가락[발까락]'이 되었다.

⟨A⟩ ┌ '소나무'는 중세 국어에서 명사 '솔'에 '나무'의 옛말인 '나모'가 결합하고 'ㄹ'이 탈락한 합성어 '소나모' 로 나타난다. 중세 국어에서는 현대 국어와 달리 명사와 명사가 결합하여 합성어가 될 때 'ㄴ, ㄷ, ㅅ, ㅈ' 등으로 시작하는 명사 앞에서 받침 'ㄹ'이 탈락하는 규칙이 있었기 때문에 '솔'의 'ㄹ'이 탈락하였다. '이튿날'은 중세 국어에서 자립 명사 '이틀'과 '날' 사이에 관형격 조사 'ㅅ'이 결합한 '이틄 날'로 많이 나타나는데, 이 'ㅅ'은 '이틄 밤', '이틄 길'에서의 'ㅅ'과 같은 것이다. 중세 국어에서 '이틄 날'은 '이틋 날'로도 나타났는데, 근대 국어로 오면서는 'ㄹ'이 탈락한 합성어 '이틋날'로 굳어지게 되었다. 이와 함 께 'ㅅ'이 관형격 조사의 기능을 잃어 가고, 받침 'ㅅ'과 'ㄷ'의 발음이 구분되지 않게 되었다. 이에 따라 ⟨한글 맞춤법⟩에서는 '이튿날'의 표기와 관련하여 "끝소리가 'ㄹ'인 말과 딴 말이 어울릴 적에 'ㄹ' 소리 가 'ㄷ' 소리로 나는 것"으로 보아 이를 '이튿날'로 적도록 했다. 그러나 이때의 'ㄷ'은 'ㄹ'이 변한 것으 로 설명되지 않으므로 중세 국어 '뭀 사룸'에서 온 '뭇사람'에서처럼 'ㅅ'으로 적는 것이 국어의 변화 └ 과정을 고려한 관점에 부합한다고 할 수 있다.

06 윗글을 참고할 때, ㉠ ~ ㉢과 같이 이러한 차이를 보이는 예를 ⟨보기⟩에서 각각 하나씩 찾아 그 순서대로 제시한 것은?

> **보기**
>
> 무술(물+술) 쌀가루(쌀+가루)
> 낟알(낟+알) 솔방울(솔+방울)
> 섣달(설+달) 푸나무(풀+나무)

① 솔방울, 무술, 낟알

② 솔방울, 푸나무, 섣달

③ 푸나무, 무술, 섣달

④ 쌀가루, 푸나무, 낟알

⑤ 쌀가루, 솔방울, 섣달

07 ⒶⒶ를 바탕으로 〈보기〉의 '자료'를 탐구한 내용으로 적절하지 않은 것은?

> **보기**
>
> [탐구 주제]
> • '숟가락'은 '젓가락'과 달리 왜 첫 글자의 받침이 'ㄷ'일까?
> [자료]
>
> | 중세 국어의 예 |
> | --- |
> | • 술 자ᄇᆞ며 져 놓ᄂᆞ니(숟가락 잡으며 젓가락 놓으니) |
> | • 숤 귿(숟가락의 끝), 졋 가락 귿(젓가락 끝), 수져(수저) |
> | • 물(무리), 뭀 사ᄅᆞᆷ(뭇사람, 여러 사람) |
>
> | 근대 국어의 예 | 현대 국어의 예 |
> | --- | --- |
> | • 숫가락 장ᄉᆞ(숟가락 장사)
• 뭇사ᄅᆞᆷ(뭇사람) | • *술로 밥을 뜨다.
• 숟가락으로 밥을 뜨다.
• 밥 한 술 |
>
> ※ '*'는 문법에 맞지 않음을 나타냄

① 중세 국어 '술'과 '져'는 중세 국어 '이틀'처럼 자립 명사라는 점에서 현대 국어 '술'과는 차이가 있군.

② 중세 국어 '술'과 '져'의 결합에서 'ㄹ'이 탈락한 합성어가 현대 국어 '수저'로 이어졌군.

③ 중세 국어 '술'과 '져'는 명사를 수식할 때, 중세 국어 '이틀'이나 '물'과 같이 모두 관형격 조사 'ㅅ'이 결합할 수 있었군.

④ 근대 국어 '숫가락'이 현대 국어에 와서 '숟가락'으로 적히는 것은, 국어의 변화 과정을 고려한 관점에 부합하지 않는다는 점에서 '이튿날'의 경우와 같군.

⑤ 현대 국어 '숟가락'과 '뭇사람'의 첫 글자 받침이 다른 이유는 중세 국어 '숤'과 '뭀'이 현대 국어로 오면서 'ㄹ'이 탈락한 후 남은 'ㅅ'의 발음이 서로 달랐기 때문이군.

인문·예술과 관련한 **지문 독해** 연습하기　　**DAY 04**　　해설편 p.025

시작 시간　종료 시간
시　분 ｜ 시　분

PART 1

DAY 01

DAY 02

DAY 03

DAY 04

DAY 05

DAY 06

DAY 07

DAY 08

DAY 09

DAY 10

| 2021년 5급 PSAT(공직적격성평가) 언어논리 영역

01　다음 글의 내용과 부합하는 것은?

'공공 미술'이란 공개된 장소에 설치되고 전시되는 작품으로서, 공중(公衆)을 위해 제작되고 공중에 의해 소유되는 미술품을 의미한다. 공공 미술의 역사는 세 가지 서로 다른 패러다임의 변천으로 설명할 수 있다. 첫 번째는 '공공장소 속의 미술' 패러다임으로, 1960년대 중반부터 1970년대 중반까지 대부분의 공공 미술이 그에 해당한다. 이것은 미술관이나 갤러리에서 볼 수 있었던 미술 작품을 공공장소에 설치하여 공중이 미술 작품을 접하기 쉽게 한 것이다. 두 번째는 '공공 공간으로서의 미술' 패러다임으로, 공공 미술 작품의 개별적인 미적 가치보다는 사용가치에 주목하고 공중이 공공 미술을 더 가깝게 느끼고 이해할 수 있도록 미술과 실용성 사이의 구분을 완화하려는 시도이다. 이에 따르면 미술 작품은 벤치나 테이블, 가로등, 맨홀 뚜껑을 대신하면서 공공장소에 완전히 동화된다. 세 번째인 '공공의 이익을 위한 미술' 패러다임은 사회적인 쟁점과 직접적 접점을 만들어냄으로써 사회 정의와 공동체의 통합을 추구하는 활동이다. 이것은 거리 미술, 게릴라극, 페이지 아트 등과 같은 비전통적 매체뿐만 아니라 회화, 조각을 포함하는 다양한 전통 매체를 망라한 행동주의적이며 공동체적인 활동이라고 할 수 있다.

첫 번째와 두 번째 패러다임은 둘 다 공적인 공간에서 시각적인 만족을 우선으로 한다는 점에서 하나의 틀로 묶을 수 있다. 공적인 공간에서 공중의 미적 향유를 위해서 세워진 조형물이나 쾌적하고 심미적인 도시를 만들기 위해 디자인적 요소를 접목한 공공 편의 시설물은 모두 공중에게 시각적인 만족을 제공하기 위해 제작된 활동이라는 의미에서 '공공장소를 미화하는 미술'이라 부를 수 있다. 세 번째 패러다임인 '공공의 이익을 위한 미술'은 사회 변화를 위한 공적 관심의 증대를 목표로 하고 있어서 공공 공간을 위한 미술이라기보다는 공공적 쟁점에 주목하는 미술이다. 이 미술은 해당 주제가 자신들의 삶에 중요한 쟁점이 되는 특정한 공중 일부에게 집중한다. 그런 점에서 이러한 미술 작업은 공중 모두에게 공공장소에 대한 보편적인 미적 만족을 제공하려는 활동과는 달리 '공적인 관심을 증진하는 미술'에 해당한다.

① 공공 공간으로서의 미술은 다양한 매체를 활용하여 사회 정의와 공동체 통합을 추구하는 활동이다.

② 공공장소를 미화하는 미술은 공공 미술 작품의 미적 가치보다 사용가치에 주목하는 시도를 포함한다.

③ 공적인 관심을 증진하는 미술은 공중이 공유하는 문화 공간을 심미적으로 디자인하여 미술과 실용성을 통합하려는 활동이다.

④ 공공장소 속의 미술은 사회 변화를 위한 공적 관심의 증대를 목표로 공중 모두에게 공공장소에 대한 보편적 미적 만족을 제공한다.

⑤ 공공의 이익을 위한 미술은 공간적 제약을 넘어서 공중이 미술을 접할 수 있도록 작품이 존재하는 장소를 미술관에서 공공장소로 확대하는 활동이다.

02 다음 글에서 알 수 있는 것은?

젊은이를 가리키는 말로 조선 시대에는 '소년', '약년', '자제', '청년' 등 다양한 표현이 사용되었다. 일반적으로 소년과 자제를 가장 흔히 사용하였으나, 약년이나 청년이라는 표현도 젊은이를 가리키는 말로 간혹 쓰였다. 약년은 스무 살 즈음을 칭하는 표현이다. 실제 사료에서도 20대를 약년이나 약관으로 칭한 사례가 많다. 1508년 우의정 이덕형은 상소문에서 자신이 약년에 벼슬길에 올랐다고 하였다. 그런데 이 약년은 훨씬 더 어린 나이에도 사용되었다. 1649년 세손의 교육 문제를 논한 기록에는 만 8세의 세손을 약년이라고 하였다.

조선 후기에는 젊은이를 일반적으로 소년이라고 하였다. 오늘날 소년은 청소년기 이전의 어린이를 지칭하는 말로 그 의미가 변하였지만, 전통 사회의 소년은 나이가 적은 자, 즉 젊은이를 의미하는 말이었다. 적어도 조선 후기 사회에서는 아이와 구분되는 젊은이를 소년이라고 부르는 것이 일반적이었다. 신분과 계층 그리고 시기에 따라 다르지만, 연령으로는 최대 15세까지 아이로 보았던 듯하다.

소년이 유년이나 장년과 구분되기는 하였지만, 상대적으로 젊은 사람을 뜻하는 경우도 많았다. 40대나 50대 사람이더라도 상대에 따라 젊은 사람으로 표현되기도 하였다. 소년이 장년, 노년과 구분되는 연령 중심의 지칭이었음에 비해, 자제는 부로(父老), 부형(父兄)으로 표현되는 연장자가 이끌고 가르쳐서 그 뒤를 이어가게 하는 '다음 세대'라는 의미로 사용되었다. 일반적으로 자제는 막연한 후손이라는 의미보다는 특정한 신분에 있는 각 가문의 젊은 세대라는 의미로 통하였다. 고려시대 공민왕이 젊은이를 뽑아 만들었다는 자제위도 단순히 잘생긴 젊은이가 아니라 명문가의 자제를 선발한 것이었다. 자제가 소년보다는 가문의 지체나 신분을 반영하는 지칭이었으므로, 교육과 인재 양성면에서 젊은이를 칭할 때는 거의 자제라고 표현하였다.

또한 소년이란 아직 성숙하지 못한 나이, 다소간 치기에서 벗어나지 못한 어린 또는 젊은 사람이라는 의미를 가지는 경우도 많았다. 연륜을 쌓은 노성(老成)함에 비해 나이가 적고 젊다는 것은 부박하고 상황의 판단이 아직 충분히 노련하지 못하다는 의미로 사용되었다. 마찬가지로 자제 역시 어른 세대에게 가르침을 받아야 하는 존재, 즉 아직 미숙한 존재로 인식되었다.

젊은 시절을 의미하는 말로 쓰인 청년은 그 자체가 찬미의 대상이 되기보다는 대체로 노년과 짝을 이루어 늙은이가 과거를 회상하는 표현으로 사용되는 경우가 많았다.

① 소년으로 불리는 대상 중 자제로 불리지 않는 경우가 있었다.
② 젊은이를 지시하는 말 중 청년이 가장 부정적으로 쓰였다.
③ 약년은 충분히 노련하지 못한 어른을 지칭하기도 하였다.
④ 약년은 소년과 자제의 의미를 포괄하여 사용되었다.
⑤ 명문가의 후손을 높여 부를 때 자제라고 하였다.

※ 다음 글을 읽고 물음에 답하시오. [03~05]

살펴보건대, ㉠ 상고 시대 법에서 오형(五刑)은 중죄인에 대하여 이마에 글자를 새기고(묵형) 코나 팔꿈치, 생식기를 베어 내고(의형, 비형, 궁형), 죽이는(대벽) 형벌이었다. 다만 정상이 애처롭거나 신분과 공로가 높은 경우에는 예외적으로 오형 대신 유배형을 적용하였다. 나머지 경죄는 채찍이나 회초리를 쳤는데 따져 볼 여지가 있는 경우에는 돈으로 대속할 수 있도록, 곧 속전(贖錢)할 수 있도록 하였다. 또 과실로 저지른 행위는 유배나 속전할 것 없이 처벌하지 않았다. 그러나 배경을 믿고 범행을 저질렀거나 재범한 경우에는 유배나 속전할 사유에 해당하더라도 형을 집행하였다.

형법은 선왕들이 통치에서 전적으로 믿고 의지하는 도구는 아니었지만 교화를 돕는 수단이었고, 백성들이 그른 짓을 하지 않도록 역할을 해 왔다. 그렇다면 신체를 상하게 하여 악을 징계한 것도 당시에는 고심 끝에 차마 어쩔 수 없이 행하는 하나의 통치였던 것이다. ㉡ 지금의 법을 보면, 유배형과 노역형이 간악한 이를 효과적으로 막지 못하고 있다. 그렇다고 해서 그보다 더 무거운 형벌로 과도하게 적용하면 죽이지 않아도 될 범죄자를 죽일 수 있어 적당하지 않다. 따라서 예전처럼 의형, 비형을 적용한다면, 신체는 다쳐도 목숨은 보전될 뿐만 아니라 뒷사람에게 경계도 되니 선왕의 뜻과 시의에 알맞은 일이다.

지금은 살인과 상해에 대하여도 속전할 수 있도록 하여, 재물 있는 이들이 사람을 죽이거나 다치게 하도록 만드니, 무고한 피해자에게는 이보다 더 큰 불행이 있겠는가? 그리고 살인자가 마을에서 편안히 살고 있으면, 부모의 원수를 갚으려는 효자가 어떻게 그대로 보겠는가? 변방으로의 유배를 그대로 집행하는 것이 양쪽을 모두 보전하는 일이다. 선왕들이 중죄인에 대하여 죽이거나 베면서 조금도 용서하지 않은 것은 그 죄인도 또한 피해자에게 잔혹히 했기 때문이니, 그 형벌의 시행이 매우 참혹해 보이지만 실상은 마땅히 해야 할 일을 집행한 것이다.

어떤 이가 말하기를, 신체에 가하는 형벌인 육형(肉刑)으로 오형만 있었던 상고 시대에 순임금이 그 참혹함을 차마 볼 수 없어서 유배, 속전, 채찍, 회초리의 형벌을 만들었다고 한다. 그렇다고 하면 요임금 때까지는 채찍이나 회초리에 해당하는 죄에도 묵형이나 의형을 집행했다는 말인가? 그러니 오형에 처하던 것을 순임금이 법을 바로잡아 속전할 수 있도록 하였다는 말은 옳지 않다. 의심스럽다든가 해서 중죄를 속전할 수 있도록 한다면, 부자들은 처벌을 면하고 가난한 이들만 형벌을 받을 것이다.

지금의 사법기관은 응보에 따라 화복(禍福)이 이루어진다는 말을 잘못 알고서, 죄의 적용을 자의적으로 하여 복된 보답을 구하려는 경향이 있다. 죄 없는 이가 억울함을 풀지 못하고 죄 지은 자가 되려 풀려나게 하는 것은 악을 행하는 일일 뿐이니 무슨 복을 받겠는가? 지금의 사법들은 죄수를 신중히 살핀다는 흠휼(欽恤)을 잘못 이해하여서, 사람의 죄를 관대하게 다루어 법 적용을 벗어나도록 해 주는 것으로 안다. 그리하여 죽여야 할 이들을 여러 구실을 들어 대부분 감형되도록 한다. 참형에 해당하는 것이 유배형이 되고, 유배될 것이 노역형이 되고, 노역할 것이 곤장형이 되고, 곤장 맞을 것을 회초리로 맞게 되니, 이는 뇌물을 받아 법을 가지고 논 것이지 어찌 흠휼이겠는가?

인명은 지극히 중한 것이다. 만약 무고한 사람이 살해되었다면 법관은 마땅히 자세히 살피고 분명히 조사하여 더는 의심의 여지가 없게 해야 할 것이다. 그리고 이렇게 한 뒤에는 반드시 목숨으로 갚도록 해야 한다. 이로써 죽은 자의 원통한 혼령을 위로할 뿐 아니라, 과부와 고아가 된 이가 원수 갚고자 하는 마음을 위로할 수 있으며, 또한 천리를 밝히고 나라의 기강을 떨치는 일이다. 보는 이들의 마음을 통쾌하게 할 뿐 아니라 후대의 징계도 되니, 또한 좋지 않겠는가.

지금은 교화가 쇠퇴하여 인심이 거짓을 일삼으며, 저마다 자신의 잇속만 챙기면서 풍속도 모두 무너졌다. 극악한 죄인은 죄를 받지 않고, 선량한 백성들은 자의적인 형벌의 적용을 면치 못하기도 한다. 또 강자에게는 법을 적용하지 않고 약자에게는 잔인하게 적용한다. 권문세가에는 너그럽고 한미한 집에는 각박하다. 똑같은 일에 법을 달리하고 똑같은 죄에 논의를 달리하여, 간사한 관리들이 법조문을 농락하고 기회를 잡아 장사하니, 그것은 단지 살인자를 죽이지 않고 형법을 방기하는 잘못에 그치는 일이 아니다. 이 통탄스러움을 이루 말로 다할 수 있겠는가.

– 윤기, 〈논형법(論刑法)〉

03 글쓴이의 입장과 일치하는 것은?

① 교화를 중시하고 형벌의 과도한 적용을 삼가야 한다고 생각한다.
② 살인을 저지른 중죄인이 유배되는 일은 없어야 한다고 주장한다.
③ 인명이 소중하므로 사형과 같은 참혹한 형벌의 폐지에 찬성한다.
④ 형벌로 보복을 대신하려고 하는 응보적인 경향에 대해 반대한다.
⑤ 무고하게 살해된 피해자를 고려하면 의형은 합당한 처벌이라고 본다.

04 윗글에 따라 ㉠, ㉡을 설명한 것으로 가장 적절한 것은?

① ㉠에서는 경미한 죄에도 오형을 적용하도록 되어 있었다.
② ㉠에서는 중죄에 대한 형벌을 육형으로 하는 것이 원칙이었다.
③ ㉡에서는 유배형도 정식의 형벌이므로 속전의 대상이 되지 않는다.
④ ㉠에서 오형에 해당하지 않는 형벌은 ㉡에서도 집행하지 않는다.
⑤ ㉠에서의 오형은 잔혹한 형벌이라 하여 ㉡에서는 모두 사라지게 되었다.

05 윗글과 〈보기〉를 비교 평가한 것으로 적절하지 않은 것은?

> **보기**
>
> 상고 시대에 유배형은 육형을 가해서는 안 되는 관료에게 베푸는 관용의 수단으로서 공식적인 형벌이 아니라 임시방편과 같은 것이었다. 또 속전은 의심스러운 경우에 적용한 것이지 꼭 가벼운 형벌에만 해당했던 것도 아니었다. 여기서 속은 잇는다[續]는 데서 따다가 대속한다[贖]는 의미로 된 것이니, 육형으로 끊어진 팔꿈치를 다시 붙일 수 없는 참혹함을 받아들이지 못하는 어진 정치에서 비롯한 것임을 알 수 있다. 지금의 법에서 속전은 정황이 의심스럽거나 사면에 해당하는 경우에만 비로소 허용된다. 그에 해당하는 경우가 아니라면 부유함으로 처벌을 요행히 면해서는 안 되며, 해당하는 경우이면 가난뱅이는 속전도 필요 없다. 죽여야 할 사람을 끝없이 살리려고만 한다면 어찌 덕이 되겠는가. 흠휼은 한 사람이라도 죄 없는 자를 죽이지 않으려는 것이지 살리기만 좋아하는 것이 아니다.

① 법을 엄격하게 집행해야 한다고 보는 점은 두 글이 같은 태도이다.

② 속전의 남용에 대해 흠휼을 오해한 소치로 보는 점은 두 글이 같은 태도이다.

③ 상고 시대에 중죄를 속전할 수 있었는지에 대해서는 두 글이 서로 달리 보고 있다.

④ 중죄에 대한 속전이 부자들의 전유물이므로 폐지하자는 것에 대해서는 두 글이 다른 태도를 보일 것이다.

⑤ 유배의 효과가 없을 때 의형이나 비형을 되살릴 수 있다는 것에 대해서는 두 글이 같은 태도를 보일 것이다.

※ 다음 글을 읽고 물음에 답하시오. [06~08]

자연에서 발생하는 모든 일은 목적 지향적인가? 자기 몸통보다 더 큰 나뭇가지나 잎사귀를 허둥대며 운반하는 개미들은 분명히 목적을 가진 듯이 보인다. 그런데 가을에 지는 낙엽이나 한밤중에 쏟아지는 우박도 목적을 가질까? 아리스토텔레스는 모든 자연물이 목적을 추구하는 본성을 타고나며, 외적 원인이 아니라 내재적 본성에 따른 운동을 한다는 목적론을 제시한다. 그는 자연물이 단순히 목적을 갖는 데 그치는 것이 아니라 목적을 실현할 능력도 타고나며, 그 목적은 방해받지 않는 한 반드시 실현될 것이고, 그 본성적 목적의 실현은 운동 주체에 항상 바람직한 결과를 가져온다고 믿는다. 아리스토텔레스는 이러한 자신의 견해를 "자연은 헛된 일을 하지 않는다!"라는 말로 요약한다.

근대에 접어들어 모든 사물이 생명력을 갖지 않는 일종의 기계라는 견해가 강조되면서, 아리스토텔레스의 목적론은 비과학적이라는 이유로 많은 비판에 직면한다. 갈릴레이는 목적론적 설명이 과학적 설명으로 사용될 수 없다고 주장하며, 베이컨은 목적에 대한 탐구가 과학에 무익하다고 평가하고, 스피노자는 목적론이 자연에 대한 이해를 왜곡한다고 비판한다. 이들의 비판은 목적론이 인간 이외의 자연물도 이성을 갖는 것으로 의인화한다는 것이다. 그러나 이런 비판과는 달리 아리스토텔레스는 자연물을 생물과 무생물로, 생물을 식물·동물·인간으로 나누고, 인간만이 이성을 지닌다고 생각했다.

일부 현대 학자들은, 근대 사상가들이 당시 과학에 기초한 기계론적 모형이 더 설득력을 갖는다는 일종의 교조적 믿음에 의존했을 뿐, 아리스토텔레스의 목적론을 거부할 충분한 근거를 제시하지 못했다고 비판한다. 이런 맥락에서 볼로틴은 근대 과학이 자연에 목적이 없음을 보이지도 못했고 그렇게 하려는 시도조차 하지 않았다고 지적한다. 또한 우드필드는 목적론적 설명이 과학적 설명은 아니지만, 목적론의 옳고 그름을 확인할 수 없기 때문에 목적론이 거짓이라 할 수도 없다고 지적한다.

17세기의 과학은 실험을 통해 과학적 설명의 참·거짓을 확인할 것을 요구했고, 그런 경향은 생명체를 비롯한 세상의 모든 것이 물질로만 구성된다는 물질론으로 이어졌으며, 물질론 가운데 일부는 모든 생물학적 과정이 물리·화학 법칙으로 설명된다는 환원론으로 이어졌다. 이런 환원론은 살아 있는 생명체가 죽은 물질과 다르지 않음을 함축한다. 하지만 아리스토텔레스는 자연물의 물질적 구성 요소를 알면 그것의 본성을 모두 설명할 수 있다는 엠페도클레스의 견해를 반박했다. 이 반박은 자연물이 단순히 물질로만 이루어진 것이 아니며, 또한 그것의 본성이 단순히 물리·화학적으로 환원되지도 않는다는 주장을 내포한다.

첨단 과학의 발전에도 불구하고 생명체의 존재 원리와 이유를 정확히 규명하는 과제는 아직 진행 중이다. 자연물의 구성 요소에 대한 아리스토텔레스의 탐구는 자연물이 존재하고 운동하는 원리와 이유를 밝히려는 것이었고, 그의 목적론은 지금까지 이어지는 그러한 탐구의 출발점이라 할 수 있다.

06 윗글에 나타난 아리스토텔레스의 견해에 대한 이해로 가장 적절한 것은?

① 개미의 본성적 운동은 이성에 의한 것으로 설명된다.

② 자연물의 목적 실현은 때로는 그 자연물에 해가 된다.

③ 본성적 운동의 주체는 본성을 실현할 능력을 갖고 있다.

④ 낙엽의 운동은 본성적 목적 개념으로는 설명되지 않는다.

⑤ 자연물의 본성적 운동은 외적 원인에 의해 야기되기도 한다.

07 윗글에 나타난 목적론에 대한 논의를 적절하게 진술한 것은?

① 갈릴레이와 볼로틴은 목적론이 근대 과학에 기초한 기계론적 모형이라고 비판한다.
② 갈릴레이와 우드필드는 목적론적 설명이 과학적 설명이 아니라는 데 동의한다.
③ 베이컨과 우드필드는 목적론적 설명이 교조적 신념에 의존했다고 비판한다.
④ 스피노자와 볼로틴은 목적론이 자연에 대한 이해를 확장한다고 주장한다.
⑤ 스피노자와 우드필드는 목적론이 사물을 의인화하기 때문에 거짓이라고 주장한다.

PART 1

DAY 01
DAY 02
DAY 03
DAY 04
DAY 05
DAY 06
DAY 07
DAY 08
DAY 09
DAY 10

08 윗글을 바탕으로 〈보기〉를 이해한 내용으로 가장 적절한 것은?

> **보기**
>
> 생물학자 마이어는 생명체의 특징을 보여 주는 이론으로 창발론을 제시한다. 그는 생명체가 분자, 세포, 조직에서 개체, 개체군에 이르기까지 단계적으로 점점 더 복잡한 체계를 구성하며, 세포 이상의 단계에서 각 체계의 고유 활동은 미리 정해진 목적을 수행한다고 생각한다. 창발론은 복잡성의 수준이 한 단계씩 오를 때마다 구성 요소에 관한 지식만으로는 예측할 수 없는 특성들이 나타난다는 이론이다. 마이어는 여전히 생명체가 물질만으로 구성된다고 보지만, 물리·화학적 법칙으로 모두 설명되지는 않는다고 본다.

① 마이어는 아리스토텔레스처럼, 엠페도클레스의 물질론적 견해가 적절하다고 보겠군.
② 마이어는 아리스토텔레스처럼, 자연물이 물질만으로 구성된다는 물질론에 동의하겠군.
③ 마이어는 아리스토텔레스처럼, 생명체의 특성들은 구성 요소들에 관한 지식만으로 예측할 수 없다고 보겠군.
④ 마이어는 아리스토텔레스와 달리, 모든 자연물이 목적 지향적으로 운동한다고 보겠군.
⑤ 마이어는 아리스토텔레스와 달리, 모든 자연물의 본성에 대한 물리·화학적 환원을 인정하겠군.

｜ 2021년 5급 PSAT(공직적격성평가) 언어논리 영역

※ 다음 글을 읽고 물음에 답하시오. [01~02]

행위의 도덕적 옳고 그름을 평가하는 대표적인 입장 중의 하나는 공리주의이다. 공리주의는 행위의 유용성을 평가하여 도덕적 옳고 그름을 판단하려는 입장이다. 이 중 양적으로 유용성을 고려하여 도덕적 옳고 그름을 판단하려 하는 여러 세부 입장들이 있다. X는 유용성을 판단함에 있어서 "(㉠)"라는 입장이다. 하지만 이러한 입장은 설득력이 없다. 왜냐하면 X의 입장을 받아들일 경우 도덕적으로 올바른 행위가 무엇인지 적절하게 판단할 수 없는 상황이 존재하기 때문이다. 예를 들어, 어떤 행위자가 선택할 수 있는 행위가 총 셋인데 그 행위 각각이 산출하는 사회 전체의 행복의 양과 고통의 양이 다음과 같다고 해 보자.

행위 선택지	행복의 양	고통의 양
A1	100	99
A2	90	10
A3	10	9

어떤 행위를 선택하는 것이 올바른 것일까? 사람들 대부분은 A2를 선택하는 것이 올바르다고 답한다. 그러나 X의 입장은 A2를 선택하는 것이 올바르다는 것을 보여주지 못한다. 왜냐하면 A2의 행복의 양은 A1의 행복의 양보다 적고, A2의 고통의 양은 A3의 고통의 양보다 많아서 A2는 X의 입장을 충족시켜 주는 행위가 아니기 때문이다. 그뿐만 아니라 X의 입장을 따를 경우 A1이나 A3도 도덕적으로 올바른 행위가 아니게 된다. 결국 세 선택지 중 어떤 것을 선택해도 도덕적으로 올바르지 않게 되는 셈이다.

반면 Y의 입장은 X의 입장이 처하게 되는 위와 같은 문제를 해결할 수 있는 방법으로 제시되었다. 이 입장에 따르면, 어떤 행위자가 행한 행위가 도덕적으로 올바른 것일 필요충분조건은 그 행위가 그 행위자가 선택할 수 있는 다른 모든 행위보다 큰 유용성을 갖는다는 것이며 여기서 유용성이란 행복의 양에서 고통의 양을 뺀 결과를 나타낸다. 세 행위 선택지 중 행복의 양에서 고통의 양을 뺀 결과값이 A2가 가장 크기 때문에, Y의 입장에 따르면 A2를 선택하는 것이 올바른 것이라고 결론지을 수 있다. 따라서 X의 입장보다 Y의 입장이 더 낫다고 할 수 있다.

01　윗글의 ㉠에 들어갈 내용으로 가장 적절한 것은?

① 어떤 행위자가 행한 행위가 산출하는 행복의 양이 그 행위가 산출하는 고통의 양보다 항상 많다면, 그 행위는 도덕적으로 옳다.

② 어떤 행위자가 행한 행위가 그 행위자가 선택할 수 있는 다른 행위에 비해 많은 행복을 산출하거나 적은 고통을 산출한다면, 그 행위는 도덕적으로 옳다.

③ 어떤 행위자가 행한 행위가 도덕적으로 올바른 것일 필요충분조건은 그 행위가 산출하는 행복의 양이 그 행위가 산출하는 고통의 양보다 항상 많다는 것이다.

④ 어떤 행위자가 행한 행위가 도덕적으로 올바른 것일 필요충분조건은 그 행위가 그 행위자가 선택할 수 있는 다른 모든 행위에 비해 많은 행복을 산출하거나 적은 고통을 산출한다는 것이다.

⑤ 어떤 행위자가 행한 행위가 도덕적으로 올바른 것일 필요충분조건은 그 행위가 그 행위자가 선택할 수 있는 다른 모든 행위에 비해 많은 행복을 산출하고 동시에 적은 고통을 산출한다는 것이다.

02 다음 갑~병 중 Y의 입장에 대한 반박으로 적절한 것만을 모두 고르면?

갑 : 가능한 행위 선택지가 A1, A2, A3일 때 A1의 행복의 양이 90이고 고통의 양이 50, A2의 행복의 양이 50이고 고통의 양이 10, A3의 행복의 양이 70이고 고통의 양이 30인 상황을 고려해 보자. Y의 입장은 X의 입장과 비슷한 문제에 부딪힌다. 그 점에서 Y의 입장은 적절하지 않다.

을 : 도덕적 행위, 즉 유용성이 가장 크다고 판단하여 한 행위를 나중에 되돌아보면 행위자는 언제나 미처 생각하지 못한 선택지가 가장 큰 유용성을 지닌다는 것을 깨닫는다. 이는 우리가 이미 선택한 행위는 올바르지 않다는 것을 함축하고 이를 통해 우리는 도덕적으로 올바른 행위를 한 번도 할 수 없다는 불합리한 결론에 도달하도록 한다. 불합리한 결론을 도출하는 입장은 잘못된 이론이기 때문에 Y의 입장은 적절하지 않다.

병 : 행복의 양에서 고통의 양을 뺀 유용성이 음수로 나올 경우도 많다. 그러한 경우에는 Y의 입장에 근거해도 주어진 선택지 중 어떤 것이 도덕적으로 올바른 것인지 판단할 수 없다. 그 점에서 Y의 입장은 적절하지 않다.

① 갑
② 병
③ 갑, 을
④ 을, 병
⑤ 갑, 을, 병

※ 다음 글을 읽고 물음에 답하시오. [03~05]

18세기 후반 이후, 이슬람 세계는 제국주의 침략을 받기 시작했고, 이슬람 신자들은 그에 맞서 저항하였다. 그중 눈에 띄는 것은 수피 종단들이 여러 지역에서 군사적 저항을 주도했다는 점이다. 대표적인 것이 알제리, 리비아, 수단에서의 항쟁이었다. 어떻게 이들이 상당한 기간 동안 열강에 맞서 저항할 수 있었을까? 수피즘은 신과의 영적 합일을 통한 개인적 구원을 추구한다. 수피즘을 따르는 이들인 수피는 속세의 욕심에서 벗어나 모든 것을 신께 의탁하며, 금욕적으로 살고자 했다. 8세기 초에 수피즘이 싹텄고, 9세기에는 독특한 신비주의 의식이 나타났다. 수피가 걷는 개인적인 영적 도정은 길을 잃을 수도, 자아도취에 빠져 버릴 수도 있었기에 위험하기도 했다. 그 때문에 그들은 영적 선배들을 스승으로 모시게 되었고, 거의 맹목적으로 스승을 따라야 했다. 10세기 말 수피들은 종단을 구성하기 시작했다. 수피 종단은 지역과 시기에 따라 성쇠를 거듭했지만, 점차 많은 동조자를 얻었다.

북아프리카의 경우, 수피 종단들은 한동안 쇠락하다가 18세기 이후 강력하게 재조직되어 선교와 교육기관의 역할도 담당했고, 지역 밀착을 통해 생활 공동체를 형성하는 구심점이 되면서 항쟁에 필요한 기반을 이미 갖추고 있었다. 이 지역에서 수피즘 지도자들이 외세에 맞서 부족들 간 이견을 봉합하고 결집시킬 수 있었던 요인 중 하나는 종교적 권위였다. 특히 알제리 항쟁을 이끌었던 압드 알 카디르와 리비아 항쟁 지도자였던 아흐마드 알 샤리프가 성인으로 존경받은 것은 정치적 권위를 확보하는 데 큰 도움이 되었다.

수니파에서 가장 엄격한 와하비즘은 성인을 인정하지 않고, 심지어 은사를 받기 위해 예언자 무하마드의 묘소에서 기도하는 것도 알라 외의 신성을 인정하는 것이라고 보아 배격했다. 하지만 수피즘에서는 성인의 존재를 인정했다. 성인은 왈리라고 불리는데, 질병과 불임을 치료하고 액운을 막는 등의 이적을 행할 수 있다는 것이다. 성인들의 묘소는 순례의 대상이 되었고, 이를 중심으로 설립된 수피즘 수도원은 지역 공동체의 중심이 되는 경우가 많았다.

한편 북서 아프리카의 수피즘 신자들은 혈통을 중시하는 베르베르 토속 신앙의 영향을 짙게 받아 무라비트를 성인으로 숭배했다. 무라비트는 코란 학자, 종교 교사 등을 통칭하는 용어였지만, 이 지역에서는 특정 수피 종단을 이끄는 왈리를 가리킨다. 무라비트는 신의 은총인 바라카를 가졌다고 여겨져 존경을 받았다. 무라비트는 특정 가문 출신 중 영적으로 선택된 소수만이 될 수 있었는데, 대표적으로는 예언자 무하마드의 후손인 샤리프 가문이 있다. 압드 알 카디르와 아흐마드 알 샤리프는 모두 이 가문 출신의 무라비트였다.

북동 아프리카에서 일어난 수단 항쟁의 주역인 무함마드 아흐마드의 경우는 달랐다. 그는 성인 가문 출신은 아니었지만, 당시 만연한 마흐디의 도래에 대한 기대감을 충족시켜 종교적 권위를 얻고 이를 다시 정치적 권위로 전환시킴으로써 항쟁의 중심이 되었다. 이슬람교에서 마흐디란 종말의 순간 인류를 올바른 길로 인도하고 정의와 평화의 시대를 가져오는 구원자이다. 또한 마흐디는 부정의를 제거하고 신정주의 국가를 건설하는 개혁적 지도자이기도 하다. 마흐디 사상은 민간 신앙에서 출발하여 퍼진 것이었고, 특히 토속 신앙의 영향을 많이 받았던 수피들은 종단 지도자를 마흐디로 쉽게 받아들였다. 1881년, 무함마드 아흐마드는 자신이 예언자 무하마드의 생애와 사건을 재현하는 존재인 마흐디라고 선언했고, 이를 통해 여러 수피 종단과 부족 간의 갈등을 수습하여 외세에 맞서는 결속력을 만들었다.

더불어 수피즘의 의식에 참여한 이들 간에 생기는 형제애는 초국가적 조직망의 형성과 상호 협조를 가능하게 했다. 항쟁의 중심이었던 수피 종단들은 여러 나라에 수도원 중심의 조직을 가지고 있었다. 이들은 정보 교환, 물자 조달, 은신처 제공을 통해 항쟁을 뒷받침했다. 이처럼 영적 권위와 물질적 기반이 어우러져 비폭력 평화주의를 지향하던 종교 집단이 열강에 맞서 오랜 동안 저항할 수 있었던 것이다.

03 윗글과 일치하지 않는 것은?

① 수피 종단들이 행했던 선교 활동은 알제리와 리비아, 수단에서 성공을 거두었다.

② 와하비즘 신봉자들은 예언자 무하마드를 특별한 존재로 받들면 일신교적 원칙을 어긴다고 보았다.

③ 수피들은 고유한 영적 의식의 참여를 통해 만들어진 연대 의식을 바탕으로 국제적 조직망을 구성했다.

④ 수피즘은 세속을 떠나 신에게 모든 것을 맡기는 삶을 추구하면서도 지역 공동체와의 협조를 중시했다.

⑤ 개인적 구원의 희구와 지도자에 대한 추종 간의 모순은 수피즘의 결과적 쇠락을 초래한 주요 원인이었다.

04 마흐디에 대한 이해로 가장 적절한 것은?

① 수단의 수피즘에서 마흐디는 무하마드의 후손으로 받아들여지는 구원자를 의미했다.

② 마흐디는 신비주의적 의식을 통해 알라와 하나가 되는 경지에 이르렀을 때 완성된다.

③ 탁월한 군사적 능력을 지녀 외세를 막아 내는 국가 지도자로 존경받는 인물이 마흐디이다.

④ 마흐디가 신정주의 국가를 건설할 것이라는 개혁적 개념은 이슬람 경전에서 그 기원을 찾을 수 있다.

⑤ 무함마드 아흐마드가 마흐디로 인정받은 것은 당시가 종말의 시대로 여겨지고 있었음을 알려준다.

05 〈보기〉를 바탕으로 윗글에 관해 추론한 것으로 적절하지 않은 것은?

> **보기**
>
> "창조주시여, 당신은 현세와 내세에서 나의 반려자이십니다."라는 코란의 구절을 바탕으로 '알라의 반려자'라는 뜻의 왈리를 추앙하는 사상인 윌라야가 나타났다. 성인은 인류와 알라를 가로막는 욕망에서 초탈한 인물이어서 알라와 인류의 중재자로서 권능을 지닌다고 여겨졌고, 사후에도 권위가 남아 있었다. 묘소는 중립 지대였으며, 적대적 부족들도 함께 모이는 장터 역할도 했다. 일부 사람들은 최후의 심판일에 예언자 무하마드가 중재자로서 신도들을 구원할 것이라고 믿었다. 그가 예언자이면서 왈리라고 생각한 것이다.

① 초월적 능력은 지니지 않아도 무라비트가 될 수 있는 것은 예언자 무하마드의 혈통을 지녔기 때문일 것이다.

② 왈리가 특별한 능력을 시현한다고 믿어졌던 것은 윌라야에 의거해 신과 인간 사이에 중재자가 있다고 믿었기 때문일 것이다.

③ 왈리의 묘소를 중심으로 설립된 수피즘 수도원이 종종 지역 공동체의 중심이 된 것은 사후에도 권위가 남았기 때문일 것이다.

④ 압드 알 카디르가 부족 간의 이견을 봉합하고 결집할 수 있었던 것은 그가 욕망에서 초탈한 인물이라고 여겨졌기 때문일 것이다.

⑤ 샤리프 가문이 바라카를 지닐 수 있다고 인정되는 가문이 된 것은 예언자 무하마드가 최후의 심판에서 맡을 역할 때문일 것이다.

PART 1

DAY 01
DAY 02
DAY 03
DAY 04
DAY 05
DAY 06
DAY 07
DAY 08
DAY 09
DAY 10

안심Touch

※ 다음 글을 읽고 물음에 답하시오. [06~09]

　　⊙ 논리실증주의자와 포퍼는 지식을 수학적 지식이나 논리학 지식처럼 경험과 무관한 것과 과학적 지식처럼 경험에 의존하는 것으로 구분한다. 그중 과학적 지식은 과학적 방법에 의해 누적된다고 주장한다. 가설은 과학적 지식의 후보가 되는 것인데, 그들은 가설로부터 논리적으로 도출된 예측을 관찰이나 실험 등의 경험을 통해 맞는지 틀리는지 판단함으로써 그 가설을 시험하는 과학적 방법을 제시한다. 논리실증주의자는 예측이 맞을 경우에, 포퍼는 예측이 틀리지 않는 한, 그 예측을 도출한 가설이 하나씩 새로운 지식으로 추가된다고 주장한다.

　　하지만 ⓒ 콰인은 가설만 가지고서 예측을 논리적으로 도출할 수 없다고 본다. 예를 들어 ⓐ 새로 발견된 금속 M은 열을 받으면 팽창한다는 가설만 가지고는 ⓑ 열을 받은 M이 팽창할 것이라는 예측을 이끌어낼 수 없다. 먼저 지금까지 관찰한 모든 금속은 열을 받으면 팽창한다는 기존의 지식과 M에 열을 가했다는 조건 등이 필요하다. 이렇게 예측은 가설, 기존의 지식들, 여러 조건 등을 모두 합쳐야만 논리적으로 도출된다는 것이다. 그러므로 예측이 거짓으로 밝혀지면 정확히 무엇 때문에 예측에 실패한 것인지 알 수 없다는 것이다. 이로부터 콰인은 개별적인 가설뿐만 아니라 ⓒ 기존의 지식들과 여러 조건 등을 모두 포함하는 전체 지식이 경험을 통한 시험의 대상이 된다는 총체주의를 제안한다.

　　논리실증주의자와 포퍼는 수학적 지식이나 논리학 지식처럼 경험과 무관하게 참으로 판별되는 분석 명제와, 과학적 지식처럼 경험을 통해 참으로 판별되는 종합 명제를 서로 다른 종류라고 구분한다. 그러나 콰인은 총체주의를 정당화하기 위해 이 구분을 부정하는 논증을 다음과 같이 제시한다. 논리실증주의자와 포퍼의 구분에 따르면 "총각은 총각이다."와 같은 동어 반복 명제와, "총각은 미혼의 성인 남성이다."처럼 동어 반복 명제로 환원할 수 있는 것은 모두 분석 명제이다. 그런데 후자가 분석 명제인 까닭은 전자로 환원할 수 있기 때문이다. 이러한 환원이 가능한 것은 '총각'과 '미혼의 성인 남성'이 동의적 표현이기 때문인데 그게 왜 동의적 표현인지 물어보면, 이 둘을 서로 대체하더라도 명제의 참 또는 거짓이 바뀌지 않기 때문이라고 할 것이다. 하지만 이것만으로는 두 표현의 의미가 같다는 것을 보장하지 못해서, 동의적 표현은 언제나 반드시 대체 가능해야 한다는 필연성 개념에 다시 의존하게 된다. 이렇게 되면 동의적 표현이 동어 반복 명제로 환원 가능하게 하는 것이 되어, 필연성 개념은 다시 분석 명제 개념에 의존하게 되는 순환론에 빠진다. 따라서 콰인은 종합 명제와 구분되는 분석 명제가 존재한다는 주장은 근거가 없다는 결론에 도달한다.

　　콰인은 분석 명제와 종합 명제로 지식을 엄격히 구분하는 대신, 경험과 직접 충돌하지 않는 중심부 지식과, 경험과 직접 충돌할 수 있는 주변부 지식을 상정한다. 경험과 직접 충돌하여 참과 거짓이 쉽게 바뀌는 주변부 지식과 달리 주변부 지식의 토대가 되는 중심부 지식은 상대적으로 견고하다. 그러나 이 둘의 경계를 명확히 나눌 수 없기 때문에, 콰인은 중심부 지식과 주변부 지식을 다른 종류라고 하지 않는다. 수학적 지식이나 논리학 지식은 중심부 지식의 한가운데에 있어 경험에서 가장 멀리 떨어져 있지만 그렇다고 경험과 무관한 것은 아니라는 것이다. 그런데 주변부 지식이 경험과 충돌하여 거짓으로 밝혀지면 전체 지식의 어느 부분을 수정해야 할지 고민하게 된다. 주변부 지식을 수정하면 전체 지식의 변화가 크지 않지만 중심부 지식을 수정하면 관련된 다른 지식이 많기 때문에 전체 지식도 크게 변화하게 된다. 그래서 대부분의 경우에는 주변부 지식을 수정하는 쪽을 선택하겠지만 실용적 필요 때문에 중심부 지식을 수정하는 경우도 있다. 그리하여 콰인은 중심부 지식과 주변부 지식이 원칙적으로 모두 수정의 대상이 될 수 있고, 지식의 변화도 더 이상 개별적 지식이 단순히 누적되는 과정이 아니라고 주장한다.

　　총체주의는 특정 가설에 대해 제기되는 반박이 결정적인 것처럼 보이더라도 그 가설이 실용적으로 필요하다고 인정되면 언제든 그와 같은 반박을 피하는 방법을 강구하여 그 가설을 받아들일 수 있다. 그러나 총체주의는 "A이면서 동시에 A가 아닐 수는 없다."와 같은 논리학의 법칙처럼 아무도 의심하지 않는 지식은 분석 명제로 분류해야 하는 것이 아니냐는 비판에 답해야 하는 어려움이 있다.

06 윗글을 바탕으로 할 때, ㉠과 ㉡이 모두 '아니요'라고 답변할 질문은?

① 과학적 지식은 개별적으로 누적되는가?
② 경험을 통하지 않고 가설을 시험할 수 있는가?
③ 경험과 무관하게 참이 되는 지식이 존재하는가?
④ 예측은 가설로부터 논리적으로 도출될 수 있는가?
⑤ 수학적 지식과 과학적 지식은 종류가 다른 것인가?

07 윗글에 대해 이해한 내용으로 가장 적절한 것은?

① 포퍼가 제시한 과학적 방법에 따르면, 예측이 틀리지 않았을 경우보다는 맞을 경우에 그 예측을 도출한 가설이 지식으로 인정된다.
② 논리실증주의자에 따르면, "총각은 미혼의 성인 남성이다."가 분석 명제인 것은 총각을 한 명 한 명 조사해 보니 모두 미혼의 성인 남성으로 밝혀졌기 때문이다.
③ 콰인은 관찰과 실험에 의존하는 지식이 관찰과 실험에 의존하지 않는 지식과 근본적으로 다르다고 한다.
④ 콰인은 분석 명제가 무엇인지는 동의적 표현이란 무엇인지에 의존하고, 다시 이는 필연성 개념에, 필연성 개념은 다시 분석 명제 개념에 의존한다고 본다.
⑤ 콰인은 어떤 명제에, 의미가 다를 뿐만 아니라 서로 대체할 경우 그 명제의 참 또는 거짓이 바뀌는 표현을 사용할 수 있으면, 그 명제는 동어 반복 명제라고 본다.

08 윗글을 바탕으로 총체주의의 입장에서 ⓐ~ⓒ에 대해 평가한 것으로 적절하지 않은 것은?

① ⓑ가 거짓으로 밝혀지더라도 그것이 ⓐ 때문이라고 단정하지 못하겠군.
② ⓑ가 거짓으로 밝혀지면 ⓒ의 어느 부분을 수정하느냐는 실용적 필요에 따라 달라지겠군.
③ ⓑ는 ⓐ와 ⓒ로부터 논리적으로 도출된다고 하겠군.
④ ⓑ가 거짓으로 밝혀지면 ⓑ는 ⓒ의 주변부에서 경험과 직접 충돌한 것이라고 하겠군.
⑤ ⓑ가 거짓으로 밝혀지면 ⓒ를 수정하는 방법으로는 ⓐ를 받아들일 수 없다고 하겠군.

09 윗글의 총체주의에 대한 비판으로 가장 적절한 것은?

① 가설로부터 논리적으로 도출된 예측이 경험과 충돌하더라도 그 충돌 때문에 가설이 틀렸다고 할 수 없다.
② 논리학 지식이나 수학적 지식이 중심부 지식의 한가운데에 위치한다고 해서 경험과 무관한 것은 아니다.
③ 전체 지식은 어떤 결정적인 반박일지라도 피할 수 있기 때문에 수정 대상을 주변부 지식으로 한정하는 것은 잘못이다.
④ 중심부 지식을 수정하면 주변부 지식도 수정해야 하겠지만, 주변부 지식을 수정한다고 해서 중심부 지식을 수정해야 하는 것은 아니다.
⑤ 중심부 지식과 주변부 지식 간의 경계가 불분명하다 해도 중심부 지식 중에는 주변부 지식들과 종류가 다른 지식이 존재한다.

PART 1
DAY 01
DAY 02
DAY 03
DAY 04
DAY 05
DAY 06
DAY 07
DAY 08
DAY 09
DAY 10

| 2020년 5급 PSAT(공직적격성평가) 언어논리 영역

01 다음 글에서 알 수 있는 것은?

고려 시대에는 불경에 나오는 장면이나 부처, 또는 보살의 형상을 그림으로 표현하는 일이 드물지 않았는데, 그러한 그림을 '불화'라고 부른다. 고려의 귀족들은 불화를 사들여 후손들에게 전해주면 대대로 복을 받는다고 믿었다. 이 때문에 귀족들 사이에서는 그림을 전문으로 그리는 승려로부터 불화를 구입해 자신의 개인 기도처인 원당에 걸어두는 행위가 유행처럼 번졌다.

고려의 귀족들이 승려들에게 주문한 불화는 다양했다. 극락의 모습을 표현한 불화도 있었고, 깨달음에 이르렀지만 중생의 고통을 덜어주기 위해 열반에 들어가기를 거부했다는 보살을 그린 것도 있었다. 부처를 소재로 한 불화도 많았다. 그런데 부처를 그리는 승려들은 대개 부처만 단독으로 그리지 않았다. 부처를 소재로 한 불화에는 거의 예외 없이 관음보살이나 지장보살 등과 같은 보살이 부처와 함께 등장했다. 잘 알려진 바와 같이 불교에서 신앙하는 부처는 한 분이 아니라 석가여래, 아미타불, 미륵불 등 다양하다. 이 부처들이 그려진 불화는 보통 위아래 2단으로 구성되어 있는데, 윗단에는 부처가 그려져 있고 아랫단에 보살이 그려져 있다. 어떤 미술사학자들은 이러한 배치 구도를 두고 신분을 구별하던 고려 사회의 분위기가 반영된 것이 아닌가 생각하기도 한다.

고려 불화의 크기는 다소 큰 편이다. 일례로 충선왕의 후궁인 숙창원비는 관음보살을 소재로 한 불화인 〈수월관음도〉를 주문 제작한 적이 있는데, 그 화폭이 세로 420cm, 가로 255cm에 달할 정도로 컸다. 그런데 관음보살을 그린 이 그림에도 아랫단에 보살을 우러러보는 중생이 작게 그려져 있다. 이렇게 윗단에는 보살을 배치하고 그 아래에 중생을 작게 그려 넣는 방식 역시, 신분을 구별하던 고려 사회의 분위기가 반영된 결과라고 보는 연구자가 적지 않다.

① 충선왕 때 숙창원비는 관음보살과 아미타불이 함께 등장하는 불화를 주문 제작해 왕궁에 보관했다.

② 고려 시대에는 승려들이 귀족의 주문을 받아 불화를 사찰에 걸어두고 그 후손들이 내세에 복을 받게 해달라고 기원했다.

③ 고려 시대에 그려진 불화에는 귀족으로 묘사된 석가여래가 그림의 윗단에 배치되어 있고, 아랫단에 평민 신분의 인물이 배치되어 있다.

④ 고려 시대에 그려진 불화의 크기가 큰 것은 당시 화가들 사이에 여러 명의 등장인물을 하나의 그림 안에 동시에 표현하는 관행이 자리 잡았기 때문이다.

⑤ 고려 시대의 불화 중 부처가 윗단에 배치되고 보살이 아랫단에 배치된 구도를 지닌 그림에는 신분을 구별하던 고려 사회의 분위기가 반영되어 있다고 보는 학자들이 있다.

02 다음 글에서 알 수 있는 것은?

> 조선 시대에는 역대 국왕과 왕비의 신주가 있는 종묘에서 정기적으로 제사를 크게 지냈으며, 그때마다 종묘제례악에 맞추어 '일무(佾舞)'라는 춤을 추는 의식을 행했다. 일무란 일정한 수의 행과 열을 맞추어 추는 춤으로 황제에 대한 제사의 경우에는 팔일무를 추는 것이 원칙이었고, 제후에 대한 제사에는 육일무를 추었다. 팔일무는 행과 열을 각각 8개씩 지어 모두 64명이 추는 춤이다. 육일무는 행과 열을 각각 6개씩 지어 추는 춤으로서, 참여하는 사람의 수는 36명이다. 대한제국을 선포하기 전까지 조선 왕조는 제후국의 격식에 맞추어 육일무를 거행했다.
>
> 일무에는 문무(文舞)와 무무(武舞)라는 두 가지 종류가 있는데, 문무를 먼저 춘 다음에 같은 사람들이 무무를 뒤이어 추는 것이 정해진 규칙이었다. 일무를 출 때는 손에 무구라는 도구를 들고 춤을 추게 했는데, 문무를 출 때는 왼손에 '약'이라는 피리를 들고 오른손에 '적'이라는 꿩 깃털 장식물을 들었다. 문무를 추는 사람은 이렇게 한 사람당 2종의 무구를 들고 춤을 추었다. 한편 중국 역대 왕조는 무무를 거행할 때 창, 검, 궁시(활과 화살)를 들고 춤을 추게 했다. 이에 비해 조선에서는 궁시를 무구로 쓰지 않았다. 조선에서는 무무를 출 때 앞쪽 세 줄에 선 사람들로 하여금 한 사람당 검 하나씩만 잡고 춤을 추게 했으며, 뒤쪽의 세 줄에 선 사람들은 한 사람당 창 하나씩만 잡은 채 춤을 추게 했다.
>
> 한편 1897년에 고종이 대한제국을 선포한 이후에는 황제국의 격식에 맞게 64명이 일무를 추었다. 그러나 일제 강점기에는 다시 36명이 일무를 추는 것으로 바뀌었다. 종묘에서 제사를 지내는 일은 광복 후 잠시 중단되었다가, 1960년대에 종묘제례악이 중요무형문화재로 지정됨에 따라 복원되었다. 복원된 종묘제례의 일무는 팔일무였으며, 예전처럼 먼저 문무를 추고 뒤이어 무무를 추는 방식을 지켰다. 문무를 출 때 손에 드는 무구는 조선 시대의 것과 동일했고, 무무를 출 때 앞의 네 줄에 선 사람들은 검을 들되 뒤의 네 줄에 선 사람들은 창을 들게 했다. 종묘제례 행사는 1969년부터 전주 이씨 대동종약원이 맡아 오늘날까지 정기적으로 시행하고 있는데, 그 형식은 1960년대에 복원된 것을 그대로 따르고 있다.

① 대한제국 시기에는 종묘제례에서 문무를 출 때 궁시를 들지 않고 검과 창만 들었다.

② 일제 강점기 때 거행된 종묘제례에서는 문무를 육일무로 추었고, 무무는 팔일무로 추었다.

③ 조선 시대에는 종묘제례에서 무무를 출 때 한 사람당 4종의 무구를 손에 들고 춤을 추게 했다.

④ 조선 시대에 종묘제례를 거행할 때에는 육일무를 추도록 하되 제후국의 격식에 맞추어 무무만 추었다.

⑤ 오늘날 시행되고 있는 종묘제례 행사에서 문무를 추는 사람들은 한 사람당 2종의 무구를 손에 들고 춤을 춘다.

※ 다음 글을 읽고 물음에 답하시오. [03~05]

조선 시대를 관통하여 제례는 왕실부터 민간에 이르기까지 폭넓게 시행되었으며, 그 중심에는 유학자들이 있었다. 그런 만큼 유학자들에게 제사의 대상이 되는 귀신은 주요 논제일 수밖에 없었고, 이들의 귀신 논의는 성리학의 자연철학적 귀신 개념에 유의하여 유학의 합리성과 윤리성의 범위 안에서 제례의 근거를 마련하는 데 비중을 두었다.

성리학의 논의가 본격화되기 전에는 대체적으로 귀신을 인간의 화복과 관련된 신령한 존재로 여겼다. 하지만 15세기 후반 남효온은 귀신이란 리(理)와 기(氣)로 이루어진 자연의 변화 현상으로서 근원적 존재의 차원에 있지는 않지만 천지자연 속에 실재하며 스스로 변화를 일으키는 존재라고 설명하여, 성리학의 자연철학적 입장에서 귀신을 재해석하였다. 이에 따라 귀신은 본체와 현상, 유와 무 사이를 오가는 존재로 이해되었고, 이 개념은 인간의 일에 적용되어 인간의 탄생과 죽음에 결부되었다. 성리학의 일반론에 따르면, 인간의 몸은 다른 사물과 마찬가지로 기로 이루어져 있고, 생명을 다하면 그 몸을 이루고 있던 기가 흩어져 사라진다. 기의 소멸은 곧바로 이루어지지 않고 일정한 시간을 두고 진행된다. 흩어지는 과정에 있는 것이 귀신이므로 귀신의 존재는 유한할 수밖에 없었고, 이는 조상의 제사를 4대로 한정하는 근거가 되었다.

기의 유한성에 근거한 성리학의 귀신 이해는 먼 조상에 대한 제사와 관련하여 문제의 소지를 안고 있었기에 귀신의 영원성에 대한 근거 마련이 필요했다. 이와 관련하여 ㉠ 서경덕은 기의 항구성을 근거로 귀신의 영원성을 주장하였다. 모든 만물은 기의 작용에 의해 생성·소멸한다고 전제한 그는 삶과 죽음 사이에는 형체를 이루는 기가 취산(聚散)하는 차이가 있을 뿐 그 기의 순수한 본질은 유무의 구분을 넘어 영원히 존재한다고 설명하였다. 기를 취산하는 형백(形魄)과 그렇지 않은 담일청허(湛一淸虛)로 구분한 그는 기에 유무가 없는 것은 담일청허가 한결같기 때문이라 주장하였다. 나아가 담일청허와 관계하여 인간의 정신이나 지각의 영원성도 주장하였다. 이 같은 서경덕의 기 개념은 우주자연의 보편 원리이자 도덕법칙인 불변하는 리와, 존재를 구성하는 질료이자 에너지인 가변적인 기라는 성리학의 이원적 요소를 포용한 것이었으며, 물질성과 생명성도 포괄한 것이었다.

㉡ 이이는 현상 세계의 모든 존재는 리와 기가 서로 의존하여 생겨난다는 입장을 분명히 하는 한편, 귀신이라는 존재가 지나치게 강조되면 불교의 윤회설로 흐를 수 있고, 귀신의 존재를 무시하면 제사의 의의를 잃을 수 있다는 점에 주목하였다. 그는 불교에서 윤회한다는 마음은 다른 존재와 마찬가지로 리와 기가 합쳐져 일신(一身)의 주재자가 된다고 규정하였다. 마음의 작용인 지각은 몸을 이루는 기의 작용이기 때문에 그 기가 한 번 흩어지면 더 이상의 지각 작용은 있을 수 없다고 지적하여 윤회 가능성을 부정하였다. 아울러 그는 성리학의 일반론을 수용하여 가까운 조상은 그 기가 흩어졌더라도 자손들이 지극한 정성으로 제사를 받들면 일시적으로 그 기가 모이고 귀신이 감통의 능력으로 제사를 흠향할 수 있다고 보았다. 기가 완전히 소멸된 먼 조상에 대해서는 서로 감통할 수 있는 기는 없지만 영원한 리가 있기 때문에 자손과 감통이 있을 수 있다고 주장하였다. 하지만 감통을 일으키는 것이 리라는 그의 주장은 작위 능력이 배제된 리가 감통을 일으킨다는 논리로 이해될 수 있어 논란의 소지가 있는 것이었다.

이이의 계승인인 낙론계 유학자들은 귀신을 리와 기 어느 쪽으로 해석하는 것이 옳은가라는 문제의식으로 논의를 전개하였다. 김원행은 귀신이 리와 기 어느 것 하나로 설명될 수 없으며, 리와 기가 틈이 없이 합쳐진 묘처(妙處), 즉 양능(良能)에서 그 의미를 찾아야 한다고 주장하였다. 그는 양능이란 기의 기능 혹은 속성이지만 기 자체의 무질서한 작용이 아니라 기에 원래 자재(自在)하여 움직이지 않는 리에 따라 발현하는 것이라 설명하여 귀신을 리나 기로 지목하더라도 상충되는 것이 아니라고 보았다. 김원행의 동문인 송명흠도 모든 존재는 리와 기가 혼융한 것이라고 전제하고, 귀신을 리이면서 기인 것, 즉 형이상에 속하고 동시에 형이하에 속하는 것이라고 설명하였다. 그는 사람들이 귀신을 리로 보지 않는 이유는 양능을 기로만 간주하였기 때문이라 비판하고, 제사 때 귀신이 강림할 수 있는 것은 기 때문이지만 제사 주관자의 마음과 감통하는 주체는 리라고 설명하였다. 이처럼 기의 취산으로 귀신을 설명하면서도 리의 존재를 깊이 의식한 것은 조상의 귀신을 섬기는 의례 속에서 항구적인 도덕적 가치에 대한 의식을 강화하고자 한 것이었다.

03 윗글에 대한 이해로 적절하지 않은 것은?

① 성리학적 귀신론은 신령으로서의 귀신 이해를 대체하는 것이었다.
② 조선 성리학자들은 먼 조상에 대한 제사가 단순한 추념이 아니라고 보았다.
③ 생성·소멸하는 기를 통해 귀신을 이해하는 것은 윤회설을 반박하는 논거였다.
④ 귀신의 기가 항구적인 감통의 능력을 가진다는 것은 제사를 지내는 근거였다.
⑤ 조선 성리학자들은 귀신이 자연 현상과 관계된 것이라는 공통적인 인식을 가졌다.

04 ㉠, ㉡에 대한 설명으로 가장 적절한 것은?

① ㉠은 형체의 존재 여부를 기의 취산으로 설명하면서 본질적인 기는 유와 무를 관통한다고 보았다.
② ㉠은 기를 형백과 담일청허로 이원화하여 삶과 죽음에 각각 대응시켜 인간과 자연을 일원적으로 구조화하였다.
③ ㉡은 생명이 다하면 기는 결국 흩어져 사라지기 때문에 제사의 주관자라 하더라도 결국에는 조상과 감통할 수 없게 된다고 보았다.
④ ㉡은 인간의 지각은 리에 근거한 기이지만 기는 소멸하더라도 리는 존재하기 때문에 지각 자체는 사라지지 않는다고 파악하였다.
⑤ ㉠과 ㉡은 모두 기의 취산을 통해 삶과 죽음의 영역을 구분하였기 때문에 귀신의 영원성에 대한 근거를 물질성을 지닌 근원적 존재에서 찾았다.

05 낙론계 유학자들 의 입장과 부합하는 진술을 〈보기〉에서 고른 것은?

> **보기**
> ⓐ 귀신을 기의 유행으로 말하면 형이하에 속하고, 리가 실린 것으로 말하면 형이상에 속하는 것이다.
> ⓑ 리가 있으면 기가 있고 기가 있으면 리가 있으니 어찌 혼용하여 떨어지지 않는 지극한 것이 아니겠는가.
> ⓒ 기가 오고 가며 굽고 펼치는 것은 기가 스스로 그러한 것이니 귀신이 없음에 어찌 의심이 있을 수 있겠는가.
> ⓓ 제사 때 능히 강림할 수 있게 하는 것은 리이고, 강림하는 것은 기이니, 귀신의 강림은 기의 강림이라 할 수 있지 않겠는가.

① ⓐ, ⓑ 　　　　② ⓐ, ⓒ
③ ⓑ, ⓒ 　　　　④ ⓑ, ⓓ
⑤ ⓒ, ⓓ

PART 1

DAY 01
DAY 02
DAY 03
DAY 04
DAY 05
DAY 06
DAY 07
DAY 08
DAY 09
DAY 10

※ 다음 글을 읽고 물음에 답하시오. [06~08]

우리 삶에서 운이 작용해서 결과가 달라지는 일은 흔하다. 그러나 외적으로 드러나는 행위에 초점을 맞추는 '의무 윤리'든 행위의 기반이 되는 성품에 초점을 맞추는 '덕의 윤리'든, 도덕의 문제를 다루는 철학자들은 도덕적 평가가 운에 따라 달라져서는 안 된다고 생각한다. 이들의 생각처럼 도덕적 평가는 스스로가 통제할 수 있는 것에 대해서만 이루어져야 한다. 운은 자신의 의지에 따라 통제할 수 없어서, 운에 따라 누구는 도덕적이게 되고 누구는 아니게 되는 일은 공평하지 않기 때문이다.

그런데 ㉠ 어떤 철학자들은 운에 따라 도덕적 평가가 달라지는 일이 실제로 일어난다고 주장하고, 그런 운을 '도덕적 운'이라고 부른다. 그들에 따르면 세 가지 종류의 도덕적 운이 거론된다. 첫째는 태생적 운이다. 우리의 행위는 성품에 의해 결정되며 이런 성품은 태어날 때 이미 결정되므로, 성품처럼 우리가 통제할 수 없는 요인이 도덕적 평가에 개입되는 불공평한 일이 일어난다는 것이다.

둘째는 상황적 운이다. 똑같은 성품이더라도 어떤 상황에 처하느냐에 따라 그 성품이 발현되기도 하고 안 되기도 한다는 것이다. 가령 남의 것을 탐내는 성품을 똑같이 가졌는데 결핍된 상황에 처한 사람은 그 성품이 발현되는 반면에 풍족한 상황에 처한 사람은 그렇지 않다면, 전자만 비난하는 것은 공평하지 못하다는 것이다. 어떤 상황에 처하느냐는 통제할 수 없는 요인이기 때문이다.

셋째는 우리가 통제할 수 없는 결과에 의해 도덕적 평가가 좌우되는 결과적 운이다. 어떤 화가가 자신의 예술적 이상을 달성하기 위해 가족을 버리고 멀리 떠났다고 해 보자. 이 경우 그가 화가로서 성공했을 때보다 실패했을 때 그의 무책임함을 더 비난하는 것을 '상식'으로 받아들이는 경우가 많다. 그러나 도덕적 운을 인정하는 철학자들은 그가 가족을 버릴 당시에는 예측할 수 없었던 결과에 의해 그의 행위를 달리 평가하는 것 역시 불공평하다고 생각한다.

그들의 주장에 따라 도덕적 운의 존재를 인정하면 불공평한 평가만 할 수 있을 뿐인데, 이는 결국 도덕적 평가 자체가 불가능해짐을 의미한다. ㉡ 도덕적 평가가 불가능한 대상은 강제나 무지와 같이 스스로가 통제할 수 없는 요인에 의해 결정되는 것에만 국한되어야 한다. 그런데 도덕적 운의 존재를 인정하면 그동안 도덕적 평가의 대상이었던 성품이나 행위에 대해 도덕적 평가를 내릴 수 없는 난점에 직면하게 되는 것이다.

하지만 관점을 바꾸어 도덕적 운의 존재를 부정하고 도덕적 평가가 불가능한 경우를 강제나 무지에 의한 행위에 국한한다면 이와 같은 난점에서 벗어날 수 있다. 도덕적 운의 존재를 부정하기 위해서는 도덕적 운이라고 생각되는 예들이 실제로는 도덕적 운이 아님을 보여 주면 된다. 우선 행위는 성품과는 별개의 것이므로 태생적 운의 존재가 부정된다. 또한 나쁜 상황에서 나쁜 행위를 할 것이라는 추측만으로 어떤 사람을 폄하하는 일은 정당하지 못하므로 상황적 운의 존재도 부정된다. 끝으로 어떤 화가가 결과적으로 성공을 했든 안 했든 무책임함에 대해서는 똑같이 비난받아야 하므로 결과적 운의 존재도 부정된다. 실패한 화가를 더 비난하는 '상식'이 통용되는 것은 화가의 무책임한 행위가 그가 실패했을 때보다 성공했을 때 덜 부각되기 때문이다.

06 ㉠과 글쓴이의 견해에 대한 설명으로 가장 적절한 것은?

① ㉠과 달리 글쓴이는 도덕적 평가는 '상식'을 존중해야 한다고 생각한다.

② ㉠은 글쓴이와 달리 운은 우리가 통제할 수 없는 것이라고 생각한다.

③ ㉠과 글쓴이는 모두 같은 성품을 가진 사람은 같은 행위를 한다고 생각한다.

④ ㉠과 글쓴이는 모두 도덕의 영역에서는 운에 따라 도덕적 평가가 달라지는 일은 없다고 생각한다.

⑤ ㉠과 글쓴이는 모두 도덕적 운의 존재를 인정하는 것은 도덕적 평가를 불공평하게 만든다고 생각한다.

07 ⓛ의 관점에 따를 때, '도덕적 평가'의 대상으로 볼 수 있는 것만을 〈보기〉에서 있는 대로 고른 것은?

PART 1

DAY 01
DAY 02
DAY 03
DAY 04
DAY 05
DAY 06
DAY 07
DAY 08
DAY 09
DAY 10

> **보기**
>
> ⓐ 거친 성격의 사람이 자신의 성격을 억누르고 주위 사람들을 다정하게 대했다.
> ⓑ 복잡한 지하철에서 누군가에게 떠밀린 사람이 어쩔 수 없이 앞 사람의 발을 밟게 되었다.
> ⓒ 글을 모르는 어린아이가 바닥에 떨어진 중요한 서류가 실수로 버려진 것인 줄 모르고 찢으며 놀았다.
> ⓓ 풍족한 나라의 한 종교인이 가난한 나라로 발령을 받자 자신의 종교적 신념에 따라 가난한 사람들을 돕는 활동을 했다.

① ⓐ, ⓓ   ② ⓑ, ⓒ
③ ⓒ, ⓓ   ④ ⓐ, ⓑ, ⓒ
⑤ ⓐ, ⓑ, ⓓ

08 윗글에 근거하여 〈보기〉를 설명한 내용으로 가장 적절한 것은?

> **보기**
>
> 동료 선수와 협동하지 않고 무모한 공격을 감행한 축구 선수 A와 B가 있다. A는 상대팀 골키퍼가 실수를 하여 골을 넣었는데, B는 골키퍼가 실수를 하지 않아 골을 넣지 못했다. 두 사람은 무모하고 독선적인 성품이나 행위와 동기는 같은데도, 통상 사람들은 A보다 B를 도덕적으로 더 비난한다.

① 도덕적 운의 존재를 인정하지 않는 철학자는 A는 B에 비해 무모함과 독선이 사람들에게 덜 부각되었을 뿐이라고 본다.
② 도덕적 운의 존재를 인정하는 철학자는 A가 B의 처지라면 골을 넣지 못했으리라는 추측만으로 A를 비난하는 것은 정당하지 못하다고 본다.
③ 태생적 운의 존재를 인정하는 철학자는 B가 A에 비해 무모하고 독선적인 성품을 천부적으로 더 가지고 있으므로 더 비난받아야 한다고 본다.
④ 상황적 운의 존재를 인정하지 않는 철학자는 A가 B의 상황이라면 무모함과 독선이 발현되지 않을 것이기 때문에 똑같이 비난받아서는 안 된다고 본다.
⑤ 결과적 운의 존재를 인정하는 철학자는 A보다 B가 더 무모한 공격을 했기 때문에 더 비난받아야 한다고 본다.

안심Touch

| 2020년 5급 PSAT(공직적격성평가) 언어논리 영역

01　다음 글에서 알 수 있는 것은?

조선 시대에는 국왕의 부모에 대한 제사를 국가의례로 거행했다. 하지만 국왕의 생모가 후궁이라면, 아무리 왕을 낳았다고 해도 그에 대한 제사를 국가의례로 간주하지 않는 것이 원칙이었다. 그런데 이 원칙은 영조 때부터 무너지기 시작했다. 영조는 왕이 된 후에 자신의 생모인 숙빈 최씨를 위해 육상궁이라는 사당을 세웠다. 또 국가의례에 관한 규례가 담긴 〈국조속오례의〉를 편찬할 때, 육상궁에 대한 제사를 국가의례로 삼아 그 책 안에 수록해 두었다. 영조는 선조의 후궁이자, 추존왕 원종을 낳은 인빈 김씨의 사당도 매년 방문했다. 이 사당의 이름은 저경궁이다. 원종은 인조의 생부로서, 아들 인조가 국왕이 되었으므로 사후에 왕으로 추존된 인물이다. 한편 영조의 선왕이자 이복형인 경종도 그 생모 희빈 장씨를 위해 대빈궁이라는 사당을 세웠지만, 영조는 단 한 번도 대빈궁을 방문하지 않았다.

영조의 뒤를 이은 국왕 정조는 효장세자의 생모인 정빈 이씨의 사당을 만들어 연호궁이라 불렀다. 잘 알려진 바와 같이 정조는 사도세자의 아들이다. 그런데 영조는 아들인 사도세자를 죽인 후, 오래 전 사망한 자기 아들인 효장세자를 정조의 부친으로 삼겠다고 공포했다. 이런 연유로 정조는 정빈 이씨를 조모로 대우하고 연호궁에서 매년 제사를 지냈다. 정조는 연호궁 외에도 사도세자의 생모인 영빈 이씨의 사당도 세워 선희궁이라는 이름을 붙이고 제사를 지냈다. 정조의 아들로서, 그 뒤를 이어 왕이 된 순조 역시 자신의 생모인 수빈 박씨를 위해 경우궁이라는 사당을 세워 제사를 지냈다. 이처럼 후궁의 사당이 늘어났으나 그 위치가 제각각이어서 관리하기가 어려웠다. 이에 순조는 1908년에 대빈궁, 연호궁, 선희궁, 저경궁, 경우궁을 육상궁 경내로 모두 옮겨 놓고 제사를 지내게 했다. 1910년에 일본이 대한제국의 국권을 강탈했으나, 이 사당들에 대한 제사는 유지되었다. 일제 강점기에는 고종의 후궁이자 영친왕 생모인 엄씨의 사당 덕안궁도 세워졌는데, 이것도 육상궁 경내에 자리 잡게 되었다. 이로써 육상궁 경내에는 육상궁을 포함해 후궁을 모신 사당이 모두 7개에 이르게 되었으며, 이때부터 그곳을 칠궁이라 부르게 되었다.

① 경종은 선희궁과 연호궁에서 거행되는 제사에 매년 참석했다.
② 〈국조속오례의〉가 편찬될 때 대빈궁, 연호궁, 선희궁, 경우궁에 대한 제사가 국가의례에 처음 포함되었다.
③ 영빈 이씨는 영조의 후궁이었던 사람이며, 수빈 박씨는 정조의 후궁이었다.
④ 고종이 대빈궁, 연호궁, 선희궁, 저경궁, 경우궁을 육상궁 경내로 이전해 놓음에 따라 육상궁은 칠궁으로 불리게 되었다.
⑤ 조선 국왕으로 즉위해 실제로 나라를 다스린 인물의 생모에 해당하는 후궁으로서 일제 강점기 때 칠궁에 모셔져 있던 사람은 모두 5명이었다.

02 다음 글의 내용과 부합하지 않는 것은?

> 한국어 계통 연구 분야에서 널리 알려진 학설인 한국어의 알타이어족설은 한국어가 알타이 어군인 튀르크어, 몽고어, 만주·퉁구스어와 함께 알타이어족에 속한다는 것이다. 이 학설은 알타이 어군과 한국어 간에는 모음조화, 어두 자음군의 제약, 관계 대명사와 접속사의 부재 등에서 공통점이 있다는 비교언어학 분석에 근거하고 있다. 하지만 기초 어휘와 음운 대응의 규칙성에서는 세 어군과 한국어 간에 차이가 있어 이 학설의 비교언어학적 근거는 한계를 가지고 있다. 이 때문에, 한국어의 알타이어족설은 알타이 어군과 한국어 사이의 친족 관계 및 공통 조상어로부터의 분화 과정을 설명하기 어렵다.
>
> 최근 한국어 계통 연구는 비교언어학 분석과 더불어, 한민족 형성 과정에 대한 유전학적 연구, 한반도에 공존했던 여러 유형의 건국 신화와 관련된 인류학적 연구를 이용하고 있다. 가령, 우리 민족의 유전 형질에는 북방계와 남방계의 특성이 모두 존재한다는 점과 북방계의 천손 신화와 남방계의 난생 신화가 한반도에서 모두 발견된다는 점은 한국어가 북방적 요소와 남방적 요소를 함께 지니고 있음을 시사해준다. 이런 연구들은 한국어 자료가 근본적으로 부족한 상황에서 비롯된 문제점을 극복하여 한국어의 조상어를 밝히는 데 일정한 실마리를 던져준다.
>
> 하지만 선사 시대의 한국어와 친족 관계를 맺고 있는 모든 어군들을 알 수는 없으며, 있다고 하더라도 그들과 한국어의 공통 조상어를 밝히기란 쉽지 않다. 지금까지의 연구에 따르면, 고대에는 고구려어, 백제어, 신라어로 나뉘어 있었다. 하지만 이들 세 언어가 서로 다른 언어인지, 아니면 방언적 차이만을 지닌 하나의 언어인지에 대해서는 이견이 있다. 고구려어가 원시 부여어에 소급되는 것과 달리 백제어와 신라어는 모두 원시 한어(韓語)로부터 왔다는 것은 이들 언어의 차이가 방언적 차이 이상이었음을 보여 준다. 이들 세 언어가 고려의 건국으로 하나의 한국어인 중세 국어로 수렴되었다는 것에 대해서는 남한과 북한의 학계가 대립된 입장을 보이지 않지만, 중세 국어가 신라어와 고구려어 중 어떤 언어로부터 분화된 것인지와 관련해서는 두 학계의 입장은 대립된다. 한편, 중세 국어가 조선 시대를 거쳐 근대 한국어로 변모하여 오늘날 우리가 사용하는 현대 한국어가 되는 과정에 대해서는 두 학계의 견해가 일치한다.

① 비교언어학적 근거의 한계로 인해 한국어의 알타이어족설은 알타이 어군과 한국어 간의 친족 관계를 설명하기 어렵다.
② 한반도의 천손 신화에 대한 인류학적 연구는 한국어에 북방적 요소가 있음을 시사한다.
③ 최근 한국어 계통 연구는 부족한 한국어 자료를 보완하기 위해 한민족의 유전 형질에 대한 정보와 한반도에 공존한 건국 신화들을 이용한다.
④ 최근 한국어 계통 연구에서 백제어와 고구려어는 방언적 차이로 인해 서로 다른 계통으로 분류된다.
⑤ 중세 국어에서 현대 한국어에 이르는 한국어 형성 과정에 대한 남북한 학계의 견해는 일치한다.

PART 1

DAY 01
DAY 02
DAY 03
DAY 04
DAY 05
DAY 06
DAY 07
DAY 08
DAY 09
DAY 10

※ 다음 글을 읽고 물음에 답하시오. [03~05]

고려 말에는 관료들이 동시에 여러 처를 두는 경우나 처와 첩의 구분이 모호한 경우가 많았다. 이 때문에 토지나 봉작(封爵) 등을 누가 받을 것인가를 두고 친족 사이에 소송이 빈번하였다. 이러한 분쟁을 해결하고 성리학적 가족 윤리를 확립하기 위해 조선 태종 때부터 본격적으로 중혼 규제 방침을 정하였다.

1413년(태종 13)에 사헌부에서는, "부부는 인륜의 근본이니 적처와 첩의 분수를 어지럽히면 안 됩니다. 전 왕조 말에 이러한 기강이 무너졌으니 이제라도 바로잡아야 합니다. 앞으로는 혼서(婚書)의 유무와 혼례식 여부로 처와 첩을 구분하고, 처와 첩의 지위를 바꾼 경우에는 처벌 후 원래대로 바꾸며, 처가 있는데도 다시 처를 취한 자는 처벌 후 후처를 이혼시키십시오. 만약 당사자가 이미 죽어 바꾸거나 이혼할 수 없는 경우에는 선처(先妻)를 적처로 삼아 봉작하고 토지를 지급해야 할 것입니다."라고 아뢰었다. 이것이 받아들여져 ㉠ 규제가 시작되었다.

그런데 다음 해인 1414년(태종 14)에 대사헌 유헌 등은 위 규제를 기본으로 다음과 같이 몇 가지 ㉡ 수정 보완 기준을 제시하였다. "세월이 많이 지나 증빙 자료가 많지 않습니다. 이제 은의(恩義)가 깊고 얕음과 동거 여부를 고려하여, 선처와는 은의가 약하고 후처와 종신토록 같이 살았다면, 후처라도 작첩(爵牒)과 수 신전(守信田)을 주고 노비는 자식에게 균분(均分)하게 하십시오. 만약 처첩의 자식들 사이에 적통을 다투는 경우에는 신분, 혼서 및 혼례를 조사하여 판결하며, 처인지 첩인지에 따라 그 자식에게 노비를 차등 분급하게 하고, 세 명의 처를 둔 경우에는 선후를 논하지 말고, 그중 종신토록 같이 산 자에게 작첩과 수신전을 주되 노비는 세 처의 자식에게 균분하게 하십시오. 영락 11년(태종 13) 3월 11일 이후부터 처가 있는데 또 처를 얻은 자는 엄히 징계하여 후처와 이혼시키되, 그중 드러나지 않다가 아버지가 죽은 후 자손들이 적통을 다투면 선처를 적통으로 삼으십시오."

이상의 기준은 이후 〈육전등록〉에도 수록되어 실시되었다. 그런데 이제 자식이 아버지의 다른 처와 어떤 관계로 설정되어야 하는지에 논란이 발생하였다. 세종 때 이담 아들의 사례가 대표적이었다. 이담은 백 씨와 혼인한 상태에서 다시 이 씨에게 장가들었다. 이는 태종 13년 이전의 일이어서 처벌의 대상은 아니었으나, 1448년(세종 30) 이 씨가 사망하면서 새로운 문제가 발생하였다. 백 씨의 아들인 이효손이 이 씨를 위한 상복을 입지 않자, 이 씨의 아들인 이성손이 사헌부에 고발한 것이다. 이효손이 상복을 어떻게 입어야 하는지를 두고 다음과 같이 조정 관료들의 의견이 갈렸다.

ⓐ 집현전에서 아뢰기를, "예에는 두 명의 처를 두지 않는 것이 정도(正道)이지만, 전 왕조 말에 여러 명의 처를 두는 것이 너무 일반적이었으므로 한시적으로 모두 적처로 인정하였습니다. 〈육전등록〉에서 이미 여러 처를 인정하였으니 이효손은 이 씨를 위해서도 상복을 3년 입어야 합니다."라고 하였다.

ⓑ 예조에서 아뢰기를, "〈육전등록〉에서 여러 처를 모두 인정하기는 하였으나 국가에서 주는 작첩과 수신전은 한 사람에게 그쳤습니다. 이는 국가가 정도를 지향하였음을 보여주는 것입니다. 백 씨는 선처이고 이담과 평생 동거하였으니 그 의리가 이 씨와 같지 않습니다. 이효손이 이 씨를 위해 친모와 똑같이 한다면 친모를 내치는 꼴이 될 것이므로 상복은 1년 입어야 합니다. 이렇게 한다고 해서 이 씨를 첩모로 대우하는 것에 이르지는 않을 것입니다."라고 하였다.

ⓒ 이조판서 정인지는 아뢰기를, "예에는 두 명의 처를 두지 않는데, 〈육전등록〉에서 은의와 동거 여부를 고려함으로써 문란함을 방기하게 되었습니다. 이를 항구적인 법식으로는 삼을 수는 없으니, 두 아내의 아들들은 각각 자기 어머니에 대해서만 상복을 입게 해야 할 것입니다."라고 하였다.

ⓓ 경창부윤 정척은 아뢰기를, "이 씨가 이효손에게 계모가 되는 것은 아니지만, 〈육전등록〉 상 선처·후처의 법에 의거해서 이를 계모에 견주어 상복을 3년 입고, 훗날 백 씨의 상에는 이성손이 3년을 입게 하는 것이 좋겠습니다."라고 하였다.

ⓔ 어떤 이는 "이제라도 이 씨를 강등하여 첩모로 대우하여 첩모를 위한 상복을 입는 것이 마땅합니다."라고 하였다.

03 윗글의 내용과 일치하는 것은?

① ㉠에서는 처와 첩을 구분할 때 생사 여부를 기준으로 하였다.
② ㉡에서는 처인지 첩인지에 따라 그 자식들에게 노비를 차등 분급하였다.
③ ㉠과 달리 ㉡에서는 처를 첩으로 바꾸거나 첩을 처로 바꾸면 처벌을 받았다.
④ ㉡과 달리 ㉠에서는 다처일 경우 모든 처와 이혼해야 하였다.
⑤ ㉠과 ㉡ 모두에서 영락 11년 3월 11일 이후부터 은의와 동거 여부를 중혼 허용의 기준으로 삼았다.

04 ⓐ~ⓔ에 대한 설명으로 적절하지 않은 것은?

① ⓐ의 논리에 따르면 이성손은 백 씨 사후에 백 씨를 위해 3년간 상복을 입어야 한다.
② ⓑ의 논리에 따르면 아버지의 적처라도 경우에 따라 어머니로서의 대우에 대한 판단이 달라야 한다.
③ ⓑ와 ⓒ 중 어느 쪽의 논리를 따르더라도 백 씨와 이 씨는 모두 적처로 인정된다.
④ ⓒ와 ⓓ 중 어느 쪽의 논리를 따르는지에 따라 이효손이 이 씨를 위해 상복을 입는 여부가 달라진다.
⑤ ⓓ와 ⓔ 중 어느 쪽의 논리에 따르더라도 이효손은 이 씨를 위해 상복을 입지 않아도 된다.

05 윗글을 바탕으로 〈보기〉에 대해 추론할 때, 적절하지 않은 것은?

> **보기**
>
> 1415년(태종 15) 박일룡은 자신의 어머니를 적처로 인정하고 자신을 적자로 인정해달라며 소(訴)를 제기하였다. 그의 아버지 박길동은 이조판서를 지낸 인물로, 1390년(고려 공양왕 2) 상인(商人) 노덕만의 서녀(庶女)인 노 씨를 혼례 없이 들여 박일룡을 낳았다. 이후 박길동은 1395년(태조 4) 현감 김거정의 딸인 김 씨와 혼서를 교환하고 혼례를 거친 후 그 사이에 박이룡을 낳았다. 한편 김 씨와 혼인한 상태에서 1402년 대사헌 허생의 딸인 허 씨와 혼서를 교환하고 혼례를 거친 후 그 사이에 박삼룡을 낳았다. 김 씨는 친정인 창녕에 거주하였으며, 박길동은 허 씨와 한양에서 평생 동거하였다. 박이룡과 박삼룡 모두 어려서, 집안의 큰일은 첫아들인 박일룡이 실질적으로 도맡았다. 1413년 5월 박길동이 죽었는데, 이때에 이르러 박일룡이 소를 제기한 것이었다.

① 박길동 사망 직후에 소가 제기되어 그 해에 판결되었다면, 작첩과 수신전은 김 씨에게 주어졌을 것이다.
② 박길동이 소가 제기될 당시까지 생존해 있었다고 해도 중혼에 대해 처벌받지는 않았을 것이다.
③ 박일룡이 집안의 일을 주관하는 아들이라는 점은 판결에 영향을 주지 않았을 것이다.
④ 이 소송에서 작첩과 수신전은 은의나 동거 여부를 따져 허 씨에게 주어졌을 것이다.
⑤ 이 소송에서는 세 명의 처를 둔 경우의 규정을 적용하여 판결이 내려졌을 것이다.

PART 1
DAY 01
DAY 02
DAY 03
DAY 04
DAY 05
DAY 06
DAY 07
DAY 08
DAY 09
DAY 10

안심Touch

※ 다음 글을 읽고 물음에 답하시오. [06~08]

역사가 신채호는 역사를 아(我)와 비아(非我)의 투쟁 과정이라고 정의한 바 있다. 그가 무장 투쟁의 필요성을 역설한 독립운동가이기도 했다는 사실 때문에, 그의 이러한 생각은 그를 투쟁만을 강조한 강경론자처럼 비춰지게 하곤 한다. 하지만 그는 식민지 민중과 제국주의 국가에서 제국주의를 반대하는 민중 간의 연대를 지향하기도 했다. 그의 사상에서 투쟁과 연대는 모순되지 않는 요소였던 것이다. 이를 바르게 이해하기 위해서는 그의 사상의 핵심 개념인 '아'를 정확하게 이해할 필요가 있다.

신채호의 사상에서 아란 자기 본위에서 자신을 자각하는 주체인 동시에 항상 나와 상대하고 있는 존재인 비아와 마주 선 주체를 의미한다. 자신을 자각하는 누구나 아가 될 수 있다는 상대성을 지니면서 또한 비아와의 관계 속에서 비로소 아가 생성된다는 상대성도 지닌다. 신채호는 조선 민족의 생존과 발전의 길을 모색하기 위해 〈조선 상고사〉를 저술하여 아의 이러한 특성을 규정했다. 그는 아의 자성(自性), 곧 '나의 나됨'은 스스로의 고유성을 유지하려는 항성(恒性)과 환경의 변화에 대응하여 적응하려는 변성(變性)이라는 두 요소로 이루어져 있다고 하였다. 아는 항성을 통해 아 자신에 대해 자각하며, 변성을 통해 비아와의 관계 속에서 자기의식을 갖게 되는 것으로 설정하였다. 그리고 자성이 시대와 환경에 따라 변화한다고 하였다.

신채호는 아를 소아와 대아로 구별하였다. 그에 따르면, 소아는 개별화된 개인적 아이며, 대아는 국가와 사회 차원의 아이다. 소아는 자성은 갖지만 상속성(相續性)과 보편성(普遍性)을 갖지 못하는 반면, 대아는 자성을 갖고 상속성과 보편성을 가질 수 있다. 여기서 상속성이란 시간적 차원에서 아의 생명력이 지속되는 것을 뜻하며, 보편성이란 공간적 차원에서 아의 영향력이 파급되는 것을 뜻한다. 상속성과 보편성은 긴밀한 관계를 가지는데, 보편성의 확보를 통해 상속성이 실현되며 상속성의 유지를 통해 보편성이 실현된다. 대아가 자성을 자각한 이후, 항성과 변성의 조화를 통해 상속성과 보편성을 실현할 수 있다. 만약 대아의 항성이 크고 변성이 작으면 환경에 순응하지 못하여 멸절(滅絕)할 것이며, 항성이 작고 변성이 크면 환경에 주체적으로 대응하지 못하여 우월한 비아에게 정복당한다고 하였다.

이러한 아의 개념을 통해 우리는 투쟁과 연대에 관한 신채호의 인식을 정확히 이해할 수 있다. 일본의 제국주의 침략에 직면하여 그는 신국민이라는 새로운 개념을 제시하고 조선 민족이 신국민이 될 때 민족 생존이 가능하다고 보았다. 신국민은 상속성과 보편성을 지닌 대아로서, 역사적 주체 의식이라는 항성과 제국주의 국가에 대응하여 생긴 국가 정신이라는 변성을 갖춘 조선 민족의 근대적 대아에 해당한다. 또한 그는 일본을 중심으로 서구 열강에 대항하자는 동양주의에 반대했다. 동양주의는 비아인 일본이 아가 되어 동양을 통합하는 길이기에, 조선 민족인 아의 생존이 위협받는다고 보았기 때문이다.

식민 지배가 심화될수록 일본에 동화되는 세력이 증가하면서 신채호는 아 개념을 더욱 명료화할 필요가 있었다. 이에 그는 조선 민중을 아의 중심에 놓으면서, 아에도 일본에 동화된 '아 속의 비아'가 있고, 일본이라는 비아에도 아와 연대할 수 있는 '비아 속의 아'가 있음을 밝혔다. 민중은 비아에 동화된 자들을 제외한 조선 민족을 의미한 것이었다. 그는 조선 민중을, 민족 내부의 압제와 위선을 제거함으로써 참된 민족 생존과 번영을 달성할 수 있는 주체이자 제국주의 국가에서 제국주의를 반대하는 민중과의 연대를 통하여 부당한 폭력과 억압을 강제하는 제국주의에 함께 저항할 수 있는 주체로 보았다. 이러한 민중 연대를 통해 '인류로서 인류를 억압하지 않는' 자유를 지향했다.

06 윗글에서 다룬 내용으로 적절하지 않은 것은?

① 신채호 사상의 핵심 개념에 대한 이해의 필요성
② 신채호 사상에서의 자성의 의미
③ 신채호가 밝힌 대아와 소아의 차이
④ 신채호 사상에서의 대아의 역사적 기원
⑤ 신채호가 지향한 민중 연대의 의의

07 윗글의 자성(自性) 에 관한 이해로 가장 적절한 것은?

① 자성을 갖춘 모든 아는 상속성과 보편성을 갖는다.
② 소아의 항성과 변성이 조화를 이루면, 상속성과 보편성이 모두 실현된다.
③ 대아의 항성이 작고 변성이 크면, 상속성은 실현되어도 보편성은 실현되지 않는다.
④ 항성과 변성이 조화를 이루지 못하면, 대아의 상속성과 보편성은 실현되지 않는다.
⑤ 소아의 항성이 크고 변성이 작으면, 상속성은 실현되어도 보편성은 실현되지 않는다.

08 윗글에 대한 이해로 적절하지 않은 것은?

① 신채호가 〈조선 상고사〉를 쓴 것은, 대아인 조선 민족의 자성을 역사적으로 어떻게 유지·계승할 수 있는지 모색하기 위한 것이겠군.
② 신채호가 동양주의를 비판한 것은, 동양주의로 인해 아의 항성이 작아짐으로써 아의 자성을 유지하기 어렵게 될 것으로 보았기 때문이겠군.
③ 신채호가 신국민이라는 개념을 설정한 것은, 대아인 조선 민족이 시대적 환경에 대응하여 비아와의 연대를 통해 아의 생존을 꾀할 수 있다고 보았기 때문이겠군.
④ 신채호가 독립 투쟁을 한 것은, 비아인 일본 제국주의의 침략이 아의 상속성과 보편성 유지를 불가능하게 하기에 일본 제국주의와 투쟁해야 한다고 생각했기 때문이겠군.
⑤ 신채호가 제국주의 국가에서 제국주의를 반대하는 민중과 식민지 민중의 연대를 지향한 것은, 아가 비아 속의 아와 연대하여 억압을 이겨 내고 자유를 얻을 수 있다고 생각했기 때문이겠군.

ㅣ2020년 5급 PSAT(공직적격성평가) 언어논리 영역

01 다음 글에서 알 수 있는 것은?

> 조선 시대에는 지체 높은 관리의 행차 때 하인들이 그 앞에 서서 꾸짖는 소리를 크게 내어 행차에 방해되는 사람을 물리쳤다. 이런 행위를 '가도'라 한다. 국왕의 행차 때 하는 가도는 특별히 '봉도'라고 불렀다. 가도는 잡인들의 통행을 막는 것이기도 했기 때문에 '벽제'라고도 했으며, 이때 하는 행위를 '벽제를 잡는다.'라고 했다. 가도를 할 때는 대체로 '물렀거라', '에라, 게 들어 섰거라'고 외쳤고, 왕이 행차할 때는 '시위~'라고 소리치는 것이 정해진 법도였다. 〈경도잡지〉라는 문헌을 보면, 정1품관인 영의정, 좌의정, 우의정의 행차 때 내는 벽제 소리는 그리 크지 않았고, 그 행차 속도도 여유가 있었다고 한다. 행차를 느리게 하는 방식으로 그 벼슬아치의 위엄을 차렸다는 것이다. 그런데 삼정승 아래 벼슬인 병조판서의 행차 때 내는 벽제 소리는 날래고 강렬했다고 한다. 병조판서의 행차답게 소리를 크게 냈다는 것이다.
>
> 애초에 가도는 벼슬아치가 행차하는 길 앞에 있는 위험한 것을 미리 치우기 위한 행위였다. 그런데 나중에는 행차 앞에 방해되는 자가 없어도 위엄을 과시하는 관례로 굳어졌다. 가도 소리를 들으면 지나가는 사람은 멀리서도 냉큼 꿇어앉아야 했다. 그 소리를 듣고도 모른 척하면 엄벌을 면치 못했다. 벼슬아치를 경호하는 관원들은 행차가 지나갈 때까지 이런 자들을 눈에 띄지 않는 곳에 가둬 두었다가 행차가 지나간 뒤 몽둥이로 마구 때렸다. 그러니 서민들로서는 벼슬아치들의 행차를 피해 다른 길로 통행하는 것이 상책이었다.
>
> 서울 종로의 피맛골은 바로 조선 시대 서민들이 종로를 오가는 벼슬아치들의 행차를 피해 오가던 뒷골목이었다. 피맛골은 서울의 숱한 서민들이 종로 근방에 일이 있을 때마다 오가던 길이었고, 그 좌우에는 허름한 술집과 밥집도 많았다. 피마란 원래 벼슬아치들이 길을 가다가 자기보다 높은 관리를 만날 때, 말에서 내려 길옆으로 피해 경의를 표하는 행위를 뜻하는 말이다. 그런데 신분이 낮은 서민들은 벼슬아치들의 행차와 그 가도를 피하기 위해 뒷골목으로 다니는 행위를 '피마'라고 불렀다. 피맛골은 서민들의 입장에서 볼 때 자유롭게 통행할 수 있는 일종의 해방구였던 셈이다.

① 삼정승 행차보다 병조판서 행차 때의 벽제 소리가 더 컸다.

② 봉도란 국왕이 행차한다는 소리를 듣고 꿇어앉는 행위를 뜻한다.

③ 벼슬아치가 행차할 때 잡인들의 통행을 막으면서 서민들에 대한 감시가 증가했다.

④ 조선 시대에 신분이 낮은 서민들은 피마라는 용어를 말에서 내려 길을 피한다는 의미로 바꿔 썼다.

⑤ 가도는 주로 서울을 중심으로 행해졌기 때문에 벼슬아치들의 행차를 피하기 위해 형성된 장소도 서울에만 있다.

02 다음 글에서 알 수 있는 것은?

조선은 건국 초부터 가족을 중시하였다. 가족의 안정이 곧 사회의 안정이라는 인식하에, 가정의 핵심인 부부를 보호하기 위해 어떻게든 이혼을 막아야 했다. 중국 법전인 〈대명률〉은 부인이 남편을 때렸거나 간통을 했을 경우 남편이 원하면 이혼을 허용했다. 그런데 조선은 〈대명률〉을 준용하면서도 '조선에는 이혼이란 없다.'라는 태도를 견지하였다. 〈대명률〉에는 이른바 출처(出妻)라는 항목이 있어서 이런저런 이유로 부인을 내쫓을 수 있게 되어 있지만, 조선에서는 출처가 거의 명목상으로만 존재하였다. 조선은 남편이 부인을 쫓아내는 것이 사회 안정에 도움이 되지 않는다는 사실을 잘 파악하고 있었다.

양반 남자 집안 또한 이혼이나 출처에 부정적이었다. 부인을 쫓아내면 그것은 곧 적처가 없게 되는 것이다. 적처는 양반가에서 적자의 배우자로 집안을 온전하게 유지하는 가정의 관리자다. 이에 조선의 양반가에서 적처의 존재는 필수 불가결한 것이었다. 게다가 적처를 쫓아내고 새 부인을 얻는다는 것은 현실적으로 비용과 노력이 많이 드는 골치가 아픈 일이었다. 적처를 내보내면 적처 집안과의 관계가 단절된다.

조선 전기에는 오늘날과 달리 남자가 여자 집으로 장가를 드는 형태로 혼인이 이루어졌기 때문에 적처의 집안 즉 여자 집안의 영향력이 컸고, 남자 집안과 여자 집안은 비교적 대등하고 협력적인 관계를 맺어 왔다. 물론 조선 후기로 내려오면서 혼인의 형태가 변화하여 남자 쪽이 주도권을 잡게 되었지만, 여전히 여자 집안으로부터의 영향력과 지원은 무시할 수 없었다. 따라서 여자 집안과의 공조를 끊는 것은 쉽게 결정할 일이 아니었다. 이러한 문제를 다 고려해서 이루어진 혼인이었으므로, 재혼을 통해 더 나은 관계를 찾는 것은 쉽지 않은 일이었다.

조선에서 남자 집안은 새로운 관계를 찾기보다는 처음 맺은 관계를 우호적으로 유지하면서 사회적인 이익을 얻기 위해 노력하는 것이 더 현실적이었다. 칠거지악이 여자들을 옥죄는 조선의 악습으로 알려져 있지만, 사실은 이 때문에 부인이 쫓겨난 경우는 없었다. 이처럼 이혼이 거의 불가능하고 또 불필요했기 때문에 조선의 부부들은 자신들에게 주어진 상황에 적응하는 쪽으로 노력을 기울였다.

① 조선 사회에서 양반 계층보다는 평민이나 노비 계층에서 이혼이 빈번했다.

② 조선의 양반 집안은 적처를 쫓아내기보다는 현실적인 이유에서 결혼을 유지하였다.

③ 조선에서 적처의 존재를 중요하게 생각한 것은 부인의 역할이 중국과는 달랐기 때문이다.

④ 조선 시대에는 중국 법전의 출처 항목에 명시된 사유에 해당한다고 판단될 경우 이혼을 실질적으로 용인하였다.

⑤ 조선 시대에 국가는 이혼을 막기 위해 남자 집안과 여자 집안 간의 공조를 유지시키기 위한 지원 정책을 실시했다.

※ 다음 글을 읽고 물음에 답하시오. [03~04]

채만식의 소설 〈탁류〉는 1935년에서 1937년에 이르는 2년간의 이야기로, 궁핍화가 극에 달해 연명에 관심을 가질 수밖에 없었던 조선인의 현실을 중요한 문제로 삼은 작품이다. 그런데 채만식이 〈탁류〉에서 현실을 대하는 태도에는 식민지 근대화 과정에 대한 작가의 민감한 시선이 들어 있었다. 그는 전 지구적 자본주의 시스템과 토착적 시스템의 갈등에 의해서 만들어진, 게다가 식민지적 상황 때문에 더욱더 굴곡진 수많은 우여곡절에 주목하였다. 채만식의 민감한 시선은 〈탁류〉에서 집중적으로 그려진 '초봉'의 몰락 과정 에서도 구체적으로 드러난다. 그것은 인간과 사물을 환금의 가능성으로만 파악하는 자본주의의 기제가 인간의 순수한 영혼을 잠식해 들어가고, 그러면서 그 이윤 추구의 원리를 확대 재생산하는 과정을 보여 준다.

소설의 앞부분에서 초봉은 경제적 어려움에 시달리는 가족을 위해서라면 자기희생을 마다하지 않는 순수한 영혼의 소유자로 등장한다. 태수는 그런 초봉에게 끊임없이 베풀면서 초봉을 그녀의 ⊙ 고유한 영토로부터 끌어낸다. 그런 베풂을 순수 증여라고 해도 될까. 아니, 꽤나 검은 의도를 숨기고 행한 증여이니 그것은 사악한 증여라고 해야 할 터이다. 하여간 태수는 끊임없이 증여하고 선물하면서 초봉의 고유한 모럴, 그러니까 노동을 통해 조금씩 무언가를 축적해 가는 삶의 방식을 회의에 빠뜨린다. 그리고 그 증여 행위를 집요하게 반복함으로써 초봉의 호의적인 시선을 얻어낸다. 하지만 그 순간이란 ⓛ 하나의 변곡점과도 같은 것이었다. 그때부터 그는 초봉에게 증여한 것의 대가로 무언가를 요구함으로써 초봉을 타락한 교환가치의 세계 속으로 끌어들인다.

초봉이 교환의 정치경제학에 익숙해질 무렵, 제호가 초봉에게 접근한다. 제호는 객관적인 지표를 가지고 초봉의 육체를 돈으로 측량하고 그와의 거래를 제안한다. 초봉 또한 제호가 자신의 상품성을 그만치 높게 봐주자 이 거래를 흔쾌하게 받아들인다. 비록 그 교환이 서로 간의 의지가 관철된 것이었어도 이 거래 이후로 초봉은 상품으로 전락하게 된다. 그리고 그런 초봉에게 형보가 나타나 초봉과 송희 모녀의 호강을 구실로 가학성을 노골적으로 드러내면서 잉여의 성적 착취를 반복한다. 형보는 이 타락한 사회에 동화된 초봉이 어떠한 고통을 겪게 될지라도 이 세계 바깥으로 나갈 용기를 낼 수 없을 것이라고 확신하고 있었기에 초봉의 거부감을 아랑곳하지 않았다.

'초봉의 몰락'은 이렇듯 초봉이 교환의 정치경제학을 자기화함으로써 ⓒ 영혼이 없는 자동인형으로 전락하는 것으로 귀결되었다. 그리고 그 과정에서 초봉은 아버지 정주사가 미두*로 일확천금을 꿈꾸듯 자신의 인격을 버리고 스스로를 상품으로 만들어 나갔다. 자신에 대한 착취에 강렬한 거부감을 가지기도 하였지만 결국에는 모든 것을 상품화하는, 특히 여성의 몸을 상품화하는 자본주의 기제의 ⓔ 노회함과 집요함 앞에 굴복하고 말았다. 그렇다면 〈탁류〉에는 추악한 세상의 탁류에서 벗어날 가능성이 전혀 없는 것일까? 채만식은 〈탁류〉에서 그 특유의 냉정한 태도로 한편으로는 부정적인 삶의 양태들을 냉소하고 풍자하는가 하면, 다른 한편으로는 보다 의미 있는 삶의 형식 혹은 보다 나은 미래를 가능케 할 잠재적 가능성이나 가치들을 끈질기게 탐색해 내었다.

"위험이 있는 곳에 구원의 힘도 함께 자란다."라는 ⓜ 횔덜린의 말을 좀 뒤집어 말하자면, 〈탁류〉가 세상을 위험이 가득한 곳으로 묘사할 수 있었던 것은 아마도 그 위험 속에 같이 자라는 구원의 힘을 어느 정도 감지했기 때문이리라. 그 구원의 가능성은 소설의 결말 부분에서 초봉이 형보를 죽였다는 점으로만 한정되지는 않는다. 〈탁류〉에는 개념의 위계를 갖춰 계기가 제시되는 것은 아니나 타락한 교환의 질서 바깥으로 나갈 수 있는 여러 계기들이 곳곳에 흩어져 있다. 딸 송희를 낳으면서 초봉이 어머니 마음을 갖게 되는 것도, 자유주의자이자 냉소주의자인 계봉이 일하는 만큼의 대가를 얻어야 한다는 철칙을 지니고 살아가는 것도, 승재가 남에게 그저 베풀려고 하는 것도 모두 그에 해당하는 것들이다. 이것들 중에서도 초봉과 승재의 삶에서 드러나는 증여의 삶은 〈탁류〉가 타락한 세계를 넘어설 수 있는 길로 제시하는 것이며, 이를 우리는 '증여의 윤리'라고 부를 수 있을 터이다.

※ 미두(米豆) : 미곡의 시세를 이용하여 약속으로만 거래하는 일종의 투기 행위

03 **['초봉'의 몰락 과정]** 과 관련하여 ㉠~㉤을 이해할 때, 적절하지 않은 것은?

① ㉠은 자본주의 기제로부터 영향을 받기 이전에 가족에 대한 증여자로서 '초봉'이 지녔던 순수한 영혼을 환기한다.

② ㉡은 '초봉'이 노동에 의해 빈곤에서 벗어날 수 있다는 믿음을 되찾으면서 교환의 정치경제학이라는 틀 속에 빠져들기 시작한다는 점을 알려준다.

③ ㉢은 '초봉'이 물신주의적 가치관을 수용하게 됨으로써 인간과 사물을 환금의 가능성으로만 파악하게 되었음을 나타낸다.

④ ㉣은 '초봉'의 몰락 과정이 순진성의 세계를 끈덕지고도 교활하게 파괴하는 식민지 근대화 과정과 상통함을 보여 준다.

⑤ ㉤은 구원의 힘이 역설적 방식으로 존재함을 강조하는 것으로, 왜곡된 자본주의 논리를 벗어날 힘이 '초봉'의 몰락 과정에서 생성되어 가기도 함을 시사해 준다.

PART 1

DAY 01
DAY 02
DAY 03
DAY 04
DAY 05
DAY 06
DAY 07
DAY 08
DAY 09
DAY 10

보기

계봉이는 승재가 오늘도 아침에 밥을 못 하는 눈치를 알고 가서, 더구나 방세가 밀리기는커녕 이달 오월 치까지 지나간 사월달에 들여왔는데, 또 이렇게 돈을 내놓는 것인 줄 잘 알고 있다.

계봉이는 승재의 그럴듯 근경 있는 마음자리가 고맙고, 고마울 뿐 아니라 이상스럽게 기뻤다. 그러나 그러면서도 한편으로는 얼굴이 꼿꼿하게 들려지지 않을 것같이 무색하기도 했다.

"이게 어인 돈이고?"

계봉이는 돈을 받는 대신 뒷짐을 지고 서서 준절히 묻는다.

"그냥 거저……."

"그냥 거저라니? 방세가 이대지 많을 리는 없을 것이고……."

"방세구 무엇이구 거저, 옹색하신데 쓰시라구……."

계봉이는 인제 알았다는 듯이 고개를 두어 번 까댁까댁하더니,

"나는 이 돈 받을 수 없소."

하고는 입술을 꽉 다문다. 장난엣말로 듣기에는 음성이 너무 강경했다.

승재는 의아해서 계봉이의 얼굴을 짯짯이 건너다본다. 미상불, 여전한 장난꾸러기 얼굴 그대로는 그대로지만, 그러한 중에도 어디라 없이 기색이 달라진 게, 일종 오만한 빛이 드러났음을 볼 수가 있었다.

승재는 분명히 단정하기는 어려우나, 혹시 나의 뜻을 무슨 불순한 사심인 줄 오해나 받은 것이 아닌가 하는 생각도 들었다. 그렇게 생각하고 보니, 비록 마음이야 담담하지만 일이 좀 창피한 것도 같았다.

(중략)

계봉이는 문제된 오 원짜리 지전을 내려다본다. 아무리 웃고 말았다고는 하지만 그대로 집어 들고 들어가기가 좀 안되었다. 그러나 그렇다고 종시 안 가지고 가기는 더 안되었다. 잠깐 망설이다가 할 수 없이 그는 돈을 집어 든다.

– 채만식, 〈탁류〉

① 초봉을 전락시킨 돈은 이윤 추구 원리의 작동을, 승재가 계봉에게 건네는 '돈'은 순수 증여를 표상하는 것으로 볼 수 있겠군.

② 제호는 속물주의적 논리를 통해 자신의 의지를 관철하고, 승재는 '마음'의 가치를 통하여 자신의 선의를 드러낸다고 볼 수 있겠군.

③ 형보는 돈의 위력을 믿고 초봉의 고통을 아랑곳하지 않고, 계봉은 자존심 때문에 '근경 있는 마음자리'에 대해 양가적인 태도를 보인다고 볼 수 있겠군.

④ 태수의 과잉 증여와는 달리, 승재의 증여는 대가를 바라는 '불순한 사심'을 지니지 않은 것이기에 타락한 교환 세계에서 벗어날 희망의 표지로 볼 수 있겠군.

⑤ 교환의 정치경제학을 무의식적으로 자기화한 초봉과는 달리, '입술'을 꽉 다무는 계봉의 모습은 '증여의 윤리'를 의식적으로 수용하려는 태도를 나타낸 것으로 볼 수 있겠군.

※ 다음 글을 읽고 물음에 답하시오. [05~07]

어떤 독서 이론도 이 한 장의 사진만큼 독서의 위대함을 분명하게 말해 주지 못할 것이다. 사진은 제2차 세계 대전 당시 처참하게 무너져 내린 런던의 한 건물 모습이다. ㉠ 폐허 속에서도 사람들이 책을 찾아 서가 앞에 선 이유는 무엇일까? 이들은 갑작스레 닥친 상황에서 독서를 통해 무언가를 구하고자 했을 것이다.

독서는 자신을 살피고 돌아볼 계기를 제공함으로써 어떻게 살 것인가의 문제를 생각하게 한다. 책은 인류의 지혜와 경험이 담겨 있는 문화유산이며, 독서는 인류와의 만남이자 끝없는 대화이다. 독자의 경험과 책에 담긴 수많은 경험들의 만남은 성찰의 기회를 제공함으로써 독자의 내면을 성장시켜 삶을 바꾼다. 이런 의미에서 독서는 자기 성찰의 행위이며, 성찰의 시간은 깊이 사색하고 스스로에게 질문을 던지는 시간이어야 한다. 이들이 책을 찾은 것도 혼란스러운 현실을 외면하려 한 것이 아니라 자신의 삶에 대한 숙고의 시간이 필요했기 때문이다.

또한 ㉡ 독서는 자신을 둘러싼 현실을 올바로 인식하고 당면한 문제를 해결할 논리와 힘을 지니게 한다. 책은 세상에 대한 안목을 키우는 데 필요한 지식을 담고 있으며, 독서는 그 지식을 얻는 과정이다. 독자의 생각과 오랜 세월 축적된 지식의 만남은 독자에게 올바른 식견을 갖추고 당면한 문제를 해결할 방법을 모색하도록 함으로써 세상을 바꾼다. 세상을 변화시킬 동력을 얻는 이 시간은 책에 있는 정보를 이해하는 데 그치는 것이 아니라 그 정보가 자신의 관점에서 문제를 해결할 수 있는 타당한 정보인지를 판단하고 분석하는 시간이어야 한다. 서가 앞에 선 사람들도 시대적 과제를 해결할 실마리를 책에서 찾으려 했던 것이다. 독서는 자기 내면으로의 여행이며 외부 세계로의 확장이다. 폐허 속에서도 책을 찾은 사람들은 독서가 지닌 힘을 알고, 자신과 현실에 대한 이해를 구하고자 책과의 대화를 시도하고 있었던 것이다.

05 윗글을 바탕으로 할 때, ㉠의 답으로 적절하지 않은 것은?

① 인류의 지혜와 경험을 배우기 위해
② 현실로부터 도피할 방법을 구하기 위해
③ 시대적 과제를 해결할 실마리를 찾기 위해
④ 자신의 삶에 대해 숙고할 시간을 갖기 위해
⑤ 세상에 대한 안목을 키우는 지식을 얻기 위해

06 〈보기〉는 ⓛ과 같이 독서하기 위해 학생이 찾은 독서 방법이다. 이에 대한 반응으로 적절하지 않은 것은?

> **보기**
>
> 해결하려는 문제와 관련하여 관점이 다른 책들을 함께 읽는 것은 해법을 찾는 한 방법이다. 먼저 문제가 무엇인지를 명확히 하고, 이와 관련된 서로 다른 관점의 책을 찾는다. 책을 읽을 때는 자신의 관점에서 각 관점들을 비교·대조하면서 정보의 타당성을 비판적으로 검토하고 평가한 내용을 통합한다. 이를 통해 문제를 다각적·심층적으로 이해하게 됨으로써 자신의 관점을 분명히 하고, 나아가 생각을 발전시켜 관점을 재구성하게 됨으로써 해법을 찾을 수 있다.

① 읽을 책을 선택하기 전에 해결하려는 문제가 무엇인지를 명확하게 인식해야겠군.

② 서로 다른 관점을 비교·대조하면서 검토함으로써 편협한 시각에서 벗어나 문제를 폭넓게 보아야겠군.

③ 문제의 해결을 위해 서로 다른 관점을 비판적으로 통합하여 문제에 대한 생각을 새롭게 구성할 수 있어야겠군.

④ 정보를 이해하는 수준을 넘어, 각 관점의 타당성을 검토하고 평가 내용을 통합함으로써 문제를 깊이 이해해야겠군.

⑤ 문제에 대한 여러 관점을 다각도로 검토하고, 비판적 판단을 유보함으로써 자신의 관점이 지닌 타당성을 견고히 해야겠군.

07 다음은 윗글을 읽은 학생의 독서 기록장 일부이다. 이에 대한 설명으로 가장 적절한 것은?

> 나의 독서 대부분은 정보 습득을 위한 것이었다. 책의 내용이 그대로 내 머릿속으로 옮겨져 지식이 쌓이기만을 바랐지 내면의 성장을 생각하지 못했다. 윤동주 평전을 읽으며 스스로에게 질문을 던지는 이 시간이 나에 대해 사색하며 삶을 가꾸는 소중한 시간임을 새삼 느낀다. 오늘 나는 책장을 천천히 넘기며 나에게로의 여행을 떠나 보려 한다.

① 삶을 성찰하게 하는 독서의 가치를 깨닫고 이를 실천하려는 모습을 보이고 있다.

② 문학 분야에 편중되었던 독서 습관을 버리고 다양한 분야의 책을 읽으려는 노력을 보이고 있다.

③ 독서를 지속적으로 실천하지 못한 태도를 반성하고 문제 해결을 위해 장기적인 독서 계획을 세우고 있다.

④ 내면적 성장을 위한 도구로서의 독서의 중요성을 인식하고 다양한 매체를 활용한 독서의 방법을 제안하고 있다.

⑤ 개인의 지적 성장에 머무는 독서의 한계를 지적하고 타인과 경험을 공유하는 독서 토론의 필요성을 강조하고 있다.

인문 · 예술과 관련한 **지문 독해** 연습하기 | **DAY 09**

해설편 p.061

시작 시간 | 종료 시간
시 분 | 시 분

PART 1

DAY 01
DAY 02
DAY 03
DAY 04
DAY 05
DAY 06
DAY 07
DAY 08
DAY 09
DAY 10

| 2019년 5급 PSAT(공직적격성평가) 언어논리 영역

01 다음 글에서 추론할 수 있는 것은?

조선왕조실록은 조선 시대 국왕의 재위 기간에 있었던 중요 사건들을 정리한 기록물로 역사적인 가치가 크다. 이에 유네스코는 태조부터 철종까지의 시기에 있었던 사건들이 담긴 조선왕조실록 총 1,893권, 888책을 세계 기록 유산으로 등재하였다.

실록의 간행 과정은 상당히 길고 복잡했다. 먼저, 사관이 국왕의 공식적 언행과 주요 사건을 매일 기록하여 사초를 만들었다. 그 국왕의 뒤를 이어 즉위한 새 왕은 전왕(前王)의 실록을 만들기 위해 실록청을 세웠다. 이 실록청은 사초에 담긴 내용을 취사선택해 실록을 만든 후 해산하였다. 이렇게 만들어진 실록은 전왕의 묘호(廟號)를 붙여 '○○실록'이라고 불렀다. 이런 식으로 일이 진행되다보니 〈철종실록〉이 고종 때에 간행되었던 것이다.

한편 정변으로 왕이 바뀌었을 때에는 그 뒤를 이은 국왕이 실록청 대신 일기청을 설치하여 물러난 왕의 재위 기간에 있었던 일을 '○○○일기(日記)'라는 명칭으로 정리해 간행했다. 인조 때 〈광해군실록〉이 아니라 〈광해군일기〉가 간행된 것은 바로 이 때문이다. '일기'는 명칭만 '실록'이라고 부르지 않을 뿐 간행 과정은 그와 동일했다. 그렇기 때문에 '일기'도 세계 기록 유산으로 등재된 조선왕조실록에 포함된 것이다. 〈단종실록〉은 특이한 사례에 해당된다. 단종은 계유정난으로 왕위에서 쫓겨난 후에 노산군으로 불렸고, 그런 이유로 세조 때 〈노산군일기〉가 간행되었다. 그런데 숙종 24년 (1698)에 노산군이 단종으로 복위된 후로 〈노산군일기〉를 〈단종실록〉으로 고쳐 부르게 되었다.

조선 후기 붕당 간의 대립은 실록 내용에도 영향을 미쳤다. 선조 때 동인과 서인이라는 붕당이 등장한 이래, 선조의 뒤를 이은 광해군과 인조 때까지만 해도 붕당 간 대립이 심하지 않았다. 그러나 인조의 뒤를 이어 효종, 현종, 숙종이 연이어 왕위에 오르는 과정에서 붕당 간 대립이 심해졌다. 효종 때부터는 집권 붕당이 다른 붕당을 폄훼하기 위해 이미 만들어져 있는 실록을 수정해 간행하는 일이 벌어졌다. 수정된 실록에는 원래의 실록과 구분해 '○○수정실록'이라는 명칭을 따로 붙였다.

① 〈효종실록〉은 현종 때 설치된 실록청이 간행했을 것이다.

② 〈노산군일기〉는 숙종 때 설치된 일기청이 간행했을 것이다.

③ 〈선조수정실록〉은 광해군 때 설치된 실록청이 간행했을 것이다.

④ 〈고종실록〉은 세계 기록 유산으로 등재된 조선왕조실록에 포함되어 있을 것이다.

⑤ 〈광해군일기〉는 세계 기록 유산으로 등재된 조선왕조실록에 포함되어 있지 않을 것이다.

02 다음 글에서 알 수 있는 것은?

> 조선 시대에는 어떤 경우라도 피의자로부터 죄를 자백 받도록 규정되어 있었고, 죄인이 자백을 한 경우에만 형이 확정되었다. 관리들은 자백을 받기 위해 심문을 했는데, 대개 말로 타일러 자백을 받아내는 '평문'을 시행했다. 그러나 피의자가 자백을 하지 않고 버틸 때에는 매를 쳐 자백을 받는 '형문'을 시행했다. 형문 과정에서 매를 칠 때에는 한 번에 30대를 넘길 수 없었고, 한 번 매를 친 후에는 3일이 지나야만 다시 매를 칠 수 있었다. 이렇게 두 번 매를 친 후에는 형문으로 더 이상 매를 칠 수 없었다.
>
> 평문이나 형문을 통해 범죄 사실이 확정되면 '본형'이 집행되었다. 그런데 본형으로 매를 맞을 사람에게는 형문 과정에서 맞은 매의 수만큼 빼 주도록 규정되어 있었다. 또 형문과 본형에서 맞은 매의 합계가 그 죄의 대가로 맞도록 규정된 수를 초과할 수 없었다. 형문과 본형을 막론하고, 맞는 매의 종류는 태형과 장형으로 나뉘어졌다. 태형은 길고 작은 매를 사용해 치는 것인데, 어떤 경우에도 50대를 넘겨서 때릴 수 없었다. 태형보다 더 큰 매로 치는 장형은 '곤장'이라고도 부르는데, 죄목에 따라 60대부터 10대씩 올려 100대까지 칠 수 있었다. 장형을 칠 때, 대개는 두께가 6밀리미터 정도인 '신장'이라는 도구를 사용했다. 그런데 종이 상전을 다치게 했을 경우에는 신장보다 1.5배 정도 더 두꺼운 '성장'이라는 도구를 사용해 매를 쳤다. 또 반역죄와 같이 중한 죄인을 다룰 때에는 더 두꺼운 '국장'을 사용하였다.
>
> 매를 때리다가 피의자가 죽는 경우도 있었는데, 이때는 책임자를 파직하거나 그로 하여금 장례 비용을 내게 했다. 단, 반역죄인에게 때리는 매의 수에 제한은 없었고, 형문이나 본형 도중 반역죄인이 사망한다고 해서 책임자를 문책한다는 규정도 없었다.
>
> 조선 시대에는 남의 재물을 강탈한 자를 처벌할 때 초범인 경우에는 60대를 쳤다. 그런데 재범이거나 세 사람 이상 무리를 이루어 남의 재물을 강탈했을 때에는 처벌이 더 엄했다. 이런 사람에 대한 처벌로는 100대를 때렸다. 남의 재물을 강탈한 자의 경우 형문할 때와 본형으로 처벌할 때 택하는 매의 종류가 같았다.

① 피의자가 평문을 받다가 사망하면 심문한 사람이 장례 비용을 내야 했다.
② 세 명 이상 무리를 지어 남의 재물을 강제로 빼앗은 자는 장형으로 처벌했다.
③ 반역 혐의가 있는 사람은 자백을 받지 않고 국장으로 때리도록 규정되어 있었다.
④ 상전의 명을 어긴 혐의로 형문을 받는 종은 남의 재물을 강탈한 자보다 더 많은 매를 맞았다.
⑤ 평문 과정에서 죄인이 자신의 죄를 순순히 자백하면 본형에 들어가지 않고 처벌을 면제하였다.

※ 다음 글을 읽고 물음에 답하시오. [03~05]

세상은 변화를 겪는다. 사람이 그렇게 여기는 이유는 시간이 흐른다고 생각하기 때문이다. 그런데 4차원주의자는 시간이 흐르지 않는다고 주장한다. 시간이 흐르지 않는다면, 과거, 현재, 미래는 똑같이 존재할 것이다. 이러한 견해를 가진 사람을 ㉠ 영원주의자라고 한다. 시간의 흐름 여부에 대한 인식의 차이는 과거, 현재, 미래에 대한 개념 혹은 표상의 차이를 가져 온다. 영원주의자들에게 매 순간은 시간의 퍼즐을 이루는 하나의 조각처럼 이미 주어져 있다. 영원주의자에게 시제는 특별한 의미를 가지지 않으며, 과거, 현재, 미래 사이에는 앞 또는 뒤라는 관계만이 존재한다. 현재는 과거의 뒤이고 동시에 미래의 앞일 뿐이다. 영원주의 세계에서 한 사람은 각 시간 단계를 가지는데, 그 사람이 없던 수염을 기르면 이는 시간의 흐름에 따른 변화가 아니다. 외모의 차이는 단지 그 사람의 서로 다른 단계 사이의 차이일 뿐이다. 반면에 3차원주의자는 시간이 흐른다는 견해를 내세운다. 시간이 흐른다면, 과거, 현재, 미래 시제는 모두 다른 의미나 표상을 지닌다. 이러한 생각을 지니는 이들 중에 오직 현재만이 존재한다고 보는 사람이 바로 현재주의자이다. 그들에게는 이미 지나간 과거와 아직 도래하지 않은 미래는 존재하지 않으므로, 지금 주어진 현재만이 존재한다. 시간여행은 시간에 관한 견해가 첨예하게 대립하는 주제이다. 현재주의자에 따르면, 현재에서 과거, 미래의 특정 시점을 찾아가는 것은 영원주의자의 생각처럼 시간 퍼즐의 여러 조각 중 하나를 찾아가는 것이 아니다. ㉡ 현재주의자 중에 다수는 시간여행이 불가능하다고 주장한다. 누군가가 시간여행을 하려면 과거나 미래로 이동할 수 있어야 하지만, 이미 흘러간 과거와 아직 오지 않은 미래는 실재하지 않는다. 이를 도착지 비존재의 문제라고 할 수 있다.

현재주의자 중에도 시간여행이 가능하다고 보는 사람이 있다. 과거로의 시간여행을 시작하는 현재 시점 T_n에서 과거의 특정 시점 T_{n-1}은 실재가 아니다. 그러나 시간여행자가 T_{n-1}에 도착할 때 그 시점은 그에게 현재가 되어 존재하지 않을까? 하지만 이는 과거를 마치 현재인 양 여기게 하는 속임수라고 보는 사람도 있다. 과거 시점 T_{n-1}에 도착한다면, 과거는 이제 현재가 된다. 그러나 시간여행의 가능성을 따질 때 우리가 관심을 가지는 현재는 애초에 출발하는 시점인 T_n이지 과거의 도착지인 T_{n-1}이 아니다. 만일 T_{n-1}이 현재가 된다는 것이 중요하다면, T_{n-1}에 도착한 사람에게 T_n은 이제 미래가 된다는 것 역시 중요하다. 그런데 현재주의자는 미래의 비존재를 주장하므로, T_{n-1}에 도착한 시간여행자는 존재하지 않는 미래에서 출발하여 현재에 도착한 셈이다. 이것이 바로 출발지 비존재의 문제이다. 결국 3차원주의 세계에서 시간여행이 가능하다는 점을 보여주려면 출발지 비존재의 문제를 해소해야 한다.

시간여행의 가능성을 믿는 3차원주의자는 '출발지 비존재'를 '출발지 미결정'으로 보게 되면 문제가 해소된다고 주장할 수 있다. 시간여행자가 과거 T_{n-1}에 도착하는 순간, 그는 실재하지 않는 미래로부터 현재로 이동한 것이 아니라 미결정된 미래로부터 현재로 이동한 것이 된다. 그렇다고 하더라도 출발지 비존재의 문제와 마찬가지로, 미래는 아직 존재하지 않기에 전혀 결정되지 않았으며 아직 결정되지 않은 것이 다른 어떤 것의 원인이 될 수 없으므로 시간여행은 여전히 불가능하다는 비판에 직면할 수 있다. 그러나 T_{n-1}에 도착하는 사건의 원인이 T_n에서의 출발이라는 점을 고려한다면, T_{n-1}에 도착하는 순간 미래 사건이 되는 시간여행은 도착 시점에서 이미 결정된 사건으로 여겨질 수 있다. 즉 미래는 계속 미결정된 것이 아니라, 시간여행 여부에 따라 미결정되었다고도 할 수 있고 결정되었다고도 할 수 있다. 이에 ㉢ 조건부 결정론자는 출발지 미결정의 문제가 해소되어 시간여행에 걸림돌이 없다고 주장한다. 그러나 시간여행이 3차원주의와 양립할 수 없음을 고수하는 이들은 출발지 비존재의 문제를 출발지 미결정의 문제로 대체하여 이를 해소하는 전략을 받아들이지 않을 것이다.

03 ㉠ ~ ㉢에 관한 설명으로 가장 적절한 것은?

① ㉠과 ㉡은 모두 미래가 이미 결정되어 있는 시간이라고 본다.

② ㉠과 ㉡은 모두 시간여행에서 과거에 도착하는 순간 출발지는 더 이상 존재하지 않는다고 본다.

③ ㉠과 ㉢은 모두 과거로 출발하는 시간여행이 가능하다고 본다.

④ ㉡과 달리 ㉢은 시제가 특별한 의미를 가지지 않는다고 본다.

⑤ ㉢과 달리 ㉡은 시간여행에 필요한 도착지가 존재한다고 본다.

04 윗글에서 추론한 내용으로 적절하지 않은 것은?

① 3차원주의자 중에는 과거를 거슬러 올라갈 수 없는 시간으로 여기는 사람이 있을 것이다.

② 현재주의자는 누군가의 외모가 변한 것을 보면 이는 시간이 흘렀기 때문이라고 생각할 것이다.

③ 4차원주의자는 도래하지 않은 시간으로부터 이미 지나간 시간으로 시간의 흐름을 거슬러 올라갈 수 있다고 생각할 것이다.

④ 시간여행이 가능하다고 믿는 3차원주의자는 출발지 미결정의 문제가 해결되면 출발지 비존재의 문제가 해소된다고 생각할 것이다.

⑤ 시간여행의 가능성을 부인하는 3차원주의자는 우리가 미래에 도착하는 순간 도착지가 생겨난다는 주장에 대해, 그 경우에도 출발지 비존재의 문제가 남아 있다고 비판할 것이다.

05 윗글을 바탕으로 〈보기〉를 설명할 때, 적절하지 않은 것은?

> **보기**
>
> 밴드 결성 전, 존 레논은 자신이 유명한 가수가 될 것이라는 예언을 듣는다. 자신의 미래가 궁금해진 레논은 마침 타임머신 실험 소식을 듣고 10년 후의 미래로 가고자 자원하였다. 10년 후, 그의 밴드는 유명해지고 데뷔 이전 머리가 짧았던 그는 긴 머리를 가지게 된다. 만일 10년 후로의 시간여행이 가능하다면, 미래를 방문한 무명의 레논은 장발의 록 스타인 자신을 직접 보게 될 것이다. 그러나 이는 '동일한 것은 서로 구별될 수 없다.'라는 ⓐ 원리에 위배된다. 즉 '동일한 사람이 무명이면서 동시에 스타이다.'라는 ⓑ 논리적 모순이 발생하는 것이다. 이 문제가 해소되지 않으면 레논은 10년 후로 시간여행을 할 수 없다.

① 시간여행의 도착지가 존재하지 않는다는 논리에 따를 경우, ⓐ에 위배되는 사건은 아예 일어나지 않겠군.

② 레논의 서로 다른 단계 중에 현재 단계가 뒤의 단계를 방문할 수 있다고 가정하면, 영원주의자에게 ⓑ는 문제가 되지 않겠군.

③ 조건부 결정론자의 논리에 따를 경우, 레논이 미래에 도착하면 자신의 10년 후 모습을 직접 보기 이전이라도 도착 순간에 이미 출발지 비존재의 문제가 해소되겠군.

④ 미래에 도착하는 시점의 레논과 미래에 있던 레논이 동일한 외모를 가질 수 있다고 가정하면, 현재주의자는 ⓐ에 위배되는 일이 발생하지 않았다고 주장할 수 있겠군.

⑤ 두 사람이 만나는 시간은 제3의 관찰자가 볼 때는 동시인 것처럼 보이지만 각자의 시간 흐름에서는 동시가 아니라고 가정하면, 현재주의자 중에는 ⓑ가 해소될 수 있다고 보는 사람도 있겠군.

※ 다음 글을 읽고 물음에 답하시오. [06~09]

(가) ㉠ 정립-반정립-종합. 변증법의 논리적 구조를 일컫는 말이다. 변증법에 따라 철학적 논증을 수행한 인물로는 단연 헤겔이 거명된다. 변증법은 대등한 위상을 지니는 세 범주의 병렬이 아니라, 대립적인 두 범주가 조화로운 통일을 이루어 가는 수렴적 상향성을 구조적 특징으로 한다. 헤겔에게서 변증법은 논증의 방식임을 넘어, 논증 대상 자체의 존재 방식이기도 하다. 즉 세계의 근원적 질서인 '이념'의 내적 구조도, 이념이 시·공간적 현실로서 드러나는 방식도 변증법적이기에, 이념과 현실은 하나의 체계를 이루며, 이 두 차원의 원리를 밝히는 철학적 논증도 변증법적 체계성을 지녀야 한다.

헤겔은 미학도 철저히 변증법적으로 구성된 체계 안에서 다루고자 한다. 그에게서 미학의 대상인 예술은 종교, 철학과 마찬가지로 '절대정신'의 한 형태이다. 절대정신은 절대적 진리인 '이념'을 인식하는 인간 정신의 영역을 가리킨다. 예술·종교·철학은 절대적 진리를 동일한 내용으로 하며, 다만 인식 형식의 차이에 따라 구분된다. 절대정신의 세 형태에 각각 대응하는 형식은 직관·표상·사유이다. '직관'은 주어진 물질적 대상을 감각적으로 지각하는 지성이고, '표상'은 물질적 대상의 유무와 무관하게 내면에서 심상을 떠올리는 지성이며, '사유'는 대상을 개념을 통해 파악하는 순수한 논리적 지성이다. 이에 세 형태는 각각 '직관하는 절대정신', '표상하는 절대정신', '사유하는 절대정신'으로 규정된다. 헤겔에 따르면 직관의 외면성과 표상의 내면성은 사유에서 종합되고, 이에 맞춰 예술의 객관성과 종교의 주관성은 철학에서 종합된다.

형식 간의 차이로 인해 내용의 인식 수준에는 중대한 차이가 발생한다. 헤겔에게서 절대정신의 내용인 절대적 진리는 본질적으로 논리적이고 이성적인 것이다. 이러한 내용을 예술은 직관하고 종교는 표상하며 철학은 사유하기에, 이 세 형태 간에는 단계적 등급이 매겨진다. 즉 예술은 초보 단계의, 종교는 성장 단계의, 철학은 완숙 단계의 절대정신이다. 이에 따라 ㉡ 예술 – 종교 – 철학 순의 진행에서 명실상부한 절대정신은 최고의 지성에 의거하는 것, 즉 철학뿐이며, 예술이 절대정신으로 기능할 수 있는 것은 인류의 보편적 지성이 미발달된 머나먼 과거로 한정된다.

(나) 변증법의 매력은 '종합'에 있다. 종합의 범주는 두 대립적 범주 중 하나의 일방적 승리로 끝나도 안 되고, 두 범주의 고유한 본질적 규정이 소멸되는 중화 상태로 나타나도 안 된다. 종합은 양자의 본질적 규정이 유기적 조화를 이루어 질적으로 고양된 최상의 범주가 생성됨으로써 성립하는 것이다.

헤겔이 강조한 변증법의 탁월성도 바로 이것이다. 그러기에 변증법의 원칙에 최적화된 엄밀하고도 정합적인 학문 체계를 조탁하는 것이 바로 그의 철학적 기획이 아니었던가. 그런데 그가 내놓은 성과물들은 과연 그 기획을 어떤 흠결도 없이 완수한 것으로 평가될 수 있을까? 미학에 관한 한 '그렇다'는 답변은 쉽지 않을 것이다. 지성의 형식을 직관-표상-사유 순으로 구성하고 이에 맞춰 절대정신을 예술-종교-철학 순으로 편성한 전략은 외관상으로는 변증법 모델에 따른 전형적 구성으로 보인다. 그러나 실질적 내용을 보면 직관으로부터 사유에 이르는 과정에서는 외면성이 점차 지워지고 내면성이 점증적으로 강화·완성되고 있음이, 예술로부터 철학에 이르는 과정에서는 객관성이 점차 지워지고 주관성이 점증적으로 강화·완성되고 있음이 확연히 드러날 뿐, 진정한 변증법적 종합은 이루어지지 않는다. 직관의 외면성 및 예술의 객관성의 본질은 무엇보다도 감각적 지각성인데, 이러한 핵심 요소가 그가 말하는 종합의 단계에서는 완전히 소거되고 만다.

변증법에 충실하려면 헤겔은 철학에서 성취된 완전한 주관성이 재객관화되는 단계의 절대정신을 추가했어야 할 것이다. 예술은 '철학 이후'의 자리를 차지할 수 있는 유력한 후보이다. 실제로 많은 예술 작품은 '사유'를 매개로 해서만 설명되지 않는가. 게다가 이는 누구보다도 풍부한 예술적 체험을 한 헤겔 스스로가 잘 알고 있지 않은가. 이 때문에 방법과 철학 체계 간의 이러한 불일치는 더욱 아쉬움을 준다.

PART 1
DAY 01
DAY 02
DAY 03
DAY 04
DAY 05
DAY 06
DAY 07
DAY 08
DAY 09
DAY 10

06 (가)에서 알 수 있는 헤겔의 생각으로 적절하지 않은 것은?

① 예술·종교·철학 간에는 인식 내용의 동일성과 인식 형식의 상이성이 존재한다.
② 세계의 근원적 질서와 시·공간적 현실은 하나의 변증법적 체계를 이룬다.
③ 절대정신의 세 가지 형태는 지성의 세 가지 형식이 인식하는 대상이다.
④ 변증법은 철학적 논증의 방법이자 논증 대상의 존재 방식이다.
⑤ 절대정신의 내용은 본질적으로 논리적이고 이성적인 것이다.

07 (가)에 따라 직관·표상·사유 의 개념을 적용한 것으로 적절하지 않은 것은?

① 먼 타향에서 밤하늘의 별들을 바라보는 것은 직관을 통해, 같은 곳에서 고향의 하늘을 상기하는 것은 표상을 통해 이루어지겠군.
② 타임머신을 타고 미래로 가는 자신의 모습을 상상하는 것과, 그 후 판타지 영화의 장면을 떠올려 보는 것은 모두 표상을 통해 이루어지겠군.
③ 초현실적 세계가 묘사된 그림을 보는 것은 직관을 통해, 그 작품을 상상력 개념에 의거한 이론에 따라 분석하는 것은 사유를 통해 이루어지겠군.
④ 예술의 새로운 개념을 설정하는 것은 사유를 통해, 이를 바탕으로 새로운 감각을 일깨우는 작품의 창작을 기획하는 것은 직관을 통해 이루어지겠군.
⑤ 도덕적 배려의 대상을 생물학적 상이성 개념에 따라 규정하는 것과, 이에 맞서 감수성 소유 여부를 새로운 기준으로 제시하는 것은 모두 사유를 통해 이루어지겠군.

08 (나)의 글쓴이의 관점에서 ㉠과 ㉡에 대한 헤겔의 이론을 분석한 것으로 적절하지 않은 것은?

① ㉠과 ㉡ 모두에서 첫 번째와 두 번째의 범주는 서로 대립한다.
② ㉠과 ㉡ 모두에서 두 번째와 세 번째 범주 간에는 수준상의 차이가 존재한다.
③ ㉠과 달리 ㉡에서는 범주 간 이행에서 첫 번째 범주의 특성이 갈수록 강해진다.
④ ㉡과 달리 ㉠에서는 세 번째 범주에서 첫 번째와 두 번째 범주의 조화로운 통일이 이루어진다.
⑤ ㉡과 달리 ㉠에서는 범주 간 이행에서 수렴적 상향성이 드러난다.

09 〈보기〉는 헤겔과 (나)의 글쓴이가 나누는 가상의 대화의 일부이다. ㉮에 들어갈 내용으로 가장 적절한 것은?

> **보기**
>
> 헤겔 : 괴테와 실러의 문학 작품을 읽을 때 놓치지 않아야 할 점이 있네. 이 두 천재도 인생의 완숙기에 이르러서야 비로소 최고의 지성적 통찰을 진정한 예술미로 승화시킬 수 있었네. 그에 비해 초기의 작품들은 미적으로 세련되지 못해 결코 수준급이라 할 수 없었는데, 이는 그들이 아직 지적으로 미성숙했기 때문이었네.
>
> (나)의 글쓴이 : 방금 그 말씀과 선생님의 기본 논증 방법을 연결하면 (㉮)는 말이 됩니다.

① 이론에서는 대립적 범주들의 종합을 이루어야 하는 세 번째 단계가 현실에서는 그 범주들을 중화한다.

② 이론에서는 외면성에 대응하는 예술이 현실에서는 내면성을 바탕으로 하는 절대정신일 수 있다.

③ 이론에서는 반정립 단계에 위치하는 예술이 현실에서는 정립 단계에 있는 것으로 나타난다.

④ 이론에서는 객관성을 본질로 하는 예술이 현실에서는 객관성이 사라진 주관성을 지닌다.

⑤ 이론에서는 절대정신으로 규정되는 예술이 현실에서는 진리의 인식을 수행할 수 없다.

PART 1

DAY 01
DAY 02
DAY 03
DAY 04
DAY 05
DAY 06
DAY 07
DAY 08
DAY 09
DAY 10

01 다음 글에서 알 수 있는 것은?

조선 시대에 설악산이라는 지명이 포함하는 영역은 오늘날의 그것과 달랐다. 오늘날에는 대청봉, 울산바위가 있는 봉우리, 한계령이 있는 봉우리를 하나로 묶어 설악산이라고 부른다. 그런데 조선 시대의 자료 중에는 현재의 대청봉만 설악산이라고 표시하고 울산바위가 있는 봉우리는 천후산으로, 그리고 한계령이 있는 봉우리는 한계산으로 표시한 것이 많다.

요즘 사람들은 설악산이나 계룡산과 같이 잘 알려진 산에 수많은 봉우리가 포함되어 있는 것이 당연하다고 생각하는데, 고려 시대까지만 해도 하나의 봉우리는 다른 봉우리와 구별된 별도의 산이라는 인식이 강했다. 이런 생각은 조선 전기에도 이어졌다. 그러나 조선 후기에 해당하는 18세기에는 그 인식에 변화가 나타나기 시작했다. 18세기 중엽에 제작된 지도인 〈여지도〉에는 오늘날 설악산이라는 하나의 지명으로 포괄되어 있는 범위가 한계산과 설악산이라는 두 개의 권역으로 구분되어 있다. 이 지도에 표시된 설악산의 범위와 한계산의 범위를 합치면 오늘날 설악산이라고 부르는 범위와 동일해진다. 그런데 같은 시기에 제작된 〈비변사인 방안지도 양양부 도엽〉이라는 지도에는 설악산, 천후산, 한계산의 범위가 모두 따로 표시되어 있고, 이 세 산의 범위를 합치면 오늘날의 설악산 범위와 같아진다.

한편 18세기 중엽에 만들어진 〈조선팔도지도〉에는 오늘날과 동일하게 설악산의 범위가 표시되어 있고, 그 범위 안에 '설악산'이라는 명칭만 적혀 있다. 이 지도에는 한계산과 천후산이라는 지명이 등장하지 않는다. 김정호는 〈대동지지〉라는 책에서 "옛날 사람들 중에는 한계령이 있는 봉우리를 한계산이라고 부른 이도 있었으나, 사실 한계산은 설악산에 속한 봉우리에 불과하다."라고 설명하였다. 현종 때 만들어진 〈동국여지〉에는 "설악산 아래에 사는 사람들은 다른 지역 사람들이 한계산이라 부르는 봉우리를 설악산과 떨어져 있는 별도의 산이라고 생각하지 않고, 설악산 안에 있는 봉우리라고 생각한다."라는 내용이 나온다. 김정호는 이를 참고해 〈대동지지〉에 위와 같이 썼던 것으로 보인다. 〈조선팔도지도〉에는 천후산이라는 지명이 표시되어 있지 않은데, 이는 이 지도를 만든 사람이 조선 전기에 천후산이라고 불리던 곳을 대청봉과 동떨어진 별도의 산이라고 생각하지 않았음을 뜻한다.

① 〈여지도〉에 표시된 설악산의 범위와 〈대동지지〉에 그려져 있는 설악산의 범위는 동일하다.

② 〈동국여지〉에 그려져 있는 설악산의 범위와 〈조선팔도지도〉에 표시된 설악산의 범위는 동일하다.

③ 〈조선팔도지도〉에 표시된 대로 설악산의 범위를 설정하면 그 안에 한계령이 있는 봉우리가 포함된다.

④ 〈대동지지〉와 〈비변사인 방안지도 양양부 도엽〉에는 천후산과 한계산이 서로 다른 산이라고 적혀 있다.

⑤ 〈여지도〉에 표시된 천후산의 범위와 〈비변사인 방안지도 양양부 도엽〉에 표시된 천후산의 범위는 동일하다.

02 다음 글의 ㉠을 약화하지 않는 것은?

쾌락주의자들은 우리가 쾌락을 욕구하고, 이것이 우리 행동의 원인이 된다고 주장한다. 하지만 반쾌락주의자들은 쾌락을 느끼기 위한 우리 행동의 원인은 음식과 같은 외적 대상에 대한 욕구이지 다른 것이 아니라고 말한다. 이에, 외적 대상에 대한 욕구 이외의 것, 가령, 쾌락에 대한 욕구는 우리 행동의 원인이 될 수 없다. 그럼 반쾌락주의자들이 말하는 욕구에서 행동, 그리고 쾌락으로 이어지는 인과적 연쇄는 다음과 같을 것이다.

음식에 대한 욕구 → 먹는 행동 → 쾌락

이런 인과적 연쇄를 보았을 때 쾌락이 우리 행동의 원인이 아니라는 것은 분명하다. 왜냐하면 쾌락은 행동 이후 생겨났고, 나중에 일어난 것이 이전에 일어난 것의 원인일 수 없기 때문이다.

그러나 이런 반쾌락주의자들의 주장은 두 개의 욕구, 즉 음식에 대한 욕구와 쾌락에 대한 욕구 사이의 관계를 고려하지 않고 있다. 즉 무엇이 음식에 대한 욕구의 원인인지를 고려하지 않은 것이다. 하지만 ㉠ 쾌락주의자들의 주장에 따르면 위의 인과적 연쇄에 음식에 대한 욕구의 원인인 쾌락에 대한 욕구를 추가해야 한다.

사람들이 음식을 원하는 이유는 그들이 쾌락을 욕구하기 때문이다. 반쾌락주의자들의 주장이 범하고 있는 실수는 두 개의 사뭇 다른 사항들, 즉 욕구가 만족되어 경험하는 쾌락과 쾌락에 대한 욕구를 혼동하는 데에서 기인한다. 쾌락의 발생이 행위자가 쾌락 이외의 어떤 것을 원했기 때문이더라도, 쾌락에 대한 욕구는 다른 어떤 것에 대한 욕구를 발생시키는 원인이다.

① 어떤 욕구도 또 다른 욕구의 원인일 수 없다.
② 사람들은 쾌락에 대한 욕구가 없더라도 음식을 먹는 행동을 하기도 한다.
③ 음식에 대한 욕구로 인해 쾌락에 대한 욕구가 생겨야만 행동으로 이어진다.
④ 외적 대상에 대한 욕구는 다른 것에 의해서 야기되지 않고 그저 주어진 것일 뿐이다.
⑤ 맛없는 음식보다 맛있는 음식을 욕구하는 것은 맛있는 음식을 먹어 얻게 될 쾌락에 대한 욕구가 맛없는 음식을 먹어 얻게 될 쾌락에 대한 욕구보다 강하기 때문이다.

※ 다음 글을 읽고 물음에 답하시오. [03~05]

우리 행위의 가치를 평가할 때 언제나 우선적이어서 여타의 모든 가치들의 조건을 이루는 선의지라는 개념이 있다. 이 선의지 개념을 발전시키기 위해, 먼저 도덕적 의무라는 개념에 대해 생각해 보자. '의무에 어긋나는' 것으로 인식된 모든 비도덕적인 행위에 대해서는 비록 그런 행위들이 이런저런 의도에는 유용하다고 할지라도 여기서는 고려하지 않겠다. 이런 행위는 의무와 충돌하므로, 과연 그 행위들이 '의무에서 비롯하는' 것일 수 있느냐는 물음이 이 행위 자체에서 아예 발생할 수 없기 때문이다. 의무에서 비롯하는 행위는 어떤 조건도 없이 오로지 당위(當爲)에 의거한 행위이다. 의무에 어긋나는 행위를 의무에서 비롯하는 행위와 구별하는 것은 쉽다. 이와 달리 '의무에 맞는' 행위를 의무에서 비롯하는 행위와 구별하는 것은 어렵다. 의무에 맞는 행위를 유발하는 동인은 다양해서, 어떤 것은 행위자의 이해관계에서 출발하기도 하고, 다른 어떤 것은 사랑이나 동정심 등의 감정에 의해 나타나기도 한다.

예컨대 자신의 이득이 우선인 ⊙ 의사가 수입을 늘리기 위해 최선을 다해 진료한다면, 그의 행위는 의무에 맞는 일이다. 하지만 환자가 정당하게 대우받는 것처럼 보인다고 해서 이 행위가 의무에서 비롯하여 행해졌다고 말할 수는 없다. 한편 공감 능력이 뛰어나 이웃의 불행에 발 벗고 나서서 돕는 ⊙ 사람이 있다. 그의 행위는 의무에 부합하며 매우 칭찬받을 만하지만 아무런 도덕적 가치를 갖지 못하며 단지 성격적 특성이 발현된 것일 뿐이다. 공감하는 행위가 의무에 맞고 칭찬과 격려를 받을 만하더라도 도덕적 존경의 대상은 아니다. 하지만 이 박애주의자가 뇌 손상으로 공감 능력을 상실하고도 다만 의무로 인식하여 타인을 돕는 경우라면, 그 행위는 비로소 진정한 도덕적 가치를 갖게 된다.

의무에서 비롯하는 행위는 그 도덕적 가치를 행위에서 기대되는 결과에 의존하지 않으며 대신에 행위를 결정하는 동기인 의지에서 구한다. 결과는 다른 원인으로 성취될 수도 있으며, 이성적 존재자의 의지가 요구되지도 않는다. 반면에 무조건적인 최고선은 이성적 존재자의 의지에서 만날 수 있을 뿐이다. 이런 연유로 오직 법칙에 대한 표상, 즉 법칙 자체에 대한 생각만이 우리가 도덕적이라고 부르는 탁월한 선을 이룬다. 물론 기대된 결과가 아닌 법칙의 표상이 의지를 규정하는 근거가 되는 한, 이 표상은 이성적 존재자에게서만 발생한다. 이 탁월한 선은 이미 법칙에 따라 행동하는 인격 자체에 있으므로 우리는 결과에서 이 선을 기대해서는 안 된다. 이러한 탁월한 선에 따르면, ⓒ 거짓 약속을 하는 사람의 주관적 원리는 모든 사람을 위한 보편적 법칙이 될 수 없다. 거짓 약속을 하는 행위를 보편적 법칙으로 삼고자 한다면, 그 어떤 약속도 있을 수 없는 모순이 발생한다. 즉 행위자의 주관적 원리는 보편적 법칙이 되자마자 자기 파괴를 겪게 된다.

행위를 규정하는 의지를 단적으로 그리고 제한 없이 선하다고 할 수 있으려면 법칙을 표상할 때 이로부터 기대되는 결과를 고려하지 않고 표상하는 것이 의지를 규정해야만 한다. 어떤 법칙을 준수할 때 의지에서 일어날 수 있는 모든 충동을 의지에서 빼앗는다면, 이제 남아 있는 것이라곤 행위 일반의 보편적 합법칙성뿐이므로, 이것만을 의지를 일으키는 원리로 사용해야 한다. 다시 말해 나는 내 주관적 원리가 보편적 법칙이 되어야 한다고 바랄 수 있도록 오로지 그렇게만 행위를 해야 한다.

03 윗글의 내용과 일치하는 것은?

① 결과가 이성적 존재자의 공감을 얻는다면 그 행위는 도덕적이다.
② 도덕적 가치 판단은 동기인 의지와 품성인 덕을 모두 고려해야 한다.
③ 어떤 행위가 만인의 보편적 이익을 지향한다면 그 행위는 도덕적이다.
④ 감정에서 우러나는 자발적 행위라야 진정한 도덕적 가치를 가진다.
⑤ 이타적인 동기에서 유발되는 행위 자체는 도덕적 존경의 대상이 될 수 없다.

04 윗글에 대한 이해로 적절하지 않은 것은?

① '의무에 맞는' 행위는 '의무에 어긋나는' 행위가 될 수도 있다.
② '의무에 맞는' 행위는 '의무에서 비롯하는' 행위가 아닐 수도 있다.
③ '의무에서 비롯하는' 행위는 '의무에 맞는' 행위가 될 수밖에 없다.
④ '의무에 어긋나는' 행위는 '의무에 맞는' 행위와 유발 동인이 동일할 수도 있다.
⑤ '의무에서 비롯하는' 행위는 '의무에 어긋나는' 행위와 달리 이성적 존재자의 선의지에 따른다.

05 윗글의 입장에서 ㉠ ~ ㉢을 평가할 때, 가장 적절한 것은?

① ㉠이 자신의 평판을 위해서일지라도 모든 환자를 똑같이 대우한다면, 그의 행위는 탁월한 선이 발현된 것으로서 도덕적으로 정당하다.
② ㉡이 법칙에 대한 표상만으로 자신의 의지를 규정하여 이웃을 돕는다면, 그의 행위는 도덕적으로 정당하다.
③ ㉡이 보편적 합법칙성에 부합하도록 인격의 탁월성을 극대화할 수 있다면, 그의 행위는 도덕적으로 정당하다.
④ ㉢의 주관적 원리가 보편적 법칙과 최고선 사이의 모순을 극복할 수 있다면, 그의 행위는 도덕적으로 정당할 수 있다.
⑤ ㉢이 친구를 도우려는 선한 의도에서 자신의 이익에 대한 고려를 완전히 배제할 수 있다면, 그의 행위는 도덕적으로 정당할 수 있다.

※ 다음 글을 읽고 물음에 답하시오. [06~08]

근대 초기의 합리론은 이성에 의한 확실한 지식만을 중시하여 미적 감수성의 문제를 거의 논외로 하였다. 미적 감수성은 이성과는 달리 어떤 원리도 없는 자의적인 것이어서 '세계의 신비'를 푸는 데 거의 기여하지 못한다고 여겼기 때문이다. 이러한 근대 초기의 합리론에 맞서 칸트는 미적 감수성을 '미감적 판단력'이라 부르면서, 이 또한 어떤 원리에 의거하며 결코 이성에 못지않은 위상과 가치를 지닌다는 주장을 펼친다. 이러한 작업에서 핵심 역할을 하는 것이 그의 취미 판단 이론이다.

ⒶＡ 취미 판단이란, 대상의 미·추를 판정하는, 미감적 판단력의 행위이다. 모든 판단은 'S는 P이다.'라는 명제 형식으로 환원되는데, 그 가운데 이성이 개념을 통해 지식이나 도덕 준칙을 구성하는 '규정적 판단'에서는 술어 P가 보편적 개념에 따라 객관적 성질로서 주어 S에 부여된다. 이와 유사하게 취미 판단에서도 P, 즉 '미' 또는 '추'가 마치 객관적 성질인 것처럼 S에 부여된다. 하지만 실제로 취미 판단에서의 P는 오로지 판단 주체의 쾌 또는 불쾌라는 주관적 감정에 의거한다. 또한 규정적 판단은 명제의 객관적이고 보편적인 타당성을 지향하므로 하나의 개별 대상뿐 아니라 여러 대상이나 모든 대상을 묶은 하나의 단위에 대해서도 이루어진다. 이와 달리, 취미 판단은 오로지 하나의 개별 대상에 대해서만 이루어진다. 즉 복수의 대상을 한 부류로 묶어 말하는 것은 이미 개념적 일반화가 되기 때문에 취미 판단이 될 수 없는 것이다. 한편 취미 판단은 오로지 대상의 형식적 국면을 관조하여 그것이 일으키는 감정에 따라 미·추를 판정하는 것 이외의 어떤 다른 목적도 배제하는 순수한 태도, 즉 미감적 태도를 전제로 한다. 취미 판단에는 대상에 대한 지식뿐 아니라, 실용적 유익성, 교훈적 내용 등 일체의 다른 맥락이 끼어들지 않아야 하는 것이다.

중요한 것은 취미 판단이 기본적으로 공동체적 차원의 것이라는 점이다. 순수한 미감적 태도를 취할 때, 취미 판단의 주체들은 미감적 공동체를 이루고 있다고 할 수 있다. 왜냐하면 그 구성원들 간에는 '공통감'이라 불리는 공통의 미적 감수성이 전제로 작용하고 있기 때문이다. 이때 공통감은 취미 판단의 미적 규범 역할을 한다. 즉 공통감으로 인해 취미 판단은 규정적 판단의 객관적 보편성과 구별되는 '주관적 보편성'을 지니는 것으로 설명된다. 따라서 어떤 주체가 내리는 취미 판단은 그가 속한 공동체의 공통감을 예시한다.

이러한 분석을 통해 칸트가 궁극적으로 지향한 것은 인간의 총체적인 자기 이해이다. 그에 따르면 '인간은 무엇인가?'라는 물음에 대한 충실한 답변을 얻고자 한다면, 이성뿐 아니라 미적 감수성에 대해서도 그 고유한 원리를 설명해야 한다. 게다가 객관적 타당성은 이성의 미덕인 동시에 한계가 되기도 한다. '세계'는 개념으로는 낱낱이 밝힐 수 없는 무한한 것이기 때문이다. 반면 미적 감수성은 대상을 개념적으로 규정할 수는 없지만 역으로 개념으로부터의 자유를 통해 세계라는 무한의 영역에 더 가까이 다가갈 수 있다. 오늘날에는 미적 감수성을 심오한 지혜의 하나로 보는 견해가 퍼져 있는데, 많은 학자들이 그 이론적 단초를 칸트에게서 찾는 것은 그의 이러한 논변 때문이다.

06 윗글에 대한 이해로 가장 적절한 것은?

① 칸트는 미감적 판단력과 규정적 판단력이 동일하다고 보았다.

② 칸트는 이성에 의한 지식이 개념의 한계로 인해 객관적 타당성을 결여한다고 보았다.

③ 칸트는 미적 감수성이 비개념적 방식으로 세계에 대한 객관적 지식을 창출한다고 보았다.

④ 칸트는 미감적 판단력을 본격적으로 규명하여 근대 초기의 합리론을 선구적으로 이끌었다.

⑤ 칸트는 미적 감수성의 원리에 대한 설명이 인간의 총체적 자기 이해에 기여한다고 보았다.

07 Ⓐ에 제시된 '취미 판단'에 대한 이해로 적절하지 않은 것은?

① '이 장미는 아름답다.'는 취미 판단에 해당한다.

② '유용하다'는 취미 판단 명제의 술어가 될 수 없다.

③ '모든 예술'은 취미 판단 명제의 주어가 될 수 없다.

④ '이 영화의 주제는 권선징악이어서 아름답다.'는 취미 판단에 해당한다.

⑤ '이 소설은 액자식 구조로 이루어져 있다.'는 취미 판단에 해당하지 않는다.

08 윗글을 통해 추론한 내용으로 적절하지 않은 것은?

① 개념적 규정은 예술 작품에 대한 취미 판단을 가능하게 한다.

② 공통감은 미감적 공동체에서 예술 작품의 미를 판정할 보편적 규범이 될 수 있다.

③ 특정 예술 작품에 대한 사람들의 취미 판단이 일치하는 것은 우연으로 볼 수 없다.

④ 예술 작품에 대한 나의 취미 판단은 내가 속한 미감적 공동체의 미적 감수성을 보여 준다.

⑤ 예술 작품에 대해 순수한 미감적 태도를 취하지 못하면 그 작품에 대한 취미 판단이 가능하지 않다.

DAY 01
DAY 02
DAY 03
DAY 04
DAY 05
DAY 06
DAY 07
DAY 08
DAY 09
DAY 10

안심Touch

I wish you the best of luck!

PART

2

사회
·
문화편

ㅣ2022년 5급 PSAT(공직적격성평가) 언어논리 영역

01 다음 글의 핵심 논지로 가장 적절한 것은?

> 지식에 대한 상대주의자들은 한 문화에서 유래한 어떤 사고방식이 있을 때, 다른 문화가 그 사고방식을 수용하게 만들 만큼 논리적으로 위력적인 증거나 논증은 있을 수 없다고 주장한다. 왜냐하면 문화마다 사고방식의 수용 가능성에 대한 서로 다른 기준을 가지고 있기 때문이다. 이를 바탕으로 그들은 서로 다른 문화권의 과학자들이 이론적 합의에 합리적으로 이를 수 없다고 주장한다. 이러한 주장은 한 문화의 기준과 그 문화에서 수용되는 사고방식이 함께 진화하여 분리 불가능한 하나의 덩어리를 형성한다고 믿기 때문에 나타난다.
>
> 예를 들어 문화적 차이가 큰 A와 B의 두 과학자 그룹이 있다고 하자. 그리고 A 그룹은 수학적으로 엄밀하고 놀라운 예측에 성공하는 이론만을 수용하고, B 그룹은 실제적 문제에 즉시 응용 가능한 이론만을 수용한다고 하자. 그렇다면 각 그룹은 어떤 이론을 만들 때, 자신들의 기준을 만족할 수 있는 이론만을 만들 것이다. 그 결과 A 그룹에서 만든 이론은 엄밀하고 놀라운 예측을 제공하겠지만, 응용 가능성의 기준에서 보면 B 그룹에서 만든 이론보다 못할 것이다. 즉 A 그룹이 만든 이론은 A 그룹만이 수용할 것이고, B 그룹이 만든 이론은 B 그룹만이 수용할 것이다. 이처럼 문화마다 다른 기준은 자신의 문화에서 만들어진 이론만 수용하도록 만들 것이다. 이것이 상대주의자의 주장이다.
>
> 그러나 한 사람이 특정 문화나 세계관의 기준을 채택한다고 해서 그 사람이 반드시 그 문화나 세계관의 특정 사상이나 이론을 고집하는 것은 아니다. 다음과 같은 상상을 해 보자. A 그룹이 어떤 이론을 만들었는데, 그 이론이 고도로 엄밀하고 놀라운 예측에 성공함과 동시에 즉각적으로 응용할 수 있는 것이라 하자. 그렇다면 A 그룹뿐 아니라 B 그룹도 그 이론을 받아들일 것이다. 실제로 데카르트주의자들은 뉴턴 물리학이 데카르트 물리학보다 데카르트적인 기준을 잘 만족했기 때문에 결국 뉴턴 물리학을 받아들였다.

① 과학 이론 중에는 다양한 문화의 평가 기준을 만족하는 것이 있다.

② 과학의 발전 과정에서 이론 선택은 문화의 상대적인 기준에 따라 이루어진다.

③ 과학자들은 당대의 다른 이론보다 탁월한 이론에 대해서는 자기 문화의 기준으로 평가하지 않는다.

④ 과학의 발전 과정에서 엄밀한 예측 가능성과 실용성을 판단하는 기준이 항상 고정된 것은 아니다.

⑤ 문화마다 다른 평가 기준을 따르더라도 자기 문화에서 형성된 과학 이론만을 수용하는 것은 아니다.

02 다음 글에서 알 수 없는 것은?

21세기 들어 서울을 비롯한 아시아의 도시들은 이전 세기와는 또 다른 변화를 겪고 있다. 인문·예술 분야의 종사자들이 한 장소에 터를 잡거나 장소를 오가면서 종전과 다른 새로운 미학과 감정을 부여하여 그 장소들의 전반적 성격을 변화시키고 있기 때문이다. 이들은 오래된 기존의 장소를 재생시키거나 새로운 장소로 만들어 냈다. 개발로부터 소외되었던 장소의 오래된 건물이나 좁은 골목길 등을 재발견하고 새로운 감각, 서사, 감정을 끌어냈다. 그런데 얼마 지나지 않아 이 새로운 변화를 만들어 낸 사람들이 원주민들과 함께 이곳에서 쫓겨나 다른 곳으로 옮겨가는 현상이 나타났다. 이를 함축적으로 지칭하는 용어가 '젠트리피케이션'이다. 이는 흔히 '도심의 노동계급 거주 지역이나 비어 있던 지역이 중간계급의 거주 및 상업 지역으로 변환되는 것'을 의미한다.

서양 도시의 젠트리피케이션에서 기존 도시 공간이 중간계급의 주택가와 편의 시설로 전환되는 과정은 구역별로 점진적으로 진행된다. 반면 아시아 도시의 젠트리피케이션은 다소 다른 양상을 띤다. 기존 도시 공간이 대량의 방문객을 동반하는, 소비와 여가를 위한 인기 장소를 갖춘 상권으로 급격하게 전환되는 형태이다. 임대료가 상대적으로 싸지만 독특한 매력을 갖춘 문화·예술 관련 장소가 많던 곳에 점차 최신 유행의 카페, 레스토랑 등이 들어선다. 주택가의 상권 전환과 더불어 기존 상권의 성격 전환이 일어나는 것이다.

이런 상업적 전치(轉置)의 부정적 양상은 부동산 중개업자의 기획, 임대업주의 횡포, 프랜차이즈 업체의 진출로 정점을 찍는다. 부동산 가격과 임대료의 상승으로 그곳에서 거주하거나 사업을 하던 문화·예술인과 원주민들이 다른 곳으로 밀려난다. 임대료를 감당하지 못하거나 재계약을 거부당하기도 하고 건물이 철거되어 재건축되기도 한다. 이런 상업적 전치는 다양한 모습으로 나타나지만 과정이 자발적이지 않다는 점은 공통된다. 창의적 발상으로 만들어지고 운영되면서 그저 상업적이라고만 부르기 힘들었던 곳들이 체계적 전략을 가진 최신의 전문적 비즈니스 공간으로 대체된다. 그리고 이곳에서 밀려날까봐 불안한 사람들이 불만, 좌절, 분노 등이 집약된 감정에 사로잡힌다.

① 21세기 들어 서양의 도시에서는 중간계급이 도심 지역으로 이주하는 현상이 활발하게 나타났다.
② 상업적 전치 과정에서 원주민의 비자발적인 이주가 초래될 뿐 아니라 원주민의 감정적 동요가 발생한다.
③ 서양 도시의 젠트리피케이션에 비해 아시아의 도시에서 발생한 젠트리피케이션은 상권 개발에 집중되는 경향을 띤다.
④ 한국의 젠트리피케이션으로 인한 도시 변화의 속도는 서양의 젠트리피케이션으로 일어난 도시 변화의 속도보다 빠르다.
⑤ 21세기의 한국에서 일어난 기존 장소의 재생이나 재창조와 같은 도시 변화는 인문·예술 분야 종사자기 촉발하고 이끌었다.

※ 다음 글을 읽고 물음에 답하시오. [03~05]

미국 헌법은 권력 기관 간 견제와 균형의 원리에 기초한 대통령제를 규정하고 있다. 이는 특정 정치인이나 집단이 권력을 독식하거나 남용하지 못하도록 하여 민주주의를 지키도록 설계된 것이다. 이러한 제도 설계는 미국 역사에서 상당 기간 성공적으로 기능했다. 그러나 헌법이라는 보호 장치는 그 자체로 민주주의 정치 체제를 지키기에 충분치 않다. 여기에는 헌법이나 법률에 명문화되지 않은 민주주의 규범도 중요한 역할을 해왔다.

민주주의 규범이 무너지면 민주주의도 위태로워진다. 민주주의 유지에 핵심적 역할을 하는 규범은 민주주의보다 오랜 전통을 가진 '상호 관용'과 '제도적 자제'이다. 상호 관용은 경쟁자가 권력을 차지할 권리를 나와 동등하게 가진다는 사실을 인정하는 것이다. 반면 상대를 위협적인 적으로 인식할 때는 모든 수단을 동원해 이기려 한다. 제도적 자제는 제도적으로 허용된 권력을 신중하게 행사하는 태도이다. 합법적 권력 행사라도 자제되지 않을 경우 기존 체제를 위태롭게 할 수 있다. 제도적 자제의 반대 개념은 '헌법적 권력의 공격적 활용'이다. 이는 규칙을 벗어나지 않으면서도 그것을 최대한 활용하여 경쟁자를 경쟁의 장 자체에서 제거하려는 태도를 의미한다.

이 두 가지 규범은 상호 연관되어 있다. 상대를 경쟁자로 받아들일 때, 제도적 자제도 기꺼이 실천한다. 제도적 자제의 실천은 관용적인 집단이라는 이미지를 갖게 함으로써 선순환이 이뤄진다. 반면 서로를 적으로 간주할 때 상호 관용의 규범은 무너진다. 이러한 상황에서 정치인은 제도가 부여한 법적 권력을 최대한 활용하려 하며, 이는 상호 관용의 규범을 잠식해 경쟁자가 적이라는 인식을 심화하는 악순환을 가져온다.

민주주의 규범이 붕괴하면 견제와 균형에 기초한 민주주의는 두 가지 상황에서 위기를 맞게 된다. 첫 번째 상황은 야당이 입법부를 장악하면서 행정부 권력과 입법부 권력이 분열되었을 때이다. 이 경우 야당은 대통령을 공격하기 위해 헌법에서 부여한 권력을 최대한 휘두른다. 두 번째는 여당이 입법부를 장악함으로써 권력이 집중되는 상황이다. 여당은 민주주의 규범을 무시하고 대통령의 권력 강화를 위해 노력하며, 야당을 제거하기 위한 대통령의 탄압적 행위를 묵인하기도 한다.

미국 민주주의는 건국 이후 두 번의 큰 위기를 겪는다. ㉠ 첫 번째 위기는 남북 전쟁으로 초래되었다. 노예제를 찬성한 남부의 백인 농장주들, 그리고 그들과 입장을 같이 한 민주당은 당시 노예제 폐지를 주장한 공화당을 심각한 위협으로 인식했다. 남부는 미국 연방에서 탈퇴했고 결국 내전이 일어났다. 민주주의 규범이 다시 형성되기 시작한 것은 북부의 공화당과 남부의 민주당이 인종 문제를 전후 협상 대상에서 제외하면서부터이다. 전쟁에서 승리한 북부는 연방의 유지 등 정치적 필요에 의해 남부에서 군대를 철수하고 흑인의 인권 보장 노력도 중단한다. 민주당은 남부에서 흑인 인권을 억누르면서 그 지역에서 일당 지배의 기반을 구축한다. 이러한 일련의 사건으로 공화당에 대한 민주당의 적대감은 완화되었고, 그 결과 상호 관용의 규범도 회복된다. 역설적이게도 남북 전쟁 이후의 민주주의 규범은 인종 차별을 묵인한 비민주적인 타협의 산물이었다. 그리고 오랜 기간 백인 중심으로 작동했던 민주주의를 유지하는 데 기여했다.

㉡ 두 번째 위기는 1960년대 이후 민주주의의 확대와 함께 일어났다. 흑인의 참정권이 제도적으로 보장되었고, 대규모 이민으로 다양한 민족과 인종이 정치 체제로 유입되었다. 공화당과 민주당은 각기 다른 집단의 이익과 가치를 대변하게 되었다. 이후 양당 간 경쟁은 '당파적 양극화'로 치달았다. 보수와 진보 간 정책적 차이뿐만 아니라 인종과 종교, 삶의 방식을 기준으로 첨예하게 나뉘어 정당 간 경쟁이 적대적 갈등으로까지 확대되었다. 이러한 상황에서 인종 차별에 의존한 기존의 민주주의 규범은 한계를 보이면서 붕괴했다. 따라서 미국 민주주의가 건강하게 작동하기 위해서는 새로운 민주주의 규범을 확립할 필요가 있다.

03 윗글의 내용과 일치하는 것은?

① 상호 관용이 강화되면 제도적 자제는 약화되고 상호 관용이 약화되면 제도적 자제는 강화된다.

② 대통령과 입법부의 권력 행사가 합법적인 한, 민주주의 정치 체제 보호에 긍정적으로 작용한다.

③ 민주주의 규범은 민주주의 이념으로부터 탄생한 것으로 민주주의 제도의 확립을 통해 발전된다.

④ 민주주의 규범은 헌법이나 법률로 성문화될 때 민주주의 정치 체제를 보호하는 효과가 극대화 된다.

⑤ 견제와 균형의 원리를 통해 민주주의를 보호하고자 한 헌법의 목적을 실현 가능하게 한 것은 민주주의 규범이다.

04 ㉠, ㉡에 대한 설명으로 가장 적절한 것은?

① ㉠을 거치면서 상호 관용과 제도적 자제의 규범이 건국 이후 처음으로 형성되었다.

② ㉠ 이후 형성된 민주주의 규범은 인종 차별적 특성으로 인해 정치 체제를 안정시키는 역할을 하지 못했다.

③ ㉡은 민주주의의 확대로 촉발된 당파적 양극화가 기존의 민주주의 규범을 붕괴시켰다는 데 그 원인이 있다.

④ ㉡은 다양한 집단의 정치 참여를 제도적으로 보장하는 방향으로 민주주의가 확대되면서 점차 완화되었다.

⑤ ㉠에서는 ㉡에서와는 달리 정당별 지지 집단이 뚜렷이 구분되는 현상이 나타났다.

05 윗글을 바탕으로 〈보기〉에 대해 반응한 것으로 적절하지 않은 것은?

> **보기**
>
> 칠레는 성공적인 대통령제 민주주의 국가였다. 좌파에서 우파에 이르기까지 다양한 정당이 있었지만, 20세기 초 이후 민주주의 규범이 자리 잡고 있었기 때문이다. 그러나 1960년대에 이념적 대립에 따른 ⓐ 당파적 양극화가 심화되었다. ⓑ 좌파와 우파 정당은 서로를 위협적인 적으로 인식했다. 대통령으로 선출된 좌파 정당의 아옌데는 사회주의 정책 추진을 위해 의회의 협조가 필요했으나 여당은 의회 과반 의석을 확보하지 못한 상태였다. ⓒ 그는 의회를 우회하여 국민투표를 실시하고자 했다. 이에 ⓓ 좌파 야당은 과반 의석을 바탕으로 불신임 결의안을 잇달아 통과시켜 장관들을 해임했다. 칠레 헌법은 의회가 불신임 결의를 극히 예외적인 상황에서만 사용하도록 규정하고 있었고, ⓔ 1970년 이전까지 그것이 사용된 적은 거의 없었다. 결국 1973년 8월 칠레 의회는 아옌데 행정부가 헌법을 위반했다는 결의안을 통과시켰고, 곧이어 군부 쿠데타가 발생함으로써 칠레 민주주의는 붕괴했다.

① ⓐ는 좌·우 이념을 중심으로 심화되었다는 점에서 1960년대 이후 미국에서 심화된 당파적 양극화와 성격이 다르군.

② ⓑ로 인해 1960년대 이후 칠레에서는 상호 관용의 규범이 붕괴되는 과정이 일어났겠군.

③ ⓒ로 볼 때, 아옌데 대통령은 권력을 법의 테두리 내에서 행사함으로써 제도적 자제 규범을 실천하고자 했었군.

④ ⓓ로 볼 때, 민주주의 규범이 붕괴된 상황에서 대통령 소속 정당이 의회 소수당인 경우 야당이 헌법적 권력을 공격적으로 활용할 가능성이 높군.

⑤ ⓔ로 볼 때, 1970년 이전의 칠레 정치인들은 민주주의 규범을 존중함으로써 민주주의 정착에 기여했겠군.

※ 다음 글을 읽고 물음에 답하시오. [06~09]

기축 통화는 국제 거래에 결제 수단으로 통용되고 환율 결정에 기준이 되는 통화이다. 1960년 트리핀 교수는 브레턴우즈 체제에서의 기축 통화인 달러화의 구조적 모순을 지적했다. 한 국가의 재화와 서비스의 수출입 간 차이인 경상 수지는 수입이 수출을 초과하면 적자이고, 수출이 수입을 초과하면 흑자이다. 그는 "미국이 경상 수지 적자를 허용하지 않아 국제 유동성 공급이 중단되면 세계 경제는 크게 위축될 것"이라면서도 "반면 적자 상태가 지속돼 달러화가 과잉 공급되면 준비 자산으로서의 신뢰도가 저하되고 고정 환율 제도도 붕괴될 것"이라고 말했다.

이러한 트리핀 딜레마는 국제 유동성 확보와 달러화의 신뢰도 간의 문제이다. 국제 유동성이란 국제적으로 보편적인 통용력을 갖는 지불 수단을 말하는데, ㉠ 금 본위 체제에서는 금이 국제 유동성의 역할을 했으며, 각 국가의 통화 가치는 정해진 양의 금의 가치에 고정되었다. 이에 따라 국가 간 통화의 교환 비율인 환율은 자동적으로 결정되었다. 이후 ㉡ 브레턴우즈 체제에서는 국제 유동성으로 달러화가 추가되어 '금 환 본위제'가 되었다. 1944년에 성립된 이 체제는 미국의 중앙은행에 '금 태환 조항'에 따라 금 1온스와 35달러를 언제나 맞교환해 주어야 한다는 의무를 지게 했다. 다른 국가들은 달러화에 대한 자국 통화의 가치를 고정했고, 달러화로만 금을 매입할 수 있었다. 환율은 경상 수지의 구조적 불균형이 있는 예외적인 경우를 제외하면 ±1% 내에서의 변동만을 허용했다. 이에 따라 기축 통화인 달러화를 제외한 다른 통화들 간 환율인 교차 환율은 자동적으로 결정되었다.

1970년대 초에 미국은 경상 수지 적자가 누적되기 시작하고 달러화가 과잉 공급되어 미국의 금 준비량이 급감했다. 이에 따라 미국은 달러화의 금 태환 의무를 더 이상 감당할 수 없는 상황에 도달했다. 이를 해결할 수 있는 방법은 달러화의 가치를 내리는 평가 절하, 또는 달러화에 대한 여타국 통화의 환율을 하락시켜 그 가치를 올리는 평가 절상이었다. 하지만 브레턴우즈 체제하에서 달러화의 평가 절하는 규정상 불가능했고, 당시 대규모 대미 무역 흑자 상태였던 독일, 일본 등 주요국들은 평가 절상에 나서려고 하지 않았다. 이 상황이 유지되기 어려울 것이라는 전망으로 독일의 마르크화와 일본의 엔화에 대한 투기적 수요가 증가했고, 결국 환율의 변동 압력은 더욱 커질 수밖에 없었다. 이러한 상황에서 각국은 보유한 달러화를 대규모로 금으로 바꾸기를 원했다. 미국은 결국 1971년 달러화의 금 태환 정지를 선언한 닉슨 쇼크를 단행했고, 브레턴우즈 체제는 붕괴되었다.

그러나 붕괴 이후에도 달러화의 기축 통화 역할은 계속되었다. 그 이유로 규모의 경제를 생각할 수 있다. 세계의 모든 국가에서 ㉢ 어떠한 기축 통화도 없이 각각 다른 통화가 사용되는 경우 두 국가를 짝짓는 경우의 수만큼 환율의 가짓수가 생긴다. 그러나 하나의 기축 통화를 중심으로 외환 거래를 하면 비용을 절감하고 규모의 경제를 달성할 수 있다.

06 윗글을 통해 답을 찾을 수 없는 질문은?

① 브레턴우즈 체제 붕괴 이후에도 달러화가 기축 통화로서 역할을 할 수 있었던 이유는 무엇인가?
② 브레턴우즈 체제 붕괴 이후의 세계 경제 위축에 대해 트리핀은 어떤 전망을 했는가?
③ 브레턴우즈 체제에서 미국 중앙은행은 어떤 의무를 수행해야 했는가?
④ 브레턴우즈 체제에서 국제 유동성의 역할을 한 것은 무엇인가?
⑤ 브레턴우즈 체제에서 달러화 신뢰도 하락의 원인은 무엇인가?

07 윗글을 바탕으로 추론한 내용으로 적절하지 않은 것은?

① 닉슨 쇼크가 단행된 이후 달러화의 고평가 문제를 해결할 수 있는 달러화의 평가 절하가 가능해졌다.
② 브레턴우즈 체제에서 마르크화와 엔화의 투기적 수요가 증가한 것은 이들 통화의 평가 절상을 예상했기 때문이다.
③ 금의 생산량 증가를 통한 국제 유동성 공급량의 증가는 트리핀 딜레마 상황을 완화하는 한 가지 방법이 될 수 있다.
④ 트리핀 딜레마는 달러화를 통한 국제 유동성 공급을 중단할 수도 없고 공급량을 무한정 늘릴 수도 없는 상황을 말한다.
⑤ 브레턴우즈 체제에서 마르크화가 달러화에 대해 평가 절상되면, 같은 금액의 마르크화로 구입 가능한 금의 양은 감소한다.

08 미국을 포함한 세 국가가 존재하고 각각 다른 통화를 사용할 때, ㉠~㉢에 대한 설명으로 적절한 것은?

① ㉠에서 자동적으로 결정되는 환율의 가짓수는 금에 자국 통화의 가치를 고정한 국가 수보다 하나 적다.
② ㉡이 붕괴된 이후에도 여전히 달러화가 기축 통화라면 ㉢에 비해 교차 환율의 가짓수는 적어진다.
③ ㉢에서 국가 수가 하나씩 증가할 때마다 환율의 전체 가짓수도 하나씩 증가한다.
④ ㉠에서 ㉡으로 바뀌면 자동적으로 결정되는 환율의 가짓수가 많아진다.
⑤ ㉡에서 교차 환율의 가짓수는 ㉢에서 생기는 환율의 가짓수보다 적다.

09 윗글을 참고할 때, 〈보기〉에 대한 반응으로 가장 적절한 것은?

> **보기**
>
> 브레턴우즈 체제가 붕괴된 이후 두 차례의 석유 가격 급등을 겪으면서 기축 통화국인 A국의 금리는 인상되었고 통화 공급은 감소했다. 여기에 A국 정부의 소득세 감면과 군비 증대는 A국의 금리를 인상시켰으며, 높은 금리로 인해 대량으로 외국 자본이 유입되었다. A국은 이로 인한 상황을 해소하기 위한 국제적 합의를 주도하여, 서로 교역을 하며 각각 다른 통화를 사용하는 세 국가 A, B, C는 외환 시장에 대한 개입을 합의했다. 이로 인해 A국 통화에 대한 B국 통화와 C국 통화의 환율은 각각 50%, 30% 하락했다.

① A국의 금리 인상과 통화 공급 감소로 인해 A국 통화의 신뢰도가 낮아진 것은 외국 자본이 대량으로 유입되었기 ·때문이겠군.

② 국제적 합의로 인한 A국 통화에 대한 B국 통화의 환율 하락으로 국제 유동성 공급량이 증가하여 A국 통화의 가치가 상승했겠군.

③ 다른 모든 조건이 변하지 않았다면, 국제적 합의로 인해 A국 통화에 대한 B국 통화의 환율과 B국 통화에 대한 C국 통화의 환율은 모두 하락했겠군.

④ 다른 모든 조건이 변하지 않았다면, 국제적 합의로 인해 A국 통화에 대한 B국과 C국 통화의 환율이 하락하여, B국에 대한 C국의 경상 수지는 개선되었겠군.

⑤ 다른 모든 조건이 변하지 않았다면, A국의 소득세 감면과 군비 증대로 A국의 경상 수지가 악화되며, 그 완화 방안 중 하나는 A국 통화에 대한 B국 통화의 환율을 상승시키는 것이겠군.

┃ 2022년 5급 PSAT(공직적격성평가) 언어논리 영역

01　다음 글에서 알 수 있는 것은?

'가짜 뉴스'란 허위의 사실을 고의적으로 유포하기 위해 언론 보도의 형식을 차용해 작성한 정보이다. 사람들이 가짜 뉴스의 수용 여부를 정할 때 그 뉴스가 자신의 신념에 얼마나 부합하는지가 영향을 미친다. 이는 자신의 신념을 보호하기 위해 그것에 부합하는 정보는 긍정적으로 평가하되, 부합하지 않는 정보는 부정적으로 평가하는 편향적인 정보 처리의 결과이다. 특히, 자신의 신념과 부합하지 않는 가짜 뉴스의 경우 그것이 언론 보도의 외피를 두르고 있어서 인지부조화를 발생시키는데, 이로 인해 해당 뉴스를 부정적으로 평가함으로써 인지부조화를 해소하려는 경향이 있다.

이러한 편향적 사고는 가짜 뉴스가 가짜임을 밝힌 팩트체크의 효과에도 영향을 미친다. 자신의 신념이 가짜 뉴스와 부합할 때와 부합하지 않을 때 팩트체크 효과의 양상은 다르게 나타난다. 우선, 자신의 신념에 부합하지 않는 가짜 뉴스에 대해서는 원래부터 해당 뉴스가 가짜일 것이라는 생각을 가졌을 것이므로 가짜임을 판명하는 팩트체크의 결과를 접하더라도 인지부조화로 인한 내적 갈등의 발생 여지가 크지 않다. 오히려 팩트체크 전에 채 해소되지 않았던 인지부조화가 팩트체크를 통해 해소된다. 따라서 체계적인 정보 처리 대신 피상적인 정보 처리가 주로 이루어지게 된다. 이 경우 팩트체크에서 활용한 정보의 품질이 얼마나 우수한가보다는 정보의 출처가 얼마나 신뢰할 만하다고 생각하는지가 팩트체크의 효과에 더 영향을 미친다.

반면, 자신의 신념에 부합하는 가짜 뉴스의 경우에는 그 뉴스가 가짜라는 팩트체크의 결과를 접하게 되면 자신의 신념과 팩트체크의 결과가 다른 데에서 심각한 인지부조화가 발생하게 되어 오히려 팩트체크의 진실성을 의심하게 된다. 또한 인지부조화에 따른 내적 갈등을 해소하기 위한 의도적 노력의 일환으로 어떻게든 팩트체크의 결과를 부정할 수 있는 근거를 찾아내기 위해 체계적이고 논리적인 정보 처리를 시도하게 된다. 그 결과 자신의 신념이 가짜 뉴스와 부합하지 않을 때와는 달리, 이 경우에는 팩트체크 자체가 얼마나 우수한 품질의 정보를 확보하고 있는지가 팩트체크의 효과에 더 큰 영향을 미친다.

① 가짜 뉴스로 인해 인지부조화가 발생한 사람이 그 뉴스에 대한 팩트체크 결과를 판단하려 할 경우는 팩트체크에서 활용한 정보 출처의 신뢰도에 주로 관심을 둔다.

② 사람들은 자신의 신념에 부합하지 않는 가짜 뉴스가 가짜라는 팩트체크 결과를 접하게 되면 주로 정보의 품질에 의존하여 인지부조화를 해소하려 한다.

③ 가짜 뉴스가 자신의 신념에 부합하는 사람이 그렇지 않은 사람보다 팩트체크에서 활용한 정보의 출처를 더 중시한다.

④ 가짜 뉴스로 인해 인지부조화가 발생한 경우 그 뉴스에 대한 팩트체크의 결과에 의해서도 인지부조화가 발생한다.

⑤ 정보 출처의 신뢰도보다 정보의 품질이 팩트체크의 효과에 더 영향을 미친다.

02 다음 글의 ㉠을 약화하는 것만을 〈보기〉에서 모두 고르면?

고대 아테네에서는 공적 기관에서 일할 공직자를 추첨으로 선발하였다. 이는 오늘날의 민주정과 구분되는 아테네 민주정의 핵심 특징이다. 아테네가 추첨으로 공직자를 뽑은 이유는 그들의 자유와 평등 개념에서 찾을 수 있다.

아테네 민주정의 고유한 정의 개념은 공직을 포함한 사회적 재화들이 모든 자유 시민에게 고루 배분되어야 한다는 것이다. 이러한 점에서 평등은 시민들이 통치 업무에서 동등한 몫을 갖는다는 의미로서 원칙상 공직을 맡을 기회가 균등할 때 실현가능하다. 바로 추첨이 이러한 평등을 보장해 주는 것이다. 자유의 측면에서도 추첨의 의미를 조명할 수 있다. 아테네에서 자유란 한 개인이 정치체제의 근본 원칙을 수립하는 통치 주체가 되는 것이다. 추첨 제도 덕분에 아테네의 모든 시민은 자유를 누리고 있었다고 볼 수 있다. 공적 업무의 교대 원칙과 결합한 추첨 제도를 시행함으로써 아테네 시민은 누구나 일생에 적어도 한 번은 공직을 맡게 될 것이었기 때문이다.

또한 아리스토텔레스가 말한 것처럼, '통치하고 통치받는 일을 번갈아 하는 것'은 민주정의 기본 원칙 가운데 하나이고, 그렇게 통치와 복종을 번갈아 하는 것이 민주 시민의 덕성이기도 했다. 명령에 복종하던 시민이 명령을 내리는 통치자가 되면 자신의 결정과 명령에 영향을 받게 될 시민의 입장을 더 잘 참작할 수 있을 것이다. 자신의 통치가 피지배자에게 어떤 영향을 미칠지 생생하게 예측할 수 있게 되면서 정의로운 결정을 위해 더욱 신중하게 숙고할 것이기 때문에, 시민들이 통치와 복종을 번갈아 한다는 것은 좋은 정부를 만드는 훌륭한 수단이 되는 것이다.

결국 ㉠ 이런 점들을 고려할 때, 추첨식 민주정은 자유와 평등의 이념과 공동체 호혜의 정신을 실천하는 데 적합한 제도였다고 평가할 수 있다.

보기

ⓐ 추첨이 아닌 다른 제도를 통해서도 사실상 공직을 맡을 기회가 모든 시민에게 균등하게 배분될 수 있다.
ⓑ 사람마다 능력과 적성이 다르며, 능력과 적성에 맞지 않는 일을 하는 사람은 그 일의 진정한 주체가 될 수 없다.
ⓒ 도덕적 소양을 갖춘 사람이 아니라면, "내가 싫어하는 것은 남들에게 하지 말아야겠어!"라고 생각하기보다 "나도 당했으니 너도 당해봐!"라고 생각하는 경우가 더 흔하다.

① ⓐ　　　　　　　　　　　　　② ⓑ
③ ⓐ, ⓒ　　　　　　　　　　　④ ⓑ, ⓒ
⑤ ⓐ, ⓑ, ⓒ

※ 다음 글을 읽고 물음에 답하시오. [03~05]

68혁명 이후 구조에서 차이로, 착취에서 자유나 배제로 문제 설정이 변화하고, 신자유주의적 반(反)정치의 경향이 강화되었던 1980년대에 르포르는 '정치적인 것'의 활성화를 제기하였다. 그에 앞서 아렌트가 고대 아테네의 시민적 덕성의 복원을 통한 정치적인 것의 활성화를 제기했다면, 르포르는 근대 민주주의 자체의 긴장에 주목하면서 '인권의 정치'를 통한 정치적인 것의 부활을 시도하였다. 그는 인권을 공적 공간의 구성 요소로 파악하면서 개인에 내재된 자연권으로 보거나 개인의 이해관계에 기반한 소유적 관점에서 파악하려는 자유주의적 입장을 거부한다. 르포르는 자유주의가 인간의 권리를 개인의 권리로 환원시킴으로써 사회적 실체에 접근하지 못하고, 결국 민주주의를 개인과 국가의 표상관계를 통해 개인들의 이익의 총합으로서 국가의 단일성을 확보하기 위한 수단으로 볼 뿐이라고 비판한다.

르포르는 1789년 〈인권선언〉의 조항들이 '개인적 자유'보다 '관계의 자유'를 의미한다고 본다. 선언의 제4 조에서 언급한 '타인에게 해를 끼치지 않는 모든 것을 할 수 있는 자유'는 사회적 공간이 권력에 대해 권리들의 자율성을 향유한다는 의미이자, 어떤 것도 그 공간을 지배할 수 없다는 의미이다. 그리고 제11조에서 언급한 '생각과 의견의 자유로운 소통의 자유' 역시 근대 사회의 시민이 자신의 생명과 재산에 대한 위협을 느끼지 않고 의견을 표현할 수 있는 권리를 의미한다. 르포르는 이러한 권리가 개인과 개인의 존엄성에 대한 보호라기보다는 개인들끼리의 공존 형태, 특히 권력의 전능으로 인해 인간 간의 관계가 침탈될 우려에서 비롯된 특정한 공존 형태에 대한 정치적 개념이라고 본다.

르포르는 ㉠ 권리와 권력의 관계에 주목한다. 18세기에 형성된 인간의 권리는 사회 위에 군림하는 권력의 표상을 붕괴시키는 자유의 요구로부터 출현했다. 근대에 '인간의 권리'는 '시민의 권리'로서 존재해 왔다. 인간은 특정 국민국가의 성원으로서 국가권력에 의해 인정될 때, 즉 이방인이었던 아렌트가 포착했던 '권리 들을 가질 수 있는 권리'가 전제될 때 비로소 권리를 향유할 수 있다. 하지만 르포르가 제기하는 것은 권력이 권리에 순응해야 한다는 점이다. 특히 저항권은 시민 고유의 것이지 결코 국가에게 그것의 보장을 요구할 수 없는 것이다. 그것은 권력에 대한 권리의 선차성이며, 권력이 권리에 어떤 영향도 미칠 수 없다는 것을 의미한다.

하지만 그의 비판자들은 권리가 권력을 통해서만 존재해 온 역사를 르포르가 간과하고 있다고 지적한다. 인권의 정치를 통한 권리의 확장은 권력의 동시적인 확장, 나아가 전체주의적 권력의 등장을 가져올 수 있다는 것이다. 근대 민주주의의 속성인 인민과 대표의 동일시에 따른 대표의 절대화를 통해 '하나로서의 인민'과 '사회적인 것의 총체로서의 당'에 대한 표상의 일치, 당과 국가의 일치, 결국 '일인' 통치로 귀결된 전체주의가 그 예라고 르포르를 비판한다.

물론 르포르도 새로운 권리의 발생이 국가권력을 강화시킬 수 있음을 인정한다. 따라서 국가권력에 대한 제어와 감시가 필요하며, 억압에 대한 저항으로서 정치적 자유가 강조된다. 공적 영역에서 실현되는 정치적 자유는, 시민들의 관계를 표현하는 장치이자 권력에 대한 통제 수단으로서 정치적인 것의 활성화를 통해 공론장과 같은 민주적 공간을 구성한다. 그러한 민주적 공간을 구성하는 권리로부터 법률이 형성된다. 따라서 권리의 근원은 그 누구에 의해서도 독점되지 않는 권력이어야 한다. 국가권력은 상징적으로는 단일하지만 실제적으로는 민주적으로 공유되어야 함에도, 이를 오해한 것이 전체주의이다.

결국 르포르는 권력이 제어할 수 있는 틀을 넘어 쟁의가 발생하는 장소로서 민주주의 국가를 제시함으로써 법이 인정하는 한에서 권리를 사유하는 자유주의적 법치국가의 한계를 넘어서고자 하며, 역사적으로 다양한 권리들이 권력이 정한 경계를 넘어서 생성되어 왔다는 점을 강조한다. 이때 인권의 정치는 차별과 배제에 대한 저항과 새로운 주체들의 자유를 위한 무기가 된다. 나아가 '권리들을 가질 수 있는 권리'라는 관념은 인간의 권리의 실현 조건으로서 국가권력이라는 틀 자체를 거부하면서, 자신이 거주하는 곳에서 권리의 실현을 요구하는 급진적 흐름으로서 세계시민주의의 가능성을 보여준다.

03 윗글과 일치하지 않는 것은?

① 아렌트는 시민적 덕성의 복원을 통해, 르포르는 인권의 정치를 통해 공적 공간의 민주화에 대해 사유한다.

② 르포르는 근대 국가권력의 상징적 측면에서, 자유주의자들은 개인과 국가의 표상관계를 통해 권력의 단일성을 이해한다.

③ 자유주의자들은 자연권 혹은 소유권적 관점에서 개인의 권리를 파악하면서 민주주의를 개인의 권리들의 관계가 만들어 내는 쟁의의 공간으로 이해한다.

④ 전체주의는 근대 민주주의가 피통치자로서의 인민과 통치자로서의 대표를 동일시하는 경향이 극단화될 때 나타난다.

⑤ 세계시민주의는 인간의 권리가 실현되는 조건으로 국민국가의 성원이라는 전제를 거부할 필요가 있음을 주장한다.

04 윗글에 따를 때 ㉠에 대한 르포르의 관점을 이해한 것으로 적절하지 않은 것은?

① 국가권력이 보장할 수 없는 시민 고유의 권리가 존재할 수 있다고 본다.

② 근대의 민주적 권력은 상징적 및 실제적 권력의 단일성에 근거하여 권리를 확장시켜 왔다고 본다.

③ 근대국가에서는 국가권력이 개인을 국민이라는 성원으로 인정하는 한에서 권리를 부여해 왔다고 본다.

④ 국가권력이 설정한 권리의 한계를 극복하면서 국민국가 초기에 인정되지 않았던 권리들이 인정받았다고 본다.

⑤ 권리를 사회적 관계의 산물로 이해함으로써 권리는 누구도 독점할 수 없는 민주적 공간을 구성하는 동력이 된다고 본다.

DAY 01
DAY 02
DAY 03
DAY 04
DAY 05
DAY 06
DAY 07
DAY 08
DAY 09
DAY 10

안심Touch

05 르포르와 〈보기〉의 푸코를 비교한 것으로 가장 적절한 것은?

보기

푸코는 개인의 삶 자체가 위험이라는 인식하에서 국가가 출생에서 죽음에 이르기까지의 개인의 삶 전체를 관리하는 '생명관리권력의 시대'가 등장하였다고 주장한다. 근대에 개인의 권리의 확대는 개인을 위험으로부터 보호하려는 문제의식에서 비롯되었지만, 그것은 동시에 국가가 더 깊이 개인의 삶에 침투하는 권력으로 전환되는 역설을 낳았다. 개인이 권력의 시선, 즉 규율을 내면화함으로써 권력이 만들어 낸 주체가 되어간다는 점에서, 근대의 자율적 주체는 사라져 버렸다. 푸코는 개인에 대한 억압을 강조했던 기존의 권력 관념을 대신하여 국가권력이 생산적 권력임을 강조한다.

① 르포르는 권리에 대한 권력의 종속을 비판했다면, 푸코는 개인의 삶에 침투하는 권력의 특성에 주목했다.

② 르포르는 인권의 정치를 통해 민주주의의 확장을 주장했다면, 푸코는 권리에 대한 요구를 통해 권력을 제한하려 했다.

③ 르포르는 권리의 확장이 가져올 수 있는 권력의 비대화 및 독점화를 우려했다면, 푸코는 자율적 주체에 의한 권리의 확장을 주장했다.

④ 르포르는 권력이 설정한 경계를 넘어 권리의 주체를 형성할 것을 주장했다면, 푸코는 국가권력이 권력의 시선을 내면화하는 주체를 생산하고 관리한다는 점에 주목했다.

⑤ 르포르는 전체주의가 될 위험에서 벗어나기 위한 해결책을 근대민주주의 내에서 찾으려 했다면, 푸코는 권력으로부터 개인의 안전을 확보하기 위한 해결책을 권력 내에서 찾으려 했다.

※ 다음 글을 읽고 물음에 답하시오. [06~09]

사람은 살아가는 동안 여러 약속을 한다. 계약도 하나의 약속이다. 하지만 이것은 친구와 뜻이 맞아 주말에 영화 보러 가자는 약속과는 다르다. 일반적인 다른 약속처럼 계약도 서로의 의사 표시가 합치하여 성립하지만, 이때의 의사는 일정한 법률 효과의 발생을 목적으로 한다는 점에서 차이가 있다. 한 예로 매매 계약은 '팔겠다'는 일방의 의사 표시와 '사겠다'는 상대방의 의사 표시가 합치함으로써 성립하며, 매도인은 매수인에게 매매 목적물의 소유권을 이전하여야 할 의무를 짐과 동시에 매매 대금의 지급을 청구할 권리를 갖는다. 반대로 매수인은 매도인에게 매매 대금을 지급할 의무가 있고 소유권의 이전을 청구할 권리를 갖는다. 양 당사자는 서로 권리를 행사하고 서로 의무를 이행하는 관계에 놓이는 것이다.

이처럼 의사 표시를 필수적 요소로 하여 법률 효과를 발생시키는 행위들을 법률 행위라 한다. 계약은 법률 행위의 일종으로서, 당사자에게 일정한 청구권과 이행 의무를 발생시킨다. 청구권을 내용으로 하는 권리가 채권이고, 그에 따라 이행을 해야 할 의무가 채무이다. 따라서 채권과 채무는 발생한 법률 효과가 동전의 양면처럼 서로 다른 방향에서 파악되는 것이라 할 수 있다. 채무자가 채무의 내용대로 이행하여 채권을 소멸시키는 것을 변제라 한다.

갑과 을이 을이 소유한 그림 A를 갑에게 매도하는 것을 내용으로 하는 매매 계약을 체결하였다. ㉠ 을의 채무는 그림 A의 소유권을 갑에게 이전하는 것이다. 동산인 물건의 소유권을 이전하는 방식은 그 물건을 인도하는 것이다. 갑은 그림 A가 너무나 마음에 들었기 때문에 그것을 인도받기 전에 대금 전액을 금전으로 지급하였다. 그런데 갑이 아무리 그림 A를 넘겨달라고 청구하여도 을은 인도해 주지 않았다. 이런 경우 갑이 사적으로 물리력을 행사하여 해결하는 것은 엄격히 금지된다.

채권의 내용은 민법과 같은 실체법에서 규정하고 있고, 그것을 강제적으로 실현할 수 있도록 민사 소송법이나 민사 집행법 같은 절차법이 갖추어져 있다. 갑은 소를 제기하여 판결로써 자기가 가진 채권의 존재와 내용을 공적으로 확정받을 수 있고, 나아가 법원에 강제 집행을 신청할 수도 있다. 강제 집행은 국가가 물리적 실력을 행사하여 채무자의 의사에 구애받지 않고 채무의 내용을 실행시켜 채권이 실현되도록 하는 제도이다.

을이 그림 A를 넘겨주지 않은 까닭은 갑으로부터 매매 대금을 받은 뒤에 을의 과실로 불이 나 그림 A가 타 없어졌기 때문이다. ㉮ 결국 채무는 이행 불능이 되었다. 소송을 하더라도 불능의 내용을 이행하라는 판결은 나올 수 없다. 그림 A의 소실이 계약 체결 전이었다면, 그 계약은 실현 불가능한 내용을 담고 있기 때문에 체결할 때부터 계약 자체가 무효이다. 이행 불능이 채무자의 과실 때문에 일어난 것이라면 채무자가 채무 불이행에 대한 책임을 져야 한다.

이때 채무 불이행은 갑이나 을의 의사 표시가 작용한 것이 아니라, 매매 목적물의 소실에 따른 이행 불능으로 말미암은 것이다. 이러한 사건을 통해서도 법률 효과가 발생한다. 채무 불이행에 대한 책임은 갑으로 하여금 계약을 해제할 수 있는 권리를 갖게 한다. 갑이 계약 해제권을 행사하면 그때까지 유효했던 계약이 처음부터 효력이 없는 것으로 된다. 이때의 계약 해제는 일방의 의사 표시만으로 성립한다. 따라서 갑이 해제권을 행사하는 데에 을의 승낙은 요건이 되지 않는다. 이러한 법률 행위를 단독 행위라 한다.

갑은 계약을 해제하였다. 이로써 그 계약으로 발생한 채권과 채무는 없던 것이 된다. 당연히 계약의 양 당사자는 자신의 채무를 이행할 필요가 없다. 이미 이행된 것이 있다면 계약이 체결되기 전의 상태로 돌려놓아야 한다. 이를 청구할 수 있는 권리가 원상회복 청구권이다. 계약의 해제로 갑은 원상회복 청구권을 행사할 수 있으며, 이러한 ㉡ 갑의 채권은 결국 을에게 매매 대금을 반환해 달라고 청구할 수 있는 권리가 된다.

06 윗글의 내용과 일치하지 않는 것은?

① 실체법에는 청구권에 관한 규정이 있다.

② 절차법에 강제 집행 제도가 마련되어 있다.

③ 법률 행위가 없으면 법률 효과가 발생하지 않는다.

④ 법원을 통하여 물리력으로 채권을 실현할 수 있다.

⑤ 실현 불가능한 것을 내용으로 하는 계약은 무효이다.

07 ㉠, ㉡에 대한 이해로 가장 적절한 것은?

① ㉠은 매도인의 청구와 매수인의 이행으로 소멸한다.

② ㉡은 채권자와 채무자의 의사 표시가 작용하여 성립한 것이다.

③ ㉠과 ㉡은 ㉠이 이행되면 그 결과로 ㉡이 소멸하는 관계이다.

④ ㉠과 ㉡은 동일한 계약의 효과를 서로 다른 측면에서 바라본 것이다.

⑤ ㉠에는 물건을 인도할 의무가 있고, ㉡에는 금전의 지급을 청구할 권리가 있다.

08 ㉢의 상황에 대한 설명으로 적절한 것은?

① '을'의 과실로 이행 불능이 되어 '갑'의 계약 해제권이 발생한다.

② '갑'은 소를 제기하여야 매매의 목적이 된 재산권을 이전받을 수 있다.

③ '갑'은 원상회복 청구권을 행사하여야 '그림 A'의 소유권을 회복할 수 있다.

④ '갑'과 '을'은 애초부터 실현 불가능한 내용의 계약을 체결하였기 때문에 이행 불능이 되었다.

⑤ '을'이 '갑'에게 '그림 A'를 인도하는 것은 불가능해졌지만 '을'은 채무 불이행에 대한 책임을 지지 않는다.

09 윗글을 바탕으로 할 때, 〈보기〉에 대한 분석으로 적절하지 않은 것은?

> **보기**
>
> 증여는 당사자의 일방이 자기의 재산을 무상으로 상대방에게 줄 의사를 표시하고 상대방이 이를 승낙함으로써 성립하는 계약이다. 증여자만 이행 의무를 진다는 점이 특징이다. 유언은 유언자의 사망과 동시에 일정한 법률 효과를 발생시키려는 것을 목적으로 하는데, 유언자의 의사 표시만으로 유효하게 성립하고 의사 표시의 상대방이 필요 없다는 점에서 증여와 차이가 있다.

① 증여, 유언, 매매는 모두 법률 행위로서 의사 표시를 요소로 한다.

② 증여와 유언은 법률 효과를 발생시키려는 목적이 있다는 점이 공통된다.

③ 증여는 변제의 의무를 발생시키지 않는다는 점에서 매매와 차이가 있다.

④ 증여는 당사자 일방만이 이행한다는 점에서 양 당사자가 서로 이행하는 관계를 갖는 매매와 차이가 있다.

⑤ 증여는 양 당사자의 의사 표시가 서로 합치하여 성립한다는 점에서 의사 표시의 합치가 필요 없는 유언과 차이가 있다.

PART 2

DAY 01
DAY 02
DAY 03
DAY 04
DAY 05
DAY 06
DAY 07
DAY 08
DAY 09
DAY 10

안심Touch

| 2021년 5급 PSAT(공직적격성평가) 언어논리 영역

01 다음 글에서 알 수 있는 것은?

15 ~ 16세기에 이질은 사람들을 괴롭히는 가장 주요한 질병이 되었다. 조선은 15세기부터 냇둑을 만들어 범람원(汎濫原)을 개간하기 시작하였고, 〈농사직설〉을 편찬하여 적극적으로 벼농사를 보급하였다. 이질은 이처럼 벼농사를 중시하여 냇가를 개간한 조선이 감당하여야 하는 숙명이었다. 벼농사를 짓는 논은 밭 위에 물을 가두어 농사를 짓는 농업 시설이었다. 새로 생긴 논 주변의 구릉에는 마을들이 생겨났다. 하지만 사람들이 쏟아내는 오물이 도랑을 통해 논으로 흘러들었고, 사람의 눈에 보이지 않는 미생물 중 수인성(水因性) 병균이 번성하였다. 그중 위산을 잘 견디는 시겔라균은 사람의 몸에 들어오면 적은 양이라도 대장까지 곧바로 도달하였고, 어김없이 이질을 일으켰다.

이질은 15세기 초반 급증하기 시작하여 17세기 이후에는 크게 감소하였다. 이러한 변화의 원인은 생태환경의 측면에서 찾을 수 있다. 15 ~ 16세기 냇둑에 의한 농지 개간은 범람원을 논으로 바꾸었다. 장마나 강우에 의해 일시적으로 범람하여 발생하는 짧은 침수 기간을 제외하면 범람원은 나머지 대부분의 시간 동안 건조한 상태를 유지하는 벌판을 형성한다. 이곳은 홍수에 잘 견디는 나무로 구성된 숲이 발달하였던 곳이다. 한반도의 하천 변에 분포하는 넓은 범람원의 숲이 논으로 개발되면서 뜨거운 여름 동안 습지로 바뀌었고 건조한 환경에 적합한 미생물 생태계가 습한 환경에 적합한 새로운 미생물 생태계로 바뀌었다. 수인성 세균인 병원성 살모넬라균과 시겔라균은 이러한 습지의 생태계에서 번성하여 장티푸스와 이질의 발병률을 크게 높였다.

그런데 17세기 이후 농지 개간의 중심축이 범람원 개간에서 산간 지역 개발로 이동하였다. 이는 수인성 전염병 발생을 크게 줄이는 결과를 낳았다. 농법의 측면에서도 17세기 이후에는 남부지역의 벼농사에서 이모작과 이앙법이 확대되었고, 이는 마을에 인접한 논의 사용법을 변화시켰다. 특히 논에 물을 가둬두는 기간이 줄어서 이질 등 수인성 질병 발생의 감소를 가져왔다.

① 〈농사직설〉을 통한 벼농사 보급 이전의 조선에는 수인성 병균에 의한 질병이 발견되지 않았다.
② 15 ~ 16세기 조선의 하천에서 번성하던 시겔라균이 17세기 이후 감소하였다.
③ 17세기 이후 조선에서는 논의 미생물 생태계가 변화되어 이질 감소에 기여하였다.
④ 17세기 이후 조선에서 개간 대상 지역이 바뀌어 인구 밀집지역이 점차 하천 주변에서 산간 지역으로 바뀌었다.
⑤ 17세기 이후 조선 농법의 변화는 건조한 지역에도 농지를 개간할 수 있도록 하여 이질과 장티푸스 발병률을 낮추었다.

02 다음 글에서 알 수 있는 것은?

> 통제되지 않는 자연재해와 지배자의 요구에 시달리면서 겨우 생계를 유지하는 전(前)자본주의 농업사회 농민들에게, 신고전주의 경제학에서 말하는 '이윤의 극대화'를 위한 계산의 여지는 거의 없다. 정상적인 농민이라면 큰 벌이는 되지만 모험적인 것을 시도하기보다는 자신과 자신의 가족들을 파멸시킬 수도 있는 실패를 피하려고 하기 마련이다. 이와 같은 악조건은 농민들에게 삶의 거의 모든 측면에서 안전 추구를 최우선으로 여기는 성향을 체득하도록 한다. 이러한 '안전 제일의 원칙'을 추구하기 위해, 농민들은 경험 축적을 바탕으로 하는 종자의 다양화, 경작지의 분산화, 재배 기술 개선 등 생계 안정성을 담보하는 기술적 장치를 필요로 한다. 또한 마을 내에서 이루어지는 다양한 유형의 호혜성, 피지배층이 지배층에 기대하는 관대함, 그리고 토지의 공동체적 소유 및 공동 노동 등 절박한 농민들에게 최소한의 생존을 보장하는 사회적 장치도 필요로 한다.
>
> 이런 측면에서 지주와 소작인 간의 소작제도 역시 흥미롭다. 소작인이 지주에게 납부하는 지대의 종류에는 수확량의 절반씩을 나누어 갖는 분익제와 일정액을 지대로 지불하는 정액제가 있다. 분익제에서는 수확이 없으면 소작료를 요구하지 않지만, 정액제에서는 벼 한 포기 자라지 않았어도 의무 수행을 요구한다. 생존을 위협할 정도의 흉년이 자주 있던 것이 아니라는 점을 감안하면, 정액제는 분익제에 비해 소작인의 이윤을 극대화할 수도 있는 방법이었지만 전자본주의 농업사회에서 보다 일반적인 방식은 분익제였다.
>
> 이러한 상황은 필리핀 정부가 벼 생산 분익농들을 정액 소작농으로 전환시키고자 시도한 루손 지역에서도 관찰되었다. 정부는 소작농들에게 분익제하에서 부담하던 평균 지대의 1/4에 해당하는 수치를 정액제 지대로 제시하였다. 새로운 체제에서 소작인은 대략적으로 이전 연평균 수입의 두 배, 새로운 종자를 채택할 경우는 그 이상의 수입을 실현할 수 있으리라는 기대를 가질 수 있었다. 그러나 새로운 체제가 제시하는 기대 수입에서의 상당한 이득에도 불구하고, 많은 농민들은 정액제 자체에 내포되어 있는 생계에 관련된 위험성 때문에 전환을 꺼렸다.

① 안전 제일의 원칙은 신고전주의 경제학에서 말하는 이윤 극대화를 위한 계산 논리에 부합한다.
② 전자본주의 농업사회 농민들은 모험적인 시도가 큰 벌이로 이어질 수 있다는 사실을 인식하지 못했다.
③ 안전 추구를 최우선으로 여기는 전자본주의 농업사회의 기술적 장치는, 사회적 장치들이 최소한의 생존을 보장하는 환경하에 발달했다.
④ 루손 지역의 농민들이 정액제로의 전환을 꺼렸던 것은 정액제를 택했을 때 생계에 관련된 위험성이 분익제를 택했을 때보다 작다고 느꼈기 때문이다.
⑤ 어느 농가의 수확량이 이전 연도보다 두 배로 늘었을 경우, 이전 연도 수확량의 절반을 내기로 계약하는 정액제를 택하는 것이 분익제를 택하는 것보다 이윤이 크다.

※ 다음 글을 읽고 물음에 답하시오. [03~05]

법을 해석할 때 반드시 그 문언에 엄격히 구속되어야 하는가를 놓고 오랫동안 논란이 있어 왔다. 한편에서는 법의 제정과 해석이 구별되어야 함을 이유로 이를 긍정하지만, 다른 한편에서는 애초에 법의 제정 자체가 완벽할 수 없는 이상, 사안에 따라서는 문언에 구애되지 않는 편이 더 바람직하다고 본다.

전통적인 법학방법론은 이 문제를 법률 문언의 한계 내에서 이루어지는 해석 외에 '법률의 문언을 넘은 해석'이나 '법률의 문언에 반하는 해석'을 인정할지 여부와 관련지어 다루고 있다. 학설에 따라서는 이들을 각각 '법률내재적 법형성'과 '초법률적 법형성'이라 부르며, 전자를 특정 법률의 본래적 구상 범위 내에서 흠결 보충을 위해 시도되는 것으로, 후자를 전체 법질서 및 그 지도 원리의 관점에서 수행되는 것으로 파악하기도 한다. 하지만 이러한 설명이 완전히 만족스러운 것은 아니다. 형식상 드러나지 않는 법률적 결함에 대처하는 것도 일견 흠결 보충이라 할 수 있지만, 이는 또한 법률이 제시하는 결론을 전체 법질서의 입장에서 뒤집는 것과 별반 다르지 않기 때문이다.

한편 종래 법철학적 논의에서는 문언을 이루고 있는 언어의 불확정성에 주목하는 경향이 두드러졌다. 단어는 언어적으로 확정적인 의미의 중심부와 불확정적인 의미의 주변부를 지니며, 중심부의 사안에서는 문언에 엄격히 구속되어야 하지만 주변부의 사안에서는 해석자의 재량이 인정될 수밖에 없다고 보는 견해가 대표적이다. 가령 ㉠ 주택가에서 야생동물을 길러서는 안 된다는 규칙이 있을 때, 초원의 사자가 '야생동물'에 해당한다는 점에 대해서는 의문이 없지만, 들개나 길고양이, 혹은 여러 종류의 야생동물의 유전자를 조합하여 실험실에서 창조한 동물이 그에 해당하는지는 판단하기 어렵기 때문에 결국 해석자가 재량껏 결정해야 한다는 것이다.

Ⓐ ┌ 그러나 이러한 견해에 대해서는 주변부의 사안을 해석자의 재량에 맡기기보다는 규칙의 목적에 구속되게 해야 할 뿐 아니라, 심지어 중심부의 사안에서조차 규칙의 목적에 대한 조회 없이는 문언이 해석자를 온전히 구속할 수 없다는 반론이 제기되고 있다. 인근에서 잡힌 희귀한 개구리를 연구·보호하기 위해 발견 장소와 가장 유사한 환경의 주택가 시설에 둘 수 있을까? 이를 긍정하는 경우에도 그러한 └ 개구리가 의미상 '야생동물'에 해당한다는 점 자체를 부인할 수는 없을 것이다.

최근에는 기존의 법학방법론적 논의와 법철학적 논의를 하나의 연결된 구성으로 제시함으로써 각각의 논의에서 드러났던 난점을 극복하려는 시도가 이루어지고 있다. 이에 따르면 문언이 합당한 답을 제공하는 표준적 사안 외에 아무런 답을 제공하지 않는 사안이나 부적절한 답을 제공하는 사안도 있을 수 있는데, 이들이 바로 각각 문언을 넘은 해석과 문언에 반하는 해석이 시도되는 경우라 할 수 있다. 양자는 모두 이른바 판단하기 어려운 사안 이라는 점에서는 공통적이지만, 전자를 판단하기 어려운 까닭은 문언의 언어적 불확정성에 기인하는 것인 반면, 후자는 문언이 언어적 확정성을 갖추었음에도 불구하고 그것이 제공하는 답을 올바른 것으로 받아들일 수 없어 보이는 탓에 판단하기 어려운 것이라는 점에서 서로 구별되어야 한다.

그렇다면 판단하기 어려운 사안에서는 더 이상 문언을 신경 쓰지 않아도 되는 것일까? 그렇지는 않다. 문언이 답을 제공하지 않기 때문에 해석을 통한 보충이 필요한 경우라 하더라도 규칙의 언어 그 자체가 해석자로 하여금 규칙의 목적을 가늠하도록 인도해 줄 수 있으며, 문언이 제공하는 답이 부적절하고 어리석게 느껴질 경우라 하더라도 그러한 평가 자체가 어디까지나 해석자의 주관이라는 한계 속에서 이루어지는 것임을 부정할 수 없기 때문이다. 뻔히 부적절한 결과가 예상되는 경우에도 문언에 구속될 것을 요구하는 것은 일견 합리적이지 않아 보일 수 있다. 그럼에도 불구하고 문언을 강조하는 입장은 '재량'이 연상시키는 '사람의 지배'에 대한 우려와, 민주주의의 본질에 대한 성찰을 배경으로 하는 것임을 이해할 필요가 있다. 법률은 시민의 대표들이 지난한 타협의 과정 끝에 도출해 낸 결과물이다. 엄밀히 말해 오로지 법률의 문언 그 자체만이 민주적으로 결정된 것이며, 그 너머의 것에 대해서는, 심지어 입법 의도나 법률의 목적이라 해도 동등한 권위를 인정할 수 없다. 이러한 입장에서는 법률 적용의 결과가 부적절한지 여부보다 그것이 부적절하다고 결정할 수 있는 권한을 특정인에게 부여할 것인지 여부가 더 중요한 문제일 수 있다. 요컨대 해석자에게 그러한 권한을 부여하는 것이 바람직하지 않다고 생각하는 한, 비록 부적절한 결과가 예상되는 경우라 하더라도 여전히 문언에 구속될 것을 요구하는 편이 오히려 합리적일 수도 있는 것이다.

03 윗글과 일치하는 것은?

① 전통적인 법학방법론 학설의 입장에서는 결국 문언을 넘은 해석과 문언에 반하는 해석을 구별하지 않는다.

② 종래의 법철학 학설 중 의미의 중심부와 주변부의 구별을 강조하는 입장에서는 해석에 있어 법률의 목적보다 문언에 주목한다.

③ 민주주의의 본질을 강조하는 입장에서는 비록 법률의 적용에 따른 것이라도 실질적으로 부적절한 결과를 인정할 수는 없다고 본다.

④ 법률 적용 결과의 합당성을 강조하는 입장에서는 문언이 제공하는 답이 부적절한지 여부는 해석자의 주관에 따라 달라질 수 있다고 주장한다.

⑤ 법학방법론과 법철학의 논의를 하나의 연결된 구성으로 제시하는 입장에서는 언어적 불확정성으로 인해 법률이 부적절한 답을 제공하는 사안에 주목한다.

04 판단하기 어려운 사안에 대한 진술로 가장 적절한 것은?

① 법률의 문언이 극도로 명확한 경우에는 판단하기 어려운 사안이 발생하지 않는다.

② 판단하기 어려운 사안의 해석을 위해 법률의 목적에 구속되어야 하는 것은 아니다.

③ 문언을 넘은 해석은 문언이 해석자를 전혀 이끌어 주지 못할 때 비로소 시도될 수 있다.

④ 문언에 반하는 해석은 법률의 흠결이 있을 때 이를 보충하기 위한 것인 한 정당화될 수 있다.

⑤ 형식상 드러나 있는 법률의 흠결을 보충하기 위해서도 해당 법률의 본래적 구상보다는 전체 법질서를 고려한 해석이 필요하다.

05 Ⓐ의 입장에서 ㉠을 해석한 것으로 가장 적절한 것은?

① 규칙의 목적이 야생의 생물 다양성을 보존하기 위한 것이라면, 멸종 위기 품종의 길고양이를 입양하는 것이 허용될 것이다.

② 야성을 잃어버린 채 평생을 사람과 함께 산 사자가 '야생동물'의 언어적 의미에 부합한다면, 그것을 기르는 것도 허용되지 않을 것이다.

③ 규칙의 목적이 주민의 안전을 확보하는 것이라면, 길들여지지 않는 야수의 공격성을 지닌 들개를 기르는 것이 금지될 수도 있을 것이다.

④ 인근에서 잡힌 희귀한 개구리를 관상용으로 키우는 것이 허용되었다면, '야생동물'의 언어적 의미를 주거에 두고 감상하기에 적합하지 않은 동물로 보았을 것이다.

⑤ 여러 종류의 야생동물의 유전자를 조합하여 실험실에서 창조한 동물을 기르는 것이 금지되었다면, '야생동물'의 언어적 의미를 자연에서 태어나 살아가는 동물로 보았을 것이다.

PART 2

DAY 01
DAY 02
DAY 03
DAY 04
DAY 05
DAY 06
DAY 07
DAY 08
DAY 09
DAY 10

안심Touch

※ 다음 글을 읽고 물음에 답하시오. [06~08]

변론술을 가르치는 프로타고라스(P)에게 에우아틀로스(E)가 제안하였다. "제가 처음으로 승소하면 그때 수강료를 내겠습니다." P는 이를 받아들였다. 그런데 E는 모든 과정을 수강하고 나서도 소송을 할 기미를 보이지 않았고 그러자 P가 E를 상대로 소송하였다. P는 주장하였다. "내가 승소하면 판결에 따라 수강료를 받게 되고, 내가 지면 자네는 계약에 따라 수강료를 내야 하네." E도 맞섰다. "제가 승소하면 수강료를 내지 않게 되고 제가 지더라도 계약에 따라 수강료를 내지 않아도 됩니다."

지금까지도 이 사례는 풀기 어려운 논리 난제로 거론된다. 다만 법률가들은 이를 해결할 수 있는 사안이라고 본다. 우선, 이 사례의 계약이 수강료 지급이라는 효과를, 실현되지 않은 사건에 의존하도록 하는 계약이라는 점을 살펴야 한다. 이처럼 일정한 효과의 발생이나 소멸에 제한을 덧붙이는 것을 '부관'이라 하는데, 여기에는 '기한'과 '조건'이 있다. 효과의 발생이나 소멸이 장래에 확실히 발생할 사실에 의존하도록 하는 것을 기한이라 한다. 반면 장래에 일어날 수도 있는 사실에 의존하도록 하는 것은 조건이다. 그리고 조건이 실현되었을 때 효과를 발생시키면 '정지 조건', 소멸시키면 '해제 조건'이라 부른다.

민사 소송에서 판결에 대하여 상소, 곧 항소나 상고가 그 기간 안에 제기되지 않아서 사안이 종결되든가, 그 사안에 대해 대법원에서 최종 판결이 선고되든가 하면, 이제 더 이상 그 일을 다툴 길이 없어진다. 이때 판결은 확정되었다고 한다. 확정 판결에 대하여는 '기판력(旣判力)'이라는 것을 인정한다. 기판력이 있는 판결에 대해서는 더 이상 같은 사안으로 소송에서 다툴 수 없다. 예를 들어, 계약서를 제시하지 못해 매매 사실을 입증하지 못하고 패소한 판결이 확정되면, 이후에 계약서를 발견하더라도 그 사안에 대하여는 다시 소송하지 못한다. 같은 사안에 대해 서로 모순되는 확정 판결이 존재하도록 할 수는 없는 것이다.

확정 판결 이후에 법률상의 새로운 사정이 생겼을 때는, 그것을 근거로 하여 다시 소송하는 것이 허용된다. 이 경우에는 전과 다른 사안의 소송이라 하여 이전 판결의 기판력이 미치지 않는다고 보는 것이다. 위에서 예로 들었던 계약서는 판결 이전에 작성된 것이어서 그 발견이 새로운 사정이라고 인정되지 않는다. 그러나 임대인이 임차인에게 집을 비워 달라고 하는 소송에서 임대차 기간이 남아 있다는 이유로 임대인이 패소한 판결이 확정된 후 시일이 흘러 계약 기간이 만료되면, 임대인은 집을 비워 달라는 소송을 다시 할 수 있다. 계약상의 기한이 지남으로써 임차인의 권리에 변화가 생겼기 때문이다.

이렇게 살펴본 바를 바탕으로 ㉠ P와 E 사이의 분쟁을 해결하는 소송이 어떻게 전개될지 따져 보자. 이 사건에 대한 소송에서는 조건이 성취되지 않았다는 이유로 법원이 E에게 승소 판결을 내리면 된다. 그런데 이 판결 확정 이후에 P는 다시 소송을 할 수 있다. 조건이 실현되었기 때문이다. 따라서 이 두 번째 소송에서는 결국 P가 승소한다. 그리고 이때부터는 E가 다시 수강료에 관한 소송을 할 만한 사유가 없다. 이 분쟁은 두 차례의 판결을 거쳐 해결될 수 있는 것이다.

06 윗글을 이해한 내용으로 적절하지 않은 것은?

① 승소하면 그때 수강료를 내겠다고 할 때 승소는 수강료 지급 의무에 대한 기한이다.

② 기한과 조건은 모두 계약상의 효과를 장래의 사실에 의존하도록 한다는 점이 공통된다.

③ 계약에 해제 조건을 덧붙이면 그 조건이 실현되었을 때 계약상 유지되고 있는 효과를 소멸시킬 수 있다.

④ 판결이 선고되고 나서 상소 기간이 다 지나가도록 상소가 이루어지지 않으면 그 판결에는 기판력이 생긴다.

⑤ 기판력에는 법원이 판결로 확정한 사안에 대하여 이후에 법원 스스로 그와 모순된 판결을 내릴 수 없다는 전제가 깔려 있다.

07 ㉠에 대한 추론으로 적절한 것은?

① 첫 번째 소송에서 P는 계약이 유효하다고 주장하고, E는 계약이 유효하지 않다고 주장할 것이다.

② 첫 번째 소송의 판결문에는 E가 수강료를 내야 할 의무가 있다는 내용이 실릴 것이다.

③ 첫 번째 소송에서나 두 번째 소송에서나 P가 할 청구는 수강료를 내라는 내용일 것이다.

④ 두 번째 소송에서는 E가 첫 승소라는 조건을 달성하지 못한 상태이므로 P는 수강료를 받을 수 있을 것이다.

⑤ 첫 번째와 두 번째 소송의 판결은 P와 E 사이에 승패가 상반될 것이므로 두 판결 가운데 하나는 무효일 것이다.

08 윗글을 바탕으로 〈보기〉의 사례를 검토한 내용으로 적절하지 않은 것은?

> **보기**
>
> 갑은 을을 상대로 자신에게 빌려 간 금전을 갚아 달라는 소송을 하는데, 계약서와 같은 증거 자료는 제출하지 못했다. 그 결과 ㉮ 또는 ㉯의 경우가 생겼다고 하자.
> ㉮ 갑은 금전을 빌려 주었다는 증거를 제시하지 못하여 패소하였다. 이 판결은 확정되었다.
> ㉯ 법원은 을이 금전을 빌렸다는 사실을 인정하면서도, 갚기로 한 날은 2015년 11월 30일이라 인정하여, 아직 그날이 되지 않았다는 이유로 갑에게 패소 판결을 내렸다. 이 판결은 확정되었다.

① ㉮의 경우, 갑은 더 이상 상급 법원에 상소하여 다툴 수 있는 방법이 남아 있지 않다.

② ㉮의 경우, 갑은 빌려 준 금전에 대한 계약서를 발견하더라도 그것을 근거로 하여 금전을 갚아 달라고 소송하는 것은 허용되지 않는다.

③ ㉯의 경우, 을은 2015년 11월 30일이 되기 전에는 갑에게 금전을 갚지 않아도 된다.

④ ㉯의 경우, 2015년 11월 30일이 지나면 갑이 을을 상대로 금전을 갚아 달라는 소송을 다시 하더라도 기판력에 저촉되지 않는다.

⑤ ㉯의 경우, 이미 지나간 2015년 2월 15일이 갚기로 한 날임을 밝혀 주는 계약서가 발견되면 갑은 같은 해 11월 30일이 되기 전에 그것을 근거로 금전을 갚아 달라는 소송을 할 수 있다.

PART 2

DAY 01
DAY 02
DAY 03
DAY 04
DAY 05
DAY 06
DAY 07
DAY 08
DAY 09
DAY 10

ㅣ 2021년 5급 PSAT(공직적격성평가) 언어논리 영역

01 다음 글의 ㉠과 ㉡에 들어갈 내용을 적절하게 짝지은 것은?

> 우리는 전체 집단에서 특정 표본을 추출할 때 표본이 무작위로 선정되었을 것이라 기대하지만, 실제로 항상 그런 것은 아니다. 이 같은 표본 선정의 쏠림 현상, 즉 표본의 편향성은 종종 올바른 판단을 저해한다. 2차 세계대전 중 전투기의 보호 장비 개선을 위해 미국의 군 장성들과 수학자들 사이에서 이루어졌던 논의는 그 좋은 사례이다. 미군은 전투기가 격추되는 것을 막기 위해 전투기에 철갑을 둘렀다. 기체 전체에 철갑을 두르면 너무 무거워지기에 중요한 부분에만 둘러야 했다. 교전을 마치고 돌아온 전투기에는 많은 총알구멍이 있었지만, 기체 전체에 고르게 분포된 것은 아니었다. 총알구멍은 동체 쪽에 더 많았고 엔진 쪽에는 그다지 많지 않았다. 군 장성들은 철갑의 효율을 높일 수 있는 기회를 발견했다. (㉠) 생각이었다.
>
> 반면, 수학자들은 이와 같은 장성들의 생각에 반대하면서 다음과 같은 주장을 펼쳤다. 만일 피해가 전투기 전체에 골고루 분포된다면 분명히 엔진 덮개에도 총알구멍이 났을 텐데, 돌아온 전투기의 엔진 부분에는 총알구멍이 거의 없었다. 왜 이러한 현상이 발생한 것일까? 총알구멍이 엔진에 난 전투기는 대부분 격추되어 돌아오지 못한다. 엔진에 총알을 덜 맞은 전투기가 많이 돌아온 것은, 엔진에 총알을 맞으면 귀환하기 어렵기 때문이다. 병원 회복실을 가보면, 가슴에 총상을 입은 환자보다 다리에 총상을 입은 환자가 더 많다. 이것은 가슴에 총상을 입은 사람들이 회복하지 못했기 때문이다.
>
> 이 사례에서 군 장성들은 자신도 모르게 복귀한 전투기에 관한 어떤 가정을 하고 있었다. 그것은 기지로 복귀한 전투기가 (㉡) 것이었다. 군 장성들은 복귀한 전투기를 보호 장비 개선 연구를 위한 중요한 자료로 사용하고자 했다. 그러나 만약 잘못된 표본에 근거하여 정책을 결정한다면, 오히려 전투기의 생존율을 낮추는 결과를 초래할 수 있다.

① ㉠ : 전투기에서 가장 중요한 엔진 쪽에만 철갑을 둘러도 충분한 보호 효과를 볼 수 있다는
  ㉡ : 출격한 전투기 일부에서 추출된 편향된 표본이라는
② ㉠ : 전투기에서 총알을 많이 맞는 동체 쪽에 철갑을 집중해야 충분한 보호 효과를 볼 수 있다는
  ㉡ : 출격한 전투기 일부에서 추출된 편향된 표본이라는
③ ㉠ : 전투기에서 가장 중요한 엔진 쪽에만 철갑을 둘러도 충분한 보호 효과를 볼 수 있다는
  ㉡ : 출격한 전투기 전체에서 무작위로 추출된 표본이라는
④ ㉠ : 전투기에서 총알을 많이 맞는 동체 쪽에 철갑을 집중해야 충분한 보호 효과를 볼 수 있다는
  ㉡ : 출격한 전투기 전체에서 무작위로 추출된 표본이라는
⑤ ㉠ : 전투기의 철갑 무게를 감당할 만큼 충분히 강력한 엔진을 달아야 한다는
  ㉡ : 출격한 전투기 전체에서 무작위로 추출된 표본이라는

02   다음 글에서 추론할 수 없는 것은?

조직 구성원의 발언은 조직과 구성원 양측에 긍정적 효과를 가져올 수 있다. 구성원들은 발언을 함으로써 스스로 통제할 수 있다는 느낌을 가지게 되어 직무 스트레스가 줄고 조직에 대해 긍정적 태도를 가질 수 있다. 동시에 발언은 발언자의 조직 내 이미지를 실추시키거나 다양한 보복을 불러올 우려가 없지 않다. 한편 침묵은 조직의 발전 기회를 놓치게 하거나 조직을 위기에 처하게 할 수 있을 뿐만 아니라, 구성원 자신들에게도 부정적 영향을 미칠 수 있다. 침묵은 구성원들로 하여금 스스로를 가치 없는 존재로 느끼게 만들고, 관련 상황을 통제하지 못한다는 인식을 갖게 함으로써, 구성원들의 정신건강과 신체에 악영향을 미칠 수 있다. 구성원들은 조직에서 우려되는 이슈들을 인지하였을 때, 이를 발언으로 표출할지 아니면 침묵으로 표출하지 않을지 선택할 수 있는데, 해당 조직의 문화 아래에서 보복과 관련한 안전도와 변화 가능성에 대한 실효성 등을 고려하여 판단한다.

침묵의 유형들은 다음과 같다. 먼저, 묵종적 침묵은 조직의 부정적 이슈 등과 관련된 정보나 의견 등을 가지고 있지만 이를 알리거나 표출할 행동 유인이 없어 표출하지 않는 행위를 가리킨다. 이러한 침묵은 문제 있는 현실을 바꾸려는 의지를 상실한 체념의 의미를 내포하고 있어, 방관과 유사하다. 묵종적 침묵은 발언을 해도 소용이 없을 것이라는 조직에 대한 불신으로부터 나오는 행위이다. 방어적 침묵은 외부 위협으로부터 자신을 보호하거나 자신을 향한 보복을 당하지 않기 위해 조직과 관련된 부정적인 정보나 의견을 억누르는 적극적인 성격의 행위를 가리킨다. 기존에 가진 것을 지키기 위한 것뿐만 아니라, 침묵함으로써 추가적인 이익을 보고자 하는 것도 방어적 침묵의 행동 유인으로 포함하여 보기 때문에 자기보신적 행위라고 할 수 있다.

친사회적 침묵은 조직이나 다른 구성원의 이익을 보호하려는 목적에서 조직과 관련된 부정적 정보나 의견 등을 표출하지 않고 억제하는 행위로서, 다른 사람을 배려한 이타주의적인 침묵을 가리킨다. 이는 본인의 사회적 관계를 위한 경우에는 해당되지 않고, 철저하게 '나'를 배제한 판단 아래에서 이뤄지는 행위이다.

① 구성원들의 발언이 조직의 의사결정에 반영되는 정도가 커질수록, 조직의 묵종적 침묵은 감소할 것이다.
② 발언의 영향으로 자신의 안전이 걱정되어 침묵하는 경우는 방어적 침묵에 해당한다.
③ 발언의 실효성이 낮을 것으로 판단하여 침묵하는 경우는 묵종적 침묵에 해당한다.
④ 발언자에 대한 익명성을 보장하는 경우, 조직의 친사회적 침묵은 감소할 것이다.
⑤ 발언의 안전도와 실효성이 낮은 조직일수록 구성원의 건강은 악화될 수 있다.

※ 다음 글을 읽고 물음에 답하시오. [03~05]

법률은 언어로 기술되어 있다. 따라서 법조문의 의미도 원칙적으로 그 사회의 언어 문법에 따라 이해되어야 한다. 하지만 필요에 따라 법조문의 문법 단위들은 일반적 의미를 넘어서는 개념으로 나아가기도 한다. '-물(物)'은 물건이나 물질이라는 사전적 의미를 갖는 형태소인데, '창문(窓門)'의 '창'이나 '문'같이 독자적으로 쓰일 수 있는 자립형태소가 아니라 '동화(童話)'의 '동'과 '화'처럼 다른 어근과 결합할 필요가 있는 의존형태소이다. 이 '물'의 의미가 학설과 판례에서 그리고 입법에서도 새롭게 규정되어 가는 모습을 법의 세계에서 발견할 수 있다.

형사소송법은 압수의 대상을 "증거물 또는 몰수할 것으로 사료되는 물건"으로 정하고 "압수물"이라는 표현도 사용하고 있어서, 전통적으로 압수란 유체물(有體物)에 대해서만 가능한 것으로 이해되었다. 그런데 디지털 증거가 등장하고 그 중요성이 날로 높아짐에 따라 변화가 일게 되었다. 디지털 증거는 유체물인 저장 매체가 아니라, 그에 담겨 있으면서 그와 구별되는 무형의 정보 자체가 핵심이다. 또한 저장 매체 속에는 특정 범죄 사실에 관련된 정보 외에 온갖 사생활의 비밀까지 담긴 일도 많다. 그리하여 정보 그 자체를 압수해야 한다는 인식이 생겨났고, 마침내 출력이나 복사도 압수 방식으로 형사소송법에 규정되었다. 민사소송에서 증거 조사의 대상이 되는 문서는 문자나 기호, 부호로써 작성자의 일정한 사상을 표현한 유형물이라 이해된다. 이 때문에 문자 정보를 담고 있는 자기 디스크 등을 문서로 볼 수 있는지에 대한 논쟁이 일었다. 이를 해결하기 위해 민사소송법 제374조에 "정보를 담기 위하여 만들어진 물건"에 대한 규정을 두게 되었지만, 여전히 매체 중심의 태도를 유지하고 있어서, 일찍이 정보 자체를 문서로 인정한 다른 여러 법률들과 대비된다. 최근에 제정된 법률에서는 위 조항에 대한 특칙을 두어 정보 자체를 문서로서 증거조사할 수 있는 근거도 마련되었다.

형법은 문서, 필름 등 물건의 형태를 취하는 음란물의 제조와 유포를 처벌하도록 하고 있다. 판례는 음란한 영상을 수록한 디지털 파일 그 자체는 유체물이 아니므로 음란물로 볼 수 없다고 보았다. 하지만 사회 문제로 대두된 아동 포르노그래피의 유포를 차단하기 위해 신설된 법령에서는 필름·비디오물·게임물 외에 통신망 내의 음란 영상에 대하여도 '아동·청소년 이용 음란물'로 규제한다. 비디오물과 게임물의 개념도 변화를 겪어 왔다. 과거에 게임 관계 법령에서 비디오물은 "영상이 고정되어 있는 테이프나 디스크 등의 물체"로 정의되었고, 게임물은 이에 포함되었다. 이후에 게임 산업이 발전하면서 새로운 법률을 제정하여 게임물에 대한 독자적 정의를 마련할 때, 유체물에 고정되어 있는지를 따지지 않는 영상물로 규정하기 시작하였다. 이 과정에서 게임물과 개념적으로 분리된 비디오물은 종전처럼 다루어질 수밖에 없었다. 하지만 곧이어 관련 법령이 정비되어 이 또한 "연속적인 영상이 디지털 매체나 장치에 담긴 저작물"이라 정의하게 되었다.

판례는 또한 재산 범죄인 장물죄에서 유통이 금지된 장물의 개념을 재물, 곧 취득한 물건 그 자체로 본다. 그러면서 전기와 같이 '관리할 수 있는 동력'은 장물이 될 수 있다고 한다. 그런데 동력에 대하여 재물로 간주하는 형법 제346조를 절도와 강도의 죄, 사기와 공갈의 죄, 횡령과 배임의 죄, 손괴죄에서는 준용하고 있지만, 장물죄에서는 그렇지 않다. 판례는 위 조문이 주의를 불러일으키는 기능을 할 뿐이라 보는 것이다. 그런데 재물을 팔아서 얻은 무언가는 이미 동일성을 상실한 탓에 더 이상 장물이 아니라 하였다. 또한 물건이 아닌 재산상 가치인 것을 취득했다고 해도 그 역시 장물은 아니라고 보았는데, 이에 대해서는 ㉠ 비판이 있다. 오늘날 금융 거래 환경에서 금전이 이체된 예금계좌상의 가치가 유체물인 현금과 본질적으로 다르지 않다는 것이다. 언어의 의미는 사전에 쓰인 정의대로 고정되어 있기만 한 것이 아니라, 사람들이 그것을 사용하기에 따라 항상 새롭게 규정되는 것이며, 언어를 통해 비로소 인식되는 법의 의미도 마찬가지라 할 수 있다.

03 윗글의 내용과 일치하는 것은?

① 디지털 정보는 그것을 담고 있는 매체와 결합되어 있다는 특성 때문에 저장 장치를 압수하는 방식으로 압수 절차가 이루어져야 한다는 한계가 있다.

② 전자적 형태의 문자 정보는 문자나 기호로 되어 있지 않은 문서이기 때문에 정보 자체만을 증거조사의 대상으로 삼을 수 없다.

③ 형법상 음란물은 유체물인 반면에 아동·청소년 이용 음란물은 무체물이란 점에서 양자의 차이가 있다.

④ 비디오물은 영상이 매체나 장치에 담긴 저작물이라 정의되면서 유체물에 고정되어 있는지를 따질 필요가 없게 되었다.

⑤ 게임물에 관한 입법의 변천 과정은 규제의 중심이 콘텐츠에서 매체로 옮겨갔음을 보여 준다.

04 ㉠의 대상으로 가장 적절한 것은?

① 장물을 팔아서 생긴 현금을 장물죄의 적용 대상으로 보지 않는다는 태도

② 장물의 개념을 범죄로 취득한 물건 그 자체로 한정하여서는 안 된다는 태도

③ 관리할 수 있는 전기도 현행 형법상 장물죄에서 규율하는 재물로 인정한다는 태도

④ 은행 계정에 기록된 자산 가치에 대해서 장물죄의 규정을 적용하지 않는다는 태도

⑤ 장물죄에서 형법 제346조의 준용이 없더라도 그 죄에서 규정하는 재물에는 동력이 포함된다는 태도

05 윗글을 바탕으로 〈보기〉를 설명할 때, 가장 적절한 것은?

> **보기**
>
> 형법 제129조 제1항은 "공무원 또는 중재인이 그 직무에 관하여 뇌물을 수수, 요구 또는 약속한 때에는 5년 이하의 징역 또는 10년 이하의 자격정지에 처한다."라고 규정한다. 이에 대한 근래의 판결에 "뇌물죄에서 뇌물(賂物)의 내용인 이익이라 함은 금전, 물품 기타의 재산적 이익뿐만 아니라 사람의 수요·욕망을 충족시키기에 족한 일체의 유형·무형의 이익을 포함하며, 제공된 것이 성적 욕구의 충족이라고 하여 달리 볼 것이 아니다."라는 판시가 있었다.

① '뇌물'에서의 '물'은 사전적 의미보다 축소된 개념으로 해석되는 문법 단위이다.

② '뇌물'과 '장물'에서의 '물'은 자립형태소와 결합하지 않았다는 점에서, '증거물'에서의 '물'과 차이가 있다.

③ '게임물'에서의 '물'은 물건에 한정되는 개념으로 변화함으로써 '뇌물'에서의 '물'보다 좁은 의미를 갖게 되었다.

④ '뇌물'로 보는 대상에는 재물뿐 아니라 광범위한 이익까지 인정되므로, '뇌물'에서의 '물'과 '장물'에서의 '물'은 동일한 의미를 가진다.

⑤ '압수물'의 개념 변화는 압수 방식을 새롭게 해석한 결과라는 점에서, '뇌물'에서 '물'의 의미 변화가 입법으로 규정한 결과라는 것과 차이가 있다.

PART 2
DAY 01
DAY 02
DAY 03
DAY 04
DAY 05
DAY 06
DAY 07
DAY 08
DAY 09
DAY 10

※ 다음 글을 읽고 물음에 답하시오. [06~08]

사회 이론은 사회 구조나 사회적 상호 작용을 연구하는 이론들을 통칭한다. 사회 이론은 과학적 방법을 적용하면서도 연구 대상뿐 아니라 이론 자체가 사회 상황이나 역사적 조건에 긴밀히 연관된다는 특징을 지닌다. 19세기의 시민 사회론을 이야기할 때 그 시대를 함께 살펴보게 되는 것도 바로 이와 같은 이유 때문이다. 시민 사회라는 용어는 17세기에 등장했지만, 19세기 초에 이를 국가와 구분하여 개념적으로 정교화한 인물이 헤겔이다. 그가 활동하던 시기에 유럽의 후진국인 프로이센에는 절대주의 시대의 잔재가 아직 남아 있었다. 산업 자본주의도 미성숙했던 때여서, 산업화를 추진하고 자본가들을 육성하며 심각한 빈부 격차나 계급 갈등 등의 사회 문제를 해결해야 하는 시대적 과제가 있었다. 그는 사익의 극대화가 국부(國富)를 증대해 준다는 점에서 공리주의를 긍정했으나, 그것이 시민 사회 내에서 개인들의 무한한 사익 추구가 일으키는 빈부 격차나 계급 갈등을 해결할 수는 없다고 보았다. 그는 시민 사회가 개인들이 사적 욕구를 추구하며 살아가는 생활 영역이자 그 욕구를 사회적 의존 관계 속에서 추구하게 하는 공동체적 윤리성의 영역이어야 한다고 생각했다. 특히 시민 사회 내에서 사익 조정과 공익 실현에 기여하는 ⊙ 직업 단체와 복지 및 치안 문제를 해결하는 복지 행정 조직의 역할을 설정하면서, 이 두 기구가 시민 사회를 이상적인 국가로 이끌 연결 고리가 될 것으로 기대했다. 하지만 빈곤과 계급 갈등은 시민 사회 내에서 근원적으로 해결될 수 없는 것이었다. 따라서 그는 국가를 사회 문제를 해결하고 공적 질서를 확립할 최종 주체로 설정하면서 시민 사회가 국가에 협력해야 한다고 생각했다.

한편 1789년 프랑스 혁명 이후 프랑스 사회는 혁명을 이끌었던 계몽주의자들의 기대와는 다른 모습을 보이고 있었다. 사회는 사익을 추구하는 파편화된 개인들의 각축장이 되어 있었고 빈부 격차와 계급 갈등은 격화된 상태였다. 이러한 혼란을 극복하기 위해 노동자 단체와 고용주 단체 모두를 불법으로 규정한 르 샤플리에 법이 1791년부터 약 90년간 시행되었으나, 이 법은 분출되는 사익의 추구를 억제하지도 못하면서 오히려 프랑스 시민 사회를 극도로 위축시켰다. 뒤르켐은 이러한 상황을 아노미, 곧 무규범 상태로 파악하고 최대 다수의 최대 행복을 표방하는 공리주의가 사실은 개인의 이기심을 전제로 하고 있기에 아노미를 조장할 뿐이라고 생각했다. 그는 사익을 조정하고 공익과 공동체적 연대를 실현할 도덕적 개인주의의 규범에 주목하면서, 이를 수행할 주체로서 ⓒ 직업 단체의 역할을 강조하였다. 국가의 역할을 강조한 헤겔의 영향을 받았음에도 불구하고, 뒤르켐은 직업 단체가 정치적 중간 집단으로서 구성원의 이해관계를 국가에 전달하는 한편 국가를 견제해야 한다고 보았던 것이다.

헤겔과 뒤르켐은 시민 사회를 배경으로 직업 단체의 역할과 기능을 연구했다는 공통점이 있었다. 하지만 직업 단체에 대한 두 사람의 생각은 달랐다. 이러한 차이는 두 학자의 시민 사회론이 철저하게 시대의 산물이라는 점을 보여 준다. 이들의 이론은 과학적 연구로서 객관적으로 타당하다는 평가를 받기도 하지만, 이론이 갖는 객관적 속성은 그 이론이 마주 선 현실의 문제 상황이나 이론가의 주관적인 문제의식으로부터 근본적으로 자유로울 수는 없는 것이다.

06

윗글을 통해 알 수 있는 내용으로 적절하지 않은 것은?

① 19세기 초 프러시아에는 절대주의의 잔재와 미성숙한 산업 자본주의가 혼재하였다.

② 프랑스 혁명 후 수십 년간 프랑스는 개인들의 사익 추구가 불가능한 상황이었다.

③ 헤겔은 국가를 빈곤 문제나 계급 갈등과 같은 사회 문제를 해결할 최종 주체라고 생각하였다.

④ 뒤르켐은 혁명 이후의 프랑스 사회를 이기적 욕망이 조정되지 않은 아노미 상태로 보았다.

⑤ 헤겔과 뒤르켐은 공리주의가 시민 사회의 문제를 해결하지 못할 것으로 보았다.

07 **㉠과 ㉡의 공통점으로 가장 적절한 것은?**

① 사익을 조정하고 공익 실현을 추구한다.

② 국가를 견제하는 정치적 기능을 수행한다.

③ 치안 및 복지 문제 해결의 기능을 담당한다.

④ 공리주의를 억제하고 도덕적 개인주의를 수용한다.

⑤ 시민 사회 외부에서 국가와의 연결 고리로 작용한다.

08 **윗글의 글쓴이의 관점으로 가장 적절한 것은?**

① 사회 문제에 대해서는 과학적 연구를 수행할 수 없다.

② 객관적 사회 이론은 이론가의 주관적 문제의식과 무관하다.

③ 시·공간을 넘어 보편타당하게 적용할 수 있는 객관적 사회 이론이 성립할 수 있다.

④ 과학적 연구 방법에 의거한 사회 이론은 사회 현실의 문제 상황과 무관하게 성립할 수 있다.

⑤ 사회 이론을 이해하는 데에는 그 이론이 만들어진 당시의 시대적 배경에 대한 이해가 도움이 된다.

| 2021년 5급 PSAT(공직적격성평가) 언어논리 영역

01 다음 글에서 알 수 없는 것은?

의사는 치료를 시작하기 전에 환자의 동의를 얻어야 한다. 다른 말로 환자의 동의 없이 환자의 복지에 영향을 끼치는 처방을 하는 것은 의사에게 허용되지 않는다. 그런데 단순히 동의를 얻는 것만으로는 충분하지 않다. 환자가 결정하기에 충분한 정보, 즉 치료에 따르는 위험과 다른 치료법에 관한 정보가 제공되어야 한다. 치료를 허락한 환자의 결정은 무지로 인한 것이어서는 안 된다. 동의의 의무는 의사가 환자를 기만해서는 안 된다는 기만 금지 의무의 연장선에 있다. 둘 다, 자신에게 영향을 끼칠 치료에 관해 스스로가 결정할 기회를 환자에게 제공해야 한다는 자율성 존중 원리에 기반을 두고 있다.

그러나 수 세기 동안, 심지어 20세기 초까지도 의사가 때로는 환자를 속여도 된다고 여겼다. 환자의 복지에 해가 될 수 있는 것을 행하면 안 된다는 악행 금지의 원리에 근거해서, 환자에게 진실을 말하는 것이 환자의 복지에 해가 될 수 있다는 생각으로 기만이 정당화되었다. 오늘날에는 더 이상 이러한 생각을 받아들이지 않는다. 실제로 '의사와 환자 상호교류 규제법'은 의사의 기만 사례를 금지하고 있다. 오늘날 사람들은 환자가 진실 때문에 자신의 자율성이 침해되거나 해를 입게 될 것이라고는 생각하지 않는다. 따라서 사람들은 진실 말하기에 관한 한, 악행 금지의 원리가 자율성 존중 원리와 서로 충돌하지 않는다고 생각한다.

그런데 자율성 존중 원리를 지키기 위해서는 단순히 기만을 삼가는 것만으로는 부족하다. 예컨대 의사가 환자를 실제로 속이지는 않지만 환자가 특정 결정을 하도록 유도하기 위해 관련 정보 제공을 보류하거나 직접적 관련성이 작은 정보를 필요 이상으로 제공하는 경우를 상상할 수 있다. 이처럼 의사가 정보 제공을 조종하는 것은 환자의 자율성을 존중하지 않는 것이다. 한편 의사가 관련된 정보를 환자에게 모두 밝히면 환자는 조종된 결정이 아닌 자신의 결정을 하게 될 것이고, 환자의 자율성은 존중될 것이다.

① 환자의 동의는 치료를 하기 위한 필요조건 중 하나이다.
② 악행 금지의 원리가 환자의 자율성을 침해한 때가 있었다.
③ 기만 금지 의무와 동의의 의무는 동일한 원리에 기반을 둔다.
④ 의사가 환자에게 제공하는 정보의 양이 많을수록 환자의 자율성은 더 존중된다.
⑤ 의사가 복지를 위해 환자를 기만하는 행위는 오늘날에는 윤리적으로 정당화되지 않는다.

02 다음 글의 ⊙과 ⓒ에 들어갈 내용을 〈보기〉에서 골라 적절하게 짝지은 것은?

경제가 어려울수록 사람들은 경제적 재화가 똑같이 분배되는 사회를 소망한다. 하지만 이러한 단순 평등 사회가 달성된다고 하더라도 그 상태는 유지될 수 없다. 처음에 경제적 재화를 똑같이 분배받는다고 하더라도 사람들은 자신의 선택에 따라 재화를 자유롭게 사용할 것이고, 그렇게 되면 시간이 지남에 따라 결국 다시 불평등한 사회가 될 것이기 때문이다. 이러한 불평등을 반복적으로 제거하면 다시 단순 평등 사회로 되돌아갈 수 있을지도 모른다. 하지만 그것은 오직 국가의 개입과 통제가 있어야만 가능한 일이다. 문제는 누구도 개인의 자유를 억압하는 사회를 원치 않는데, 국가의 개입과 통제가 필연적으로 개인의 자유를 억압한다는 것이다. 따라서 단순 평등 사회는 (⊙).

그렇다면 우리는 어떤 의미의 평등 사회를 지향해야 할까? 어떤 사람들이 비싼 물건을 살 능력이 있고 어떤 사람들은 그렇지 못하다는 경제적 불평등은 부정할 수 없는 현실이다. 하지만 우리는 경제적 재화 이외에도 자유, 사회적 지위, 정치권력 등의 다양한 사회적 가치들을 유용하다고 인정한다. 그래서 더욱 심각한 문제는 경제적 재화와 같은 하나의 사회적 가치가 불평등하게 분배되는 것이 정당한 이유 없이 다른 사회적 가치의 분배 문제에서까지 불평등을 유발할 수 있다는 것이다. 이런 결과를 초래하는 것은 바람직하지 않다. 재산이 많다고 정당한 이유 없이 정치권력을 소유하게 되거나, 정치권력을 가졌다고 정당한 이유 없이 높은 사회적 지위를 갖게 되는 것이 그런 예이다. 따라서 평등한 사회를 달성하기 위해서는 (ⓒ).

보기

ⓐ 개인의 자유를 억압하지 않는다면 지속 가능한 것이다
ⓑ 지속 가능하지도 않고 개인의 자유를 희생하면서까지 원하는 것이 아니다
ⓒ 모든 사회적 가치 각각을 공정하게 분배하는 것이 중요하다
ⓓ 하나의 사회적 가치에 대한 불평등이 다른 영역에서의 불평등으로 이어지는 것을 막는 것이 중요하다
ⓔ 다양한 사회적 가치를 공정하게 분배하는 방법의 출발점으로 하나의 사회적 가치를 공정하게 분배하는 것부터 시작해야 한다

① ⊙ – ⓐ, ⓒ – ⓓ
② ⊙ – ⓐ, ⓒ – ⓔ
③ ⊙ – ⓑ, ⓒ – ⓒ
④ ⊙ – ⓑ, ⓒ – ⓓ
⑤ ⊙ – ⓑ, ⓒ – ⓔ

※ 다음 글을 읽고 물음에 답하시오. [03~05]

20세기 초 프랑스에서 발생한 드레퓌스 사건은 지식인이라는 집단을 조명하고, 억압적 권력에 저항하는 비판적 지식인이라는 이상을 부각하는 계기가 되었다. 신학을 중심으로 지식이 축적되고 수도원의 사제들이 권력을 행사하는 전문가 지식인으로 존재했던 중세에도 아벨라르와 같은 비판적 지식인이 존재했다. 계몽주의 시대에는 특정 분야를 깊이 파고들지 못하더라도 모든 분야를 두루 섭렵할 수 있는 능력을 지닌 사람을 지식인으로 정의하기도 했다. 한 예로 18세기의 백과전서파는 근대적 분류 체계로 지식을 생산해 개인이 시각 매체에 의존하여 지식을 소비하는 문자 문화 시대의 지평을 열었다. 이런 과정에서 지식 권력은 지식의 표준 장악을 둘러싸고 중앙 집중화되었다.

드레퓌스 사건은 근대적 지식인상에 대한 논쟁을 불러일으켰다. ㉠ 만하임은 지식인 가운데도 출신, 직업, 재산, 정치적·사회적 지위 등에 차이가 있는 경우가 많기에 지식인을 단일 계급으로 간주할 수 없으며, 지식인은 보편성에 입각해 사회의 다양한 계급적 이해들을 역동적으로 종합하여 최선의 길을 모색해야 한다고 보았다. 반면 ㉡ 그람시는 계급으로부터 독립적인 지식인이란 신화에 불과하다고 지적하면서 계급의 이해에 유기적으로 결합하여 그것을 당파적으로 대변하는 유기적 지식인을 대안으로 제시하였다. 이때 소외 계급의 해방을 위한 과제는 역사적 보편성을 지니며, 지식인은 소외 계급에게 혁명적 자의식을 불어넣고 조직하는 역할을 자임한다. ㉢ 사르트르는 만하임과 그람시의 지식인 개념 사이에서 긴장을 유지했다. 부르주아 계급에 속한 지식인은 지배 계급이 요구하는 당파적 이해와 지식인이 추구해야 할 보편적 지식 간의 모순을 발견하고, 보편성에 입각하여 소외 계급의 해방을 추구해야 한다. 하지만 그 지식인은 결코 유기적 지식인이 될 수 없는 존재이다. 결국 소외 계급에서 출현한 전문가가 유기적 지식인이 되도록 계급의식을 일깨우는 계몽적 역할이 지식인에게 부여되는 것이다.

오늘날 인터넷의 발달로 가상공간이 열려 탈근대적 지식 문화와 사회 공간이 창조되면서 지식의 개념도 변하고 있다. 또한 디지털화된 다양한 정보들이 연쇄적으로 재조합되면서 하이퍼텍스트 형태를 띠게 된다. 정해진 시작과 끝이 없고 미로나 뿌리줄기같이 얽혀 있어 독자의 입장에서 어떤 길을 선택하느냐에 따라 텍스트의 복수성이 무한해졌다. 그 결과 지식 생산자에 해당하는 저자의 권위는 사라지고 지식 권력은 탈중심화된다. 하이퍼텍스트와 새로운 독자의 탄생은 집단적이고 감정이입적인 구술 문화가 지녔던 특성들을 지식 문화에서 재활성화한다. 특히 가상공간에서 정보와 지식이 공유와 논박을 거쳐 소멸 또는 확산되는 과정은 새로운 지식을 생산해 내는 기제로서 집단 지성을 출현시킨다. 집단 지성은 엘리트 집단으로부터 지식 권력을 회수하고 새로운 민주주의의 가능성을 열어놓기도 한다. 그러나 이는 대중의 자율성에 기초한 참여와 협업을 전제할 때 가능하며, 참여와 협업이 결여될 때 순응주의가 등장하고 집단 지성은 군중심리로 전락할 수도 있다.

하이퍼텍스트 시대에 집단 지성이 출현함에 따라 기존의 지식인상은 재조명될 필요가 있다. 특히 프랑스 68혁명 이후 등장했던 이론가들을 소환할 만하다. 예를 들어 ㉣ 푸코는 대중의 대변자로서의 지식인이 불필요한 시대에서도 여전히 대중의 지식 및 담론을 금지하고 봉쇄하는 권력 체계와 이 권력 체계의 대리인 역할을 자임하는 고전적 지식인의 존재에 주목했다. 푸코는 이들을 보편적 지식인으로 규정한 후 이를 대체할 새로운 지식인상으로 특수적 지식인을 제시했다. 그가 말하는 특수적 지식인은 거대한 세계관이 아니라 특정한 분야에서 전문적인 지식을 지니고 있는 존재이다. 그리고 자신의 분야에 해당하는 구체적인 사안에 정치적으로 개입하면서 일상적 공간에서 투쟁한다. 푸코에 따르면 진실한 담론은 지식과 미시권력 간의 관계에서 발견될 뿐이다.

한편 지식인상의 탈근대적 모색에 있어 근대론적 시각을 더하려는 시도도 있다. ㉤ 부르디외에 따르면, 지식인은 사회 총자본의 관점에서 볼 때에는 지배 계급에 속하지만, 경제 자본보다 문화 자본의 비중이 더 큰 문화생산자적 속성을 지니며, 시장의 기제에 따라 부르주아지에 의해 지배받는다. 이런 점에서 볼 때 지식인은 피지배 분파에 속한다. 따라서 이 문화생산자들은 각자의 특수한 영역에 대한 상징적 권위를 가지고 지식인의 자율성을 위협하는 권력에 저항하며 사회 전체에 보편적인 가치를 전파해 나가는 투쟁을 전개할 때에만 비로소 지식인의 범주에 들 수 있다. 부르디외는 이 과정에서 역사적인 따라서 한시적인 보편을 개념화한다. 그리고 지식인은 정치활동을 통하여 권력이 보편적인 것처럼 제시하는 특수성들을 역사화하는 역할과, 보편적인 것, 예컨대 과학·철학·문학·법 등에 접근하는 조건들을 보편화하는 역할을 함께 수행한다.

03 윗글의 내용과 일치하는 것은?

① 권력에 대한 비판적 지식인은 드레퓌스 사건과 함께 비로소 출현했다.
② 계몽주의 시대의 지식인은 특정 분야의 전문가라는 특권적 위상을 지녔다.
③ 근대의 지식인은 개개인의 차이에도 불구하고 보편성을 추구해야 하는 존재로 인식되었다.
④ 탈근대의 지식인은 자신의 전문 분야에서 제기되는 문제의 정치적 특성을 인정하지 않으려는 존재이다.
⑤ 탈근대의 대중은 자율적인 참여와 협업에 기초하여 권력에 대한 순응주의로부터 벗어났다.

04 탈근대적 지식 문화 에 관한 설명으로 가장 적절한 것은?

① 구술 문화적 특성을 공유하는 다양한 텍스트들이 형성되고 지식이 전파된다.
② 지식의 표준을 장악하려는 경쟁을 통해 중앙 집중적 지식 권력의 영향력이 커진다.
③ 사회적 지식의 형성에서 지식을 처음 생산한 자의 권위가 이전 시대보다 강화된다.
④ 문화생산자적 속성을 지닌 지식인의 사회적 지위가 부르주아 계급에서 피지배 계급으로 전락한다.
⑤ 집단 지성이 엘리트로부터 지식 권력을 회수하여 대중의 지식 및 담론을 규제하는 새로운 권력 체계를 형성한다.

05 ㉠ ~ ㉤에 대한 이해로 가장 적절한 것은?

① ㉠은 지식인이 전문 지식과 보편적 지식의 종합을 통해 동질적인 계급으로 형성될 수 있는 존재라고 여겼을 것이다.
② ㉡은 지식인이 계급적 이해관계와 이성적 사유 사이의 모순으로부터 출발하여 보편성을 향해 부단히 나아가야 하는 불안정한 존재라고 여겼을 것이다.
③ ㉢은 지식인이 서로 적대 관계에 있는 계급들 중 어느 쪽과 제휴해 있어도 개별 계급의 한계를 딛고 계급적 이해들을 종합할 수 있는 존재라고 여겼을 것이다.
④ ㉣은 지식인이 자신의 특수 분야와 관계된 미시권력에 저항해 보편적 지식을 전파하는 운동을 전개해야 하는 존재라고 여겼을 것이다.
⑤ ㉤은 지식인이 범주의 측면에서 보편적 지식인과 특수적 지식인으로 명확하게 구분할 수 없는 존재라고 여겼을 것이다.

PART 2

DAY 01
DAY 02
DAY 03
DAY 04
DAY 05
DAY 06
DAY 07
DAY 08
DAY 09
DAY 10

※ 다음 글을 읽고 물음에 답하시오. [06~08]

정신적 사건과 물질적 사건은 구분된다고 생각하는 것이 우리의 상식이다 이러한 상식에 따르면 인간의 정신적 사건과 육체적 사건도 구분되는 것으로 보게 된다. 하지만 정신적 사건과 육체적 사건이 서로 긴밀히 연결되어 있다고 보는 것 또한 우리의 상식이다. 위가 텅 비어 있으면 정신적인 고통을 느끼는 현상, 두려움을 느끼면 가슴이 더 빨리 뛰는 현상 등이 그런 예이다. 문제는 정신적 사건과 육체적 사건의 이질성과 관련성이라는 두 가지 상식을 조화시키기가 쉽지 않다는 것이다. 정신적 사건과 육체적 사건이 서로 다른 종류의 것이라고 주장하는 이론, 곧 심신 이원론은 그 두 종류의 사건이 관련되어 있음을 설명하기 위해 다양한 방법을 시도한다.

먼저 정신적 사건과 육체적 사건이 서로에게 인과적으로 영향을 주고받는다는 상호 작용론이 있다. 이는 위가 텅 비었다는 육체적 사건이 원인이 되어 고통을 느낀다는 정신적 사건이 결과로 일어나고, 두려움이라는 정신적 사건이 원인이 되어 가슴이 더 빨리 뛰는 육체적 사건이 결과로 일어난다고 설명한다. 그러나 서양 근세 철학의 관점에서 보면 공간을 차지하고 있지 않은 정신이 어떻게 공간을 차지하고 있는 육체에 영향을 미칠 수 있느냐 하는 문제가 생긴다.

이에 비해 평행론은 정신적 사건과 육체적 사건 사이에는 어떤 인과 관계도 성립하지 않으며, 정신적 사건은 정신적 사건대로, 육체적 사건은 육체적 사건대로 인과 관계가 성립한다고 주장하는 이원론이다. 이 이론에 따르면 정신적 사건과 육체적 사건이 상호 작용하는 것처럼 보이는 것은 어떤 정신적 사건이 일어날 때 거기에 해당하는 육체적 사건도 평행하게 항상 일어나기 때문이다. 물질로 이루어진 세계의 모든 사건은 다른 물질적 사건이 원인이 되어 일어난다는 생각, 즉 물질적 사건의 원인을 설명하기 위해서 물질세계 밖으로 나갈 필요가 없다는 생각은 근대 과학의 기본 전제이다. 평행론은 이 전제와 충돌하지 않는다는 장점이 있다. 그러나 서로 다른 종류의 사건들이 동시에 일어난다는 사실은 이해하기 힘들다.

부수 현상론은 모든 정신적 사건은 육체적 사건에 의해서 일어나지만 그 역은 성립하지 않는다고 주장하여 두 가지 상식 사이의 조화를 설명하려는 이원론이다. 이에 따르면 ㉠ 육체적 사건은 ㉡ 정신적 사건을 일으키고 또 다른 육체적 사건의 원인도 된다. 하지만 정신적 사건은 육체적 사건에 동반되는 부수 현상일 뿐, 정신적 사건이든 육체적 사건이든 어떠한 사건에도 아무런 영향을 미치지 못한다. 그러나 정신적 사건이 아무 일도 못하면서 따라 나올 뿐이라는 주장은, 아무 일도 하지 못한다면 도대체 정신적 사건이 왜 존재해야 하는가 하는 의문을 불러일으킨다.

정신적 사건과 육체적 사건을 구분하면서 그 둘이 관련 있음을 설명하려는 이론들은 모두 각자의 문제점에 봉착한다. 그래서 정신적 사건과 육체적 사건은 별개의 사건이 아니라 두 사건이 문자 그대로 동일한 사건이라는 동일론, 곧 심신 일원론이 제기된다. 과학의 발달로 그동안 정신적 사건이라고 알려졌던 것이 사실은 육체적 사건에 불과하다는 것이 밝혀짐에 따라, 인과 관계는 오로지 물질적 사건들 사이에서만 존재한다고 보게 된 것이다.

06 윗글을 통해 알 수 있는 내용으로 적절하지 않은 것은?

① '심신 이원론'에서는 정신적 사건과 육체적 사건이 구분된다는 상식을 포기하지 않는다.
② '상호 작용론'에서는 정신적 사건이 육체적 사건의 원인이 되기도 하고 결과가 되기도 한다고 생각한다.
③ '평행론'에서는 정신적 사건이 육체적 사건의 원인이 되지 않으면서도 함께 일어날 수 있다고 주장한다.
④ '부수 현상론'에서는 육체적 사건이 정신적 사건을 일으킬 수 있다고 본다.
⑤ '동일론'은 정신적 사건과 육체적 사건에 대한 두 가지 상식이 모두 성립함을 보여 준다.

07 '평행론'과 '동일론'에서 모두 동의할 수 있는 진술로 적절한 것은?

① 정신적 사건들 사이에는 인과 관계가 존재하지 않는다.

② 육체적 사건과 정신적 사건은 서로 대응되며 별개의 세계에 존재한다.

③ 물질적 사건의 원인을 설명하기 위해서 물질세계 밖으로 나갈 필요가 없다.

④ 공간을 차지하고 있지 않은 정신이 공간을 차지하고 있는 육체에 영향을 미칠 수 있다.

⑤ 정신적 사건이든 육체적 사건이든 어떠한 사건에도 영향을 미치지 못하는 정신적 사건이 존재한다.

PART 2

DAY 01

DAY 02

DAY 03

DAY 04

DAY 05

DAY 06

DAY 07

DAY 08

DAY 09

DAY 10

08 〈보기〉는 '부수 현상론'을 설명하기 위한 비유이다. ㉠과 ㉡에 대응하는 것을 ⓐ~ⓒ에서 골라 바르게 짝지은 것은?

> **보기**
>
> ⓐ <u>지구, 달, 태양의 상대적인 위치</u>에 의해 ⓑ <u>조수 간만</u>이 나타나기도 하고 보름달, 초승달과 같이 ⓒ <u>달의 모양</u>이 달리 보이기도 한다. 이때 조수 간만은 다시 개펄의 형성 등과 같은 또 다른 일의 원인이 된다. 반면에 달의 모양은 세 천체의 상대적인 위치로 인해서 생겨난 결과일 뿐, 어떠한 인과적 역할도 하지 않는다.

	㉠ '육체적 사건'	㉡ '정신적 사건'
①	ⓐ	ⓑ
②	ⓐ	ⓒ
③	ⓑ	ⓐ
④	ⓒ	ⓐ
⑤	ⓒ	ⓑ

안심Touch

| 2021년 5급 PSAT(공직적격성평가) 언어논리 영역

01 다음 글에 대한 분석으로 가장 적절한 것은?

역사적으로 사회에서 여러 가지 종류의 불리함을 겪어온 인종, 계층, 민족과 같은 소수집단을 우대하는 정책은 공정성이라는 미국인들의 신성한 믿음에 도전을 제기한다. 예를 들어 이 정책의 옹호론자들은 대학 입학 심사에서 소수집단을 고려하는 것이 공정하다고 주장한다. 그러나 왜 그것을 공정하다고 말할 수 있는가에 대해서는 소수집단 우대 정책 옹호론자들 안에서도 A와 B라는 서로 다른 두 가지 견해가 있다.

이 중 A를 지지하는 이들은 소수집단 우대 정책을 과거의 잘못을 보상하고 바로잡는 행위로 본다. 소수집단 학생들을 불리한 처지로 몰아넣은 역사적 차별을 보상하는 의미에서 그들을 우대하는 것이 공정하다고 주장한다. 이 논리는 입학 허가를 중요한 혜택으로 보고, 과거의 차별을 보상하는 차원에서 그 혜택을 나누어 주려고 한다. A에 반대하는 이들은, 보상을 받는 사람이 꼭 원래의 피해자인 것은 아니며 보상하는 사람이 과거의 잘못에 대한 책임이 없는 사람인 경우가 많다고 지적한다. 소수집단 우대 정책의 수혜자 가운데 많은 수가 중산층 학생들이고 그들은 도시 빈민가의 흑인과 히스패닉 학생들이 겪는 고통을 경험하지 않았다.

B는 다른 측면에 주목한다. 이러한 주장을 펴는 사람들은, 입학 허가가 수혜자에 대한 보상이 아니라 사회적으로 가치 있는 목적을 실현하기 위한 수단이라고 여긴다. 이들은 학교에 여러 인종, 계층, 민족이 섞여 있는 것이 출신 배경이 비슷한 학생들이 모여 있을 때보다 서로에게서 많은 것을 배울 수 있어 바람직하다고 말한다. 그리고 소수집단 학생들을 교육하여 이들이 주요 공직이나 전문직에서 리더십을 발휘하도록 한다면, 이것은 대학의 시민사회적 목적을 실현하고 공동선에 기여하는 일이라고 말한다. B에 반대하는 사람들은 그러한 목적이 아니라 그 방식에 대해서 문제를 제기한다. 이들은 학교의 다양성 증대라는 목적에는 동의한다. 그러나 그 목적 실현을 위해, 인종이나 계층과 같은 특정 배경을 갖추지 못했다는 이유로 학생의 입학을 불허하는 일은 공정하지 않다고 주장한다. 높은 성적과 뛰어난 가능성을 가진 학생이 부모가 부유하다는 이유로 입학을 허가받을 자격이 없다고 해서는 안 된다는 것이다.

① A의 지지자는 B의 지지자와는 다르게, 소수집단 학생들을 교육하여 국가에 봉사하도록 하는 일이야말로 대학이 시민사회를 위해 해야 할 일이라고 주장한다.

② B의 지지자는 A의 지지자와는 다르게, 대학 입학 심사에서 개인의 인종이나 민족과 같은 특성을 고려하는 일이 공정하지 않다고 주장한다.

③ A의 지지자는, 가난하게 자란 학생에게 대학 입학 가산점을 부여하는 일이 그 학생의 노력에 대한 보상이라는 점에서 공정하다고 주장한다.

④ A의 반대자는, 소수집단 우대 정책에 의해 보상을 해야 하는 사람들이 자신들이 피해를 준 정도에 비해 너무 가벼운 보상을 하게 된다고 비판한다.

⑤ B의 반대자는, 소수집단 우대 정책의 목적은 수긍하면서도 자신의 배경 때문에 역차별을 받는 학생이 나올 수 있다고 비판한다.

02 다음 글에서 알 수 있는 것은?

수사 기관이 피의자를 체포할 때 피의자에게 묵비권을 행사할 수 있고 불리한 진술을 하지 않을 권리가 있으며 변호사를 선임할 권리가 있음을 알려야 한다. 이를 '미란다 원칙'이라고 하는데, 이는 피의자로 기소되어 법정에 선 미란다에 대한 재판을 통해 확립되었다. 미란다의 변호인은 "경찰관이 미란다에게 본인의 진술이 법정에서 불리하게 쓰인다는 사실과 변호인을 선임할 권리가 있다는 사실을 말해주지 않았으므로 미란다의 자백은 공정하지 않고, 따라서 미란다의 자백을 재판 증거로 삼을 수 없다."라고 주장했다. 미국 연방대법원은 이를 인정하여, 미란다가 자신에게 묵비권과 변호사 선임권을 갖고 있다는 사실을 안 상태에서 분별력 있게 자신의 권리를 포기하고 경찰관의 신문에 진술했어야 하므로, 경찰관이 이러한 사실을 고지하였다는 것이 입증되지 않는 한, 신문 결과만으로 얻어진 진술은 그에게 불리하게 사용될 수 없다고 판결하였다.

미란다 판결 전에는 전체적인 신문 상황에서 피의자가 임의적으로 진술했다는 점이 인정되면, 즉 임의성의 원칙이 지켜졌다면 재판 증거로 사용되었다. 이때 수사 기관이 피의자에게 헌법상 권리를 알려주었는지 여부는 문제되지 않았다. 경찰관이 고문과 같은 가혹 행위로 받아낸 자백은 효력이 없지만, 회유나 압력을 행사했더라도 제때에 음식을 주고 밤에 잠을 자게 하면서 받아낸 자백은 전체적인 상황이 강압적이지 않았다면 증거로 인정되었다. 그런데 이러한 기준은 사건마다 다르게 적용되었으며 수사 기관으로 하여금 강압적인 분위기를 조성하도록 유도했으므로, 구금되어 조사받는 상황에서의 잠재적 위협으로부터 피의자를 보호해야 할 수단이 필요했다.

수사 절차는 본질적으로 강제성을 띠기 때문에, 수사 기관과 피의자 사이에 힘의 균형은 이루어지기 어렵다. 이런 상황에서 미란다 판결이 제시한 원칙은 수사 절차에서 수사 기관과 피의자가 대등한 지위에서 법적 다툼을 해야 한다는 원칙을 구현하는 첫출발이었다. 기존의 수사 관행을 전면적으로 부정하는 미란다 판결은 자백의 증거 능력에 대해 종전의 임의성의 원칙을 버리고 절차의 적법성을 채택하여, 수사 절차를 피의자의 권리를 보호하는 방향으로 전환하는 데에 크게 기여했다.

① 미란다 원칙을 확립한 재판에서 미란다는 무죄 판정을 받았다.
② 미란다 판결은 피해자의 권리에 있어 임의성의 원칙보다는 절차적 적법성이 중시되어야 한다는 점을 부각시켰다.
③ 미란다 판결은 법원이 수사 기관이 행하는 고문과 같은 가혹 행위에 대해 수사 기관의 법적 책임을 묻는 시초가 되었다.
④ 미란다 판결 전에는 수사 과정에 강압적인 요소가 있었더라도 피의자가 임의적으로 진술한 자백의 증거 능력이 인정될 수 있었다.
⑤ 미란다 판결에서 연방대법원은 피의자가 변호사 선임권이나 묵비권을 알고 있었다면 경찰관이 이를 고지하지 않아도 피의자의 자백은 효력이 있다고 판단하였다.

※ 다음 글을 읽고 물음에 답하시오. [03~05]

법의 본질에 대해서는 많은 논의들이 있어 왔다. 그 오래된 것들 가운데 하나가 사회에 형성된 관습에서 그 본질을 파악하려는 견해이다. 관습이론에서는 이런 관습을 확인하고 재천명하는 것이 법이 된다고 본다. 곧 법이란 제도화된 관습이라고 보는 것이다. 관습을 재천명하는 역할은 원시 사회라면 족장 같은 권위자가, 현대 법체계에서는 사법기관이 수행할 수 있다. 입법기관에서 이루어지는 제정법 또한 관습을 확인한 결과이다. 예를 들면 민법의 중혼 금지 조항은 일부일처제의 사회적 관습에서 유래하였다고 설명한다. 나아가 사회의 문화와 관습에 어긋나는 법은 성문화되어도 법으로서의 효력이 없으며, 관습을 강화하는 법이어야 제대로 작동할 수 있다고 주장한다. 성문법이 관습을 변화시킬 수 없다는 입장을 취하는 것이다.

법을 사회구조의 한 요소로 보고 그 속에서 작용하는 기능에서 법의 본질을 찾으려는 구조이론이 있다. 이 이론에서는 관습이론이 법을 단순히 관습이나 문화라는 사회적 사실에서 유래한다고 보는 데 대해 규범을 정의하는 개념으로 규범을 설명하는 오류라 지적한다. 구조이론에서는 교환의 유형, 권력의 상호 관계, 생산과 분배의 방식, 조직의 원리들이 모두 법의 모습을 결정하는 인자가 된다. 이처럼 법은 구조화의 결과물이며, 이 구조를 유지하고 운영할 수 있는 합리적 방책이 필요하기에 도입한 것이다. 따라서 구조이론에서는 상이한 법 현상을 사회 구조의 차이에 따른 것으로 설명한다.

1921년 팔레스타인 지역에 세워진 모샤브 형태의 정착촌 A와 키부츠 형태의 정착촌 B는 토지와 인구의 규모가 비슷한 데다, 토지 공유를 바탕으로 동종의 작물을 경작하였고, 정치적 성향도 같았다. 그런데도 법의 모습은 서로 판이했다. A에서는 공동체 규칙을 강제하는 사법위원회가 성문화된 절차에 따라 분쟁을 처리하고 제재를 결정하였지만, B에는 이러한 기구도, 성문화된 규칙이나 절차도 없었다. 구조이론은 그 차이를 이렇게 ㉠ 분석한다. B에서는 공동 작업으로 생산된 작물을 공동 소유하는 형태를 지니고 있어서 구성원들 사이의 친밀성이 높고 집단 규범의 위반자를 곧바로 직접 제재할 수 있었다. 하지만 작물의 사적 소유가 인정되는 A에서는 구성원이 독립적인 생활 방식을 바탕으로 살아가기 때문에 비공식적인 규율로는 충분하지 않고 공식적인 절차와 기구가 필요했다.

법의 존재 이유가 사회 전체의 필요라는 구조이론의 전제에 의문을 제기하면서, 법과 제도로 유지되고 심화되는 불평등에 주목하여야 한다는 갈등이론도 등장한다. 갈등이론에서 법은 사회적 통합을 위한 합의의 산물이 아니라, 지배 집단이 억압 구조를 유지·강화하여 자신들의 이익을 영위하려는 하나의 수단이라고 주장한다. 19세기 말 미국에서는 아동의 노동을 금지하는 아동 노동 보호법을 만들려고 노력하여 20세기 초에 제정을 보았다. 이것은 문맹, 건강 악화, 도덕적 타락을 야기하는 아동 노동에 대한 개혁 운동이 수십 년간 지속된 결과이다. 이에 대해 관습이론에서는 아동과 가족생활을 보호하여야 한다는 미국의 전통적 관습을 재확인하는 움직임이라고 해석할 것이다. 구조이론에서는 이러한 법 제정을 사회구조가 균형을 이루는 과정으로 설명하려 할 것이다. 하지만 갈등이론에서는 법 제정으로 말미암아 값싼 노동력에 근거하여 생존하는 소규모 기업이 대거 퇴출되었다는 점, 개혁 운동의 많은 지도자들이 대기업 사장의 부인들이었고 운동 기금도 대기업의 기부에 많이 의존하였다는 점을 지적한다.

이론 상호 간의 비판도 만만찮다. 관습이론은 비합리적이거나 억압적인 사회·문화적 관행을 합리화해 준다는 공격을 받는다. 구조이론은 법의 존재 이유가 사회적 필요에서 나온다는 단순한 가정을 받아들이는 것일 뿐이고, 갈등이론은 편향적인 시각으로 흐를 수 있을 것이라고 비판받는다.

03 윗글에 대한 이해로 가장 적절한 것은?

① 관습이론은 지배계급의 이익을 위한 억압적 체계를 합리화한다는 비판을 받는다.
② 구조이론은 법이 그런 모습을 띠는 이유보다는 법이 발생하는 기원을 알려 주려 한다.
③ 구조이론은 규범을 정의하는 개념으로 규범을 설명하기 때문에 논리적 문제가 있다고 공격을 받는다.
④ 갈등이론은 사회관계에서의 대립을 해소하는 역할에서 법의 기원을 찾는다.
⑤ 갈등이론은 법 현상에 대한 비판적 접근을 통해 전체로서의 사회적 이익을 유지하는 기능적 체계를 설명한다.

04 ㉠의 내용으로 적절하지 않은 것은?

① A의 사법위원회가 지닌 사회 구조 유지의 기능이 사적 소유제의 도입에 따른 가정 간 빈부 격차를 고착시키는 역할을 수행하였다고 규명한다.
② B의 공동생활 방식은 구성원들이 일상적인 비난과 제재의 가능성에 놓이도록 만들기 때문에 천명되지 않은 관습도 법처럼 지켜졌다고 파악한다.
③ A와 B는 사회의 조직이나 구조가 상이하기 때문에 서로 다른 법체계를 가졌다고 설명한다.
④ B와 달리 A에서 성문화된 규칙이 발전한 모습을 보고 사회 관행과 같은 비공식적 규율은 독립적인 생활 방식의 규율에 적합하지 않았다고 해석한다.
⑤ B와 달리 A는 구성원이 함께 하는 생활 속에서 규범을 체득하는 구조가 아니라서 규율 내용을 명시하여야 규범을 둘러싼 갈등을 억제할 수 있었다고 이해한다.

05 관습이론 에 관한 추론으로 적절하지 않은 것은?

① 구조이론이나 갈등이론이 법을 자연적으로 발생한 것이 아니라고 보는 데 대하여 관습이론도 동의할 것이다.
② 상이한 법체계를 가진 두 사회에 대하여 구조이론이 조직 원리상의 차이로 그 원인을 설명할 때, 관습이론은 관습이 서로 다르기 때문이라고 이를 반박할 것이다.
③ '여성 발전 기본법', '남녀차별 금지 및 구제에 관한 법률'의 제정이 한국 사회에서 여성에 대한 차별 관행의 전환을 이끌어 냈다는 평가는 관습이론의 논거를 강화할 것이다.
④ 과거 남계 혈통 중심의 호주제가 현재의 변화된 가족 문화에 맞지 않기 때문에 개정 민법으로 폐지되었다는 분석에 대해, 관습이론은 관습을 재천명하는 법의 역할을 보여 준다고 하여 지지할 것이다.
⑤ 허례허식을 일소하기 위하여 1993년 제정된 '가정의례에 관한 법률'이 금지한 행위들이 국민들 사이에서 여전히 지속되다가 1999년에 그 법률이 폐지되었다는 사실에서, 성문법이 관습을 변화시킬 수 없다는 주장은 힘을 얻을 것이다.

※ 다음 글을 읽고 물음에 답하시오. [06~08]

베토벤의 교향곡은 서양 음악사에 한 획을 그은 걸작으로 평가된다. 그 까닭은 음악 소재를 개발하고 그것을 다채롭게 처리하는 창작 기법의 탁월함으로 설명될 수 있다. 연주 시간이 한 시간 가까이 되는 제3번 교향곡 '영웅'에서 베토벤은 으뜸화음을 펼친 하나의 평범한 소재를 모티브로 취하여 다양한 변주와 변형 기법을 통해 통일성을 유지하면서도 가락을 다채롭게 들리게 했다. 이처럼 단순한 소재에서 착상하여 이를 다양한 방식으로 가공함으로써 성취해 낸 복잡성은 후대 작곡가들이 본받을 창작 방식의 전형이 되었으며, 유례없이 늘어난 교향곡의 길이는 그들이 넘어서야 할 산이었다.

그렇다면 오로지 작품의 내적인 원리만이 베토벤의 교향곡을 19세기의 중심 레퍼토리로 자리매김하게 했을까? 베토벤의 신화를 이해하기 위해서는 19세기 초 음악사의 중심에 서고자 했던 독일 민족의 암묵적 염원을 들여다볼 필요가 있다. 그것은 1800년을 전후하여 뚜렷하게 달라진 빈(Wien)의 청중의 음악관, 음악에 대한 독일 비평가들의 새로운 관점, 그리고 당시 유행한 천재성 담론에 반영되었다.

빈의 ㉠ 새로운 청중의 귀는 유럽의 다른 지역 청중과는 달리 순수 기악을 향해 열려 있었다. 순수 기악이란 악기에서 나오는 소리 외에는 다른 어떤 것과도 연합되지 않는 음악을 뜻한다. 당시 청중은 언어가 순수 기악이 주는 의미를 담기에 부족하다고 생각했기 때문에 제목이나 가사 등의 음악 외적 단서를 원치 않았다. 그들이 원했던 것은 말로 형용할 수 없는, 무한을 향해 열려 있는 '음악 그 자체'였다.

또한 당시 음악 비평가들은 음악을 앎의 방식으로 이해하기를 원했다. 이는 음악을 정서의 촉발자로 본 이전 시대와 달리 음악을 감상자가 능동적으로 이해해야 할 대상으로 인식하기 시작했음을 뜻한다. 슐레겔은 모든 순수 기악이 철학적이라고 보았으며, 호프만은 베토벤의 교향곡이 '보편적 진리를 향한 문'이라고 주장하였다. 요컨대 당시의 빈의 청중과 독일의 음악 비평가들은 베토벤의 교향곡이 음악의 독립적 가치를 극대화한 음악이자 독일 민족의 보편적 가치를 실현해 주는 순수 기악의 정수라 여겼다.

더욱이 당시 독일 지역에서 유행한 천재성 담론도 베토벤의 교향곡이 특별한 지위를 얻는 데 한몫했다. 그 시대가 요구하는 천재상은 타고난 재능으로 기존의 관습에서 벗어나 새로운 전통을 창조하는 자였다. 베토벤은 이전의 교향곡의 새로운 지평을 열었다고 여겨졌다. 베토벤이야말로 이러한 천재라는 인식이 널리 받아들여지면서 그의 교향곡은 더욱 주목받았다.

06 윗글의 내용과 일치하지 않는 것은?

① 베토벤 신화 형성 과정에는 독일 민족의 음악적 이상이 반영되었다.

② 베토벤 교향곡의 확대된 길이는 후대 작곡가들이 극복해야 할 과제였다.

③ 베토벤 교향곡에서 복잡성은 단순한 모티브를 다양하게 가공하는 창작 방식에 기인한다.

④ 베토벤 교향곡 '영웅'의 변주와 변형 기법은 통일성 속에서도 다양성을 구현하게 해 주었다.

⑤ 베토벤의 천재성은 기존의 음악적 관습을 부정하고 교향곡이라는 새로운 장르를 창시한 데에서 비롯된다.

07 ㉠의 관점에 가장 가까운 것은?

① 음악은 소리를 다양하게 변형시켜 그것을 듣는 인간의 정서를 순화시킨다.
② 음악은 인간의 구체적인 감정을 전달하는 수단이라는 점에서 그 자체가 언어이다.
③ 가사는 가락을 통해 전달되는 메시지라는 점에서 언어는 음악의 본질적 요소이다.
④ 음악은 언어가 표현할 수 없는 것을 보여 준다는 점에서 언어를 초월하는 예술이다.
⑤ 창작 당시의 시대상이 음악에 반영된다는 점에서 음악 외적 상황은 음악 이해에 중요한 단서가 된다.

08 〈보기〉와 윗글을 이해한 내용으로 가장 적절한 것은?

> **보기**
>
> 로시니는 베토벤과 동시대인으로 당대 최고의 인기를 누리던 오페라 작곡가였다. 당시 순수 기악이 우세했던 빈과는 달리 이탈리아와 프랑스에서는 오페라가 여전히 음악의 중심에 있었다. 당대의 소설가이자 음악 비평가인 스탕달은 로시니가 빈의 현학적인 음악가들과는 달리 유려한 가락에 능하다는 이유를 들어 그를 최고의 작곡가로 평가하였다.

① 슐레겔은 로시니를 '순수 기악의 정수'를 보여 준 베토벤만큼 높이 평가하지 않았겠군.
② 호프만은 당시의 이탈리아와 프랑스에서 유행하던 음악이 '새로운 전통'을 창조했다고 보았겠군.
③ 음악을 '앎의 방식'으로 보는 관점을 가진 사람들에게 오페라는 교향곡보다 우월한 장르로 평가받았겠군.
④ 스탕달에 따르면, 로시니의 음악은 베토벤이 세운 '창작 방식의 전형'을 따름으로써 빈의 현학적인 음악가들을 뛰어넘은 것이겠군.
⑤ 당시 오페라가 여전히 인기를 얻을 수 있었던 것은 음악을 '정서의 촉발자'가 아닌 '능동적 이해의 대상'으로 보려는 청중의 견해 때문이었겠군.

| 2020년 5급 PSAT(공직적격성평가) 언어논리 영역

01 다음 글의 ㉠과 ㉡에 대한 분석으로 적절한 것은?

> 제1차 세계대전 이후 심리적 외상의 실재가 인정되었다. 참호 안에서 공포에 시달린 남성들은 무력감에 사로잡히고, 전멸될지 모른다는 위협에 억눌렸으며 동료들이 죽고 다치는 것을 지켜보며 히스테리 증상을 보였다. 그들은 울며 비명을 질러대고 얼어붙어 말이 없어졌으며, 자극에 반응을 보이지 않고 기억을 잃으며 감정을 느끼지 못했다. 이러한 정신적 증후군의 발병은 신체적 외상이 아니라 심리적 외상을 계기로 발생한다는 것을 알게 되었다. 폭력적인 죽음에 지속적으로 노출되어 받는 심리적 외상은 히스테리에 이르게 하는 신경증적 증후군을 유발하기에 충분했다.
>
> 전쟁에서 폭력적인 죽음에 지속적으로 노출되어 받는 심리적 외상을 계기로 발생하는 '전투 신경증'이 정신적 증후군의 하나로 실재한다는 사실을 부정할 수 없게 되었을 때, 의학계의 전통주의자들과 진보주의자들 간의 의학적 논쟁은 이제 환자의 의지력을 중심으로 이루어졌다. ㉠ 전통주의자들은 전쟁에서 영광을 누려야 할 군인이 정서적인 증세를 드러내서는 안 된다고 보았다. 이들에 따르면, 전투 신경증을 보이는 군인은 체질적으로 열등한 존재에 해당한다. 전통주의자들은 이 환자들을 의지박약자라고 기술하면서 모욕과 위협, 처벌을 중심으로 하는 치료를 옹호하였다. 반면 ㉡ 진보주의자들은 전투 신경증이 의지력 높은 군인에게도 나타날 수 있다고 주장하였다. 이들은 정신분석 원칙에 입각하여 대화를 통한 인도적 치료를 옹호하였다. 그들은 전투 신경증을 히스테리의 한 유형으로 보았지만 히스테리라는 용어가 담고 있는 경멸적인 의미가 환자들에게 낙인을 찍는다는 사실을 깨닫고 이를 대체할 수 있는 명명법에 대한 고민을 거듭했다. 인도적 치료를 추구했던 진보주의자들은 두 가지 원칙을 확립하였다. 첫째, 용맹한 남성이라도 압도적인 두려움에는 굴복하게 된다. 둘째, 두려움을 극복할 수 있는 동기는 애국심이나 적에 대한 증오보다 강한 전우애다.

① ㉠과 ㉡의 히스테리 치료 방식은 같다.

② ㉠과 ㉡은 모두 전투 신경증의 증세가 실재한다고 본다.

③ ㉠과 ㉡은 전투 신경증이 어떤 계기로 발생하는가에 대해 서로 다른 견해를 보인다.

④ ㉠과 ㉡은 모두 환자들에게 히스테리라는 용어를 사용하는 것이 부정적인 낙인을 찍는다고 본다.

⑤ ㉡은 ㉠보다 전투 신경증에 의한 히스테리 증상이 더 다양한 형태로 나타난다고 본다.

02   다음 글의 내용과 부합하는 것은?

> 미국의 건축물 화재안전 관리체제는 크게 시설계획기준을 제시하는 건축모범규준과 특정 시설의 화재안전평가 및 대안설계안을 결정하는 화재안전평가제 그리고 기존 건축물의 화재위험도를 평가하는 화재위험도평가제로 구분된다. 건축모범규준과 화재안전평가제는 건축물의 계획 및 시공단계에서 설계지침으로 적용되며, 화재위험도평가제는 기존 건축물의 유지 및 관리단계에서 화재위험도 관리를 위해 활용된다. 우리나라는 정부가 화재안전 관리체제를 마련하고 시행하는 데 반해 미국은 공신력 있는 민간기관이 화재 관련 모범규준이나 평가제를 개발하고 주 정부가 주 상황에 따라 특정 제도를 선택하여 운영하고 있다.
>
> 건축모범규준은 미국화재예방협회에서 개발한 것이 가장 널리 활용되는데 3년마다 개정안이 마련된다. 특정 주요 기준은 대부분의 주가 최근 개정안을 적용하지만, 그 외의 기준은 개정되기 전 규준의 기준을 적용하는 경우도 있다. 역시 미국화재예방협회가 개발하여 미국에서 가장 널리 활용되는 화재안전평가제는 공공안전성이 강조되는 의료, 교정, 숙박, 요양 및 교육시설 등 5개 용도시설에 대해 화재안전성을 평가하고 대안설계안의 인정 여부를 결정함에 목적이 있다. 5개 용도시설을 제외한 건축물의 경우에는 건축모범규준의 적용이 권고된다. 화재위험도평가제는 기존 건축물에 대한 데이터를 수집하여 화재안전을 효율적으로 평가·관리함에 목적이 있다. 이 중에서 뉴욕주 소방청의 화재위험도평가제는 공공데이터 공유 플랫폼을 이용하여 수집된 주 내의 모든 정부 기관의 정보를 평가자료로 활용한다.

① 건축모범규준이나 화재안전평가제에 따르면 공공안전성이 강조되는 건물에는 특정 주요 기준이 강제적으로 적용되고 있다.

② 건축모범규준, 화재안전평가제, 화재위험도평가제 모두 건축물의 설계·시공단계에서 화재안전을 확보하는 수단이다.

③ 건축모범규준을 적용하여 건축물을 신축하는 경우 반드시 가장 최근에 개정된 기준에 따라야 한다.

④ 미국에서는 민간기관인 미국화재예방협회가 건축모범규준과 화재안전평가제를 개발·운영하고 있다.

⑤ 뉴욕주 소방청은 화재위험도 평가에 타 기관에서 수집한 정보를 활용한다.

※ 다음 글을 읽고 물음에 답하시오. [03~05]

서기 2세기 중엽, 로마의 속주 출신 그리스인 아리스티데스는 로마 통치의 특징을 묘사하는 〈로마 송사(頌辭)〉라는 연설문을 남긴다. 이 글은 로마 제국에 대한 동시대인의 증언이자, 정복자가 아닌 속주, 즉 식민지 지식인의 논평이라는 점에서 흥미롭다. 그렇지만 로마의 통치 원리에 대한 그의 설명은 정작 로마인에게는 익숙한 것이 아니었다. 예를 들어 그는 '보편 시민'을 구현하려는 시민권 정책의 개방성 원리를 칭찬하지만, 로마인은 그 정책 배후의 이념을 숙고하지 않았다. 로마인에게 속주 엘리트들에 대한 시민권 개방은 분리 통치를 위한 '지배 비결'이었을 뿐이다.

하지만 아리스티데스는 로마의 정책을 이념의 측면에서 볼 필요가 있었다. 이미 300여 년간 그리스 지식인들은 로마 권력의 속성과 그리스인이 로마 통치에 관해 취할 태도에 대한 담론을 지속해 왔기 때문이다. 우선 로마의 지배에 들어간 기원전 2세기 중엽 이래 그리스 지식인들은 그리스인의 대처 자세에 대해 고민했다. 가장 먼저 이를 논의한 이들은 기원전 2 ~ 1세기의 철학자 파나이티오스와 포세이도니오스였다. 그들의 논리는 최선자(最善者)의 지배가 약자에게 유익하다는 것이었다. 그로써 그리스인은 로마인에 대해 지배의 도덕적 정당성을 인정하면서 ㉠ 순응주의를 드러냈다. 하지만 과연 로마인은 최선자였던가? 속주에 배치된 군 지휘관과 관리들에 대한 속주민의 고발이 잦았던 당시 현실에서 보면 그 대답은 어렵지 않다.

한편 서기 1세기 초 로마의 정체(政體)가 공화정에서 제정으로 바뀐 뒤, 그때까지 통치하기보다는 그저 점령해 온 지역에서 실질적 행정이 시작되었다. 그 결과 로마의 통치가 공고해지고, 로마가 가져온 평화의 혜택이 자명해졌다. 그리스 문화를 존중하는 로마 황제들의 배려가 늘어가면서, 그리스인의 자유 상실감은 상당히 약화되었다. 이제 그들은 문학과 철학에서의 문화 권력을 인정받는 대가로 권력과 타협할 준비가 되어 있었다. 이를 ㉡ 타협주의라고 부를 수 있을 것이다. 예컨대 서기 1세기 초의 역사가 디오니시우스는 실체적 근거도 없이 로마인의 뿌리는 사실 그리스인이라며 일종의 동조론(同祖論)을 제기했다. 그렇지만 이는 로마인에 대한 아부가 아니라 그리스인을 위한 타협의 신호였다. 정복자로 성공한 로마인을 불편하게 대할 이유가 없다는 것이었다. 거의 같은 시기의 수사학자 디오는 황제들이 타락하지 않으면, 로마가 관대한 통치를 펴고 그리스인의 이상인 '화합'을 실현할 것이라고 전망하였다. 아직까지는 자신들의 정체성을 지키기 위한 노력을 포기하지 않았기 때문이다.

그러나 아리스티데스의 시기에 이르면 속주 지식인들의 기조는 ㉢ 동화주의로 변했다. 역사가 아피아누스는 제정이 안정과 평화, 풍요를 안겨 주었다고 보았고, 그런 의미에서 로마가 공화정에서 제정으로 전환된 것을 축복이라고 묘사했다. 이는 그가 아직도 옛 정체에 대한 향수를 짙게 간직하고 있던 로마의 전통적 지배 계층보다 새로운 체제와 일체감을 더 지녔음을 보여 준다. 그리고 아리스티데스는 〈로마 송사〉에서 그리스에 대한 혜택과 배려를 더 이상 논하지 않고, 제국 시민으로서의 관점을 강조한다. 그리고 제국 통치가 가져다 준 평화의 전망 속에서 그리스의 지역 엘리트들은 더 이상 통치할 권리를 두고 서로 싸우지 않는다고 말한다. 요컨대 아리스티데스는 식민지 엘리트들의 탈정치화를 상정하고 있다. 그는 모든 속주 도시의 정치적 자립성이 세계 제국 안에서 소멸되는 상태를 꿈꾸는 것이다.

게다가 그가 보기에 로마는 이전의 다른 제국인 페르시아에 비해 행정 조직과 지배 이념에 있어서 비교 우위를 지녔다. 로마의 행정 조직은 거대하지만 동시에 체계적인 점이 특징이라는 것이다. 이 체계적인 면이란 곧 통치의 탈인격성을 가리키며, 바로 페르시아 왕의 전횡과 대척을 이루는 것이다. 이렇게 〈로마 송사〉는 '팍스 로마나'가 절정에 달해 있던 서기 2세기 중엽의 로마 정책에 대해 공감하고 동조하며 결국 동화되었던 그리스 지식인들의 자세를 잘 보여 주고 있다.

03 윗글의 내용과 일치하는 것은?

① 공화정 말기에 로마의 속주 행정은 페르시아와 달리 전횡성을 극복하였다.
② 공화정 말기에 속주민은 로마 군 지휘관과 관리들의 통치에 이견을 표하지 못했다.
③ 제정 초기에 로마의 상류층은 평화와 안정을 보장하는 체제의 변화를 환영하였다.
④ 제정 초기에 그리스 지식인들은 로마의 그리스 문화 존중을 바탕으로 자존감을 지켰다.
⑤ '팍스 로마나' 절정기의 시민권 정책은 '보편 시민' 양성이라는 통치 원리의 산물이었다.

04 ㉠~㉢에 대한 설명으로 적절하지 않은 것은?

① ㉠에서는 지배의 정당성을 윤리적 정당성과 일치시키는 논리를 내세웠다.
② ㉡에서는 그리스 정체성의 유지를 중시한다는 특징을 갖고 있다.
③ ㉢에서는 제국 행정 시스템의 체계적인 면을 높이 평가했다.
④ ㉡과 ㉢에서는 자유보다 평화와 안전을 중시한다는 공통점을 지녔다.
⑤ ㉠, ㉡, ㉢ 모두 로마의 정체 변화를 긍정적으로 파악하고 있다.

05 윗글을 바탕으로 〈보기〉를 평가한 내용으로 가장 적절한 것은?

> **보기**
>
> 정치가는 자신과 출신 도시가 로마 통치자들에게 책잡히지 않도록 해야 함은 물론, 로마의 고위 인사 중에 친구를 가지도록 해야만 한다. 로마인은 친구들의 정치적 이익을 증대시켜 주는 데 열심이기 때문이다. 우리가 거물들과의 우정에서 이득을 보게 되었을 때, 그 이점이 우리 도시의 복지에 이어지도록 하는 것도 좋다. …… 우리 그리스 도시들이 누리는 축복들인 평화, 번영, 풍요, 늘어난 인구, 질서, 화합을 생각해 보라. 그리스인이 이민족들과 싸우던 모든 전쟁은 자취를 감추었다. 자유에 관한 한, 우리 도시 주민들은 통치자들이 허용해 주는 커다란 몫을 누리고 있다. 아마 그 이상의 자유는 주민들을 위해서도 좋지 않을 것이다.
>
> — 플루타르코스, 〈정치가 지망생을 위한 권고〉

① '우리 도시'와 '화합'을 말하고 있다는 점에서, 그리스인의 정체성 지키기를 포기하지 않은 디오와 같은 자세를 견지한다고 보아야겠군.
② '자신과 출신 도시', '평화'와 '풍요'를 거론하고 있다는 점에서, 황제의 통치를 환영한 아피아누스와 동시대인의 주장이라고 보아야겠군.
③ 로마는 '친구들'의 '정치적 이익'을 지켜 준다고 한다는 점에서, 시민권 확대에 주목한 아리스티데스와 같은 태도를 보이고 있다고 보아야겠군.
④ 그리스인이 '이민족들'과 싸우던 전쟁이 사라졌음을 강조한다는 점에서, 로마인과 그리스인이 한 뿌리를 가졌다고 보는 디오니시우스의 주장을 지지한다고 보아야겠군.
⑤ '통치자들'의 눈치를 보고 그들이 준 '번영'과 '질서'를 상기시킨다는 점에서, 약자에게 유익한 점을 고민한 파나이티오스, 포세이도니오스와 동시대인의 견해라고 보아야겠군.

※ 다음 글을 읽고 물음에 답하시오. [06~07]

영국의 역사가 아놀드 토인비는 〈역사의 연구〉를 펴내며 역사 연구의 기본 단위를 국가가 아닌 문명으로 설정했다. 그는 예를 들어 영국이 대륙과 떨어져 있을지라도 유럽의 다른 나라들과 서로 영향을 미치며 발전해 왔으므로, 영국의 역사는 그 자체만으로는 제대로 이해할 수 없고 서유럽 문명이라는 틀 안에서 바라보아야 한다고 하였다. 그는 문명 중심의 역사를 이해하기 위한 몇 가지 가설들을 세웠다. 그리고 방대한 사료(史料)를 바탕으로 그 가설들을 검증하여 문명의 발생과 성장 그리고 쇠퇴 요인들을 규명하려 하였다.

토인비가 세운 가설들의 중심축은 '도전과 응전' 및 '창조적 소수와 대중의 모방' 개념이다. 그에 의하면 환경의 도전에 대해 성공적으로 응전하는 인간 집단이 문명을 발생시키고 성장시킨다. 여기서 중요한 것은 그 환경이 역경이라는 점이다. 인간의 창의적 행동은 역경을 당해 이를 이겨 내려는 분투 과정에서 발생하기 때문이다.

토인비는 이 가설이 단순하게 도전이 강력할수록 그 도전이 주는 자극의 강도가 커지고 응전의 효력도 이에 비례한다는 식으로 해석되는 것을 막기 위해, 소위 '세 가지 상호 관계의 비교'를 제시하여 이 가설을 보완하고 있다. 즉 도전의 강도가 지나치게 크면 응전이 성공적일 수 없게 되며, 반대로 너무 작을 경우에는 전혀 반응이 나타나지 않고, 최적의 도전에서만 성공적인 응전이 나타난다는 것이다.

이렇게 성공적인 응전을 통해 나타난 문명이 성장하기 위해서는 그 후에도 지속적으로 나타나는 문제, 즉 새로운 도전들을 해결해야만 한다. 토인비에 따르면 이를 해결하기 위해서는 그 사회의 창조적 인물들이 역량을 발휘해야 한다. 그러나 이들은 소수이기 때문에 응전을 성공적으로 이끌기 위해서는 다수의 대중까지 힘을 결집해야 한다. 이때 대중은 일종의 사회적 훈련인 '모방'을 통해 그들의 역할을 수행한다.

물론 모방은 모든 사회의 일반적인 특징으로서 문명을 발생시키지 못한 원시 사회에서도 찾아볼 수 있다. 여기에 대해 토인비는 모방의 유무가 중요한 것이 아니라 모방의 작용 방향이 중요하다고 설명한다. 문명을 발생시키지 못한 원시 사회에서 모방은 선조들과 구세대를 향한다. 그리고 죽은 선조들은 살아 있는 연장자의 배후에서 눈에 보이지 않게 그 권위를 강화해 준다. 그리하여 이 사회는 인습이 지배하게 되고 발전적 변화가 나타나지 않는다. 반대로 모방이 창조적 소수에게로 향하는 사회에서는 인습의 권위를 인정하지 않으므로 문명이 지속적으로 성장한다.

06 윗글에 나타난 '토인비의 견해'에 대한 이해로 적절한 것은?

① 문명은 최적의 도전에 대한 성공적 응전에서 나타난다.

② 모방의 존재 여부는 문명의 발생과 성장의 기준이 된다.

③ 역사는 국가를 기본 단위로 연구해야 제대로 이해할 수 있다.

④ 환경의 도전이 강력할수록 그에 대한 응전은 더 효과적으로 나타난다.

⑤ 선조에 기대어 기성세대의 권위가 강화되는 사회는 발전적 변화를 겪는다.

07

윗글을 바탕으로 〈보기〉를 이해한 내용으로 적절하지 않은 것은?

> **보기**
>
> 빙하기가 끝나고 나서 세계 여러 지역의 기후는 크게 달라졌다. 서남아시아 일부 초원 지역의 경우는 급속히 사막화가 진행되었다. 이 지역에서 수렵 생활을 하던 이들은 세 가지 서로 다른 길을 걸었다. 첫째 집단은 그대로 머물러 생활양식을 유지하며 겨우 생존만 하다가 멸망의 길로 들어섰다. 둘째 집단은 생활양식만을 변경하여 그 지역에서 유목 생활을 하였다. 이들은 문명 단계에는 들어갔으나 더 이상의 발전이 없이 정체되고 말았다. 셋째 집단은 다른 지역인 티그리스, 유프라테스 강 유역으로 이주한 다음, 농경 생활을 선택하여 새로운 고대 문명을 일구고 이어지는 문제들도 성공적으로 해결해 나갔다.

① 사막화는 서남아시아 일부 초원 지역 사람들이 당면했던 역경에 해당한다고 보아야겠군.

② 첫째 집단에서는 모방이 작용하는 방향이 선조들과 구세대를 향했다고 보아야겠군.

③ 둘째 집단이 문명을 발생시킨 후 이 집단의 창조적 소수들이 계속된 새로운 도전들을 해결했다고 보아야겠군.

④ 셋째 집단에서는 창조적 소수가 나타났고, 대중의 모방이 그들을 향했다고 보아야겠군.

⑤ 셋째 집단은 생활 터전과 생활양식을 모두 바꾸는 방식으로 환경의 변화에 응전하여 문명을 발생시켰다고 보아야겠군.

| 2020년 5급 PSAT(공직적격성평가) 언어논리 영역

01 다음 글에서 알 수 있는 것은?

19세기 후반 독일의 복지 제도를 주도한 비스마르크는 보수파였다. 그는 노령연금과 의료보험 정책을 통해 근대 유럽 복지 제도의 기반을 조성하였는데 이 정책의 일차적 목표는 당시 노동자를 대변하는 사회주의자들을 견제하면서 독일 노동자들이 미국으로 이탈하는 것을 방지하는 데 있었다. 그의 복지 정책은 노동자뿐 아니라 노인과 약자 등 사회의 다양한 계층으로부터 광범위한 지지를 얻을 수 있었지만, 이러한 정책을 실행하는 과정에서 각 정파들 간에 논쟁과 갈등이 발생했다. 복지 제도는 모든 국민에게 그들의 공과와는 관계 없이 일정 수준 이상의 삶을 영위할 수 있도록 사회적 최소치를 보장하는 것이고 이를 위해선 지속적인 재원이 필요했다. 그런데 그 재원을 확보하고자 국가가 세금과 같은 방법을 동원할 경우 그 비용을 강제로 부담하고 있다고 생각하는 국민들의 불만은 말할 것도 없고, 실제 제공되는 복지 수준이 기대치와 다를 경우 그 수혜자들로부터도 불만을 살 우려가 있었다.

공동체적 가치를 중요시해 온 독일의 사회주의자들이나 보수주의자들은 복지 정책을 입안하고 그 집행과 관련된 각종 조세 정책을 수립하는 데에 적극적이었다. 이들은 보편적 복지를 시행하기 위한 재원을 국가가 직접 나서서 마련하는 데 찬성했다. 반면 개인주의에 기초하여 외부로부터 간섭받지 않을 권리와 자유를 최상의 가치로 간주하는 독일 자유주의자들은 여기에 소극적이었다. 이 자유주의자들은 모두를 위한 기본적인 복지보다는 개인의 사유재산권이나 절차상의 공정성을 강조하였다. 이들은 장애인이나 가난한 이들에 대한 복지를 구휼 정책이라고 간주해 찬성하지 않았다. 이들에 따르면 누군가가 선천적인 장애나 사고로 인해 매우 어려운 상황에 처해 있다고 내가 그 사람을 도와야 할 의무는 없는 것이다. 따라서 자신이 원하지도 않는 상황에서 다른 사람을 돕는다는 명목으로 국가가 강제로 개인에게 세금을 거두고자 한다면 이는 자유의 침해이자 강요된 노동이 될 수 있었다. 물론 독일 자유주의자들은 개인이 자발적으로 사회적 약자들을 돕는 것에는 반대하지 않고 적극 권장하는 입장을 취했다. 19세기 후반 독일의 보수파를 통해 도입된 복지 정책들은 이후 유럽 각국의 복지 제도 확립에 영향을 미쳤다. 그렇지만 개인의 자율성을 강조하는 자유주의자들과의 갈등들은 현재까지도 지속되고 있다.

① 독일 자유주의자들은 구휼 정책에는 반대했지만 개인적 자선 활동에는 찬성하였다.

② 독일 보수주의자들은 복지 정책에 드는 재원을 마련하면서 그 부담을 특정 계층에게 전가하였다.

③ 독일 보수주의자들이 집권한 당시 독일 국민의 노동 강도는 높아졌고 개인의 자율성은 침해되었다.

④ 공동체적 가치를 강조하는 사회주의적 전통이 확립될수록 복지 정책에 대한 독일 국민들의 불만은 완화되었다.

⑤ 독일 사회주의자들이 제안한 노동자를 위한 사회 보장 정책은 독일 보수주의자들에 의해 전 국민에게로 확대되었다.

02 다음 글에서 알 수 있는 것은?

사법적 분쟁해결의 대안적 수단인 ADR(Alternative Dispute Resolution)은 분쟁당사자 간 자율적 분쟁해결을 도모한다. ADR은 재판과 비교하여 시간과 비용이 절감되나 사법적 통제가 이루어지지 않아 법치주의에 위배될 우려가 있다. ADR은 자기결정권의 정도에 따라 중재, 조정, 협상으로 구분된다. 분쟁해결안과 관련하여, 중재는 제3자가 결정권을 가지며, 조정은 제3자가 관여하지만 결정권은 분쟁당사자가 가지고, 협상은 제3자의 관여 없이 분쟁당사자가 결정권을 갖는다. 따라서 중재에서 조정, 협상으로 갈수록 자기결정권의 정도가 크다.

ADR 중 소송과 가장 유사한 중재는 전문성을 보유한 중재인 또는 중재단 등 제3자가 당사자들의 의뢰에 따라 분쟁을 해결한다. 중재인이 당사자의 입장을 절충하여 제시한 중재안은 구속력이 있다. 따라서 중재안에 만족하지 못하는 당사자도 발생한다. 중재에서 당사자의 자기결정권은 당사자가 분쟁해결수단으로 중재를 선택할 것인지 여부를 결정하는 것에 그칠 뿐, 그 이후의 절차나 결과에 관해서는 결정권이 제한된다.

조정은 당사자 간 대화를 통하여 창의적 해결안을 모색하기 때문에 결과 도출 시 당사자의 만족도가 크다. 조정을 제3자의 개입 수준에 따라 알선과 순수한 의미의 조정으로 재구분하기도 한다. 알선은 제3자가 단순히 회합을 주재하는 수준에 머무는 경우이며, 순수한 의미의 조정은 회합의 주재뿐 아니라 해결안을 제시하는 수준까지 제3자가 개입하는 것이다.

협상은 제3자의 관여 없이 분쟁당사자 간의 협의를 통해 분쟁을 해결하기 때문에 자기결정권의 정도가 가장 크다. 그러나 제3자의 관여가 없다 보니 분쟁당사자 간의 사회적, 경제적 우위 등이 반영된 해결안이 마련되기도 한다. 협상은 분쟁당사자가 자율적으로 분쟁을 해결한다는 점에서 가장 이상적이다. 그러나 분쟁당사자 간의 비공개 의사결정에 의존하여 분쟁해결안을 만들기 때문에 사회 정의를 실현하는 측면에서는 미흡한 점이 있어 결과에 대한 만족도가 다양하다.

① 중재는 분쟁해결안의 구속력으로 인해 분쟁당사자의 결과에 대한 만족도가 가장 낮다.
② 협상은 제3자의 개입 정도가 가장 낮으므로 사법적 통제도 가장 낮게 이루어진다.
③ 협상은 중재나 조정보다 분쟁 해결에 요구되는 시간이 가장 짧은 분쟁해결수단이다.
④ 당사자 간 분쟁해결안 자체를 만듦에 있어 알선은 협상보다 자기결정권의 정도가 크다.
⑤ ADR 중에서 자기결정권의 정도가 가장 큰 것이 사회 정의 실현에 충분히 기여하는 것은 아니다.

※ 다음 글을 읽고 물음에 답하시오. [03~05]

동물은 쾌락, 고통 등을 느낄 수 있는 만큼 그들도 윤리적으로 대우해야 한다는 주장이 ㉠ 동물감정론이다. 한편 ㉡ 동물권리론에 따르면 동물도 생명권, 고통받지 않을 권리 등을 지닌 존재인 만큼 그들도 윤리적으로 대우해야 한다. 하지만 동물도 윤리적 대상으로 고려해야 한다는 두 이론을 극단적으로 전개하면 새로운 윤리적 문제가 발생한다. ㉢ 포식에 관련한 비판은 그러한 문제를 지적하는 대표적인 입장이다.

인간은 동물을 음식, 의류 등으로 이용해 왔지만, 인간만이 동물에게 고통을 주며 권리를 침해한 것은 아니다. 야생의 포식 동물 또한 피식 동물을 잔인하게 잡아먹는다. 피식 동물이 느끼는 고통은 도살에서 동물이 느끼는 고통보다 훨씬 클 수도 있다. 동물의 권리에 대한 침해 문제 또한 마찬가지로 설명할 수 있다. 인간의 육식이나 실험 등이 고통 유발이나 권리 침해 때문에 그르다면, 야생 동물의 포식이 피식 동물의 고통을 유발하거나 그 권리를 침해하는 것 또한 그르다고 해야 할 것이다. 그른 것은 바로잡아야 한다는 점에서 인간의 육식 등은 막아야 하는 것일 수 있다. 그렇다 해도 동물의 포식까지 막아야 한다고 하는 것은 터무니 없다. 예컨대 사자가 얼룩말을 잡아먹지 못하도록 일일이 막는 것은 우선 우리의 능력을 벗어난다. 설령 가능해도 그렇게 하는 것은 자연 질서를 깨뜨리므로 올바르지 않다. 동물감정론과 동물권리론이 야생 동물의 포식을 방지해야 한다는 과도한 의무까지 함축할 수 있다는 점만으로도 그 이론을 비판할 충분한 이유가 된다.

동물감정론은 윤리 결과주의에 근거한다. 이것은 행동의 올바름과 그름 등은 행동의 결과에 의거하여 평가되어야 한다는 입장이다. 전형적 윤리 결과주의인 공리주의에 따르면 행동의 효용, 곧 행동이 쾌락을 극대화하는지의 여부가 그 평가에서 가장 주요한 기준이 된다. 이때 효용은 발생할 것으로 기대되는 고통의 총량을 차감한 쾌락의 총량에 의해 계산한다. 동물감정론이 포식 방지와 같은 의무를 부과한다는 지적에 대한 공리주의자의 응답은 다음과 같다. 포식 동물의 제거 등을 통해 피식 동물을 보호함으로써 얻을 수 있는 쾌락의 총량보다 이러한 생태계의 변화를 통해 유발될 고통의 총량이 훨씬 클 것이다. 따라서 동물을 이유 없이 죽이거나 학대하지 않는 것으로 인간이 해야 할 바를 다한 것이며 동물의 행동까지 규제해야 할 의무는 없다.

하지만 공리주의를 동원한 동물감정론은 포식 방지가 인간의 의무가 될 수 없음을 증명하는 데 성공하지 못한다. 기술 발전 등으로 인해 포식에 대한 인간의 개입이 더욱 수월해지고, 그로 인해 기대할 수 있는 쾌락의 총량이 고통의 총량보다 실제 더 커질 수 있기 때문이다. 쾌락 총량의 극대화를 기치로 내건 동물감정론에서의 효용 계산으로 포식 방지의 의무가 산출될 수도 있다.

한편 동물권리론은 행동의 평가가 '의무의 수행' 등 행동 그 자체의 성격에 의거해야 한다는 윤리 비결과주의를 근거로 내세운다. 전형적 윤리 비결과주의인 의무론에 따르면 행위의 도덕성은 행위자의 의무가 적절히 수행되었는지의 여부에 따라 결정된다. 동물권리론이 포식 방지와 같은 의무를 부과한다는 지적에 대한 의무론자의 응답은 다음과 같다. 도덕 행위자는 자신의 행동을 조절하고 설명할 수 있는 능력을 지닌 반면, 포식 동물과 같은 도덕 수동자는 그런 능력이 결여된 존재이다. 의무를 지니려면 그렇게 할 수 있는 능력을 지녀야 한다. 도덕 수동자는 도덕에 맞춰 자신의 행동을 조절할 수 없으므로 그런 의무를 지니지 않는 것이다. 인간의 육식에서나 동물의 포식에서도 동물의 권리가 침해된 것이기는 마찬가지다. 그러나 동물은 자신의 행동을 조절할 능력을 갖지 않기에 다른 동물을 잡아먹지 않을 의무도 없다. 결국 사자가 얼룩말을 잡아 포식하는 것을 막을 인간의 의무 또한 없다는 것이다.

하지만 의무론을 동원한 동물권리론은 포식에 관련한 비판을 오해했다는 문제점을 갖는다. 포식 방지에 대한 비판의 핵심은 사자가 사슴을 잡아먹는다고 할 때 우리가 그것을 그만두게 할 의무가 있는지의 문제이지, 사자가 그만두어야 할 의무가 있는지의 여부는 아니기 때문이다. 그저 재미로 고양이를 괴롭히는 아이는 도덕 수동자이니 그 행동을 멈춰야 할 의무가 없다고 하더라도 과연 그 부모 또한 이를 막을 의무가 없다고 하겠는가?

03 ⊙ ~ ©에 대한 설명으로 가장 적절한 것은?

① ⊙에서는 동물의 포식 때문에 생겨나는 야생의 고통은 효용 계산에서 무시해도 된다고 본다.

② ©에서는 인간이 동물에 대해 의무가 있는지를 판단할 때 인간의 도덕 행위자 여부를 고려해야 한다고 본다.

③ ©에서는 인간의 육식은 그르지만 야생 동물의 포식은 그르지 않다고 본다.

④ ⊙과 ©에서는 모두 동물에게 포식 금지의 의무가 있다고 본다.

⑤ ⊙과 ©에서는 모두 포식을 방지하는 행동이 그른 까닭을 생명 공동체의 안정성 파괴에서 찾는다.

04 윗글을 바탕으로 추론할 때, 적절한 것만을 〈보기〉에서 있는 대로 고른 것은?

> **보기**
>
> ⊙ 공리주의에 따르면, 포식 동물의 제거로 늘어날 쾌락의 총량이 고통의 총량보다 커지면 포식 동물을 제거해야 할 것이다.
> © 공리주의에 따르면, 동물에 대한 윤리적 대우의 범위는 야생에 개입할 수 있는 인간의 기술 발전 수준에 반비례할 것이다.
> © 의무론에 따르면, 인간에게 피식 동물을 구출할 수 있는 능력이 있다면 인간은 반드시 그렇게 할 의무가 있을 것이다.
> ② 의무론에 따르면, 동물을 대하는 인간 행동의 올바름, 그름 등은 결과가 아닌 행동 그 자체의 성질에서 찾을 수 있을 것이다.

① ⊙, ©   ② ⊙, ②

③ ©, ©   ④ ⊙, ©, ②

⑤ ©, ©, ②

05 문제점 의 내용으로 가장 적절한 것은?

① 도덕 수동자에게는 책임이 없다는 사실로부터 도덕 행위자에게도 도덕 수동자의 행동에 대한 책임이 없다고 단정했다.

② 어린 아이가 도덕 수동자라는 사실로부터 어린 아이에게는 도덕적 책임을 물을 수 없다고 단정했다.

③ 포식 동물도 어린 아이와 마찬가지로 행동 조절 능력을 결여한 도덕 수동자라는 점을 간과했다.

④ 야생에서의 권리 침해가 인간 세계에서의 그것에 비해 더욱 잔인하다는 점을 간과했다.

⑤ 피식 동물도 인간과 마찬가지로 쾌락과 고통을 느끼는 능력이 있다는 점을 간과했다.

DAY 01
DAY 02
DAY 03
DAY 04
DAY 05
DAY 06
DAY 07
DAY 08
DAY 09
DAY 10

※ 다음 글을 읽고 물음에 답하시오. [06~07]

거센 바람이 불고 화재가 잇따르자 정(鄭)나라의 재상 자산(子産)에게 측근 인사가 하늘에 제사를 지내라고 요청했지만, 자산은 "천도(天道)는 멀고, 인도(人道)는 가깝다."라며 거절했다. 그가 보기에 인간에게 일어나는 일은 더 이상 하늘의 뜻이 아니었고, 자연 변화 또한 인간의 화복(禍福)과는 거리가 멀었다. 인간이 자연 변화를 파악하면 얼마든지 재난을 대비할 수 있고, 인간사는 인간 스스로 해결할 문제라 생각한 것이다. 이러한 생각에 기초하여 그는 인간의 문제 해결 범위를 확대했고, 정나라의 현실 문제를 극복하고자 하였다.

그가 살았던 정나라는 요충지에 위치한 작은 나라였기 때문에 춘추 초기부터 제후국의 쟁탈 대상이었고, 실제로 다른 나라의 침략을 받기도 하였다. 춘추 중기에는 귀족 간의 정치 투쟁이 벌어져 자산이 집정(執政)하기 직전까지도 정변이 이어졌다. 따라서 귀족 정치의 위기를 수습하고 부국강병을 통해 강대한 제후국의 지배를 받지 않는 것이 정나라와 자산에게 부여된 과제였다. 그래서 그는 집권과 동시에 귀족에게 집중됐던 정치적, 경제적 특권을 약화시키는 데 초점을 맞춰 개혁을 추진하였다.

그는 귀족이 독점하던 토지를 백성들도 소유할 수 있게 하였고, 이것을 문서화하여 세금을 부과하였다. 이에 따라 백성들은 개간(開墾)을 통해 경작지를 늘려 생산을 증대하였고, 국가는 경작지를 계량하고 등록함으로써 민부(民富)를 국부(國富)로 연결시켰다. 아울러 그는 중간 계급도 정치 득실을 논할 수 있도록 하여 귀족들의 정치 기반을 약화시키는 한편, 중국 역사상 처음으로 형법을 성문화하여 정(鼎)*에 새김으로써 모든 백성이 법을 알고 법에 따라 처신하게 하는 법치의 체계를 세웠다. 성문법 도입은 귀족의 임의적인 법 제정과 집행을 막아 그들의 지배력을 약화시키는 조치였으므로 당시 귀족들은 이 개혁 조치에 반발하였다.

귀족의 반대를 무릅쓰고 단행한 자산의 개혁 조치에 따라 정나라는 부국강병을 이루었다. 그리고 법을 알려면 글을 알아야 하기 때문에, 성문법 도입은 백성들도 교육을 받을 수 있는 계기가 되는 등 그의 개혁 조치는 이전보다 상대적으로 백성의 위상(位相)을 높였다. 하지만 그의 개혁은 힘에만 의존하여 다스리는 역치(力治)의 가능성이 농후(濃厚)하였고, 결국 국가의 엄한 형벌과 과중한 세금 수취로 이어지는 폐단을 낳기도 했다.

※ 정 : 발이 셋이고 귀가 둘 달린 솥

06 윗글에서 자산의 개혁에 대한 당시 사람들의 반응으로 보기 어려운 것은?

① 백성 : 이전보다 일관성 있는 법 적용을 받겠군.
② 백성 : 법을 알기 위해 우리도 글을 배워야겠군.
③ 백성 : 주인 없는 땅을 개간하면 내 재산이 될 수 있겠군.
④ 귀족 : 백성도 토지를 소유하니 우리 입지가 약화되겠군.
⑤ 귀족 : 중간 계급의 정치력 강화에 맞서 법치 전통을 세워야겠군.

07 〈보기〉의 입장에서 윗글의 자산을 평가한 것으로 가장 적절한 것은?

보기

노자(老子)는 만물의 생성과 변화는 자연스럽고 무의지적이지만, 스스로의 작용에 의해 극대화된다고 보았다. 인간도 이러한 자연의 원리에 따라 삶을 영위해야 한다고 보아 통치자의 무위(無爲)를 강조하였다. 또한 사회의 도덕, 법률, 제도 등은 모두 인간의 삶을 인위적으로 규정하는 허위라 파악하고, 그것의 해체를 주장하였다.

① 인간의 문제를 스스로 해결하겠다는 시도는 결국 현실 사회를 허위로 가득 차게 할 것이다.
② 자연이 인간의 화복을 주관하지 않는다는 생각은 자연의 의지에 반하는 것이다.
③ 현실주의적 개혁은 궁극적으로 백성들에게 안정과 혜택을 줄 것이다.
④ 사회 제도에 의거하는 정치 개혁은 사회 발전을 극대화할 것이다.
⑤ 사회 규범의 법제화는 자발적인 도덕의 실현으로 이어질 것이다.

PART 2

DAY 01
DAY 02
DAY 03
DAY 04
DAY 05
DAY 06
DAY 07
DAY 08
DAY 09
DAY 10

❙ 2020년 5급 PSAT(공직적격성평가) 언어논리 영역

01   다음 글에서 추론할 수 있는 것만을 〈보기〉에서 모두 고르면?

> '공립학교 인종차별 금지 판결의 준수를 종용하면서, 어떤 법률에 대해서는 의도적으로 그 준수를 거부하니 이는 기괴하다.'라고 할 수 있습니다. '어떤 법률은 준수해야 한다고 하면서도 어떤 법률에 대해서는 그를 거부하라 할 수 있습니까?'라고 물을 수도 있습니다. 하지만 이에는 '불의한 법률은 결코 법률이 아니다.'라는 아우구스티누스의 말을 살펴 답할 수 있습니다. 곧, 법률에는 정의로운 법률과 불의한 법률, 두 가지가 있습니다.
>
> 이 두 가지 법률 간 차이는 무엇입니까? 법률이 정의로운 때가 언제이며, 불의한 때는 언제인지 무엇을 보고 결정해야 합니까? 우리 사회에서 통용되는 법률들을 놓고 생각해 봅시다. 우리 사회에서 지켜야 할 법률이라는 점에서 정의로운 법률과 불의한 법률 모두 사람에게 적용되는 규약이기는 합니다. 하지만 정의로운 법률은 신의 법, 곧 도덕법에 해당한다는 데에 동의할 것으로 믿습니다. 그렇다면 불의한 법률은 그 도덕법에 배치되는 규약이라 할 것입니다. 도덕법을 자연법이라 표현한 아퀴나스의 말을 빌리면, 불의한 법률은 결국 사람끼리의 규약에 불과합니다. 사람끼리의 규약이 불의한 이유는 그것이 자연법에 기원한 것이 아니기 때문입니다.
>
> 인간의 성품을 고양하는 법률은 정의롭습니다. 인간의 품성을 타락시키는 법률은 물론 불의한 것입니다. 인종차별을 허용하는 법률은 모두 불의한 것인데 그 까닭은 인종차별이 영혼을 왜곡하고 인격을 해치기 때문입니다. 가령 인종을 차별하는 자는 거짓된 우월감을, 차별당하는 이는 거짓된 열등감을 느끼게 되는데 여기서 느끼는 우월감과 열등감은 영혼의 본래 모습이 아니라서 올바른 인격을 갖추지 못하도록 합니다.
>
> 따라서 인종차별은 정치·사회·경제적으로 불건전할 뿐 아니라 죄악이며 도덕적으로 그른 것입니다. 분리는 곧 죄악이라 할 것인데, 인간의 비극적인 분리를 실존적으로 드러내고, 두려운 소외와 끔찍한 죄악을 표출하는 상징이 인종차별 아니겠습니까? 공립학교 인종차별 금지 판결이 올바르기에 그 준수를 종용할 수 있는 한편, 인종차별을 허용하는 법률은 결단코 그르기에 이에 대한 거부에 동참해달라고 호소하는 바입니다.

보기

㉠ 인간의 성품을 고양하는 법률은 도덕법에 해당한다.
㉡ 사람끼리의 규약에 해당하는 법률은 자연법이 아니다.
㉢ 인종차별적 내용을 포함하지 않는 모든 법률은 신의 법에 해당한다.

① ㉠   ② ㉢
③ ㉠, ㉡   ④ ㉡, ㉢
⑤ ㉠, ㉡, ㉢

02 다음 글의 논지를 강화하는 것만을 〈보기〉에서 모두 고르면?

인간이 발전시켜온 생각이나 행동의 역사를 놓고 볼 때, 인간이 지금과 같이 놀라울 정도로 이성적인 방향으로 발전해올 수 있었던 것은 이성적이고 도덕적 존재로서 자신의 잘못을 스스로 시정할 수 있는 능력 덕분이다. 인간은 토론과 경험에 힘입을 때에만 자신의 과오를 고칠 수 있다. 단지 경험만으로는 부족하다. 경험을 해석하기 위해서는 토론이 반드시 있어야 한다. 인간이 토론을 통해 내리는 판단의 힘과 가치는, 판단이 잘못되었을 때 그것을 고칠 수 있다는 사실로부터 비롯되며, 잘못된 생각과 관행은 사실과 논쟁 앞에서 점차 그 힘을 잃게 된다. 따라서 민주주의 국가에서는 자유로운 토론이 보장되어야 한다. 자유로운 토론이 없다면 잘못된 생각의 근거뿐 아니라 그러한 생각 자체의 의미에 대해서도 모르게 되기 때문이다.

어느 누구에게도 다른 사람들의 의사 표현을 통제할 권리는 없다. 다른 사람의 생각을 표현하지 못하게 억누르려는 권력은 정당성을 갖지 못한다. 가장 좋다고 여겨지는 정부일지라도 그럴 자격을 갖고 있지 않다. 흔히 민주주의 국가에서는 여론을 중시한다고 한다. 하지만 그 어떤 정부라 하더라도 여론의 힘을 빌려 특정 사안에 대한 토론의 자유를 제한하려 하는 행위를 해서는 안 된다. 그런 행위는 여론에 반(反)해 사회 구성원 대다수가 원하는 토론의 자유를 제한하려는 것만큼이나 나쁘다. 인류 전체를 통틀어 단 한 사람만이 다른 생각을 가지고 있다고 해도, 그 사람에게 침묵을 강요하는 것은 옳지 못하다. 이는 어떤 한 사람이 자신과 의견이 다른 나머지 사람 모두에게 침묵을 강요하는 것만큼이나 용납될 수 없는 일이다. 권력을 동원해서 억누르려는 의견은 옳은 것일 수도, 옳지 않은 것일 수도 있다. 그런데 정부가 자신이 옳다고 가정함으로써 다른 사람들이 그 의견을 들어볼 기회까지 봉쇄한다면 그것은 사람들이 토론을 통해 잘못을 드러내고 진리를 찾을 기회를 박탈하는 것이다. 설령 그 의견이 잘못된 것이라 하더라도 그 의견을 억압하는 것은 토론을 통해 틀린 의견과 옳은 의견을 대비시킴으로써 진리를 생생하고 명확하게 드러낼 수 있는 대단히 소중한 기회를 놓치는 결과를 낳게 된다.

> **보기**
>
> ㉠ 축적된 화재 사고 기록들에 대해 어떠한 토론도 이루어지지 않았음에도 불구하고 화재 사고를 잘 예방하였다.
> ㉡ 정부가 사람들의 의견 표출을 억누르지 않는 사회에서 오히려 사람들이 가짜 뉴스를 더 많이 믿었다.
> ㉢ 갈릴레오의 저서가 금서가 되어 천문학의 과오를 드러내고 진리를 찾을 기회가 한동안 박탈되었다.

① ㉠
② ㉡
③ ㉠, ㉡
④ ㉡, ㉢
⑤ ㉠, ㉡, ㉢

※ 다음 글을 읽고 물음에 답하시오. [03~05]

최근 프랑스 극우민족주의 세력인 국민연합은 과거의 인종주의적 경향에서 탈피하여 프랑스 공화주의의 수호자로 자처하기 시작했다. 국민연합은 공화주의의 핵심적 원칙이라고 할 수 있는 '라이시테', 즉 정치와 종교의 엄격한 분리라는 세속화를 새롭게 강조하고 있다. 1905년 법률로 확정된 라이시테 원칙은 당시 보수적 가톨릭이 정치 및 교육에 개입하는 것을 제어하기 위해 제시된 것이다. 그런데 최근 프랑스 사회에서는 이 원칙에 의거하여 공공장소에서 종교적 표지를 드러내는 것을 금지하여 결과적으로 무슬림에 대한 억압이 이루어지고 있다. 이와 더불어 시민권 획득에서 프랑스어 및 프랑스 법과 가치에 대한 의무가 강조됨으로써 통합을 위한 국가의 역할보다는 통합되는 자의 책임과 의지가 중시되기 시작했다.

원래 국민국가 시기에 인민은 동일성에 기반한 '네이션(nation)', 즉 '민족/국민'이라는 틀을 통해 권리를 부여받으면서 민주주의적 주체로서 구성되었다. 네이션의 동일성은 문화적 기반을 강조하는 폐쇄적 '민족' 개념과 정치적 원칙에 대한 동의만을 조건으로 하는 개방적 '국민' 개념으로 구분되어 형성되어 왔다. 후자가 전자보다 공화주의적 논리에 기반하고 있다는 점 때문에 바람직한 것으로 여겨져 왔다. 하지만 최근의 극우민족주의 에서 제시하는 네이션은 문화적 개념과 시민적 개념 사이의 차이를 없애고 경계를 갖는 포섭과 배제의 논리로만 작동하고 있다. 극우민족주의는 네이션을 새로운 상징, 가치 등을 중심으로 재구성하면서 네이션에 대한 호명을 시도한다. 네이션의 구성에서 극우민족주의자들은 과거처럼 종교, 문화 등의 기준을 통한 적극적 방식이 아니라 소극적 방식, 즉 이러저러한 것은 네이션의 특성이 될 수 없으며, 그렇기 때문에 네이션의 구성원이 아니라는 방식으로 네이션을 재구성한다. 그들에게 네이션은 존재하지 않는 '망령'일 뿐이다.

또한 그렇게 구성된 네이션은 시민들의 집합체, 연대와 삶의 공동체로서 국민국가의 주권자라는 위상을 잃고, 정치적 주체로서보다는 치안과 통치의 대상으로 전락하고 있다. 오늘날 국가는 시장이 야기한 삶의 불확실성과 불안에 대한 개입을 중단하고, 비경제적 유형의 개인 안전에 대한 책임을 수행함으로써 자신의 정당성을 확보하고자 한다. 결국 정치(politics)는 사라지고 치안(police)만이 남는다. 국민국가 수준에서 '사회적인 것'을 해결하기 위해 밑바탕이 되었던 공화주의와 케인즈주의의 사회적 국민국가는 후퇴하고, 이민 노동자 등 잉여 노동력의 공급을 통한 노동 유연성 확대와 그 관리를 위한 방편으로 사회적 배제의 정치 전략이 작동한다. 즉 극우민족주의는 신자유주의와의 동거를 통하여 국민/비국민 혹은 시민/비시민의 구분 전략을 구사하고 있다. 극우민족주의자들은 신자유주의적 세계에 '잉여'로서 존재하는 이민 노동자나 '위험한 외국인'을 통합 불가능한 자들로 여겨 배제의 대상으로 삼았다. 신자유주의 속에서 유색 인종 노동자들은 사회의 안전을 위협할 수 있는 잠재적 범죄자이자 위험한 계급으로서 국가 권력이 수행하는 '안전의 정치'의 대상으로 확정된다. 안전의 위협이라는 비상 상황이 일상적인 것이라고 강조되면서 '위험한 계급'으로서 이주 노동자에 대한 권력의 예외적인 행사 역시 일상화된다.

극우민족주의는 기존 좌우 정당의 틀을 넘어서 특정 집단을 공동의 적으로 만들면서 세력화를 추구한다. 극우민족주의 정당에 대한 지지 세력의 30 ~ 40%가 과거 좌파 정당을 지지했던 노동자 계급이라는 사실에서도 그것을 알 수 있다. 또한 극우민족주의는 포퓰리즘의 한 유형으로 볼 수 있는데, 이는 포퓰리즘의 출발이 근대 대의제의 거부와 인민의 직접적 정치 실천에 대한 욕망의 발현이기 때문이다. 하지만 극우민족주의자들은 여전히 근대 대의제 정치가 '상징적'으로 전제하는 대표되는 자의 단일성을 위해 내부의 타자를 부정하고 있다. 하지만 국가가 구성하는 주권적 인민의 배치 안에는 국민과 같은 형태의 공식적 인민으로 실존하지 않는 많은 인민이 존재한다. 두 차례 세계 대전 전후에 등장했던 전체주의적 권력은 단일성을 위한 상징적 권력과 사회적, 계급적 분할에 의해 단일화될 수 없는 실재적 권력을 동일시함으로써 인류 역사에 불행한 결과를 초래하였다.

03 윗글의 내용과 일치하지 않는 것은?

① 최근 프랑스 극우민족주의는 공화주의 원칙을 무슬림에 대한 배제의 기준으로 활용하고 있다.

② 최근 프랑스 시민권 획득의 조건에서 통합을 위한 국가의 역할보다는 이주자의 책임이 강조되고 있다.

③ 최근 극우민족주의는 기존에 좌파 정당을 지지했던 노동자 계급을 흡수하면서 세력을 확장하고 있다.

④ 국민국가 시기에 정치적 원칙에 기반한 국민 개념은 문화적 민족 개념보다 개방적인 것으로 간주되었다.

⑤ 신자유주의 시대에 들어와 네이션은 주권자로서의 위상을 강화하면서 직접적 정치 실천을 확대하고 있다.

04 윗글을 바탕으로 최근의 극우민족주의 를 이해한 내용으로 가장 적절한 것은?

① 문화적 민족 개념과 시민적 국민 개념의 차이를 없애면서 국민적 동일성에 기반한 정치를 제거하려고 시도하고 있다.

② 위험한 계급에 대한 새로운 호명을 통해 치안을 위한 장치이자 연대의 공동체로서 국민국가의 위상을 강조하고 있다.

③ 네이션을 재구성하여 근대의 대의제 정치를 폐기하고 직접적 정치를 통해 민주주의의 위기를 극복하고자 한다.

④ 이주 노동자 등을 공동의 '적'으로 호명하여 사회의 안전에 대한 위협을 강조함으로써 국가 권력의 예외적 행사를 정당화하려 한다.

⑤ '사회적인 것'을 해결하기 위해 시민들의 경제적 삶의 안정성을 확보하고 실종된 정치를 회복함으로써 안전의 정치를 확대하고자 한다.

PART 2

DAY 01
DAY 02
DAY 03
DAY 04
DAY 05
DAY 06
DAY 07
DAY 08
DAY 09
DAY 10

05 윗글을 바탕으로 〈보기〉의 ⓐ를 평가할 때, 가장 적절한 것은?

> **보기**
>
> 근대 정치에 대해 문제 제기하면서 인민을 정치의 전면에 등장시킨 포퓰리즘은 대중 영합적 정치로의 변질 가능성뿐만 아니라 ⓐ 민주주의적 정치의 확장 가능성도 지닌다. 신자유주의 시대에 새롭게 출현하는 '사회적인 것', 예를 들어 비정규직 노동자, 불법 체류자 등의 문제를 해결하고 편협한 동일성의 정치를 극복하기 위해 정치에 대한 새로운 사유와 실천이 필요하다. 국민국가라는 경계를 가로질러 새로운 민주주의를 실천할 주체를 모색하고 민주주의를 재구성할 수 있어야 한다. 이 과정에서 포퓰리즘은 편협한 국가주의 이념을 극복하고 신자유주의에 대항하는 새로운 공동체와 국제적 연대를 이끌어 낼 가능성을 함축하고 있다.

① 국민과 계급, 인종의 경계를 넘어서는 새로운 대중이 정치의 전면에 등장한다면, 대중의 안전을 최우선하는 치안의 정치가 실현될 수 있다.

② 정치적·경제적 동기에 의해 생겨나는 이주민을 포용하는 통합의 장치를 작동시킨다면, 국민적 단일성을 강화하는 새로운 형태의 전체주의가 등장할 위험이 있다.

③ 대중이 정치체의 단일성을 확보하기 위한 상징적 권력과 단일화될 수 없는 실재적 권력을 구별한다면, 동일화될 수 없는 인민을 배제하는 동일성의 정치가 구현될 가능성이 높아질 것이다.

④ 공화주의의 정치적 원칙을 기반으로 네이션을 적극적으로 구성하여 새로운 국민국가의 민주주의 정치를 위한 주체로 삼는다면, 신자유주의로 인해 훼손된 국민국가의 이념과 민주주의의 가치가 복원될 것이다.

⑤ 비정규직, 난민, 이주 노동자 등에 의해 생겨난 '사회적인 것'의 해결을 위해 사회적 국민국가 방식의 해결을 넘어서는 민주주의적 실천을 모색한다면, 경계 구분을 통한 배제의 정치를 극복하고 새로운 공동체와 세계 질서가 도래할 수 있다.

※ 다음 글을 읽고 물음에 답하시오. [06~08]

둘 이상의 기업이 자본과 조직 등을 합하여 경제적으로 단일한 지배 체제를 형성하는 것을 '기업 결합'이라고 한다. 기업은 이를 통해 효율성 증대나 비용 절감, 국제 경쟁력 강화와 같은 긍정적 효과들을 기대할 수 있다. 하지만 기업이 속한 사회에는 간혹 역기능이 나타나기도 하는데, 시장의 경쟁을 제한하거나 소비자의 이익을 침해하는 경우가 그러하다. 가령, 시장 점유율이 각각 30%와 40%인 경쟁 기업들이 결합하여 70%의 점유율을 갖게 될 경우, 경쟁이 제한되어 지위를 남용하거나 부당하게 가격을 인상할 수 있는 것이다. 이 때문에 정부는 기업 결합의 취지와 순기능을 보호하는 한편, 시장과 소비자에게 끼칠 폐해를 가려내어 이를 차단하기 위한 법적 조치들을 강구하고 있다. 하지만 기업 결합의 위법성을 섣불리 판단해서는 안 되므로 여러 단계의 심사 과정을 거치도록 하고 있다.

이 심사는 기업 결합의 성립 여부를 확인하는 것부터 시작한다. 여기서는 해당 기업 간에 단일 지배 관계가 형성되었는지가 관건이다. 예컨대 주식 취득을 통한 결합의 경우, 취득 기업이 피취득 기업을 경제적으로 지배할 정도의 지분을 확보하지 못하면, 결합의 성립이 인정되지 않고 심사도 종료된다.

반면에 결합이 성립된다면 정부는 그것이 영향을 줄 시장의 범위를 획정함으로써, 그 결합이 동일 시장 내 경쟁자 간에 이루어진 수평 결합인지, 거래 단계를 달리하는 기업 간의 수직 결합인지, 이 두 결합 형태가 아니면서 특별한 관련이 없는 기업 간의 혼합 결합인지를 규명하게 된다. 문제는 어떻게 시장을 획정할 것인지인데, 대개는 한 상품의 가격이 오른다고 가정할 때 소비자들이 이에 얼마나 민감하게 반응하여 다른 상품으로 옮겨 가는지를 기준으로 한다. 그 민감도가 높을수록 그 상품들은 서로에 대해 대체재, 즉 소비자에게 같은 효용을 줄 수 있는 상품에 가까워진다. 이 경우 생산자들이 동일 시장 내의 경쟁자일 가능성도 커진다. 이런 분석에 따라 시장의 범위가 정해지면, 그 결합이 시장의 경쟁을 제한하는지를 판단하게 된다. 하지만 설령 그럴 우려가 있는 것으로 판명되더라도 곧바로 위법으로 보지는 않는다. 정부가 당사자들에게 결합의 장점이나 불가피성에 관해 항변할 기회를 부여하여 그 타당성을 검토한 후에, 비로소 시정 조치 부과 여부를 최종 결정하게 된다.

06 윗글의 취지로 가장 적절한 것은?

① 기업 결합의 성립 여부는 기업 스스로의 판단에 맡겨야 한다.
② 기업 결합으로 얻은 이익은 사회에 환원하는 것이 바람직하다.
③ 기업 결합을 통한 기업의 확장은 경제 발전에 도움이 되지 않는다.
④ 기업 활동에 대한 위법성 판단에는 소비자의 평가가 가장 중요하다.
⑤ 기업 결합의 순기능을 살리되 그에 따른 부정적 측면을 신중히 가려내야 한다.

07 윗글에 나타난 기업 결합의 심사 과정을 도식화한 것이다. ⓐ ~ ⓒ에 들어갈 내용으로 알맞은 것은?

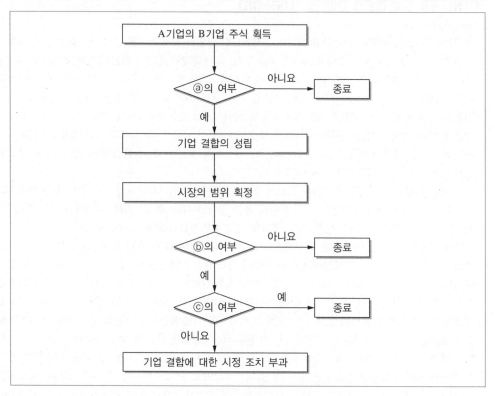

	ⓐ	ⓑ	ⓒ
①	A기업에 대한 지배 관계 형성	대체제 존재	경쟁 제한
②	A기업에 대한 지배 관계 형성	항변의 타당성	경쟁 제한
③	B기업에 대한 지배 관계 형성	경쟁 제한	항변의 타당성
④	B기업에 대한 지배 관계 형성	대체제 존재	항변의 타당성
⑤	B기업에 대한 지배 관계 형성	항변의 타당성	경쟁 제한

08 〈보기〉는 어느 지역의 4가지 음료수 A ~ D에 대한 소비자의 구매 성향을 조사한 결과이다. 위 글에 비추어 볼 때 적절한 반응은?

보기

판매량 가격 인상	A의 판매량	B의 판매량	C의 판매량	D의 판매량
A 가격 10% 인상	20% ↓	15% ↑	5% ↑	변화 없음
B 가격 10% 인상	15% ↑	20% ↓	3% ↑	2% ↑
C 가격 10% 인상	3% ↑	2% ↑	20% ↓	15% ↑

※ 이 지역에는 4개의 회사만이 각각 한 종류의 음료수를 생산하며, 이들 회사는 다른 음료수를 생산할 수 없다.

(↑ : 증가, ↓ : 감소)

① A의 소비자들은 B보다 C를 대체재에 가까운 것으로 인식하는군.
② B와 동일 시장으로 획정될 가능성이 가장 큰 상품은 A이군.
③ C의 가격 인상에 대한 민감도가 가장 높은 상품은 B이군.
④ A 생산 회사와 D 생산 회사가 결합한다면 수평 결합으로 볼 가능성이 크군.
⑤ C 생산 회사와 D 생산 회사가 결합한다면 혼합 결합으로 볼 가능성이 크군.

PART 2

DAY 01
DAY 02
DAY 03
DAY 04
DAY 05
DAY 06
DAY 07
DAY 08
DAY 09
DAY 10

안심Touch

| 2019년 5급 PSAT(공직적격성평가) 언어논리 영역

01 다음 글에서 알 수 없는 것은?

> 개항 이후 나타난 서양식 건축물은 양관(洋館)이라고 불렸다. 양관은 우리의 전통 건축 양식보다는 서양식 건축 양식에 따라 만들어진 건축물이었다. 정관헌(靜觀軒)은 대한제국 정부가 경운궁에 지은 대표적인 양관이다. 이 건축물은 고종의 연희와 휴식 장소로 쓰였는데, 한때 태조와 고종 및 순종의 영정을 이곳에 모셨다고 한다.
>
> 정관헌은 중앙의 큰 홀과 부속실로 구성되어 있으며 중앙 홀 밖에는 회랑이 설치되어 있다. 이 건물의 외형은 다음과 같은 점에서 상당히 이국적이다. 우선 처마가 밖으로 길게 드러나 있지 않다. 또한 바깥쪽의 서양식 기둥과 함께 붉은 벽돌이 사용되었고, 회랑과 바깥 공간을 구분하는 난간은 화려한 색채를 띠며 내부에는 인조석으로 만든 로마네스크풍의 기둥이 위치해 있다.
>
> 그럼에도 불구하고 이 건물에서 우리 건축의 맛이 느껴지는 것은 서양에서 사용하지 않는 팔작지붕의 건물이라는 점과 회랑의 난간에 소나무와 사슴, 그리고 박쥐 등의 형상이 보이기 때문이다. 소나무와 사슴은 장수를, 박쥐는 복을 상징하기에 전통적으로 즐겨 사용되는 문양이다. 비록 서양식 정자이지만 우리의 문화와 정서가 녹아들어 있는 것이다. 물론 이 건물에는 이국적인 요소가 많다. 회랑을 덮고 있는 처마를 지지하는 바깥 기둥은 전형적인 서양식 기둥의 모습이다. 이 기둥은 19세기 말 서양의 석조 기둥이 철제 기둥으로 바뀌는 과정에서 갖게 된 날렵한 비례감을 지니고 있다. 이 때문에 그리스의 도리아, 이오니아, 코린트 기둥의 안정감 있는 비례감에 익숙한 사람들에게는 다소 어색해 보이기도 한다.
>
> 그런데 정관헌에는 서양과 달리 철이 아닌 목재가 바깥 기둥의 재료로 사용되었다. 이는 당시 정부가 철을 자유롭게 사용할 수 있을 정도의 재정적 여력을 갖지 못했기 때문이다. 정관헌의 바깥 기둥 윗부분에는 대한제국을 상징하는 오얏꽃 장식이 선명하게 자리 잡고 있다. 정관헌은 건축적 가치가 큰 궁궐 건물이었지만 규모도 크지 않고 가벼운 용도로 지어졌기 때문에 그동안 소홀히 취급되어 왔다.

① 정관헌의 바깥 기둥은 서양식 철 기둥 모양을 하고 있지만 우리 문화와 정서를 반영하기 위해 목재를 사용하였다.
② 정관헌의 난간에 보이는 동식물과 바깥 기둥에 보이는 꽃장식은 상징성을 지니고 있다.
③ 정관헌은 그 규모와 용도 때문에 건축물로서 지닌 가치에 걸맞은 취급을 받지 못했다.
④ 정관헌에 사용된 서양식 기둥과 붉은 벽돌은 정관헌을 이국적으로 보이게 한다.
⑤ 정관헌은 동서양의 건축적 특징이 조합된 양관으로서 궁궐 건물이었다.

02 다음 글에서 알 수 있는 것은?

유교는 그 근본 정신과 행위 규범으로 구분될 수 있다. 행위 규범으로서의 유교를 '예교(禮敎)'라고 부른다. 이러한 의미로 보면 예교는 유교의 일부분이었지만, 유교를 신봉하는 사람들의 입장으로 본다면 유교 자체라고 할 수도 있다. 유교 신봉자들에게 예교는 유교적 원리에서 자연스럽게 도출되는 것이었고, 예교를 통해 유교적 가치를 실현할 수 있었기 때문이다. 중국인들이 생활 안에서 직접 경험하는 유교적 가치는 추상적 원리가 아니라 구체적 규율일 수밖에 없었다. 이러한 점에서 유교와 예교는 원리적으로는 하나라고 할 수 있지만, 실질적으로 분명히 구분되는 것이었다. 이제부터 유교의 근본 정신을 그대로 '유교'라고 일컫고, 유교의 행위 규범은 '예교'라고 일컫기로 한다.

전통적으로 중국에서는 예교와 법(法)이 구분되었다. 법이 강제적이며 외재적 규율이라면, 예교는 자발적이고 내면적인 규율이다. '명교(名敎)'와 '강상(綱常)'은 예교와 비슷한 의미로 사용되었는데, 둘 다 예교에 포함되는 개념이다. 명교는 말 그대로 '이름의 가르침'이란 뜻으로, 이름이나 신분에 걸맞도록 행동하라는 규범이었다. 강상은 '삼강(三綱)'과 '오상(五常)'을 함께 일컫는 말로, 예교의 가르침 중 최고의 준칙이었다. 삼강은 임금과 신하, 부모와 자식, 부부 등 신분, 성별에 따른 우열을 규정한 것이었다. 오상은 '인·의·예·지·신'이라는 유학자들이 지켜야 할 덕목이었다. 오상이 유교적 가치의 나열이라고 한다면, 명교와 삼강은 현실적 이름, 신분, 성별에 따른 행위 규범이었다. 이 때문에 근대 중국 지식인들의 유교 비판은 신분 질서를 옹호하는 의미가 내포된 예교 규칙인 명교와 삼강에 집중되었다. 이름이나 신분, 성별에 따른 우열은 분명 평등과 민주의 이념에 어긋나는 것이었기 때문이다.

실제로 유교와 예교를 분리시켰던 사람들은 캉유웨이(康有爲)를 비롯한 변법유신론자들이었다. 이들은 중국의 정치 제도를 변경시켜서 입헌군주국으로 만들려고 했다. 그러한 목적을 달성하기 위해서는 기존의 정치 질서를 핵심적으로 구성하고 있던 예교를 해체하는 작업이 우선이었다. 캉유웨이는 유교 자체를 공격하고자 하지는 않았다. 그는 공자의 원래 생각을 중심으로 유교를 재편하기 위해 예교가 공자의 원래 정신에 어긋난다고 비판했다. 그에 따라 캉유웨이에게 유교와 예교는 명확하게 구별되는 것이 되었다.

① 유교와 예교를 분리하여 이해했던 사람들은 공자 정신을 비판했다.
② 삼강은 신분과 성별에 따른 우열을 옹호하는 강제적이고 외재적인 규율이었다.
③ 전통적인 유교 신봉자들은 법을 준수하는 생활 속에서 유교적 가치를 체험했다.
④ 중국의 일부 지식인들은 유교의 행위 규범에는 민주주의 이념에 위배되는 요소가 있다고 생각했다.
⑤ 명교는 유교적 근본 정신을 담은 규율이기 때문에 근대의 예교 해체 과정에서 핵심적 가치로 재발견되었다.

※ 다음 글을 읽고 물음에 답하시오. [03~05]

프랑스 혁명 이후에는 법관의 자의적 해석의 여지를 없애기 위하여 법률을 명확히 기술하여야 한다는 생각이 자리 잡았다. 이러한 근대법의 기획에서 법은 그 적용을 받는 국민 개개인이 이해할 수 있게끔 제정되어야 한다. 법이 정하고 있는 바가 무엇인지를 국민이 이해할 수 있어야 법을 통한 행위의 지도와 평가도 가능하기 때문이다. 이에 따라 형사법 분야에서는 형벌 법규의 내용을 사전에 명확히 정해야 하고, 법문이 의미하는 한계를 넘어선 해석을 금지한다. 법치국가라는 헌법 이념에서도 자의적인 법 집행을 막기 위하여 ㉠ 법률의 내용은 명확해야 한다는 원리가 정립되었다. 여기서 법률의 내용이 명확해야 한다는 것은 법문이 절대적으로 명확한 상태여야만 한다는 것까지 뜻하지는 않는다. 입법 당시에는 미처 예상치 못했던 사태가 언제든지 생길 수 있을 뿐 아니라, 바로 그러한 이유 때문에라도 법률은 일반적이고 추상적인 형식을 띨 수밖에 없는 탓이다. 따라서 법률의 명확성이란 일정한 해석의 필요성을 배제하지 않는 개념이다.

일반적으로 해석을 통하여 법문의 의미를 구체화할 때에는 입법자의 의사나 법률 그 자체의 객관적 목적까지 참조하기도 한다. 그러나 이러한 해석 방법은 언뜻 타당한 것처럼 보이지만, 실제로 이에 대해서는 많은 비판이 제기되고 있다. 우선 입법자의 의사나 법률 그 자체의 객관적 목적이 과연 무엇인지를 확정하는 작업부터 녹록하지 않을 것이다. 더욱 심각한 문제는 그것까지 고려해서 법이 요구하는 바가 무엇인지 파악할 것을 법의 전문가가 아닌 여느 국민에게 기대할 수는 없다는 점이다. 법률의 명확성이 말하고 있는 바는 법문의 의미를 구체화하는 작업이 국민의 이해 수준의 한계 내에서 이루어져야 한다는 것이지, 구체화한 만큼 실제로 국민이 이해할 것이라고 추정할 수 있다는 것은 아니기 때문이다. 나아가 입법자의 의사나 법률 그 자체의 객관적 목적을 고려한 해석은 법문의 의미를 구체화하는 데 머물지 않고 종종 법문의 한계를 넘어서는 방편으로 활용되며 남용의 위험에 놓이기도 한다.

한편 법의 적용을 위한 해석을 이미 주어져 있는 대상에 대한 인식에 지나지 않는 것으로 여기는 시각이 아니라, 법문의 의미를 구성해 내는 활동으로 보는 시각에서는 근본적인 문제를 제기한다. 입법자가 법률을 제정할 때 그 규율 내용이 불분명하여 다의적으로 해석될 수 있게 해서는 안 되는데, 이러한 기대와 달리 법률의 규율 내용이 실제로는 법관의 해석을 거친 이후에야 비로소 그 의미가 구성되는 것이라면 국민이 행위 당시에 그것을 알고 자신의 행동 지침으로 삼는다는 것은 원천적으로 불가능하기 때문이다. 이뿐만 아니라 법률의 제정과 그 적용은 각각 입법기관과 사법기관의 영역이라는 권력 분립 원칙 또한 처음부터 실현 불가능하다.

그렇다면 근대법의 기획은 그 자체가 허구적이거나 불가능한 것으로 포기되어야 하는가? 이 물음에 대해서는 다음과 같이 대답할 수 있다. 첫째, 법의 해석이 의미를 구성하는 기능을 갖는다는 통찰로부터 곧바로 그와 같은 구성적 활동이 해석자의 자의와 주관적 판단에 완전히 맡겨져 있다는 결론을 내릴 수는 없다. 단어의 의미는 곧 그 단어가 사용되는 방식에 따라 확정되는 것이지만, 이 경우의 언어 사용은 사적인 것이 아니라 집단적인 것이며, 따라서 언어 사용 그 자체가 사회적 규칙에 의해 지도된다는 사실과 마찬가지로 법의 해석과 관련한 다양한 방법론적 규칙들 또한 해석자의 자유를 적절히 제한하기 때문이다. 둘째, 해석의 한계나 법률의 명확성 원칙은 법의 해석을 담당하는 법관과 같은 전문가를 겨냥한 것으로 파악함으로써 문제를 감축하거나 해소할 수 있다. 다시 말해서 법률이 다소 모호하게 제정되어 평균적인 일반인이 직접 그 의미 내용을 정확히 파악할 수 없다 하더라도 법관의 보충적인 해석을 통해서 그 의미 내용을 확인할 수 있다면 크게 문제되지 않는다는 것이다.

Ⓐ 다만 이와 같은 대답에 대하여는 여전히 의문이 생긴다. 국민 각자가 법이 요구하는 바를 이해할 수 있어야 된다는 이념은 사실 '일반인'이라는 추상화된 개념의 도입을 통해 한 차례 타협을 겪은 것이었다. 그런데 '전문가'라는 기준을 도입함으로써 입법자의 부담을 재차 줄이면 근대법의 기획이 제기한 문제의 본질로부터 너무 멀어져 버릴 수도 있는 것이다.

03 근대법의 기획 에 관한 설명으로 가장 적절한 것은?

① 사법 권력으로 입법 권력의 통제를 꾀하였다.
② 금지된 행위임을 알고도 그 행위를 했다는 점을 형사 처벌의 기본 근거로 삼는다.
③ 법관의 해석 없이도 잘 작동하는 법률을 만들고자 했던 기획은 마침내 성공하였다.
④ 이해 가능성이 없는 법률에 대한 해석의 부담을 법관이 아니라 국민에게 전가하고 있다.
⑤ 자의적 해석 가능성만 없다면 국민이 이해할 수 없는 법률로도 국민의 행위를 평가할 수 있다고 본다.

04 윗글을 바탕으로 ㉠을 비판할 때, 논거로 사용하기에 적절하지 않은 것은?

① 전문가인 법관에 의해 법문의 의미가 구성되지 않으면 자의적 법문 해석에서 벗어나기 어렵다.
② 법관의 해석을 통해서야 비로소 법의 의미가 구성될 경우에는 권력 분립 원칙이 훼손될 수 있다.
③ 법의 객관적 목적을 고려한 법문 해석은 법문 의미의 한계를 넘어서는 방편으로 남용되기도 한다.
④ 법관의 해석을 통해서야 비로소 법의 의미가 구성된다고 하면 법을 국민의 행동 지침으로 삼기 어렵다.
⑤ 국민이 입법자의 의사까지 일일이 확인하여 법문의 의미를 이해한다는 것은 현실적으로 기대하기 어렵다.

05 Ⓐ로부터 추론한 내용으로 가장 적절한 것은?

① 가장 이상적인 법은 '일반인'이 이해할 수 있는 법일 것이다.
② 법치국가의 이념을 구현하기 위해서는 법률 전문가의 역할이 확대되어야 할 것이다.
③ '일반인'이 이해할 수 있는 입법은 국민 각자가 이해할 수 있는 입법보다 입법자의 부담을 경감시킬 것이다.
④ 입법 과정에서 일상적인 의미와는 다른 법률 전문 용어의 도입을 확대하여 법문의 의미를 명확히 해야 할 것이다.
⑤ 행위가 법률로 금지되는 것인지 여부를 행위 당시에 알 수 있었는지에 대하여 법관은 입법자의 입장에서 판단해야 할 것이다.

※ 다음 글을 읽고 물음에 답하시오. [06~07]

최근 들어 도시의 경쟁력 향상을 위한 새로운 전략의 하나로 창조 도시에 대한 논의가 활발하게 진행되고 있다. 창조 도시는 창조적 인재들이 창의성을 발휘할 수 있는 환경을 갖춘 도시이다. 즉 창조 도시는 인재들을 위한 문화 및 거주 환경의 창조성이 풍부하며, 혁신적이고도 유연한 경제 시스템을 구비하고 있는 도시인 것이다.

창조 도시의 주된 동력을 창조 산업으로 볼 것인가 창조 계층으로 볼 것인가에 대해서는 견해가 다소 엇갈리고 있다. 창조 산업을 중시하는 관점에서는, 창조 산업이 도시에 인적·사회적·문화적·경제적 다양성을 불어넣음으로써 도시의 재구조화를 가져오고 나아가 부가가치와 고용을 창출한다고 주장한다. 창의적 기술과 재능을 소득과 고용의 원천으로 삼는 창조 산업의 예로는 광고, 디자인, 출판, 공연 예술, 컴퓨터 게임 등이 있다.

창조 계층을 중시하는 관점에서는, 개인의 창의력으로 부가가치를 창출하는 창조 계층이 모여서 인재 네트워크인 창조 자본을 형성하고, 이를 통해 도시는 경제적 부를 축적할 수 있는 자생력을 갖게 된다고 본다. 따라서 창조 계층을 끌어들이고 유지하는 것이 도시의 경쟁력을 제고하는 관건이 된다. 창조 계층에는 과학자, 기술자, 예술가, 건축가, 프로그래머, 영화 제작자 등이 포함된다.

창조성의 근본 동력을 무엇으로 보든, 한 도시가 창조 도시로 성장하려면 창조 산업과 창조 계층을 유인하는 창조 환경이 먼저 마련되어야 한다. 창조 도시에 대한 논의를 주도한 랜드리는, 창조성이 도시의 유전자 코드로 바뀌기 위해서는 다음과 같은 환경적 요소들이 필요하다고 보았다. 개인의 자질, 의지와 리더십, 다양한 재능을 가진 사람들과의 접근성, 조직 문화, 지역 정체성, 도시의 공공 공간과 시설, 역동적 네트워크의 구축 등이 그것이다.

창조 도시는 하루아침에 인위적으로 만들어지지 않으며 추진 과정에서 위험이 수반되기도 한다. 창조 산업의 산출물은 그것에 대한 소비자의 수요와 가치 평가를 예측하기 어렵다. 또한 창조 계층의 창의력은 표준화되기 어렵고 그들의 전문화된 노동력은 대체하기가 쉽지 않다. 따라서 창조 도시를 만들기 위해서는 도시 고유의 특성을 면밀히 고찰하여 창조 산업, 창조 계층, 창조 환경의 역동성을 최대화할 수 있는 조건이 무엇인지 밝혀낼 필요가 있다.

06 윗글을 바탕으로 〈보기〉의 'A시'와 'B시'에 대해 평가한 내용으로 적절하지 않은 것은?

> **보기**
>
> • A시는 제조업 퇴조에 따른 경제 침체를 해결하기 위해 '예술의 산업화'를 시도하기로 했다. A시 시장은 사업 추진체를 구성하고, 이해 당사자 설득에 힘써 왔다. 공장을 미술관으로 개조하고 보행자 전용의 아름다운 현수교를 세워 관광객을 유치하고 고용도 창출하고 있다.
>
> • B시는 창의적 연구에 종사하는 전문 인력이 많다. 대기업 부설 연구 기관이 많아 자본도 많이 투입된다. 그러나 이 연구 기관들은 지역 산업체와의 교류가 부족해 경제적 부(富)가 지역으로 환류되지 못하고 있다. 이에 산업 경쟁력을 강화할 수 있는 특화된 연구 단지를 계획하고 있다.

① A시는 문화 및 거주 환경의 창조성을 중시하고 있군.
② A시는 지도자의 의지와 리더십을 바탕으로 창조 환경을 마련하고 있군.
③ B시는 창조 환경의 요소 중 개인의 자질이 우수하군.
④ B시는 창조 계층과 산업 환경 간에 네트워크가 잘 구축되어 있군.
⑤ A시와 B시 모두 지역 특성을 반영하여 창조 도시에 접근하고 있군.

07 윗글을 통해 알 수 있는 것은?

① 창조 산업은 미래 예측성과 성공 가능성이 크다.

② 창조 도시를 위해서는 기존 환경을 단시간에 개조해야 한다.

③ 창조 산업과 창조 계층이 갖추어져야 창조 환경이 마련된다.

④ 창조 도시에는 문화적 요소와 경제적 요소가 복합적으로 작용한다.

⑤ 창조 계층의 창의력을 이끌어내기 위해서는 그 능력을 표준화해야 한다.

PART 2

DAY 01
DAY 02
DAY 03
DAY 04
DAY 05
DAY 06
DAY 07
DAY 08
DAY 09
DAY 10

I wish you the best of luck!

부록

일반상식
핵심 키워드

메타버스(Metaverse)

가상과 현실이 융합된 초현실세계

'Meta(가상·초월)'와 'Universe(경험 세계)'의 조합어이다. 현실세계와 가상세계를 더한 3차원 가상세계를 가리킨다. 자신을 상징하는 아바타가 게임, 회의에 참여하는 등 가상세계 속에서 사회·경제·문화적 활동을 펼친다. 메타버스라는 용어는 닐 스티븐슨이 1992년 출간한 소설 〈스노 크래시(Snow Crash)〉에서 처음 나왔다. 미국 조 바이든 대통령이 대선 당시 게임 '포트나이트'와 '동물의 숲'에서 유세 활동을 펼치는 등 메타버스를 활용하는 사례가 증가하고 있다.

대시 식단(DASH Diet)

고혈압 환자의 혈압을 낮추기 위해 식단

'DASH'는 'Dietary Approaches to Stop Hypertension'의 약자이며, 미국 국립보건원(NH)이 고혈압 환자의 혈압을 낮추기 위해 개발한 식단이다. 대시 식단은 소금(나트륨)을 비롯해 붉은 고기, 단 음식, 설탕이 든 음료 등의 섭취를 제한하는 대신 채소나 과일, 통곡물, 견과류, 저지방 또는 무지방 유제품, 가금류(닭고기·오리고기), 생선 등 식이섬유와 칼륨·마그네슘은 풍부하게 섭취할 수 있도록 구성되어 있다.

헨리여권지수(HPI)

특정 국가의 여권 소지자가 무비자로 쉽게 방문할 수 있는 국가들을 지표화한 것

'HPI(Henley Passport Index)', 즉 헨리여권지수는 국제교류 전문업체 헨리앤드파트너스가 2006년부터 산출하고 있는 지수이다. 1945년 설립돼 항공업계의 UN총회로 불린다. 항공운수산업과 관련된 업무를 수행하는 국제항공운송협회(IATA)의 글로벌 여행 정보 자료를 바탕으로 199개국 중 특정 국가의 여권 소지자가 무비자, 도착비자, 전기비자 등의 방식으로 쉽게 방문할 수 있는 국가들을 합산해 지표화하고 있다. 도착비자는 출국 전 번거로운 절차 없이 입국장에 도착해 신청서를 제출한 후 수수료를 지불하면 비자를 받을 수 있는 제도이고, 전기비자는 온라인으로 쉽게 발급할 수 있는 비자를 말한다.

스킴플레이션(Skimpflation)

물가상승과 반비례해 상품 및 서비스의 질이 떨어지는 현상

'Skimp(인색하게 굴다)'와 'Inflation'의 조합어이다. 코로나19 사태의 장기화로 인해 글로벌 공급망이 불안해지면서 원자재 및 부품 수급, 물류 등에 차질이 생겨 물가가 상승했고, 급격한 비용 증가로 사업자가 인건비를 줄이면서 서비스의 질이 저하됐다. 현재 정부가 작성하는 물가통계에는 반영되지 않으며, 이로 인한 불편은 소비자가 감수해야 한다는 점이 문제이다.

지능정보기술

정보통신 기술로써 인지·학습·추론·판단 등 고차원적 정보처리 활동을 구현하는 기술

전자적 방법으로 학습·추론·판단 등을 구현하는 기술 및 데이터를 전자적 방법으로 수집·분석·가공 처리하는 기술 등을 뜻한다. 이러한 내용은 〈지능정보화 기본법〉에 규정돼 있는데, '지능정보화'는 "정보의 생산·유통 또는 활용을 기반으로 지능정보기술이나 그 밖의 다른 기술을 적용·융합하여 사회 각 분야의 활동을 가능하게 하거나 그러한 활동을 효율화·고도화하는 것"을 말한다. 이 법에 따라 정부는 지능정보기술의 개발·보급을 촉진하기 위한 정책을 추진하고 있다.

탄소중립 실천 포인트

탄소중립을 실천하면 현금처럼 쓸 수 있는 포인트(인센티브)를 부여하는 제도

국민의 탄소중립 실천 생활문화 확산을 위해 다양한 민간기업의 친환경활동 이용 시 실적에 따라 포인트를 지원하는 제도이다. 전자영수증 발급, 음식 배달 앱 이용 시 다회용기 선택, 세제·화장품 구매 시 리필용기 사용, 차량 공유업체에서 대여 시 무공해차 선택, 그린카드로 친환경상품 구매 등의 활동을 통해 포인트를 지급받을 수 있다. 2022년 1월 19일부터 홈페이지(cpoint.or.kr) 가입 후 탄소중립 실천 활동을 하면 현금처럼 사용할 수 있는 포인트 적립이 가능하다. 포인트는 현금과 신용카드사 포인트 중에서 선택해 지급받을 수 있으며, 한 사람이 1년 동안 받을 수 있는 포인트는 최대 7만 원이다.

첫만남이용권

양육 부담을 덜기 위해 2022년 이후 출생 아동에게 200만 원의 바우처를 주는 제도

〈저출산·고령사회기본법〉에 따라 출생 아동의 보호자 혹은 대리인이 아동의 관할 읍·면·동 주민센터에서 첫만남이용권을 신청할 수 있으며, 각 지방자치단체는 신청 30일 이내에 지급 여부를 결정해 신청자의 신용카드나 체크카드, 전용카드 등을 통해 포인트를 지급한다. 단, 아동복지시설에서 보호하는 아동의 경우에는 아동 명의의 계좌에 현금으로 지급된다. 유흥업소, 사행업종, 레저업종을 제외한 어디에서나 포인트 사용이 가능하며, 사용기한(출생으로부터 1년 이내)이 지나면 잔액은 자동 소멸한다.

뉴 스페이스(New Space)

우주항공산업이 정부에서 민간 주도로 이전되는 것

'뉴 스페이스'는 정부 주도의 '올드 스페이스(Old Space)'에 대비되는 개념으로, 우주항공산업의 중심이 민간·중소기업으로 옮겨지면서 나타난 우주항공산업 생태계의 변화를 포함한다. 뉴 스페이스는 국가 소유로 여겨왔던 발사체와 위성분야 기술이 개방되고 생산비용이 완화되는 등의 배경에서 등장했다. 현재 민간기업의 우주항공산업은 테슬라의 '스페이스 X', 아마존의 '블루오리진', 버진그룹의 '버진갤럭틱' 등이 주도하고 있다.

플럼북(Plum Book)

미국의 새 대통령이 임명할 수 있는 공직 리스트를 밝히는 인사지침서

'플럼북'의 정식 명칭은 '미국 정부 정책 및 지원 직책(The United States Government Policy and Supporting Positions)'으로, '플럼북'이라는 명칭은 표지가 자주색인 데서 기인했다. 플럼북은 1952년 당시 민주당의 장기 집권 이후 20년 만에 공화당 출신 대통령으로 당선된 아이젠하워가 연방정부 직책 파악이 어려워 이를 해결하기 위해 전임 정권에 연방정부의 직위 리스트를 만들어 넘겨달라고 요청한 것에서 시작됐다. 이후 대선이 있는 대선이 있는 해의 12월에 미국 인사관리처의 지원을 받아 제작하고 있다.

리테일 테라피(Retail Therapy)

'Retail(유통)+Therapy(치료)', 즉 쇼핑을 통해 소비자에게 힐링을 제공하는 것

코로나19 사태 이후 사회적 거리두기가 장기화됨에 따라 비대면 소비 및 경험 소비에 대한 수요가 늘어나면서 리테일 테라피가 대두됐다. 소비자에게 특별한 경험을 제공하는 공간을 마련해 다양한 체험과 소비 활동을 자연스럽게 접목했다는 특징이 있다. 백화점 등의 대형 유통업체에서는 판매 공간을 줄이고 고객들에게 휴식과 다양한 체험, 볼거리 등을 제공하는 공간을 늘리는 추세이다.

반도체 특별법

국가첨단전략산업 경쟁력 강화를 위한 법안

국제사회의 첨단산업 주도권 경쟁 심화에 대응하기 위해 제정된 법으로, 정식 명칭은 〈국가첨단전략산업 경쟁력 강화 및 보호에 관한 특별조치법〉으로 2022년 2월 3일 제정되었다(2022년 8월 4일부터 시행). 반도체, 2차전지 등의 국가첨단전략산업에 대해 인프라, 인력 등을 파격적으로 지원하는 내용을 골자로 한다. 이 법안에는 국가첨단전략기술을 지정하고, 국가첨단전략산업위원회 설치 및 해당 기술들을 육성·보호하기 위한 방안들을 규정할 뿐만 아니라 첨단산업 투자 확대를 위해 인가·허가 신속처리 특례, 기반시설 구축비용 지원, 민원사항 조속 처리, 펀드 조성, 세액공제 등을 패키지로 지원하는 내용도 포함됐다.

나눔히어로즈

혈액 수급의 어려움을 해소하기 위해 모집하는 헌혈자

매년 1~3월과 9~10월 등의 특정 시기에 반복되는 혈액 수급의 어려움을 해소하고 헌혈을 독려하기 위해 대한적십자사 혈액관리본부에서 모집하는 헌혈자를 말한다. 이들은 헌혈 중에서도 전혈(혈액의 모든 성분을 채혈하는 것)에 참여할 것을 약속한 이들로 헌혈자 부족으로 혈액 수급에 어려움이 생기는 시기에 주로 활동하게 된다. 혈액은 인공적으로 만들거나 이를 대체할 물질이 없기 때문에 수혈이 필요한 환자의 생명을 구하는 유일한 수단이다.

클라우드 소비

물건, 공간, 정보 등을 여러 사람들과 공유하는 소비 형태

구매를 통해 필요한 물품이나 공간, 정보 등을 소유하기보다는 제약 없이 어디에서나 연결돼 여러 사람들과 공유하는 소비 형태를 말한다. 클라우드 소비는 구름(Cloud)처럼 눈에 보이지 않지만 어딘가에 존재하는 중앙 하드웨어 저장장치나 소프트웨어에 인터넷을 연결해 일정 금액을 지불하고 사용하는 '클라우드 컴퓨팅'의 개념을 소비에 접목한 것이다. 특히 MZ세대(1980년대 초~2000년대 초에 태어난 세대)에게서 많이 볼 수 있는 특성으로 이들은 소비에 있어 자신의 기준을 충족해야만 비용을 지불하고, 소유보다는 경험을 더 중시한다.

커버드콜(Covered-call)

주식을 보유한 상태에서 콜옵션을 비싸게 파는 것

주식과 옵션을 동시에 거래하는 것을 말한다. 주식을 보유한 상태에서 콜옵션을 비싼 가격에 팔아 위험을 회피하고 안정적인 수익을 추구하는 방식이다. 옵션은 미래의 특정 시기에 특정 가격으로 사고팔 수 있는 권리를 현재 시점에서 매매하는 계약으로, 특정 주식을 살 수 있는 콜(Call)옵션과 팔 수 있는 풋(Put)옵션으로 구분된다. 커버드콜 전략은 주식과 콜옵션을 적절히 배합해 횡보 장세나 조정 장세에 진입했을 때도 고수익을 추구한다. 또한 상승기 시장에서는 수익을 제한하지만, 하락기 시장에서는 행사가격의 콜옵션을 매도해 얻은 프리미엄 수입으로 주가 하락에 따른 위험을 줄일 수 있다.

그린 택소노미(Green Taxonomy)

환경적으로 지속 가능한 경제활동의 범위를 정하는 것으로 친환경산업을 분류하기 위한 녹색산업 분류 체계

'Green(녹색산업)'과 'Taxonomy(분류학)'의 합성어로, 녹색투자를 받을 수 있는 산업 여부를 판별하는 기준으로 활용된다. 2020년 6월 세계 최초로 유럽연합이 그린 택소노미를 발표했을 때만 해도 원자력발전을 포함한 원자력 관련 기술이 포함되지 않았지만, 2021년 12월에 마련한 그린 택소노미 초안에 방사성 폐기물을 안전하게 처리할 계획을 세우고 자금과 부지가 마련됐을 경우 친환경으로 분류될 수 있다는 내용이 포함됐다.

펨테크(Femtech)

여성(Female)을 위한 기술, 상품, 서비스

'펨테크'는 덴마크 출신의 창업가 아이다 틴이 2013년 처음 제시한 개념이다. 펨테크는 인공지능(AI), 생명공학, 신소재 등의 기술을 활용해 생리, 임신, 수유 등 여성의 건강과 관련된 내용을 생각하고 여성의 삶의 질을 향상시키며 여성의 생활을 개선하기 위한 목적이 있다. 친환경 생리대, 생리·배란 주기 추적 앱, 자궁경부암 진단 모바일 기기 등이 펨테크에 속한다.

WeThe15(위더피프틴)

장애인에 대한 인식 개선을 목적으로 하는 사상 최대 규모의 국제 인권운동

국제패럴림픽위원회(IPC)와 국제장애인연합(IDA), 유네스코(UNESCO) 등 20여 개 국제 비정부기관이 주관하는 장애인 인권운동이다. '15'는 전 세계 인구의 15%를 차지하는 장애인 인구를 뜻하며, 장애인에 대한 인식 개선을 통해 차별의 장벽을 허무는 것을 목적으로 시작됐다. WeThe15 캠페인은 2021년부터 10년 동안 지속될 예정으로 IPC는 2021년 8월 열린 2020 도쿄 패럴림픽 개회식에서 캠페인 영상을 공개하며 그 시작을 선언했다. 캠페인 로고 및 테마컬러(보라색) 노출을 통한 캠페인의 브랜드화, 장애 인식 개선 콘텐츠 제공, 각국 랜드마크 보라색 점등 운동 등의 방식으로 운영되고 있다. 한편 대한장애인체육회는 2021년 12월 3일 세계 장애인의 날을 맞아 이 캠페인에 동참을 선언했다.

레드콤플렉스(Red Complex)

공산주의에 대한 과장되고 왜곡된 공포심

적색공포증이라고도 한다. 공산주의에 대해 과장되고 왜곡된 공포심을 갖거나 그 공포심을 근거로 한 인권 탄압을 정당화하는 것을 의미한다. 6·25전쟁 이후 북한과 공산주의에 대한 공포가 일반인의 마음속에 자리 잡게 되면서 나타난 사회적 현상이다. 특히 한국 현대사에서는 정권에 의해 레드콤플렉스가 체제 안정과 정적 탄압의 수단으로 악용됐다. 당시 '빨갱이'라는 낙인이 찍힌다는 것은 사회적으로 매장당하는 것이나 다를 바가 없는 상황에서 정권은 사건 왜곡과 부당한 탄압을 정당화하는 데 레드콤플렉스를 악용한 것이다.

아카데미 숏리스트

미국 아카데미 시상식의 예비 후보 명단

미국 아카데미 시상식을 주관하는 미국 영화예술과학아카데미(AMPAS)가 정식 후보를 발표하기 약 1개월 전에 공개하는 예비 후보 목록이다. 숏리스트에는 작품상, 감독상, 연기상 등 주요 부문을 제외한 국제극영화, 다큐멘터리, 분장, 음악, 단편 애니메이션 등의 부문이 공개된다. 이 중 본선에 오르는 최종 후보작(정식 후보)은 숏리스트 발표 약 1개월 뒤에 발표된다. 아카데미 시상식은 매년 2월 말 ~ 4월 초에 개최되는 미국 최대의 영화상으로 '오스카(Oscar)'상이라고도 한다.

초거대 AI

인간처럼 종합적인 추론이 가능한 차세대 인공지능(AI)

기존 인공지능(AI)에서 한 단계 진화한 차세대 AI로, 대용량 데이터를 스스로 학습해 인간처럼 종합적인 추론이 가능한 차세대 AI이다. 기존 AI보다도 더 인간의 뇌에 가깝게 학습·판단 능력이 향상됐다. 다만 이를 위해서는 기존 AI보다 수백 배 이상의 데이터 학습량이 필요하다. 대표적인 초거대 AI로는 일론 머스크 테슬라 창업자가 세운 오픈AI가 2020년 선보인 GPT-3가 있다. 언어를 기반으로 하는 초거대 AI GPT-3는 사용자가 제시어를 입력하면 자동으로 수억 가지의 대화와 서술형 문장을 완성할 수 있는 것으로 알려져 있다. 특히 GPT-3는 2020년 9월 영국 가디언에 칼럼을 기고하면서 주목을 끌었다.

슬로플레이션(Slowflation)

경기회복 속도가 느린 가운데 물가가 치솟는 현상

슬로플레이션은 일반적으로 경기침체 속에서 나타나는 인플레이션인 '스태그플레이션'보다는 경기 침체의 강도가 약할 때 사용한다. 슬로플레이션에 대한 우려는 글로벌 공급망 대란에 따른 원자재 가격 폭등에서 비롯된 것으로, 스태그플레이션보다는 덜 심각하지만 경제 전반에는 상당한 충격을 끼친다.

대한민국 콘텐츠대상

대한민국 콘텐츠산업 전 분야를 망라하는 국내 유일의 시상식

방송·영상, 게임, 애니메이션 등 콘텐츠 산업 전 분야를 망라해 열리는 국내 유일의 시상식이다. 문화체육관광부가 주최하고 한국콘텐츠진흥원이 주관하며, 2009년 시작됐다. 콘텐츠산업 발전에 기여한 공로자와 우수 콘텐츠를 발굴·시상함으로써 업계 종사자의 자긍심 고취 및 대한민국 문화·콘텐츠 산업의 발전을 도모하기 위해 만들어졌다. 수상자는 한국콘텐츠진흥원 누리집을 통해 후보자와 콘텐츠를 추천받아 전문가의 면밀한 심사와 3단계에 걸친 검증을 통해 선정된다.

TINA(There Is No Alternative)

신자유주의만을 표방하는 자유시장경제

'철의 여인'이라 불리는 마거릿 대처 전 영국 총리가 1980년 신자유주의 정책을 추진하면서 "There is no alternative(대안은 없다)."라고 말한 것에서 유래했다. 이 영어 문장의 이니셜을 딴 'TINA'는 이후 '신자유주의만이 진리이며 자유시장경제가 유일한 해답'이라는 의미로 굳어져 사용됐다. 그러다 미국 월가에서 낮은 금리로 마땅한 투자처를 찾지 못한 사람들이 어쩔 수 없이 주식에 투자하는 상황을 표현할 때 사용하면서 투자 용어로 변용됐다. 주식 외에는 대안(대체자산)이 없다는 의미로 금융권에서는 지속적인 저금리 상태가 이어지면서 TINA라는 용어를 빈번하게 사용하고 있다.

B3W(Build Back Better for the World)

중국에 대항하기 위해 미국이 추진하는 글로벌 인프라 파트너십

미국 조 바이든 대통령이 2021년 6월 영국에서 열린 G7 정상회의에서 제안한 것으로, 중국의 '일대일로(一帶一路)'에 대항하는 글로벌 인프라 파트너십을 뜻한다. 바이든 대통령의 대선 캠페인 '더 나은 건설(Build Back Better)'에서 유래한 명칭이다. 미국은 약화됐던 민주주의 리더십을 회복해 동맹국들과 함께 중국의 부상을 견제하는 것은 물론, 주요 인프라를 비롯해 기후·보건·디지털 기술·성평등의 분야에 집중적으로 자본을 조달할 계획이다. G7 정상회담에서 합의된 B3W는 중남미와 아프리카 등에서 기후변화 대응과 보건·디지털화·사회적 평등과 관련한 대형 프로젝트를 전개한다는 내용이다.

3+3 육아휴직제

저출산 대책의 일환으로, 영아기 자녀를 둔 부모 모두의 육아휴직 사용을 촉진하는 제도

자녀가 생후 12개월이 될 때까지 부모가 동시에 혹은 순차적으로 육아휴직을 사용할 경우 첫 3개월 동안 각각 통상임금의 100%(월 최대 300만 원), 4∼12개월에는 80%(월 최대 150만 원)를 지급하는 제도이다. 고용노동부가 2021년 12월 심의·의결한 〈고용보험법〉 시행령 개정안에 신설된 내용으로, 영아기 자녀를 둔 부모의 육아휴직 사용을 촉진하기 위해 도입됐다. 기존에는 부부 중 한 사람만 100%(배우자는 80%)를 받았으며, 4∼12개월 때는 통상임금의 절반(월 최대 120만 원)을 지급해왔다. 상한액은 매월 상향 조정되는데, 첫 달에는 각각 최대 200만 원, 둘째 달에는 최대 250만 원, 셋째 달에는 최대 300만 원이다.

만타(MANTA)

2021년 미국 증시를 주도한 기업들

미국 증시를 주도하는 마이크로소프트(MS)와 애플(Apple), 엔비디아(NVIDIA), 테슬라(TESLA), 구글 모기업인 알파벳(Alphabet)의 머리글자를 딴 용어이다. 글로벌 투자은행 골드만삭스가 팡(FAANG)이 저물고 만타(MANTA)의 시대가 왔다고 분석하면서 사용되기 시작했다. 팡은 미국 IT 산업을 선도한 페이스북(현 메타 플랫폼스), 아마존, 애플, 넷플릭스, 구글을 일컫는 말이다.

빈 박스 마케팅

빈 박스를 수령한 후 제품에 대한 좋은 후기를 올려 소비자를 모으는 마케팅

온라인 쇼핑몰업체가 상품이 들어 있지 않은 빈 상자를 배송해 획득한 이용후기 작성 권한으로 제품에 대한 좋은 내용의 후기를 작성하게 해 소비자에게 긍정적인 이미지를 심어주는 마케팅 방식이다. 후기 작성 권한을 얻기 위해서는 주문 내역, 결제 내역, 택배 송장번호 등이 필요한데, 이를 위해 아르바이트생의 아이디로 물건을 구매한 후 빈 상자를 보내 수령 사실만 확인한다. 그러나 공정거래위원회는 소비자들이 오인할 가능성이 크다며 거짓·과장 광고로 판단하고 있다.

곱버스

인버스의 가격 변동 폭의 2배로 움직이는 상품

'곱하기+인버스'를 줄인 말로, 주가지수가 하락할 때 수익을 주는 상품인 인버스의 가격변동 폭의 2배로 움직이는 상품이다. 많은 수익을 얻을 수 있는 만큼 위험성도 크다. 인버스는 증권 시장의 가치가 하락할 것을 대비하기 위한 수단으로 사용되는데, 지수가 하락하면 수익을 얻을 수 있다는 특성이 있다. 인버스의 2배인 곱버스는 마이너스 복리 효과가 있어 지수가 한 방향으로 하락할 때가 가장 유리하며, 코스피가 급등하지 않고 박스권에 갇혀 있으면 투자자들은 손실을 입게 된다. 전문가들은 주가의 방향과 변동성을 예측하는 것이 불가능하다는 이유로 곱버스의 위험성을 우려하고 있다.

아파치 로그(Apache Log) 4j 2

인터넷 서비스 운영 및 관리 목적의 로그 기록을 남기기 위한 프로그램

아파치 소프트웨어 재단이 개발한 오픈소스 자바 로깅 프레임 워크이다. 기업 홈페이지 등 인터넷서비스 운영·관리 목적의 로그 기록을 남기기 위한 프로그램으로 사용되고 있다. 특히 오픈소스라는 점에서 전 세계 수많은 기업과 정부기관에서 해당 프로그램을 사용하고 있다. 그러나 2021년 11월 로그4j 2에서 컴퓨터가 원격조종을 당할 수도 있는 치명적인 취약점이 발견되면서 전 세계의 우려를 높였다. 발견된 취약점은 로그4j의 원격 코드 실행 취약점으로 공격자가 이를 악용하면 피해자의 컴퓨터를 원격으로 제어할 수 있게 되는 것은 물론 임의의 코드를 실행하여 시스템을 탈취할 수도 있는 것으로 알려졌다.

신호등 연정(연립정부)

독일 올라프 숄츠 총리 취임 후 공식 출범한 독일의 연립정부

16년 동안 집권한 독일의 앙겔라 메르켈 전 총리의 뒤를 이어 2021년 12월 8일 올라프 숄츠가 제9대 독일 총리로 취임하면서 출범한 독일의 연립정부의 별칭이다. 신호등 연정은 숄츠 총리가 소속된 사회민주당(사민당), 자유민주당, 녹색당 등 3개 정당이 연합했다는 의미이다. '신호등'이라는 명칭은 연정에 참여한 정당들의 상징색이 각각 빨간색(사민당), 노란색(자유민주당), 녹색(녹색당)인 것에서 기인한다. 숄츠 총리의 취임 및 신호등 연정의 출범으로 독일 정치는 2005년 이후 16년 만에 기민·기사연합(CDU·CSU)의 중도 우파에서 사민당을 중심으로 하는 중도 좌파로의 정권 교체가 이루어졌다.

코리아월드

한류 콘텐츠를 공유하고 소통할 수 있는 메타버스 전시관

한국 문화를 사랑하는 외국인들이 직접 제작한 한류 콘텐츠를 공유·소통할 수 있는 메타버스 전시관이다. 새로운 한류 수요층을 찾고 한국 문화에 대한 호기심을 불러일으키기 위해 문화체육관광부 산하 해외문화홍보원에서 2021년 11월에 개관했다. '코리아월드'라는 명칭은 전 세계 한류 팬들이 한국 문화 콘텐츠를 즐기기 위해 모이는 장소가 되길 바라는 염원을 담은 것이다. 전시관에서는 외국인들이 제작한 한국 문화 콘텐츠 관람은 물론 한류 체험 행사와 아바타를 활용한 사진 촬영, 관람자 간 채팅도 가능하다.

도요샛(SNIPE)

세계 최초의 편대비행 나노위성

'SNIPE'는 'Small scale magNetospheric and Ionospheric Plasma Experiment'의 약어로, 2017년 한국전문연구원이 총괄 기관으로 사업을 주도해 2022년 상반기 발사 예정인 세계 최초의 편대비행 나노위성이다. 도요새는 작은 체구에 비해 오래 날 수 있는 비행 능력을 지닌 새인데, 작지만 높이 나는 위성이라는 의미에서 도요샛으로 명명됐다. 10kg의 초소형 위성 4기로 구성되며 고에너지 입자 검출기, 전리권 플라스마 측정센서, 정밀 지구자기장 측정기 등의 과학 탑재체가 실릴 예정이다. 한국천문연구원이 우주환경 관측 탑재체를, 한국항공우주연구원이 본체와 시스템을, 연세대학교가 편대비행 임무 설계와 알고리즘을 개발했다. 도요샛은 우주날씨 예보와 분석 정확도를 향상시키는 데 기여할 전망이다.

로 푸드(Low Food)

특정 성분의 함량을 줄이거나 뺀 식품

필수 영양성분을 함유하면서도 나트륨이나 당과 같은 특정 성분의 함량을 줄이거나 뺀 식품이다. 우리말로는 '저자극식'이라고도 한다. 웰빙 트렌드의 확산으로 건강과 보건에 대한 관심이 더욱 커지면서 그 수요가 늘고 있다. 실제로 설탕 대신 스테비아 등의 대체 감미료를 넣은 제품이나 곤약, 두부 등 열량이 낮은 재료를 활용한 음식이 인기를 끌고 있다. 이와 더불어 불이나 열에 데우지 않고 날로 먹는 생채식 요리를 뜻하는 '로(Raw) 푸드'에 대한 관심도 높아지는 추세이다.

브렉스데믹(Brexdemic)

유럽연합(EU) 탈퇴와 코로나19 사태로 복합적인 혼란에 빠진 영국의 상황

영국의 EU 탈퇴를 뜻하는 '브렉시트(Brexit)'와 세계적으로 감염병이 대유행하는 상황을 뜻하는 '팬데믹(Pandemic)'의 조합어이다. 앞서 영국은 2020년 1월 31일 브렉시트를 단행하고 2020년 12월 31일까지를 전환 기간으로 설정한 바 있다. 전 세계적으로 에너지 가격 폭등 및 원자재 수요 증가로 인한 혼란이 계속되는 가운데 영국은 2021년 1월 1일부터 현실화된 브렉시트와 코로나19로 인한 인력난까지 겹치면서 물류 대란과 더불어 인플레이션까지 우려되는 상황이다.

온디맨드 경제(On-Demand Economy)

수요자의 요구에 맞춰 제품 및 서비스를 제공하는 경제활동

컴퓨터 기술의 비약적 발달로 공급이 아니라 수요가 모든 것을 결정하는 시스템이나 전략 등을 총칭한다. 일반적으로 플랫폼과 기술력을 갖춘 회사가 수요자의 요구에 즉각 대응해 제품이나 서비스를 제공하는 전략 및 활동을 의미한다. 온디맨드 경제에서 거래는 공급자가 아닌 수요자가 주도한다. 기업은 질 좋은 제품이나 서비스를 제공하는 것뿐만 아니라 수요자와 공급자 간의 거래가 원활하게 이루어질 수 있도록 빅데이터, 인공지능(AI) 등을 활용해 서비스의 질을 관리하고 있다. 대출, 의료서비스, 가사노동, 차량 제공, 법률 자문, 전문 연구개발(R&D) 등 다양한 분야에서 활용된다.

차세대 우주망원경(NGST)

허블우주망원경을 대체할 우주 관측 망원경

'NGST'는 'Next Generation Space Telescope'의 약자로, 2002년 NASA의 제2대 국장인 제임스 웹의 업적을 기리기 위해 '제임스 웹 우주망원경(JWST)'이라고도 한다. 차세대 우주망원경은 허블우주망원경보다 반사경의 크기가 더 커지고 무게는 더 가벼워진 한 단계 발전된 우주망원경이다. 미국 NASA와 유럽우주국(ESA), 캐나다우주국(CSA)이 함께 제작했다. 우주 먼 곳의 천체를 관측하기 위한 것으로 허블우주망원경과 달리 적외선 영역만 관측할 수 있지만, 더 먼 거리까지 관측할 수 있도록 제작됐다.

FAST 플랫폼

광고 기반의 무료 스트리밍 플랫폼

'Free Ad-supported Streaming TV'의 줄임말로, 광고를 기반으로 하는 무료 스트리밍 플랫폼을 말한다. 넷플릭스처럼 콘텐츠를 스트리밍하지만 광고가 나오기 때문에 무료로 시청이 가능한 실시간 채널 서비스다. 비실시간 비디오(AVOD)에 실시간 라이브 채널을 결합한 서비스라는 점에서 AVOD만 제공했던 과거의 무료 스트리밍 서비스와 구분된다. 현재 우리나라에서는 유료 스트리밍 서비스가 대세를 이루고 있지만 미국에서는 FAST 플랫폼이 빠르게 자리잡는 추세이다.

엔데믹(Endemic)

한정된 지역에서 주기적으로 발생하는 감염병

특정 지역의 주민들에게서 주기적으로 발생하는 풍토병을 말한다. '-demic'은 '사람 또는 사람들이 사는 지역' 등을 뜻하는 고대 그리스어 'demos'에서 유래한 접미사로, 감염병이 특정 지역이나 사람에 한정된 경우를 가리킨다. 넓은 지역에서 강력한 피해를 유발하는 팬데믹과 달리 한정된 지역에서 주기적으로 발생하는 감염병이기 때문에 감염자 수가 어느 정도 예측이 가능하다. 동남아시아·남미·아프리카 등에서 많이 발생하는 말라리아·뎅기열 등이 엔데믹에 속한다.

스테이킹(Staking)

가상자산의 일부를 지분으로 고정시키는 것

자신이 보유한 가상자산의 일정량을 지분(Stake)으로 고정하는 것을 말한다. 가상자산 보유자는 가격의 등락과 관계없이 예치·보유한 가상자산 지분의 유동성을 묶어두는 대신, 블록체인 플랫폼의 운영·검증에 참여하고 이에 대한 보상으로 가상자산을 받는다. 스테이킹은 '지분증명(PoS, Proof of Stake)' 알고리즘을 채택한 블록체인 네트워크에서 가능한데, 이는 해당 가상자산을 보유하고 있는 지분율에 비례하여 의사결정 권한을 주는 것이다. 작업증명(PoW, Proof of Work)의 단점으로 지적되는 채굴기 마련 비용이나 막대한 전기 사용 등의 한계를 극복할 수 있다는 점에서 각광받고 있다.

메세나(Mecenat)

기업체의 문화예술, 스포츠 후원 활동

기업들이 문화예술, 스포츠 등의 분야를 적극 지원함으로써 사회 공헌과 국가경쟁력에 이바지하는 활동을 총칭한다. 고대 로마제국의 정치가 가이우스 마에케나스가 시인 호라티우스, 베르길리우스 등 당대 예술가들의 예술·창작 활동을 적극적으로 후원하며 예술부국을 이끈 데서 유래한 말이다. 1967년 미국에서 기업예술후원회가 발족하며 이 용어를 처음 사용한 이후 각국의 기업인들이 메세나협의회를 설립하면서 널리 알려졌다. 한국에서는 한국기업메세나협의회(2004년 '한국메세나협의회'로 개칭)가 문화체육관광부 장관의 허가를 받아 1994년에 결성됐으며, 2021년 기준 210여 곳의 회원사가 문화예술 지원 사업을 펼치고 있다.

튀르크어사용국기구(OTS)

튀르크어족으로 분류된 중앙아시아 국가들로 구성된 기구

'OTS'는 'Organization of Turkic States'의 약어이며, 터키·카자흐스탄·아제르바이잔·우즈베키스탄·키르기스스탄 등 튀르크어족으로 분류되는 중앙아시아 국가들로 구성된 기구로서, 2021년 11월 터키 이스탄불에서 열린 정상회의에서 공식 출범했다. OTS의 전신은 2009년 10월 터키와 카자흐스탄, 아제르바이잔, 키르기스스탄 등 4개국 중심으로 설립된 '튀르크 평의회'이다. 튀르크어족은 시베리아·중앙아시아, 중국 신장자치구, 러시아 볼가강 중류 지대에서 사용되는 언어의 그룹(어족)을 의미한다. 튀르크어에는 터키어, 키르기스어, 우즈베크어 등 30여 개 언어가 포함되며 알타이어족에 속한다.

캥거루 운전

단속카메라를 의식해 속도를 줄였다가 다시 가속하는 운전행위

제한속도를 초과해 운전을 하다가 단속카메라가 설치된 구간을 통과할 때는 속도를 줄이고, 단속카메라 설치 장소를 벗어나면 다시 가속페달을 밟아 제한속도를 무시하는 운전 행태를 이르는 말이다. 이처럼 속도를 줄였다가 다시 가속하는 운전 행위가 멀리서 보면 마치 깡충깡충 뛰는 캥거루의 모습과 닮았다고 하여 붙은 명칭이다. 이러한 캥거루 운전을 하는 차량이 줄어들지 않는 이유는 운전자가 내비게이션을 통해 카메라의 위치를 미리 알 수 있기 때문이다. 특히 캥거루 운전은 우리나라에서 유독 빈번한 편인데, 자동차전용도로(고속도로)의 지나친 속도제한이 원인 중 하나라는 지적도 있다.

출산크레딧 제도

자녀의 수에 따라 국민연금 가입기간을 추가 산입해 주는 제도

자녀의 수에 따라 국민연금 가입자, 혹은 가입자였던 사람이 노령연금수급권을 취득한 때 가입기간을 추가 산입해 주는 제도이다. 〈국민연금법〉 제19조를 근거로 하여 2008년 1월 1일부터 시행되고 있는 출산 장려정책 중 하나이다. 국민연금의 사각지대를 줄이고 저출생과 고령사회에 대응해 출산을 장려하기 위해 도입되었다. 2008년 1월 이후 둘째 자녀(입양 포함)를 얻은 부모에게는 12개월, 셋째 이상의 자녀를 얻은 부모에게는 각각 18개월을 추가로 인정(최대 50개월)한다. 출산크레딧을 받기 위해 출산 사실을 즉시 신고할 필요는 없으며 노령연금수급권이 발생해 노령연금을 청구할 때 신고하면 된다.

대퇴직(the Great Resignation)

자발적 사퇴가 늘어나는 현상

코로나19 팬데믹에서 회복 중인 미국에서 자발적 사퇴가 늘어나는 현상을 가리키는 말이다. 미국 노동부의 발표에 따르면 자발적 사직자 수는 2021년 8월 430만명에서 9월 440만명으로 증가했다. 이는 역대 최고 수준으로, 경기회복 국면에서 팽창한 수요를 따라잡기 위해 공급을 늘려야 하는 것에 비해 노동력이 감소하고 있는 상황이다. 이러한 현상의 원인으로는 코로나19로 인한 사회·경제적인 변화 및 일과 삶의 균형에 대한 바뀐 시각의 영향이 큰 것으로 파악됐다.

레드플러스(REDD+)

산림을 활용해 온실가스 배출을 줄이는 탄소 저감 활동

'Reducing Emissions from Deforestation and Forest Degradation Plus'의 약자로, 개도국의 산림전용 및 황폐화 방지를 통해 온실가스 배출을 줄이는 탄소 저감 활동을 말한다. 경제선진국이 개도국의 산림 관리를 경제적으로 지원하는데, 다만 개도국은 사업 기간 동안 산림 파괴가 없었다는 것을 증명해야 하고, 그 결과를 인정받을 경우 탄소배출권을 할당받을 수 있다. 정부와 민간이 공동으로 10억 달러의 산림 재원을 조성하는 것을 목표로 하는 자발적 국제 연합체 '리프연합(LEAF Coalition)'의 재정적인 지원을 받고 있다. 우리나라는 캄보디아·미얀마·라오스에서 레드플러스 사업을 진행 중이다.

렉처멘터리(Lecturmentary)

강의 도중 다큐영상을 통해 청중의 이해를 돕는 프로그램

'Lecture(강연)'와 'Documentary'의 조합어로, 청중을 대상으로 강연·강의하면서 중간에 다큐멘터리 영상을 제시해 효율적인 이해를 돕는 프로그램을 뜻한다. 수용자 친화적인 양방향의 방식으로 메시지를 쉽게 전달할 수 있고, 영상을 통해 설명이 더해지면 청중들은 보다 쉽게 다양한 이슈에 접근할 수 있다.

왝플레이션(Whackflation)

호황과 불황 사이에서 벌어지는 물가 파동

'Whack(세게 후려치다)'과 'Inflation'의 조합어로, 팬데믹에 타격을 입은 복잡한 경제 시스템이 안정화되는 과정에서 벌어지는, 갑작스럽고 예측이 거의 불가능한 불안정 상태를 뜻한다. 2021년 11월 미국의 블룸버그는 "초인플레이션이나 스태그플레이션 등 기존의 경제 용어로는 현재의 인플레이션 현상을 정확히 설명할 수 없다"며 왝플레이션을 언급하고 이를 '호황과 불황 사이에서 벌어지는 물가 파동'이라고 규정했다. 극심한 인플레이션 현상을 뜻하는 초인플레이션은 과도한 표현이고, 경기불황 속 물가상승을 뜻하는 스태그플레이션은 '경기불황'에 대한 해석의 여지가 있다는 이유에서이다.

오프리시(Off-leash)

반려견이 목줄을 착용하지 않은 상태

'Off(~로부터 떨어진)'와 'Leash(가죽끈)'의 합성어로, 반려견이 목줄을 착용하지 않은 것을 뜻한다. 반려견에 의한 물림사고 등 다양한 위급 상황에 있어 대처가 어려워 문제가 되고 있다. 현해 〈동물보호법〉 제13조 제2항은 소유자가 등록대상동물을 동반하고 외출할 때는 목줄 등의 안전조치를 해야 한다고 명시한다. 특히 생후 3개월 이상 된 맹견은 목줄 및 입마개 등의 안전장치나 적정한 이동장치를 해야 한다. 목줄 등 안전조치 의무를 위반해 사람의 신체를 상해에 이르게 한 자는 〈동물보호법〉 제46조 제2항에 따라 2년 이하의 징역 또는 2,000만 원 이하의 벌금에 처한다.

그린플레이션(Greenflation)

탄소 규제 등의 친환경 정책으로 원자재 가격이 상승하면서 물가가 오르는 현상

'Green(친환경)'과 'Inflation'의 조합어로, 친환경 정책으로 탄소를 많이 배출하는 산업을 규제하면 필수원자재 생산이 어려워지고 이것이 생산 감소로 이어져 가격이 상승하는 현상을 가리킨다. 기후변화에 대응하기 위해 노력할수록 사회 전반적인 비용이 상승하는 역설적인 상황을 뜻한다. 대표적인 예로 재생에너지 발전 장려로 화석연료 발전설비보다 구리가 많이 들어가는 태양광·풍력 발전설비를 구축해야 하는 상황이 해당된다. 이로 인해 금속 원자재 수요가 급증했으나 원자재 공급량이 줄어들면서 가격이 치솟았다.

큐코노미(Qconomy)

코로나19 사태에 따른 격리·봉쇄 조치 후 변화된 경제상

'Quarantine(격리)'과 'Economy(경제)'의 조합어로, '격리·방역 경제'를 가리킨다. 코로나19 확산에 따른 격리·봉쇄 조치 이후 전망되는 변화된 경제상을 나타내는 말이다. 외부 접촉을 꺼리는 소비자들로 인해 정부에서 돈을 풀어도 소비로 이어지지 않는다는 특징이 있다. 실제로 사회적 거리두기 시행으로 온라인 구매 급증, 원격교육 및 재택근무의 확산, 화상 면접을 통한 신규 채용 등 다양한 영역에서 비대면 문화가 확산하는 변화가 일어났다.

여성새로일하기센터(새일센터)

출산, 육아, 가사 등으로 인한 경력단절여성의 취업활동을 지원하는 종합취업지원기관

2008년 12월부터 시행된 〈경력단절여성 등의 경제활동촉진법〉에 따라 설치되어 직업상담, 직업교육·훈련, 인턴십, 취업 알선, 취업 후 사후 관리까지 맞춤형 취업 지원 서비스를 제공하고 있다. 여성가족부는 경력단절여성들의 고용창출 효과를 위해 새일센터를 통해 인턴 희망 여성을 기업체에 연계하고 기업체에 인턴채용지원금 명목으로 인건비를 지급한다. 단, 인턴십 지원사업에 참여하는 사업장에서 특정 기간 내 인위적 감원으로 인한 기존 근로자의 퇴직이 생겼을 경우 해당 사업장은 인턴 연계 대상에서 제외된다.

엑스틴세대(X-teen Generation)

10대 자녀와 교감하고 소통하는 새로운 부모 세대

서울대 소비자학과 김난도 교수가 2022년을 이끌 10대 트렌드로 제시한 키워드 가운데 하나로, 과거 X세대라고 불렸던 1970년대생들을 지칭한다. 엑스틴이라는 명칭은 이들이 10대인 자녀와 교감하고 소통할 수 있는 새로운 부모 세대라는 의미이다. 이들은 기성세대와는 확연히 구분되는 탈권위주의적이고 자유로운 개성을 보인 세대로, 1970년대 이후에 태어나 기성 세대보다 상대적으로 풍요로운 10대 시절을 보냈고 아날로그와 디지털 시대를 모두 경험했다. X세대는 세대 담론의 출발점이라고 할 수 있으며, 실제로 소비나 인구 규모적인 측면에서도 가장 큰 세대이다.

1377 캠페인

직지심체요절을 알리기 위해 반크가 전개한 캠페인

사이버 외교사절단 반크가 주도해 진행한 직지심체요절(직지) 홍보 캠페인이다. '1377'은 1377년 청주 흥덕사에서 직지가 인쇄된 해를 뜻한다. 세계 역사책 1,377권, 교과서 1,377권, 도서관 1,377곳, 교육기관 1,377곳 등을 대상으로 직지를 등재하고 알리는 것이 목적이다. 이를 위해 세계 역사책, 교과서, 도서관, 교육기관에 직지를 실은 사례를 영어와 한국어 포스터로 만들어 SNS 등에 홍보하고 있다. 포스터에는 세계에서 두 번째로 큰 도서관인 영국의 국립중앙도서관 사이트, 2018년 재미동포들의 노력으로 등재된 미국 교과서 출판사 내셔널 지오그래픽이 발행한 역사 교과서 등이 소개되어 있다.

이퓨얼(E-fuel)

물을 전기분해해 얻은 수소를 이산화탄소, 질소 등과 혼합해 만든 친환경 연료

'Electricity-based Fuel(전기기반 연료)'의 약자로, 물을 전기분해해 얻은 수소를 이산화탄소, 질소 등과 결합시켜 만드는 친환경 연료를 뜻한다. 대기 중의 이산화탄소를 포집해 사용하기 때문에 온실가스 감축에도 효과가 있어 탄소중립 시대의 대체연료로 부상하고 있다. 또 화학적 구성이 석유와 같고 에너지 밀도는 경유와 유사해 선박용 디젤이나 비행기용 제트엔진 등 기존 내연기관에 바로 사용할 수 있을 정도로 호환성이 좋다.

RTS,S

세계 최초로 승인된 말라리아 백신

영국 제약사 글락소스미스클라인이 1987년 개발해 세계 최초로 승인된 말라리아 백신으로, 상품명은 '모스퀴릭스(Masquirix)'이다. 2019년부터 가나·케냐·말라위 지역의 어린이 약 80만 명에게 시범접종이 시행됐는데, 말라리아 예방률은 39%, 중증 예방률은 29% 정도로 나타났다. 그러나 말라리아 치료제를 함께 복용할 경우 입원율과 사망률이 70% 가까이 감소하는 것으로 나타났다. 이에 따라 세계보건기구는 생후 5개월 이상 어린이에게 해당 백신 4회분을 접종할 것을 권고했으며, 특히 사하라사막 이남 지역 아프리카와 열대열 말라리아 원충으로 인한 말라리아 전염도가 높은 지역 아동에게 사용을 권장했다.

우주 태양광발전

우주에서 생산한 전기를 지구로 보내는 발전방식

태양전지판이 부착된 위성을 우주로 보내 전기를 생산한 뒤에 마이크로파를 통해 그 전기를 다시 지상으로 전송하는 발전 방식을 말한다. SF 작가 아이작 아시모프가 1941년에 발표한 소설 〈리즌(Reason)〉에서 처음 등장한 개념이다. 지구와 달리 우주는 밤낮의 구분이 없어 꾸준한 전기 생산이 가능하고, 날씨나 먼지의 영향도 없다. 또 발전소를 짓기 위한 부지 마련 문제나 송전탑·송전선 설치도 필요하지 않아 전문가들은 우주 태양광발전 방식이 지구에서 전기를 생산하는 것보다 10~20배 정도는 더 효율적이라고 예측하고 있다. 현재 미국, 영국, 중국, 한국 등에서 기술 개발 연구를 진행하고 있다.

바디포지티브(Body Positive)

자기 몸 긍정주의

자신의 몸을 있는 그대로 사랑하고 가꾸자는 취지에서 미국에서 시작된 운동이다. 마른 몸을 아름답다고 여긴 과거의 시각에서 벗어나 신체적 능력, 크기, 성별, 인종, 외모와 관계없이 모든 신체를 동등하게 존중하자는 의미이다. MZ세대 소비자를 중심으로 소셜미디어에서 확산되고 있으며, 패션업계에서도 이러한 트렌드를 반영해 변화를 추구하는 모습을 보이고 있다. 특히 언더웨어 시장에서는 디자인보다 편안함·건강함을 추구한 디자인이 주류로 떠올랐으며, 관련 제품에 대한 매출도 크게 올라 여성들의 바디포지티브에 대한 높은 관심을 확인할 수 있다.

톈궁(天宮) 우주정거장

중국의 독자적인 우주정거장

2022년 운용을 목표로 건설 중인 중국의 독자 우주정거장이다. '톈궁'은 〈서유기〉에서 손오공이 천상의 궁궐(톈궁)에 올라가 소란을 피운 이야기에서 따온 이름이다. 총 중량은 90톤 이상이며, 운용고도는 400~450km, 설계수명은 최소 10년이다. 중국의 독자 우주정거장 건설은 미국과의 우주경쟁에서 시작됐다. 1990년대 미국은 국제우주정거장 프로젝트에 러시아, 캐나다, 일본 등 16개국의 참여를 허가하며 여러 국가와 우주탐사 협력을 맺었으나 기술 유출을 우려해 중국을 배제했다. 국제우주정거장이 2024년 임무가 종료될 예정이라 계획대로 톈궁이 완성되면 지구궤도에 있는 유일한 우주정거장이 된다.

플로깅(Plogging)

조깅·산책을 하면서 쓰레기를 줍는 운동

스웨덴어 'Plocka upp(이삭을 줍다)'과 'Jogging'의 조합어로, 쓰레기를 줍기 위해 앉았다 일어나는 동작이 스쿼트 운동과 비슷하다는 데서 생겨났다. 2016년 스웨덴에서 처음 시작돼 북유럽을 중심으로 빠르게 확산했고, 최근 기업이나 기관에서도 플로깅을 활용한 마케팅이 활발해지는 추세이다. 쓰레기를 담은 봉투를 들고 뛰기 때문에 단순한 조깅보다 열량 소모가 크고 환경도 보호한다는 점에서 호응을 얻고 있다. 한편 국립국어원은 2019년 11월 플로깅을 대체할 우리말로 '쓰담달리기'를 선정한 바 있다.

블루슈머(Bluesumer)

블루오션에 존재하는 신(新)소비자 계층

'Blue Ocean'과 'Consumer(소비자)'의 조합어로, 경쟁자가 없는 시장인 블루오션을 주도하는 소비자를 뜻한다. 경쟁자가 없거나 경쟁이 치열하지 않은 새로운 시장을 찾아내 수요를 창출하고 고수익을 올릴 수 있는 블루오션 전략이 중요한 이슈로 떠오르면서 업계에서는 블루슈머를 찾아내는 일이 중요한 과제가 되었다. 사회·경제적 환경 및 인식의 변화로 소비자들이 능동적인 주체가 되어 새로운 시장을 창출해내면서 수요자 주도의 시장으로 빠르게 변화하고 있다. 한국이 고령사회에 접어듦에 따라 유통업계에서는 새로운 소비계층으로 떠오른 60세 이상의 소비자를 블루슈머로 보고 이들을 공략하기 위한 맞춤형 제품들을 연이어 출시하고 있다.

피지털(Phygital)

경제·물리적 매장을 디지털화하는 소비 형태

오프라인을 뜻하는 'Physical'과 온라인을 뜻하는 'Digital'의 조합어로, 디지털을 활용해 오프라인 공간에서의 육체적 경험을 확대한다는 뜻이며, 최근 소비 형태의 각 단계에 적용되고 있다. 온라인 쇼핑은 간단한 검색만으로도 상품 정보를 쉽게 찾을 수 있지만, 불필요한 정보도 많아 필요한 내용을 찾는 것에 방해를 받는다. 반면 피지털 경제에서는 오프라인 매장에서 마음에 드는 물건을 찾고 상품에 부착된 QR코드를 스캔해 상품정보 및 이용후기를 빠르게 찾을 수 있다. 픽업 단계에서도 온라인에서 주문한 제품을 오프라인 매장에서 연중무휴 24시간 찾아갈 수 있도록 변화하고 있다.

브레인포그(Brain Fog)

중증 코로나19로 인한 후유증으로 멍한 느낌이 지속되는 상태

'안개가 낀 뇌'라는 뜻으로 중증 코로나19를 겪은 사람들이 생각과 표현을 분명하게 하지 못하는 상태를 말한다. 스트레스나 수면의 질 저하, 호르몬 변화 등에 의한 뇌신경의 미세한 염증으로 인해 발생하며, 집중력·기억력·식욕 저하, 피로감, 우울증 등의 증상을 동반하는 것으로 알려져 있다. 또한 빈혈이나 갑상선기능저하증 등의 질병을 앓고 있는 경우 뇌 혈류 장애가 발생해 브레인포그 증상이 나타날 가능성이 증가한다. 브레인포그는 질병은 아니지만 방치할 경우 치매 발병 위험이 높아진다.

드래그 아티스트(Drag Artist)

규정된 성역할에서 벗어나 자유롭게 자아를 표출하는 예술가

'Drag'는 사회적으로 고정된 성역할에서 벗어나 자유로운 자아를 표출하는 예술행위를 뜻하며, 드래그 아티스트는 사회가 규정하는 이분법적인 성별, 지위 등에서 벗어나 자신을 꾸미는 퍼포먼스를 행하는 예술가를 가리킨다. 이들은 성(Gender)을 이분법적으로 나누는 시선에 머무르지 않고 과장된 메이크업과 패션 등으로 겉모습을 화려하게 꾸미고 퍼포먼스를 통해 자아를 표출한다. 'Drag'에서 파생된 드래그 퀸(Queen)과 드래그 킹(King)은 흔히 여장을 한 남자(드래그 퀸)와 남장을 한 여자(드래그 킹)를 뜻하는 말로 사용된다.

탄소중립기본법

2030년까지 중장기 국가 온실가스 감축목표를 35% 이상 감축하도록 명시한 법안

정식 명칭은 〈기후위기 대응을 위한 탄소중립·녹색성장 기본법〉이며, 2030년까지 중장기 국가 온실가스 감축목표(2030 NDC)를 2018년 대비 35% 이상 감축하도록 명시하고 있다. 2021년 9월 제정되어 이듬해 3월 25일부터 시행되고 있다. 〈탄소증립기본법〉은 2050년 탄소중립을 국가비전으로 명시하고, 이를 달성하기 위한 국가전략, 기본계획 수립 및 이행점검 등의 절차를 체계화했다. 또한 전문가와 산업계 위주로만 참여했던 거버넌스의 범위를 미래세대와 노동자, 지역주민 등이 참여할 수 있도록 확대할 예정이다. 〈탄소중립기본법〉 제정으로 한국은 유럽연합·스웨덴·영국·프랑스·독일·덴마크·스페인·뉴질랜드·캐나다·일본 등에 이어 전 세계에서 14번째로 2050 탄소중립 비전과 이행체계를 법제화한 국가가 됐다.

정풍운동(整風運動)

1940년대 마오쩌둥이 펼친 정치·문화운동

1940년대 마오쩌둥이 중국 공산당 내의 잘못된 풍조를 바로잡겠다며 펼친 운동이다. 당내 투쟁을 효과적으로 전개하기 위해 주창한 당원 쇄신운동의 일환이었다. 1942년 연안에서 잘못된 3개의 풍조인 주관주의, 종파주의, 형식주의를 바로잡는다는 목표를 세우고 삼풍정돈(三風整頓)이라고 명명했다. 여기서 삼풍은 '학풍(學風), 당풍(黨風), 문풍(文風)'을 가리킨다. 정풍운동은 마오쩌둥의 지도력을 더욱 공고히 다지는 계기가 되었으며, 중국 공산당의 지도이념으로 확립됐다. 중국 공산당은 1950년대는 물론 1960년대에도 대대적인 정풍운동을 벌였다. 그러나 최근 중국은 '정풍운동'식의 거친 규제로 인해 민영기업 위축, 산발적인 코로나19 재확산, 원자재 가격 급등, 반도체 품귀 등의 여파 때문에 경기가 급속히 둔화하고 있다.

인스퍼레이션 4(Inspiration Four)

스페이스X의 민간 우주관광 프로젝트

스페이스X는 버진갤럭틱과 블루오리진에 이어 민간업체로는 3번째로 민간인을 태우고 우주관광에 성공했다. 2021년 9월 15일 스페이스X의 우주선 크루 드래건은 민간인 4명을 태운 채 케네디 우주센터에서 발사됐으며, 3일 동안 575km 고도에서 지구 주위를 1시간 30분에 한 번씩 선회했다는 점에서 그 성과를 인정받고 있다. 한편 버진갤럭틱은 지구 상공 88km까지 올라갔지만 카르만 라인을 넘지 못한 채 4분 동안 무중력 체험을, 블루오리진은 106km까지 올라가 카르만 라인을 돌파한 후 3분간 무중력 체험을 하는 데 성공한 바 있다.

하자라족

아프가니스탄 중부 산지에서 사는 소수민족

하자라족은 대부분 카불과 헤라트 사이의 산지인 하자라자트에 거주한다. 13~14세기에 이 지역으로 이주한 몽골인의 후예로 추정되며 아프가니스탄 인구의 약 10%를 차지한다. 아프가니스탄 종족 중 유일하게 시아파에 속하는 이슬람교도로서, 신앙심이 깊고 부족의 자주성을 매우 중요시한다. 1880년 당시 아미르 압둘 라흐만이 아프가니스탄을 통일하려고 할 때 반란을 일으켰으며, 소련의 아프가니스탄 침공 당시(1979~1989) 강하게 저항했다. 역사적으로 상당한 민족 탄압을 받은 것으로 알려져 있다. 한편 탈레반이 하자라족 지도자 압둘 알리 마자리의 석상을 파괴했다는 사실이 2021년 8월에 알려지면서 2001년 집권 당시처럼 문화유산을 파괴하는 것이 아니냐는 우려가 일었다.

소프트 파워(Soft Power)

인간의 이성 및 감성적 능력을 포함하는 문화적 영향력

교육·학문·예술 등 인간의 이성 및 감성적 능력을 포함하는 문화적 영향력을 말한다. 군사력이나 경제력과 같은 하드 파워(Hard Power)에 대응하는 개념으로 설득을 통해 자발적 순응을 유도하는 힘을 말한다. 21세기에 들어서며 세계가 군사력을 바탕으로 한 하드 파워, 즉 경성국가의 시대에서 소프트 파워를 중심으로 한 연성국가의 시대로 접어들었다는 의미로 하버드대 케네디스쿨의 조지프 나이가 처음 사용했다. 대중문화의 전파, 특정 표준의 국제적 채택, 도덕적 우위의 확산 등을 통해 커지며, 우리나라를 비롯한 세계 여러 나라에서 자국의 소프트 파워를 키우고 활용하기 위해 노력하고 있다.

프리카스(Pre-CAS)

경찰청의 범죄위험도 예측·분석 시스템

'Predictive Crime Risk Analysis System'의 약자로, 경찰청이 2021년 5월부터 전국적으로 운영 중인 범죄위험도 예측·분석 시스템이다. 치안·공공데이터를 통합한 빅데이터를 최신 알고리즘을 적용한 인공지능(AI)으로 분석해 지역별 범죄위험도와 범죄발생 건수를 예측하고 효과적인 순찰경로를 안내한다. 프리카스는 지역 특성에 따라 데이터를 달리 입력하고 구역과 시간대별로 범죄위험도 등급(1~10)과 범죄·무질서 발생예측 건수를 표시하여 위험도가 높은 지역을 중심으로 선제적 순찰활동이 가능하도록 한다. 또한 범죄취약지를 쉽게 파악해 경찰력을 효율적으로 배치할 수 있도록 돕는다.

상생소비지원금

지역경제 활성화와 소비회복 촉진을 위한 환급사업

지역경제 활성화와 소비회복 촉진을 위한 환급사업을 말한다. 신용·체크카드를 2분기 월평균 사용액보다 3% 많이 쓸 경우 초과분의 10%를 1인당 월 10만 원까지 현금성 충전금으로 환급해주는 사업으로 '신용카드 캐시백'이라고도 한다. 만 19세 이상 중 본인 명의의 신용·체크카드 사용실적이 있는 사람을 대상으로 지원되며, 외국인도 포함된다. 다만 해외카드나 계좌이체, 대형마트, 대형 백화점, 유흥업종 등 사업취지에 부적합한 일부 업종·품종과 비소비성 지출(연회비·세금·보험료 등)은 제외된다.

파이브 아이즈(Five Eyes)

미국, 영국, 캐나다, 호주, 뉴질랜드 등 영어권 5개국이 참여 중인 기밀정보 동맹체

2013년 6월 미국 국가안보국(NSA) 요원이던 에드워드 스노든에 의해 파이브 아이즈의 실상이 알려졌다. 당시 스노든이 폭로한 NSA의 도청·감청 기밀문서를 통해 미국 NSA가 영국, 캐나다, 호주, 뉴질랜드 정보기관과 협력해 벌인 다양한 첩보 활동의 실태가 드러났다. 파이브 아이즈는 1946년 미국과 영국이 공산권과의 냉전에 대응하기 위해 비밀 정보교류 협정을 맺은 것이 시초로, 1960년에 개발된 에셜론(Echelon)이라는 프로그램을 통해 전 세계 통신망을 취합한 정보를 공유하는 것으로 알려져 있다.

파편화금지계약(AFA)

구글이 당사의 OS를 변형한 OS를 적용하거나 개발하는 것을 금지한 계약

구글이 2011년부터 모바일 기기 제조회사가 판매하는 모든 기기에 구글의 OS(운영체제)를 변형한 OS를 적용하거나 개발하는 것을 금지하도록 한 계약이다. 파편화금지계약(AFA, Anti-Fragmentation Agreement)에 따르면 기기 제조사는 스마트폰은 물론 출시하는 모든 스마트 기기에 안드로이드 변형 운영체제(포크 OS, 구글이 공개한 안드로이드 소스 코드를 변형해 만든 OS)를 탑재할 수 없고, 직접 포크 OS를 개발할 수도 없다. 만약 경쟁사나 제조사가 자체 개발한 포크 OS를 사용할 경우 구글의 스마트 스토어를 사용할 수 없고 최신 버전 소스코드도 받을 수 없도록 했다. 한편 공정거래위원회는 구글이 모바일 기기 제조사에 '파편화금지계약'을 강요한 혐의로 시정명령과 함께 과징금 2,074억 원을 부과한다고 2021년 9월에 발표한 바 있다.

샤리아법(Sharia Law)

이슬람의 법체계

'샤리아'는 아랍어로 '물 마시는 곳으로 이끄는 길'이라는 뜻으로, 진리 또는 신에게 다가가는 길을 상징한다. 샤리아법은 일반적인 법체계와 달리 종교와 세속의 경계가 없어서 종교적인 측면뿐만 아니라 개인과 국가와의 관계, 가족, 생활관습, 사회, 정치 등 훨씬 포괄적인 영역을 규제한다. 19세기 무슬림 사회의 서구화로 많은 변화가 일어났음에도 불구하고 샤리아법이 여전히 무슬림들의 삶의 방식에 큰 영향력을 미치는 이유가 여기에 있다. 그러나 일부 내용을 해석하는 데 있어 학파마다 법을 적용하는 범위가 달라 일부 극단적인 성향의 집단에서는 인권탄압 등의 문제가 꾸준히 제기되고 있다. 한편 2021년 8월 탈레반이 아프가니스탄의 수도 카불을 점령하며 20여 년 만에 정권을 재장악한 후 외국에 협조했던 이들을 샤리아법에 따라 탄압하고 있다.

폰지사기(Ponzi Scheme)

고수익을 미끼로 투자자들을 이용하는 다단계 금융사기

실제 자본금은 들이지 않고 높은 수익성을 미끼로 투자자들을 모은 뒤 나중에 투자하는 사람의 원금을 받아 앞 사람에게 이자나 배당금을 지급하는 방식의 사기 수법을 뜻한다. 1920년대 미국 보스턴에서 대규모 다단계 금융 사기극을 벌였던 이탈리아계 미국인 찰스 폰지(Charles Ponzi)의 이름에서 유래했다. 주로 수익에 비해 이자가 큰 경우 나타나는 경제위기를 나타내거나 채무자가 지속적으로 빚을 굴려 원금과 이자를 갚는 상황을 표현하는 용어로 사용되고 있다.

밀크 인플레이션

원유(原乳) 가격의 상승으로 전반적인 식품의 가격도 같이 상승하는 현상

원유의 가격이 상승하면서 전반적인 식품의 가격도 같이 상승하는 인플레이션을 뜻한다. 원유는 우유와 치즈, 버터, 아이스크림 등의 유제품뿐만 아니라 커피, 제과, 제빵, 빙과 등 2차 가공식품에까지 그 활용 범위가 광범위하다. 따라서 원유 가격이 오르게 되면 관련 제품의 가격도 함께 상승하면서 전반적인 식품 가격에 영향을 미치게 된다. 이러한 밀크 인플레이션의 주요 원인으로 '원유가격연동제'가 꼽히고 있다. 유가공업체에서 생산하는 우유 생산비를 기준으로 원유의 가격을 결정하는 원유가격연동제를 실시하면 수요나 공급에 관계없이 원유의 가격 인상이 이루어질 수 있다.

라이프로그(Life Log)

스마트 기기를 활용해 개인의 일상을 인터넷이나 스마트폰에 기록·저장하는 것

'삶의 기록'을 뜻하는 말로 스마트 기기 등을 활용해 개인의 일상을 인터넷(SNS)이나 스마트폰 등에 기록·저장하는 것을 말한다. 취미·건강·여가 등에서 생성되는 생활 전반의 기록을 정리·공유하는 활동으로 '일상의 디지털화'라 할 수 있다. 일반적으로

라이프로그 시스템은 사용자가 경험하는 모든 정보를 기록할 수 있는 장치, 수집된 정보를 체계적으로 인식해 분류하는 장치, 분류된 방대한 정보를 저장하는 장치로 구성된다. 라이프로그는 사물인터넷(IoT), 웨어러블 기기, 클라우드 컴퓨팅, 빅데이터 등과 밀접한 관계를 맺고 있으며, 이러한 라이프로그를 남기는 행위를 '라이프로깅'이라고 한다.

세계신문협회(WAN, World Association of Newspapers)

세계 최대의 언론단체

유럽 언론사들이 중심이 되어 1948년 창설된 세계신문협회는 '국제신문발행인협회'를 전신으로 한다. 2021년 8월 기준 전 세계 120개국 1만 8,000여 개 매체, 1만 5,000개의 온라인사이트, 3,000여 개의 언론사 등 언론 및 관련 기관들을 회원으로 두고 있으며, 본부는 프랑스 파리와 독일 다름슈타트에 있다. 우리나라는 1971년에 가입했다. 세계의 언론 자유 창달과 회원 간 교류 증진을 통해 세계 언론 분야의 발전을 꾀하는 데 목적이 있으며, 주로 국제 언론 상황 감시, 제3세계 언론인 보호, 언론사 간 상호 협력, 아프리카 국가들의 인권침해 및 언론검열 금지 등에 관한 국제적인 촉구와 같은 활동을 한다.

적극행정 국민신청제

국민이라면 누구나 국민신문고에 신청하고 재검토를 요구할 수 있는 제도

소극행정 신고처리 결과가 불만족스러운 경우 국민권익위원회(권익위)에 재검토를 요구할 수 있는 제도를 말한다. 불합리한 규제개선 및 공무원의 적극적인 업무처리를 위해 누구나 국민신문고를 통해 적극행정을 신청할 수 있다. 국민이라면 이에 따라 권익위는 국민이 신청한 적극행정 아이디어가 공익성이 있는지, 제도개선 필요성이 있는지 등을 사전검토한 뒤 각 기관에 제도개선 권고나 의견 제시를 하게 된다. 이때 국민신청을 배정받은 담당 공무원은 적극적인 의사결정을 지원하는 적극행정위원회나 사전컨설팅을 활용하여 해당 업무를 처리해야 한다.

프리워크아웃

단기 연체자의 채무를 조정해주는 신용회복 지원 제도

1 ~ 3개월 미만 단기 연체자의 채무를 신용회복위원회와 채권금융회사 간 협의를 거쳐 조정해주는 신용회복 지원 제도로, 사전채무조정이라고도 한다. 채무조정이 필요한 과중채무자에게 연체이자 전액 감면, 이자율 인하, 상환기간 연장 등의 채무조정을 통해 금융채무불이행자로 전락하지 않도록 사전에 지원하는 제도이다. 원리금분할 상환방식으로 원리금 상환이 완료되면 이행이 종료된다. 단, 세부지원 방법 및 요건은 보유 재산이나 소득 수준에 따라 다르게 적용될 수 있다.

페가수스(Pegasus)

테러리스트와 범죄자 추적을 위해 개발된 해킹 소프트웨어

2011년 이스라엘의 민간 보안기업 NSO그룹이 테러리스트와 범죄자들을 추적하기 위한 목적으로 개발한 해킹 소프트웨어를 말한다. 휴대전화 이용자가 함정링크를 클릭하면 개인정보가 유출되는 스파이웨어의 일종이다. 휴대폰 등에서 사용자도 모르게 각종 정보를 수집해가는 악성 소프트웨어로 페가수스에 의해 휴대전화가 해킹되면 문자나 사진, 통화기록, 이메일은 물론 통화 내용 감청까지 가능한 것으로 알려졌다.

아바나 증후군(Havana Syndrome)

원인을 알 수 없는 이유로 이상증상을 호소하는 현상

2016년 쿠바의 미국 대사관에서 근무하던 직원 일부가 두통과 어지럼증, 기억력 상실을 비롯해 한밤중 거주지에서 이상한 소리를 들은 경험이 있다는 증상을 호소한 데서 유래했다. 쿠바의 수도인 아바나의 이름을 따 '아바나 증후군'이라고 불린다. 당시 미국은 이러한 증상의 원인을 쿠바의 음향 공격으로 판단했으나 결국 명확한 원인을 규명하지는 못했다. 2년 뒤인 2018년 중국의 미국 대사관 직원과 가족 일부도 같은 증상에 시달렸는데, 다른 나라를 찾은 미국 중앙정보국(CIA) 관계자 중에도 아바나 증후군을 경험한 사람이 있는 것으로 알려졌다.

에이징테크(Aging-tech)

고령 인구를 대상으로 하는 기술

노인들의 접근 가능성과 용이성을 우선순위로 두며, 실버 기술, 장수 기술 등으로도 불린다. 경제 발전에 따른 영양상태 개선, 의학발달에 따른 평균수명의 연장 등으로 전 세계적으로 고령인구가 급증하면서 기업도 노인들의 삶의 질 향상을 위해 에이징테크의 발전을 모색하고 있다. 대표적인 예시로 신체활동을 돕고 위치추적 기능을 제공하는 시니어 전용 스마트 워치, GPS기능을 탑재해 착용자의 위치를 파악하고 보호자에게 알림을 전송하는 치매노인 실종예방 신발, 노인들의 친구가 되어 외로움을 달래주는 돌봄로봇 등이 있다.

디지털 퍼스트

종이 신문보다 온라인에 기사를 먼저 게재하는 것

넓은 의미로는 기사의 제작, 유통, 광고 등 전 부문에 걸쳐 디지털 영역을 도입하고 결과적으로 양질의 디지털 상품을 생산·제공하는 것을 뜻한다. 뉴스 소비자들이 종이 신문보다 인터넷 신문을 선호하고, 종이 신문을 정기구독하기보다는 스마트폰을 통해 수시로 뉴스를 찾아보는 경향이 확대되면서 등장한 개념이다. 한편 종이 신문사와 같은 전통적인 언론은 여전히 대부분의 인력을 종이 신문에 투입하고 있어 우리 사회가 진정한 의미의 디지털 퍼스트를 실현하기 위해서는 조직 내의 대대적인 변화를 단행해야 한다는 의견이 대두되고 있다.

백래시(Backlash)

사회적·정치적 변화에 따라 대중에게서 나타나는 강한 반발

흑인 인권운동, 페미니즘, 동성혼 법제화, 세금 정책, 총기 규제 등 사회·정치적 움직임에 대해 반대하는 사람들이 단순한 의견 개진부터 시위나 폭력과 같은 행동을 통해 자신의 반발심을 표현하는 것을 뜻한다. 주로 진보적인 사회 변화로 인해 기득권의 영향력 및 권력에 위협을 느끼는 사람들에 의해 일어난다. 대표적으로 1960년대 흑인 인권운동에 대한 백인 차별주의자들의 반발을 화이트 백래시라고 불렀으며, 2016년 치러진 미국 대선에서 도널드 트럼프 전 대통령이 당선된 것도 화이트 백래시로 보는 견해가 있다.

엑소더스(Exodus)

특수한 상황에서 많은 사람이 특정 장소를 떠나는 상황

'탈출'이라는 뜻의 단어로 증시에서 투자금이 한꺼번에 빠져나가는 경우에도 사용한다. 원래 모세가 이스라엘 민족들을 이끌고 이집트에서 탈출한 내용이 담긴 성서의 '출애굽기(탈출기)'를 의미한다. 본래 히브리인들은 '그 이름들은 이러하니'라는 뜻의 '웨엘레쉐오트'를 제목으로 했다. 그러나 히브리어 성경을 헬라어로 번역하는 과정에서 출애굽기의 명칭이 엑소더스로 바뀌었고, 각종 영어 성경도 대부분 이를 차용하여 엑소더스라고 표기했다. '출애굽기'라는 명칭 역시 엑소더스를 의역한 것이다.

트래블 룰(Travel Rule)

가상자산 사업자가 가상자산을 전송할 때 관련 정보를 모두 수집하도록 한 규정

암포화폐거래소 등 가상자산 사업자가 가상자산을 전송할 때 거래인의 실명 등 관련 정보를 모두 수집하도록 한 국제자금세탁방지기구(FATF) 규정이다. 국내의 경우 〈특정 금융거래정보의 보고 및 이용 등에 관한 법률〉(특정금융정보법)이 개정됨에 따라 가상자산거래소는 가상자산 사업자로 등록해야 한다. 대형 거래소의 가상자산 사업자 신고 수리 여부도 불확실한 상황이라 중소 암호화폐거래소의 잇단 폐쇄가 예상되고 있다. 여기에 트래블 룰까지 적용될 경우 가상화폐거래소는 사업자 등록과 더불어 관련 시스템까지 갖춰야 해서 난항이 예상된다. 트래블 룰은 유예기간을 거쳐 2022년 3월부터 적용될 예정이다.

RE100(Renewable Energy 100%)

2050년까지 필요한 전력을 재생에너지로만 충당하겠다는 기업들의 자발적인 약속

2014년 영국의 비영리단체인 기후그룹과 탄소공개 프로젝트가 처음 제시했다. RE100 가입 기업은 2021년 1월 말 기준으로 미국(51개), 유럽(77개)에 이어, 아시아 기업(24개) 등 총 284곳에 이른다. 우리나라의 경우 제조업의 에너지 사용량 중 전력에 대한 의존도가 48%나 돼 기업이 부담해야 할 비용이 막대하다는 이유로 2020년 초까지만 해도 RE100 참여 기업이 전무했다. 그러나 RE100의 세계적 확산에 따라 2020년 말부터 LG화학, SK하이닉스, SK텔레콤, 한화큐셀 등이 잇따라 참여를 선언하고 있다.

리추얼 라이프(Ritual Life)

일상에 활력을 불어넣는 규칙적인 습관

'Ritual(규칙적으로 행하는 의식·의례)'과 'Life(일상)'를 합성한 말이다. 자기계발을 중시하는 MZ세대 사이에 자리 잡은 하나의 트렌드로, 코로나 블루와 취업난·주택난 등에서 오는 무력감을 극복하고, 심리적 만족감과 성취감을 얻으려는 욕구가 반영된 것으로 분석된다. 리추얼 라이프를 실천하는 예로 △일찍 일어나기(미라클 모닝), △독서하기, △운동하기, △하루 2리터의 물 마시기 등이 있으며, 리추얼 라이프와 관련된 앱이나 서비스도 다양하게 출시되고 있다.

장마당세대

1990년대 중반 '고난의 행군' 시절에 태어나 극심한 발육장애를 겪은 북한의 젊은이들

장마당세대는 국가의 배급망이 붕괴된 이후에 태어나서 국가의 혜택을 거의 받지 못하고 자랐다. 김정은 체제가 출범한 이후 새롭게 떠오르고 있으며, 체제 이완이라는 배경 속에서 성장한 이들의 등장은 북한 체제에 커다란 정치·사회적 변혁을 일으킬 것으로 예상되고 있다. 북한은 시대적 배경을 중심으로 혁명세대를 규정하여 혁명 1세대는 항일빨치산세대, 혁명 2세대는 천리마세대, 혁명 3세대는 혁명세대, 혁명 4세대는 고난의 행군 세대로 분류하고 있다.

제페토(ZEPETO)

한국의 대표적인 메타버스 전용 플랫폼

네이버제트(Z)가 운영 중인 증강현실(AR) 아바타 서비스로 한국의 대표적인 메타버스 전용 플랫폼이다. 2018년 출시된 제페토는 얼굴 인식 및 3D 기술 등을 이용해 '3D 아바타'를 만들어 다른 이용자들과 소통하거나 다양한 가상현실을 경험할 수 있는 서비스를 제공 중이다. 최근 유명 브랜드와 연예기획사와의 제휴도 활발히 진행 중인데, 국내 대표적인 엔터테인먼트 기업인 SM·YG·JYP·하이브(구 빅히트) 등이 제페토를 통해 K-pop과 관련된 다양한 콘텐츠를 내놓으면서 10~20대 등의 젊은 층을 중심으로 특히 인기를 끌고 있다. 2021년 현재 2억 명 이상의 이용자를 보유한 것으로 알려졌다.

퀵커머스(Quick Commerce)

유통업계에서 운영하는 즉시 배송 서비스

물품을 빠르게 배송한다는 뜻의 'Quick'과 상거래를 뜻하는 'Commerce'의 합성어로, 유통업계의 빠른 배송 서비스를 뜻한다. 소비자가 상품을 주문하는 즉시 배송이 시작되며 일반적으로 30분 이내에 배송을 완료하는 것을 목표로 한다. 식품이나 음료는 물론 신선식품이나 밀키트, 의류, 도서, 반려견 상품 등을 판매·배송하고 있다. 국내 유통 시장에서는 지난 2018년 12월부터 시작한 '배달의민족'의 'B마트'가 대표적이다. 코로나19 사태의 장기화로 언택트 소비가 늘어나면서 퀵커머스 서비스의 수요가 증가하자 관련 기업들이 앞다퉈 퀵커머스 서비스 도입 및 관련 플랫폼 사업을 추진하고 있다.

클러스터(Cluster)

유사한 속성을 가진 대상들을 모아 하나의 집단으로 분류한 것

넓은 의미에서 유사한 속성을 가진 대상들을 모아 하나의 집단으로 분류하는 것을 말한다. 여러 분야에서 사용되는데, 주로 산업 분야에서 '산업 집적지'를 지칭하는 용어로 많이 사용된다. 서로 다른 기능을 수행하는 산업 기업 및 기관들이 한곳에 모여 정보와 지식을 공유함으로써 시너지 효과를 창출할 수 있다. 또한 '다발'을 뜻하는 용어로, 몇 개의 집단으로 분류한 데이터의 집합을 의미하기도 한다. 화학이나 건축, 음악 등의 분야에서도 비슷한 의미로 사용되고 있다.

탄소국경세(CBAM)

탄소국경조정 제도

'CBAM'은 'Carbon Border Adjustment Mechanism'의 약자로, 이산화탄소 배출이 많은 국가에서 생산·수입되는 제품에 부과하는 관세를 뜻한다. 미국조 바이든 행정부와 유럽연합(EU)이 주도적으로 추진하고 있다. 특히 EU는 2021년 7월 14일, 2030년 유럽의 평균 탄소배출량을 감축하기 위한 입법패키지 '핏포 55(Fit for 55)'를 발표하면서 탄소국경세 입법안도 함께 공개했다. 이는 유럽 역내로 수입되는 제품 가운데 자국 제품보다 탄소배출량이 많은 제품에 관세를 부과하는 조치이다. EU는 2023년부터 시멘트, 알루미늄, 전기, 철강, 비료 등 탄소 배출이 많은 품목에 탄소국경세를 시범적으로 시행한 뒤 2025년부터 단계적으로 시행한다는 계획이다. 한편 대외경제정책연구원(KIEP)은 EU의 탄소국경세가 본격적으로 시행되면 탄소배출이 많은 우리나라의 철강 산업이 상당한 타격을 받을 것이라고 전망한 바 있다.

자이낸스(Zinance)

디지털 활용 및 모바일 플랫폼 사용에 익숙한 Z세대와 금융을 합한 신조어

디지털 활용 및 모바일 플랫폼 사용에 익숙한 'Z세대'와 'Finance(금융)'를 조합한 신조어이다. Z세대는 아직 자산과 소득이 적지만 과감한 레버리지(대출)로 소비와 투자에 적극적인 모습을 보인다. '영끌(영혼을 끌어모은) 대출'로 주식과 암호화폐 상승장을 주도하고 메타버스와 같은 새로운 플랫폼에서 종횡무진하는 등 금융 시장에서 매우 큰 영향력을 행사하고 있다. 대표적인 예로 MZ세대를 고객으로 끌어모은 카카오뱅크, 토스, 카카오페이, 네이버파이낸셜 등은 앱의 편리성과 친숙함을 앞세워 단기간에 '데카콘 기업(기업가치 100억 달러 이상 신생기업)'으로 성장했다.

인앱 결제(In-app Purchase)

앱마켓 운영업체가 자체 개발한 내부 결제 시스템

구글과 애플 등의 앱마켓 운영업체가 자체 개발한 내부 결제 시스템이다. 자사 앱 안에서 유료 앱이나 콘텐츠를 각국의 신용카드, 각종 간편결제, 이통사 소액결제 등으로 결제하는 것을 말한다. 2020년 9월, 구글은 2021년 10월부터 구글플레이에서 유통되는 모든 디지털 콘텐츠 앱에 인앱 결제 방식을 의무화한다고 발표했다. 이에 모바일 서비스 및 콘텐츠를 제공하는 사업자들의 수수료 부담(30% 지급)이 커지면서 관련 콘텐츠의 판매가격 인상이 불가피해지고, 이것이 소비자 이용료 인상으로 이어질 가능성이 높아지자 거센 반발을 받았다. 비판이 이어지자 결국 구글은 인앱 결제 강제적용 시점을 2022년 3월로 연기했다.

ABC협회(Audit Bureau of Circulations)

신문, 잡지 등의 부수공사를 수행하는 민법상 법인

한국 ABC협회는 신문, 잡지 등의 부수공사를 수행하는 민법상 법인이다. 1989년 5월 대한민국 문화체육관광부 소관의 사단법인으로 설립되었다. 매체사·광고주·광고회사 3사로 구성되어 있으며, 통일된 기준과 표준화된 방식을 근거로 매체량에 대한 사실만을 공표하는 것을 목표로 한다. 미디어 환경의 변화로 종이 신문 구독률이 감소해 정책적 실효성은 감소했지만, 2009년부터 관련 법안 및 정책들이 시행되면서 회원사가 대폭 증가하기도 했다. 그러나 협회의 부수 조사가 부실하다는 지적과 함께 일부 신문의 유료 부수가 조작이라는 내부고발이 사실로 확인되는 등 ABC협회의 신뢰성에 대한 논란이 이어지고 있다.

한편 문화체육관광부는 2021년 7월에 ABC협회의 '부수 부풀리기' 의혹과 더불어 협회가 제도개선 권고 사항을 이행하지 않은 것으로 보고 정책적 활용을 중단하기로 결정했다.

김치 프리미엄

국내에서 거래되는 가상화폐 자산이 외국 시장보다 비싸게 거래되는 현상

한국을 상징하는 '김치'와 정가보다 높은 가격을 뜻하는 '프리미엄'을 결합한 용어로, '코리아 프리미엄'이라고도 한다. 국내에서 거래되는 가상화폐 자산이 외국 시장보다 더 비싸게 거래되는 현상을 일컫는 신조어이다. 가상자산은 거래소 단위로 거래가 이뤄지기 때문에 같은 종류의 자산일지라도 거래소별로 가격에 차이가 생긴다. 국내의 경우 투자자가 급증하는 반면 국내 채굴이 활발하지 않아 대부분 해외 거래소에서 구매한 가상자산이 거래되는 등 가상화폐 공급이 제한적이기 때문에 나타난 현상이다. 김치 프리미엄은 거품이 무너지면 투자자 손실이 발생할 수 있어 대표적인 가상자산 거품 측량 지표로도 활용된다.

임대차 3법

전월세상한제 · 계약갱신청구권제 · 전월세신고제를 핵심으로 하는 법안

임대차 3법은 계약갱신청구권과 전월세상한제를 담은 〈주택임대차보호법〉 개정안과 전월세신고제를 담은 〈부동산 거래신고 등에 관한 법률〉 개정안을 말한다. 이 중 〈주택임대차보호법〉 개정안은 2020년 7월 31일 본회의를 통과한 당일부터 시행됐다. 이에 따라 세입자는 추가 2년의 계약연장을 요구할 수 있고 집주인은 실거주 등의 특별한 이유가 없으면 이를 받아들여야 하는데, 이때 임대료는 종전 계약액의 5% 이내에서만 인상할 수 있다. 계약 당사자가 계약 30일 이내에 임대차 계약정보를 신고해야 하는 〈부동산 거래신고 등에 관한 법률〉 개정안은 2020년 8월 4일 본회의를 통과해 2021년 6월 1일부터 시행됐다.

빅테크(Big Tech)

대형 정보기술 기업

구글이나 아마존, 메타, 애플 등의 대형 정보기술(IT) 기업을 뜻한다. 국내에서는 주로 네이버와 카카오처럼 온라인 플랫폼 제공 사업을 핵심으로 하다가 금융시장에 진입한 기업을 지칭하는 용어로 쓰인다. 이들은 송금과 결제뿐만 아니라 자산관리, 보험판매 시장까지 진출하는 동시에 조세회피 지역에 법인을 설립해 운영하면서도 독점적인 지위를 강화하고 있다. 빅테크 기업들의 영향력이 커지면서 이들의 과도한 영향력을 우려한 반발로 '테크래시(Techlash)'가 발생하기도 한다. 이에 미국과 중국 등의 각국 정부는 빅테크 기업을 견제하기 위해서 적극적으로 움직이고 있다.

파오차이(泡菜)

채소를 염장한 중국의 절임 요리

파오차이는 쓰촨성에서 유래된 것으로 알려져 있으며, 양념에 버무리지 않고 발효하여 피클과 비슷한 새콤한 맛을 낸다. 한국의 김치와 다른 음식이지만 중국 언론인 환구시보가 2020년 11월 파오차이가 국제표준화기구(ISO)의 인증을 받아 국제표준으로 제정됐다고 보도하면서 김치 종주국 논란이 촉발되었다. 그러나 국제표준화기구는 이러한 주장을 정면으로 부인했으며, 한국의 농림축산식품부 역시 파오차이의 국제표준 제정과 김치는 전혀 관련이 없다는 입장을 밝혔다. 김치는 이미 2001년 국제식품규격위원회의 국제규격으로 설정되었다.

인구 데드크로스(Dead-cross)

사망자 수가 출생아 수보다 많아 인구가 자연적으로 감소하는 현상

인구 데드크로스는 평균수명의 증가에 따른 고령화와 사망률 증가, 출산 연령층 인구 감소, 비혼 및 만혼의 증가, 출산율 저하 등의 요인으로 인해 나타난다. 대한민국은 이미 저출산 고령사회로 접어들었고, 이러한 상황이 지속될 경우 40년 뒤에는 국가 존립 자체가 위태할 것이라는 예측이 계속되고 있어 대책 마련이 시급한 상황이다. '데드크로스(Dead-cross)'는 원래 주식 시장에서 주가나 거래량의 단기 이동평균선이 장기 이동평균선을 뚫고 내려가는 현상을 지칭하는 용어로, 주식 시장이 약세로 전환된다는 신호로 해석한다.

슈퍼사이클(Super-cycle)

장기적인 가격상승 추세로 인한 장기호황

원자재 등 상품 시장의 가격이 폭등하면서 등장한 용어로, '원자재(Commodities) 슈퍼사이클'이라고 하기도 한다. 원자재 슈퍼사이클은 대체로 20년을 주기로 등락을 반복하는데, 주로 중국과 같은 신흥국의 수요 폭증이 가장 큰 원인으로 꼽힌다. 이밖에 자원 개발 투자 부족과 원자재 공급 산업구조 및 세계적인 이상기후 현상 등이 가격 상승에 영향을 주는 것으로 알려져 있다. 메모리 반도체 산업이나 조선 산업과 같이 원자재가 아닌 일반 산업에서도 '장기호황'이라는 의미로 슈퍼사이클을 사용하기도 한다.

스마트팜(Smart Farm)

정보통신 기술을 농업 전반에 접목하여 관리하는 농장

정보통신 기술을 농업 전반에 접목해 작물의 생육환경을 자동으로 관리함으로써 생산 효율성을 높이는 농장을 말한다. 사물인터넷(IoT), 빅데이터, 인공지능 등의 기술을 이용하여 농작물이나 가축, 수산물 등의 생육 환경을 적절하게 유지·관리하는 시스템이다. 특히 스마트폰과 PC 등으로 빛, 온도, 습도, 이산화탄소, 배양액 등을 원격으로 관리할 수 있어 생산의 효율성뿐만 아니라 편리성도 높일 수 있다. 또한 노동력과 에너지를 효율적으로 관리함으로써 생산비를 절감할 수 있고, 작물의 상세한 생산 정보·이력을 관리할 수 있어 소비자의 신뢰도를 높일 수 있다.

레빌(REvil)

러시아에 기반을 둔 악명 높은 해커 집단

'레빌'은 'Ransomware'와 'Evil(악마)'를 조합한 명칭이며, 2019년 활동을 시작한 해커 집단으로 러시아에 기반을 둔 것으로 알려져 있다. 2021년 7월까지 법률, 회계, 제조 등 분야를 막론하고 전 세계 수천 개 기업의 전산망을 공격한 것으로 추정된다. 이들은 주로 컴퓨터에 잠입해 데이터를 암호화한 후 해독용 프로그램을 전송해준다며 거액을 요구하는 수법으로 악명이 높다. 2021년 연이은 랜섬웨어 공격에 조 바이든 미국 대통령은 강경대응 입장을 밝히기도 했다.

누구나집

집값의 6 ~ 16%를 지급하고 입주 10년 후 미리 확정된 분양가로 매입이 가능한 주택

안정적인 소득은 있지만 집을 마련할 만큼의 목돈이 없는 무주택자나 청년, 신혼부부 등을 대상으로 하는 공공주택 모델이다. 주변 시세의 80 ~ 85% 정도의 임대료를 내고 거주하다가 임대 10년 후 최초 공급가격(입주 시 확정된 집값)으로 분양받을 수 있다. 집값 상승으로 주거 문제가 심화되자 최소 공급가격으로 서민들이 내 집 마련의 꿈을 이룰 수 있도록 돕기 위한 정책이다. 그러나 수익성이 낮아 사업자의 참여가 적고 품질저하 등의 우려가 제기되고 있다.

대체공휴일법

공휴일과 휴일이 겹치는 경우 다음 비공휴일을 공휴일로 보장하는 법

국정공휴일이 다른 휴일과 겹치는 경우 돌아오는 첫 번째 비공휴일을 공휴일로 보장하는 법을 말한다. 2021년 6월 29일 이러한 내용의 〈공휴일에 관한 법률〉제정안이 국회 본회의를 통과했다. 그동안 설날과 추석 연휴, 어린이날에만 대체휴일을 적용했지만 삼일절 등 4대 국경일에도 적용된다. 〈대체공휴일법〉은 이듬해 1월 1일부터 시행되지만 부칙에 따라 2021년에는 광복절부터 시행하여 개천절과 한글날에 대체공휴일이 적용된다. 다만 공휴일을 유급휴일로 보장하지 않는 〈근로기준법〉의 내용과 충돌하는 부분이 있어 5인 미만의 사업장에는 적용하지 않기로 했다.

블록딜(Block Deal)

대량의 주식을 보유한 매도자와 매수자 간에 주식거래를 체결시켜 주는 제도

블록딜은 주식 시장에서 한꺼번에 대량의 주식이 거래될 경우 발생할 수 있는 급격한 가격 변동과 물량 부담을 줄이기 위한 방안이다. 주로 시장가격에 영향을 미치지 않도록 사전에 매도물량을 인수할 수 있는 매수자를 구해 장 시작 전이나 마감 후 시간외거래 또는 장외거래를 통해 이루어진다. 가격과 물량을 미리 정해두고 거래하기 때문에 장중 주가에 큰 영향을 주지 않는다는 장점이 있다. 그러나 블록딜 다음 날 해당 회사의 주가가 하락할 확률이 높다.

소비기한

식품을 섭취해도 건강·안전에 이상이 없을 것으로 판단되는 소비의 최종 기한

소비기한은 식품이 제조된 후 유통 과정과 소비자에게 전달되는 기간을 포함한다. 단, 식품의 유통 과정에서 문제가 없고 보관 방법이 철저하게 지켜졌을 경우에 해당하며, 식품이 제조된 후 유통될 수 있는 기간을 의미하는 유통기한보다 길다. 2021년 6월 기준 우리나라는 일부 품목을 제외한 대부분의 식품에 유통기한을 표기하고 있지만 한국과 미국을 제외한 많은 국가에서는 이미 소비기한 표시제를 시행하고 있거나 소비기한과 유통기한을 병행하여 표기하고 있다.

탕핑족(躺平族)

취업이나 결혼에 소극적인 중국의 청년층

'탕핑(躺平)'은 평평하다는 뜻의 중국어이며, 현실을 외면한 채 누워서 시간을 보낸다는 뜻이다. 중국의 '탕핑족'은 연애나 결혼, 출산, 내 집 마련 등을 포기하는 젊은 세대를 뜻하는 한국의 'N포세대'와 유사한 개념이다. 탕핑족이 생겨난 주원인은 취업난과 높은 물가인데, 여기에는 아무리 열심히 해도 노력에 대한 보상을 받을 수 없다고 생각하는 박탈감이 반영됐다. 탕핑족은 최소한의 생활 수준은 유지하되 돈에 얽매이는 삶을 거부하고, 연애·결혼·승진 등에 연연하지 않겠다는 '탕핑주의'의 삶을 지향한다.

e심(eSIM)

메인보드에 내장되는 가입자 식별 모듈

유심(USIM)은 스마트폰 슬롯에 꽂아야 하는 반면 e심은 단말기 메인보드에 내장된 모듈에 번호를 등록해 소프트웨어를 다운받고 가입자 식별정보를 단말기에 저장하는 방식이다. e심을 도입하는 경우 이용자의 가입비용이 줄고 요금제 선택의 폭이 넓어질 것으로 기대된다. e심은 스마트폰뿐만 아니라 크기가 작은 웨어러블 기기나 사물인터넷(IoT) 기기에도 활용도가 높아 해외에서는 이미 e심이 상용화되는 추세이다. 특히 해외여행 시 별도로 유심칩을 구매할 필요가 없고, 이용자가 이동통신사를 따로 방문하지 않고도 가입이나 해지가 간편하다.

보편적 시청권

전 국민적 관심을 받는 스포츠를 시청할 수 있는 권리

보편적 시청권이 보장되기 위해서는 무료 지상파 채널이 우선으로 중계권을 소유해야 한다. 해당 제도는 유럽의 '보편적 접근권'을 원용한 것으로 2007년 〈방송법〉이 개정되면서 처음 도입됐다. 방송통신위원회는 모호한 의미였던 '국민적 관심이 매우 큰 체육경기대회'를 구체화하면서 2016년 방송 수단을 확보해야 하는 시청 범위를 90%와 75%를 기준으로 나눴다. 90%는 동계·하계 올림픽과 월드컵, 75%는 WBC(월드 베이스볼 챔피언) 등이다.

그린워싱(Green Washing)

친환경 제품이 아닌 것을 친환경 제품인 것처럼 속여서 홍보하는 것

친환경을 뜻하는 'Green'과 '위장·속임수'를 은유하는 'Washing'의 합성어로, 우리말로 '위장 환경주의라고'도 부른다. 기업이 제품을 만드는 과정에서 환경오염을 유발하지만 친환경 재질을 이용한 제품 포장 등만을 부각해 마케팅에 강조하는 것이 그린워싱의 대표적 사례이다. 2007년 미국의 친환경 마케팅업체 테라초이스가 발표한 그린워싱의 7가지 유형으로는 ① 상충 효과 감추기, ② 증거 불충분, ③ 애매모호한 주장, ④ 관련성 없는 주장, ⑤ 거짓말, ⑥ 유행상품 정당화, ⑦ 부적절한 인증라벨 등이 있다.

밈 주식(Meme Stock)

온라인상에서의 유행에 따라 주가 변동이 큰 주식

'Meme'은 소셜미디어(SNS)나 각종 커뮤니티 게시판 등에서 모방을 통해 유행처럼 번지는 문화적 현상이나 콘텐츠를 말한다. 밈 주식은 온라인상의 유행에 따라 투자자가 급격히 몰렸다가 빠져나가서 주가 상승과 하락의 폭이 큰 종목을 가리킨다. 밈 주식은 기업의 가치와는 관계없이 개인투자자들이 온라인상에서 유행하는 것들을 토대로 투자를 결정하기 때문에 주가가 하락할 가능성이 높다는 특징이 있다. 이러한 밈 주식 열풍은 최근 주식 시장의 트렌드를 변화시키고 있으며, 이에 따라 투자자들에게 더 익숙하고 인기 있는 기업이 시장을 주도하고 있다.

GTX(Great Train Express)

수도권 외곽에서 서울 도심의 주요 거점을 연결하는 수도권 광역급행철도

수도권의 교통난을 해소하기 위해 2007년 경기도가 국토교통부(당시 국토해양부)에 제안하여 추진됐다. 지하 40～50m의 공간을 활용해 노선을 직선화함으로써 평균 시속 100km, 최대 시속 200km로 운행되어 기존의 지하철보다 3배 이상 빠르다. GTX가 개통되면 경기도와 서울을 1시간 이내로 오갈 수 있을 것으로 전망하고 있다. 2021년 6월 29일에 확정 발표된 D노선을 제외하고는 제3차 국가철도망 구축계획(2016～2025년)에 따라 2025년까지 A(파주～동탄), B(남양주～송도), C(의정부～금정) 3개 노선을 건설할 예정이며 운행거리는 총 211km이다.

특별연장근로

특별한 사정이 있는 기업에 연장근로가 가능하도록 고용노동부가 허용하는 제도

근로자가 동의하면 주52시간을 초과해 주당 12시간 이상 연장근로를 최장 3개월까지 가능하다. 연장근로에는 상한이 없어서 특별연장근로를 적용받으면 법정 근로시간과 관계없이 노동시간을 늘릴 수 있다. 정부는 2020년 1월에 50～299인 사업장의 주52시간제 안착을 지원하기 위해 재해와 재난에 한정했던 인가사유를 확대했다. 확대된 특별연장근로 허용사유로 인명 보호 및 안전 확보, 시설·설비의 갑작스러운 고장, 예상치 못한 급격한 업무량 증가, 국가경쟁력 등을 위한 연구개발(R&D) 등이 있고, 이는 300인 이상 대기업에도 적용된다.

중대재해처벌법

중대한 인명 피해를 일으키는 산업재해가 발생했을 경우 사업주에 대한 형사처벌을 강화하는 법안

정식 명칭은 〈중대재해 처벌 등에 관한 법률〉이다. 〈중대재해처벌법〉에 따라 안전사고로 근로자가 사망할 경우 사업주 또는 경영책임자에게 1년 이상의 징역 또는 10억 원 이하의 벌금을 부과할 수 있고, 법인에는 50억 원 이하의 벌금을 부과할 수 있다. 또한 노동자가 다치거나 질병에 걸리는 경우 7년 이하의 징역 또는 1억 원 이하의 벌금에 처해진다. 〈중대재해처벌법〉은 2021년 1월 8일 국회 본회의를 통과해 2022년 1월 27일부터 근로자 50인 이상 기업, 2024년에는 50인 미만 사업장에 적용된다. 단, 5인 미만 사업장은 적용대상에서 제외된다.

크리덴셜 스터핑(Credential Stuffing)

사용자의 계정을 탈취해 사용자의 개인정보를 유출하는 수법

'Credential'은 정보 시스템에서 사용하는 암호학적 개인정보를 뜻하고, 크리덴셜 스터핑은 이러한 개인정보를 탈취해 공격하는 유형 중 하나이다. 해커가 이미 확보한 로그인 정보를 여러 웹사이트에 무작위로 대입해 로그인이 될 경우 사용자의 개인정보 등이 유출되는 것을 말한다. 이는 대부분의 사용자가 다양한 인증 시스템에서 동일한 로그인 정보를 사용한다는 점을 악용한 것이다. 사용자뿐만 아니라 이러한 서비스를 제공하는 기업 역시 피해자가 될 수 있다. 크리덴셜 스터핑을 막기 위해 다중인증 옵션을 사용하고, 사이트마다 서로 다른 패스워드를 사용하는 등의 방법이 권장되고 있다.

뉴 노멀(New Normal)

시대 변화에 따라 새롭게 부상하는 기준이나 표준

뉴 노멀은 2008년 글로벌 경제 위기 이후 등장한 새로운 세계 경제질서를 의미한다. 2003년 벤처 투자가인 로저 맥너미가 처음 제시했고, 2008년 세계 최대 채권운용회사 핌코의 경영자인 무하마드 앨 에리언이 다시 언급하면서 확산됐다. 주로 과거에 대한 반성과 새로운 질서를 모색하는 시점에 등장하는데 2008년 경제 위기 이후 나타난 저성장, 높은 실업률, 규제 강화, 미국 경제 역할 축소 등이 뉴 노멀로 지목된 바 있다. 최근에는 사회 전반적으로 새로운 기준이나 표준이 보편화되는 현상을 이르기도 하며, 우리말로는 '새 일상, 새 기준'으로 대체할 수 있다.

오팔(OPAL)세대

활기찬 인생을 사는 신(新)노년층

'OPAL'은 'Old People with Active Lives'의 약어이며, 경제력을 갖춘 1950년대 ~ 1960년대에 태어난 세대를 가리킨다. 베이비부머를 대표하는 1958년생을 뜻하기도 한다. 은퇴 이후 경제적·시간적 여유가 생긴 이들이 자신이 원하는 것을 하기 위해 돈과 시간을 아끼지 않는 적극적인 소비를 추구한다는 점에서 새로운 소비층으로 부상하고 있다. 또한 퇴직 후 그동안 현실적인 문제로 접어두었던 자신의 꿈을 실현하거나 수년간 쌓은 경험과 전문성을 살려 새로운 일자리를 찾는 등 20대 ~ 30대 못지않은 취업 열정을 드러내고 있다. 나아가 지금까지 젊은 세대의 영역으로 여겨졌던 문화산업이나 모바일 시장에서도 두각을 드러내며 영향력이 커졌다.

P4G

녹색성장 및 글로벌목표 2030을 위한 연대

'P4G'는 'Partnering For Green Growth and the Global Goals'의 약어이며, 기후변화에 적절하게 대응하면서 식량, 도시, 에너지, 물, 순환경제에 대한 해결책을 만들어 개도국이 지속 가능한 발전을 하도록 돕는 것이 목적이다. 2011년 덴마크 주도로 출범한 3GF(Global Green Growth Forum : 글로벌녹색성장포럼)를 모태로 한다. 이후 2015년 채택한 파리협정과 유엔의 지속 가능한 발전 목표의 내용을 확대해 접목했고, 2017년 글로벌 이니셔티브인 P4G가 출범했다. 국가뿐만 아니라 국제기구, 기업, 시민사회 등이 참여하고 있다. 참여국은 12개국으로 한국, 인도네시아, 베트남, 방글라데시, 덴마크, 네덜란드, 남아공, 에티오피아, 케냐, 멕시코, 칠레, 콜롬비아다.

테이퍼링(Tapering)

경제 회복세가 보이면 시중에 푼 돈을 줄이는 것

테이퍼링(Tapering)은 '점점 가늘어지는'이라는 뜻의 영단어다. 중앙은행이 국채 매입 등으로 통화량을 늘리는 정책인 양적완화를 점진적으로 축소하는 것을 말한다. 즉, 경제가 침체되면 돈을 풀고 회복세를 보이면 시중에 푼 돈을 점차 줄여 나가는 것이다. 원래는 마라톤 용어로 사용되었으나 2013년 당시 미국 중앙은행인 연방준비제도(FED, 연준) 의장이었던 벤 버냉키가 처음 언급한 이후 경제 용어로 쓰이고 있다. 미국이 테이퍼링을 시행하면 시장에 도는 돈이 줄어들기 때문에 금리와 환율이 상승한다. 또한 주가가 하락하는 모습을 보이기도 한다.

돌파감염

백신 접종 14일 후에 감염되는 현상

백신별 접종횟수를 모두 맞은 뒤 보통 항체가 생기는 기간인 14일 뒤에 감염되는 현상이다. 코로나19 백신인 아스트라제네카 혹은 화이자 1차, 2차를 맞은 2주 후에 코로나19 양성 반응을 보이는 것으로, 이는 애초 백신의 예방 효과가 100%가 아니며, 백신이 완전히 예방할 수 없는 변이 바이러스에 감염되는 경우도 있기 때문에 발생한다. 돌파감염을 막으려면 백신을 맞은 뒤에도 마스크를 착용하고 거리두기를 준수하는 등의 방역수칙을 지켜야 한다. 한편, 돌파감염에 대응하기 위해 기존의 백신별 접종 횟수보다 한 번 더 접종하는 것을 부스터샷이라고 한다.

스팩(SPAC)

아직 상장하지 않은 다른 기업과의 합병 또는 인수를 목적으로 만든 페이퍼컴퍼니

'SPAC'은 'Special Purpose Acquisition Company'의 약자로, 특별한 목적을 가진 회사라는 뜻이다. 기업이 몸집을 불리기 위해서는 다른 회사와 인수합병(M&A)이 필요한데 스팩 상장으로 M&A 비용을 조달받는 것이다. 스팩주는 3년 내에 목적을 달성하지 못하면 상장폐지된다. 상장폐지되더라도 투자 원금과 3년 치의 예금이자 수준을 받을 수 있기 때문에 비교적 안전한 투자라는 평가가 있지만, 비우량 기업과 인수합병을 하면 주가하락으로 투자금에 손실을 입을 위험이 있다.

기대 인플레이션

기업, 가계 등의 경제주체가 예측하는 미래 물가상승률

기대 인플레이션은 임금, 투자 등에 영향을 끼치는 중요한 지표로 활용되고 있다. 노동자는 임금을 결정할 때 기대 물가수준을 바탕으로 임금 상승률을 협상한다. 또한 인플레이션이 돈의 가치가 떨어지는 것이기 때문에 기대 인플레이션이 높아질수록 화폐의 가치가 하락해 부동산, 주식과 같은 실물자산에 돈이 몰릴 확률이 높아진다. 우리나라의 경우 한국은행이 2002년 2월부터 매월 전국 56개 도시 2,200가구를 대상으로, 매 분기 첫째 달에는 약 50명의 경제 전문가를 대상으로 소비자물가를 예측하고 있다.

다빈치+프로젝트

미국 우주항공국(NASA)의 금성 탐사 계획

NASA가 디스커버리 프로그램의 일환으로 2028~2030년에 진행 예정인 금성탐사 프로젝트이다. 금성의 대기가 어떻게 구성되어 있고 진화했는지, 바다는 존재했었는지 등의 연구를 수행한다. 다빈치 플러스 프로젝트는 미국이 1978년 이후 처음으로 하는 금성 대기 탐사로 프로젝트 명칭은 화가 레오나르도 다빈치에서 유래했다. 대기 연구뿐만 아니라 '테세라'라고 불리는 금성의 독특한 지형의 첫 고화질 촬영 또한 프로젝트에 포함됐다. 금성의 지질을 연구하는 베리타스(VERITAS) 프로젝트도 함께 추진한다.

팬더스트리(Fandustry)

팬덤을 상대로 하는 산업

'Fan'과 'Industry(산업)'의 조합어로, 연예인, 스포츠 스타 등을 좋아하는 팬덤을 상대로 하는 산업을 의미한다. 특히 팬더스트리 산업이 두드러지는 것은 플랫폼, 콘서트, 굿즈 분야 등인데, 굿즈의 경우 연예인 얼굴이나 팬덤의 상징색을 넣은 생활용품부터 응원봉까지 다양한 제품을 출시해 판매하고 있다. SM엔터테인먼트의 경우 굿즈 판매와 공연이 상시 가능한 SM아티움을 만들었다. 전 세계적으로 K-POP 열풍이 불면서 팬더스트리 규모도 커지고 있는데, IBK투자증권은 2020년 한 해에만 팬더스트리 매출액이 8조 원에 육박했다고 추산했다.

궈차오(國潮)

중국인들의 애국적 소비 성향

중국을 뜻하는 '궈(國)'와 유행을 뜻하는 '차오(潮)'를 더한 조합어이다. 궈차오 열풍은 중국의 MZ세대라고 할 수 있는 지우링허우(九零后, 1990년대 출생)와 링링허우(零零后, 2000년대 출생)를 중심으로 펼쳐지고 있다. 중국에서 만든 제품의 품질이 개선되고 미국과 중국 사이의 무역분쟁과 코로나19로 인한 위기의식이 고조되면서 이들의 애국주의 성향은 더 강조되고, 여기에 중국 내 기업들이 애국 마케팅으로 이들의 구매력을 자극했다. 한편 극단적인 궈차오는 타국에게 배타적인 자국중심주의라는 비판을 받기도 한다.

숏케팅(Shortketing)

빠르게 변하는 유행에 대응하는 광고 전략

'Short'과 'Marketing'의 조합어인 숏케팅은 완성도가 조금 떨어지더라도 인터넷을 휩쓰는 밈(Meme)을 재빨리 파악해 소비자의 구매력을 공략하는 것에 집중한다. 대표적인 숏케팅 사례는 가수 비(정지훈)의 노래 '깡'이다. 이 노래는 유튜브에서 하루에 한 번씩 뮤직비디오를 찾아본다는 '1일1깡'이 밈으로 이어졌고, 농심은 새우깡·고구마깡과 같은 자사 제품의 깡 시리즈에 비를 모델로 기용해 큰 매출을 올렸다.

푸드 리퍼브(Food Refurb)

상품가치가 떨어지는 식자재를 소비하거나 새롭게 재탄생시키는 것

'Food(음식)'와 'Refurbished(재공급품)'의 조합어이다. 영양과 맛에 문제가 없지만 외관이 못생겼거나 유통기한이 임박하는 등 상품가치가 떨어진 식자재를 새로운 제품으로 탄생시키거나 구매하는 것이다. 유통 과정에서 상품가치가 떨어지는 식자재는 폐기하는데, 유엔 식량농업기구에 따르면 이렇게 폐기된 음식물 쓰레기의 양만 연간 13억 톤에 달한다. 푸드 리퍼브는 2014년 프랑스 슈퍼마켓 인터마르쉐에서 시작됐다. 이후 전 세계적으로 관심이 높아지며 푸드 리퍼브 전문점이나 푸드 리퍼브를 활용한 카페 등이 생겨나고 있다.

사이버 레커(Cyber Wrecker)

온라인상에서 화제가 되는 이슈를 자극적으로 포장해 공론화하는 매체

빠르게 소식을 옮기는 모습이 마치 사고 현장에 신속히 도착해 자동차를 옮기는 견인차(Wrecker)의 모습과 닮았다고 해서 생겨난 신조어이다. 이들은 유튜브와 인터넷 커뮤니티에서 활동하는데, 유튜브의 경우 자극적인 섬네일로 조회수를 유도한다. 사이버 레커의 가장 큰 문제점은 정보의 정확한 사실 확인을 거치지 않고 무분별하게 다른 사람에게 퍼트린다는 것이다.

디지털 치료제

디지털을 활용해 질병을 치료하는 것

기존의 의약품이 아닌 VR, 게임, 애플리케이션 등을 활용해 질병을 치료하는 것이다. 디지털 치료제는 이미 1세대 합성신약, 2세대 바이오의약품에 이어 3세대 치료제로 인정받고 있다. 언제든 처방받을 수 있고 기존 의약품보다 저렴해 시간과 비용을 절약할 수 있다. 디지털 치료제가 되기 위해서는 다른 의약품과 마찬가지로 임상시험에서 안전성을 검증받아야 하고 식품의약품안전처 등 기관의 인허가가 필요하다. 2017년에는 미국 식품의약국(FDA)이 페어테라퓨틱스가 개발한 모바일 앱 리셋(reSET)을 약물중독 치료제로 허가한 사례가 있다.

쇼퍼블(Shoppable)

쇼핑과 결제가 즉시 가능한 온라인 쇼핑 시스템

소비자가 인스타그램, 페이스북과 같은 SNS를 하다가 게시물이나 스토리에 걸린 태그를 통해 상품을 구매하는 것이다. 유튜브 광고 재생 중 바로 구매하러 갈 수 있는 링크가 뜨는 것 등이 쇼퍼블의 사례이다. 쇼핑몰 홈페이지에 방문하지 않아도 바로 가격을 확인할 수 있고 간편결제 시스템의 발달로 원하는 물건을 쉽게 구매할 수 있는 것이 장점이다. 디지털마케팅이 확대될수록 쇼퍼블 시장은 더 커질 전망이다.

그리드 패리티(Grid Parity)

신재생에너지 발전 비용과 화력발전의 원가가 같아지는 시점

석유·석탄 등을 사용해 전기를 만드는 화력발전과 풍력·수력·태양광 등의 신재생에너지로 전기를 생산하는 원가가 같아지는 균형점을 말한다. 신재생에너지를 사용한 전기발전의 경우 건설 비용이 화력발전보다 비싸 초기 경제성이 낮지만 발전 비용이 저렴하기 때문에 차츰 경제성을 갖추게 된다. 그리드 패리티는 신재생에너지가 화력발전으로 인한 대기오염과 원료 고갈 문제를 해결할 수 있다는 근거가 되기 때문에 중요하다. 그리드 패리티 도달 조건으로는 국제유가 상승이 충족돼야 한다. 또한 생산원가의 하락과 관련이 있는 그리드 패리티 기술과 관련 부품의 가격이 하락해야 한다.

이해충돌방지법

공직자가 직위를 통해 얻는 사적 이익을 방지하는 법률

정식 명칭은 〈공직자의 이해충돌방지법〉이다. 2021년 5월 18일 제정되어 이듬해 5월 19일부터 시행된다. 2013년 4월 첫 발의 당시에는 고위공직자의 범위가 모호하다는 이유로 〈부정청탁 및 금품 등 수수의 금지에 관한 법률〉(청탁금지법, 김영란법) 일부분만 통과돼 2015년 3월 27일 제정되었다. 〈이해충돌방지법〉의 대상이 되는 공무원의 범위는 국회의원을 포함한 공무원, 공공기관 임직원, 국공립학교 임직원 등 190만명이다. 배우자와 직계존비속이 포함될 경우 800만명까지 확대될 수 있다. 미공개 정보로 사적이익을 취득한 공무원은 최고 7년 이하의 징역형이나 7,000만 원 이하의 벌금에 처한다.

쉬세션(Shecession)

코로나19 사태로 인한 여성의 대규모 실직

'She'와 'Recession(경기침체)'의 조합어로, 미국 여성정책연구소 니콜 메이슨 회장이 1930년에 일어난 대공황과 2008년에 일어난 금융위기로 제조업 등에서 남성들의 대규모 실직이 일어난 상황을 일컫는 'Hecession, Mancession'에서 착안한 용어이다. 코로나19 사태의 장기화로 여성이 많이 종사하고 있는 교육·서비스업 등의 업종 등이 직격탄을 맞으며 경기침체에 빠졌고, 이는 여성이 직장을 잃는 결과로 이어졌다. 또한 학교가 코로나로 재택수업을 하며 돌봄에 대한 부담이 증가한 것도 쉬세션의 원인 중 하나이다.

콜탄(Coltan)

스마트폰 제조에 사용되는 광물

콜탄을 가공하면 탄탈륨이라는 금속을 얻을 수 있는데, 탄탈륨은 높은 온도와 부식에 강하기 때문에 스마트폰, 노트북 등의 기기에 꼭 필요한 소재이다. 전 세계 콜탄 매장량의 70 ~ 80%가 아프리카 콩고에 매장돼 있는데, 콜탄은 대표적인 분쟁광물이다. 분쟁광물은 범죄, 전쟁과 같은 분쟁에 얽혀 있는 광물로서, 콜탄 이외에도 텅스텐·주석·금이 있다. 이 광물들의 판매 자금이 반군에 유입돼 전쟁이 발발하고 자연 파괴, 아동노동 착취 등의 문제가 생겨난다. 또한 콜탄 매장지역과 고릴라의 서식지가 겹치면서 고릴라 서식지가 무분별하게 파괴되고 있다.

시드볼트(Seed Vault)

핵전쟁, 기후변화의 대재앙에 대비하기 위해 만든 종자 저장소

'Seed(씨앗)'와 'Vault(귀중품 금고)'의 합성어다. 노르웨이 스피츠베르겐섬과 경상북도 봉화군 등 전 세계 두 곳에만 시드볼트가 있다. 봉화군에 있는 시드볼트는 2015년 12월에 설립됐으며, 한국수목원관리원이 운영하고 있다. 시드볼트는 야생식물의 멸종을 방지하기 위한 장소로서 이곳의 종자들은 영구적으로 보관된다.

논바이너리(Non-binary)

한 성별에만 국한되지 않는 성 정체성

접두사 'Non-(~이 아님)'과 'binary(2진법)'의 조합어로, 여성과 남성 둘로 구분되는 기존의 성별 기준에 속하지 않는 것을 뜻한다. 여성과 남성 정체성을 다 갖고 있는 바이젠더, 자신이 어떤 성별도 아니라고 생각하는 젠더리스, 성을 전환하는(남성 → 여성, 여성 → 남성) 트랜스젠더 등도 논바이너리에 속한다. 외국에서는 논바이너리의 정체성을 가진 이들에게 'She, He'와 같은 특정 성별을 지칭하는 단어를 사용하지 않고 'They(그들)'라는 중립적인 표현을 쓴다. 또한 논바이너리와 같은 개념으로 '젠더퀴어'가 쓰인다.

비트코인 블루(Bitcoin Blue)

비트토인 등의 가상화폐 투자 때문에 생기는 우울증

가상화폐 가격 급등으로 수익을 냈다는 사람들이 나타나자 투자자들은 '영끌(영혼까지 끌어모음)'까지 하며 큰 돈을 가상화폐에 투자한다. 하지만 변동성이 매우 높은 가상화폐 시장의 특성상 시시각각 가격이 변하기 때문에 언제 폭락할지 모른다는 불안감과 우울증을 겪는다. 또한 코인 그래프에서 눈을 떼지 못하면서 일상생활에 지장을 겪는다.

NFT(Non Fungible Token)

다른 토큰과 대체·교환될 수 없는 가상화폐

하나의 토큰을 다른 토큰과 대체하거나 서로 교환할 수 없는 가상화폐이다. 2017년 처음 시장이 형성된 이후 미술품과 게임 아이템 거래를 중심으로 빠른 성장세를 보이고 있다. NTF가 폭발적으로 성장한 이유는 희소성 때문이다. 기존 토큰의 경우 같은 종류의 코인은 1코인당 가치가 똑같았고, 종류가 달라도 똑같은 가치를 갖고 있다면 등가교환이 가능했다. 하지만 NTF는 토큰 하나마다 고유의 가치와 특성을 갖고 있어 가격이 천차만별이다. 또한 어디서, 언제, 누구에게 거래가 됐는지 모두 기록되어서 위조가 쉽지 않다는 것이 장점 중 하나이다.

히든 챔피언(Hidden Champion)

사람들에게 잘 알려지지 않은 강소기업

독일 경영학자 헤르만 지몬이 자신의 저서 〈히든 챔피언〉에서 해당 용어를 처음 언급한 뒤 알려지게 됐다. 헤르만 지몬에 따르면 히든 챔피언이 되기 위해서는 세계 시장이나 대륙에서 1~3위의 점유율을 차지해야 하며 매출액은 40억 달러를 초과하면 안 된다. 또한 대중에게 잘 알려지지 않아야 하는 세 가지 조건을 모두 충족해야 한다. 히든 챔피언은 특정 한 가지 분야와 세계 시장 공략에 집중한다. 또한 고객친화적인 성격을 가진 것 또한 이들의 특징이다.

설탕세

당류를 넣은 식품에 부과하는 세금

세계보건기구가 국민의 비만을 방지하고 세수확보가 가능한 설탕세를 도입할 것을 전 세계 국가에 권유하며 생겼다. 설탕세는 콜라와 같이 단 청량음료에 매기는데, 설탕 함유량과 지불해야 할 세금이 비례한다. 2018년부터 설탕세를 도입한 영국은 음료 100mL당 당분 함유량이 기준치를 초과하면 세금을 부과하고 있다. 영국 외에도 멕시코, 노르웨이, 헝가리, 태국 등 전 세계 30여 개의 국가가 설탕세를 도입했다. 설탕세는 소비자에게 부담만 줄 뿐이라는 반응과 세금을 제도화함으로써 실제 국민의 건강을 증진할 수 있다는 반응으로 나뉜다.

스낵컬처(Snack Culture)

어디서든 가볍게 즐길 수 있는 문화

'Snack(과자)'과 'Culture(문화)'를 더한 합성어로, 어디서든 과자를 먹을 수 있듯이 장소를 가리지 않고 가볍고 간단하게 즐길 수 있는 형태의 문화를 뜻한다. 출퇴근 시간, 점심 시간은 물론 잠들기 직전에도 향유할 수 있는 콘텐츠로, 시간과 장소에 구애받지 않는 것이 스낵컬처의 가장 큰 장점이다. 방영시간이 1시간 이상인 일반 드라마와 달리 10~15분 분량으로 구성된 웹드라마, 1회차씩 올라오는 웹툰, 웹소설 등이 대표적인 스낵컬처로 꼽힌다. 스마트폰의 발달로 스낵컬처 시장이 확대됐고 현대인에게 시간적·비용적으로 부담스럽지 않기 때문에 지속적으로 성장하고 있다.

덤벨 경제(Dumbbell Economy)

체력 증진을 목적으로 운동에 들이는 돈

MZ세대 사이에서 일과 삶의 균형을 찾는 뜻의 워라밸에 대한 관심이 지대해졌고, 삶의 질을 향상시키는 것에 집중하며 운동에 대한 관심과 여기에 지출하는 비용이 늘어났다. 동시에 건강식품, 운동복, 운동기구뿐만 아니라 운동량을 측정해주는 웨어러블 디바이스, 운동 애플리케이션 등의 매출도 늘어났다. 코로나19 이후에는 사회적 거리두기 등으로 집에서 머무는 시간이 늘어남에 따라 실내에서 운동하는 홈트레이닝 관련 소비도 상승했다.

백신여권

코로나19 백신을 맞은 사람에게 해외여행, 콘서트 관람 등을 허용하는 디지털 인증서

뉴욕주가 미국 최초로 백신여권을 도입했는데, 백신여권을 인증한 사람에 한해 결혼식 참석과 경기장 참여를 가능하게 했다. 백신여권은 코로나19로 침체된 경제와 관광산업을 회복하기 위해 고안됐다. 긍정적 전망도 있지만 인증서를 도용·위조할 수 있고 백신을 맞았음에도 코로나19에 걸려 전파할 수 있다는 우려를 낳고 있다.

인슈어테크(Insurtech)

기술을 보험 서비스에 활용하는 것

'Insurance(보험)'와 'Technology(기술)'의 조합어로, 인공지능, 데이터분석과 같은 기술을 보험 서비스에 활용하는 것을 뜻한다. 인슈어테크를 가능하게 하는 주요기술은 4차 산업혁명의 대표기술인 인공지능, 빅데이터, 사물인터넷(IoT), 블록체인 등이다. 보험사는 이러한 첨단기술을 이용해 마케팅은 물론 위험관리와 상품 개발 등에 힘쓰고 있다. 인슈어테크는 빅데이터 등을 활용해 수집한 개인정보를 바탕으로 소비자에게 맞춤형 상품을 제공할 수 있고, 이에 따라 소비자가 필요한 상품에 가입할 수 있다는 장점이 있다.

쿼드(Quad)

미국, 일본, 인도, 호주 등 4개 국가가 모여 구성한 안보협의체

2007년 당시 일본 아베 신조 총리의 주도로 시작됐으며, 2020년 8월 미국의 제안 아래 공식적인 국제기구로 출범했다. '법치를 기반으로 한 자유롭고 개방된 인도·태평양(FOIP, Free and Open Indo-Pacific)' 전략의 일환으로 중국 시진핑 주석이 이끄는 일대일로(一帶一路)를 견제하기 위한 반(反)중국적 성격도 있다. 한편 쿼드는 한국, 뉴질랜드, 베트남이 추가로 참가하는 쿼드 플러스로 기구를 확대하려는 의지를 내비치기도 했다.

클린테크(Clean Tech)

오염물질의 발생을 방지·축소하는 기술

에너지와 자원의 사용을 줄이면서 오염물질이 발생하는 것을 방지하거나 발생 빈도를 줄이는 친환경 기술이다. 기존에는 오염이 발생한 이후에 이를 적절한 방법으로 처리하는 것이 중점이었지만, 클린테크는 오염이 생겨난 원인을 줄이는 것이다. 수소차나 전기차와 같은 친환경 모빌리티와 수력 에너지, 태양력 에너지와 같은 친환경 에너지사업 분야를 클린테크라고 볼 수 있다. 또한 폐기물에서 원료 혹은 에너지를 추출해 재사용하거나 폐기물로 새로운 생산품을 만들어낸다. 최근 ESG(환경·사회·지배구조)가 떠오르면서 클린테크도 주요 투자 상품으로 관심을 끌고 있다.

로힝야족

미얀마의 수니파 무슬림 소수민족

19세기 영국이 미얀마를 식민지로 삼으면서 노동력이 필요하자 이슬람교를 믿는 로힝야족을 방글라데시에서 강제이주시켰다. 당시 영국은 로힝야족을 중간 지배계층으로 삼고 버마족을 천대했는데, 이로 인해 두 민족 사이에는 계층·종교적 갈등이 발생했다. 미얀마 정부는 이러한 이유로 영국으로부터 해방한 1948년부터 로힝야족을 박해했다. 시민권 불허, 불교 개종 강요뿐만 아니라 의료와 교육 등의 기본적인 혜택도 제공하지 않았다. 국제연합은 로힝야족을 '세계에서 가장 박해받은 소수민족'으로 규정했다.

모디슈머(Modisumer)

제품을 자신의 취향대로 수정하는 소비자

'Modify(수정하다)'와 'Consumer(소비자)'의 조합어이다. 모디슈머는 라면을 먹을 때도 그냥 먹지 않고 자신이 좋아하는 재료를 추가하거나 새로운 조리법을 시도한다. 편의점에서 흔히 볼 수 있는 제품으로 새로운 음식을 만들어낸 '마크 정식'과 짜파게티와 너구리를 합친 '짜파구리', 커피를 수백 번 저어 만드는 '달고나 라테' 등이 모디슈머가 이끈 유행이다. 기업들도 모디슈머의 트렌드에 맞춰 기존 제품에 새로운 맛을 추가하거나 다른 기업의 제품과 컬래버레이션을 하는 등 다양한 시도를 하고 있다.

무민(無Mean)세대

무의미한 일에서 행복을 찾는 세대

한자 '없을 무(無)'와 'Mean(의미하다)'의 조합어이다. 타인이 보기에는 무의미한 일이지만 그 속에서 행복을 찾는 20대 ~ 30대를 가리킨다. 이들은 치열한 경쟁사회와 성공의 압박에 지쳐 자신의 취미에 눈을 돌려 심리적 안락함을 추구하고 작은 일상에서 소확행(소소하고 확실한 행복)을 얻는다. 모닥불 피는 소리나 과자 먹는 소리 등의 ASMR(자율감각 쾌락 반응)을 감상하거나, 쓸모없는 물건을 서로 선물해주는 것도 무민세대의 특징이다. 무민세대는 워라밸(일과 삶의 균형)처럼 젊은층이 가진 삶의 가치관이 변화하며 나타난 현상으로 해석된다.

미닝아웃(Meaning-out)

소비에 자신의 신념을 투영하는 것

'Meaning(신념)'과 'Coming-out(드러내다)'의 조합어이다. 소비 하나에도 자신의 정치적·사회적 신념을 내비치는 MZ세대의 소비형태를 말한다. 미닝아웃은 의식주 전반에 걸쳐 나타나는데, 착한 소비를 위해 비건 음식을 구매하거나 친환경 옷을 골라 산 뒤 SNS에 구매 인증사진을 업로드한다. 타인에게 선한 영향력을 끼친 점주나 브랜드의 매출을 올려주며 돈으로 혼쭐을 내준다는 '돈쭐'도 미닝아웃의 한 형태이다. 미닝아웃의 소비는 제품 자체를 구매하는 것보다 자신의 신념을 위해 산다는 경향이 강하다.

5R

Zero Waste를 위한 실천 방법

쓰레기를 배출하지 않기 위해 펼치는 친환경운동 제로웨이스트를 위한 5단계 실천 방법이다. 〈나는 쓰레기 없이 산다〉의 저자 비 존슨이 제안했다. 첫 번째 'R'은 Refuse(거절하기)다. 필요하지 않은 물건은 사양한다. 두 번째 'R'은 Reduce(줄이기)다. 평소에 사용하는 일회용품의 양을 줄인다. 세 번째 'R'은 Reuse(재사용하기)다. 한 번 쓴 물건은 버리지 않고 재사용한다. 네 번째 'R'은 Recycle(재활용하기)이다. 재사용할 수 없는 물건은 다시 활용하려고 노력한다. 다섯 번째 'R'은 Rot(썩히기)이다. 썩어서 퇴비가 될 수 있는 제품은 매립한다. 제로웨이스트가 각광받으면서 5R 또한 함께 주목받고 있다.

뉴로모픽 칩(Neuromorphic Chip)

인간의 뇌신경 작동 방식을 모방한 반도체

기존의 반도체는 연산과 저장 기능을 하는 장치가 나누어져 있지만, 뉴로모픽 칩은 하나의 반도체로 연산과 저장, 학습 기능 등이 가능하다. 또한 컴퓨터가 잘 인식하지 못하는 음성, 영상과 같은 비정형화된 데이터를 처리하고 인식하는 능력도 뛰어나다. 2012년 구글이 공개한 고양이 얼굴을 자동으로 인식하는 소프트웨어의 작동에 필요한 프로세서는 1만 6,000개였다. 그러나 뉴로모픽 칩은 1개로 똑같은 기능을 구현한다. 여러 개의 반도체가 아니라 단 하나의 반도체에서 복합적인 기능을 처리하기 때문에 전력을 사용하는 양도 기존 반도체에 비해 1억분의 1 수준이다.

어드레서블(Addressable) TV 광고

사용자의 알고리즘에 맞춘 TV 광고

이전에는 모든 가정마다 똑같은 시간대에 똑같은 광고가 송출됐다면, 어드레서블 TV 광고는 빅데이터를 활용해 시청자에게 맞춤형 광고를 선보인다. IPTV사가 셋톱박스에 저장된 시청 이력을 토대로 시청자의 관심·흥미를 끌 수 있는 주제를 분석하는 원리이다. 이를 통해 광고주는 광고가 송출되는 연령대, 가구를 쉽게 집계할 수 있다. 유튜브, 넷플릭스 등의 대형 플랫폼과 OTT가 우후죽순으로 등장하며 TV의 자리를 위협했고, 이로 인해 TV 광고가 시청자에게 미치는 영향력 또한 감소했다. 이런 현실에서 어드레서블TV 광고는 필요한 곳에만 광고를 하기 때문에 저비용으로 고효율의 효과를 낼 수 있다.

크런치모드(Crunch Mode)

IT업계에서 사용되는 업무집중 기간

자신을 희생해서 업무에 임하는 것이다. 경쟁이 치열한 업계 특성상 잦은 야근을 할 수밖에 없는 IT·게임 업계에서 사용하는 용어로 알려져 있다. 예를 들어 게임 출시가 얼마 남지 않은 기간 동안에는 업무 마감을 위해 주말과 휴일 가릴 것 없이 출근하고 수면과 음식 섭취를 줄여서 일한다. 그러나 크런치모드로 생긴 과도한 업무량을 이기지 못한 직원이 자살하거나 과로사를 하는 경우가 발생하면서 혹독한 노동 강도에 대한 비판이 제기되었다.

K자형 회복

코로나19 사태로 심화되는 경제 양극화

상단·하단의 간격이 점차 벌어지는 알파벳 K의 모습처럼 코로나19 사태로 계층과 업종의 격차는 더 뚜렷해져 사회·경제적 불균형이 심화되는 것을 뜻한다. 코로나19 사태가 장기화되면서 반도체, 바이오 분야와 같은 특정 분야는 호황을 누리는 반면 서비스업, 숙박업, 요식업 등은 경기 침체의 직격탄을 맞았다. 또한 고학력·고소득일수록 경제적 타격에 의한 회복 속도가 더 빠른 것으로 나타났다. 이런 현상은 국가 간에도 나타나고 있는데, 팬데믹에 대응하는 의료·방역 수준이 국가마다 다르기 때문에 글로벌 경기회복 불균형 현상은 더 심해질 것으로 예측된다.

클래시 페이크(Classy Fake)

진짜보다 가치 있는 윤리적 소비 습관

'Classy(고급스러운, 세련된)'와 'Fake(가짜)'의 합성어이다. 환경·동물 보호 등 윤리적인 이유로 가짜 플라스틱인 바이오 플라스틱을 선택하거나 인조 모피, 콩고기를 구매하는 것도 클래시 페이크다. 패션 브랜드 라코스테는 2018년 브랜드 상징인 악어 대신 멸종위기동물 10종의 로고를 옷에 달았고, 이는 성공적인 클래시 페이크의 사례로 평가받는다. 이와 같이 환경을 위해 페이크 제품을 구매하는 소비자를 페이크슈머(Fakesumer)라고 부른다.

뉴스타트(New START)

미국과 러시아의 핵무기 통제 조약

'START'는 'STrategic Arms Reduction Treaty'의 약자이며, 뉴스타트는 2010년 4월 체코 프라하에서 미국 버락 오바마 전 대통령과 러시아 드미트리 메드베데프 전 대통령이 체결한 '신전략무기 감축협정'이다. 양국은 1991년 맺은 'START 1'의 연장선으로 1993년 'START 2'를, 1997년에 'START 3'를 맺었지만 결렬됐다. 이에 2010년에 양국이 핵 없는 세상을 구현하기 위해 뉴스타트를 맺으며 핵탄두 수를 1,550기 이하로 제한했다. 또한 잠수함발사탄도미사일(SLBM), 대륙간탄도미사일(ICBM), 전략폭격기 등을 700기 이하로 줄이는 것이 주요 골자이다.

화이트 바이오(White Bio)

식물 자원으로 바이오 연료나 화학 제품을 만드는 기술
'White'는 공장의 검은 연기를 흰색으로 바꿀 수 있다는 뜻이다. 화이트 바이오는 재생 가능한 자원을 이용해 만드는 것이기 때문에 탄소배출을 낮출 수 있어 친환경적이다. 바이오 산업은 크게 보건·의료 분야의 레드 바이오, 농업·식량 분야의 그린 바이오, 에너지·환경 분야의 화이트 바이오로 나눌 수 있다. 산업 내에서 레드 바이오에 대한 규모와 관심이 가장 컸지만 환경 문제가 이슈로 떠오르며 화이트 바이오에 대한 연구가 활발히 진행 중이다.

벼락거지

치솟은 부동산 가격에 상대적으로 빈곤해진 상태
부동산 가격이 안정될 것이라는 정부의 발표를 믿고 집 구매를 미루었다가 몇 년 사이 매매가와 전셋값이 급등해 무주택자로 사는 사람들이 자조적으로 자신을 표현할 때 사용하는 말이다. 소유한 재산에 큰 변화는 없으나 부동산 가격이 올라가며 상대적으로 빈곤해진 상태를 비유한다.

트래블버블(Travel Bubble)

코로나19 방역의 우수성을 입증받은 국가끼리 맺는 여행 협약
다른 나라에 입국하면 2주간의 의무 자가격리 기간을 거쳐야 하지만, 협약국 국민은 의무 자가격리 기간이 면제된다. 면제가 되기 위해서는 코로나19 음성 결과를 받아야 한다. 트래블버블은 밖에는 방역막이 있고

안에서 자유로운 이동이 가능한 모습이 마치 거품(버블) 같다는 의미로 유래했다. 여행을 가능하게 해주는 협약이기 때문에 에어브릿지(Air Bridge), 여행통로라고 부르기도 한다. 여행업계에서는 코로나19로 침체된 관광업이 트래블버블로 활기를 되찾을 수 있을지 관심이 크다.

포모(FOMO) 증후군

최신 트렌드를 파악하지 못할 때 느끼는 불안감
'FOMO'는 'Fear Of Missing Out'의 약자이다. 최신 트렌드를 파악하지 못하거나 타인으로부터 소외·단절되는 것에 불안함을 느끼는 것을 말한다. 포모 증후군에 걸린 이들은 SNS에서 손을 떼지 못하거나 자신의 모든 일상을 습관적이고 강박적으로 타인에게 공유하는 모습을 보인다. FOMO는 원래 마케팅 분야에서 사용하던 용어로 홈쇼핑에서 흔히 볼 수 있는 '한정 수량, 매진 임박'이 FOMO 전략의 사례이다. 최근에는 비트코인, 주식이 성황하는데 자신만 돈을 벌지 못하는 것 같아 무작정으로 투자하거나 초조함, 열등감을 느끼는 이들에게도 사용하고 있다. 포모 증후군은 심하면 우울증, 불면증까지 유발할 수 있다.

집단면역

구성원의 대다수가 감염성 질환에 면역을 가진 상태
면역을 가진 사람이 늘어날수록 질병 전파력이 약해져 감염병 확산 속도가 점차 느려지거나 멈춘다. 면역력은 예방접종이나 감염병에서 회복 후 생겨나는데, 집단면역 후에는 면역이 없는 사람도 감염의 위험에서 벗어날 수 있다. 또한 질병 등의 이유로 면역이 생기지 않는 사람도 집단면역을 통해 보호받을 수 있다. 1977년에는 천연두 등의 질병 박멸에 실제로 집단면역이 활용됐다. 그러나 스웨덴에서는 2020년 백신 없이 코로나19 집단면역을 시도했으나 확진자와 사망자가 급증하면서 방역 실패를 인정해야 했다.

플랫폼노동자

배달 앱이나 유튜브와 같은 디지털 플랫폼에 종사하는 노동자

온·오프라인이 연계되는 O2O 서비스에 종사하는 노동자를 가리킨다. 타다, 배달의민족과 같은 플랫폼을 기반으로 한 노동을 플랫폼노동이라 하며 유튜브 편집자, 배달업체 라이더, 대리기사 등이 플랫폼노동자에 해당한다. 한국고용정보원에 따르면 2020년 기준 우리나라 플랫폼노동자 수는 66만 명 정도로 추산된다. 플랫폼 노동자는 회사와 직접 계약한 근로노동자가 아닌 개인사업자로 대부분 등록돼 있어 고용이 불안정하고 근로기준법과 4대 보험 등을 보장받지 못하는 경우가 많다. 플랫폼노동자 수의 증가 속도를 법체계가 따라가지 못한다는 평가를 받고 있다.

광주형 일자리

2014년 6월 광주광역시에서 시작된 최초의 노·사 상생형 일자리 모델

광주형 일자리는 사회적 대타협을 기반으로 하며 우리나라 경제의 대립적 노사관계와 고비용 구조를 극복하기 위한 대안으로 볼 수 있다. 기업이 상대적으로 저임금의 일자리를 늘려 고용률을 높이면 정부와 지자체가 문화·복지·보육시설 등의 비용으로 부족한 임금 을 충당해주는 방식으로 운영된다. 2019년 1월 31일 광주광역시와 현대자동차는 투자협약을 맺어 자동차 합작법인 설립을 추진했다. 광주형 일자리는 독일의 폭스바겐이 2001년 진행한 일자리 창출 프로젝트 'Auto(아우토) 5000'을 참고했다.

기축통화

미국의 달러처럼 국제간의 결제나 금융 거래의 기본이 되는 화폐

여러 국가의 암묵적인 동의하에 국제 거래에서 중심적인 역할을 하는 통화를 뜻한다. 구체적으로는 △국제무역 결제에 사용되는 통화, △환율을 평가할 때 지표가 되는 통화, △대외준비자산으로 보유되는 통화 등의 의미를 포함한다. 따라서 한 나라의 통화가 기축통화가 되려면 세계적으로 원활히 유통될 수 있도록 유동성이 높아야 하고, 거래 당사자들이 믿고 사용할 수 있도록 신뢰성을 갖추어야 하며, 경제력·정치력·군사력을 인정받는 국가의 통화이어야 한다. 20세기 초반까지는 주로 영국의 파운드화가, 2차 세계대전 이후에는 미국의 달러화가 기축통화로 이용되고 있다. 한편 기축통화국은 자국 화폐 가치의 폭락으로 인한 인플레이션 발생 가능성이 매우 낮으며, 환전으로 인한 수수료 부담도 없다는 혜택을 누릴 수 있다.

앞선 정보 제공! 도서 업데이트

언제, 왜 업데이트될까?

도서의 학습 효율을 높이기 위해 자료를 추가로 제공할 때!
공기업 · 대기업 필기시험에 변동사항 발생 시 정보 공유를 위해!
공기업 · 대기업 채용 및 시험 관련 중요 이슈가 생겼을 때!

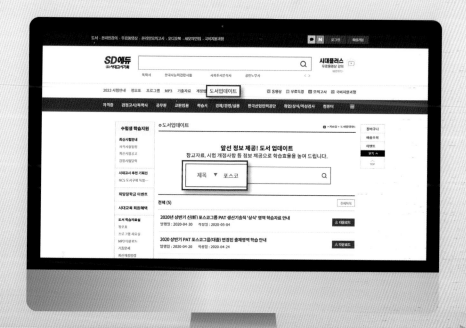

01 SD에듀 도서 www.sdedu.co.kr/book 홈페이지 접속

02 상단 카테고리 「도서업데이트」 클릭

03 해당 기업명으로 검색

참고자료, 시험 개정사항 등 정보 제공으로 학습효율을 높여 드립니다.

합격의 공식 SD에듀

PSAT 시리즈

SD에듀와 함께 PSAT 합격의 꿈을 이루세요!

5급 공채 시험 대비

행시 최종합격생 7인의 5급 PSAT
유형별 기출공략 [언어논리]

행시 최종합격생 7인의 5급 PSAT
유형별 기출공략 [상황판단]

행시 최종합격생 7인의 5급 PSAT
유형별 기출공략 [자료해석]

행시 최종합격생 7인의 5급 PSAT
전과목 5개년 기출문제집

행시 최종합격생 7인의 5급 PSAT
전과목 단기완성 + 필수기출 300제

※ 도서의 구성 및 세부사항은 변경될 수 있습니다.

2023 최신판

PSAT · LEET

PSAT · LEET

고난도 지문 20일 완성

독해

고난도
인문예술 · 사회문화
지문 독해 완벽대비

합격의 모든 것!

인문예술 · 사회문화 편

SD공무원시험연구소 편저

정답 및 해설

SD에듀
(주)시대고시기획

PART

1

인문 · 예술편
정답 및 해설

01	02	03	04	05	06	07	08	09	
②	②	③	⑤	⑤	④	⑤	③	④	

---

[01] 지문 분석

- 주제 : 불평등한 군역 부담 문제를 해결하기 위한 균역법의 시행과 한계
- 핵심 키워드 : 양인개병제, 대변통(大變通), 소변통, 균역법
- 글의 구조
  ▷ 1문단 : 조선의 양인개병제와 군역 회피 풍조
    – 조선의 군역제는 양인개병제이나, 양반이 군역에서 빠져나가고 상민이 군역 부담을 회피하는 풍조가 일었다.
  ▷ 2문단 : 군역 문제에 대한 대책들
    – 군역 문제에 대한 대책은 크게 대변통(大變通)과 소변통(小變通)으로 나눌 수 있다.
    – 호포론, 구포론, 결포론 등의 대변통은 균등한 군역 부과를 실현하려는 것이다.
    – 감필론, 감필결포론 등의 소변통은 상민의 군역 부담을 줄임으로써 폐단을 완화하려 것이다.
  ▷ 3문단 : 대변통의 한계를 극복하기 위한 감필론·감필결포론 및 균역법의 한계
    – 대변통의 실시는 양반의 특권을 폐지하는 것이었으므로 양반층이 강력히 저항했기 때문에 감필론이 대안으로 떠올랐다.
    – 감필론에도 재정 결손이 따르므로, 상민이 부담하는 군포를 2필에서 1필로 줄이고 재정 결손에 대해서만 양반에게서 군포를 거두자는 감필결포론이 제기되었다.
    – 양반들도 감필결포론에 대해 어느 정도 긍정적이었으므로, 1751년 감필결포론을 제도화해 균역법을 시행했다.
    – 그러나 균역법은 불균등한 군역 부담에서 야기된 폐단을 근본적으로 해결하는 개혁이 될 수 없었다.

01 세부 내용의 이해 정답 ②

② 2문단에 따르면 호포론·구포론·결포론 등의 대변통은 균등한 군역 부과를 실현하려는 것이며, 감필론·감필결포론 등의 소변통은 상민의 군역 부담을 줄임으로써 폐단을 완화하려는 것이다. 또한 3문단에 따르면 대변통은 군역에서 제외되는 양반의 특권을 폐지하는 것이었기에 양반층은 대변통의 실시에 강력히 저항했다. 그래서 시행된 대책이 소변통의 일환인 감필론이었으며, 감필론의 한계 때문에 등장한 것이 감필결포론이었다. 양반들도 감필결포론에 대해 어느 정도 긍정적이어서 이를 법제화한 균역법이 시행되었다. 따라서 양반층은 ②의 진술처럼 호포론·구포론에 비해 감필결포론에 우호적인 입장을 보였음을 알 수 있다.

오답분석

① 2문단에 따르면 감필론·감필결포론 등은 균등한 군역 부과를 실현하려는 대변통의 일환이었으며, 이때 구포론은 귀천을 막론하고 16세 이상의 모든 남녀에게 군포를 거두자는 주장이고, 결포론은 토지를 소유한 자에게만 토지 소유 면적에 따라 차등 있게 군포를 거두자는 것이다. 그러나 ①의 진술처럼 구포론보다 결포론을 시행하는 것이 양인의 군포 부담이 더 컸는지는 정확히 판단할 수 없다.

③ 3문단에 따르면 감필결포론은 상민이 부담해야 하는 군포를 2필에서 1필로 감축하고 그 재정 결손에 대해서만 양반에게서 군포를 거두자는 것이며, 이러한 감필결포론을 양반들이 긍정적으로 받아들여 시행된 법이 균역법이다. 따라서 감필결포론에서는 양반의 군포 부담을 인정하므로 군포에 대한 양반의 면세 특권을 폐지했다는 ③의 진술은 적절하지 않다.

④ 2문단에 따르면 호포론과 결포론 등의 대변통은 등한 군역 부과를 실현하려는 군역 개혁안이었다. 신분에 관계없이 식구 수에 따라 가호를 몇 등급으로 나누고 그 등급에 따라 군포를 부과하자는 호포론은 신분에 관계없이 부과한다는 점에서 파격적인 것이었으나, 가호의 등급을 적용한다 하더라도 가호마다 부담이 균등할 수 없다는 문제가 있었다. 또한 토지를 소유한 자에게만 토지 소유 면적에 따라 차등 있게 군포를 거두자는 결포론은 공평한 조세 부담의 이상에 가장 가까운 방안이었다. 따라서 ④의 진술에서 결포론은 공평한 조세 부담의 이상에 가장 충실한 개혁안인 것은 적절하지만, 호포론은 가호마다 부담이 균등할 수 없는 한계가 있었기 때문에 균등한 군역 부과의 이상에 가장 충실한 개혁안이라고 평가하기 어렵다.

⑤ 2문단에 따르면 호포론은 신분에 관계없이 식구 수에 따라 가호를 몇 등급으로 나누고 그 등급에 따라 군포를 부과하자는 주장이고, 구포론은 귀천을 막론하고 16세 이상의 모든 남녀에게 군포를 거두자는 주장이다. 즉, 호포론은 가호를, 구포론은 연령을 기준으로 정해 군포 징수 대상자를 정하자는 것이다. 따라서 호포론은 모든 연령의 사람에게서 군포를 거두자 주장이라는 ⑤의 진술은 적절하지 않다.

풀이 포인트

사실적 사고 능력을 검증하는 문제로, 제시문에 나타난 핵심 개념과 정보에 대한 정확한 이해를 토대로 선택지의 타당성을 판단할 수 있는지를 검증하는 문제이다. 그러므로 선택지를 먼저 읽은 다음에 제시문을 읽으면서 선택지의 적절성을 판단할 수 있는 근거를 찾아야 한다.

🔍 배경지식

균역법(均役法)
조선 영조 26년(1750)에 백성의 세금 부담을 줄이기 위하여 만든 납세 제도이다. 종래의 군포를 2필에서 1필로 줄이고, 부족한 액수는 어업세·염세·선박세·결작 등을 징수해 보충하였다.

---

[02] 지문 분석

· 주제 : 현대 디지털 통신과 유사한 봉수의 통신 방식
· 핵심 키워드 : 봉수, 부호화, 표본화, 이산화, 변조
· 글의 구조
　▷ 1문단 : 현대 디지털 통신과 유사한 봉수의 통신 방식
　　– 봉수는 연기(낮)와 불빛(밤)을 이용해 변경의 상황에 대한 정보를 중앙에 알렸던 옛 통신 수단이다.
　　– 송신 지점에서 정보를 물리적인 형태로 보내고, 수신 지점에서는 정보를 규약에 따라 복원하는 봉수의 통신 방식은 현대 디지털 통신과 유사한 점이 많다.
　▷ 2문단 : 현대 디지털 통신의 부호화의 두 단계와 변조
　　– 부호화 : 정보를 송수신자가 합의한 일정한 규칙에 의거해 부호로 변환하는 과정
　　– 디지털 통신에서는 정보를 불연속적인 신호 체계를 통해 보내기 때문에, 부호화는 표본화 및 이산화 두 단계의 과정으로 이루어진다.
　　– 변조 : 부호화된 정보를 전송 매체의 성질에 맞는 형태로 바꾸는 과정
　▷ 3문단 : 디지털 통신 방식과 비슷한 과정을 거치는 봉수의 송신 체계
　　– 봉수의 송신 체계도 이와 비슷한 과정을 거친다.
　　– 표본화 과정을 거친 5개의 정보를 위급한 순서에 따라 1, 2, 3, 4, 5의 수에 대응시켜 이산화한다.
　　– 봉수의 신호는 불빛·연기의 형태로 전송되므로 이산화된 수만큼 불을 지피는 것으로 변조한다.

　▷ 4문단 : 원리상 5가지 이상의 정보를 전송할 수 있는 봉수
　　– 현대 디지털 통신처럼 이진 부호 체계를 봉수에 도입해 각각의 아궁이에 불을 지핀 경우를 1로, 지피지 않은 경우를 0으로 하여 이산화한다면 5가지 이상의 정보를 전송할 수 있다.

---

02 일치·불일치　　　　　정답 ②

② 4문단에 따르면 현대 디지털 통신 체계와 같이 이진 부호 체계를 봉수에 도입해 각각의 아궁이에 불을 지핀 경우를 1로, 지피지 않은 경우를 0으로 하여 이산화한다면 봉수에서도 원리상 5가지 이상의 정보를 전송할 수 있다. 이때 1문단에서 봉수에 쓰이는 아궁이는 5개라고 했으므로, 이를 이진 부호로 계산하면 2의 5제곱인 36가지의 정보를 전달할 수 있는 것이다. 따라서 이산화 방법을 달리하면 봉수는 최대 10가지 정보를 전송할 수 있다는 ②의 진술은 적절하지 않다.

오답분석

① 2문단에 따르면 현대의 디지털 통신 방식에서 변조는 부호화된 정보를 전송 매체의 성질에 맞는 형태로 바꾸는 과정을 뜻하며, 3문단에 따르면 봉수의 신호는 불빛이나 연기의 형태로 전송되므로 이산화된 수만큼 불을 지피는 것으로 변조한다. 따라서 봉수의 신호 전송 체계의 변조 과정은 아궁이에 불을 지피는 것이라는 ①의 진술은 적절하다.

③ 3문단에 따르면 봉수의 송신 체계는 먼저 전달하고자 하는 정보를 위급한 정도에 따라 5가지로 나누어 표본화하며, 표본화 과정을 거친 5개의 정보는 위급한 순서에 따라 1, 2, 3, 4, 5의 수에 대응시켜 이산화한다. 그리고 이산화된 수만큼 불을 지피는 것으로 변조한다. 따라서 ③의 진술처럼 봉수 신호의 부호화 규칙을 알지 못한다면 수신자는 올바른 정보를 복원할 수 없게 된다.

④ 1문단에 따르면 봉수는 낮에는 연기를, 밤에는 불빛을 이용해 변경의 상황에 대한 정보를 중앙에 알렸던 통신 수단이다. 또한 3문단에 따르면 봉수의 신호는 불빛이나 연기의 형태로 전송되므로 이산화된 수만큼 불을 지피는 것으로 변조한다. 따라서 ④의 진술처럼 봉수대에서 변조된 신호의 형태는 낮과 밤이 다름을 알 수 있다.

⑤ 3문단에 따르면 봉수의 송신 체계에서는 정보를 위급한 정도에 따라 '아무 일도 없음', '적이 출현했음', '적이 국경에 다가오고 있음', '국경을 넘었음', '피아간에 전투가 벌어지고 있음' 등의 5가지로 표본화한 다음 위급한 순서에 따라 가장 덜 위급한 것부터 1, 2, 3, 4, 5의 수에 대응시켜 이산화한다. 따라서 ⑤의 진술처럼 연기가 2곳에 피어올랐다면 '적이 출현했음'을 의미한다.

[03~05] 지문 분석

• 주제 : 5·16 군사쿠데타 이후 시행된 사회정화사업의 허와 실
• 핵심 키워드 : 사회정화사업, 부랑인, 재건국민운동에 관한 법률, 아동복리법, 생활보호법, 훈령, 상위법, 사회법
• 글의 구조
  ▷ 1문단 : 5·16 군사쿠데타 이후 추진된 사회정화사업의 개요와 관련법들
    − 사회정화사업의 명분 : '부랑인'을 일소하여 사회의 명랑화를 도모함
    − 사회정화사업의 목적 : 무직자와 무연고자를 '개조'하여 국토 건설에 동원함
    − 사회정화사업 관련법 : 〈근로보도법〉, 〈재건국민운동에 관한 법률〉
    − 부랑인에 대한 사회복지 법령 : 〈아동복리법〉('부랑아보호시설' 관련 규정), 〈생활보호법〉('요보호자'를 국영 또는 사설 보호시설에 위탁할 수 있음)
  ▷ 2문단 : 각종 하위 법령에 의거해 수행된 부랑인 정책과 〈내무부훈령 제410호〉의 위헌
    − 실질적인 부랑인 정책은 각종 하위 법령에 의거해 수행되었다.
    − 〈내무부훈령 제410호〉는 부랑인을 단속 및 수용하는 근거 조항으로 기능했다.
    − 〈내무부훈령 제410호〉는 상위 근거법인 〈사회복지사업법〉에서 위임하지 않은 치안 유지를 내용으로 한 단속 규범으로서, 헌법에 위배되는 것이었다.
  ▷ 3문단 : 1960년대 부랑인 정책의 변화
    − 1950년대 부랑인 정책이 일제 단속과 시설 수용에 그쳤던 것과 달리, 1961년 8월부터 국가는 부랑인을 저렴한 노동력으로 개조해 국토 개발에 활용하고자 했다.
  ▷ 4문단 : 한계를 드러내며 오히려 폐단을 초래한 부랑인 정책
    − 부랑인 가운데 상당수는 가혹한 노동 조건 등 여러 이유로 중도에 탈출했다.
    − 남아 있던 이들은 많은 경우 약속된 땅을 얻지 못했다. 토지를 분배 받은 경우라도 부랑인 출신이라는 딱지 때문에 헐값에 땅을 팔고 해당 지역을 떠났다.
    − 사회복지를 위한 제도적 기반이 미비한 상황에서 사회법적 '보호'는 구현되기 어려웠다.
    − 전문적인 부랑인 감별 작업이나 개별적 특성과 필요를 고려한 조치는 드물었고, 규정된 보호 기간이 임의로 연장되기도 했다.
    − 복지기관들은 국가보조금과 민간 영역의 후원금으로 운영됨으로써 결국 유사 행정기구로 자리매김했으며, 그중 일부는 국가보조금을 착복하는 일도 있었다.
  ▷ 5문단 : 갱생과 보호의 대상을 배제하는 기제가 포함된 부랑인 관련 법체계
    − 국가는 관련 법을 제정해 부랑인을 근대화 프로젝트에 활용할 생산적 주체로 개조하고자 하는 한편, 그러한 생산적 주체에 부합하지 못하는 이들은 보호 대상으로 삼았다.
    − 국가는 부랑인을 '예비 범죄자'나 '우범 소질자'로 규정지으며 인신 구속을 감행했다.
    − 갱생과 보호를 지향하는 법체계 내부에 그 갱생과 보호의 대상을 배제하는 기제가 포함되어 있었던 것이다.
  ▷ 6문단 : 국가에 의해 오용된 부랑인 정책
    − 국가는 부랑인을 경찰력을 통해 단속·수용하고 복지기관을 통해 규율했다.
    − 국가는 국민의 인권과 복리 보장이라는 국가적 책무를 상당 부분 민간 영역에 전가했다.
    − 당시 행정당국의 관심은 부랑인이 도시로부터 격리된 채 자활·갱생하고 있으리라고 여타 사회 구성원이 믿게끔 하는 데에 집중되었던 것으로 보인다.
    − 부랑인은 사회에 위협을 가하지 않을 주체로 길들여지는 한편, 국가가 일반 시민으로부터 치안 관리의 정당성을 획득하기 위한 명분을 제공했다.

③ 1문단에 따르면 〈아동복리법〉에 '부랑아보호시설' 관련 규정이 포함되었고 〈생활보호법〉에도 '요보호자'를 국영 또는 사설 보호시설에 위탁할 수 있음이 명시되었다. 또한 4문단에 따르면 부랑인들을 수용하는 국영 또는 사설 복지기관들은 국가보조금과 민간 영역의 후원금으로 운영됨으로써 유사 행정기구로 자리매김했다. 또한 6문단에 따르면 국가는 국민의 인권과 복리를 보장할 국가적 책무를 상당 부분 민간 영역에 전가시킴으로써 비용 절감을 추구했다. 따라서 ③의 진술처럼 행정기관과 민간 복지기관은 상호 협력적인 관계였다고 볼 수 있다.

오답분석

① 3문단에 따르면 1950년대 부랑인 정책이 일제 단속과 시설 수용에 그쳤던 것과 달리, 1961년 8월 개척단이 꾸려졌던 시기부터 국가는 부랑인을 과포화 상태의 보호시설에 단순히 수용하기보다는 저렴한 노동력으로 개조하여 국토 개발에 활용하고자 했다. 따라서 부랑인 정책은 격리 중심에서 노동력 개조 중심으로 옮겨 간 것이다.

② 4문단에 따르면 〈아동복리법 시행령〉은 부랑아 보호시설의 목적을 '부랑아를 일정 기간 보호하면서 개인의 상황을 조사 · 감별하여 적절한 조치를 취함'이라 규정했으나 규정된 보호 기간이 임의로 연장되기도 했다. 따라서 부랑아의 시설 수용 기간에 한도를 두는 규정이 있었음을 알 수 있다.

④ 4문단에 따르면 개척단원이 된 부랑인 가운데 상당수는 가혹한 노동 조건이나 열악한 식량 배급, 고립된 생활 등을 이유로 중도에 탈출했다. 토지 개간과 간척으로 조성된 농지를 분배 받기를 희망하며 남아 있던 이들은 많은 경우 약속된 땅을 얻지 못했으며, 토지를 분배 받은 경우라도 부랑인 출신이라는 딱지 때문에 헐값에 땅을 팔고 해당 지역을 떠났다. 따라서 개척단원이 된 부랑인의 대부분은 개척지에 안착하지 못하고 이탈되었음을 알 수 있다.

⑤ 1문단에 따르면 〈아동복리법〉, 〈생활보호법〉 등은 부랑인에 대한 사회복지 법령이었다. 또한 2문단에 따르면 여러 법령에 흩어져 있던 관련 규정들을 포괄하여 부랑인을 단속 및 수용하는 근거 조항으로 기능한 〈내무부훈령 제410호〉는 복지 제공을 목적으로 한 〈사회복지사업법〉을 근거 법률로 하면서도 거기서 위임하고 있지 않은 치안 유지를 내용으로 한 단속 규범이다. 따라서 부랑인 정책이 사회복지 제공의 성격을 갖지 않았다는 ⑤의 진술은 적절하지 않다.

풀이 포인트

사실적 사고 능력을 검증하는 문제로, 선택지의 정보와 제시문에 나타난 정보가 서로 부응하는지 또는 배치되는지 파악할 수 있는가를 묻고 있다. 따라서 제시문을 읽으며 문단의 중심 내용을 간략히 요약하면 선택지와 관련한 내용을 빠르게 대조해 해답을 구할 수 있다.

🔍 배경지식

재건국민운동에 관한 법률, 아동복리법, 생활보호법

• 재건국민운동에 관한 법률 : 1961년 6월 12일 제정과 동시에 시행된 법률로서, 국가재건을 위한 범국민운동을 적극 촉진하기 위한 재건국민운동본부의 조직과 직능을 정함을 목적으로 한다는 것이 제정 취지였다. 〈국가재건최고회의법〉 제16조의 규정에 의해 전 국민의 청신한 기풍을 배양하고 신생활체제를 견지하며 반공 이념을 확고히 하는 등 국가 재건을 위한 범국민운동을 적극 추진하도록 재건국민운동본부의 조직과 기능을 정하자는 것이 입법 취지였으며, 재건국민운동본부에 관한 세부사항은 국가재건최고회의규칙으로 정하도록 했다. 그러나 재건국민운동본부의 모법이었던 〈국가재건최고회의법〉이 실효됨에 따라 〈재건국민운동에 관한 법률〉 또한 1963년 12월 16일자로 폐지되었고, 〈국민운동에 관한 법률〉로 대체되었다.

• 아동복리법 : 1962년 1월 1일 시행된 법률로서, 아동이 그 보호자로부터 유실, 유기 또는 이탈되었을 경우, 그 보호자가 아동을 육성하기에 부적당하거나 양육할 수 없는 경우, 아동의 건전한 출생을 기할 수 없는 경우 또는 기타의 경우에 아동이 건전하고 행복하게 육성되도록 그 복리를 보장함을 목적으로 한다는 것이 제정 취지였다. 그러나 〈아동복리법〉이 구호적 성격의 복지 제공에 중점을 두고 있어 당시의 경제 · 사회의 발전에 따라 발생한 사회적 복지 요구에 부응하지 못하고 있으므로 요보호아동뿐만 아니라 일반 아동을 포함한 전체 아동의 복지를 보장하고 특히 유아기에 있어서의 기본적 인격 · 특성과 능력 개발을 장려하기 위한 여건을 조성하자는 개정 취지에 따라 1981년 4월 13일 〈아동복지법〉으로 전부개정되었다.

• 생활보호법 : 1962년 1월 1일 시행된 법률로서, 노령, 질병 기타 근로능력의 상실로 인하여 생활유지의 능력이 없는 자 등에 대한 보호와 그 방법을 규정하여 사회복지의 향상에 기여함을 목적으로 한다는 것이 제정 취지였다. 그러나 2000년 10월부터 〈국민기초생활보장법〉이 시행됨에 따라 〈생활보호법〉이 폐지되었다.

⑤ 2문단에 따르면 훈령은 상급 행정기관이 하급 기관의 조직과 활동을 규율할 목적으로 발하는 것이다. 따라서 ㉠의 훈령이 상급 행정기관의 지침을 하급 행정기관이 위반하도록 만들었다는 ⑤의 진술은 타당하지 않다.

오답분석

① 2문단에 따르면 헌법>법률>명령>행정규칙으로 내려오는 위계 중에서 훈령은 행정규칙에 속하는데, ㉠의 훈령은 상위의 근거 법률인 〈사회복지사업법〉에서 위임하고 있지 않은 사항을 시행하는 근거 조항으로 기능했다. 또한 ㉠의 훈령은 원칙적으로 대외적 구속력이 없는데도 인신 구속을 함으로써 국민의 자유와 권리를 필요한 경우 국회에서 제정한 법률로써 제한하도록 규정한 헌법을 위배했다. 따라서 ①의 진술처럼 ㉠의 훈령은 상위 규범과 하위 규범 사이의 위계를 교란시켰다고 볼 수 있다.

② 2문단에 따르면 ㉠의 훈령의 근거 법률인 〈사회복지사업법〉의 목적은 복지 제공이다. 그런데 ㉠의 훈령은 〈사회복지사업법〉에서 위임하지 않은 치안 유지를 내용으로 한 단속 규범이다. 따라서 ②의 진술처럼 ㉠의 훈령은 근거 법령의 목적 범위를 벗어나는 사항을 규율했다고 볼 수 있다.

③ 2문단에 따르면 국민의 자유와 권리는 필요한 경우 국회에서 제정한 법률로써 제한할 수 있다. 또한 ㉠과 같은 훈령은 대외적 구속력이 없으며 예외적인 경우에만 법률의 위임을 받아 상위법을 보충한다. 그럼에도 불구하고 ㉠이 훈령은 여러 법령에 흩어져 있던 관련 규정들을 포괄해 부랑인을 단속 및 수용하는 근거 조항으로 기능했다. 이처럼 구속력이 없는 훈령이 법체계를 무시하고 법률처럼 구속력을 갖게 된다면 헌법에서 보장하는 국회의 입법권을 무시하게 되는 것이다. 따라서 ③의 진술처럼 ㉠의 훈령은 국회의 입법권을 행정부에서 침해하는 결과를 초래했다고 볼 수 있다.

④ 2문단에 따르면 〈사회복지사업법〉을 상위의 근거 법률로 하는 ㉠의 훈령은 〈사회복지사업법〉 외에도 여러 법령에 흩어져 있던 관련 규정들을 포괄했으며, 걸인·껌팔이·앵벌이를 비롯하여 '기타 건전한 사회 및 도시 질서를 저해하는 자'를 모두 '부랑인'으로 규정했다. 그 결과로 4문단에서 언급한 것처럼 신원이 확실하지 않은 자들을 마구잡이로 잡아들임에 따라 수용자 수가 급증하게 되었다. 따라서 ④의 진술처럼 ㉠의 훈령은 부랑인을 포괄적으로 정의함으로써 과잉 단속의 근거로 사용될 가능성이 있다고 볼 수 있다.

풀이 포인트

추리적 사고 능력을 검증하는 문제로, 제시문에서 설명하는 세부 정보에 대한 이해를 토대로 선택지의 타당성을 추론할 수 있는지 묻고 있다. 특정 대상에 대한 제시문의 비판적 견해를 정리하고 이해해야 하는 문제이며, 따라서 제시문의 내용 가운데 선택지를 뒷받침하거나 선택지가 틀렸음을 판단하는 근거를 찾는다.

⊕ 배경지식

훈령(訓令)

• 훈령은 상급 관청에서 하급 관청을 지휘·감독하기 위하여 명령을 내리는 것, 또는 그러한 명령을 뜻한다. 훈령은 직무의 집행 기준의 결정, 법령의 해석과 운용 기준의 통일, 특정 사무에 관한 상급 행정기관의 승인 취득 등을 목적으로 발한다. 따라서 대외적으로 법규로서의 성질을 가지지 않는다고 보는 것이 일반적이다.

• 훈령은 집무 기준 및 법령 해석 기준을 제시함으로써 행정조직 내부에서 하급 행정기관을 구속한다. 그 내용이 일반적·추상적인 훈령은 하급 행정기관의 행정작용의 기준이 된다는 점에서 사실상 법규와 같은 기능을 하는 경우가 있지만, 훈령은 행정규칙의 성질이 있으므로 일반 사인(私人)을 구속하지 못한다. 또한 훈령은 법규가 아니기 때문에 훈령을 위반해도 위법한 것은 아니다.

⑤ 5문단에 따르면 부랑인의 갱생과 보호를 지향하는 법체계 내부에 그 갱생과 보호의 대상을 배제하는 기제가 포함되어 있었다. 즉, 부랑인의 갱생과 보호를 지향함에도 불구하고 실제로는 부랑인을 '예비 범죄자'나 '우범 소질자'로 규정지으며 인신 구속을 감행함으로써 오히려 부랑인을 배제했다는 것이다. 또한 〈보기〉에 따르면 국가가 방역과 예방 접종, 보험, 사회부조, 인구조사 등 각종 '안전장치'를 통해 인구의 위험을 계산하고 조절하는 과정에서 삶을 길들이고 훈련시켜 효용성을 최적화함으로써 '순종적인 몸'을 만들어내는 기술이 동원된다. 그 결과로 비정상, 비건전 시민으로 구분된 이들은 '건전 사회의 적'으로 상정되어 사회로부터 배제된다. 즉, '안전장치'와 '순종적인 몸'을 만들어내는 것은 인구의 위험을 계산하고 조절하는 수단이 되며, 인구의 위험을 조절하기 위해 '건전 사회의 적'으로 상정된 존재는 사회로부터 배제(=격리)된다는 것이다. 따라서 〈보기〉의 입장에서는 부랑인의 갱생을 지향하는 법체계에 부랑인을 배제하는 기제가 내재된 것은 '순종적인 몸'을 만들어내는 기술과 '안전장치'가 배척 관계임을 보여준다는 ⑤의 진술은 타당하지 않다.

오답분석

① 5문단에 따르면 국가는 각종 하위 법령을 통해 부랑인을 '예비 범죄자'나 '우범 소질자'로 규정지으며 인신 구속을 감행했다. 또한 〈보기〉에 따르면 변형된 국가인종주의는 단일 사회가 스스로의 산물과 대립하며 끊임없이 '자기 정화'를 추구한다. 이때 '자기 정화'는 정상과 비정상, 건전 시민과 비건전 시민의 구분과 위계화가 이루어지고 '건전 사회의 적'으로 상정된 존재를 사회로부터 배제한다는 의

미이다. 따라서 ①의 진술처럼 〈보기〉의 입장에서는 제시문에서 부랑인을 잠재적 범죄자로 규정한 것을 그 사회의 '자기 정화'를 보여주는 사례로 여길 것이다.

② 3문단에 따르면 국가는 부랑인을 저렴한 노동력으로 개조하여 국토 개발에 활용하고자 했다. 또한 〈보기〉에 따르면 국가는 인구의 위험을 계산하고 조절하는 과정에서 삶을 길들이고 훈련시켜 효용성을 최적화함으로써 '순종적인 몸'을 만들어내는 기술을 동원한다. 따라서 ②의 진술처럼 〈보기〉의 입장에서는 제시문에서 국가가 부랑인을 '개조'해 국토 개발에 활용하려고 한 것은 삶을 길들이고 훈련시키는 기획에서 비롯된 것이라고 볼 것이다.

③ 5문단에 따르면 국가는 법령들을 제정해 부랑인을 근대화 프로젝트에 활용할 생산적 주체로 개조하고자 하는 한편, 그러한 생산적 주체에 부합하지 못하는 이들은 '부랑아, 요보호자'라는 보호 대상으로 삼았다. 또한 〈보기〉에 따르면 정상과 비정상, 건전 시민과 비건전 시민의 구분과 위계화가 이루어지는 것은 변형된 국가인종주의의 발현으로 이해할 수 있다. 따라서 ③의 진술처럼 〈보기〉의 입장에서는 제시문에서 국가가 생산적 주체와 그렇지 못한 주체로 구분함으로써 위계화를 이루는 것은 변형된 국가인종주의의 특징이라고 볼 것이다.

④ 6문단에 따르면 부랑인은 사회에 위협을 가하지 않을 주체로 길들여지는 한편, 국가가 일반 시민으로부터 치안 관리의 정당성을 획득하기 위한 명분을 제공했다. 또한 〈보기〉에 따르면 건전 시민과 비건전 시민의 구분과 위계화가 이루어지는 것은 변형된 국가인종주의의 발현으로 이해할 수 있다. 따라서 ④의 진술처럼 〈보기〉의 입장에서는 제시문에서 국가가 치안 관리라는 명분을 확보하기 위해 부랑인의 존재를 이용한 것은 건전 시민과 비건전 시민의 구분과 위계화를 보여주는 사례로 여길 것이다.

풀이 포인트

추리적 사고 능력을 검증하는 문제로, 〈보기〉에서 추가로 제시된 내용을 제시문에 적용해 선택지의 적절성 여부를 판단할 수 있는지 묻고 있다. 따라서 〈보기〉에서 추가로 제시된 새로운 개념, 제시문에서 주어진 기존의 정보 등을 선택지와 대조해 선택지의 타당성을 검증할 수 있어야 한다.

배경지식

상위법과 사회법
• 상위법은 법의 체계에서 앞선 순위의 법으로서 법률・명령・자치법규에 대해서 헌법・법률・명령이 각각 상위법에 해당한다. 상위의 법은 하위의 법에 우선하여 적용되며, 하위의 법규는 상위의 법규를 개정하거나 폐지할 수 없고 상위의 법규에 위배되면 그 효력을 잃게 된다. 상위법의 상대적 개념인 하위법은 법적 효력이나 강제력이 다른 법에 의해 제한을 받거나 상실되는 법으로서, 예컨대 〈헌법〉에 대해서 〈민법〉, 〈상법〉 등의 법률은 하위법이 된다.

• 사회법 : 개인주의적인 법의 원리를 수정 또는 보충하여 사회적 사정과 조건에 따라 법률관계를 인도하는 법을 뜻한다. 노동 관계법, 경제 통제법, 구빈법, 사회 보장에 관한 법을 통틀어 이르는 말이다.

[06~09] 지문 분석
• 주제 : 18세기 북학파의 북학론과 청나라(중국)의 사회・경제적 현실
  - (가) 박제가와 이덕무의 북학론 형성 배경과 견해 차이
  - (나) 18세기 후반 정점에 달한 청의 경제적 번영과 사회적 불안 요인
• 핵심 키워드 : 북학파, 박제가, 이덕무, 연행록, 중화(中華), 북학의, 입연기, 이용후생(利用厚生), 상품 경제
• 글의 구조
  ▷ 1문단 : 박제가와 이덕무의 북학론이 차이를 일으킨 중화 관념에 대한 인식
    - 북학파들의 북학론이 차이를 보인 것은 이들에게는 동아시아에서 문명의 척도로 여겨진 중화 관념이 청의 현실에 대한 인식에 각각 다르게 반영되었기 때문이다.
  ▷ 2문단 : 조선은 독자성보다는 중화와 합치되는 방향으로 나아가야 한다는 박제가의 북학론
    - 박제가는 청의 현실이 중화가 손상 없이 보존된 것이자 조선의 발전 방향이라고 보았고, 청 문물 제도의 수용이 가져다주는 이익을 논하며 북학론의 당위성을 설파했다.
  ▷ 3문단 : 청을 배우는 것과 조선 사람이 조선 풍토에 맞게 살아가는 것은 모순되지 않는다는 평등견을 취한 이덕무의 북학론
    - 이덕무는 박제가와 마찬가지로 물질적 삶을 중시하는 이용후생에 관심을 보였지만, '평등견'이라는 인식 태도를 바탕으로 청과 조선의 현실적 차이뿐만 아니라 양쪽 모두의 가치를 인정했다.
    - 이덕무는 중화의 중심이라 여겼던 명에 대한 의리를 중시하는 등 자신이 제시한 인식 태도에서 벗어나는 모습을 보이기도 하였다.
  ▷ 4문단 : 18세기 후반 중국이 명대 이래의 경제 발전의 정점에 달한 까닭
    - 중국 경제 발전의 대내적 요인 : 여러 단계의 시장들이 그물처럼 연결되어 국내 교역이 활발했다.
    - 중국 경제 발전의 대외적 요인 : 대외 무역의 발전, 은의 유입으로 인한 상품 경제의 발전, 세계 경제와의 긴밀한 연결 등을 이루었다.

PART 1

DAY 01
DAY 02
DAY 03
DAY 04
DAY 05
DAY 06
DAY 07
DAY 08
DAY 09
DAY 10

▷ 5문단 : 19세기에 접어들 무렵 심각한 내외의 위기에 직면해 급속한 하락의 시대를 겪게 된 청
- 결사 조직, 관료 사회의 부정부패 등 급격한 인구 증가로 인한 여러 문제들이 해결되지 않았다.
- 결사 조직은 불법적인 활동으로 연결되곤 했고, 반란의 조직적 기반이 되었다.
- 조직의 규모가 정체된 관료 사회의 부정부패가 심화되었다.

▷ 6문단 : 소수의 지식인들만이 사회 변화의 부정적 측면을 염려하거나 개혁 방안을 모색하게 된 청
- 통치자들은 불안을 느꼈고, 조정은 18세기 후반 서양에 대한 무역 개방을 축소하려 했다.
- 위기가 본격화되지는 않았고, 소수의 지식인들만이 사회 변화의 부정적 측면을 염려하거나 개혁 방안을 모색하였다.

06 세부 내용의 이해 정답 ④

④ 3문단에 따르면 이덕무는 청 문물의 효용을 도외시하지 않고 물질적 삶을 중시하는 이용후생에 관심을 보였다. 즉, 청 문물의 효용성을 긍정한 것이다. 그러나 그는 중국인들의 외양이 만주족처럼 변화된 것을 보고 비통한 감정을 토로하며 중화의 중심이라 여겼던 명에 대한 의리를 중시하는 등 자신이 제시한 인식 태도에서 벗어나는 모습을 보이기도 하였다. 따라서 ④의 진술처럼 이덕무는 '청이 중화를 보존하고 있음을 인정하였다'고 볼 수 없다.

오답분석

① 2문단에 따르면 박제가는 청의 현실은 단순한 현실이 아니라 조선이 지향할 가치 기준이라고 보았으며, 그런 청의 현실은 그에게 중화가 손상 없이 보존된 것이자 조선의 발전 방향이기도 하였다. 또한 그는 중화 관념의 절대성을 인정했기 때문에 당시 조선은 나름의 독자성을 유지하기보다는 중화와 합치되는 방향으로 나아가야 한다고 생각했으며, 청 문물제도의 수용이 가져다주는 이익을 논하며 북학론의 당위성을 설파했다. 따라서 ①의 진술처럼 박제가는 '청의 문물을 도입하는 것이 중화를 이루는 방도라고 간주'했다고 볼 수 있다.

② 2문단에 따르면 박제가는 청의 현실은 단순한 현실이 아니라 조선이 지향할 가치 기준이라고 인식했으며, 이러한 청의 현실은 중화가 손상 없이 보존된 것이자 조선의 발전 방향이기도 하였다. 따라서 ②의 진술처럼 박제가는 '청의 현실을 조선을 평가하는 기준으로 생각'했다고 볼 수 있다.

③ 3문단에 따르면 청의 현실을 객관적 태도로 기록하고자 한 이덕무는 〈입연기〉에 잘 정비된 마을의 모습을 기술하며 황제의 행차에 대비해 이루어진 일련의 조치가 민생과 무관하다고 지적했다. 따라서 ③의 진술처럼 이덕무는 '청의 현실을 관찰하면서 이면에 있는 민생의 문제를 간과하지 않았다'고 볼 수 있다.

⑤ 2문단에 따르면 박제가는 청의 현실은 중화가 손상 없이 보존된 것이자 조선의 발전 방향이라고 보았으며, 중화 관념의 절대성을 인정했다. 또한 3문단에 따르면 이덕무는 청 문물의 효용성을 도외시하지 않았으며, 중화의 중심이라 여겼던 명에 대한 의리를 중시했다. 따라서 ⑤의 진술처럼 박제가와 이덕무는 '중화 관념 자체에 대해서 긍정적인 태도를 견지했다'고 볼 수 있다.

풀이 포인트

사실적 사고 능력을 검증하는 문제로, 독해력·이해력 등을 통해 제시문에 언급된 세부 정보를 정확하게 파악하고 있는지 묻고 있다. 따라서 제시문의 각 문단의 핵심을 정리한 후에 선택지를 읽으면서 선택지를 진위 여부를 판단할 수 있는 내용을 제시문에서 빠르게 찾을 수 있어야 한다.

배경지식

박제가와 이덕무
- 박제가(1750 ~ 1805) : 조선 후기의 실학자이다. 시문(詩文) 사대가(四大家) 중의 한 사람으로, 박지원에게 배웠으며, 이덕무·유득공 등과 함께 북학파를 이루었다. 시·그림·글씨에도 뛰어났으며 저서에 〈북학의(北學議)〉, 〈정유고략(貞蕤稿略)〉 등이 있다.
- 이덕무(1741 ~ 1793) : 조선 후기의 실학자이다. 박학다식했으며 개성이 뚜렷한 문장으로 이름을 떨쳤으나, 서출(庶出)이라 크게 등용되지 못했다. 청나라에 건너가 학문을 닦고 돌아와 북학 발전의 기초를 마련하였다. 박제가·이서구·유득공과 함께 사가(四家)라 이른다. 저서에 〈청장관전서(靑莊館全書)〉, 〈입연기(入燕記)〉 등이 있다.

07 추론하기 정답 ⑤

⑤ 3문단에 따르면 이덕무는 자신이 '평등견'이라고 불렀던 인식 태도를 바탕으로 당시 청에 대한 찬반의 이분법에서 벗어나 청과 조선의 현실적 차이뿐만 아니라 양쪽 모두의 가치를 인정했으며, 이런 시각에서 청과 조선은 구분되지만 서로 배타적이지 않다고 보았다. 따라서 ⑤의 진술처럼 평등견은 '청에 대한 배타적 태도를 지양하고 청과 구분되는 조선의 독자성을 유지하자는 인식 태도'라고 이해할 수 있다.

오답분석

① 3문단에 따르면 이덕무는 청 문물의 효용을 도외시하지 않고 물질적 삶을 중시하는 이용후생에 관심을 보였으며, 평등견의 시각에서 청을 배우는 것과 조선 사람이 조선 풍토에 맞게 살아가는 것은 서로 모순되지 않는다고 생각했다. 따라서 평등견은 '조선의 풍토를 기준으로 삼아 청의 제도를 개선하자는 인식 태도'라는 ①의 진술은 타당하지 않다.

② 3문단에 따르면 이덕무는 평등견이라는 인식 태도를 바탕으로 청에 대한 찬반의 이분법에서 벗어나 청과 조선의 현실적 차이뿐만 아니라 양쪽 모두의 가치를 인정했으며, 이런 시각에서 청과 조선은 구분되지만 서로 배타적이지 않다고 보았다. 따라서 평등견은 '조선의 고유한 삶의 방식을 청의 방식에 따라 개혁해야 한다는 인식 태도'라는 ②의 진술은 타당하지 않다.

③ 3문단에 따르면 이덕무는 청과 조선의 현실적 차이뿐만 아니라 양쪽 모두의 가치를 인정했으며, 청을 배우는 것과 조선 사람이 조선 풍토에 맞게 살아가는 것은 서로 모순되지 않다고 보았다. 따라서 평등견은 '풍토로 인한 차이를 해소하려는 인식 태도'라는 ③의 진술은 타당하지 않다.

④ 3문단에 따르면 이덕무는 평등견의 시각에서 청과 조선은 구분되지만 서로 배타적이지 않다고 보았다. 그러나 그는 중국인들의 외양이 만주족처럼 변화된 것을 보고 비통한 감정을 토로하며 중화의 중심이라 여겼던 명에 대한 의리를 중시하는 등 자신이 제시한 인식 태도에서 벗어나는 모습을 보이기도 하였다. 따라서 평등견은 '중국인의 외양이 변화된 모습을 명에 대한 의리 문제와 관련지어 파악하려는 인식 태도'라는 ④의 진술은 타당하지 않다.

> **풀이 포인트**
>
> 추리적 사고 능력을 검증하는 문제로, 제시문 전체에서 제시된 정보를 종합적으로 파악해 선택지의 진위 여부를 판단할 수 있는지 묻고 있다. 신속하게 선택지의 진위 여부를 판정하려면 문제의 선택지를 먼저 읽은 다음에 제시문의 문단 중에서 선택지와 관련한 정보를 찾아 밑줄을 그어가며 자세히 대조해야 한다.

> ➕ **배경지식**
>
> 〈북학의〉와 〈입연기〉
> • 〈북학의(北學議)〉: 1778년(정조 2년)에 조선의 실학자인 박제가가 청나라의 풍속과 제도를 시찰하고 자신의 의견을 덧붙인 책으로, 실학 사상을 연구하는 데 중요한 자료이다.
> • 〈입연기(入燕記)〉: 이덕무의 저술 총서이자 조선 후기 백과전서인 〈청장관전서(青莊館全書)〉에 수록된 책으로서, 1778년 3월 서울에서 출발해 6월에 의주로 귀국할 때까지의 여정을 적은 연행록(燕行錄)이다. 그는 이 책에서 당시 청나라의 통치에 대해 부정적인 시선을 드러냈다.

---

08 세부 내용의 이해   정답 ③

③ 4문단에 따르면 18세기 후반의 중국은 경제 발전이 정점에 달했으나, 5문단에 따르면 19세기에 접어들 무렵부터는 심각한 내외의 위기에 직면해 급속한 하락의 시대를 겪었으며, 18세기 후반에도 이미 위기의 징후들이 나타났

다. 이러한 위기의 징후들은 인구의 급격한 증가 때문에 발생했는데, 인구 증가로 이주 및 도시화가 진행되는 과정에서 사회적 유대가 약화되거나 단절된 사람들이 상호 부조 관계를 맺는 결사 조직이 성행했으며, 이런 결사 조직은 불법적인 활동으로 연결되곤 했고 위기 상황에서는 반란의 조직적 기반이 되었다. 또한 인맥에 기초한 관료 사회의 부정부패가 심화된 것 역시 인구 증가와 무관하지 않았다. 즉, 심각한 위기의 씨앗들이 뿌려지고 있는 ⊙의 상황은 '급격한 인구 증가로 인한 여러 문제'로 인한 것이다. 요컨대, 반란의 조직적 기반이 된 결사 조직의 불법 활동, 관료 사회의 부정부패의 심화는 모두 '급격한 인구 증가' 때문에 발생한 문제적 현상인 것이다. 따라서 ⊙은 ③의 진술처럼 '반란의 위험성 증가 등 인구 증가로 인한 문제점들이 나타나는 상황'으로 볼 수 있다.

[오답분석]

① 5문단에 따르면 급격한 인구 증가로 인한 여러 문제는 새로운 작물 재배, 개간, 이주, 농경 집약화 등 민간의 노력에도 불구하고 해결되지 않았다. 즉, ①의 진술에서 '새로운 작물의 보급 증가'는 급격한 인구 증가로 인한 여러 문제를 해결하려는 민간의 노력에 해당한다. 따라서 ⊙의 상황은 '새로운 작물의 보급 증가가 경제적 번영으로 이어지는 상황'이라는 ①의 진술은 타당하지 않다.

② 4문단에 따르면 18세기 후반 중국의 상인 조직의 발전과 신용 기관의 확대는 교역의 질과 양이 급변하고 있었음을 보여 준다. 이는 중국의 경제 발전이 정점에 도달할 수 있었던 근거가 된다. 즉, 위기의 징후가 아니라 경제 발전을 가능하게 했던 원동력인 것이다. 따라서 ⊙의 상황은 '신용 기관이 확대되고 교역의 질과 양이 급변하고 있는 상황'이라는 ②의 진술은 타당하지 않다.

④ 5문단에 따르면 19세기에 접어들 무렵 중국의 급격한 인구 증가로 인한 여러 문제는 새로운 작물 재배, 개간, 이주, 농경 집약화 등 민간의 노력에도 불구하고 해결되지 않았다. 즉, 인구 증가로 인한 여러 문제들을 해결하기 위해 이주나 농경 집약화를 추진한 주체는 조정(중국 정부)가 아니라 민간인 것이다. 따라서 ⊙의 상황은 '이주나 농경 집약화 등 조정에서 추진한 정책들이 실패한 상황'이라는 ④의 진술은 타당하지 않다.

⑤ 5문단에 따르면 19세기에 접어들 무렵 중국은 급격한 인구 증가로 인해 반란의 조직적 기반이 된 결사 조직의 불법 활동, 관료 사회의 부정부패의 심화 능이 발생했다. 이러한 심각한 내외의 위기 때문에 급속한 하락의 시대를 겪었다. 즉, 급격한 인구 증가를 '위기의 씨앗'으로 볼 수 있다. 그러나 인맥에 기초한 관료 사회의 부정부패가 심화된 것은 인구 증가와 관계가 있지만 사회적 유대의 약화로 인해 발생한 것은 아니다. 따라서 ⊙의 상황은 '사회적 유대의 약화로 인하여 관료 사회의 부정부패가 심화되는 상황'이라는 ⑤의 진술은 타당하지 않다.

09 비판하기 　　　　　　　　　　　정답 ④

④ 4문단에 따르면 18세기 후반 중국은 대외 무역의 발전과 은의 유입이라는 외부적 요인으로 인해 경제 발전이 정점에 도달할 수 있었으며, 은의 유입을 통해 가능해진 은을 매개로 한 과세는 상품 경제의 발전을 자극했다. 그리고 〈보기〉에 따르면 은이란 천년이 지나도 없어지지 않는 물건이지만, 약은 사람에게 먹여 반나절이면 사라져 버리고 비단은 시신을 감싸서 묻으면 반년 만에 썩어 없어진다. 즉, 박제가는 중국의 경제 발전에 기여한 은의 효용성을 긍정적으로 높이 평가하면서 은의 효용성을 간과하고 있는 조선의 현실을 비판하고 있는 것이다. 따라서 '(나)에 제시된 중국의 경제적 번영에 기여한 요소를 참고할 때, 은의 효용적 측면을 간과한 평가'라는 ④의 반응은 적절하지 않다.

오답분석

① Ⓐ에 따르면 박제가는 이익 추구를 인간의 자연스러운 욕망으로 긍정하고 양반도 이익을 추구하자는 실용적인 입장을 보였다. 또한 〈보기〉에 따르면 중국 사람은 가난하면 장사를 한다. 그렇더라도 정말 사람만 현명하면 원래 가진 풍류와 명망은 그대로다. 따라서 ①의 진술처럼 〈보기〉에 나타난 '중국인들의 상업에 대한 인식은 Ⓐ에서 제시한 실용적인 입장에 부합하는 것'이라고 볼 수 있다.

② Ⓐ에 따르면 박제가는 청 문물제도의 수용이 가져다주는 이익을 논하며 북학론의 당위성을 설파했다. 또한 〈보기〉에 따르면 우리나라에서는 자기가 사는 지역에서 많이 나는 산물을 다른 데서 산출되는 필요한 물건과 교환하여 풍족하게 살려는 백성이 많으나 힘이 미치지 못한다. 따라서 ②의 진술처럼 〈보기〉에 나타난 '조선의 산물 유통에 대한 서술은 Ⓐ에서 제시한 북학론의 당위성을 뒷받침하는 근거'라고 볼 수 있다.

③ 4문단에 따르면 18세기 후반의 중국은 대부분의 주민들이 접근할 수 있는 향촌의 정기 시장부터 인구 100만의 대도시의 시장에 이르는 여러 단계의 시장들이 그물처럼 연결되어 국내 교역이 활발하게 이루어지고 있었다. 또한 〈보기〉에 따르면 중국은 유생이 거리낌 없이 서점을 출입하고, 재상조차도 직접 융복사 앞 시장에 가서 골동품을 산다. 따라서 ③의 진술처럼 〈보기〉에 나타난 '중국인들의 상행위에 대한 서술은 (나)에 제시된 중국 국내 교역의 양상과 상충되지 않는다'고 볼 수 있다.

⑤ 5문단에 따르면 19세기에 접어들 무렵 중국에서 인맥에 기초한 관료 사회의 부정부패가 심화된 것 역시 인구 증가와 무관하지 않았으며, 관료 조직의 규모는 정체되어 있었고, 경쟁의 심화가 종종 불법적인 행위로 연결되었다. 또한 〈보기〉에 따르면 중국은 유생이 거리낌 없이 서점을 출입하고, 재상조차도 직접 융복사 앞 시장에 가서 골동품을 산다. 이처럼 〈보기〉에 나타난 중국 관료 사회의 모습은 5문단에서 제시되지 않은 다른 것이다. 따라서 ⑤의 진술처럼 〈보기〉에 나타난 '중국의 관료에 대한 묘사는 (나)에 제시된 관료 사회의 모습을 참고할 때, 지배층의 전체 면모가 드러나지 않는 진술'이라고 볼 수 있다.

01	02	03	04	05	06	07			
①	⑤	⑤	⑤	③	⑤	②			

[01] 지문 분석

- 주제 : 일본이 대륙 침략의 길을 지향한 시점에 대한 한·중·일 3국의 견해
- 핵심 키워드 : 대륙국가, 일본의 근대화와 대륙 침략, 정한론
- 글의 구조
  - ▷ 1문단 : 일본이 대륙 침략의 길을 지향한 시점에 대한 한·중·일 3국의 견해
    - 일본은 전쟁으로 타이완, 조선, 남만주 일부를 지배하는 대륙국가가 되었다.
    - 일본은 언제부터 대륙 침략의 길을 지향했을까 하는 문제에 대한 한·중·일 3국의 견해는 다음과 같다.
  - ▷ 2문단 : 일본의 견해
    - 종래 일본에서는 일본의 근대화와 대륙 침략은 불가분의 것이었지만, 조선으로의 팽창 정책이 기본 노선이었지 중국은 팽창 대상이 아니라고 보았다.
    - 대륙으로의 팽창을 기본 방침으로 삼은 시점에 대해서는 류큐 분도 교섭 이후와 임오군란 이후로 견해가 나뉜다.
    - 최근에는 일본의 근대화에서 팽창주의·침략주의는 필연이 아니었는데 청일전쟁이 전환점이 되었다는 견해가 대두되었다.
  - ▷ 3문단 : 중국의 견해
    - 중국은 일본의 대륙 침략 목표는 처음부터 한반도와 만주를 차지하는 것이었다고 본다.
    - 중국은 대륙 침략 방침이 제국의회와 내각의 인가를 얻어 일본의 침략 정책으로 이어졌으며, 청일전쟁, 러일전쟁, 한국병합, 만주사변, 중일전쟁에 이르는 과정은 모두 이 방침을 지속적이고 철저하게 실행에 옮긴 결과라고 본다.
  - ▷ 4문단 : 한국의 견해
    - 일본 내에서 정한론이 확산된 것에 대해 한국은 일본이 자국의 내란을 방지하기 위해 조선과 전쟁을 벌이고 이를 통해 대외 팽창을 꾀하겠다는 메이지 정부의 의도가 담긴 것이며, 일본의 대한국 정책은 이전과 마찬가지로 한결같이 대륙 침략의 방침하에 수행되었다고 보았다.

01　세부 내용의 이해　　정답 ①

① 3문단에 따르면 중국은 일본의 대륙 침략 목표는 처음부터 한반도와 만주를 차지하는 것이었다고 보며, 일본 메이지 정부가 1868년 천황의 이름으로 대외 확장 의지를 표명한 이후 추진한 대륙 침략 방침은 일본의 침략 정책으로 이어졌으며, 청일전쟁부터 중일전쟁에 이르는 과정은 모두 대륙 침략 방침을 지속적이고 철저하게 실행에 옮긴 결과라고 보았다. 또한 4문단에 따르면 한국은 메이지 정부가 수차례에 걸쳐 조선에 보낸 국서를 조선이 접수하지 않은 것을 빌미로 정한론이 널리 확산된 것은 자국의 내란을 방지하기 위해 조선과 전쟁을 벌이고 이를 통해 대외 팽창을 꾀하겠다는 메이지 정부의 정치적 의도가 담겼다고 본다. 그리고 1875년 운요호 침입 사건 이후로도 일본의 대한국 정책은 이전과 마찬가지로 한결같이 대륙 침략의 방침하에 수행되었다고 본다. 따라서 한국과 중국은 ①의 진술처럼 일본의 대륙 침략이 메이지 정부 이래로 일관된 방침이었다고 생각함을 알 수 있다.

오답분석

② 2문단에 따르면 최근에 일본에서는 근대화에서 팽창주의·침략주의는 필연이 아니었는데 청일전쟁이 전환점이 되었다는 견해가 대두되었다. 것이다. 즉, 청일전쟁 이후에는 일본의 근대화에서 팽창주의·침략주의는 필연적이라고 주장한다고 이해할 수 있다. 따라서 일본은 자국이 조선을 침략하지 않았어도 근대화된 대륙국가가 될 수 있었다고 본다는 ②의 진술은 적절하지 않다.

③ 3문단에 따르면 일본 메이지 정부는 기도 다카요시의 정한론에서 대륙 침략의 대상을 명확히 했다. 또한 4문단에 따르면 메이지 정부가 수차례에 걸쳐 조선에 보낸 국서에는 전통적인 교린 관계에서 볼 수 없던 '천황, 황실' 등의 용어가 있었고, 조선은 규범에 어긋난다며 접수하지 않았다. 이를 빌미로 일본 내에서 정한론이 널리 확산되었다. 그러나 제시문의 내용만으로는 일본 내에서 정한론이 처음 발생하게 된 원인을 정확히 알 수 없다.

④ 3문단에 따르면 중국은 일본의 대륙 침략 목표는 처음부터 한반도와 만주를 차지하는 것이었다고 보았다. 이러한 중국의 견해에 따르면 1890년에는 내각총리대신이 일본의 주권선은 일본 영토, 이익선은 일본과 긴밀한 관계를 갖는 구역인 조선이라고 규정했다. 또한 정한론은 일본이 한국(조선)을 정복해야 한다는 주장이다. 따라서 ④의 진술에서는 '주권선'이 아니라 '이익선'이라고 해야 적절하다.

⑤ 2문단에 따르면 종래 일본에서는 일본의 근대화와 대륙 침략은 불가분의 것이며, 조선으로의 팽창 정책이 대륙 침략의 기본 노선이라고 보았다. 그런데 언제부터 대륙으로의 팽창을 기본 방침으로 삼았는지에 대해서는 류큐 분도 교섭 이후와 임오군란 이후로 견해가 나뉘어 있다. 따라서 기존 일본은 자국이 추진한 조선으로의 팽창 정책이 임오군란 이후 기본 노선으로 결정되었다고 본다는 ⑤의 진술은 적절하지 않다.

> **풀이 포인트**
>
> 사실적 사고 능력을 검증하는 문제로, 제시문에 나타난 구체적 정보를 정확히 파악할 수 있는지를 묻고 있다. 특정한 주제를 둘러싼 견해들에서 주장하는 각각의 논지를 분명하게 이해해야 하고, 이를 위해 제시문에서 주어진 정보와 선택지를 대조해 선택지를 판단해야 한다.

> 🔍 **배경지식**
>
> **대륙국가**
> 국제정치학에서 논하는 국가의 지리적 특징 중 하나로 광대한 대륙적 영역을 갖는 국가를 뜻하는 대륙국가는 광대한 영토로 인해 정치적 통치에 어려움이 따르며 다민족 국가인 경우가 많다. 또한 교통·운수 등의 부문에서 국가 전체의 경제개발을 실행하는 데 많은 노력이 필요하다.

> **[02] 지문 분석**
> • 주제 : 강계 파수보와 관련한 신택의 주청과 영조의 답변
> • 핵심 키워드 : 파수보, 군역
> • 글의 구조
>   ▷ 1문단 : 압록강 중류의 강계 파수보에 대한 좌부승지 신택의 주청
>   - 강계 경내에서 국경 파수꾼들이 근무하는 파수보는 백여 곳이나 되는데, 식량 미제공과 호랑이 때문에 파수보에 나가는 것을 꺼리는 사람이 많다.
>   - 선왕 때에는 파수꾼이 산삼을 캘 수 있어서 세금을 내고 남은 것으로 파수보에 있는 동안 사용할 식량이나 의복을 마련했다.
>   - 그런데 평안병사로 김수의 명령으로 산삼을 캘 수 없게 되자 민심이 동요하고, 몰래 파수보를 벗어나 사라지는 파졸까지 생겨나고 있다.
>   - 좌부승지 신택은 파장을 제외한 8명의 병졸을 절반으로 나누어 산삼을 캐게 하며 교대로 근무를 하게 하기를 왕에게 주청했다.

> ▷ 2문단 : 신택의 주청에 대한 영조의 답변
>   - 왕은 좌부승지의 간곡한 주청을 거절할 수 없다며 윤허해 좌부승지의 의견을 즉시 시행하게 조치했고, 강계 파수보에 관한 제반 사항은 영조 대에 그대로 유지되었다.

02 추론하기　　　　　　정답 ⑤

⑤ 1문단에 따르면 5월부터 9월까지 파수보에 배치되어 근무를 할 때 평안병사 김수는 어떤 사람도 파수보를 떠나서는 안 되며 모든 인원은 보에서 소임을 다하라고 명령했으며, 좌부승지 신택은 8명의 파졸을 절반으로 나누어 한 무리는 파수 근무를 하고 나머지 무리는 산삼을 캐게 하되 저녁에는 파수보로 돌아와 다음날 교대로 근무할 수 있게 해달라고 영조 3년 6월 2일에 영조에게 주청했으며, 2문단에 따르면 영조는 이러한 요구를 받아들여 즉시 시행하게 조치했다. 따라서 ⑤의 진술처럼 영조 3년 5월에 비해 영조 4년 5월 강계의 파수보에서 파수 근무해야 하는 1일 인원수가 줄어들었다고 추론할 수 있다.

오답분석

① 1문단에 따르면 좌부승지 신택은 규정에 정해진 파수보 정원 9명 중 파장을 제외한 파졸 8명은 절반씩 나누어 한 무리는 파수보를 지키게 하고, 나머지 한 무리는 산삼을 캐게 하되 저녁에는 반드시 파수보로 돌아와 다음날 교대로 근무할 수 있도록 해달라고 영조에게 주청했다. 또한 2문단에 따르면 영조는 신택의 주청을 허락해 즉시 시행하도록 조치했으며, 이후 강계 파수보에 관한 제반 사항은 영조 대에 그대로 유지되었다. 따라서 영조 4년 한 해 동안 파졸 1인이 파수보에 있는 시간은 ①의 진술과 반대로 줄어들 것으로 추론할 수 있다.

② 1문단에 따르면 압록강 중류에 위치한 강계 경내에 있는 파수보에서 근무하는 인원들은 평안도 지역에 거주하는 백성 중에서 군역을 져야 하는 사람들이 순번을 돌아가며 담당한다. 따라서 이들을 평안병사가 선발했을 것이라는 ②의 추론은 적절하지 않다.

③ 산삼 채취를 허락했기 때문에 ③의 진술과 반대로 산삼 채취 수량이 증가했을 것이라고 추측할 수도 있지만, 제시문의 내용만으로는 실제로 수량이 증가했는지, 증가했다면 얼마나 증가했는지 등을 추론할 수 없다.

④ 1문단에 따르면 파수꾼이 복무하는 달은 다섯 달(5월~9월) 동안 식량이 제공되지 않고, 호랑이의 습격을 받기도 했다. 그러나 이러한 내용만으로는 ④의 진술과 달리 파졸들의 최대 사망 원인이 무엇인지 추론할 수 없다. 또한 제시문의 내용만으로는 김수가 평안병사로 부임한 후에도 이러한 식량 미제공과 호환(虎患)에 어떠한 변화가 있었는지도 알 수 없다.

풀이 포인트

추리적 사고 능력을 검증하는 문제로, 제시문에서 주어진 여러 정보들을 종합해 이를 바탕으로 선택지의 구체적인 사례를 추론할 수 있는지를 묻고 있다. 이런 유형의 문제를 풀기 위해서는 먼저 선택지를 읽은 후에 제시문 중에서 선택지의 사례를 검증할 수 있는 내용을 찾아 타당성을 추론해야 한다.

➕ 배경지식

조선 시대의 지방군

양인 개병제를 채택한 조선은 원칙적으로 16세 ~ 60세 사이의 모든 양인 남성은 군역을 부담할 의무가 있었다. 5위로 구성된 중앙군은 서울과 궁궐을 수비했으며, 지방군은 국방상 요충지인 '영'과 '진'에 소속되었다.

[03~05] 지문 분석

- 주제 : 전도된 시선을 의심해야 한다고 보는 고진의 풍경론
- 핵심 키워드 : 선원근법, 고진의 풍경론, 풍경의 발견, 리얼리즘, 러시아 형식주의, 낯설게 하기, 풍경 속의 불안
- 글의 구조
  ▷ 1문단 : 서양 풍경화의 선원근법을 재해석해 문단의 관행을 비판한 고진의 풍경론
  - 브루넬레스키가 제안한 선원근법은 서양의 풍경화가 기하학적 투시도법으로 인간의 눈에 보이는 대로 자연을 화폭에 담을 수 있게 했다.
  - 문학 비평가 고진은 이러한 풍경화의 원리를 재해석한 '풍경론'을 통해 특정 문학 사조를 추종하는 문단의 관행을 비판했다.
  ▷ 2문단 : 풍경은 주관에 의해 지각된다고 보는 고진의 풍경론
  - 고진에 따르면 풍경은 내가 보았기 때문에 여기 있는 것이라는 점에서 모든 풍경은 내가 새롭게 발견한 대상이 된다.
  - '풍경'은 단순히 외부에 존재해서가 아니라 주관에 의해 지각될 때 풍경이 된다.
  ▷ 3문단 : '내적 인간'이 전도된 시선을 통해 '풍경을 발견'한다고 보는 고진의 풍경론
  - 고진은 주관에 의해 풍경을 지각하는 과정을 '풍경의 발견'이라 부르고, 이를 근대인의 고독한 내면과 연결시켰다.
  - 고진은 인간을 풍경으로 취급하는 주인공으로부터, 전도된 시선을 통해 풍경을 발견하는 '내적 인간'의 전형을 읽는다.

- 고진은 "풍경은 오히려 외부를 보지 않는 자에 의해 발견된 것"이라는 결론을 얻는다.
  ▷ 4문단 : 리얼리즘은 전도된 시선에서 비롯됐으며 리얼리스트는 '내적 인간'이라고 보는 고진의 풍경론
  - 고진은 '주관의 재현(내면성이나 자아)'이라는 관점과 '객관의 재현(대상의 사실적 묘사)'이라는 관점으로 대립하는 문단의 세태를 비판하기 위해 풍경론을 제시했는데, 그는 이러한 두 관점은 서로 얽혀 있다고 보았다.
  - 고진에 따르면 이미 풍경에 익숙해진 사람은 풍경의 안에 놓여 있으면서도 자신이 풍경의 밖에 서 있다고 믿으며, 그는 이러한 믿음에서 나온 외부 세계의 묘사를 리얼리즘이라 부른다면 그것이 곧 전도된 시선에서 비롯된 것임을 알아야 한다고 주장한다.
  - 너무 익숙해서 실은 보고 있지 않은 것을 보게 만들어야 한다는 형식주의의 견해를 따른다면 리얼리즘은 항상 새로운 풍경을 창출해야 하며, 리얼리스트는 언제나 '내적 인간'이다.
  ▷ 5문단 : 고정된 시점에 포착된 객관적 세계를 의심하기 위해서는 '풍경 속의 불안'이 불가피하다고 보는 고진의 풍경론
  - 자신이 풍경 안에 갇혀 있다는 사실을 자각하는 이가 있을 수도 있으며, 고진은 소세키가 자신이 풍경에 갇혀 있다는 사실을 자각했다고 보았다.
  - 고정된 시점에 포착된 모든 것은 좌표에 따라 배치되며 객관적 세계의 형상을 취한다. 이 세계를 의심하기 위해서는 자신의 고정된 시점 자체에 질문을 던지며 회의할 수밖에 없는 '풍경 속의 불안'이 시작된다.
  ▷ 6문단 : 전도된 시선을 의심할 필요가 있다고 보는 고진의 풍경론
  - 산수화의 소나무는 소나무라는 관념을 묘사한 것이지 실재하는 소나무가 아니다(따라서 서양의 풍경화나 동양의 산수화 모두 풍경론의 해석이 다를 여지가 없다).
  - 질문을 던지며 회의한들 그 외의 방식으로는 세계와 대면하는 방법을 알지 못하기에 막연한 불안이 생기는 사태를 막을 수 없다.
  - 전도된 시선의 기만적 구도는 '풍경 속의 불안'을 느끼는 이들에 의해서만 감지될 수 있다. 이 미묘한 앞뒷면을 동시에 살피려는 시도가 없다면, 풍경의 발견이라는 상황을 보지 못할 뿐 아니라 단지 풍경의 눈으로 본 문학만을 쓰고 해석하게 된다.

PART 1
DAY 01
DAY 02
DAY 03
DAY 04
DAY 05
DAY 06
DAY 07
DAY 08
DAY 09
DAY 10

03 일치·불일치

정답 ⑤

⑤ 3문단에 따르면 작가 구니키다 돗포의 소설에는 외로움을 느끼지만 정작 자기 주변의 이웃과 사귀지 않고 산책길에 만난 이름 모를 사람들이나 이제는 만날 일이 없는 추억 속의 존재들을 회상하며 그들에게 자신의 감정을 일방적으로 투사하는 주인공이 등장한다. 이 주인공은 실제 이웃과의 관계 맺기를 기피한 채, 현실적으로 아무 상관이 없는 사람들과 하나의 세계를 이루어 살고 있다. 즉, 이 주인공은 공적이든 사적이든 인간관계를 맺기를 기피하고 있다. 따라서 주인공이 사적 관계에 몰두한다는 ⑤의 진술은 제시문의 내용과 일치하지 않는다.

오답분석

① 1문단에 따르면 5세기 초 브루넬레스키가 제안한 선원근법은 서양의 풍경화에 큰 변화를 가져왔는데, 고정된 한 시점에서 대상을 통일적으로 배치하는 기하학적 투시도법으로 인간의 눈에 보이는 대로 자연을 화폭에 담을 수 있게 된 것이다. 따라서 ①의 진술처럼 선원근법은 풍경화에 사실감을 부여했다고 말할 수 있다.

② 4문단에 따르면 러시아의 형식주의는 고진과 마찬가지로 리얼리즘이 전도된 시선에서 비롯됐다고 보았으며, 너무 익숙해서 실은 보고 있지 않은 것을 보게 만들어야 한다는 러시아 형식주의에 따른다면 리얼리즘은 항상 새로운 풍경을 창출해야 한다. 따라서 ②의 진술처럼 러시아 형식주의자들은 익숙한 세계를 새롭게 인식해야 한다고 주장했다고 말할 수 있다.

③ 1문단에 따르면 서양의 풍경화는 선원근법을 통해 고정된 한 시점에서 대상을 통일적으로 배치하는 기하학적 투시도법으로 인간의 눈에 보이는 대로 자연을 화폭에 담을 수 있게 되었다. 또한 6문단에 따르면 선원근법에 의존하지 않는 동양의 산수화는 자연이 있는 그대로 재현된 것처럼 보인다. 따라서 ③의 진술처럼 산수화와 풍경화는 기하학적 투시도법의 적용 여부에 따라 대상의 재현 양상이 대비된다고 말할 수 있다.

④ 5문단에 따르면 작가 나쓰메 소세키는 자신이 참고해 온 문학책들이 자신의 통념을 만들고 강화했을 뿐이라는 사실을 깨닫고는 책들을 전부 가방에 넣어 버렸는데, "문학 서적을 읽고 문학이 무엇인가를 알려고 하는 것은 피로 피를 씻는 일이나 마찬가지라고 생각했기 때문"이다. 따라서 ④의 진술처럼 소세키는 문학 서적을 통해서 문학을 연구하는 작업이 자기 반복이라고 보았다고 말할 수 있다.

풀이 포인트

사실적 사고 능력을 검증하는 문제로, 제시된 지문의 정보를 정확하게 이해하고 있는지 묻는 문제 중에서도 가장 기본적인 형태이다. 신속·정확하게 정답을 찾으려면 문제의 선택지를 먼저 읽은 후에 지문에서 선택지와 관련한 내용을 파악해야 한다.

배경지식

선원근법
르네상스 시기에 이루어진 근대적인 의미의 원근법으로서, 기하학적 원리의 투시도법에 따라 시선과 평행한 모든 직선은 수평선 위의 한 점, 즉 소실점으로 모이게 한 방법이다. 이때 물체의 크기는 거리에 비례해서 작아진다.

04 세부 내용의 이해

정답 ⑤

⑤ 4문단에 따르면 이미 풍경에 익숙해진 사람은 주관에 의해 배열된 세계를 벗어나지 못하고, 눈에 보이는 것이 본래적인 세계의 모습이라 믿는다. 풍경의 안에 놓여 있으면서도 풍경의 밖에 서 있다고 믿는 것이다. 고진은 만일 이러한 믿음에서 나온 외부 세계의 모사를 리얼리즘이라 부른다면 그것이 곧 전도된 시선에서 비롯된 것임을 알아야 한다고 말한다. 따라서 ⑤의 진술처럼 '전도된 시선'은 주관적 시각을 통해 구성된 세계를 객관적 현실이라 믿는 것이라고 말할 수 있다.

오답분석

① 6문단에 따르면 전도된 시선의 기만적 구도는 풍경 속의 불안을 느끼는 이들에 의해서만 감지될 수 있다. 이 미묘한 앞뒷면을 동시에 살피려는 시도(=풍경 속의 불안)가 없다면, 풍경의 발견이라는 상황을 보지 못할 뿐 아니라 단지 풍경의 눈으로 본 문학만을 쓰고 해석하게 될 것이다. 따라서 '전도된 시선'은 세계의 미묘한 앞뒷면을 동시에 살피는 것이라는 ①의 진술은 타당하지 않다.

② 3문단에 따르면 고진은 인간마저도 하나의 풍경으로 취급해 버리는 돗포의 소설의 주인공으로부터, 전도된 시선을 통해 풍경을 발견하는 '내적 인간'의 전형을 읽는다. 이로부터 고진은 "풍경은 오히려 외부를 보지 않는 자에 의해 발견된 것"이라는 결론을 얻는다. 따라서 '전도된 시선'은 내면의 세계를 외부자의 시선으로 발견하는 것이라는 ②의 진술은 타당하지 않다.

③ 5문단에 따르면 일단 고정된 시점이 생기면 그에 포착된 모든 것은 좌표에 따라 배치되며 이윽고 객관적 세계의 형상을 취한다. 이 세계를 의심하기 위해서는 결국 자신의 고정된 시점 자체에 질문을 던지며 회의할 수밖에 없다. 이른바 '풍경 속의 불안'이 시작되는 것이다. 따라서 '전도된 시선'은 현실을 취사선택하여 비현실적 세계를 만드는 것이라는 ③의 진술은 타당하지 않다.

④ 4문단에 따르면 러시아 형식주의는 너무 익숙해서 실은 보고 있지 않은 것을 보게 만들어야 한다는 견해로, 러시아 형식주의에 의하면 리얼리즘은 항상 새로운 풍경을 창출해야 하므로 리얼리스트는 언제나 '내적 인간'일 수밖에 없다. 또한 '실재로서 존재한다'는 ④의 진술은 '풍경은 주관에 의해 지각될 때 비로소 풍경이 된다'는 2문단의 내용

과 어긋난다. 따라서 '전도된 시선'은 실재로서 존재했지만 아무도 보지 못했던 풍경을 보는 것이라는 ④의 진술은 타당하지 않다.

05 추론하기   정답 ③

③ 이 문제를 풀기 위해서는 〈보기〉에 나타난 최재서의 견해를 분석하고, 제시문에 나타난 고진의 관점에서 최재서의 견해를 해석할 수 있어야 한다. 먼저 5문단에 따르면 일단 고정된 시점이 생기면 그에 포착된 모든 것은 좌표에 따라 배치되며 이윽고 객관적 세계의 형상을 취한다. 이 세계를 의심하기 위해서는 결국 자신의 고정된 시점 자체에 질문을 던지며 회의할 수밖에 없다. 이른바 '풍경 속의 불안'이 시작되는 것이다. 〈보기〉에서 내면성과 자아의 실험적 표현을 추구하는 이상의 소설을 사실적 묘사라는 관점에서 '리얼리즘의 심화'라고 비평한 최재서는 문학 작품의 해석에 미리 확정된 관점이나 범주란 없다고 결론을 내렸다. 이러한 최재서의 견해는 5문단에서 고진이 자신의 고정된 시점 자체에 질문을 던지며 회의할 수밖에 없다는 '풍경 속의 불안'을 겪는 자의 태도와 유사하다. 즉, 고진의 입장에서 본다면, '대상에 따라 관점은 이동할 수 있으며, 문학 작품의 해석에 미리 확정된 관점이나 범주란 없다'는 최재서의 견해는 고정된 시점을 자각하고 계속 회의한다는 뜻으로 자신이 풍경 안에 갇혀 있음을 자각한 것이라고 해석할 수 있다.

오답분석

① 1문단에 따르면 서양의 풍경화는 선원근법을 통해 고정된 한 시점에서 대상을 통일적으로 배치하는 기하학적 투시도법으로 인간의 눈에 보이는 대로 자연을 화폭에 담을 수 있게 되었다. 또한 5문단에 따르면 일단 고정된 시점이 생기면 그에 포착된 모든 것은 좌표에 따라 배치되며 이윽고

객관적 세계의 형상을 취한다. 즉, 고진에 따르면 서양의 풍경화는 고정된 시점에서 대상을 재배치해 풍경을 보고 있는 것이다. 이러한 방식이라면 대상에 따라 관점이 이동할 수 없어 고정된 시점이라 부르는 것이다. 또한 관념이 재현되는 방식은 6문단에 나타난 동양의 산수화와 관련한 내용이다.

② 6문단에 따르면 고진은 세계와 대면하는 방법을 알지 못하기에 막연한 불안이 생기는 사태를 막을 수는 없다고 보았다. 즉, 풍경 속의 불안을 벗어날 수 없다고 본 것이다. 또한 ②의 진술처럼 주관이 외부를 적극적으로 파악하면 풍경 속의 불안을 벗어날 수 있을지는 단정할 수 없다.

④ 4문단에 따르면 고진은 '주관의 재현(내면성이나 자아)'이라는 관점과 '객관의 재현(대상의 사실적 묘사)'이라는 관점으로 대립하는 문단의 세태를 비판하기 위해 풍경론을 제시했는데, 그는 이러한 두 관점은 서로 얽혀 있다고 보았다. 또한 〈보기〉에 따르면 최재서는 〈날개〉는 특정 대상의 내면까지도 '주관의 막을 제거한 카메라'를 들이대어 투명하게 조망하는 작품이라고 보았다. 따라서 ④의 진술에서 최재서의 견해가 고진에게는 '주관의 재현과 객관의 재현을 내세우며 대립하는 것'이 아니라 '두 관점이 서로 얽혀 있는 것'으로 해석될 것이다.

⑤ 3문단에 따르면 고진은 '내적 인간'을 전도된 시선을 통해 풍경을 발견하는 인간이라고 보았다. 따라서 ⑤의 진술에서 '풍경을 지각하지 못하는' 인간은 '내적 인간'이 될 수 없다.

PART 1
DAY 01
DAY 02
DAY 03
DAY 04
DAY 05
DAY 06
DAY 07
DAY 08
DAY 09
DAY 10

[06~07] 지문 분석

- 주제 : 다의어의 중심 의미와 주변 의미의 문법적·의미적 특징
- 핵심 키워드 : 다의어, 중심 의미, 주변 의미
- 글의 구조
  ▷ 1문단 : 다의어, 중심 의미, 주변 의미 등의 정의
  　－ 다의어 : 두 가지 이상의 의미를 가진 단어
  　－ 중심 의미 : 다의어에서 기본이 되는 핵심 의미
  　－ 주변 의미 : 중심 의미에서 확장된 의미로서, 주변 의미보다 언어 습득의 시기가 빠르며 사용 빈도가 높음
  ▷ 2문단 : 다의어의 특징 1 － 문법적 특징(문법적 제약)
  　－ 주변 의미로 사용되었을 때는 문법적 제약이 나타나기도 한다.
  　－ 주변 의미로 사용되었을 때는 몇 개의 용언과만 함께 쓰여 중심 의미로 쓰일 때보다 결합하는 용언의 수가 적다.
  ▷ 3문단 : 다의어의 특징 2 － 의미적 특징(추상성의 강화)
  　－ 주변 의미에서 새로 생긴 의미는 기존의 의미보다 추상성이 강화되는 경향이 있다.
  ▷ 4문단 : 다의어의 특징 3 － 의미적 특징(의미의 상호 관련성)
  　－ 중심 의미와 주변 의미 등 다의어의 의미들은 서로 관련성을 갖는다.
  ▷ 5문단 : 다의어의 특징 4 － 의미적 특징(의미의 대립적 관계)
  　－ 중심 의미와 주변 의미 등 다의어의 의미들이 서로 대립적 관계를 맺는 경우가 있다.
  　－ 이러한 대립적 의미들 사이의 의미적 관련성은 유지된다.

06 추론하기
정답 ⑤

⑤ 1문단에 따르면 주변 의미는 중심 의미에서 확장된 의미를 뜻한다. 또한 3문단에 따르면 새로 생긴 의미(＝주변 의미)는 기존의 의미보다 추상성이 강화되는 경향이 있다. ⑤에서 예문으로 제시된 '눈이 나빠져서 안경의 도수를 올렸다'에서 '눈'의 중심 의미는 '감각 기관'이고, '시력'은 '눈'의 여러 가지 주변 의미 가운데 하나이다. 즉, 기존 의미가 확장되어 생성된 주변 의미가 기존 의미보다 추상성이 강화된 사례에 해당된다. 따라서 '눈'의 확장된 의미는 기존 의미보다 더 구체적일 것이라는 ⑤의 추론은 타당하지 않다.

오답분석

① 1문단에 따르면 중심 의미는 일반적으로 주변 의미보다 언어 습득의 시기가 빠르다. ①에서 제시된 '별'의 중심 의미는 '빛을 관측할 수 있는 천체의 일부'이고, '장성급 군인의 계급장 또는 장성급 군인'은 중심 의미에서 파생된 주변 의미에 해당한다. 따라서 '군인의 계급장'이라는 의미보다 '천체의 일부'라는 의미를 먼저 배울 것이라는 ①의 추론은 타당하다.

② 1문단에 따르면 중심 의미는 일반적으로 주변 의미보다 사용 빈도가 높다. ②에서 제시된 '앉다'의 중심 의미는 '착석하다'이고, '직위나 자리를 차지하다'는 주변 의미에 해당한다. 따라서 '착석하다'의 의미로 쓰이는 빈도가 '직위나 자리를 차지하다'의 의미로 쓰이는 빈도보다 높을 것이라는 ②의 추론은 타당하다.

③ 4문단에 따르면 다의어의 의미들, 즉 중심 의미와 주변 의미는 서로 관련성을 갖는다. ③에서 제시된 '결론에 이르다'의 '이르다(동사)'와 '포기하기에는 아직 이르다'의 '이르다(형용사)'는 서로의 의미에 관련성이 없으므로 다의어가 아니라 동음이의어이다. 따라서 이 두 의미는 중심 의미와 주변 의미의 관계로 볼 수 없을 것이라는 ③의 추론은 타당하다.

④ 2문단에 따르면 주변 의미로 사용되었을 때는 문법적 제약이 나타나기도 한다. ④에서 제시된 '팽이를 돌리다'의 '돌다'는 중심 의미로 쓰였기 때문에 '팽이를 돌리다/팽이가 돌다' 등 문법적 제약이 없지만, '군침이 돌다'의 '돌다'는 주변 의미로 쓰였기 때문에 '군침을 돌리다'로 쓰일 수 없는 문법적 제약이 있다. 따라서 '군침이 돌다'의 '돌다'는 주변 의미로 사용된 것이라는 ④의 추론은 타당하다.

풀이 포인트

추리적 사고 능력을 검증하는 문제로, 제시문에 나타난 여러 정보들에 대한 이해를 바탕으로 선택지에 나타난 구체적인 사례의 타당성을 판단할 수 있는지 묻고 있다. 이런 유형의 문제를 풀기 위해서는 제시문의 정보들을 종합하면서 내용을 구조화해 제시문에서 직접 언급하지 않은 정보를 추론할 수 있어야 한다.

⊕ 배경지식

다의어(多義語)

두 가지 이상의 뜻을 가진 단어를 뜻한다. 예컨대, '다리'는 원래 '사람이나 짐승의 몸통 아래에 붙어서 몸을 받치며 서거나 걷거나 뛰게 하는 부분'을 가리키지만, '책상 다리, 지겟다리'처럼 '물건의 하체 부분'을 가리키기도 하는데, 이러한 단어를 다의어라고 부른다.

- 빚쟁이 : 5문단에 따르면 다의어의 의미들이 서로 대립적 관계를 맺는 경우가 있으며, 이들 사이의 의미적 관련성은 유지된다. 〈보기〉에서 민수가 말한 '빚쟁이'는 남에게 돈을 빌려준 사람을 낮잡아 이르는 말(중심 의미)이고, 반면에 영희가 말한 '빚쟁이'는 빚을 진 사람을 낮잡아 이르는 말(주변 의미)이다. 따라서 '빚쟁이'라는 다의어의 중심 의미와 주변 의미가 돈을 빌려 준 사람과 빌린 사람으로 대립적 관계를 이루고 있음을 알 수 있다.
- 금방 : 〈보기〉에서 영희가 말한 '금방'은 말하고 있는 시점보다 바로 조금 전(중심 의미)을 뜻하는 반면에 민수가 말한 '금방'은 말하고 있는 시점부터 바로 조금 후(주변 의미)를 뜻한다. 따라서 '금방'이라는 다의어의 중심 의미와 주변 의미가 말하고 있는 현재로부터 조금 전과 조금 후로 대립적 관계를 이루고 있음을 알 수 있다.

[오답분석]

- 뒤 : 〈보기〉에서 영희가 말한 '이틀 뒤'의 '뒤'와 '발표가 끝난 뒤'의 '뒤'는 모두 시간이나 순서상으로 다음이나 나중(주변 의미)을 뜻한다. 따라서 다의어의 의미들이 서로 대립적 관계를 맺는 경우로 볼 수 없다.
- 돈 : 〈보기〉에서 영희가 말한 '돈'과 민수가 말한 '돈'은 화폐(중심 의미)를 뜻한다. 따라서 다의어의 의미들이 서로 대립적 관계를 맺는 경우로 볼 수 없다.

[풀이 포인트]

사실적 사고 능력을 검증하는 문제로, 제시문의 세부 정보나 원리를 정확히 이해하고 종합해 선택지의 새로운 구체적 사례에 적용할 수 있는지 묻고 있다. 따라서 제시문 중에서 선택지와 관련한 내용을 확인한 다음 선택지와 대조함으로써 선택지가 제시문의 내용을 입증하는 근거가 될 수 있는지 판단해야 한다.

⊕ 배경지식

중심 의미와 주변 의미
- 중심 의미 : 한 단어가 여러 의미를 지닐 때 그 가운데서 가장 기본적이고 핵심적인 의미를 가리킨다.
- 주변 의미 : 한 단어가 여러 의미를 지닐 때 중심 의미를 제외한 다른 여러 기지의 의미를 가리킨다.

01	02	03	04	05	06	07			
④	②	④	①	④	②	⑤			

---

[01] 지문 분석

- 주제 : 조선 시대의 화원
- 핵심 키워드 : 화원(畵員), 도화서
- 글의 구조
  ▷ 1문단 : 화원(畵員)의 정의와 그들의 역할
    – 화원 : 조선 시대의 관청인 도화서 소속의 직업 화가
    – 화원의 역할 : 왕실 및 조정이 필요로 하는 모든 종류의 회화를 제작하고 여러 도화 작업을 담당
  ▷ 2문단 : 그림에 재능이 있는 사람들이 도화서에 들어가 화원이 되려고 노력한 이유
    – 국가가 인정한 최상급 화가라는 자격과 함께 벼슬을 받는 하급 관료라는 지위를 얻기 위해 도화서에 들어가 화원이 되려고 했다.
  ▷ 3문단 : 조선 후기에 몇몇 가문이 도화서 화원직을 거의 독점할 수 있었던 배경
    – 화원들은 퇴근 후에는 사적으로 주문을 받아 작품을 제작했는데, 벌어들이는 돈의 대부분을 사적 주문에 의한 그림 제작을 통해 얻었다.
    – 국가 관료라는 지위와 최상급 화가라는 명예는 그림 시장에서 그들의 작품에 보다 높은 가치를 부여하였고, 경제적으로 풍요롭게 만들었다.
    – 도화서에 들어가지 못한 일반 화가들은 경제적으로 곤궁했는데, 화원과 비교해 볼 때 시정의 직업 화가들의 경제 여건은 늘 불안정했다.
    – 화원 집안에서는 대대로 화원을 배출하려고 노력한 결과로 조선 후기에는 몇몇 가문이 도화서 화원직을 거의 독점했다.

---

01 일치·불일치　　　　　　　　**정답** ④

④ 1문단에 따르면 화원은 조선 시대의 관청인 도화서 소속의 직업 화가이며, 3문단에 따르면 화원들은 퇴근 후에는 사적으로 주문을 받아 작품을 제작했으며, 벌어들이는 돈의 대부분을 사적 주문에 의한 그림 제작을 통해 획득했다.

오답분석

① 1문단에 따르면 그림과 관련된 온갖 일을 한 화원들은 사실상 거의 막노동에 가까운 일을 했던 사람들이며, 2문단에 따르면 화원의 계급은 중인이다. 제시문의 내용만으로는 일반 직업 화가들이 화원 밑에서 일했는지는 알 수 없다.

② 3문단에 따르면 화원의 국가 관료라는 지위와 최상급 화가라는 명예는 그림 시장에서 그들의 작품에 보다 높은 가치를 부여하였고, 녹봉에만 의지하는 다른 하급 관료보다 경제적으로 풍요롭게 만들었다.

③ 1문단에 따르면 화원은 임금의 초상화인 어진 등 등 왕실 및 조정이 필요로 하는 모든 종류의 회화를 제작하고 여러 도화 작업을 담당하였다. 또한 2문단에 따르면 화원은 국가가 인정한 20~30명의 최상급 화가 중 한 사람으로서, 국가가 인정한 최상급 화가라는 자격을 인정받는다. 그러나 화원들이 담당하는 그림의 종류에 따라 그들 사이에서 등급을 구분했는지는 제시문의 내용만으로는 알 수 없다.

⑤ 2문단에 따르면 화원에게 주는 녹봉은 적었다. 또한 3문단에 따르면 화원은 국가가 주는 녹봉으로 생활하지 않았으며, 국가 관료라는 지위와 최상급 화가라는 명예 덕분에 화원이 사적으로 주문을 받아 제작한 그림은 보다 높은 가치를 인정받아 경제적으로 풍요를 누릴 수 있었다. 이런 이유로 화원 집안에서 대대로 화원을 배출하려고 노력한 결과 조선 후기에는 몇몇 가문이 도화서 화원직을 거의 독점하게 되었다. 화원직이 실제로 세습되었을 가능성이 있다고 볼 수도 있으나, '독점'이 '세습'을 이끌었는지 또는 '세습'을 힘들게 했는지는 제시문의 내용만으로는 단정할 수 없다.

풀이 포인트

사실적 사고 능력을 검증하는 문제로, 제시문 세부 내용을 정확하게 파악하고 있는지 묻고 있다. 이런 유형의 문제는 대개 선택지의 진위 여부를 판단할 수 있는 근거 내용이 제시문 전체에 걸쳐 분산되어 있다. 따라서 먼저 선택지를 읽은 다음 각 문단의 중심 내용을 요약하면서 선택지의 타당성을 확인하면 정답을 빠르게 찾을 수 있어 문제 풀이에 효율적이다.

배경지식

도화서와 화원(畵員)

- 도화서(圖畵署) : 조선 시대에 그림에 관한 일을 맡아보던 관청으로서, 성종 때 도화원을 고친 것이다.
- 화원(畵員) : 도화서의 잡직인 선화(善畵·종6품), 선회(善繪·종7품), 화사(畵史·종8품), 회사(繪史·종9품)를 통틀어 이르던 말이다.

[02] 지문 분석

- **주제** : 〈승정원일기〉가 왕의 통치 기록으로서 주요한 자리를 차지할 수 있었던 이유
- **핵심 키워드** : 승정원일기, 승정원, 육조, 주서, 사초
- **글의 구조**
  ▷ 1문단 : 승정원을 통한 국정 보고와 왕명 전달 체계
  - 승정원은 육조에 맞추어 육방으로 구성되었고, 각 방마다 담당 승지가 1명씩 있었다.
  - 육조를 통해 수합된 국정 업무는 승정원의 해당 방의 승지에게 보고되었다.
  - 승지는 왕에게 보고했고, 왕의 명령을 해당 부서에 전달했다.
  ▷ 2문단 : 승정원의 주서가 기록한 내용
  - 승정원의 주서는 육조의 모든 공문서, 상소문, 탄원서, 왕과 신료의 대화 내용 등을 기록했다.
  - 주서는 자신이 기록한 사초, 승정원에서 처리한 공문서, 상소문 등을 모아 매일 〈승정원일기〉를 작성했다.
  - 주서는 매달 〈승정원일기〉를 책으로 엮어 왕에게 보고했고, 왕의 결재를 받아 승정원 건물에 보관했다.
  ▷ 3문단 : 〈승정원일기〉 원본이 소실되는 원인
  - 〈승정원일기〉는 단 1부만 작성되었으므로 화재로 원본 자체가 소실되기도 했다.
  - 영조 23년에 창덕궁 화재로 〈승정원일기〉가 거의 타버렸으나 영조는 이를 복원했다.

02 일치·불일치　　　정답 ②

② 1문단에 따르면 조선의 국가 조직은 크게 이, 호, 예, 병, 형, 공의 육조 체계를 이루었으며, 승정원도 육조에 맞추어 육방으로 구성되었고, 육방에는 담당 승지가 1명씩 배치되었다. 육조가 중앙과 지방의 모든 국정 업무를 수합해 승정원의 해당 방의 승지에게 보고하면, 해당 승지는 이를 다시 왕에게 보고했다. 따라서 '형조 → 형방 승지 → 왕'의 국정 보고 체계를 이루었음을 알 수 있다.

오답분석

① 2문단에 따르면 승정원의 주서는 사관으로서 사초를 기록했으며, 주서는 사초와 함께 승정원에서 처리한 공문서, 상소문 등을 모아 매일 〈승정원일기〉를 작성했다. 또한 주서는 이렇게 한 달 동안 작성한 〈승정원일기〉를 책으로 엮어 왕에게 보고했다. 그러나 제시문의 내용만으로는 주서가 육조의 국정 업무 자료를 선별해 수정했다는 ①의 진위를 판단할 수 없다.

③ 1문단에 따르면 승정원은 육조에 맞춰 육방으로 구성되었으며, 각 방의 승지는 왕에게 보고하고, 왕의 명령을 받아 해당 부서에 전달하는 일을 담당했다. 그러나 제시문의 내용만으로는 ③의 진술처럼 사간원에도 승지가 배치되었

는지, 왕이 사간원에 내리는 공문서는 승지를 통해 전달되었는지는 알 수 없다.

④ 2문단에 따르면 〈승정원일기〉를 작성한 주체는 주서이다. 그러나 제시문의 내용만으로는 승지가 〈승정원일기〉 작성에 참여했다는 ④의 진위를 판단할 수 없다.

⑤ 3문단에 따르면 임진왜란 전에 승정원은 경복궁 근정전에 있었는데, 전란으로 경복궁이 불타면서 〈승정원일기〉도 함께 소실되었다. 또한 영조 23년에는 창덕궁에 불이 나 〈승정원일기〉가 거의 타버렸으나 영조는 이를 복원하도록 하였다. 그러나 제시문의 내용만으로는 ⑤의 진술처럼 영조 집권기에 〈승정원일기〉가 경복궁에 보관되었는지, 경복궁에 화재가 발생했는지 알 수 없다. 또한 화재가 발생한 경복궁에 승정원일기가 보관되었다고 해도, 그 화재로 〈승정원일기〉가 소실되었는지도 알 수 없다.

풀이 포인트

사실적 사고 능력을 검증하는 문제로, 제시문에 언급된 정보와 내용을 정확하게 이해하고 있는지 묻고 있다. 이런 유형의 문제는 보통 제시문을 꼼꼼히 읽고 선택지와 대조하는 것이 바람직하다. 다만, 선택지의 진위 여부를 대조하기 위해 기초적인 수준의 추리가 필요한 경우도 있기 때문에 선택지의 내용이 제시문 중에 확연히 드러나 있지 않더라도 간단한 추리를 통해 도출할 수 있는 것인지 확인해야 한다.

배경지식

승정원일기와 주서

- **승정원일기** : 조선 시대 국왕의 비서 기관으로서 왕명의 출납을 담당하던 승정원에서 취급한 문서와 사건을 기록한 일지이다. 조선 초기 세종 재위기부터 작성되었으나, 임진왜란(1592~1598), 이괄의 난(1624), 병자호란(1636) 등을 겪는 과정에서 소실되었고, 오늘날 전하는 것은 인조 1년(1623) 3월부터 융희 4년(1910) 8월까지 288년 동안 기록된 것이다. 국보 제303호이며, 2001년에 유네스코 세계 기록 유산으로 지정되었다.
- **주서(注書)** : 승정원의 정7품 관원으로서, 〈승정원일기〉의 작성을 담당했다. 주서는 원래 2명이었는데, 기록할 국정 업무가 증가하면서 가주서(假注書) 1명이 추가되었고, 임진왜란 때 당시에 전쟁 관련 기록을 전담하는 사변가주서(事變假注書) 1명이 추가되었다. 그 결과 조선 후기에는 2명의 주서와 2명의 가주서가 〈승정원일기〉을 작성했다.

[03~05] 지문 분석

- **주제** : '평등'에 대한 롤스와 싱어의 이론적 관점의 비교
- **핵심 키워드** : 절대적 평등, 조건적 평등, 자연권, 형식적 정의, 실질적 정의, 영역 성질, 도덕적 인격, 이익 평등 고려의 원칙
- **글의 구조**
  - ▷ 1문단 : 모든 인간은 평등하다는 말을 절대적 평등으로 생각할 수 없는 이유
    - 모든 인간이 평등하다는 말을 절대적 평등으로 생각하는 이는 없다. 인간은 저마다 다르게 가지고 태어난 능력과 소질을 똑같게 만들 수 없기 때문이다.
    - 절대적 평등은 개인의 개성이나 자율성 등의 가치와 충돌하기도 한다.
  - ▷ 2문단 : 평등의 의미와 그 근거
    - 평등에 대한 요구는 충분한 이유가 제시되지 않은 불평등의 제거에 목표가 있다.
    - 조건적 평등 원칙은 특정한 부류에 속하지 않는 사람들에게 차별적 대우를 하는 것을 허용한다.
    - '사람들을 특정한 부류로 구분하는 기준은 무엇인가?'는 평등의 근거에 대한 물음이다.
  - ▷ 3문단 : 롤스가 주장한 평등의 의미
    - 근대의 여러 인권 선언에 나타난 자연권 이론은 무엇이 자연적 권리이고, 권리의 존재가 자명한 이유가 무엇인지 등의 문제에 부딪힌다.
    - 롤스에 따르면 어떤 규칙이 공평하고 일관되게 운영되며, 그 규칙에 따라 유사한 경우는 유사하게 취급된다면 형식적 정의는 실현된다.
    - 롤스에 따르면 형식적 정의에 따라 규칙을 준수하는 것만으로는 정의를 담보할 수 없다.
    - 실질적 정의가 보장되기 위해서는 규칙의 내용이 중요하다.
  - ▷ 4문단 : 롤스가 도입한 인간 평등의 근거
    - 롤스는 인간 평등의 근거를 설명하면서 영역 성질 개념을 도입한다.
    - 롤스는 평등한 대우를 받기 위한 영역 성질로서, '도덕적 인격'을 제시한다.
    - 도덕적 인격이란 도덕적 호소가 가능하고 그런 호소에 관심을 기울이는 능력이 있다는 것인데, 이 능력을 최소한만 갖고 있다면 평등한 대우에 대한 권한을 갖는다.
    - 도덕적 인격은 도덕과 무관하다는 말과 대비되는 뜻으로 쓰고 있다.
    - 롤스는 도덕적 인격을 규정하는 최소한의 요구 조건은 잠재적 능력이지 그것의 실현 여부가 아니기에 어린 아이도 평등한 존재라고 말한다.
  - ▷ 5문단 : 롤스를 비판하며 싱어가 내세운 평등의 근거
    - 싱어에 따르면 도덕에 대한 민감성의 수준은 사람에 따라 다르므로 도덕적 인격의 능력을 갖춘 정도에 따라 도덕적 위계를 다르게 하지 말아야 할 이유가 불분명하다.
    - 평등한 권리를 갖는 존재가 되기 위한 최소한의 경계선을 어디에 그어야 하는지도 문제로 남는다.
    - 롤스에서는 도덕적인 능력을 가지고 있지 않거나 영구적으로 상실한 사람은 도덕적 지위를 가지지 못하게 되는데, 이는 통상적인 평등 개념과 어긋난다. 그래서 싱어는 평등의 근거로 '이익 평등 고려의 원칙'을 내세운다.
    - 롤스에 따르면 이해관계를 가지려면 고통과 쾌락을 느낄 수 있는 능력이 있어야 한다. 이러한 능력을 가진 존재는 이해관계를 가지므로 평등한 도덕적 고려의 대상이 된다.
    - 이때 이해관계가 강한 존재를 더 대우하는 것이 가능하다.

---

03 일치·불일치   정답 ④

④ 3문단에 따르면 롤스는 어떤 규칙이 공평하고 일관되게 운영되며, 그 규칙에 따라 유사한 경우는 유사하게 취급된다면 형식적 정의는 실현된다고 보았다. 그러나 그는 형식적 정의에 따라 규칙을 준수하는 것만으로는 정의를 담보할 수 없다고 생각한다. 그 규칙이 더 높은 도덕적 권위를 지닌 다른 이념과 충돌할 수 있으므로 실질적 정의를 보장하려면 규칙의 내용이 중요한 것이다. 즉, 규칙의 일관성으로 실현되는 형식적 정의만으로는 정의를 온전히 담보할 수 없어 결과가 불평등할 수 있으므로 형식적 정의 외에도 실질적 정의를 보장해야 하고, 이러한 실질적 정의를 보장하려면 규칙의 내용이 중요하다는 것이다. 따라서 롤스에 따르면 규칙의 내용이 불합리하다면 ④의 진술처럼 규칙에 따라 유사한 경우는 유사하게 취급해도 결과는 불평등할 수 있다.

오답분석

① 3문단에 따르면 롤스는 어떤 규칙이 공평하고 일관되게 운영되며, 그 규칙에 따라 유사한 경우는 유사하게 취급된다면 형식적 정의는 실현된다고 보았다. 즉, 형식적 정의에 따르면 유사한 것은 유사하게 취급되고 유사하지 않은 것은 차별적으로 취급하므로 차별적 대우가 허용된다. 따라서 형식적 정의는 차별적 대우를 허용하지 않는다는 ①의 진술은 적절하지 않다.

② 1문단에 따르면 '모든 인간은 평등하다'는 말을 모든 인간을 모든 측면에서 똑같이 대우하는 절대적 평등으로 생각하는 이는 없다. 인간은 저마다 다르게 가지고 태어난 능력과 소질을 똑같게 만들 수 없으며, 절대적 평등은 개인의 개성이나 자율성 등의 가치와 충돌하기도 하기 때문이다. 즉, 서론인 1문단에서는 인간은 타고난 능력과 소질이 저마다 다르기 때문에 절대적 평등으로는 결과인 평등을 이룰 수 없다고 보아 절대적 평등을 논의의 범주에서 배제했다. 따라서 절대적 평등은 결과적인 평등을 가져온다는 ②의 진술은 적절하지 않다.

③ 2문단에 따르면 평등에 대한 요구는 모든 불평등을 악으로 보는 것이 아니라 충분한 이유가 제시되지 않은 불평등을 제거하는 데 목표를 둔다. '이유 없는 차별 금지'라는 조건적 평등 원칙은 차별 대우를 할 때는 이유를 제시할 것을 요구하며, 어떤 이유가 제시된다면 특정한 부류에 속하는 사람들에게는 평등한 대우를, 그 부류에 속하지 않는 사람들에게는 차별적 대우를 하는 것을 허용한다. 즉, 특정한 부류에 속하지 않는 사람들에게 충분한 이유를 제시한다면 불평등은 평등의 이념에 부합할 수 있다. 따라서 충분한 이유가 있더라도 불평등은 평등의 이념에 부합하지 않는다는 ③의 진술은 적절하지 않다.

⑤ 1문단에 따르면 인간은 저마다 다르게 가지고 태어난 능력과 소질을 똑같게 만들 수 없으며, 절대적 평등은 개인의 개성이나 자율성 등의 가치와 충돌하기도 한다. 따라서 인간의 능력은 절대적으로 평등하게 만들 수 있다는 ⑤의 진술은 적절하지 않다.

04 세부 내용의 이해 [정답] ①

① 4문단에 따르면 롤스는 인간 평등의 근거를 설명하기 위해 '영역 성질'의 개념을 도입했는데, 그는 평등한 대우를 받기 위한 영역 성질로 '도덕적 인격'을 제시했다. 이때 '도덕적 인격'은 도덕적으로 훌륭하다는 뜻이 아니라 도덕과 무관하지 않다는 뜻이다. 즉, 평등의 근거가 되는 도덕적 인격을 갖추지 못한 존재는 도덕과 무관한 것일 뿐이며, 도덕적으로 훌륭하지 못하다는 의미로서 부도덕한 것은 아니다. 따라서 평등의 근거가 되는 도덕적 인격을 가지지 못하면 부도덕한 것이라는 ①의 진술은 적절하지 않다.

[오답분석]

② 4문단에 따르면 롤스는 '영역 성질'이라는 개념을 도입했는데, 어떤 원의 내부에 있는 점들은 그 위치가 서로 다르지만 원의 내부에 있다는 점에서 동일한 영역 성질을 갖는

다. 반면에 원의 내부에 있는 점과 원의 외부에 있는 점은 원의 경계선을 기준으로 서로 다른 영역 성질을 갖는다. 즉, 경계를 기준으로 원의 안과 밖을 구분할 때, 원의 내부에 있는 점들은 그 위치가 서로 다르지만 원의 내부에 있다는 점에서 영역 성질이 동일한 것으로 보며, 이때 점들의 위치가 서로 다르다는 정도의 차이는 고려 대상이 아니다. 따라서 ②의 진술처럼 영역 성질은 정도의 차를 감안하지 않는 동일함을 가리킨다고 볼 수 있다.

③ 5문단에 나타난 싱어의 견해에 따르면 어떤 존재가 이해관계를 갖기 위해서는 고통과 쾌락을 느낄 수 있는 능력을 갖고 있어야 하고, 이러한 능력을 가진 존재는 이해관계를 가진 존재이기 때문에 평등한 도덕적 고려의 대상이 된다. 따라서 '고통과 쾌락을 느낄 수 있는 능력을 가진 존재 → 이해관계를 가짐 → 평등한 도덕적 고려의 대상이 됨'의 순서가 성립하며, 이러한 능력을 가진 존재를 인간으로만 한정하지 않았으므로 싱어는 ③의 진술처럼 인간이 아닌 존재가 느끼는 고통과 쾌락도 도덕적으로 고려해야 한다고 주장할 것이다.

④ 5문단에 따르면 싱어는 고통과 쾌락을 느낄 수 있는 능력을 가진 존재는 이해관계를 가지므로 평등한 도덕적 고려의 대상이 된다고 보았다. 이때 이해관계가 강한 존재를 도덕적으로 더 대우하는 것이 가능하다. 반면에 그 능력을 갖지 못한 존재는 아무런 선호나 이익도 갖지 않기 때문에 평등한 도덕적 고려의 대상이 되지 않는다. 따라서 이해관계가 자신보다 더 강한 존재와 비교할 경우에 싱어는 ④의 진술처럼 도덕적으로 평등하다고 인정받는 사람들도 차별적 대우를 받을 수 있다고 주장할 것이다.

⑤ 5문단에 따르면 싱어는 롤스를 비판하기 위해 도덕에 대한 민감성의 수준은 사람에 따라 다르다고 주장했다. 또한 4문단에 따르면 롤스는 도덕적 인격을 규정하는 최소한의 요구 조건은 잠재적 능력이지 그것의 실현 여부가 아니기에 어린 아이도 평등한 존재라고 주장했다. 따라서 ⑤의 진술처럼 롤스와 싱어는 도덕에 대한 민감성이 사람마다 다르다고 생각함을 알 수 있다.

PART 1

DAY 01
DAY 02
DAY 03
DAY 04
DAY 05
DAY 06
DAY 07
DAY 08
DAY 09
DAY 10

05 추론하기   정답 ④

④ 5문단에 따르면 롤스에서는 도덕적인 능력을 태어날 때부터 가지고 있지 않거나 영구적으로 상실한 사람은 도덕적 지위를 가지고 있지 못하게 된다. 또한 〈보기〉에 따르면 병은 질병으로 인해 일시적으로 도덕적 능력을 상실하였다. 따라서 롤스는 병을 그 질병에 걸리지 않은 사람과 같이 평등하게 대우할 것이다.

[오답분석]

① 5문단에 따르면 싱어는 어떤 존재가 이익, 즉 이해관계를 갖기 위해서는 기본적으로 고통과 쾌락을 느낄 수 있는 능력을 갖고 있어야 하며, 그 능력을 가진 존재는 이해관계를 가진 존재이기 때문에 평등한 도덕적 고려의 대상이 된다고 보았다. 또한 〈보기〉에 따르면 갑은 고통을 느끼는 능력과 도덕적 능력을 회복 불가능하게 상실하였다. 따라서 싱어는 고통을 느끼는 능력을 영구히 상실한 갑에 대해 ①의 진술처럼 도덕적 고려의 대상이 아니라고 생각할 것이다.

② 5문단에 따르면 싱어는 고통과 쾌락을 느낄 수 있는 능력을 가진 존재는 이해관계를 가지고 있으므로 평등한 도덕적 고려의 대상이 된다고 보았으며, 이때 이해관계가 강한 존재를 더 대우하는 것이 가능하다. 또한 〈보기〉에 따르면 을은 고통을 느낄 수 있다. 즉, 싱어는 을이 평등한 도덕적 고려의 대상이 된다고 볼 것이다. 따라서 ②의 진술처럼 싱어는 도덕적 능력이 있는 사람보다 더 고통을 느끼는 을이 더 대우를 받아야 한다고 생각할 것이다.

③ 5문단에 따르면 싱어는 태어날 때부터 도덕적인 능력을 가지고 있지 않거나 영구적으로 상실한 사람은 도덕적 지위를 가지지 못한다는 롤스의 주장은 통상적인 평등 개념과 어긋난다고 비판한다. 또한 〈보기〉에 따르면 을은 도덕적 능력을 선천적으로 결여했지만 고통을 느낄 수 있다. 그러므로 롤스의 입장에서는 을이 도덕적 고려의 대상임을 설명할 수 없지만, 싱어의 입장에서는 을이 고통을 느낄 수 있는 능력을 가지고 있는 존재이기 때문에 도덕적 고려의 대상이 될 수 있다. 따라서 싱어는 도덕적 고려의 대상이 될 수 있는 을이 ③의 진술처럼 통상적인 평등 개념에 부합한다고 생각할 것이다.

⑤ 5문단에 따르면 롤스는 도덕적인 능력을 태어날 때부터 가지고 있지 않거나 영구적으로 상실한 사람은 도덕적 지위를 가지고 있지 못하다고 보았는데, 이러한 점을 두고 싱어는 통상적인 평등 개념과 어긋난다고 비판했다. 또한 〈보기〉에 따르면 갑은 고통을 느끼는 능력과 도덕적 능력을 영구히 잃었으며, 을은 도덕적 능력을 선천적으로 결여했지만 고통을 느낄 수 있다. 즉, 롤스의 입장에서 갑은 도덕적 능력을 영구히 잃었기 때문에, 을은 도덕적 능력을 선천적으로 결여했기 때문에 도덕적 인격임을 설명할 수 없다. 따라서 싱어는 ⑤의 진술처럼 롤스의 입장에서는 갑과 을에 대해 도덕적 인격임을 설명하지 못할 것이라고 생각할 것이다.

[풀이 포인트]

추리적 사고 능력을 검증하는 문제로, 제시문에 나타난 개념의 작용 원리들을 정확하게 이해하고 선택지에 적용해 선택지의 옳고 그름을 추리할 수 있는지 묻고 있다. 따라서 제시문의 내용 중에서 선택지와 관련한 내용을 확인해 선택지와 대조해야 한다.

[배경지식]

이익 평등 고려의 원칙
호주의 윤리철학자 싱어가 제시한 원칙으로서, 고통과 쾌락을 느끼는 모든 존재의 이익을 평등하게 고려해야 한다는 원칙이다. 동물은 인간과 평등한 도덕적 지위를 가지므로 인간은 동물을 도덕적으로 배려할 의무가 있다고 보는 것으로서, 인간 중심주의 윤리를 비판하면서 도덕적 고려의 범위를 동물까지 넓혀야 한다고 주장한다. 즉, 도덕적 고려의 기준은 '고통과 쾌락을 느끼는 능력이 있는가'이며, 동물도 고통과 쾌락을 느끼므로 인간과 평등한 도덕적 지위를 갖는다고 보고 동물을 고통으로부터 해방시켜야 한다고 주장한다. 또한 고통과 쾌락에 관련한 이익은 평등하게 고려해야 한다는 공리주의의 관점에 입각해 동물과 인간의 이익을 평등하게 고려해야 한다고 주장한다.

[06~07] 지문 분석

• 주제 : 현대 국어의 일관되지 않은 현상에 대한 국어사적 사실을 통한 이해
• 핵심 키워드 : 현대 국어, 합성어, 'ㄹ' 탈락, 호전 작용, 중세 국어, 관형격 조사, 근대 국어
• 글의 구조
  ▷ 1문단 : 현대 국어의 일관되지 않은 현상을 이해하는 데 도움이 되는 국어사적 사실
   – 국어사적 사실은 현대 국어의 일관되지 않은 현상을 이해하는 데 도움이 되기도 한다.
   – '발가락, 소나무, 이튿날'에서는 받침 'ㄹ'의 모습이 일관되지 않는 것을 이해하려면 이들 단어의 옛 모습을 알아야 한다.
  ▷ 2문단 : 현대 국어의 규칙만으로는 설명할 수 없는 현대 국어의 일관되지 않은 현상
   – 'ㄹ' 받침의 명사가 결합한 합성어 '발가락, 소나무, 이튿날'에서 받침 'ㄹ'이 탈락하거나 받침 'ㄷ'으로 바뀌는 차이는 왜 나타난 것일까?
   – 이러한 차이는 현대 국어의 규칙만으로는 설명할 수 없다.

PART 1

DAY 01

DAY 02

DAY 03

DAY 04

DAY 05

DAY 06

DAY 07

DAY 08

DAY 09

DAY 10

▷ 3문단 : '발가락'으로 받침 'ㄹ'이 탈락하지 않은 이유
 − 중세 국어의 '밠 가락'에서 'ㅅ'은 관형격 조사이다.
 − 'ㅅ'은 점차 관형격 조사의 기능을 잃고 합성어 내부의 사이시옷으로만 흔적이 남게 됨에 따라 '발가락'이 되었다.

▷ 4문단 : '소나무'로 받침 'ㄹ'이 탈락한 이유
 − 중세 국어의 '소나모'는 '솔'에 '나모(나무)'가 결합하고 'ㄹ'이 탈락한 것이다.
 − 중세 국어에서는 '명사＋명사'의 합성어에서 'ㄴ, ㄷ, ㅅ, ㅈ' 등으로 시작하는 명사 앞에서 받침 'ㄹ'이 탈락하는 규칙이 있었다.

▷ 5문단 : '이튿날'로 받침 'ㄹ'이 받침 'ㄷ'으로 바뀐 이유
 − 중세 국어의 '이틄 날'에서 'ㅅ'은 관형격 조사이며, '이틄 날'은 '이틋 날'로도 나타났다.
 − '이틄날'은 근대 국어에서 'ㄹ'이 탈락한 합성어 '이틋날'로 굳어졌으며, 'ㅅ'이 관형격 조사의 기능을 잃어 가고, 받침 'ㅅ'과 'ㄷ'의 발음이 구분되지 않았다.
 − 이에 따라 끝소리가 'ㄹ'인 말과 딴 말이 어울릴 적에 'ㄹ' 소리가 'ㄷ' 소리로 나는 것은 'ㄷ'으로 적는다는 〈한글 맞춤법〉의 규정에 따라 '이튿날'로 적게 되었다.
 − 그러나 이때의 'ㄷ'은 'ㄹ'이 변한 것으로 설명되지 않으므로 'ㅅ'으로 적는 것이 국어의 변화 과정을 고려한 관점에 부합한다고 할 수 있다.

06 추론하기 [정답] ②

㉠ 발가락(발＋가락) : 'ㄹ'로 끝나는 명사가 다른 말과 어울려 합성어를 이룰 때 'ㄹ'이 탈락하지 않고 유지된 사례이다. 〈보기〉의 단어 중에서 '발가락'처럼 'ㄹ'이 유지된 것은 '쌀가루(쌀＋가루)'와 '솔방울(솔＋방울)'이다. 각 단어의 변화를 살펴보면 '쌀가루'는 '발ᄀᆞ른(15세기) → 뿔ᄀᆞ른(16세기) → 쌀가루(19세기) → 쌀가루(현대 국어)'이고, '솔방올'은 '솗바올(15세기) → 솔방올(17세기) → 솔방울(현대 국어)'이다.

㉡ 소나무(솔＋나무) : 'ㄹ'이 탈락한 사례이다. 〈보기〉의 단어 중에서 '소나무'처럼 'ㄹ'이 탈락한 것은 '무술(물＋술)'과 '푸나무(풀＋나무)'이다. '무술'은 제사 때 술 대신에 쓰는 맑은 찬물을 뜻하며, '푸나무'는 풀과 나무를 아울러 이르는 말이다. '무술, 푸나무' 등은 끝소리가 'ㄹ'인 말과 딴 말이 어울릴 적에 'ㄹ' 소리가 나지 아니하는 것은 아니 나는 대로 적는다는 〈한글 맞춤법〉 제28항을 따른 것이다. 'ㄹ' 받침을 가진 말이 합성어나 파생어를 형성할 때 'ㄹ' 받침이 발음되지 않게 바뀐 경우에는 바뀐 대로 적는데, 역사적으로 'ㄹ'은 'ㄴ, ㄷ, ㅅ, ㅈ' 앞에서 탈락하는 일이 적지 않았기 때문이다.

㉢ 이튿날(이틀＋날) : 'ㄹ'이 'ㄷ'으로 바뀐 사례이다. 〈보기〉의 단어 중에서 '이튿날'처럼 'ㄹ'이 'ㄷ'으로 바뀐 것은 '섣달(설＋달)'이다. 단어의 변화를 살펴보면 '섯ᄃᆞᆯ(15세기～19세기) → 섣ᄃᆞᆯ(17세기) → 섣달(18세기 이후)'이다. 이때 '섯ᄃᆞᆯ'은 '설'의 받침 'ㄹ'이 탈락하고 관형격 조사 'ㅅ'이 남으면서 발음상 'ㄷ'으로 바뀌어 정착된 것이다.

[오답분석]

낟알(낟＋알) : '낟'은 곡식의 알을 뜻하며, 문헌을 살펴보면 15세기 이후 현개 국어에 이르기까지 '낟'으로 표기되고 있다. 따라서 '낟알'은 끝소리가 'ㄹ'인 명사가 합성어를 이룬 사례에 해당하지 않는다.

[풀이 포인트]

추리적 사고 능력을 검증하는 문제로, 새롭게 〈보기〉에서 제시된 구체적 사례 중에서 제시문에 주어진 정보 또는 원리가 적용된 것을 찾을 수 있는지 묻고 있다. 따라서 제시문에 나타난 정보 또는 원리들을 정확하게 이해하고 〈보기〉에 적용해 선택지의 적절성을 판단할 수 있어야 한다.

⊕ 배경지식

'ㄹ' 탈락과 호전 작용

• 'ㄹ' 탈락 : 어간 말에 위치한 'ㄹ'이 'ㄴ, ㅅ' 등과 같은 자음 앞에서 탈락하는 음운 현상이다. 기저형에 존재하는 'ㄹ'이 음성으로 실현되기 전에 탈락되는 것이다. 합성어나 파생어를 형성할 때나 용언 어간 뒤에 어미가 결합할 때 적용되는 법칙이다. '버들＋나무'가 '버드나무'로 바뀌거나 '알＋느냐'가 '아느냐'로 바뀌는 것이 이에 해당한다.

• 호전 작용 : '이튿날(이틀＋날), 숟가락(술＋가락), 삼짇날(三＋질＋날)'처럼 받침이 'ㄹ'인 단어나 어간이 다른 단어 또는 접미사와 결합할 때 'ㄹ'이 'ㄷ'으로 바뀌어 발음되어 표기에 반영되는 현상을 뜻한다. 이때 호전(互轉)은 한 단어의 어떤 음소가 의미의 분화를 가져옴이 없이 비슷한 다른 음소로 교체되는 것으로서, '님군 → 임금', '올창이 → 올챙이' 등의 변화가 있다.

⑤ 5문단에 따르면 근대 국어로 오면서 'ㅅ'이 관형격 조사의 기능을 잃어 가고, 받침 'ㅅ'과 'ㄷ'의 발음이 구분되지 않게 되었다. 즉, '숟가락'과 '뭇사람'은 '숤'이 '숟'으로, '뭀'이 '뭇'으로 변하는 과정에서 'ㅅ'이 관형격 조사로서의 기능을 잃고 받침 'ㅅ'과 'ㄷ'의 발음이 구분되지 않음에 따라 서로 다르게 정착된 것이며, 'ㅅ'의 발음이 서로 달랐던 것은 아니다. 또한 5문단에 따르면 중세 국어 '뭀 사롬'에서 온 '뭇사람'에서처럼 'ㅅ'으로 적는 것이 국어의 변화 과정을 고려한 관점에 부합한다고 할 수 있다. 따라서 '뭀'을 '뭇'으로 표기한 것처럼 '숤'도 '숫'으로 적는 것이 국어의 변화 과정을 고려한 관점에 부합한다고 할 수 있다.

오답분석

① 5문단에 따르면 중세 국어서 '이틀'은 자립 명사이고, 〈보기〉의 "중세 국어의 예"를 분석하면 '술'과 '져' 또한 자립 명사이다. 그러나 현대 국어에서 '술'은 밥 등의 음식물을 숟가락으로 떠 그 분량을 세는 단위를 가리키는 의존 명사이다. 이는 〈보기〉의 "현대 국어의 예"에서 확인할 수 있다. 따라서 ①의 진술처럼 품사에 차이가 있음을 알 수 있다.

② 〈보기〉의 "중세 국어의 예"에서 제시된 '수져'는 숟가락을 뜻하는 '술'에 젓가락을 뜻하는 '져'가 결합될 때 'ㅅ, ㄷ, ㄴ, ㅈ' 앞에 오는 'ㄹ'이 탈락한 것이다. 즉, '술져 → 수져 → 수저'로 변했음을 알 수 있다.

③ 〈보기〉의 "중세 국어의 예"에서 제시된 '숤 귿(숟가락의 끝), 졋 가락 귿(젓가락 끝)'은 모두 관형격 조사 'ㅅ'이 결합되어 '귿'을 수식했음을 알 수 있다.

④ 5문단에 따르면 중세 국어의 '이틄 날, 이틋 날'은 근대 국어에서 'ㄹ'이 탈락한 합성어 '이틋날'로 굳어졌고, 'ㅅ'이 관형격 조사의 기능을 잃어 가고 받침 'ㅅ'과 'ㄷ'의 발음이 구분되지 않게 되었다. 이에 따라 〈한글 맞춤법〉에 따라 '이튿날'로 적게 되었다. 그러나 'ㄷ'은 'ㄹ'이 변한 것으로 설명되지 않으므로 '이틋날'을 '이튿날'로 적는 것은 국어의 변화 과정을 고려한 관점에 부합하지 않는다고 언급했다. 이러한 관점은 〈보기〉의 "근대 국어의 예"에서 제시된 '숫가락'을 현대 국어에서 '숟가락'으로 적는 것에도 적용된다. '숤 가락'(중세 국어)에서 'ㄹ'이 탈락하고 받침 'ㅅ'의 발음이 받침 'ㄷ'과 구분되지 않기 때문에 'ㄷ'으로 바뀐 것이다.

풀이 포인트

추리적 사고 능력을 검증하는 문제로, 제시문에 나타난 개념과 원리 등의 여러 정보들을 종합한 내용과 함께 추가로 〈보기〉에서 제시된 내용을 바탕으로 선택지의 적절성을 판단할 수 있는지 묻고 있다. 따라서 제시문에서 주어진 정보들을 바탕으로 〈보기〉에서 새롭게 제시된 자료를 분석할 수 있어야 한다. 이를 위해 〈보기〉와 관련한 제시문의 내용을 확인하고 대조함으로써 선택지의 타당성을 검증하는 작업이 필요하다.

⊕ 배경지식

합성어와 관형격 조사

• 합성어 : '집안(집＋안), 돌다리(돌＋다리)'처럼 둘 이상의 실질 형태소가 결합하여 하나의 단어가 된 말을 뜻한다.

• 관형격 조사 : 문장 안에서 앞에 오는 체언이나 체언 구실을 하는 말이 뒤에 오는 체언이나 체언 구실을 하는 말의 관형어임을 보이는 조사를 뜻한다. 이때 관형어는 체언 앞에서 체언의 뜻을 꾸며 주는 구실을 하는 문장 성분으로서, 관형사·체언·체언에 관형격 조사 '의'가 붙은 말, 동사와 형용사의 관형사형, 동사와 형용사의 명사형에 관형격 조사 '의'가 붙은 말 등이 있다.

01	02	03	04	05	06	07	08		
②	①	①	②	⑤	③	②	③		

[01] 지문 분석

- **주제** : 공공 미술의 역사를 설명하는 세 가지 패러다임의 변천과 비교
- **핵심 키워드** : 공공 미술, 패러다임
- **글의 구조**
  - ▷ 1문단 : 공공 미술의 역사를 설명할 수 있는 세 가지 패러다임의 변천
    - 첫 번째 패러다임(공공장소 속의 미술) : 미술 작품을 공공장소에 설치하여 공중이 미술 작품을 접하기 쉽게 한 것
    - 두 번째 패러다임(공공 공간으로서의 미술) : 공공 미술 작품의 사용가치에 주목하고 공중이 공공 미술을 더 가깝게 느끼고 이해할 수 있도록 미술과 실용성 사이의 구분을 완화
    - 세 번째 패러다임(공공의 이익을 위한 미술) : 사회적인 쟁점과 직접적 접점을 만들어냄으로써 사회 정의와 공동체의 통합을 추구
  - ▷ 2문단 : 세 가지 패러다임들의 비교
    - 첫 번째와 두 번째 패러다임은 시각적인 만족을 우선으로 한다는 점에서 '공공장소를 미화하는 미술'이라 부를 수 있다.
    - 세 번째 패러다임은 사회 변화를 위한 공적 관심의 증대를 목표로 하므로 공공적 쟁점에 주목한다는 점에서 '공적인 관심을 증진하는 미술'에 해당한다.

01 일치·불일치   정답 ②

② 2문단에 따르면 '공공장소 속의 미술'과 '공공 공간으로서의 미술'이라는 두 가지 패러다임은 모두 '공공장소를 미화하는 미술'이라 부를 수 있다. 또한 1문단에 따르면 '공공 공간으로서의 미술' 패러다임은 공공 미술 작품의 개별적인 미적 가치보다는 사용가치에 주목하는 것이다. 따라서 ②의 진술처럼 공공 미술 작품의 미적 가치보다 사용가치에 주목하는 시도는 공공장소를 미화하는 미술에 포함된다.

오답분석

① 1문단에 따르면 '사회 정의와 공동체 통합을 추구하는 활동'은 세 번째 패러다임인 '공공의 이익을 위한 미술'이다. 또한 1문단에 따르면 두 번째 패러다임으로 제시된 '공공 공간으로서의 미술'은 미술 작품의 개별적인 미적 가치보다는 사용가치에 주목하며 미술과 실용성 사이의 구분을 완화하려는 것이다. 따라서 ①의 진술은 '공공 공간으로서의 미술'이 아니라 '공공의 이익을 위한 미술' 패러다임에 대한 설명이다.

③ 2문단에 따르면 '공적인 관심을 증진하는 미술'은 공공 공간을 위한 미술이라기보다는 공공적 쟁점에 주목하는 미술로서, 이는 세 번째 패러다임인 '공공의 이익을 위한 미술'의 특징이다. 또한 1문단에 따르면 두 번째 패러다임인 '공공 공간으로서의 미술'은 미술과 실용성 사이의 구분을 완화하려는 시도를 뜻한다. 그리고 ③에서 말하는 '문화 공간을 심미적으로 디자인'하는 활동은 2문단에서 언급한 '공공장소를 미화하는 미술'에 가까우며, 이러한 '공공장소를 미화하는 미술'은 2문단에 따르면 첫 번째(공공장소 속의 미술)와 두 번째 패러다임(공공 공간으로서의 미술)의 공통점이다. 따라서 공적인 관심을 증진하는 미술은 심미적 디자인과 실용성을 통합하는 활동이라는 ③의 진술은 적절하지 않다.

④ 2문단에 따르면 공중 모두에게 공공장소에 대한 보편적인 미적 만족을 제공하려는 활동은 1문단에서 제시한 첫 번째 패러다임 '공공장소 속의 미술'에 대한 설명이다. 또한 2문단에 따르면 사회 변화를 위한 공적 관심의 증대를 목표로 하는 것은 1문단에서 제시한 세 번째 패러다임 '공공의 이익을 위한 미술'에 대한 설명이다. 따라서 첫 번째 패러다임이 공적 관심의 증대를 목표로 한다는 ④의 진술은 적절하지 않다.

⑤ 1문단에 따르면 첫 번째 패러다임 '공공장소 속의 미술'은 미술관이나 갤러리에서 볼 수 있었던 미술 작품을 공공장소에 설치하여 공중이 미술 작품을 접하기 쉽게 한 것이다. 또한 세 번째 패러다임 '공공의 이익을 위한 미술'은 사회적인 쟁점과 직접적 접점을 만들어냄으로써 사회 정의와 공동체의 통합을 추구하는 활동이며, 2문단에 따르면 세 번째 패러다임은 공공 공간을 위한 미술이라기보다는 공공적 쟁점에 주목하는 미술이다. 따라서 세 번째 패러다임은 작품이 존재하는 장소를 미술관에서 공공장소로 확대하는 활동이라는 ⑤의 진술은 적절하지 않다.

안심Touch

[02] 지문 분석

• 주제 : 조선 시대에 젊은이를 가리키는 여러 말들의 다양한 의미

• 핵심 키워드 : 소년, 약년, 자제, 청년

• 글의 구조

▷ 1문단 : 조선 시대에 젊은이를 가리키는 다양한 표현
  – 젊은이를 가리키는 말로 조선 시대에는 다양한 표현이 사용되었다.
  – 소년과 자제를 가장 흔히 사용했으며, 약년·청년도 간혹 쓰였다.
  – 약년은 스무 살 즈음을 칭하는 표현이지만, 훨씬 더 어린 나이(8세)에도 사용되었다.

▷ 2문단 : 조선 후기 일반적으로 쓰인 '소년'
  – 조선 후기에는 젊은이를 일반적으로 소년이라고 하였는데, 아이(최대 15세)와 구분되는 젊은이를 소년이라고 부르는 것이 일반적이었다.

▷ 3문단 : 연령 중심의 지칭인 '소년'과 '다음 세대'라는 의미로 사용된 '자제'
  – 소년이 상대적으로 젊은 사람을 뜻하는 경우도 많았으며, 40대~50대라도 상대에 따라 젊은 사람으로 표현되기도 했다.
  – 소년이 연령 중심의 지칭이었음에 비해, 자제는 연장자가 이끌고 가르쳐서 그 뒤를 이어가게 하는 '다음 세대'라는 의미로 사용되었다.

– 일반적으로 자제는 특정한 신분에 있는 각 가문의 젊은 세대라는 의미로 통했으며, 자제가 소년보다는 가문의 지체나 신분을 반영하므로 교육과 인재 양성면에서 젊은이를 칭할 때는 거의 자제라고 표현하였다.

▷ 4문단 : 성숙하지 못함, 치기에서 벗어나지 못함을 뜻한 '소년'
  – 소년은 미숙한 나이, 치기에서 벗어나지 못한 어린 또는 젊은 사람이라는 의미를 가지는 경우도 많았으며, 나이가 적고 젊다는 것은 부박하고 상황의 판단이 아직 충분히 노련하지 못하다는 의미로 사용되었다.
  – 자제 역시 어른 세대에게 가르침을 받아야 하는, 아직 미숙한 존재로 인식되었다.

▷ 5문단 : 늙은이가 과거를 회상하는 표현으로 사용된 '청년'
  – 청년은 노년과 짝을 이루어 늙은이가 과거를 회상하는 표현으로 사용될 때가 많았다.

---

02 일치·불일치 　　　　　　　　　**정답** ①

① 2문단에 따르면 전통 사회의 '소년'은 나이가 적은 자, 즉 젊은이를 의미하는 말이었으며, 아이(최대 15세)와 구분되는 젊은이를 소년이라고 부르는 것이 일반적이었다. 즉, 3문단의 진술처럼 '소년'은 장년, 노년과 구분되는 연령 중심의 지칭이었다. 또한 3문단에 따르면 연장자가 이끌고 가르쳐서 그 뒤를 이어가게 하는 '다음 세대'라는 의미로 사용된 '자제'는 막연한 후손이라는 의미보다는 특정한 신분에 있는 각 가문의 젊은 세대라는 의미로, 소년보다는 가문의 지체나 신분을 반영하는 지칭이었다. 즉, '소년'이 연령(나이)을 중요하게 여긴 표현이라면, '자제'는 신분과 가문을 중요하게 여긴 표현이었음을 알 수 있다. 따라서 ①의 진술처럼 연령으로는 '소년'에 해당하지만 신분과 가문으로는 '자제'에 해당하지 않는 젊은이들이 있었을 것이다.

오답분석

② 1문단에 따르면 조선 시대에 젊은이를 가리키는 말로 '소년·약년·자제·청년' 등이 있으며, 5문단까지 각 단어들의 의미를 설명하고 있다. 또한 4문단에 따르면 '소년'은 성숙하지 못한 나이, 다소간 치기에서 벗어나지 못한 사람 등 부박하고(＝천박하고 경솔하고) 상황의 판단이 아직 충분히 노련하지 못하다는 의미로 사용되었다. 그리고 '자제'는 어른 세대에게 가르침을 받아야 하는 아직 미숙한 존재로 인식되었다. 즉, '소년'과 '자제'에는 다소 부정적인 의미가 담겨 있었음을 알 수 있다. 또한 5문단에 따르면 '청년'은 '노년'과 짝을 이루어 늙은이가 과거를 회상하는 표현으로 사용되는 경우가 많았다. 그러나 ②의 진술처럼 '청년'이 가장 부정적으로 쓰였는지는 제시문의 내용만으로는 알 수 없다.

③ 1문단에 따르면 '약년'은 스무 살 즈음을 칭하는 표현으로서, 훨씬 더 어린 나이(만 8세)에도 사용되었다. 또한 4문단에 따르면 '소년'은 아직 충분히 노련하지 못하다는 의미로 사용되었다. 따라서 ③의 진술처럼 '약년'이 충분히 노련하지 못한 어른을 지칭했다고 볼 수 없다.

④ 1문단에 따르면 '약년'은 스무 살 즈음을 칭하는 표현이며, 2문단에 따르면 '소년'은 나이가 적은 자로서 아이와 구분되는 젊은이를 뜻한다. 또한 4문단에 따르면 '자제'는 특정한 신분에 있는 각 가문의 젊은 세대라는 의미로 통하였다. 따라서 ④의 진술처럼 '약년'이 '소년'과 '자제'의 의미를 포괄한다고 볼 수 없다.

⑤ 3문단에 따르면 '자제'는 특정한 신분에 있는 각 가문의 젊은 세대를 뜻하며, 4문단에 따르면 '자제'는 어른 세대에게 가르침을 받아야 하는 아직 미숙한 존재로 인식되었다. 따라서 명문가의 후손을 '자제'라고 불렀을 수는 있겠으나, ⑤의 진술처럼 높여서 부르는 말이라고 볼 수 없다.

풀이 포인트
사실적 사고 능력을 검증하는 문제로, 특정 개념과 관련한 세부 정보를 정확하게 이해하는지 묻고 있다. 따라서 질문의 대상이 되는 특정 용어, 개념 등을 정리할 수 있도록 제시문에서 그 용어, 개념 등을 설명하는 문단을 집중해 읽으며 필요한 내용을 파악한다.

⊕ 배경지식
소년, 약년, 자제, 청년
• 소년(少年) : 아직 완전히 성숙하지 않은 어린 사내아이, 젊은 나이의 사람. 〈소년법〉에서 19세 미만인 사람을 이르는 말
• 약년(弱年) : 젊은 나이
• 자제(子弟) : 남을 높여 그 집안의 젊은이를 이르는 말
• 청년(靑年) : 신체적·정신적으로 한창 성장하거나 무르익은 시기에 있는 사람

[03~05] 지문 분석
• 주제 : 형법을 자의적으로 적용함에 따라 나타나는 여러 가지 폐단에 대한 비판
• 핵심 키워드 : 오형(五刑), 유배형, 속전(贖錢), 육형(肉刑), 흠휼(欽恤)
• 글의 구조
  ▷ 1문단 : 상고 시대 법의 적용
    – 중죄 : 오형으로 처벌했으며, 정상이 애처롭거나 신분과 공로가 높은 경우에는 예외적으로 오형 대신 유배형을 적용했다.
    – 경죄 : 채찍과 회초리로 처벌했으며, 따져볼 여지가 있는 경우에는 속전할 수 있다.
    – 과실 : 유배나 속전할 것 없이 처벌하지 않았다.
    – 배경을 믿고 저지른 범행, 재범 : 유배나 속전할 사유에 해당해도 형을 집행했다.
  ▷ 2문단 : 형법의 역할과 지금의 법
    – 형법은 교화를 돕는 수단이었고, 백성들이 그른 짓을 하지 않도록 역할을 해 왔다.
    – 지금의 법은 유배형과 노역형이 간악한 이를 효과적으로 막지 못하고 있다.
    – 유배형과 노역형보다 더 무거운 형벌로 과도하게 적용하면 죽이지 않아도 될 범죄자를 죽일 수 있으므로 의형·비형을 적용해 목숨은 보전될 수 있게 해야 한다.
  ▷ 3문단 : 지금의 형벌 집행의 모습 지적
    – 지금은 살인과 상해에 대해 속전할 수 있게 해 재물 있는 이들이 사람을 죽이거나 다치게 하도록 만든다.
    – 변방으로의 유배를 집행하는 것이 죄인과 유가족을 모두 보전하는 일이다.
    – 선왕들이 중죄인을 잔혹하게 처벌한 것은 그 죄인도 피해자에게 잔혹히 했기 때문이므로 그 형벌의 시행은 마땅히 해야 할 일을 집행한 것이다.
  ▷ 4문단 : 중죄를 속전할 수 있게 할 경우의 부작용
    – 중죄를 속전할 수 있게 하면 부자들은 처벌을 면하고 가난한 이들만 형벌을 받을 것이다.
  ▷ 5문단 : 지금의 사법기관의 문제
    – 응보에 따른 화복(禍福)을 잘못 이해한 지금의 사법기관은 죄의 적용을 자의적으로 하는 경향이 있다. 죄 없는 이가 억울함을 풀지 못하고 죄 지은 자가 도리어 풀려나게 하는 것은 악을 행하는 일일 뿐이다.
    – 지금의 사법들은 흠휼(欽恤)이 사람의 죄를 관대하게 다루어 법 적용을 벗어나도록 해 주는 것이라고 잘못 이해하고 있다. 이러한 불합리한 감형은 흠휼이 아니다.
  ▷ 6문단 : 법관이 마땅히 갖추어야 할 자세
    – 무고한 자가 살해되었을 경우에 법관은 더는 의심의 여지가 없도록 자세히 조사해 반드시 목숨으로 갚게 해야 한다.
  ▷ 7문단 : 형법의 자의적인 적용으로 인해 나타나는 현재의 폐단
    – 죄인이 벌을 받지 않고, 선량한 백성들은 자의적인 형벌의 적용을 면치 못한다.
    – 강자에게는 법을 적용하지 않고 약자에게는 잔인하게 적용한다.
    – 간사한 관리들이 법조문을 농락하고 기회를 잡아 장사한다.

03 일치·불일치   정답 ①

① 2문단에 따르면 형법은 교화를 돕는 수단이었고, 백성들이 그른 짓을 하지 않도록 역할을 해 왔다. 그리고 7문단에 따르면 글쓴이는 지금은 교화가 쇠퇴해 인심이 거짓을 일삼으며, 저마다 자신의 잇속만 챙기면서 풍속도 모두 무너졌다고 주장한다. 그러므로 글쓴이는 교화를 중시하고 있음을 알 수 있다. 또한 2문단에 따르면 무거운 형벌로 과도하게 적용하면 죽지 않아도 될 범죄자를 죽일 수 있어 적당하지 않다. 따라서 글쓴이는 형벌의 과도한 적용을 삼가야 한다고 생각하고 있음을 알 수 있다.

오답분석

② 3문단에 따르면 글쓴이는 살인에 대하여 속전할 수 있게 하는 것은 재물 있는 이들이 사람을 죽이게 하도록 만드는 것이므로 무고한 피해자에게는 큰 불행이며, 변방으로의 유배를 그대로 집행하는 것이 살인자와 유가족을 모두 보전하는 일이라고 주장한다. 따라서 글쓴이는 살인자가 유배되는 일은 없어야 한다고 주장한다는 ②의 진술은 적절하지 않다.

③ 6문단에 따르면 인명은 지극히 중한 것이므로 무고한 사람이 살해되었다면 법관은 마땅히 자세히 살피고 분명히 조사해 더는 의심의 여지가 없게 해야 하며, 반드시 목숨으로 갚도록 해야 한다. 따라서 글쓴이는 사형제의 폐지에 찬성한다는 ③의 진술은 적절하지 않다.

④ 5문단에 따르면 글쓴이는 지금의 사법기관은 응보에 따라 화복(禍福)이 이루어진다는 말을 잘못 알고서, 죄의 적용을 자의적으로 하기 때문에 죄 없는 이가 억울함을 풀지 못하고 죄 지은 자가 도리어 풀려나게 하는 악을 행하고 있다고 비판한다. 또한 지금의 사법관들이 흠휼(欽恤)을 잘못 이해하여서 죽여야 할 이들을 여러 구실을 들어 대부분 감형되도록 한다. 응보적이지 못한 현실을 비판하며 응보적인 형벌 적용을 찬성하고 있는 것이다. 따라서 글쓴이는 응보적인 경향에 대해 반대한다는 ④의 진술은 적절하지 않다.

⑤ 1문단에 따르면 의형은 죄인의 코를 베어내는 형벌이며, 2문단에 따르면 글쓴이는 유배형과 노역형이 간악한 이를 효과적으로 막지 못한다고 해서 그보다 더 무거운 형벌로 과도하게 적용하면 죽지 않아도 될 범죄자를 죽일 수 있어 적당하지 않으므로 의형, 비형을 적용하는 것이 합당하다고 주장한다. 또한 6문단에 따르면 글쓴이는 무고한 사람이 살해되었다면 반드시 목숨으로 갚아야 한다고 주장한다. 글쓴이는 살인죄에 대해서는 사형이 합당하다고 주장하며, 무고한 사람을 죽인 자에 대해서 의형이 합당하다고 주장하지 않는 것이다. 따라서 글쓴이는 의형은 합당한 처벌이라고 본다는 ⑤의 진술은 적절하지 않다.

⊕ 배경지식

오형(五刑)
중국에서 시행되던 다섯 가지 형벌로서, 죄인의 이마나 팔뚝에 먹줄로 죄명을 써넣던 묵형(墨刑), 죄인의 코를 베는 의형(劓刑), 팔꿈치를 베는 비형(剕刑), 생식기를 베는 궁형(宮刑), 목을 베는 대벽(大辟) 등이 있다. 참고로 조선에서 행해지던 오형은 태형(笞刑), 장형(杖刑), 도형(徒刑), 유형(流刑), 사형(死刑)을 이른다.

04 세부 내용의 이해   정답 ②

② 1문단에 따르면 상고 시대 법에서는 중죄인에 대하여 이마에 글자를 새기고(묵형) 코나 팔꿈치, 생식기를 베어 내고(의형, 비형, 궁형), 죽이는(대벽) 등의 오형(五刑)을 적용했다. 다만 정상이 애처롭거나 신분과 공로가 높은 경우에는 예외적으로 오형 대신 유배형을 적용했다. 따라서 ②의 진술처럼 상고 시대 법에서는 중죄에 대해 죄인의 신체에 처벌을 가하는 육형을 원칙으로 하되, 예외적인 경우에는 유배형을 적용했다.

오답분석

① 1문단에 따르면 상고 시대 법에서는 중죄인에게는 오형을 적용했고, 경죄에 대해서는 채찍이나 회초리를 쳤는데 따져볼 여지가 있는 경우에는 속전(贖錢)할 수 있도록 하였다.

③ 3문단에 따르면 글쓴이는 살인과 상해에 대하여도 속전할 수 있도록 함으로써 폐해가 나타났으므로 살인과 상해를 범한 죄인을 변방으로 유배를 보내는 것이 합당하다고 주장한다. 따라서 유배형도 정식의 형벌이므로 속전의 대상이 되지 않는다는 ③의 진술은 타당하지 않다.

④ 1문단에 따르면 상고 시대 법에서 오형에 해당하지 않는 형벌은 회초리와 채찍 등이다. 또한 5문단에 따르면 글쓴이는 사법기관과 사법관들이 화복(禍福)과 흠휼(欽恤)을 잘못 이해하여서 형벌의 적용을 자의적으로 함으로써 죄 없는 이가 억울함을 풀지 못하고 죄 지은 자가 도리어 풀려나게 되었고, 또한 참형에 해당하는 것이 유배형이 되고, 유배될 것이 노역형이 되고, 노역할 것이 곤장형이 되고, 곤장 맞을 것을 회초리로 맞게 되는 등 불합리한 감형이 나타났다고 주장한다. 따라서 회초리와 채찍은 상고 시대 법이나 지금의 법에서 모두 집행되는 처벌임을 알 수 있다.

PART 1

DAY 01
DAY 02
DAY 03
DAY 04
DAY 05
DAY 06
DAY 07
DAY 08
DAY 09
DAY 10

⑤ 5문단에 따르면 지금의 법에서는 참형(죄인의 목을 베는 형벌)이 집행되었다. 이러한 참형은 상고 시대 법의 대벽과 같은 형벌이다.

> **풀이 포인트**
>
> 사실적 사고 능력을 검증하는 문제로, 제시문의 세부 정보를 정확히 이해하고 있는지를 묻고 있다. 따라서 제시문에 주어진 정보와 선택지를 대조해 선택지의 타당성을 검증한다.

> 🔍 **배경지식**
>
> 육형(肉刑)
> 신체를 손상시키는 형벌로서 묵형(墨刑), 의형(劓刑), 비형(剕刑), 궁형(宮刑), 대벽(大辟) 등을 가리킨다. 육형은 태형(笞刑), 장형(杖刑) 등의 신체형 및 유형(流刑), 도형(徒刑) 등의 자유형(自由刑)과 구별된다. 국가 성장과 사회 발전에 따라 육형보다는 신체형이나 자유형의 비율이 높아졌다.

05 추론하기   정답 ⑤

⑤ 2문단에 따르면 글쓴이는 유배형과 노역형이 간악한 이를 효과적으로 막지 못하고 있다고 해서 그보다 더 무거운 형벌로 과도하게 적용하면 죽지 않아도 될 범죄자를 죽일 수 있어 적당하지 않으므로 예전처럼 의형, 비형을 적용하는 것이 합당하다고 주장한다. 또한 〈보기〉에서는 속전이 육형으로 끊어진 팔꿈치를 다시 붙일 수 없는 참혹함을 받아들이지 못하는 어진 정치에서 비롯한 것이라고 주장한다. 즉, 유배의 효과가 없더라도 잘려나간 신체의 일부를 다시 붙일 수 없는 의형과 비형의 참혹함을 허용할 수 없다고 보는 것이다. 따라서 의형과 비형의 부활에 대해 제시문의 글쓴이는 찬성하지만 〈보기〉의 글쓴이는 반대할 것이다.

오답분석

① 제시문의 글쓴이는 자의적인 집행 때문에 마땅히 처벌을 받아야 할 죄인에게 불합리하게 속전이나 감형이 허용되는 지금의 현실을 비판한다. 또한 〈보기〉의 글쓴이는 부유함으로 처벌을 요행히 면해서는 안 되며, 죽여야 할 사람을 끝없이 살리려고만 하는 것은 덕이 되지 않는다고 주장한다. 따라서 제시문과 〈보기〉의 글쓴이들은 법을 엄격하게 집행해야 한다고 생각할 것이다.

② 5문단에 따르면 흠휼(欽恤)은 죄수를 신중히 살핀다는 뜻으로, 죄 없는 이가 억울함을 풀지 못하고 죄 지은 자가 도리어 풀려나게 하는 것 등을 예방하자는 취지이다. 그런데 지금의 사법관들은 흠휼을 오해해 사람의 죄를 관대하게 다루어 법 적용을 벗어나도록 해 준다고 비판한다. 또한 〈보기〉의 글쓴이는 정황이 의심스럽거나 사면에 해당

하는 경우가 아니라면 부유하다고 해서 속전을 통해 처벌을 요행히 면해서는 안 되며, 흠휼은 한 사람이라도 죄 없는 자를 죽이지 않으려는 것이지 살리기만 좋아하는 것이 아니라고 주장한다. 따라서 제시문과 〈보기〉의 글쓴이들은 속전을 남용하게 된 것은 흠휼의 의미를 오해했기 때문이라고 생각할 것이다.

③ 1문단에 따르면 상고 시대 법에서 중죄인은 오형으로써 처벌했고, 경죄는 채찍이나 회초리를 쳤는데, 따져볼 여지가 있는 경우에는 속전(贖錢)할 수 있도록 하였다. 즉, 속전은 경죄에만 적용할 수 있고, 중죄에는 적용할 수 없었다. 또한 〈보기〉에 따르면 속전은 의심스러운 경우에 적용한 것이지 꼭 가벼운 형벌에만 해당했던 것이 아니다. 즉, 상고 시대 법에서는 중죄인의 경우에도 속전이 가능했을 것이다. 따라서 상고 시대 법에서 중죄인의 속전에 대해 제시문의 글쓴이는 불가능했다고 생각할 것이고, 〈보기〉의 글쓴이는 가능했다고 생각할 것이다.

④ 3문단에 따르면 글쓴이는 지금의 법이 살인과 상해에 대하여도 속전할 수 있도록 하여, 재물 있는 이들이 사람을 죽이거나 다치게 하도록 만든다고 비판하며, 4문단에서는 의심스럽다든가 해서 중죄를 속전할 수 있도록 한다면 부자들은 처벌을 면하고 가난한 이들만 형벌을 받을 것이라고 주장한다. 그러므로 제시문의 글쓴이는 중죄인에 대한 속전 폐지에 찬성할 것이다. 그러나 〈보기〉의 글쓴이는 (육형 집행 이후에 무죄함이 드러났을 때) 육형으로 끊어진 신체의 일부를 다시 붙일 수 없으므로 정황이 의심스럽거나 사면에 해당하는 경우에는 육형 대신에 속전을 시행해야 한다고 주장한다. 따라서 〈보기〉의 글쓴이는 중죄인에 대한 속전 폐지에 반대할 것이다.

> **풀이 포인트**
>
> 추리적 사고 능력을 검증하는 문제로, 제시문과 〈보기〉에 나타난 주요 관점들을 비교해 유사점과 차이점을 추론할 수 있는지 묻고 있다. 따라서 각각의 관점들이 주장하는 논지와 그러한 논지에 대한 근거를 명료하게 정리할 수 있어야 한다.

> 🔍 **배경지식**
>
> 흠휼(欽恤)
> 죄가 없는데도 억울하게 형벌을 받거나 범죄자가 형벌을 피하게 되어 결과적으로 피해자가 억울한 경우가 발생하지 않게 사건의 전말을 신중히 조사하라는 의미이다. 조선의 제22대 임금 정조는 잔인한 고문과 형벌 때문에 피의자의 인권이 침해당하는 것을 예방하기 위해 형구(形具)의 규격과 사용법을 규정한 〈흠휼전칙(欽恤典則)〉을 1778년 1월에 반포했다.

안심Touch

- 주제 : 아리스토텔레스의 목적론의 주요 내용과 의의
- 핵심 키워드 : 아리스토텔레스의 목적론, 물질론, 환원론, 엠페도클레스
- 글의 구조
  ▷ 1문단 : 아리스토텔레스의 목적론 소개
    − 아리스토텔레스의 목적론에 따르면 모든 자연물이 목적을 추구하는 본성을 타고나며, 외적 원인이 아니라 내재적 본성에 따른 운동을 한다.
    − 아리스토텔레스는 자연물은 목적을 실현할 능력도 타고나며, 자연물의 목적은 방해받지 않는 한 반드시 실현될 것이고, 그 본성적 목적의 실현은 운동 주체에 항상 바람직한 결과를 가져온다고 믿었다.
  ▷ 2문단 : 아리스토텔레스의 목적론에 대한 근대 사상가들의 비판
    − 근대에 접어들어 아리스토텔레스의 목적론은 비과학적이라는 이유로 비판을 받았다.
    − 근대 사상가들의 비판은 목적론이 인간 이외의 자연물도 이성을 갖는 것으로 의인화한다는 것이다.
    − 아리스토텔레스는 자연물을 생물과 무생물로, 생물을 식물·동물·인간으로 나누고, 인간만이 이성을 지닌다고 생각했다.
  ▷ 3문단 : 근대의 사상가들의 비판에 대한 일부 현대 학자들의 비판
    − 일부 현대 학자들은 근대 사상가들이 일종의 교조적 믿음에 의존했을 뿐이며, 아리스토텔레스의 목적론을 거부할 충분한 근거를 제시하지 못했다고 비판한다.
    − 볼로틴은 근대 과학이 자연에 목적이 없음을 보이지도 못했고 그렇게 하려는 시도조차 하지 않았다고 비판한다.
    − 우드필드는 목적론의 옳고 그름을 확인할 수 없기 때문에 목적론이 거짓이라 할 수도 없다고 지적한다.
  ▷ 4문단 : 근대의 과학에서 발전한 물질론과 환원론 소개 및 고대에 그와 유사한 주장을 한 엠페도클레스의 견해를 반박한 아리스토텔레스
    − 17세기의 과학은 물질론(＝세상의 모든 것은 물질로만 구성된다)으로 이어졌으며, 물질론 중 일부는 환원론(＝모든 생물학적 과정은 물리·화학 법칙으로 설명된다)으로 이어졌다.
    − (물질론·환원론과 유사한) 엠페도클레스의 견해에 따르면 자연물의 물질적 구성 요소를 알면 그것의 본성을 모두 설명할 수 있다.
    − 엠페도클레스의 견해에 대한 아리스토텔레스의 반박은 자연물이 단순히 물질로만 이루어진 것이 아니며, 그것의 본성이 단순히 물리·화학적으로 환원되지도 않는다는 주장을 내포한다.

  ▷ 5문단 : 아리스토텔레스의 목적론이 갖는 현대적 의의
    − 생명체의 존재 원리와 이유를 정확히 규명하는 과제는 아직 진행 중이다.
    − 아리스토텔레스의 탐구는 자연물이 존재하고 운동하는 원리와 이유를 밝히려는 것이었고, 그의 목적론은 지금까지 이어지는 그러한 탐구의 출발점이다.

06 세부 내용의 이해 정답 ③

③ 1문단에 따르면 아리스토텔레스가 제시한 목적론은 모든 자연물이 목적을 추구하는 본성을 타고나며, 외적 원인이 아니라 내재적 본성에 따른 운동을 한다는 것이며, 그는 자연물이 단순히 목적을 갖는 데 그치는 것이 아니라 목적을 실현할 능력도 타고난다고 믿었다.

오답분석

① 2문단에 따르면 아리스토텔레스는 자연물을 생물과 무생물로, 생물을 식물·동물·인간으로 나누고, 인간만이 이성을 지닌다고 생각했다. 이러한 아리스토텔레스의 생각에 따르면 개미는 인간이 아니므로 이성을 지니지 않는다. 따라서 개미의 본성적 운동은 이성에 의한 것으로 설명된다는 ①의 진술은 적절하지 않다.

② 1문단에 따르면 아리스토텔레스는 자연물의 본성적 목적의 실현은 운동 주체에 항상 바람직한 결과를 가져온다고 믿었다. 따라서 자연물의 목적 실현은 그 자연물에 해가 될 때도 있다는 ②의 진술은 적절하지 않다.

④ 1문단에 따르면 아리스토텔레스는 모든 자연물이 목적을 추구하는 본성을 타고나며, 외적 원인이 아니라 내재적 본성에 따른 운동을 한다고 생각했다. 즉, 낙엽 또한 자연물이므로 아리스토텔레스의 입장에서는 낙엽은 본성적 목적을 타고난다. 따라서 낙엽의 운동은 본성적 목적 개념으로는 설명되지 않는다는 ④의 진술은 적절하지 않다.

⑤ 1문단에 따르면 아리스토텔레스는 모든 자연물이 목적을 추구하는 본성을 타고나며, 외적 원인이 아니라 내재적 본성에 따른 운동을 한다는 목적론을 제시한다. 따라서 자연물의 본성적 운동은 외적 원인에 의해 야기되기도 한다는 ⑤의 진술은 적절하지 않다.

풀이 포인트

사실적 사고 능력을 검증하는 문제로, 제시문의 세부 정보를 정확히 파악할 수 있는가를 묻고 있다. 따라서 제시문에 주어진 정보를 토대로 선택지의 내용이 적절한지 또는 적절하지 못한지 판단할 수 있어야 한다.

➕ 배경지식

아리스토텔레스(Aristoteles)와 목적론

- **아리스토텔레스** : 고대 그리스(기원전 384 ~ 322)의 철학자이다. 소요학파의 창시자이며, 고대에 있어서 최대의 학문적 체계를 세웠고, 중세의 스콜라 철학을 비롯하여 후세의 학문에 큰 영향을 주었다. 저서에 〈형이상학〉, 〈오르가논(Organon)〉, 〈자연학〉, 〈시학(詩學)〉, 〈정치학〉 등이 있다.
- **목적론** : 모든 사물은 목적에 의해 규정되고 목적을 실현하기 위해 존재한다는 이론이다. 즉, 인간의 의식적인 행위는 물론 우주 안에서 발생하는 모든 현상과 사건은 목적에 의해 규정된다는 가정에 바탕을 두는 사고방식이다.

07 세부 내용의 이해   정답 ②

② 2문단에 따르면 갈릴레이는 목적론적 설명이 과학적 설명으로 사용될 수 없다고 주장하며 아리스토텔레스의 목적론을 비판했다. 또한 3문단에 따르면 우드필드는 목적론적 설명이 과학적 설명은 아니지만, 목적론의 옳고 그름을 확인할 수 없기 때문에 목적론이 거짓이라 할 수도 없다고 지적했다. 따라서 두 사람 모두 ②의 진술처럼 목적론적 설명은 과학적 설명이 아니라고 생각했음을 알 수 있다.

오답분석

① 2문단에 따르면 갈릴레이는 모든 사물이 생명력을 갖지 않는 일종의 기계라는 견해(=기계론적 모형)에 입각해 목적론적 설명이 과학적 설명으로 사용될 수 없다며 아리스토텔레스의 목적론을 비판했다. 또한 3문단에 따르면 근대 사상가들이 당시 과학에 기초한 기계론적 모형이 더 설득력을 갖는다는 일종의 교조적 믿음에 의존했을 뿐, 아리스토텔레스의 목적론을 거부할 충분한 근거를 제시하지 못했다고 비판하는 견해에 입각해 볼로틴은 근대 과학이 자연에 목적이 없음을 보이지도 못했고 그렇게 하려는 시도조차 하지 않았다고 지적했다. 따라서 갈릴레이와 볼로틴은 목적론이 근대 과학에 기초한 기계론적 모형이라고 비판했다는 ①의 진술은 타당하지 않다.

③ 2문단에 따르면 근대의 사상가인 베이컨은 목적에 대한 탐구가 과학에 무익하다고 평가하며 아리스토텔레스의 목적론을 비판했다. 또한 3문단에 따르면 일부 현대 학자들은, 근대 사상가들이 당시 과학에 기초한 기계론적 모형이 더 설득력을 갖는다는 일종의 교조적 믿음에 의존했을 뿐, 아리스토텔레스의 목적론을 거부할 충분한 근거를 제시하지 못했다고 비판했다. 이런 맥락에서 우드필드는 목적론적 설명이 과학적 설명은 아니지만, 목적론의 옳고 그름을 확인할 수 없기 때문에 목적론이 거짓이라 할 수도 없다고 지적함으로써 아리스토텔레스의 목적론을 비판한 근대 사상가들을 반박했다. 즉, 현대 일부 학자들은 아리스토텔

레스의 목적론을 비판한 베이컨 등의 근대 사상가들이 교조적 신념에 의존했다고 비판한 것이다. 따라서 베이컨과 우드필드가 아리스토텔레스의 목적론적 설명이 교조적 신념에 의존했다고 비판했다는 ③의 진술은 타당하지 않다.

④ 2문단에 따르면 근대 사상가인 스피노자는 아리스토텔레스의 목적론이 자연에 대한 이해를 왜곡한다고 비판했다. 또한 3문단에 따르면 볼로틴은 근대 과학이 자연에 목적이 없음을 보이지도 못했고 그렇게 하려는 시도조차 하지 않았다고 지적함으로써 아리스토텔레스의 목적론에 대한 근대 사상가들의 비판을 반박했다. 따라서 스피노자와 볼로틴은 목적론이 자연에 대한 이해를 확장한다고 주장하지 않았으므로 ④의 진술은 타당하지 않다.

⑤ 2문단에 따르면 아리스토텔레스의 목적론에 대한 갈릴레이, 베이컨, 스피노자 등 근대 사상가들의 비판은 목적론이 인간 이외의 자연물도 이성을 갖는 것으로 의인화한다는 것이다. 또한 3문단에 따르면 우드필드는 목적론적 설명이 과학적 설명은 아니지만, 목적론의 옳고 그름을 확인할 수 없기 때문에 목적론이 거짓이라 할 수도 없다고 지적함으로써 목적론에 대한 근대 사상가들의 비판을 반박했다. 따라서 우드필드는 목적론이 사물을 의인화하기 때문에 거짓이라고 주장했다는 ⑤의 진술은 타당하지 않다.

풀이 포인트

사실적 사고 능력을 검증하는 문제로, 제시문에 드러난 세부 정보를 정확히 이해하고 있는지를 묻고 있다. 특정 대상을 둘러싸고 대립을 이루는 비판과 옹호의 양론이 각각 주장하는 내용을 정확히 파악해 정리해야 한다. 이를 토대로 제시문에 주어진 정보와 선택지를 대조해 선택지의 타당성을 검증할 수 있어야 한다.

③ 4문단에 따르면 엠페도클레스는 자연물의 물질적 요소에 관한 지식만으로 자연물의 본성을 모두 설명할 수 있다고 보았지만, 이와 반대로 아리스토텔레스는 자연물이 단순히 물로만 이루어진 것이 아니며, 그것의 본성이 단순히 물리·화학적으로 환원되지도 않기 때문에 물질적 요소에 관한 지식만으로는 자연물의 본성을 모두 설명할 수는 없다고 생각했다. 또한 〈보기〉에 따르면 마이어는 구성 요소에 관한 지식만으로는 예측할 수 없는 특성들이 나타나며, 생명체가 물리·화학적 법칙으로 모두 설명되지는 않는다고 보았다. 따라서 ③의 진술처럼 마이어와 아리스토텔레스는 생명체의 특성들은 구성 요소들에 관한 지식만으로 예측할 수 없다고 볼 것이다.

[오답분석]

① 〈보기〉에 따르면 마이어는 생명체가 물질만으로 구성되지만, 물리·화학적 법칙으로 모두 설명되지는 않는다고 보았다. 즉, 마이어는 4문단에 나타난 생명체를 비롯한 세상의 모든 것이 물질로만 구성된다는 물질론에는 동조하지만, 모든 생물학적 과정이 물리·화학 법칙으로 설명된다는 환원론에는 찬성하지 않는 것이다. 또한 4문단에 따르면 아리스토텔레스는 자연물의 물질적 구성 요소를 알면 그것의 본성을 모두 설명할 수 있다는 엠페도클레스의 견해를 반박했다. 그러므로 자연물의 물질적 구성 요소를 알면 그것의 본성을 모두 설명할 수 있다는 엠페도클레스의 물질론적 견해에 대해 마이어와 아리스토텔레스는 비판적임을 알 수 있다. 따라서 마이어와 아리스토텔레스는 엠페도클레스의 물질론적 견해를 적절하다고 보았다는 ①의 진술은 타당하지 않다.

② 〈보기〉에 따르면 마이어는 생명체가 물질만으로 구성된다고 보았다. 그러나 4문단에 따르면 아리스토텔레스는 자연물이 단순히 물로만 이루어진 것이 아니라고 보았다. 따라서 아리스토텔레스가 자연물이 물질만으로 구성된다는 물질론에 동의했다는 ②의 진술은 타당하지 않다.

④ 〈보기〉에 따르면 마이어는 세포 이상의 단계에서 각 체계의 고유 활동은 미리 정해진 목적을 수행한다고 생각했다. 즉, 모든 자연물이 아니라 생명체가 목적 지향적으로 운동한다고 본 것이다. 또한 1문단에 따르면 아리스토텔레스는 모든 자연물이 목적을 추구하는 본성을 타고나며, 외적 원인이 아니라 내재적 본성에 따른 운동을 한다고 보았다. 따라서 마이어는 모든 자연물이 목적 지향적으로 운동한다고 보았다는 ④의 진술은 타당하지 않다. 또한 아리스토텔레스는 모든 자연물이 목적 지향적으로 운동한다고 보지 않았다는 ④의 진술도 타당하지 않다.

⑤ 〈보기〉에 따르면 마이어는 생명체는 물질만으로 구성되지만, 물리·화학적 법칙으로 모두 설명되지는 않는다고 보았다. 또한 4문단에 따르면 아리스토텔레스는 자연물이 단순히 물질로만 이루어진 것이 아니며, 또한 그것의 본성이 단순히 물리·화학적으로 환원되지도 않는다고 보았다. 즉, 마이어는 물질론을 긍정하고 환원론은 부정했고, 아리스토텔레스는 물질론과 환원론 모두를 부정한 것이다. 따라서 마이어는 모든 자연물의 본성에 대한 물리·화학적 환원을 인정했다는 ⑤의 진술은 타당하지 않다.

[풀이 포인트]

추리적 사고 능력을 검증하는 문제로, 제시문에 나타난 개념과 원리 등의 여러 정보에 근거하여 추가 제시된 〈보기〉를 분석할 수 있는지 묻고 있다. 따라서 〈보기〉의 내용을 정리해 이해한 다음 관련 내용을 제시문에서 찾아 대조함으로써 선택지의 적절성을 검증할 수 있어야 한다.

⊕ 배경지식

엠페도클레스(Empedocles)
고대 그리스(기원전 490? ~ 430?)의 철학자이다. 우주의 만물은 흙·물·공기·불의 네 가지 원소로 이루어지며, 이것들이 사랑과 미움의 힘으로 결합하고 분리하여 여러 가지 사물이 태어나고 멸망한다고 주장하였다.

인문·예술과 관련한 지문 독해 연습하기 DAY **05** 문제편 p.028

맞힌 개수	틀린 개수
개	개

PART 1

DAY 01
DAY 02
DAY 03
DAY 04
DAY 05
DAY 06
DAY 07
DAY 08
DAY 09
DAY 10

01	02	03	04	05	06	07	08	09	
⑤	③	⑤	④	①	②	④	⑤	⑤	

[01~02] 지문 분석

• 주제 : 양적으로 유용성을 고려해 도덕적 옳고 그름을 판단하는 공리주의의 세부 입장들
• 핵심 키워드 : 공리주의, 필요충분조건, 유용성
• 글의 구조
  ▷ 1문단 : 공리주의의 세부 입장으로서 설득력이 없는 X의 입장
    – 공리주의는 행위의 유용성을 평가하여 도덕적 옳고 그름을 판단하려는 입장이다.
    – 양적으로 유용성을 고려해 도덕적 옳고 그름을 판단하는 X의 입장은 도덕적으로 올바른 행위가 무엇인지 판단할 수 없는 상황이 존재하기 때문에 설득력이 없다.
  ▷ 2문단 : X의 입장이 설득력이 없는 예시 분석
    – X의 입장은 A2를 선택하는 것이 올바르다는 것을 보여주지 못한다.
    – A2의 행복의 양은 A1보다 적고, A2의 고통의 양은 A3보다 많아서 A2는 X의 입장을 충족시키지 못한다.
    – 결국 선택지 A1 ~ A3 중 어떤 것을 선택해도 도덕적으로 올바르지 않다.
  ▷ 3문단 : X의 입장의 문제를 해결할 수 있는 방법으로 제시된 Y의 입장
    – Y의 입장에 따르면 행위가 도덕적으로 올바른 것일 필요충분조건은 그 행위가 그 행위자가 선택할 수 있는 다른 모든 행위보다 큰 유용성을 갖는다는 것이며, 여기서 유용성이란 행복의 양에서 고통의 양을 뺀 결과를 나타낸다.
    – Y의 입장에서는 선택지 A1 ~ A3 중에 유용성이 가장 큰 A2를 선택하는 것이 가장 올바르다.
    – X의 입장보다 Y의 입장이 더 낫다고 할 수 있다.

01 추론하기   정답 ⑤

⑤ 1문단에서는 ㉠의 입장은 X의 입장을 받아들일 경우 도덕적으로 올바른 행위가 무엇인지 적절하게 판단할 수 없는 상황이 존재하기 때문에 설득력이 없으며, "예를 들어" 이후에 제시한 예시를 통해 ㉠을 비판한다. 2문단에 따르면 X의 입장은 A2를 선택하는 것이 올바르다는 것을 보여주지 못하는 이유는 A2의 행복의 양은 A1의 행복의 양보다 적고, A2의 고통의 양은 A3의 고통의 양보다 많기 때문이다. 즉, X의 입장에서 어떠한 선택이 올바르다는 것을 입증하려면 행복의 양은 최대이어야 하고 고통의 양은 최소이어야 한다. 또한 ⑤는 행위자가 행한 행위가 다른 모든 행위에 비해 많은 행복을 산출하고 동시에 적은 고통을 산출해야만 그 행위가 도덕적으로 올바르다고 말하고 있다. 이러한 ⑤의 진술은 2문단에서 언급한 "X의 입장을 따를 경우 A1이나 A3도 도덕적으로 올바른 행위가 아니게 된다"는 예시와도 부합한다.

[오답분석]
① · ③ 1문단의 도표에서 제시된 행위 선택지 A1, A2, A3는 모두 행복의 양이 고통의 양보다 많다. 즉, ① · ③의 진술에 따르면 A1, A2, A3는 모두 도덕적으로 옳다. 그러나 2문단에서는 X의 입장은 A2를 선택하는 것이 올바르다는 것을 보여주지 못한다고 했으므로 ① · ③의 진술은 ㉠에 들어갈 내용으로 적절하지 않다.
② 문단의 도표에서 A2는 A3보다 행복의 양이 많고, A1보다 고통의 양이 적다. 즉, ②의 진술에 따르면 A2는 도덕적으로 옳다. 그러나 2문단에서는 X의 입장은 A2를 선택하는 것이 올바르다는 것을 보여주지 못한다고 했으므로 ②의 진술은 ㉠에 들어갈 내용으로 적절하지 않다.
④ 1문단의 도표에서 제시된 A2는 A1보다는 행복의 양이 적고, A3보다는 고통의 양이 많다. 즉, 다른 모든 선택지에 비해 행복의 양이 많거나 고통의 양이 적지 않다. 그래서 2문단의 "X의 입장은 A2를 선택하는 것이 올바르다는 것을 보여주지 못한다"는 언급을 뒷받침할 수 있다. 그런데 ④의 진술에 따르면 다른 모든 선택지에 비해 많은 행복을 산출(=A1)하거나 적은 고통을 산출(=A3)하는 것, 즉 A1과 A3은 모두 도덕적으로 옳게 된다. 따라서 2문단의 "X의 입장을 따를 경우 A1이나 A3도 도덕적으로 올바른 행위가 아니게 된다"는 언급은 뒷받침할 수 없다.

풀이 포인트

비판적 사고 능력을 검증하는 문제로, 선택지가 제시문에 나타난 논지를 반박할 수 있는지 논리적으로 판단을 할 수 있는가를 묻고 있다. 따라서 먼저 제시문의 논지에 대해 정확히 이해한 후에 선택지에 나타난 논지가 제시문의 논지를 논박할 수 있는지 검토해야 한다.

➕ 배경지식

공리주의

최대 다수의 최대 행복을 추구함으로써 이기적 쾌락과 사회 전체의 행복을 조화시키려는 사상으로서, 영국의 벤담(J. Bentham)과 밀(J. S. Mill)에 의하여 대표된다. 어떤 행위의 도덕적 옳고 그름은 그 행위가 인간의 행복과 이익을 증진하는 데 얼마나 기여하는가 하는 유용성과 결과에 따라 결정된다고 보는 공리주의는 쾌락의 계량 가능성을 주장한 벤담의 양적 공리주의와 쾌락의 질적 차이를 인정한 밀의 질적 공리주의로 구분할 수 있다.

풀이 포인트

추리적 사고 능력을 검증하는 문제로, 제시문에 나타난 정보들을 종합해 빈칸의 내용을 추론할 수 있는지 묻고 있다. 이런 유형의 문제를 풀기 위해서는 제시문에서 설명하는 원리들이 어떤 관계를 이루는지 파악하고 정보들을 종합하면서 내용을 구조화해 논리의 흐름을 파악함으로써 제시문의 빈칸에 들어갈 정보를 추리할 수 있어야 한다.

➕ 배경지식

필요충분조건

어떤 명제가 성립하는 데 필요하고 충분한 조건을 뜻한다. 두 개의 명제 'A이면 B이다'와 'B이면 A이다'가 모두 참일 때, A에 대한 B, B에 대한 A를 이르는 말로 명제 A와 명제 B가 근본적으로 같다는 뜻이다.

02 비판하기

정답 ③

• 갑 : 먼저 3문단에 나타난 Y의 입장을 정리해 보자. X의 입장의 한계를 해소하기 위해 제시된 Y의 입장은 다른 모든 행위보다 유용성(=행복의 양−고통의 양)이 가장 큰 어떤 행위가 도덕적으로 올바르다고 본다. 그래서 Y의 입장에서는 유용성이 가장 큰 A2가 가장 도덕적인 선택지가 되며, 어떤 선택지도 택할 수 없는 X의 입장보다는 최선의 선택지를 택할 수 있는 Y의 입장이 더 낫다고 할 수 있다. 〈보기〉의 갑이 제시한 선택지 A1 ~ A3은 모두 유용성이 40으로 같다. 그런데 3문단에 나타난 Y의 입장에서는 유용성이 가장 큰 선택지만 도덕적으로 올바르다. 따라서 갑이 제시한 경우처럼 유용성이 가장 큰 1개의 선택지가 없는 경우에는 Y의 입장은 X의 입장처럼 어떤 선택지를 택해도 도덕적으로 올바르지 않게 된다.

• 을 : 언제나 미처 생각하지 못한 선택지의 유용성이 가장 크다는 을의 주장에 따르면 행위자가 선택한 모든 행위는 가장 큰 유용성을 지니지 못하므로 도덕적으로 올바르지 않은 것이다. 그런데 Y의 입장에 따르면 행위자가 선택할 수 있는 다른 모든 행위보다 큰 유용성을 갖는 행위만이 도덕적으로 올바르다. 다만 Y의 입장에서는 미처 생각하지 못했던 선택지는 선택할 수 없었던 것이나 다름이 없다며 을의 주장을 반박할 수도 있겠지만, 을의 주장처럼 행위자가 선택한 모든 행위가 언제나 다른 모든 행위보다 유용성이 크지 않을 경우에 Y의 입장을 따른다면 도덕적으로 올바른 선택을 한 번도 할 수 없게 된다는 불합리한 결론에 도달하게 된다.

오답분석

• 병 : 병은 유용성이 마이너스 이하의 값인 음수로 나올 경우에는 Y의 입장에서는 어떤 선택지가 도덕적으로 올바른지 판단할 수 없다고 본다. 그러나 선택지들의 유용성이 음수

[03~05] 지문 분석

• 주제 : 이슬람 세계가 제국주의 열강에 맞서 저항할 수 있었던 요인

• 핵심 키워드 : 이슬람, 수피즘, 수니파, 와하비즘, 왈리, 무라비트, 바라카, 마흐디

• 글의 구조
  ▷ 1문단 : 제국주의 침략에 맞서 군사적 저항을 주도한 이슬람 수피 종단
  – 18세기 후반 이후 이슬람 신자들은 제국주의 침략에 맞서 저항하였다.
  – 수피 종단들이 여러 지역에서 군사적 저항을 주도했다.
  ▷ 2문단 : 수피즘이 발생부터 종단을 형성해 동조자를 얻기까지의 과정
  – 신과의 영적 합일을 통한 개인적 구원을 추구한 수피즘은 모든 것을 신께 의탁하며 금욕적으로 살고자 했다.
  – 수피즘의 독특한 신비주의 의식으로 인해 개인적인 영적 도정은 길을 잃을 수도, 자아도취에 빠져 버릴 수도 있었기 때문에 영적 선배들을 스승으로 모시며 맹목적으로 스승을 따라야 했다. 10세기 말 수피 종단은 점차 많은 동조자를 얻었다.

▷ 3문단 : 북아프리카 지역에서 수피 종단들이 외세에 맞서 항쟁할 수 있었던 요인
  - 북아프리카의 수피 종단들은 18세기 이후 강력하게 재조직되었고, 지역 공동체를 형성하는 구심점이 되면서 항쟁에 필요한 기반을 이미 갖추고 있었다.
  - 북아프리카 지역에서 수피즘 지도자들이 외세에 맞서 부족들 간 이견을 봉합하고 결집시킬 수 있었던 요인 중 하나는 종교적 권위였다.
  - 항쟁을 이끌었던 지도자들이 성인으로 존경받은 것은 정치적 권위를 확보하는 데 큰 도움이 되었다.
▷ 4문단 : 성인의 존재를 인정하고 지역 공동체의 중심이 된 수피즘
  - 수니파의 와하비즘은 성인을 인정하지 않고, 알라 외의 신성을 인정하지 않았다.
  - 수피즘에서는 성인(왈리)의 존재를 인정했는데, 성인은 이적을 행할 수 있다고 믿었고, 성인들의 묘소는 순례의 대상이 되었으며, 성인들의 묘소를 중심으로 설립된 수피즘 수도원은 지역 공동체의 중심이 되는 경우가 많았다.
▷ 5문단 : 성인 가문 출신만이 무라비트가 될 수 있었던 북서 아프리카의 수피 종단
  - 북서 아프리카의 수피즘 신자들은 혈통을 중시하는 베르베르 토속 신앙의 영향을 받아 무라비트를 성인으로 숭배했다.
  - 무라비트는 특정 수피 종단을 이끄는 왈리로서, 바라카(신의 은총)를 가졌다고 여겨져 존경을 받았으며, 특정 가문 출신 중 영적으로 선택된 소수만이 무라비트가 될 수 있었다.
▷ 6문단 : 성인 가문 출신이 아니어도 지도자가 될 수 있었던 북동 아프리카의 수피 종단
  - 무함마드 아흐마드는 성인 가문 출신은 아니었지만, 마흐디의 도래에 대한 기대감을 충족시켜 얻은 종교적 권위를 정치적 권위로 전환시킴으로써 북동 아프리카 수단 항쟁의 주역이 되었다.
  - 종교적인 구원자인 동시에 정치적으로는 개혁적 지도자인 마흐디 사상은 민간 신앙에서 비롯된 깃이며, 아흐마드는 자신이 마흐디라고 선언함으로써 여러 수피 종단과 부족 간의 갈등을 수습하여 외세에 맞서는 결속력을 만들었다.
▷ 7문단 : 초국가적 조직망의 형성과 상호 협조를 가능하게 한 형제애
  - 수피즘의 의식에 참여한 이들 사이의 형제애는 초국가적 조직망의 형성과 상호 협조를 가능하게 했다.
  - 영적 권위와 물질적 기반(수도원 중심의 조직)이 어우러져 비폭력 평화주의를 지향하던 종교 집단이 열강에 맞서 오랜 동안 저항할 수 있었다.

03 일치 · 불일치 　　　　　　　정답 ⑤

⑤ 2문단에 따르면 신과의 영적 합일을 통한 개인적 구원을 추구한 수피즘은 이러한 개인적 특성으로 인해 개인이 영적 도정은 길을 잃거나 자아도취에 빠져 버릴 수도 있다는 위험성이 있었기 때문에 영적 선배들을 스승으로 모시고, 스승들을 거의 맹목적으로 따라야 했다. 또한 10세기 말 수피들은 종단을 구성하기 시작했다. 따라서 개인적 구원의 희구와 지도자에 대한 추종 간의 모순 때문에 수피즘이 쇠락하게 되었다고 단정하는 ⑤의 진술은 타당하지 않다.

오답분석

① 2문단에 따르면 북아프리카의 경우 수피 종단들은 18세기 이후 강력하게 재조직되어 선교와 교육기관의 역할을 담당했으며, 알제리 항쟁을 이끌었던 압드 알 카디르가 성인으로 존경받은 것은 정치적 권위를 확보하는 데 큰 도움이 되었다. 또한 6문단에 따르면 수단 항쟁의 주역인 무함마드 아흐마드는 자신이 마흐디라고 선언함으로써 여러 수피 종단과 부족 간의 갈등을 수습하여 외세에 맞서는 결속력을 만들었다.

② 4문단에 따르면 수니파에서 가장 엄격한 와하비즘은 성인을 인정하지 않았고, 예언자 무하마드의 묘소에서 기도하는 것도 알라 외의 신성을 인정하는 것이라고 보아 배격했다. 즉, 오직 알라만의 신성을 인정하는 일신교적 원칙을 고수하는 것이다.

③ 7문단에 따르면 수피즘의 의식에 참여한 이들 간에 생기는 형제애는 초국가적 조직망의 형성과 상호 협조를 가능하게 했다.

④ 2문단에 따르면 수피즘을 따르는 이들인 수피는 속세의 욕심에서 벗어나 모든 것을 신께 의탁하며, 금욕적으로 살고자 했다. 또한 3문단에 따르면 북아프리카의 수피 종단들은 지역 밀착을 통해 생활 공동체를 형성하는 구심점이 되면서 항쟁에 필요한 기반을 이미 갖추고 있었다.

풀이 포인트

사실적 사고 능력을 검증하는 문제로, 제시문에서 설명한 정보와 선택지의 내용이 서로 일치하는지 파악할 수 있는가를 묻고 있다. 따라서 제시문의 각 문단의 핵심 내용을 요약하고 선택지와 관련한 내용을 대조해야 한다.

🔍 배경지식

수피즘과 와하비즘
• 수피즘 : 이슬람교 중에서도 신비주의적 경향을 띤 종파로서, 금욕과 고행을 중시하고 청빈한 생활을 이상으로 삼았다. 이들은 알라와의 합일 경험을 중시하였기 때문에 한때 이슬람 정통 교단으로부터 이단으로 몰리기도 하였다.
• 와하비즘 : 18세기 중엽에 아라비아에서 와하브가 이끌며 발생한 이슬람교의 복고주의 운동으로서, 모든 종파를 반대하고 금욕주의와 초기 이슬람교로의 복귀를 강조했다. 이후에 사우디아라비아의 국교가 되었다.

⑤ 6문단에 따르면 이슬람교에서 마흐디는 종말의 순간 인류를 올바른 길로 인도하고 정의와 평화의 시대를 가져오는 구원자이며, 부정의를 제거하고 신정주의 국가를 건설하는 개혁적 지도자이기도 하다. 또한 당시에 무함마드 아흐마드는 마흐디의 도래에 대한 기대감을 충족시킴으로써 종교적 권위를 얻었고, 그는 자신이 예언자 무하마드의 생애와 사건을 재현하는 존재인 마흐디라고 선언했다. 따라서 ⑤의 진술처럼 당시가 종말의 시대로 여겨지고 있었기에 무함마드 아흐마드가 그러한 종말의 시대를 구원할 종교적 정치적 지도자로 인정받았다고 이해할 수 있다.

오답분석

① 5문단에 따르면 북서 아프리카에서는 특정 가문 출신 중 영적으로 선택된 소수만이 무라비트(성인)가 될 수 있었으며, 대표적인 가문으로는 예언자 무하마드의 후손인 샤리프 가문이 있다. 그러나 6문단에 따르면 북동 아프리카에서는 성인 가문 출신이 아니어도 마흐디로 인정받을 수 있었다. 따라서 ①의 진술에서 무하마드의 후손으로 받아들여지는 구원자는 마흐디가 아니라 무라비트이다.

② 6문단에 따르면 마흐디는 종말의 순간 인류를 올바른 길로 인도하고 정의와 평화의 시대를 가져오는 구원자, 신정주의 국가를 건설하는 개혁적 지도자이다. 또한 무함마드 아흐마드는 자신이 예언자 무하마드의 생애와 사건을 재현하는 존재인 마흐디라고 선언했다. 따라서 신비주의적 의식을 통해 알라와 합일하는 경지에 도달하지 않고도 마흐디로 인정받을 수 있었던 것이다.

③ 6문단에 따르면 마흐디는 종말의 순간 인류를 올바른 길로 인도하고 정의와 평화의 시대를 가져오는 구원자인 동시에 부정의를 제거하고 신정주의 국가를 건설하는 개혁적 지도자이다. 따라서 ③의 진술에서 마흐디는 단순히 군사적 능력을 지닌 지도자가 아니라 종교적·정치적 지도자인 것이다.

④ 6문단에 따르면 마흐디 사상은 민간 신앙에서 출발하여 퍼진 것이었고, 특히 토속 신앙의 영향을 많이 받았던 수피들은 종단 지도자를 마흐디로 쉽게 받아들였다. 따라서 ④의 진술에서 마흐디 사상은 이슬람 경전이 아니라 민간 신앙에서 기원을 찾을 수 있다.

　풀이 포인트

사실적 사고 능력을 검증하는 문제로, 제시문에 나타난 특정 핵심 개념 등과 관련한 구체적 정보를 정확히 이해하고 있으며, 이러한 이해를 바탕으로 선택지의 타당성을 판단할 수 있는지 묻고 있다. 따라서 선택지의 내용이 제시문 중에 분명히 드러나 있지 않더라도 간단한 추리를 통해 도출할 수 있는 것인지 판별할 수 있어야 한다.

　배경지식

마흐디(Mahdi)

'바르게 인도하는 자'라는 뜻으로 이슬람교의 구세주를 가리킨다. 유일신 알라의 사자(使者)로서 마호메트의 유업을 완성하고 불신자를 멸하여 전 인류를 낙원으로 인도한다고 한다. 참고로 국립국어원에서 제시한 바른 외래어 표기는 '마디'이다.

① 5문단에 따르면 북서 아프리카에서 무라비트는 특정 수피 종단을 이끄는 왈리(성인)로서 예언자 무하마드의 후손인 샤리프 가문처럼 특정의 가문 출신 중 영적으로 선택된 소수만이 무라비트가 될 수 있었으며, 무라비트는 신의 은총인 바라카를 가졌다고 여겨져 존경을 받았다. 또한 4문단에 따르면 왈리는 질병과 불임을 치료하고 액운을 막는 등의 이적을 행할 수 있다고 믿었다. 따라서 초월적 능력은 지니지 않아도 무라비트가 될 수 있다는 ①의 진술은 타당하지 않다.

오답분석

② 4문단에 따르면 왈리는 질병과 불임을 치료하고 액운을 막는 등의 이적을 행할 수 있는 등 특별한 능력이 있다고 믿었다. 또한 〈보기〉에 나타난 윌라야 사상에 따르면 왈리는 '알라의 반려자'로서 인류와 알라를 가로막는 욕망에서 초탈한 인물이어서 알라와 인류의 중재자로서 권능을 지닌다고 여겨졌다. 따라서 ②의 진술처럼 왈리가 특별한 초월적 능력이 있다는 믿었던 것은 왈리가 신과 인간 사이의 중재자라고 생각한 윌라야 사상에서 비롯되었다고 추론할 수 있다.

③ 4문단에 따르면 왈리(성인)들의 묘소는 순례의 대상이 되었고, 이를 중심으로 설립된 수피즘 수도원은 지역 공동체의 중심이 되는 경우가 많았다. 또한 〈보기〉에 따르면 왈리는 사후에도 권위가 남아 있었기 때문에 왈리의 묘소는 중립 지대였으며, 적대적 부족들도 함께 모이는 장터 역할도 했다. 따라서 ③의 진술처럼 왈리의 묘소를 중심으로 설립된 수피즘 수도원이 지역 공동체의 중심이 된 것은 왈리가 사후에도 권위를 인정받았기 때문이라고 추론할 수 있다.

④ 3문단에 따르면 북아프리카 수피즘 지도자 중 한 명이었던 압드 알 카디르가 외세에 맞서 부족들 간 이견을 봉합하고 결집시킬 수 있었던 요인 중 하나는 종교적 권위였으며, 성인으로 존경받은 것은 정치적 권위를 확보하는 데 큰 도움이 되었다. 또한 2문단에 따르면 카디르가 종교적 권위를 인정받을 수 있었던 요인은 그가 속세의 욕심에서 벗어나 모든 것을 신께 의탁하며 금욕적으로 살고자 했던 수피즘의 지도인 왈리(성인)였기 때문이다. 〈보기〉에 따르면 성인(왈리)은 인류와 알라를 가로막는 욕망에서 초

탈한 인물이다. 즉, 종교적 성인으로 인정받았기 때문에
정치적 권위도 확보할 수 있었던 것이다. 따라서 ④의 진
술처럼 카디르가 부족 간의 이견을 봉합하고 결집할 수 있
었던 것은 그가 욕망을 초탈한 알리였기 때문이라고 추론
할 수 있다.

⑤ 5문단에 따르면 북서 아프리카의 수피즘 신자들이 성인으
로 숭배하는 무라비트는 바라카(=신의 은총)를 가졌다고
여겨져 존경을 받았으며, 예언자 무함마드의 후손인 샤리
프 가문처럼 특정 가문 출신 중 영적으로 선택된 소수만이
무라비트가 될 수 있었다. 또한 〈보기〉에 따르면 일부 사
람들은 최후의 심판일에 예언자 무함마드가 중재자로서
신도들을 구원할 것이라고 믿었다. 따라서 ⑤의 진술처럼
샤리프 가문이 바라카를 지니고 있다고 인정받았던 것은
그 가문의 선조인 예언자 무함마드가 최후의 심판일에 신
과 인간 사이에서 중재자 역할을 맡을 것이라고 믿었기 때
문이다.

풀이 포인트

추리적 사고 능력을 검증하는 문제로, 제시문에 나타난
여러 정보들을 종합한 내용과 함께 〈보기〉에서 추가로
제시된 내용을 바탕으로 선택지의 적절성 여부를 판단
할 수 있는지 묻고 있다. 따라서 먼저 〈보기〉에서 제시
된 정보와 제시문에 나타난 기존의 정보 등을 선택지와
비교해 판별할 수 있어야 한다.

⊕ 배경지식

이슬람교의 종파
이슬람교의 종파는 대표적인 수니파(Sunni)와 시아파
(Shiah), 그 외에 시아파에서 분리된 여러 소수파로 구
분할 수 있다. 대다수를 이루는 수니파와 시아파로 나뉘
게 된 것은 예언자 무함마드의 사후 그의 계승권 문제에
서 비롯되었다. 정통파로서 순나(Sunnah)를 수호하며
현재 이슬람교도의 대략 85%~90%를 차지하는 수니
파는 첫 4명의 칼리프를 무함마드의 후계자라고 인정한
다. 왜냐하면 신은 예언자 무함마드의 뒤를 이을 지도자
를 특정하지 않았다고 보기 때문이다. 반면에 시아파는
무함마드의 사촌이자 사위인 알리(Ali)가 무함마드의
후계자기 되어 세운 교파이다. 즉, 수니파가 칼리프는
혈통에 관계없이 선출될 수 있다고 본 반면에 시아파는
혈통주의를 주장한 것이다. 이처럼 시아파는 역대의 칼
리프를 정통 후계자로 인정하지 않았기 때문에 수니파
와 대립하여 분리파 또는 이단파로 불리는데, 다시 이
파로부터 여러 극단파가 나왔다. 참고로 사우디아라비
아·이집트·카타르·아랍에미리트 등 슬람 국가의 대
부분은 수니파이고, 이란·이라크·시리아·레바논 등
의 시아파 국가는 상대적으로 소수이다.

[06~09] 지문 분석

• 주제 : 지식의 구분에 대한 논리실증주의자와 포퍼,
콰인의 주장

• 핵심 키워드 : 논리실증주의, 포퍼, 콰인의 총체주의,
분석 명제, 종합 명제, 주변부 지식, 중심부 지식

• 글의 구조
▷ 1문단 : 논리실증주의자와 포퍼의 지식 분류
 – 논리실증주의자와 포퍼는 지식을 경험과 무관한
 것(수학적 지식, 논리학 지식)과 경험에 의존하
 는 것(과학적 지식)으로 구분한다.
 – 과학적 지식은 과학적 방법에 의해 누적된다고
 주장한다.
 – 예측이 맞을 경우에 그 예측을 도출한 가설이 하
 나씩 새로운 지식으로 추가된다고 주장한다.
▷ 2문단 : 콰인의 총체주의
 – 콰인은 가설만 가지고서 예측을 논리적으로 도
 출할 수 없다고 본다. 예측은 가설, 기존의 지식
 들, 여러 조건 등을 모두 합쳐야만 논리적으로
 도출되므로 예측이 거짓이면 정확히 무엇 때문
 에 예측에 실패했는지 알 수 없다는 것이다.
 – 콰인은 개별적인 가설뿐만 아니라 기존의 지식
 들과 여러 조건 등을 모두 포함하는 전체 지식이
 경험을 통한 시험의 대상이 된다는 총체주의를
 제안한다.
▷ 3문단 : 논리실증주의자와 포퍼의 분석 명제에 대
 한 총체주의의 반박
 – 논리실증주의자와 포퍼는 경험과 무관하게 참으
 로 판별되는 분석 명제와 경험을 통해 참으로 판별
 되는 종합 명제를 서로 다른 종류라고 구분한다.
 – 콰인은 총체주의를 정당화하기 위해 '분석 명제/
 종합 명제'의 구분을 부정한다.
 – 논리실증주의자와 포퍼의 구분에서 동어 반복 명
 제로 환원할 수 있는 것이 분석 명제인 까닭은
 그것을 동어 반복 명제로 환원할 수 있기 때문이다.
 – 동의적 표현은 언제나 반드시 대체 가능해야 한
 다는 필연성 개념에 다시 의존하게 되고, 필연성
 개념은 다시 분석 명제 개념에 의존하게 되는 순
 환론에 빠지므로 콰인은 종합 명제와 구분되는
 분석 명제기 존재한다는 주장은 근거가 없다는
 결론에 도달한다.
▷ 4문단 : 총체주의의 지식 분류
 – 콰인은 경험과 직접 충돌하지 않는 중심부 지식
 과, 경험과 직접 충돌할 수 있는 주변부 지식을
 상정한다. 경험과 직접 충돌해 참과 거짓이 쉽게
 바뀌는 주변부 지식과 달리 주변부 지식의 토대
 가 되는 중심부 지식은 상대적으로 견고하다.
 – 중심부 지식과 주변부 지식의 경계를 명확히 나
 눌 수 없기 때문에 콰인은 이 둘이 다른 종류라
 고 하지 않는다.

- 콰인은 중심부 지식과 주변부 지식이 원칙적으로 모두 수정의 대상이 될 수 있고, 지식의 변화도 더 이상 개별적 지식이 단순히 누적되는 과정이 아니라고 주장한다.
▷ 5문단 : 총체주의의 한계
- 총체주의는 특정 가설이 실용적으로 필요하다고 인정되면 언제든 반박을 피하는 방법을 강구해 그 가설을 받아들일 수 있다.
- 총체주의는 아무도 의심하지 않는 지식은 분석 명제로 분류해야 하는 것이 아니냐는 비판에 답해야 하는 어려움이 있다.

06 추론하기 　정답 ②

② 1문단에 따르면 ⊙(논리실증주의자와 포퍼)은 가설로부터 논리적으로 도출된 예측을 관찰이나 실험 등의 경험을 통해 맞는지 틀리는지 판단함으로써 그 가설을 시험한다. 또한 2문단에 따르면 ⓛ(콰인)은 가설뿐만 아니라 기존의 지식들과 여러 조건 등을 모두 포함하는 전체 지식이 경험을 통한 시험의 대상이 된다고 보았다. 즉, ⊙과 ⓛ은 모두 경험을 통해 가설을 시험할 수 있다고 본 것이다. 따라서 ②의 질문에 ⊙과 ⓛ은 모두 '아니요'라고 대답할 것이다.

【오답분석】

① 1문단에 따르면 ⊙은 과학적 지식은 과학적 방법에 의해 누적되며, 예측이 맞을 경우에는 그 예측을 도출한 가설이 하나씩 새로운 지식으로 추가된다고 주장한다. 반면에 4문단에 따르면 ⓛ은 지식의 변화도 더 이상 개별적 지식이 단순히 누적되는 과정이 아니라고 주장한다. 따라서 ①의 질문에 ⊙은 '예'라고, ⓛ은 '아니요'라고 대답할 것이다.

③ 1문단에 따르면 ⊙은 지식을 수학적 지식이나 논리학 지식처럼 경험과 무관한 것과 과학적 지식처럼 경험에 의존하는 것으로 구분했으며, 3문단에 따르면 경험과 무관하게 참으로 판별되는 것을 분석 명제라고 보았다. 반면에 3문단에 따르면 ⓛ은 분석 명제가 지니는 순환성으로 인해 경험과 무관하게 참이 되는 지식인 분석 명제가 존재한다는 주장은 근거가 없다고 보았으며, 4문단에 따르면 주변부 지식과 중심부 지식은 모두 경험과 무관한 것이 아니라고 보았다. 따라서 ③의 질문에 ⊙은 '예'라고, ⓛ은 '아니요'라고 대답할 것이다.

④ 1문단에 따르면 ⊙은 가설로부터 논리적으로 도출된 예측을 관찰이나 실험 등의 경험을 통해 맞는지 틀리는지 판단함으로써 그 가설을 시험하는 과학적 방법을 제시한다. 반면에 2문단에 따르면 ⓛ은 가설만 가지고서 예측을 논리적으로 도출할 수 없으며, 가설, 기존의 지식들, 여러 조건 등을 모두 합쳐야만 논리적으로 도출된다고 보았다. 따라서 ④의 질문에 ⊙은 '예'라고, ⓛ은 '아니요'라고 대답할 것이다.

⑤ 3문단에 따르면 ⊙은 수학적 지식이나 논리학 지식처럼 경험과 무관하게 참으로 판별되는 분석 명제와, 과학적 지식처럼 경험을 통해 참으로 판별되는 종합 명제를 서로 다른 종류라고 구분한다. 반면에 4문단에 따르면 ⓛ은 분석 명제와 종합 명제로 지식을 엄격히 구분하는 대신, 경험과 직접 충돌하지 않는 중심부 지식과, 경험과 직접 충돌할 수 있는 주변부 지식을 상정하고, 중심부 지식과 주변부 지식의 경계를 명확히 나눌 수 없기 때문에 이 둘을 다른 종류라고 하지 않았다. 따라서 ⑤의 질문에 ⊙은 '예'라고, ⓛ은 '아니요'라고 대답할 것이다.

［풀이 포인트］

추리적 사고 능력을 검증하는 문제로, 제시문에 나타난 입장에서는 선택지의 질문에 어떤 대답을 내놓을지 적절히 판단할 수 있는가를 묻고 있다. 따라서 선택지와 관련한 제시문의 내용 중에서 선택지에 대답할 수 있는 근거를 찾아낼 수 있어야 한다.

⊕ 배경지식

논리실증주의
과학의 논리적 분석 방법을 철학에 적용하고자 하는 사상으로서. 개념과 명제의 의미를 논리적으로 분석하는 경험주의적·실증주의적 철학을 가리킨다. 경험적이고 과학적인 지식만이 의미가 있으며, 모든 지식은 객관적이고 공적인 실험을 통해 검증되어야 한다고 보았다.

07 세부 내용의 이해 　정답 ④

④ 3문단에 따르면 콰인은 "총각은 총각이다."와 "총각은 미혼의 성인 남성이다."라는 명제를 통해 분석 명제와 종합 명제를 구분하는 것을 부정한다. 그는 "총각은 미혼의 성인 남성이다."가 분석 명제인 이유는 '총각'과 '미혼의 성인 남성'이 동의적 표현이기 때문이다. 동의적 표현은 서로 대체하더라도 명제의 참이나 거짓이 바뀌지 않는 것인데, 이것만으로는 두 표현의 의미가 같다는 것을 보장할 수 없으므로 동의적 표현은 언제나 반드시 대체 가능해야 한다는 필연성 개념에 다시 의존하게 된다. 이렇게 되면 필연성 개념은 다시 분석 명제 개념에 의존하게 되는 순환론에 빠진다. 즉, 동의적 표현이 필연성 개념에 의존하게 되고 결국 필연성 개념이 분석 명제 개념에 의존하게 되는 순환론에 빠지게 되므로 분석 명제의 존재를 인정할 수 없다는 것이다.

【오답분석】

① 1문단에 따르면 논리실증주의자는 예측이 맞을 경우에, 포퍼는 예측이 틀리지 않는 한, 그 예측을 도출한 가설이 하나씩 새로운 지식으로 추가된다고 주장한다.

PART 1

DAY 01

DAY 02

DAY 03

DAY 04

DAY 05

DAY 06

DAY 07

DAY 08

DAY 09

DAY 10

② 3문단에 따르면 논리실증주의자와 포퍼는 수학적 지식이나 논리학 지식처럼 경험과 무관하게 참으로 판별되는 명제를 분석 명제라고 보았다. 즉, 분석 명제는 관찰·실험·조사 등의 경험과 무관하다는 것이다. 따라서 ②처럼 총각을 한 명 한 명 조사하는 경험적 방법은 분석 명제를 판별하는 방법으로 적절하지 않다.

③ 4문단에 따르면 콰인은 경험과 직접 충돌하지 않는 중심부 지식과, 경험과 직접 충돌할 수 있는 주변부 지식을 상정한다. 즉, 관찰과 실험에 직접적으로 의존하지 않으면 중심부 지식이고, 의존하면 주변부 지식인 것이다. 또한 그는 중심부 지식과 주변부 지식의 경계를 명확히 나눌 수 없기 때문에 이것들이 서로 다른 종류의 지식이라고 하지 않았다.

⑤ 3문단에 따르면 "총각은 총각이다."와 같은 동어 반복 명제는 경험과 무관하게 참으로 판별되는 분석 명제이다. 이 명제에서 앞의 '총각'과 뒤의 '총각'은 의미가 똑같기 때문에 서로 대체하더라도 명제의 참 또는 거짓이 바뀌지 않는다. 따라서 ⑤의 진술처럼 의미가 다를 뿐만 아니라 서로 대체할 경우 그 명제의 참 또는 거짓이 바뀌는 표현은 동어 반복 명제라고 볼 수 없다. 또한 3문단에서 동어 반복 명제와 동어 반복 명제로 환원할 수 있는 것을 분석 명제로 구분한 주체는 콰인이 아니라 논리실증주의자와 포퍼이다.

풀이 포인트

사실적 사고 능력을 검증하는 문제로, 제시문에 드러난 세부 정보를 정확히 이해하고 있는지 묻고 있다. 특정 대상이나 개념을 둘러싸고 대립하는 두 가지의 관점에서 주장하는 내용과 상대를 논박하는 근거를 정확히 파악해야 한다.

⊕ **배경지식**

콰인의 총체주의
미국의 철학자이며 논리실증주의를 비판한 콰인은 경험과 무관하게 참이 증명되는 분석 명제를 구별하는 것은 명확하지도, 유효하지도 않다고 주장했으며, 분석 명제와 종합 명제는 만족스럽게 구별될 수 없다고 결론을 내렸다.

08 추론하기 　　　　정답 ⑤

⑤ 2문단에 따르면 콰인은 예측은 가설, 기존의 지식들, 여러 조건 등을 모두 합쳐야만 논리적으로 도출되므로 예측이 거짓으로 밝혀져도 정확히 무엇 때문에 예측에 실패한 것인지 알 수 없기 때문에 4문단의 진술처럼 전체 지식은 수정의 대상이 될 수 있다고 보았다. 따라서 가설을 수용할 가능성은 남아 있는 것이다. 또한 5문단에 따르면 총체주의는 특정 가설이 실용적으로 필요하다고 인정되면 언

제든 반박을 피하는 방법을 강구해 그 가설을 받아들일 수 있다. 즉, 총체주의에서는 ⓑ의 예측이 거짓이라고 밝혀져도 실용적인 필요가 있다면 ⓒ의 전체 지식을 수정해 ⓐ의 가설을 받아들일 수 있다.

오답분석

① 2문단에 따르면 콰인은 예측은 가설, 기존의 지식들, 여러 조건 등을 모두 합쳐야만 논리적으로 도출될 수 있기 때문에 예측이 거짓으로 밝혀지면 정확히 무엇 때문에 예측에 실패한 것인지 알 수 없다고 보았다. 따라서 ⓑ의 예측이 거짓으로 판명되어도 그것이 ⓐ의 가설 때문이라고 단정할 수 없다.

② 4문단에 따르면 콰인은 대부분의 경우에는 중심부 지식보다는 주변부 지식을 수정하는 쪽을 선택하겠지만 실용적 필요 때문에 중심부 지식을 수정하는 경우도 있다고 보았다. 따라서 ⓑ의 예측이 거짓으로 밝혀져서 ⓒ의 전체 지식을 수정해야 할 경우에 주변부 지식이 수정될 수도 있고, 실용적 필요가 인정되면 중심부 지식이 수정될 수도 있다.

③ 2문단에 따르면 콰인은 예측은 가설, 기존의 지식들, 여러 조건 등을 모두 합쳐야만 논리적으로 도출될 수 있으며, 예측은 가설뿐만 아니라 기존의 지식들과 여러 조건 등을 모두 포함하는 전체 지식이 경험을 통한 시험의 대상이 된다고 보았다. 따라서 ⓐ의 가설과 ⓒ의 전체 지식 등으로부터 ⓑ의 예측이 도출될 수 있다.

④ 4문단에 따르면 주변부 지식이 경험과 충돌하여 거짓으로 밝혀지면 전체 지식의 어느 부분을 수정해야 할지 고민하게 된다. 또한 ⓑ의 예측은 경험과 직접 충돌할 수 있는, 즉 경험을 통해 판단될 수 있는 주변부 지식에 해당한다. 따라서 ⓑ의 예측이 거짓으로 밝혀지면 ⓒ의 전체 지식 가운데 하나인 주변부 지식이 경험과 충돌한 것이다.

풀이 포인트

추리적 사고 능력을 검증하는 문제로, 제시문에 나타난 개념과 그 원리를 종합해 선택지의 내용을 추론할 수 있는지 묻고 있다. 따라서 제시문 중에서 선택지의 진위 여부 판단에 필요한 핵심 내용을 찾아내 선택지의 타당성을 검증한다.

⊕ **배경지식**

분석 명제와 종합 명제
• 분석 명제 : 주어의 개념 속에 이미 내포되어 있는 것을 분석해 이것을 술어로 삼는 분석 판단을 내용으로 하는 명제이다. 선천적으로 참이지만 지식을 확장하지 않는다.
• 종합 명제 : 술어가 주어와 결합해 주어에 포함되어 있지 않은 새로운 개념을 나타내어 인식을 확장시키는 종합 판단을 명제로서 표현한 것이다. 지식을 확장할 수 있지만 분석 판단이 지니는 필연성을 갖추지 못한다.

⑤ 4문단에 따르면 중심부 지식과 주변부 지식은 경계가 명확하지 않아 이 둘을 다른 종류라고 하지 않으며, 예측이 거짓으로 밝혀지면 주변부 지식을 수정하거나 실용적 필요에 따라 중심부 지식을 수정할 수 있다. 또한 5문단에 따르면 총체주의는 논리학의 법칙처럼 아무도 의심하지 않는 지식은 분석 명제로 분류해야 하는 것이 아니냐는 비판에 답해야 하는 한계가 있다. 즉, 중심부 지식과 주변부 지식의 경계가 불분명하다는 주장에 반박이 가능한 것이다. 따라서 중심부 지식 중에는 아무도 의심하지 않는 논리학의 법칙처럼 주변부 지식(＝경험과 충돌해 참과 거짓이 쉽게 바뀌는 지식)과는 종류가 다른 지식이 존재한다는 비판을 받을 수 있다.

오답분석

① 2문단에 따르면 콰인은 가설만 가지고서 예측을 논리적으로 도출할 수 없으므로 가설뿐만 아니라 기존의 지식들, 여러 조건 등을 모두 합쳐야만 논리적으로 예측을 도출할 수 있으며, 예측이 거짓으로 밝혀져도 정확히 무엇 때문에 예측에 실패한 것인지 알 수 없다고 보았다. 즉, 예측과 경험의 충돌로 인해 예측이 거짓이라고 밝혀져도 그것이 반드시 가설이 틀렸기 때문은 아니라는 것이다. 따라서 ①의 진술처럼 예측이 경험과 충돌로 인해 가설이 틀렸다고 할 수 없다는 입장은 콰인이 주장한 총체주의 입장과 같으므로 ①은 총체주의를 비판하는 주장이 될 수 없다.

② 4문단에 따르면 총체주의는 수학적 지식이나 논리학 지식은 중심부 지식의 한가운데에 있어 경험에서 가장 멀리 떨어져 있지만 그렇다고 경험과 무관한 것은 아니라고 본다. 이러한 총체주의의 주장은 ②의 진술과 같으므로 ②는 총체주의를 비판하는 주장이 될 수 없다.

③ 4문단에 따르면 총체주의는 지식을 수정해야 할 경우 주변부 지식과 중심부 지식 모두 수정의 대상이 된다고 본다. 따라서 수정 대상을 주변부 지식으로 한정하는 것은 잘못이라는 ③의 진술은 총체주의를 비판하는 주장이 될 수 없다.

④ 4문단에 따르면 주변부 지식을 수정하면 전체 지식의 변화가 크지 않지만 중심부 지식을 수정하면 관련된 다른 지식이 많기 때문에 전체 지식도 크게 변화하게 된다. 또한 제시문에는 주변부 지식을 수정하면 중심부 지식도 수정해야 한다는 내용이 없다. 따라서 ④의 진술은 총체주의를 비판하는 주장이 될 수 없다.

풀이 포인트

비판적 사고 능력을 검증하는 문제로, 제시문에 나타난 입장의 논지를 논리적으로 비판할 수 있는지를 묻고 있다. 따라서 먼저 제시문의 논지와 논거를 정확히 파악한 다음 선택지에 나타난 주장이 제시문에 나타난 주장을 타당하게 논박하는지 검토해야 한다.

01	02	03	04	05	06	07	08		
⑤	⑤	④	①	①	⑤	①	①		

[01] 지문 분석

- 주제 : 고려 시대의 불화에 깃든 고려인들의 생각
- 핵심 키워드 : 부처, 보살, 불화(佛畵), 원당(願堂), 관음보살, 석가여래, 아미타불
- 글의 구조
  ▷ 1문단 : 기복 신앙의 대상이 된 고려 시대의 불화
    – 불화는 불경에 나오는 장면이나 부처, 보살의 형상을 표현한 그림이다.
    – 고려의 귀족들은 불화를 후손들에게 전해주면 대대로 복을 받는다고 믿었기 때문에 불화를 구입해 원당에 걸어두는 행위가 유행했다.
  ▷ 2문단 : 다양한 소재의 불화
    – 고려의 귀족들이 승려들에게 주문한 불화는 극락, 보살, 부처 등 소재가 다양했다.
    – 부처만 단독으로 그리지 않았으며, 보살이 부처와 함께 등장했다.
    – 부처들이 그려진 불화는 보통 위아래 2단으로 구성되어 윗단에는 부처가, 아랫단에 보살이 그려져 있다.
    – 어떤 미술사학자들은 이러한 배치 구도를 두고 신분을 구별하던 고려 사회의 분위기가 반영된 것이 아닌가 생각하기도 한다.
  ▷ 3문단 : 고려 사회의 신분제가 반영된 〈수월관음도〉의 배치 구도
    – 고려 불화의 크기는 다소 큰 편이다.
    – 윗단에는 보살을 배치하고 그 아래에 중생을 작게 그려 넣는 방식이 신분을 구별하던 고려 사회의 분위기가 반영된 결과라고 보는 연구자가 적지 않다.

01 일치·불일치   정답 ⑤

⑤ 2문단에 따르면 부처들이 그려진 불화는 보통 위아래 2단으로 구성되어 있는데, 윗단에는 부처가 그려져 있고 아랫단에 보살이 그려져 있으며, 어떤 미술사학자들은 이러한 배치 구도를 두고 신분을 구별하던 고려 사회의 분위기가 반영된 것이 아닌가 생각하기도 한다.

[오답분석]

① 3문단에 따르면 충선왕의 후궁인 숙창원비는 관음보살을 소재로 한 불화인 〈수월관음도〉를 주문 제작한 적이 있다. 그러나 이 그림에 아미타불이 등장했는지, 이 그림을 왕궁에 보관했는지 등은 제시문의 내용만으로는 알 수 없다.

② 1문단에 따르면 고려의 귀족들은 불화를 사들여 후손들에게 전해주면 대대로 복을 받는다고 믿었기 때문에 그들 사이에서는 승려로부터 불화를 구입해 자신의 개인 기도처인 원당에 걸어두는 행위가 유행처럼 번졌다. 따라서 승려들이 귀족의 주문을 받아 불화를 사찰에 걸어둔 것이 아니라, 귀족들이 승려가 그린 불화를 구입해 개인 기도처인 원당에 걸어두고 후손들이 복을 받게 해달라고 기원했을 것이다. 또한 승려들이 귀족의 후손들이 복을 받게 해달라고 빌었는지는 제시문의 내용만으로는 알 수 없다.

③ 2문단에 따르면 고려 시대의 불화는 윗단에는 석가여래 등의 부처를, 아랫단에는 보살을 그린 2단 배치 구도가 일반적이었다. 그러나 부처 가운데 하나인 석가여래를 귀족으로 묘사했는지는 제시문의 내용만으로는 알 수 없다. 또한 3문단에 따르면 〈수월관음도〉는 윗단에는 관음보살을 배치하고 그 아래에 중생을 작게 그려 넣은 그림이다. 그러나 이 그림에 표현된 중생의 신분이 평민이었는지 또한 제시문의 내용만으로는 알 수 없다.

④ 3문단에 따르면 고려 불화의 크기는 다소 큰 편이며, 〈수월관음도〉는 화폭이 세로 420cm, 가로 255cm에 달할 정도로 컸다. 그러나 불화를 크게 그린 이유는 제시문의 내용만으로는 알 수 없다.

풀이 포인트

사실적 사고 능력을 검증하는 문제로, 제시문에 나타난 정보와 선택지가 담고 있는 정보가 일치하는지 파악할 수 있는가를 묻고 있다. 따라서 제시문의 정보와 선택지의 내용을 대조해 일치 여부를 판단한다. 다만, 시간 낭비 없이 신속하게 정답을 찾으려면 선택지를 먼저 읽은 후에 제시문을 읽으면서 선택지의 진위를 판단할 수 있는 근거를 찾는 것이 바람직하다.

부처와 보살

- **부처** : 산스크리트어의 부다(Buddha)에서 유래한 말로 불도를 깨달은 성인을 뜻한다. 불교를 개창한 석가모니(고타마 싯다르타) 또한 부처 가운데 한 명으로서, 흔히 부처라고 하면 석가모니를 가리킨다. 참고로 석가모니(釋迦牟尼)는 석가족(族)의 성자(Muni)라는 뜻의 음차어이다.
- **보살(菩薩)** : 위로 불타 정각의 지혜를 구하고 아래로 중생을 제도하는 불교의 이상적 수행자상을 뜻한다. 보리살타(菩提薩埵)의 준말로서, 산스크리트어 'Bodhisattva'의 음차어이다.

---

[02] 지문 분석

- **주제** : 조선 시대 이후 일무(佾舞)의 변화
- **핵심 키워드** : 종묘제례악, 일무(佾舞), 팔일무, 육일무, 문무(文舞), 무무(武舞)
- **글의 구조**
  ▷ 1문단 : 일무의 의미와 팔일무, 육일무의 구분(춤추는 인원수)
  - 조선 시대에는 종묘에서 정기적으로 제사를 크게 지낼 때마다 종묘제례악에 맞추어 일무(일정한 수의 행과 열을 맞추어 추는 춤)를 추었다.
  - 황제에 대한 제사에는 팔일무(8행×8열=64명), 제후에 대한 제사에는 육일무(6행×6열=36명)를 추는 것이 원칙이다.
  - 대한제국을 선포하기 전까지 조선은 제후국의 격식에 맞추어 육일무를 거행했다.
  ▷ 2문단 : 문무와 무무 등 일무의 종류
  - 일무에는 문무와 무무의 두 가지 종류가 있으며, 문무를 먼저 춘 후에 무무를 췄다.
  - 문무를 출 때는 왼손에 '약(피리)'을, 오른손에 '적(꿩 깃털 장식물)'을 들었다.
  - 무무를 거행할 때 중국에서는 창·검·궁시를 들었고, 조선에서는 궁시를 들지 않았다.
  - 조선에서는 무무를 출 때 앞쪽 3줄은 검 하나씩만 잡았고, 뒤쪽 3줄은 창 하나씩만 잡았다.
  ▷ 3문단 : 대한제국 선포 이후 일무의 변화
  - 대한제국을 선포한 이후에는 황제국의 격식에 맞게 64명이 일무(팔일무)를 추었다.
  - 일제 강점기에는 다시 36명이 일무를 추는 것(육일무)으로 바뀌었다.

- 1960년대 종묘제례악이 복원된 이후 팔일무를 거행했으며, 문무 후에 무무를 추는 예전의 방식을 지켰다.
- 1969년 이후 종묘제례 행사의 형식은 1960년대에 복원된 것을 그대로 따르고 있다.

---

02 일치·불일치　　　　　　　　　　정답 ⑤

⑤ 3문단에 따르면 1960년대 종묘제례악이 복원된 이후 팔일무를 거행했으며, 문무를 추고 뒤이어 무무를 추는 방식을 지켰다. 이때 앞의 4줄은 문무를 출 때 손에 드는 무구는 조선 시대의 것과 동일했다. 또한 2문단에 따르면 조선 시대에는 문무를 출 때 각 사람은 왼손에 약(피리)을, 오른손에 적(꿩 깃털 장식물)을 들었다. 1969년 이후 종묘제례 행사의 형식은 1960년대에 복원된 것을 그대로 따르고 있다. 따라서 ⑤의 진술처럼 오늘날 종묘제례 행사에서 문무를 추는 사람들은 약과 적 등 2종의 무구를 손에 든다는 것을 알 수 있다.

오답분석

① 3문단에 따르면 고종이 대한제국을 선포한 이후에는 황제국의 격식에 맞게 64명이 일무(팔일무)를 추었다. 그러나 이때 거행된 일무의 종류와 손에 드는 무구의 종류에 대한 정확한 정보가 제시문에는 없으므로 ①의 진위 여부를 판단할 수 없다.

② 3문단에 따르면 일제 강점기에는 36명이 일무를 추는 것(육일무)으로 바뀌었다. 따라서 무무는 팔일무(64명)로 추었다는 ②의 진술은 옳지 않다.

③ 2문단에 따르면 조선 시대에는 무무를 거행할 때 검(앞의 3줄)과 창(뒤의 3줄)을 들게 했고, 중국과 달리 궁시(활과 화살)는 들지 않았다. 따라서 한 사람당 1종의 무구를 손에 든 것이므로 한 사람당 4종의 무구를 들었다는 ③의 진술은 옳지 않다.

④ 2문단에 따르면 조선 시대에는 종묘제례를 거행할 때 제후국의 격식에 맞춰 육일무(36명)를 추었는데, 문무(1인당 약과 적의 2종의 무구)를 먼저 추고 나서 무무(1인당 검 또는 창의 1종의 무구)를 추었다. 따라서 무무만 추었다는 ④의 진술은 옳지 않다.

사실적 사고 능력을 검증하는 문제로, 제시문에 언급된 정보를 정확하게 파악하고 있는지 묻고 있다. 따라서 제시문의 세부 정보와 선택지의 내용을 대조해 일치 또는 불일치 여부를 판단한다. 이때 제시문에 나와 있지 않아 선택지의 진위를 판단할 수 없는 내용은 불일치한 것으로 보아야 한다.

PART 1

DAY 01
DAY 02
DAY 03
DAY 04
DAY 05
DAY 06
DAY 07
DAY 08
DAY 09
DAY 10

배경지식

일무(佾舞)

• 종묘나 문묘 제향 때에 여러 사람이 여러 줄로 벌여 서서 추는 춤으로서, 줄의 수와 사람 수는 가로세로가 꼭 같으며, 팔일무·육일무·사일무·이일무 등이 있다.

• 중국 주나라 때 공자의 예악 사상을 춤으로 형상화하면서 발생했다. 우리나라에는 고려 예종 때 도입되었고 일제 강점기에 왜곡과 소실이 발생했으나 1960년대 복원 작업을 거쳐 오늘날까지 이어지고 있다.

[03~05] 지문 분석

• 주제 : 제례의 근거 마련을 위한 귀신에 대한 조선 성리학의 다양한 이해

• 핵심 키워드 : 성리학, 귀신론, 리(理), 기(氣), 형백(形魄), 담일청허(湛一淸虛), 양능(良能)

• 글의 구조

▷ 1문단 : 제례의 근거를 마련하기 위한 유학자들의 귀신 논의
  – 제례는 조선 시대를 관통해 폭넓게 시행되었기 때문에 제사의 대상이 되는 귀신은 유학자들의 주요 논제였다.
  – 유학자들의 귀신 논의는 유학의 합리성과 윤리성의 범위 안에서 제례의 근거를 마련하는 데 비중을 두었다.

▷ 2문단 : 기의 유한성을 주장한 남효온
  – 남효온은 귀신이란 리(理)와 기(氣)로 이루어진 자연의 변화 현상으로서 실재하며 스스로 변화를 일으키는 존재라고 설명함에 따라 귀신은 본체와 현상, 유와 무 사이를 오가는 존재로 이해되었다.
  – 성리학의 일반론에 따르면 인간의 몸은 기로 이루어져 있고, 생명을 다하면 기가 흩어져 사라진다.
  – 기가 흩어지는 과정에 있는 것이 귀신이므로 귀신의 존재는 유한할 수밖에 없었고, 이는 조상의 제사를 4대로 한정하는 근거가 되었다.

▷ 3문단 : 기의 항구성을 주장한 서경덕
  – 기가 유한하다면 먼 조상에 대한 제사는 문제의 소지가 있었기에 귀신의 영원성에 대한 근거 마련이 필요했다.
  – 기의 항구성을 근거로 귀신의 영원성을 주장한 서경덕은 만물은 기의 작용에 의해 생성·소멸한다고 전제하고 기의 순수한 본질은 영원히 존재한다고 설명하였다.

– 기를 취산하는 형백(形魄)과 그렇지 않은 담일청허(湛一淸虛)로 나눈 서경덕의 기 개념은 불변하는 리와 가변적인 기라는 성리학의 이원적 요소를 포용한 것이었으며, 물질성과 생명성도 포괄한 것이었다.

▷ 4문단 : 기의 소멸성과 리의 항구성을 주장한 이이
  – 모든 존재는 리와 기가 서로 의존해 생겨난다고 생각한 이이는 귀신의 존재를 지나치게 강조하면 불교의 윤회설로 흐를 수 있고, 귀신의 존재를 무시하면 제사의 의의를 잃을 수 있다는 점에 주목했다.
  – 이이는 지각은 기의 작용이기 때문에 그 기가 한번 흩어지면 더 이상의 지각 작용은 있을 수 없다며 윤회를 부정했다.
  – 이이는 가까운 조상은 자손들이 지극한 정성으로 제사를 받들면 일시적으로 흩어진 기가 다시 모이고 귀신이 감통의 능력으로 제사를 흠향할 수 있다고 보았다.
  – 감통을 일으키는 것이 리라는 이이의 주장은 작위 능력이 배제된 리가 감통을 일으킨다는 논리로 이해될 수 있어 논란의 소지가 있다.

▷ 5문단 : 리와 기의 혼융을 주장한 낙론계 유학자
  – 낙론계 유학자들은 귀신을 리와 기 어느 쪽으로 해석하는 것이 옳은가라는 문제의식으로 논의를 전개하였다.
  – 김원행은 귀신이 리와 기 어느 것 하나로 설명될 수 없으며, 리와 기가 틈이 없이 합쳐진 양능(良能)에서 그 의미를 찾아야 한다고 주장하였다.
  – 김원행은 양능은 기에 원래 자재(自在)하여 움직이지 않는 리에 따라 발현하는 것이라 설명하여 귀신을 리나 기로 지목하더라도 상충되는 것이 아니라고 보았다.
  – 송명흠은 모든 존재는 리와 기가 혼융한 것이라고 전제하고, 귀신을 리이면서 기인 것, 즉 형이상에 속하고 동시에 형이하에 속하는 것이라고 설명했다.
  – 송명흠은 제사 때 귀신이 강림할 수 있는 것은 기 때문이지만 제사 주관자의 마음과 감통하는 주체는 리라고 설명하였다.
  – 기의 취산으로 귀신을 설명하면서도 리의 존재를 깊이 의식한 것은 조상의 귀신을 섬기는 의례 속에서 항구적인 도덕적 가치에 대한 의식을 강화하고자 한 것이다.

03 세부 내용의 이해 정답 ④

④ 4문단에 따르면 이이는 기가 완전히 소멸된 먼 조상에 대해서는 서로 감통할 수 있는 기는 없지만 영원한 리가 있기 때문에 자손과 감통이 있을 수 있다고 주장하였다. 즉, 조상 귀신의 기가 완전히 사라졌으므로 감통의 능력을 가질 수 없지만, 항구적인 리를 통해 자손과 감통할 수 있다고 본 것이다. 또한 5문단에 따르면 송명흠 또한 제사 주관자의 마음과 감통하는 주체는 리라고 설명하였다. 따라서 기가 항구적인 감통의 능력을 가진다는 ④의 진술은 적절하지 않다.

오답분석

① 2문단에 따르면 성리학의 귀신 논의가 본격화되기 전에는 대체적으로 귀신을 인간의 화복과 관련된 신령한 존재로 여겼으나, 15세기 후반 남효온은 귀신은 천지자연 속에 실재하며 스스로 변화를 일으키는 존재라고 설명하여 성리학의 자연철학적 입장에서 귀신을 재해석하였다.

② 3문단에 따르면 기의 유한성에 근거한 성리학의 귀신 이해는 먼 조상에 대한 제사와 관련하여 문제의 소지를 안고 있었기에 귀신의 영원성에 대한 근거 마련이 필요했다. 또한 이러한 근거를 마련하기 위해 서경덕, 이이, 낙론계 유학자들은 먼 조상의 귀신의 실재를 규명하려는 논의를 전개했다.

③ 4문단에 따르면 이이는 귀신의 존재를 지나치게 강조하면 불교의 윤회설로 흐를 수 있다고 생각했으며, 불교에서 윤회한다는 마음은 다른 존재와 마찬가지로 리와 기가 합쳐져 일신의 주재자가 된다고 규정하고, 마음의 작용인 지각은 몸을 이루는 기의 작용이기 때문에 그 기가 한 번 흩어지면 더 이상의 지각 작용은 있을 수 없다고 지적하여 윤회 가능성을 부정하였다.

⑤ 1문단에 따르면 조선 시대 폭넓게 시행된 제례의 중심에는 유학자들이 있었기 때문에 그들에게 제사의 대상이 되는 귀신은 주요 논제였으며, 이들은 성리학의 자연철학적 귀신 개념에 유의해 귀신 논의를 전개했다. 또한 2문단에 따르면 남효온은 귀신은 리(理)와 기(氣)로 이루어진 자연의 변화 현상으로서 천지자연 속에 실재하며 스스로 변화를 일으키는 존재라고 설명하여 성리학의 자연철학적 입장에서 귀신을 재해석했다.

➕ 배경지식

조선의 귀신론

조선의 귀신론은 조선 성리학의 이기론, 심성론, 수양론, 우주론과 더불어 많은 유학자들의 탐구 과제였다. 김시습은 귀신을 기(氣)의 작용으로 규정하였으며, 남효온은 귀신이 리(理)와 기의 작용이라는 자연적 이해를 중심으로 해석했다. 서경덕은 귀신 사생(死生)의 이해를 오직 기의 취산 작용으로 보았으나 담일청허한기(湛一淸虛之氣)는 불멸한다고 주장하였다. 이이는 귀신의 문제를 이기(理氣) 감응(感應)의 관점에서 제례의 중요성을 주장했다. 즉, 인간의 지각이나 인식이 모두 기의

작용이며 죽은 뒤에는 기가 소멸한다고 주장하여 영혼 불멸의 존재를 부정했다. 이러한 남효온과 이이의 귀신 해석은 조상에 대한 흠향(歆饗)과 제례의 중요성을 설파하기 위한 이념적 토대를 마련하기 위한 것이었으며, 이는 제례를 통해 조선의 봉건 체제에 대한 당위 규범을 굳건히 유지하고 유학의 명분과 전통을 세워 불교의 윤회론과 초자연적 실체로 회자된 귀신의 존재를 부정하기 위한 시도라고 할 수 있다.
– 이창욱, 동국대학교, 〈조선 성리학의 귀신론 비교 연구〉, 2018

04 추론하기 정답 ①

① 3문단에 따르면 기의 항구성을 근거로 귀신의 영원성을 주장한 ㉠(서경덕)은 모든 만물은 기의 작용에 의해 생성·소멸한다고 전제하고, 삶과 죽음 사이에는 형체를 이루는 기가 취산하는 차이가 있을 뿐 그 기의 순수한 본질은 유무의 구분을 넘어 영원히 존재한다고 설명했다. 즉, ㉠은 기는 유무(있거나 없거나)를 하는 것이 아니라 취산(모이거나 흩어짐)을 하므로 기가 모였을 때는 형체가 있으며 기가 흩어졌을 때는 형체가 흩어진 것일 뿐이고, 기의 순수한 본질은 유무의 구분을 관통해 영원하다고 본 것이다.

오답분석

② 3문단에 따르면 삶과 죽음 사이에는 형체를 이루는 기가 취산하는 차이가 있을 뿐 그 기의 순수한 본질은 유무의 구분을 넘어 영원히 존재한다고 설명한 ㉠은 기를 취산하는 형백과 그렇지 않은 담일청허로 구분하고, 기에 유무가 없는 것은 담일청허가 한결같기 때문이라 주장했다. 그러나 삶과 죽음 사이에는 형체를 이루는 기가 취산하는 차이가 있을 뿐이며, ②의 진술처럼 형백과 담일청허를 삶과 죽음에 각각 대응시켰는지는 추론할 수 없다.

③ 2문단에 따르면 성리학의 일반론에서는 인간의 몸은 기로 이루어져 있고, 생명을 다하면 그 몸을 이루고 있던 기가 흩어져 사라진다. 또한 4문단에 따르면 이러한 성리학의 일반론을 수용한 ㉡(이이)은 기가 완전히 소멸된 먼 조상에 대해서는 서로 감통할 수 있는 기는 없지만 영원한 리가 있기 때문에 자손과 감통이 있을 수 있다고 주장했다. 따라서 기가 완전히 소멸된 먼 조상도 영원한 리를 통해 후손과 감통할 수 있다고 본 것이므로 조상과 감통할 수 없다는 ③의 진술은 타당하지 않다.

④ 4문단에 따르면 ㉡은 마음의 작용인 지각은 몸을 이루는 기의 작용이기 때문에 그 기가 한 번 흩어지면 더 이상의 지각 작용은 있을 수 없다고 지적했다. 따라서 기가 소멸해도 지각은 사라지지 않는다고 보았다는 ④의 진술은 타당하지 않다.

⑤ 3문단에 따르면 기의 항구성을 근거로 귀신의 영원성을 주장한 ㉠은 모든 만물은 기의 작용에 의해 생성·소멸한

PART 1

DAY 01
DAY 02
DAY 03
DAY 04
DAY 05
DAY 06
DAY 07
DAY 08
DAY 09
DAY 10

다고 전제하고, 삶과 죽음 사이에는 형체를 이루는 기가 취산하는 차이가 있다고 보았다. 즉, ㉠은 기의 취산을 통해 삶과 죽음을 구분하고, 기가 항구하므로 귀신도 영원하다고 본 주장한 것이다. 반면에 4문단에 따르면 ㉡은 기가 완전히 소멸된 먼 조상에 대해서는 서로 감통할 수 있는 기는 없지만 영원한 리가 있기 때문에 자손과 감통이 있을 수 있다고 주장하였다. 즉, ㉡은 기는 취산하는 것이 아니라 소멸되는 것이며, 리가 영원하므로 귀신도 영원할 수 있다고 본 것이다. 따라서 ㉠과 ㉡ 중에서 기의 취산을 인정한 학자는 ㉠뿐이므로 ㉠과 ㉡은 모두 기의 취산에서 귀신의 영원성의 근거를 찾으려 했다는 ⑤의 진술은 타당하지 않다.

➕ 배경지식

담일청허(湛一淸虛)
맑게 한데 어울리고 맑게 텅 비어 있는 것이 기(氣)의 근본이자 본연의 상태라는 뜻이다. 서경덕은 담일청허한 기를 통해 사생(生死)과 귀신을 설명함으로써 존재의 근본 원리를 규명하려고 하였다. 서경덕에 따르면 삶과 죽음, 사람과 귀신은 기가 모이고 흩어진 취산의 차이만 있을 뿐이며, 있고 없음의 차이가 아니다. 즉, 사람이 죽어서 귀신이 되어도 기의 본체는 소멸되지 않고 흩어져 있을 뿐이라며 기의 불멸론을 주장한 것이다.

05　추론하기　　　　　　　　　정답　①

ⓐ 5문단에 따르면 낙론계 유학자 중의 한 명인 송명흠은 모든 존재는 리와 기가 혼융한 것이라고 전제하고, 귀신을 리이면서 기인 것, 즉 형이상에 속하고 동시에 형이하에 속하는 것이라고 설명하였다. 따라서 낙론계 유학자들의 입장에서는 ⓐ의 진술처럼 귀신은 기의 유행(遊行)으로 보면 형이하에 속하고, 리가 실린 것으로 보면 형이상에 속한다고 볼 수 있다.

ⓑ 5문단에 따르면 리와 기 가운데 어느 것 하나로만 귀신을 설명할 수 없으며, 리와 기가 틈이 없이 합쳐진 묘처(오묘한 곳), 즉 양능에서 그 의미를 찾아야 한다고 주장한 김원행은 양능은 기에 원래 자재(自在)하여 움직이지 않는 리에 따라 발현하는 것이라 설명하여 귀신을 리나 기로 지목하더라도 상충되지 않는다고 보았다. 즉, 리는 기에 원래 자재하며, 리에 따라 양능이 발현된다고 본 것이다. 또한 송명흠도 모든 존재는 리와 기가 혼융(渾融, 완전히 융화됨)한 것이라고 보았다.

오답분석

ⓒ 5문단에 따르면 낙론계 유학자들은 모든 존재는 리와 기가 혼융된 것이며, 양능은 기에 원래 자재(自在)하여 움직이지 않는 리에 따라 발현된다고 보았다. 따라서 기가 오고 가며 굽고 펼치는 것의 주체는 기 스스로라는 ⓒ의 진술은 낙론계 유학자들의 입장과 부합하지 않는다.

ⓓ 5문단에 따르면 송명흠은 제사 때 귀신이 강림할 수 있는 것은 기 때문이지만 제사 주관자의 마음과 감통하는 주체는 리라고 설명하였다. 따라서 제사 때 능히 강림할 수 있게 하는 것은 리 때문이라는 ⓓ의 진술은 낙론계 유학자들의 입장과 부합하지 않는다.

➕ 배경지식

낙론(洛論)
조선 후기에 기호학파 가운데 인성과 물성이 같다는 인물성동론(人物性同論)을 주장한 학파로서, 이들은 동물도 인간과 마찬가지로 오상(五常)의 성(性)을 구비한다고 주장하였다. 또한 우주의 만물에서 보편적 이치를 찾아내려 하였으며, 중국 중심의 화이론을 극복할 수 있는 논리 체계를 세우려고 했다. 참고로 인성과 물성이 다르다는 인물성이론(人物性異論)을 주장한 호론(湖論)과 낙론 사이의 논쟁을 호락논쟁이라 한다.

[06~08] 지문 분석

• 주제 : 도덕적 운의 존재를 인정하는 입장과 이를 부정하는 입장
• 핵심 키워드 : 의무 윤리, 덕의 윤리, 도덕적 운, 태생적 운, 상황적 운, 결과적 운
• 글의 구조
　▷ 1문단 : 도덕적 평가의 대상
　　– 도덕의 문제를 다루는 철학자들은 도덕적 평가가 운에 따라 달라져서는 안 된다고 생각한다.
　　– 도덕적 평가는 스스로가 통제할 수 있는 것에 대해서만 이루어져야 한다.
　▷ 2문단 : 통제할 수 없는 도덕적 운의 종류 1 – 태생적 운
　　– 어떤 철학자들은 '도덕적 운'에 따라 도덕적 평가가 달라진다고 주장한다.
　　– 태생적 운은 행동을 결정하는 성품처럼 우리가 통제할 수 없는 요인이 도덕적 평가에 개입되는 불공평한 일이 일어난다는 것이다.
　▷ 3문단 : 통제할 수 없는 도덕적 운의 종류 2 – 상황적 운
　　– 상황적 운은 성품이 같더라도 어떤 상황에 처하느냐에 따라 그 성품이 발현되기도 하고 안 되기도 한다는 것이다.
　　– 어떤 상황에 처하느냐는 통제할 수 없는 요인이기 때문에 나쁜 성품이 발현된 사람만 비난하는 것은 공평하지 못하다.
　▷ 4문단 : 통제할 수 없는 도덕적 운의 종류 3 – 결과적 운
　　– 결과적 운은 우리가 통제할 수 없는 결과에 의해 도덕적 평가가 좌우되는 것이다.

- 예측할 수 없었던 결과에 의해 인간의 행위를 달리 평가하는 것은 불공평하다.
▷ 5문단 : 도덕적 운의 존재를 인정할 때 발생하는 난점
  - 어떤 철학자들의 주장에 따라 도덕적 운의 존재를 인정하면 불공평한 평가만 할 수 있을 뿐이며, 결국 도덕적 평가 자체가 불가능해진다.
  - 도덕적 평가가 불가능한 대상은 강제나 무지처럼 스스로 통제할 수 없는 요인에 의해 결정되는 것에만 국한되어야 한다.
  - 도덕적 운의 존재를 인정하면 도덕적 평가의 대상이었던 성품이나 행위에 대해 도덕적 평가를 내릴 수 없는 난점에 직면하게 된다.
▷ 6문단 : 도덕적 평가의 불가능성을 벗어날 수 있는 방안
  - 도덕적 운의 존재를 부정하고 도덕적 평가가 불가능한 경우를 강제나 무지에 의한 행위에 국한한다면 이러한 난점(＝도덕적 평가의 불공평성)에서 벗어날 수 있다.
  - 도덕적 운이라고 생각되는 예들이 실제로는 도덕적 운이 아니며, 태생적 운, 상황적 운, 결과적 운 등의 존재는 모두 부정된다.

06 세부 내용의 이해　　　정답 ⑤

⑤ 제시문은 전체적으로 도덕적 운을 내세워 도덕적 평가의 불공평성을 주장하는 어떤 철학자들의 주장을 논박함으로써 도덕적 평가의 가능성을 주장하고 있는데, 1문단과 5～6문단은 지은이의 주장이며, 2～4문단은 도덕적 평가의 불공평성을 주장하는 철학자들의 견해이다. 2문단에 따르면 ㉠(＝어떤 학자들)은 '도덕적 운'에 따라 도덕적 평가가 달라지는 일이 실제로 일어난다고 주장한다. 그러나 1문단에 따르면 글쓴이는 운은 자신의 의지에 따라 통제할 수 없기 때문에 운에 따라 누구는 도덕적이게 되고 누구는 아니게 되는 일은 공평하지 않다고 주장한다. 또한 5문단에서 글쓴이는 ㉠의 주장에 따라 도덕적 운의 존재를 인정하면 불공평한 평가만 할 수 있을 뿐이므로 결국 도덕적 평가의 대상이었던 성품이나 행위에 대한 도덕적 평가를 내릴 수 없다고 주장한다. 따라서 ⑤의 진술처럼 ㉠과 글쓴이는 도덕적 운의 존재는 도덕적 평가를 불공평하게 만든다고 생각함을 알 수 있다.

오답분석

① 4문단에 따르면 자신의 예술적 이상을 달성하기 위해 가족을 버린 화가가 성공했을 때보다 실패했을 때 그의 무책임함을 더 비난하는 것을 '상식'으로 받아들이는 경우가 많으며, 이러한 결과적 운의 존재를 인정하는 ㉠은 예측할 수 없었던 결과에 의해 그의 행위를 달리 평가하는 것은 불공평하다고 생각한다. 또한 6문단에 따르면 글쓴이는 실패한 화가를 더 비난하는 '상식'이 통용되는 것은 화가

의 무책임한 행위가 그가 실패했을 때보다 성공했을 때 덜 부각되기 때문이며, 그 화가가 결과적으로 성공을 했든 못했든 무책임함에 대해서는 똑같이 비난받아야 한다고 주장한다. 즉, ㉠과 글쓴이는 '상식'을 받아들이려 하지 않는 것이다. 따라서 ㉠과 글쓴이는 모두 도덕적 평가는 '상식'을 존중해야 한다고 생각하지 않음을 알 수 있다.

② 2문단～4문단에 따르면 ㉠은 태생적 운, 상황적 운, 결과적 운 등 우리가 통제할 수 없는 도덕적 운이 도덕적 평가에 개입하기 때문에 운에 따라 도덕적 평가가 달라지는 불공평한 일이 실제로 발생한다고 주장한다. 또한 5문단에 따르면 글쓴이는 도덕적 운의 존재를 인정하면 불공평한 평가만 할 수 있을 뿐이며, 결국 도덕적 평가 자체가 불가능해진다고 주장한다. 따라서 ㉠과 글쓴이는 모두 운은 통제할 수 없다고 생각함을 알 수 있다.

③ 3문단에 따르면 ㉠은 상황적 운은 똑같은 성품이더라도 어떤 상황에 처하느냐에 따라 그 성품이 발현되기도 하고 안 되기도 하는 것으로, 어떤 상황에 처하느냐는 우리가 스스로 통제할 수 없는 요인이기 때문에 상황적 운에 따라 도덕적 평가를 하는 것은 불공평하다고 생각한다. 또한 6문단에 따르면 글쓴이는 행위는 성품과는 별개의 것이라고 생각한다. 따라서 ㉠과 글쓴이는 모두 성품이 같다고 해도 같은 행위를 한다고 생각하지 않음을 알 수 있다.

④ 2문단에 따르면 ㉠은 운에 따라 도덕적 평가가 달라지는 일이 실제로 일어난다고 주장한다. 그러나 6문단에 따르면 글쓴이는 도덕적 운이라고 생각되는 예들이 실제로는 도덕적 운이 아니기 때문에 태생적 운, 상황적 운, 결과적 운 등의 도덕적 운은 부정된다고 주장한다. 따라서 도덕의 영역에서는 운에 따라 도덕적 평가가 달라진다는 생각에 ㉠은 찬성하지만 글쓴이는 반대함을 알 수 있다.

풀이 포인트

사실적 사고 능력을 검증하는 문제로, 제시문에 드러난 세부 정보를 정확히 이해하고 있는지를 묻고 있다. 특정한 개념을 둘러싸고 대립하는 양론이 각각 주장하는 논지를 분명하게 파악해야 한다. 이를 위해 제시문의 정보와 선택지를 대조해 선택지를 판별해야 한다.

07 추론하기　　　정답 ①

ⓐ·ⓓ 5문단에 나타난 ㉡의 관점에 따르면 강제나 무지와 같이 스스로가 통제할 수 없는 요인에 의해 결정되는 것만 도덕적 평가 대상에서 제외해야 한다. 반대로 말하면 스스로가 통제할 수 있는 모든 요인은 도덕적 평가 대상인 것이다. 따라서 자신의 거친 성격을 억누른 ⓐ의 경우, 종교적 신념에 따른 ⓓ의 경우 등은 스스로가 통제할 수 있는 상황이므로 도덕적 평가 대상에 포함된다고 볼 수 있다.

ⓑ·ⓒ 누군가에게 떠밀려 어쩔 수 없이 다른 사람의 발을 밟은 ⓑ의 경우, 글을 모르는 어린아이가 서류를 찢은 ⓒ의 경우 등은 강제와 무지처럼 스스로 통제할 수 없는 요인에 의한 행위이다. 따라서 ⓛ의 관점에 따르면 ⓑ·ⓒ는 도덕적 평가 대상에 포함되지 않는다고 볼 수 있다.

풀이 포인트

추리적 사고 능력을 검증하는 문제로, 제시문에 나타난 개념, 원리 등을 종합해 〈보기〉의 구체적 상황에 적용할 수 있는지 있는지 묻고 있다. 따라서 제시문 중에서 〈보기〉의 분석에 필요한 내용을 찾아내 대조한다.

08 추론하기 정답 ①

① 4문단에 따르면 우리가 통제할 수 없는 결과에 의해 도덕적 평가가 좌우되는 결과적 운의 존재를 인정하는 어떤 철학자들은 예측할 수 없었던 결과에 의해 행위를 달리 평가하는 것은 불공평하다고 생각한다. 또한 6문단에 따르면 글쓴이는 결과적으로 성공을 했든 못했든 무책임함에 대해서는 똑같이 비난받아야 하므로 결과적 운의 존재는 부정되어야 하며, 성공보다 실패의 경우에 더 비난하는 것은 무책임한 행위가 실패했을 때보다 성공했을 때 덜 부각되기 때문이라고 주장한다. 그리고 〈보기〉에 따르면 A와 B는 무모하고 독선적인 성품이나 행위와 동기는 같은데, 상대 골키퍼의 실수 여부라는 통제할 수 없는 운에 따라 A는 득점했고 B는 득점하지 못했을 때 A보다 B가 도덕적으로 더 비난받았다. 따라서 도덕적 운의 존재를 부정하는 글쓴이의 입장에서는 A는 B에 비해 무모함과 독선이 덜 부각되었을 뿐이라고 볼 것이다.

② 6문단에 따르면 도덕적 운의 존재를 부정하는 글쓴이는 나쁜 상황에서 나쁜 행위를 할 것이라는 추측만으로 어떤 사람을 폄하하는 일은 정당하지 못하므로 상황적 운의 존재는 부정된다고 주장한다. 그러나 도덕적 운의 존재를 인정하는 어떤 철학자들이 상황적 운의 존재를 부정하는 글쓴이의 주장에 대해 어떻게 생각하는지 제시문의 내용만으로는 알 수 없다. 또한 〈보기〉의 경우는 결과적 운에 해당하는 사례이다. 따라서 도덕적 운의 존재를 인정하는 철학자가 ②의 진술처럼 A가 B의 처지라면(상대 골키퍼가 실수하지 않았다면) A가 골을 넣지 못했을 것이라는 추측만으로 A를 비난하는 것이 정당하지 않다고 본다고 추론할 수 없다.

③ 2문단에 따르면 태생적 운의 존재를 인정하는 어떤 철학자들은 우리의 행위를 결정하는 성품은 태어날 때 이미 결정되며, 우리가 통제할 수 없는 성품과 같은 요인이 도덕적 평가에 개입되는 불공평한 일이 실제로 일어난다고 주장한다. 또한 〈보기〉에 따르면 A와 B는 무모하고 독선적인데, A와 B 중 누가 더 그러한지는 알 수 없다. 따라서 태생적 운의 존재를 인정하는 철학자가 ③의 진술처럼 B가 A보다 무모하고 독선적인 성품을 천부적으로 더 가지고 있으므로 더 비난받아야 한다고 본다고 추론할 수 없다.

④ 3문단에 따르면 상황적 운의 존재를 인정하는 어떤 철학자들은 똑같은 성품이더라도 어떤 상황에 처하느냐에 따라 그 성품이 발현되기도 하고 안 되기도 하며, 어떤 상황에 처하느냐는 통제할 수 없는 요인이기 때문에 나쁜 성품이 발현된 사람만을 비난하는 것은 공평하지 못하다고 주장한다. 이에 대해 상황적 운의 존재를 인정하지 않는 글쓴이는 나쁜 상황에서 나쁜 행위를 할 것이라는 추측만으로 어떤 사람을 폄하하는 일은 정당하지 못하므로 상황적 운의 존재는 부정된다고 주장한다. 또한 〈보기〉에 따르면 A와 B는 무모하고 독선적인 성품이나 행위와 동기는 같으며, 상대 골키퍼의 실수 여부는 통제할 수 없는 상황적 운의 사례에 해당한다. 그러므로 상황적 운의 존재를 부정하는 철학자라고 해도 특정 상황에서 A와 B의 동일한 성품이 발현될지 또는 발현되지 않을지 단정할 수 없다. 따라서 상황적 운의 존재를 인정하지 않는 철학자가 ④의 진술처럼 A가 B의 상황(상대 골키퍼가 실수하지 않음)에 처한다면 무모함과 독선이 발현되지 않을 것이므로 똑같이 비난받아서는 안 된다고 본다고 추론할 수 없다.

⑤ 4문단에 따르면 결과적 운의 존재를 인정하는 어떤 철학자들은 예측·통제할 수 없었던 결과에 의해 행위를 다르게 평가하는 것은 불공평하다고 생각한다. 또한 〈보기〉에 따르면 A와 B는 성품과 행위가 같으며, 득점 여부라는 결과에 따라 도덕적 평가가 다르다. 즉, 결과적 운의 존재를 인정하는 철학자는 A와 B가 다른 도덕적 평가를 받는 것을 불공평하다고 생각할 것이다. 따라서 결과적 운의 존재를 인정하는 철학자가 ⑤의 진술처럼 A보다 B가 더 무모한 공격을 했기 때문에 더 비난받아야 한다고 본다고 추론할 수 없다.

풀이 포인트

추리적 사고 능력을 검증하는 문제로, 제시문에 나타난 특정 개념의 원리를 토대로 〈보기〉에 나타난 구체적 사례에서 선택지와 같은 추론을 이끌어내는 것이 타당한지 묻고 있다. 따라서 선택지의 내용과 관계있는 정보를 제시문에서 확인해 선택지의 적절성 여부를 판별할 수 있어야 한다.

01	02	03	04	05	06	07	08		
③	④	②	⑤	⑤	④	④	③		

[01] 지문 분석

• 주제 : 후궁인 국왕의 생모에게 제사를 지내는 사당인 칠궁이 세워진 과정

• 핵심 키워드 : 육상궁, 사당, 국조속오례의, 저경궁, 대빈궁, 연호궁, 선희궁, 경우궁, 덕안궁, 칠궁

• 글의 구조
  ▷ 1문단 : 국왕의 생모가 후궁인 경우에 제사를 지내는 원칙이 무너지기 시작함
    – 조선 시대에는 국왕의 생모가 후궁이라면 그에 대한 제사를 국가의례로 간주하지 않는 것이 원칙이었다.
    – 이 원칙은 영조 때부터 무너지기 시작했는데, 영조는 자신의 생모인 숙빈 최씨를 위해 육상궁이라는 사당을 세웠으며, 숙빈 최씨에 대한 제사를 국가의례로 삼았다.
  ▷ 2문단 : 국왕의 생모인 후궁의 사당을 만들고 제사를 지낸 사례들
    – 정조는 효장세자의 생모인 정빈 이씨의 사당(연호궁)과 사도세자의 생모인 영빈 이씨의 사당(선희궁)을 만들고 제사를 지냈다.
    – 순조는 자신의 생모인 수빈 박씨를 위해 경우궁이라는 사당을 세워 제사를 지냈다.
  ▷ 3문단 : 후궁의 사당들을 관리하기 위해 조성된 칠궁
    – 후궁의 사당들의 위치가 제각각이어서 관리하기가 어려웠기에 순종은 이 사당들을 육상궁 경내로 옮겨 제사를 지내게 했다.
    – 고종의 후궁이자 영친왕 생모인 엄씨의 사당 덕안궁도 세워짐으로써 후궁을 모신 7개의 사당인 칠궁이 육상궁 경내에 조성되었다.

01 세부 내용의 이해 　　　정답 ③

③ 2문단에 따르면 사도세자는 영조의 아들이며 영빈 이씨는 사도세자의 생모라고 밝혔으므로 영빈 이씨가 영조의 후궁임을 알 수 있다. 또한 순조는 정조의 아들로서 자신의 생모인 수빈 박씨를 위해 경우궁을 세웠다고 밝혔으므로 수빈 박씨는 정조의 후궁임을 알 수 있다.

오답분석

① 경종에 관한 정보는 경종이 영조의 선왕이자 이복형이며, 자신의 생모인 희빈 장씨를 위해 대빈궁이라는 사당을 세웠다는 것이 전부이다(1문단). 또한 2문단에 따르면 영조의 뒤를 이은 정조는 선희궁과 연호궁이라는 사당을 세웠다. 선희궁은 사도세자의 생모인 영빈 이씨의 사당이며, 연호궁은 영조의 후궁이자 효장세자의 생모인 정빈 이씨의 사당이다. 그러나 경종의 생몰 연대가 제시되어 있지 않으며, 그가 자신보다 후대의 국왕이 세운 선희궁과 연호궁에서 거행되는 제사에 참석했는지의 여부도 언급되어 있지 않다.

② 1문단에 따르면 영조는 왕이 된 후에 자신의 생모인 숙빈 최씨를 위해 육상궁이라는 사당을 세웠고, 〈국조속오례의〉를 편찬할 때 육상궁에 대한 제사를 국가의례로 삼아 그 책 안에 수록해 두었다. 따라서 〈국조속오례의〉 편찬 당시에 육상궁에 대한 제사가 국가의례에 처음 포함된 것을 알 수 있다. 그러나 영조의 선왕인 경종이 세운 대빈궁이 포함되었는지는 제시문의 내용으로는 알 수 없으며, 영조보다 후대의 국왕 재위기에 세워진 연호궁(정조)·선희궁(정조)·경우궁(순조)은 〈국조속오례의〉 편찬 당시에 포함될 수 없다.

④ 3문단에 따르면 대빈궁, 연호궁, 선희궁, 저경궁, 경우궁을 육상궁 경내로 옮긴 국왕은 순종이다. 또한 일제 강점기에 덕안궁이 육상궁 경내에 세워짐에 따라 육상궁을 칠궁이라고 부르게 되었다.

⑤ 제시문에 나타난 칠궁과 그곳에서 제사를 지내는 대상을 연결하면 대빈궁은 경종의 생모인 희빈 장씨, 육상궁은 영조의 생모인 숙빈 최씨, 저경궁은 원종의 생모인 인빈 김씨, 연호궁은 효장세자의 생모인 정빈 이씨, 선희궁은 사도세자의 생모인 영빈 이씨, 경우궁은 순조의 생모인 수빈 박씨, 덕안궁은 영친왕의 생모인 엄씨이다. 이들 중에 실제로 즉위해 나라를 다스린 인물은 경종과 영조, 순조 등 3명의 국왕이다.

🔍 **배경지식**

국조속오례의
조선 영조의 명령으로 이종성 등이 1744년(영조 20년)에 편찬한 예서(禮書)로서 〈국조오례의〉의 개정판이다. 조선 전기 세조 때 편찬된 〈국조오례의〉와 비교하여 조선 후기에 의례가 어떻게 달라졌는지를 살펴볼 수 있는 사료이다.

[02] 지문 분석

- **주제** : 알타이어족설의 한계를 극복하려는 계통 연구의 최근 흐름과 남북한 학계의 이견
- **핵심 키워드** : 알타이어족, 비교언어학, 공통 조상어, 원시 부여어, 원시 한어, 중세 국어
- **글의 구조**
  ▷ 1문단 : 한국어의 알타이어족설의 근거와 한계
    - 한국어의 알타이어족설은 모음조화, 어두 자음군의 제약, 관계 대명사와 접속사의 부재 등에서 공통점이 있다는 비교언어학 분석에 근거한다.
    - 한국어의 알타이어족설은 알타이 어군과 한국어 사이의 친족 관계 및 공통 조상어로부터의 분화 과정을 설명하기 어렵다.
  ▷ 2문단 : 최근 한국어 계통 연구의 흐름과 긍정적 효과
    - 최근 한국어 계통 연구는 비교언어학 분석과 더불어 유전학적 연구, 인류학적 연구를 이용하고 있다.
    - 이런 연구들은 한국어 자료가 근본적으로 부족한 상황에서 비롯된 문제점을 극복하여 한국어의 조상어를 밝히는 데 일정한 실마리를 제시한다.
  ▷ 3문단 : 중세 국어의 분화에 대해 남북한 학계의 대립
    - 선사 시대의 한국어와 친족 관계를 맺고 있는 모든 어군들을 알 수는 없으며, 공통 조상어를 밝히기는 쉽지 않다.
    - 고구려어·백제어·신라어가 서로 다른 언어인지, 아니면 방언적 차이만을 지닌 하나의 언어인지에 대해서는 이견이 있다.
    - 중세 국어가 신라어와 고구려어 중 어떤 언어로부터 분화된 것인지와 관련해서는 남북한 학계가 대립된다.

02 일치·불일치 　　　[정답] ④

④ 3문단에 따르면 고대의 고구려어·백제어·신라어가 서로 다른 언어인지, 방언적 차이만 있는 하나의 언어인지에 대해서는 이견이 있다. 또한 고구려어가 원시 부여어에 소급되는 것과 달리 백제어와 신라어는 모두 원시 한어로부터 왔다는 것은 '고구려어 – 백제어·신라어'의 차이가 방언적 차이 이상이었음을 보여 준다. 따라서 백제어와 고구려어는 방언적 차이 이상의 차이로 인해 원시 한어(→ 백제어)와 원시 부여어(→ 고구려어) 계통으로 분류되고 있으며, 만일 방언적 차이만을 나타냈다면 서로 같은 계통으로 분류되었을 것임을 알 수 있다.

[오답분석]

① 1문단에 따르면 기초 어휘와 음운 대응의 규칙성에서 튀르크어, 몽고어, 만주·퉁구스어 등의 세 가지 알타이 어군과 한국어 사이에는 차이가 있기 때문에 한국어의 알타이어족설의 비교언어학적 근거는 한계가 있어서 한국어의 알타이어족설은 알타이 어군과 한국어 사이의 친족 관계 및 공통 조상어로부터의 분화 과정을 설명하기 어렵다.

② 2문단에 따르면 북방계의 천손 신화와 남방계의 난생 신화가 한반도에서 모두 발견된다는 점은 한국어가 북방적 요소와 남방적 요소를 함께 지니고 있음을 시사한다.

③ 2문단에 따르면 최근 한국어 계통 연구는 비교언어학 분석과 더불어 한민족 형성 과정에 대한 유전학적 연구, 한반도에 공존했던 여러 유형의 건국 신화와 관련된 인류학적 연구를 이용하고 있으며, 이런 연구들은 한국어 자료가 근본적으로 부족한 상황에서 비롯된 문제점을 극복해 한국어의 조상어를 밝히는 데 단서를 제시한다.

⑤ 3문단에 따르면 고구려어·백제어·신라어가 고려의 건국으로 하나의 한국어인 중세 국어로 수렴되었다는 것에 대해 남북한의 학계는 대립된 입장을 보이지 않으며, 중세 국어가 조선 시대를 거쳐 근대 한국어로 변모하고 현대 한국어가 되는 과정에 대해서는 견해가 일치한다.

➕ 배경지식

알타이어족설
알타이산맥의 동쪽과 서쪽에 있는 여러 언어들을 포괄하는 어족의 명칭으로서, 튀르크어(터키어), 몽고어, 만주·퉁구스어가 서로 친족 관계에 있다고 보는 학설이다. 알타이어족에 한국어나 일본어를 포함시키는 학자도 있다. 그 근거로는 모음 조화와 두음 법칙, 문법적 교착성, 어두 자음군의 제약, 자음·모음 교체 현상의 배제, 기계적인 어간과 접사 연결, 접미사의 단일 기능, 관계 대명사와 접속사의 부재 등을 들 수 있다.

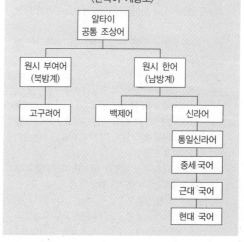

〈한국어 계통도〉

[03~05] 지문 분석

- 주제 : 조선 초의 중혼 규제를 둘러싼 법적 논의
- 핵심 키워드 : 봉작(封爵), 중혼 규제, 작첩(爵牒), 수신전(守信田), 육전등록
- 글의 구조
  ▷ 1문단 : 조선 태종 때 중혼 규제 방침을 정한 원인
    – 고려 말에는 관료들이 여러 처를 두거나 처첩의 구분이 모호한 경우가 많아서 토지나 봉작 등을 누가 받을 것인가를 두고 친족 사이에 소송이 빈번했다.
    – 이러한 분쟁의 해결과 성리학적 가족 윤리의 확립을 위해 조선 태종 때부터 중혼 규제 방침을 정했다.
  ▷ 2문단 : 사헌부의 건의로 시작된 중혼 규제
    – 사헌부에서는 △처첩을 구분할 것, △처첩의 지위를 바꾼 경우에는 원래대로 바꿀 것, △처가 있는데도 다시 처를 취한 자는 후처를 이혼시킬 것, △당사자가 이미 죽어 바꾸거나 이혼할 수 없는 경우에는 선처를 적처로 삼을 것 등을 건의했다(1413년).
  ▷ 3문단 : 유헌 등의 건으로 시행된 수정 보완 기준
    – 유헌 등은 △은의가 깊고 얕음과 동거 여부를 고려해 후처라도 작첩과 수신전을 주고 노비는 자식에게 균분할 것, △적통을 다투는 경우에는 신분・혼서・혼례를 조사해 판결하며 처인지 첩인지에 따라 그 자식에게 노비를 차등 분급할 것, △세 명의 처를 둔 경우에는 종신토록 같이 산 자에게 작첩과 수신전을 주되 노비는 세 처의 자식에게 균분할 것, △영락 11년(태종 13) 3월 11일 이후 처가 있는데 또 처를 얻은 자는 후처와 이혼시키되 아버지가 죽은 후 자손들이 적통을 다투면 선처를 적통으로 삼을 것 등을 제시했다(1414년).
  ▷ 4문단 : 자식과 아버지의 다른 처와의 관계에 대한 논란
    – 수정 보완 기준이 〈육전등록〉에도 수록되어 실시되었다.
    – 자식이 아버지의 다른 처와 어떤 관계로 설정되어야 하는지에 논란이 발생하였다.
    – 이담은 백 씨와 혼인한 상태에서 다시 이 씨에게 장가들었는데, 백 씨의 아들인 이효손이 이 씨를 위한 상복을 입지 않자 이 씨의 아들인 이성손이 사헌부에 고발했다.
    – 이효손이 상복을 어떻게 입어야 하는지를 두고 조정 관료들의 의견이 갈렸다.
  ▷ 5문단 : 집현전의 의견
    – 집현전에서는 △백 씨와 이 씨는 모두 적처이고, △〈육전등록〉에서 이미 여러 처를 인정하였으니 이효손은 이 씨를 위해서도 상복을 3년 입어야 한다고 아뢰었다.

  ▷ 6문단 : 예조의 의견
    – 예조에서는 △백 씨는 선처이고 이담과 평생 동거하였으니 그 의리가 이 씨와 같지 않으며, △이효손(백 씨의 아들)이 이 씨를 위해 친모와 똑같이 한다면 친모를 내치는 꼴이 되므로 이효손은 상복을 1년 입어야 한다고 아뢰었다.
  ▷ 7문단 : 이조판서 정인지의 의견
    – 이조판서 정인지는 △예에는 두 명의 처를 두지 않으며, △동거 여부를 고려함으로써 문란함을 방기하게 만드는 〈육전등록〉은 항구적인 법식으로는 삼을 수 없으므로 두 아내의 아들들은 각각 자기 어머니에 대해서만 상복을 입게 해야 한다고 아뢰었다.
  ▷ 8문단 : 정창부윤 정척의 의견
    – 정창부윤 정척은 〈육전등록〉상 선처・후처의 법에 의거해 이를 계모에 견주어 상복을 3년 입고, 훗날 백 씨의 상에는 이성손이 3년을 입게 하자고 아뢰었다.
  ▷ 9문단 : 어떤 이의 의견
    – 어떤 이는 이 씨를 강등해 첩모로 대우해 첩모를 위한 상복을 입는 것이 마땅하다고 하였다.

03 일치・불일치 [정답] ②

② 3문단에 따르면 대사헌 유헌 등은 ⓛ(수정 보완 기준)에서 만약 처첩의 자식들 사이에 적통을 다투는 경우에는 신분・혼서 및 혼례를 조사하여 판결하며, 처인지 첩인지에 따라 그 자식에게 노비를 차등 분급하게 할 것을 제시했다.

[오답분석]

① 2문단에 따르면 혼서의 유무와 혼례식 여부로 처와 첩을 구분하자는 사헌부의 건의가 받아들여져 중혼에 대한 ⓗ(규제)이 시작되었다. 따라서 처첩을 구분하는 기준은 ①의 진술처럼 생사 여부가 아니라 혼서의 유무와 혼례식 여부임을 알 수 있다.

③ 2문단에 따르면 ⓗ에서는 처와 첩의 지위를 바꾼 경우에는 처벌 후 원래대로 바꿔야 한다고 주장했다. 또한 ⓛ은 ⓗ을 수정・보완한 기준이므로 ⓗ의 내용 중에 수정하지 않는 것은 그대로 유지했을 것이다. 따라서 ⓗ과 ⓛ은 모두 처와 첩을 바꾸는 행위를 처벌했을 것이다.

④ 2문단에 따르면 ⓗ에서는 처가 있는데도 다시 처를 취한 자는 처벌 후 후처를 이혼시킬 것을 주장했다. 또한 3문단에 따르면 ⓛ에서도 처가 있는데 또 처를 얻은 자는 엄히 징계하여 후처와 이혼시킬 것을 주장했다. 따라서 ⓗ과 ⓛ 모두 후처를 이혼시켜야 한다고 주장하고 있음을 알 수 있다.

⑤ ⓛ은 ⓗ을 수정・보완한 기준으로서, 3문단에 따르면 ⓛ은 은의가 깊고 얕음과 동거 여부를 고려해 선처와는 은의가 약하고 후처와 종신토록 같이 살았다면 후처라도 작첩과 수신전을 주어야 한다고 주장했다. 즉, 은의와 동거 여

부는 중혼 허용의 기준이 아니라 작첩과 수신전을 인정하는 기준인 것이다. 또한 3문단에 따르면 영락 11년(태종 13) 3월 11일 이후부터 처가 있는데 또 처를 얻은 자는 엄히 징계하여 후처와 이혼시킬 것을 주장했다. 즉, 영락 11년 3월 11일 이후로는 중혼을 인정하지 않는 것이다.

04 세부 내용의 이해 　　　　정답 ⑤

⑤ 4문단에 나타난 백 씨와 이 씨 등을 처로 둔 이담의 중혼은 영락 11년(태종 13) 3월 11일보다 앞선 것이므로 처벌과 이혼의 대상이 되지 않는다. 또한 8문단에 따르면 ⓓ(경창부윤 정척)는 백 씨의 아들인 이효손은 이 씨를 위해 3년 동안 상복을 입고, 이 씨의 아들인 이성손 또한 백 씨가 사망하면 3년간 상복을 입을 것을 주장했다. 9문단에 따르면 ⓔ는 후처인 이 씨를 첩모로 대우해 첩모를 위한 상복을 입는 것이 마땅하다고 주장했다. 따라서 ⓓ와 ⓔ는 모두 이 씨를 위해 이효손이 상복을 입어야 한다는 것에 동의하며, 상복을 입는 기간이 다름을 알 수 있다.

오답분석

① 5문단에 따르면 ⓐ(집현전)는 〈육전등록〉에서 이미 여러 처를 인정했으니 이효손(백 씨의 아들)은 이 씨를 위해서도 상복을 3년 입어야 한다고 주장했다. 즉, 〈육전등록〉에 따르면 백 씨와 이 씨 모두 적처이므로 동일한 기간(3년) 동안 상복을 입어야 한다는 것이다. 따라서 ①의 진술처럼 ⓐ에 따르면 이 씨의 아들인 이성손도 백 씨가 사망할 경우에는 3년 동안 상복을 입어야 한다.

② 6문단에 따르면 ⓑ(예조)는 〈육전등록〉에서 백 씨와 이 씨를 모두 적처로 인정했지만, 이효손이 이 씨를 위해 친모와 똑같이 한다면 친모를 내치는 꼴이 될 것이므로 상복은 1년 입어야 한다고 주장했다. 따라서 ②의 진술처럼 ⓑ에 따르면 이 씨가 아버지의 적처라고 해도 경우에 따라 백 씨와 이 씨를 어머니로서 다르게 대우해야 한다고 주장할 것이다.

③ 6문단에 따르면 ⓑ(예조)는 여러 처를 모두 적처로 인정한다는 〈육전등록〉의 규정을 받아들였으며, 여러 처에 대한 대우를 다르게 해야 하는데, 이렇게 차등 대우해도 이 씨를 첩모로 대우하는 것은 아니라고 주장했다. 즉, 백 씨와 이 씨 모두 적처라고 인정하는 것이다. 또한 7문단에 따르면 ⓒ(이조판서 정인지)는 예에는 두 명의 처를 두지 않는데, 〈육전등록〉은 여러 명의 처를 두는 것을 인정해 문란함을 방기하게 되었으므로 〈육전등록〉은 항구적인 법식으로는 삼을 수는 없으며, 두 아내의 아들들은 각각 자기

어머니에 대해서만 상복을 입어야 한다고 주장했다. 즉, 여러 명의 처를 두는 것을 부정적으로 여기지만 백 씨와 이 씨 모두를 적처로 인정하는 것이다. 따라서 ③의 진술처럼 ⓑ와 ⓒ는 모두 백 씨와 이 씨를 적처로 인정한다.

④ 7문단에 따르면 ⓒ는 두 아내의 아들들은 각각 자기 어머니에 대해서만 상복을 입어야 한다고 주장한다. 즉, 이효손은 친모인 백 씨가 사망할 경우에만 상복을 입고, 이 씨를 위해서 상복을 입지 말아야 한다고 보았다. 또한 8문단에 따르면 ⓓ는 이효손은 사망한 이 씨를 계모에 견주어 3년 동안 상복을 입어야 하며, 마찬가지로 이성손도 훗날 백 씨가 사망하면 3년 동안 상복을 입어야 한다고 주장했다. 그러므로 이효손은 ⓒ에 따르면 이 씨를 위해 상복을 입지 말아야 하며, ⓓ에 따르면 입어야 한다.

05 추론하기 　　　　정답 ⑤

⑤ 2문단에 따르면 혼서의 유무와 혼례식 여부로 처와 첩을 구분해야 한다는 사헌부의 건의가 받아들여져 중혼에 대한 규제가 시작되었다. 그러므로 〈보기〉에서 혼서·혼례 없이 박원동의 아내가 된 노 씨는 법적으로 첩이며, 혼서·혼례가 있는 김 씨(선처)와 허 씨(후처)는 적처로 인정된다. 또한 3문단에 따르면 처와 첩을 구분하는 규제는 수정 보안 기준에서도 유지되었다. 즉, 법적으로 1명의 첩과 2명의 처가 존재하는 것이다. 따라서 세 명의 처를 둔 경우의 규정을 적용할 것이라는 ⑤의 진술은 적절하지 않다.

오답분석

① 3문단에 따르면 수정 보완 기준에 따라 아버지가 죽은 후 자손들이 적통을 다툴 경우에는 선처를 적통으로 삼는다는 규정이 적용되기 시작한 시기는 태종 13년(1413년) 3월 11일 이후부터이며, 〈보기〉의 소송이 제기된 시기는 1413년 5월 박길동이 사망한 이후이다. 즉, 〈보기〉의 소송은 3문단에 나타난 규정처럼 선처를 우선해 판결될 것이다. 그런데 법적으로 노 씨는 첩, 김 씨는 선처, 허 씨는 후처이므로 김 씨를 적통으로 보아 ①의 진술처럼 김 씨에게 작첩과 수신전이 주어질 것이다.

② 3문단에 따르면 수정 보완 기준에 따라 중혼이 징계와 강제 이혼의 대상이 되는 시기는 태종 13년(1413년) 3월 11일 이후이다. 그러나 〈보기〉에 나타난 박길동과 노 씨, 김 씨, 허 씨 등의 부부 관계는 1413년 이전에 성립되었으므로 박길동의 중혼은 수정 보완 기준에 따른 징계 대상이

되지 않는다. 마찬가지로 4문단에 나타난 이담의 중혼도 태종 13년 이전의 일이어서 처벌의 대상이 아니다.

③ 2문단에 따르면 혼서의 유무와 혼례의 여부로 처와 첩을 구분한다. 또한 3문단에 따르면 은의가 깊고 얕음과 동거 여부를 고려해 선처와 후처 중에서 작첩과 수신전을 받을 자를 결정하며, 처첩의 자식들 사이에 적통을 다투는 경우에는 신분·혼서·혼례를 조사해 판결하고, 처인지 첩인지에 따라 그 자식에게 노비를 차등 분급한다. 즉, 생모와 아버지의 혼서·혼례 여부, 은의의 깊고 얕음, 동거 여부 등에 따라 자식의 적통이 결정되는 것이다. 따라서 ③의 진술처럼 박일룡이 첫아들로서 집안의 일을 주관했다는 사실은 판결에 영향을 끼치지 못하므로 법적으로는 첩의 자식이므로 적통이 될 수 없고, 다만 노비를 차등 분급받을 수 있을 것이다.

④ 3문단에 따르면 은의가 깊고 얕음과 동거 여부를 고려해 선처와는 은의가 약하고 후처와 종신토록 같이 살았다면 후처라도 작첩과 수신전을 주었다. 또한 선처인 김 씨는 박길동과 별거해 친정인 창녕에 거주했고, 후처인 허 씨가 한양에서 박길동과 평생 동거했다. 따라서 ④의 진술처럼 허 씨가 작첩과 수신전을 받았을 것이다.

🔍 배경지식

조선 시대의 처첩제

조선은 일부일처제를 법으로 규정해 여러 명의 처를 두는 것을 금지하는 한편 여러 명의 첩을 두는 것을 허용했으며, 정당한 이유 없이 처를 버리지 못하게 했으나 첩을 버리는 것은 규제하지 않았다. 즉, 법적으로 처는 단 1명뿐이며, 처가 아닌 모든 아내는 첩이 되었다. 자식을 낳은 첩은 남편의 자식들이 서모로서 예우하며, 첩이 낳은 자식은 아버지의 재산을 일부 상속받는 등 권리를 일부 인정받았다. 그러나 첩과 그의 자식들은 사회적·정치적으로 차별 대우를 받아야 했다. 이는 처를 적통자로서 집안을 온전하게 유지하는 가정의 관리자로 여기기 때문에 처와 첩 사이의 질서를 규제함으로써 첩으로 인해 처의 지위가 침해되는 것을 막으려 한 장치로 볼 수 있다.

[06~08] 지문 분석

• **주제** : 역사를 아(我)와 비아(非我)의 투쟁 과정으로 인식한 신채호의 사상

• **핵심 키워드** : 신채호, 투쟁과 연대, 자성, 항성, 변성, 소아, 대아, 상속성, 보편성, 신국민, 동양주의, 민중 연대

• **글의 구조**
  ▷ 1문단 : 신채호의 사상을 바르게 이해하기 위해 필요한 '아(我)'에 대한 정확한 이해
    – 신채호는 역사를 아(我)와 비아(非我)의 투쟁 과정이라고 정의했다.
    – 신채호의 사상에서 투쟁과 연대는 모순되지 않는 요소였음을 바르게 이해하려면 아를 정확하게 이해할 필요가 있다.
  ▷ 2문단 : 아의 정의와 자성(自性)의 두 가지 요소
    – 아는 자기 본위에서 자신을 자각하는 주체인 동시에 항상 나와 상대하고 있는 존재인 비아와 마주 선 주체이다.
    – 아의 자성(나의 나됨)은 고유성을 유지하려는 항성과 환경의 변화에 적응하려는 변성이라는 두 요소로 이루어지며, 자성은 시대와 환경에 따라 변한다.
  ▷ 3문단 : 소아와 대아의 구분과 비교
    – 신채호는 아를 소아와 대아로 구분했는데, 소아는 개별화된 개인적 아, 대아는 국가와 사회 차원의 아이다.
    – 소아는 자성을 갖지만 상속성·보편성을 갖지 못하고, 대아는 자성을 갖고 상속성·보편성을 가질 수 있다.
    – 보편성의 확보를 통해 상속성이 실현되며 상속성의 유지를 통해 보편성이 실현된다.
    – 대아가 자성을 자각하면 항성·변성의 조화를 통해 상속성·보편성을 실현할 수 있다.
    – 대아의 항성이 크고 변성이 작으면 환경에 순응하지 못해 멸절할 것이며, 항성이 작고 변성이 크면 환경에 주체적으로 대응하지 못해 우월한 비아에게 정복당한다.
  ▷ 4문단 : 신채호가 제시한 신국민의 개념과 동양주의에 반대한 이유
    – 아의 개념을 통해 투쟁과 연대에 관한 신채호의 인식을 정확히 이해할 수 있다.
    – 일본의 제국주의 침략에 직면해 신채호는 조선 민족이 신국민이 될 때 민족 생존이 가능하다고 보았다.
    – 신국민은 역사적 주체 의식이라는 항성과 제국주의 국가에 대응해 생긴 국가 정신이라는 변성을 갖춘 조선 민족의 근대적 대아이다.

– 신채호는 동양주의는 비아인 일본이 아가 되어 동양을 통합하는 길이기에, 조선 민족인 아의 생존이 위협받는다고 보았기 때문에 동양주의에 반대했다.

▷ 5문단 : 민중 연대를 통해 제국주의에 저항하는 주체가 되는 조선 민중

– 신채호는 조선 민중을 아의 중심에 놓으면서, 아에도 일본에 동화된 '아 속의 비아'가 있고, 일본이라는 비아에도 아와 연대할 수 있는 '비아 속의 아'가 있음을 밝혔다.

– 신채호는 조선 민중을 민족 생존과 번영을 달성할 수 있는 주체이자 제국주의 국가에서 제국주의를 반대하는 민중과의 연대를 통하여 부당한 폭력과 억압을 강제하는 제국주의에 함께 저항할 수 있는 주체로 보았다.

– 민중 연대를 통해 '인류로서 인류를 억압하지 않는' 자유를 지향했다.

06 일치·불일치   정답 ④

④ 3문단에 따르면 신채호는 아(我)를 개별화된 개인적 아인 소아와, 국가와 사회 차원의 아인 대아로 구분했다. 그러나 ④의 진술처럼 대아의 역사적 기원과 관련한 내용은 제시문에 나타나 있지 않다.

오답분석

① 1문단에 따르면 신채호의 사상에서 투쟁과 연대는 모순되지 않는 요소였음을 바르게 이해하기 위해서는 그의 사상의 핵심 개념인 '아'를 정확하게 이해할 필요가 있다.

② 2문단에 따르면 신채호는 아의 자성, 곧 '나의 나됨'은 항성(恒性)과 변성(變性)이라는 두 요소로 이루어져 있다고 하였다.

③ 3문단에 따르면 신채호는 아를 소아(=개별화된 개인적 아)와 대아(=국가와 사회 차원의 아)로 구별하고, 소아는 자성은 갖지만 상속성·보편성을 갖지 못하지만, 대아는 자성을 갖고 상속성과 보편성을 가질 수 있다고 하였다.

⑤ 5문단에 따르면 신채호는 조선 민중을 제국주의 국가에서 제국주의를 반대하는 민중과의 연대를 통하여 부당한 폭력과 억압을 강제하는 제국주의에 함께 저항할 수 있는 주체로 보았다. 즉, 제국주의 국가에서 제국주의에 반대하는 민중과 조선 민중이 연대해 제국주의에 저항할 수 있다는 점을 민중 연대의 의의로 본 것이다.

07 세부 내용의 이해   정답 ④

④ 3문단에 따르면 대아가 자성을 자각한 이후 항성과 변성의 조화를 통해 상속성과 보편성을 실현할 수 있다. 그러나 대아의 항성이 크고 변성이 작으면 환경에 순응하지 못해 멸절할 것이며, 항성이 작고 변성이 크면 환경에 주체적으로 대응하지 못해 우월한 비아에게 정복당한다고 하였다.

오답분석

① 3문단에 따르면 신채호는 아를 소아와 대아로 구별했으며, 소아는 자성은 갖지만 상속성과 보편성을 갖지 못한다고 하였다. 따라서 ①의 진술처럼 자성을 갖춘 모든 아가 반드시 상속성과 보편성을 갖는다고 볼 수 없다.

② 2문단에 따르면 신채호는 아의 자성은 항성과 변성의 두 가지 요소로 이루어진다고 하였다. 또한 3문단에 따르면 소아는 상속성과 보편성을 갖지 못하는 반면에 대아는 자성을 갖고 상속성과 보편성을 가질 수 있다고 하였다. 따라서 ②의 진술처럼 소아의 항성과 변성이 조화를 이룬다고 해도 대아로서의 상속성과 보편성이 모두 실현된다고 볼 수 없다.

③ 3문단에 따르면 상속성은 시간적 차원에서 아의 생명력이 지속되는 것을, 보편성은 공간적 차원에서 아의 영향력이 파급되는 것을 뜻한다. 또한 신채호는 대아의 항성(=스스로의 고유성을 유지하려는 성질)이 작고 변성(=환경의 변화에 대응해 적응하려는 성질)이 크면 환경에 주체적으로 대응하지 못해 우월한 비아에게 정복당한다고 하였다. 고유성을 상속성과, 적응성을 보편성과 연계해 이해한다면 ③의 진술처럼 대아의 항성이 작고 변성이 클 경우에는 상속성은 실현되기 어렵다고 볼 수 있다.

⑤ 3문단에 따르면 신채호는 소아는 상속성과 보편성을 갖지 못한다고 하였다. 따라서 ⑤의 진술처럼 상속성과 보편성의 실현 여부를 소아와 연결해 설명할 수 없다.

③ 4문단에 따르면 신채호가 제시한 신국민은 상속성과 보편성을 지닌 대아로서, 역사적 주체 의식이라는 항성과 제국주의 국가에 대응하여 생긴 국가 정신이라는 변성을 갖춘 조선 민족의 근대적 대아를 가리킨다. 또한 5문단에 따르면 그는 조선 민중을 아의 중심에 놓고, 조선 민중을 민족 생존과 번영을 달성할 수 있는 주체이자 제국주의 국가에서 제국주의를 반대하는 민중(=비아 속의 아)과의 연대를 통해 제국주의에 함께 저항할 수 있는 주체로 보았다. 따라서 신채호가 조선 민중과의 연대 대상으로 삼은 것은 ③의 진술처럼 비아가 아니라 '비아 속의 아'인 것이다.

[오답분석]

① 2문단에 따르면 신채호는 조선 민족의 생존과 발전의 길을 모색하기 위해 〈조선 상고사〉를 저술해 아의 특성을 규정했다. 또한 5문단에 따르면 그는 조선 민중을 제국주의에 저항할 수 있는 주체로 보았다. 따라서 ①의 진술처럼 신채호가 〈조선 상고사〉를 집필한 목적은 제국주의에 저항하는 대아로서 조선 민족이 자성을 어떻게 유지·계승할 수 있는지 모색하기 위한 것임을 알 수 있다.

② 4문단에 따르면 신채호가 일본을 중심으로 서구 열강에 대항하자는 동양주의에 반대한 이유는 동양주의는 비아인 일본이 아가 되어 동양을 통합하는 길이기에 조선 민족인 아의 생존이 위협받는다고 보았기 때문이다. 따라서 ②의 진술처럼 동양주의로 인해 조선 민족의 아의 항성(=스로의 고유성을 유지하려는 성질)이 작아져 자성을 유지하기 어렵다고 보았기 때문에 동양주의에 반대했음을 알 수 있다.

④ 4문단에 따르면 신채호가 제시한 신국민은 상속성과 보편성을 지닌 대아로서, 제국주의 국가에 대응해 생긴 국가 정신이라는 변성을 갖춘 조선 민족의 근대적 대아이다. 따라서 ④의 진술처럼 일본 제국주의의 침략이 아의 상속성과 보편성을 유지하지 못하게 만든다고 생각했기 때문에 일본 제국주의에 맞서 독립 투쟁을 했음을 알 수 있다.

⑤ 5문단에 따르면 신채호는 제국주의 국가에서 제국주의를 반대하는 민중(=비아 속의 아)과 조선 민중이 연대해 부당한 폭력과 억압을 강제하는 제국주의에 함께 저항할 수 있다고 보았으며, 이러한 민중 연대를 통해 '인류로서 인류를 억압하지 않는' 자유를 지향했다. 따라서 ⑤의 진술처럼 제국주의 국가에서 제국주의를 반대하는 민중과 식민지 민중이 연대하면 억압을 이겨 내고 자유를 얻을 수 있다고 생각했음을 알 수 있다.

⊕ 배경지식

동양주의

동양을 지리적·문화적 동일자로 포괄해 이해하려는 사상으로서, 부정적인 의미가 강한 개념이다. 특히 일제 강점기 말기 일본 제국주의가 태평양 전쟁에서 승리하기 위해 내세운 반서구주의 등을 가리킨다. 이러한 동양주의는 일본을 중심으로 동양이 연대해 서양의 침략을 방어하자는 정치적 논리, 서양의 문화보다 동양의 문화가 우월하다는 문화적 논리 등을 아우른다.

01	02	03	04	05	06	07			
①	②	②	⑤	②	⑤	①			

[01] 지문 분석

- 주제 : 조선 시대의 가도와 '피맛골'의 지명 유래
- 핵심 키워드 : 가도, 봉도, 벽제, 경도잡지, 피마
- 글의 구조
  ▷ 1문단 : 조선 시대 '가도를 하는 방식
    − 조선 시대의 '가도'는 지체 높은 관리의 행차 때 하인들이 그 앞에 서서 꾸짖는 소리를 크게 내어 행차에 방해되는 사람을 물리치는 것이며, 왕의 행차 때 하는 가도는 '봉도'이다.
    − 정1품관인 삼정승의 행차 때 내는 벽제 소리는 크지 않았고 그 행차 속도도 여유가 있었던 것은 행차를 느리게 하는 방식으로 위엄을 차리기 위한 것이다.
    − 병조판서의 행차 때 내는 벽제 소리는 병조판서의 행차답게 날래고 강렬했다.
  ▷ 2문단 : 위엄을 과시하는 관례로 변질된 가도에 대한 서민들의 대응 방식
    − 가도는 행차 앞에 방해되는 자가 없어도 위엄을 과시하는 관례로 굳어졌다.
    − 가도 소리를 듣고도 모른 척하면 엄벌을 면치 못했기 때문에 서민들로서는 벼슬아치들의 행차를 피해 다른 길로 통행하는 것이 상책이었다.
  ▷ 3문단 : 피맛골이라는 지명의 유래
    − 서울 종로의 피맛골은 서민들이 벼슬아치들의 행차를 피해 오가던 뒷골목이었다.
    − 산분이 낮은 서민들은 벼슬아치들의 행차와 그 가도를 피하기 위해 뒷골목으로 다니는 행위를 '피마'라고 불렀다.
    − 피맛골은 서민들의 입장에서 볼 때 자유롭게 통행할 수 있는 일종의 해방구였다.

01 일치·불일치 정답 ①

① 1문단에 따르면 정1품관인 영의정·좌의정·우의정의 행차 때 내는 벽제 소리는 그리 크지 않았으나, 병조판서의 행차 때 내는 벽제 소리는 병조판서의 행차답게 날래고 강렬했다.

[오답분석]

② 1문단에 따르면 지체 높은 관리의 행차 때 하인들이 그 앞에 서서 꾸짖는 소리를 크게 내어 행차에 방해되는 사람을 물리치는 행위를 '가도'라 하며, 국왕의 행차 때 하는 가도는 특별히 '봉도'라고 불렀다.

③ 1문단에 따르면 가도는 잡인들의 통행을 막는 것이기도 했기 때문에 '벽제'라고도 불렀다. 그러나 ③의 진술처럼 서민들에 대한 감시가 증가했는지는 제시문에 나와 있지 않기 때문에 알 수 없다.

④ 3문단에 따르면 피마는 원래 벼슬아치들이 길을 가다가 자기보다 높은 관리를 만날 때, 말에서 내려 길옆으로 피해 경의를 표하는 행위를 뜻하는 말이었는데, 신분이 낮은 서민들은 벼슬아치들의 행차와 그 가도를 피하기 위해 뒷골목으로 다니는 행위를 '피마'라고 불렀다. 즉, 말에서 내려 길을 피한다는 뜻의 피마는 서민들이 벼슬아치의 가도를 피해 뒷골목으로 다니는 행위라는 뜻으로 썼다.

⑤ 3문단에 따르면 서울 종로의 피맛골이라는 명칭은 서민들이 벼슬아치들의 행차를 피해 뒷골목으로 다니던 것에서 비롯되었다. 그러나 ⑤의 진술처럼 벼슬아치들의 행차를 피하기 위해 형성된 장소가 서울에만 있었는지는 제시문에 나와 있지 않기 때문에 알 수 없다.

🔍 배경지식

가도, 봉도, 벽제

- **가도(呵道/呵導)** : 조선 시대에 높은 벼슬아치가 다닐 때 길을 인도하는 하인이 앞에서 소리를 질러 행인들을 비키게 하던 일, 또는 그 일을 맡은 하인
- **봉도(奉導)** : 임금이 거둥할 때 수레를 편안히 모시라고 별감이 소리를 지르며 경계하던 일
- **벽제(辟除)** : 지위가 높은 사람이 행차할 때 그가 부리는 아랫사람이 잡인의 통행을 금하던 일

[02] 지문 분석

- 주제 : 조선 시대 이혼이 거의 불가능하고 불필요했던 이유
- 핵심 키워드 : 대명률, 출처(出妻), 적처(嫡妻), 칠거지악(七去之惡)
- 글의 구조
  - ▷ 1문단 : 조선이 이혼을 법적으로 금지한 이유
    - 조선은 가족의 안정이 곧 사회의 안정이라는 인식하에, 가정의 핵심인 부부를 보호하기 위해 이혼을 막았다.
    - 조선은 이혼을 허용한 중국의 〈대명률〉을 준용하면서도 '조선에는 이혼이란 없다.'라는 태도를 견지했다.
    - 조선은 출처(出妻)가 사회 안정에 도움이 되지 않는다는 사실을 잘 파악하고 있었다.
  - ▷ 2문단 : 양반가에서 이혼이나 출처에 부정적이었던 이유
    - 부인을 쫓아내면 적처가 없게 되므로 양반가는 이혼이나 출처에 부정적이었다.
    - 적처의 존재는 필수 불가결했으며, 새 부인을 얻는 일은 골치 아픈 일이었으며, 적처 집안과의 관계 단절도 문제시되었다.
  - ▷ 3문단 : 재혼을 통해 더 나은 관계를 찾는 것이 쉽지 않은 이유
    - 조선 전기에는 적처(여자) 집안의 영향력이 컸고, 남녀 양가는 비교적 대등하고 협력적인 관계를 맺었으며, 조선 후기에도 여자 집안의 영향력과 지원은 중요했다.
    - 여자 집안과의 공조를 끊는 것은 쉽게 결정할 일이 아니었으며, 재혼을 통해 더 나은 관계를 찾는 것은 쉽지 않은 일이었다.
  - ▷ 4문단 : 조선의 부부들이 이혼보다는 상황에 적응하려고 노력한 이유
    - 조선에서 남자 집안은 새로운 관계를 찾기보다는 처음 맺은 관계를 우호적으로 유지하면서 사회적인 이익을 위해 노력하는 것이 더 현실적이었다.
    - 이혼이 거의 불가능하고 불필요했기 때문에 조선의 부부들은 이혼하기보다는 주어진 상황에 적응하려고 노력했다.

일치·불일치　　　정답 ②

② 2문단에 따르면 적처를 쫓아내고 새 부인을 얻는다는 것은 현실적으로 비용과 노력이 많이 드는 골치가 아픈 일이었으며, 4문단에 따르면 남자 집안은 새로운 관계를 찾기보다는 처음 맺은 관계를 우호적으로 유지하면서 사회적인 이익을 얻기 위해 노력하는 것이 더 현실적이었다.

오답분석

① 4문단에 따르면 조선은 이혼이 거의 불가능하고 불필요했다. 따라서 ①의 진술처럼 이혼이 빈번했다고 말할 수 없으며, 양반 계층보다는 평민이나 노비 계층에서 이혼이 많았는지도 제시문에 나와 있지 않기 때문에 알 수 없다.

③ 2문단에 따르면 적처는 양반가에서 적자의 배우자로 집안을 온전하게 유지하는 가정의 관리자였기 때문에 적처의 존재는 필수 불가결한 것이었다. 그러나 ③의 진술처럼 조선 시대 부인의 역할이 중국과 달랐는지는 제시문에 나와 있지 않기 때문에 알 수 없다.

④ 1문단에 따르면 부인이 남편을 때렸거나 간통을 했을 경우 남편이 원하면 이혼을 허용했던 중국의 〈대명률〉을 조선은 준용하면서도 '조선에는 이혼이란 없다.'라는 태도를 견지했고, 조선에서는 출처가 거의 명목상으로만 존재하였다. 따라서 ④의 진술처럼 조선이 이혼을 실질적으로 용인했다고 볼 수 없다.

⑤ 3문단에 따르면 조선 전기나 후기 모두 남자 집안에서 여자 집안과의 공조를 끊는 것은 쉽게 결정할 일이 아니었으며, 4문단에 따르면 새로운 관계를 찾기보다는 처음 맺은 관계를 우호적으로 유지하면서 사회적인 이익을 얻기 위해 노력하는 것이 더 현실적이었다. 그러나 ⑤의 진술처럼 국가에서 남녀 집안 간의 공조를 유지하기 위한 지원 정책을 실시했는지는 제시문에 나와 있지 않기 때문에 알 수 없다.

⊕ 배경지식

대명률(大明律)

중국 당나라의 법률을 참고해 명나라 때 편찬된 형법전(刑法典)으로서, 명례율·이율·호율·예율·병률·형률·공률의 일곱 편으로 이루어졌다. 대명률은 조선의 〈경국대전〉, 〈경제육전〉의 제정에 많은 영향을 주었다.

PART 1

DAY 01
DAY 02
DAY 03
DAY 04
DAY 05
DAY 06
DAY 07
DAY 08
DAY 09
DAY 10

[03~04] 지문 분석

- 주제 : 타락한 세계를 넘어설 수 있는 길을 제시한 채만식의 〈탁류〉
- 핵심 키워드 : 채만식의 〈탁류〉, 자본주의, 교환가치, 교환의 정치경제학, 증여의 윤리
- 글의 구조
  ▷ 1문단 : 채만식이 〈탁류〉에서 조선인의 현실을 대하는 태도
    – 채만식의 소설 〈탁류〉는 조선인의 궁핍한 현실을 중요한 문제로 삼았으며, 현실을 대하는 태도에는 식민지 근대화 과정에 대한 작가의 민감한 시선이 드러난다.
    – '초봉'의 몰락 과정에서 드러나는 작가의 민감한 시선은 인간과 사물을 환금의 가능성으로만 파악하는 자본주의의 기제가 인간의 순수한 영혼을 잠식하면서 그 이윤 추구의 원리를 확대 재생산하는 과정을 보여 준다.
  ▷ 2문단 : 태수의 사악한 증여로 인해 타락한 교환가치의 세계 속에 빠진 초봉
    – 초봉은 가족을 위해서 자기희생을 마다하지 않는 순수한 영혼의 소유자이다.
    – 태수가 초봉에게 끊임없이 베푸는 행위가 사악한 증여인 것은 태수의 증여는 노동을 통해 조금씩 무언가를 축적해 가는 초봉의 삶의 방식을 회의에 빠뜨리기 때문이다.
    – 태수가 증여를 반복해 초봉의 호의적인 시선을 얻어내는 순간부터 그는 증여의 대가로 무언가를 요구함으로써 초봉을 타락한 교환가치의 세계 속으로 끌어들인다.
  ▷ 3문단 : 제호의 제안과 형보의 성적 착취 때문에 몰락한 초봉
    – 제호가 초봉의 육체를 돈으로 측량하고 초봉과의 거래를 제안하자 초봉은 그 제안을 받아들임으로써 초봉은 상품으로 전락한다.
    – 형보는 초봉과 송희 모녀의 호강을 구실로 초봉에게 가학성을 드러내면서 잉여의 성적 착취를 반복한다.
  ▷ 4문단 : 추악한 세상의 탁류에서 벗어날 수 있는 가능성과 가치를 찾으려 한 채만식
    – 초봉은 교환의 정치경제학을 자기화함으로써 결국 영혼이 없는 자동인형으로 전락하는 과정에서 자신의 인격을 버리고 스스로를 상품으로 만들었다.
    – 초봉은 여성의 몸을 상품화하는 자본주의 기제의 노회함과 집요함 앞에 굴복했다.
    – 채만식은 〈탁류〉에서 의미 있는 삶의 형식, 나은 미래를 가능케 할 잠재적 가능성·가치들을 탐색함으로써 추악한 세상의 탁류에서 벗어날 가능성을 찾으려 했다.
  ▷ 5문단 : 〈탁류〉에서 타락한 교환의 질서를 탈피할 수 있는 구원의 가능성
    – 〈탁류〉가 세상을 위험이 가득한 곳으로 묘사할 수 있었던 것은 그 위험 속에 같이 자라는 구원의 힘을 어느 정도 감지했기 때문일 것이다.
    – 구원의 가능성은 초봉이 형보를 죽였다는 점으로만 한정되지는 않으며, 〈탁류〉에는 타락한 교환의 질서 바깥으로 나갈 수 있는 여러 계기들이 산재해 있다.
    – 〈탁류〉는 초봉과 승재의 삶에서 드러나는 증여의 삶, 즉 '증여의 윤리'를 타락한 세계를 넘어설 수 있는 길로 제시한다.

03 세부 내용의 이해 　　　정답 ②

② 2문단에 따르면 태수의 끊임없는 증여는 노동을 통해 조금씩 무언가를 축적해 가는 초봉의 삶의 방식을 회의에 빠뜨렸으며, 태수는 이러한 증여 행위를 집요하게 반복함으로써 초봉의 호의적인 시선을 얻어낸다. 또한 이렇게 시선이 호의적으로 변화된 순간부터 태수는 초봉에게 증여의 대가로 무언가를 요구함으로써 초봉을 타락한 교환가치의 세계 속으로 끌어들인다. 즉, 태수의 집요하고 사악한 증여 때문에 초봉은 노동을 통해 조금씩 무언가를 축적해 빈곤을 극복할 수 있다는 믿음을 잃고 타락한 교환가치의 세계로 빠지게 된 것이다. 따라서 초봉이 노동에 의해 빈곤에서 벗어날 수 있다는 믿음을 되찾았다는 ②의 진술은 적절하지 않다.

[오답분석]

① 2문단에 따르면 초봉은 경제적 어려움에 시달리는 가족을 위해서라면 자기희생을 마다하지 않는 순수한 사람이며, 노동을 통해 조금씩 무언가를 축적해 가는 고유한 삶의 모럴을 갖고 있었다. 그러나 태수의 사악하고 집요한 증여 때문에 초봉은 타락한 교환가치의 세계 속으로 빠진다. 즉, ㉠은 초봉이 타락한 교환가치의 세계에 빠지기 이전의 상황을 가리킨다고 볼 수 있다.

③ 3문단에 따르면 초봉은 자신의 육체를 돈으로 측량한 제호와의 거래를 받아들임으로써 스스로 상품으로 전락하게 되며, 형보는 초봉과 송희 모녀의 호강을 구실로 초봉에게 가학적인 성적 착취를 반복한다. 또한 4문단에 따르면 초봉은 교환의 정치경제학을 자기화함으로써, 즉 육체를 상품으로 한 금전적 거래를 스스로 받아들임으로써 ㉡으로 전락하고 말았다. 따라서 ㉡은 초봉이 환금 가능성으로만 인간을 파악하는 타락한 교환가치의 세계에 빠져 본래의 순수한 영혼을 잃고 상품으로 전락한 초봉의 몰락 결과를 가리킨다고 볼 수 있다.

④ 1문단에 따르면 소설 〈탁류〉는 1935년에서 1937년에 이르는 2년간의 이야기로, 궁핍화가 극에 달해 연명에 관심을 가질 수밖에 없었던 조선인의 현실을 중요한 문제로 삼았으며, 작가 최만식은 〈탁류〉를 통해 식민지 근대화 과정 중에 전 지구적 자본주의 시스템과 토착적 시스템의 갈등으로 인해 발생한 굴곡진 수많은 우여곡절에 주목하였다. 이러한 굴곡진 우여곡절의 상황으로 〈탁류〉에서 제시된 것이 초봉의 몰락이다. 초봉이 인간, 특히 여성의 몸을 환금이 가능한 상품으로 파악하는 물신적 자본주의를 받아들이게 됨으로써 기존에 가지고 있던 노동에 대한 믿음 같은 자신의 순수한 영혼을 잃게 된다. 이렇듯 〈탁류〉는 초봉이 순수함을 잃고 타락해 환금이 가능한 상품으로 전락하는 과정을 묘사함으로써 조선의 식민지 근대화 과정에서 타락한 자본주의 기제와 식민지적 상황이 '초봉'처럼 수많은 순수한 조선인들을 타락시키는 상황을 비판하고 있는 것이다. 따라서 ⓔ은 초봉의 순수함을 파괴하는 자본주의 기제의 교활한 속성을 가리킨다고 볼 수 있다.

⑤ 5문단에 따르면 〈탁류〉가 식민지 상황에 처한 조선을 인간이 상품으로 몰락할 위험이 가득한 곳으로 묘사할 수 있었던 것은 그러한 위험과 함께 자라는 구원의 힘을 감지했기 때문일 것이다. 그리고 초봉이 자신을 가학적으로 성적 착취한 형보를 죽인 것, 송희를 낳은 초봉이 어머니의 마음을 갖게 된 것, 계봉이 일하는 만큼의 대가를 얻어야 한다는 철칙을 지니고 있는 것, 승재가 남에게 그저 순수한 의도로 베풀려고 한 것 등 타락한 교환의 질서 바깥으로 나갈 수 있는 여러 계기들에서 구원의 가능성을 확인할 수 있다. 따라서 ⓜ은 몰락의 위험이 있는 자본주의 기제에서 오히려 구원의 가능성을 찾아냄으로써 왜곡된 자본주의 논리를 극복할 수 있음을 역설적으로 표현한 것으로 볼 수 있다.

🔍 배경지식

〈탁류(濁流)〉
채만식이 1937년 10월부터 이듬해 5월까지 조선일보에 연재한 장편 소설로서, 정초봉의 기구한 삶을 통해 당시 식민지 한국의 비참한 현실을 사실적으로 풍자한 리얼리즘 작품이다. 자신을 성적으로 착취하던 장형보를 죽인 정초봉이 정계봉과 남승재의 권유로 자수한다는 비극으로 끝나지만, 정초봉이 주체적인 존재가 되어 장형보에게 저항한 것과 시대의 탁류에 휘말리지 않고 자신의 순수성을 지키려 한 정계봉과 남승재를 통해 밝은 미래에 대한 희망을 형상화했다.

04 추론하기
정답 ⑤

⑤ 5문단에 따르면 계봉은 일하는 만큼의 대가를 얻어야 한다는 철칙을 지니고 살아가는 인물이며, 승재는 남에게 그저(=대가 없이) 베풀려고 하는 순수한 증여의 삶을 실천하는 인물이다. 이러한 계봉의 가치관과 승재의 순수한 증여 행위는 타락한 세계를 넘어설 수 있는 길이 된다. 따라서 계봉은 노동한 만큼의 대가를 받아야 한다는 철칙을 지니고 있기 때문에 계봉이 〈보기〉에서 입술을 꽉 다문 것은 승재의 도움을 쉽사리 받아들이지 못하겠다는 의미로 볼 수 있다.

[오답분석]

① 1문단에 따르면 경제적 어려움에 시달리던 초봉의 몰락 과정은 인간과 사물을 환금의 가능성으로만 파악하는 자본주의 기제가 인간의 순수한 영혼을 잠식하고, 이윤 추구의 원리를 확대 재생산하는 과정을 보여 준다. 또한 5문단에 따르면 승재는 남에게 그저 베풀려고 하며 증여의 윤리를 실천하는 인물이다. 따라서 초봉을 몰락하게 만든 돈은 이윤 추구 원리의 작동을 구체화하는 반면에 승재가 계봉에게 주는 돈은 순수한 증여를 구체화한다고 볼 수 있다.

② 3문단에 따르면 객관적인 지표를 가지고 초봉의 육체를 돈으로 평가한 제호가 초봉과 육체 관계를 맺자고 제안하고 초봉은 이 제안을 흔쾌하게 받아들인다. 즉, 여성의 몸을 환금이 가능한 상품으로 여겨 '객관적인 지표'라는 속물적인 논리를 통해 초봉과 육체 관계를 맺으려는 의지를 관철한 것이다. 그러나 〈보기〉에 나타난 승재는 계봉을 걱정하는 마음만으로 계봉에게 돈을 내놓는 순수한 증여의 삶을 실천하는 인물이다.

③ 3문단에 따르면 형보는 초봉과 송희 모녀의 호강을 구실로 가학성을 노골적으로 드러내면서 잉여의 성적 착취를 반복하는 인물로서, 타락한 사회에 동화된 초봉이 어떠한 고통을 겪더라도 이 세계 바깥으로 나갈 용기를 낼 수 없다고 확신했기에 초봉의 거부감을 아랑곳하지 않았다. 즉, 형보는 돈의 위력을 믿고 초봉과 송희 모녀를 호강시켜 주겠다는 구실로 초봉을 성적으로 착취하면서도 초봉의 고통을 아랑곳하지 않았다. 또한 〈보기〉에 나타난 계봉은 돈을 건네는 승재에게 고마움과 기쁨을 느끼지만, 일한 만큼의 대가를 받아야 한다는 자신의 철칙을 지키려는 자존심 때문에 돈을 받을 수 없다고 거절하는 상반된 태도를 보인다.

④ 2문단에 따르면 태수는 초봉에게 검은 의도를 숨긴 채 사악한 증여를 하는 인물이다. 태수는 집요하게 증여 행위를 반복함으로써 노동을 통해 조금씩 무언가를 축적해 가려는 초봉의 삶의 방식을 무너뜨리고 마침내 초봉에게 증여의 대가로 무언가를 요구함으로써 초봉을 타락한 교환가치의 세계 속으로 끌어들인다. 즉, 의도가 불순한 태수의 증여는 초봉을 타락한 교환가치의 세계 속에 빠지게 만들며, 초봉 입장에서는 태수의 증여를 받을수록 타락한 교환가치의 세계에서 벗어나기가 더욱 힘들어질 것이다. 또한 5문단에 따르면 승재는 대가를 바라지 않고 베푸는 증여의 삶을 실천하는 인물로서, 이러한 증여의 윤리는 타락한 교환의 질서 바깥으로 나갈 수 있는 계기가 될 수 있다.

PART 1

DAY 01
DAY 02
DAY 03
DAY 04
DAY 05
DAY 06
DAY 07
DAY 08
DAY 09
DAY 10

➕ **배경지식**

교환가치

일정량의 재화·용역이 다른 종류의 재화·용역과 어떤 비율로 교환될 수 있는가 하는 상대적 가치, 즉 해당 재화·용역을 가지고 다른 재화·용역과 교환할 수 있는 구매력을 뜻한다. 경제학에서 논하는 교환가치는 화폐의 출현으로 인해 가격으로 표현될 수 있다. 즉, 가격은 화폐로 표현된 상품의 가치인 것이다.

[05~07] 지문 분석

- 주제 : 독서의 목적과 가치
- 핵심 키워드 : 독서, 자기 성찰
- 글의 구조
  ▷ 1문단 : 독서의 위대함을 분명하게 말해 주는 사진
    - 전쟁의 폐허 속에서도 사람들이 책을 찾아 서가 앞에 선 이유는 갑작스레 닥친 상황에서 독서를 통해 무언가를 구하고자 했기 때문일 것이다.
  ▷ 2문단 : 자신을 성찰하는 계기를 제공하는 독서
    - 독서는 자신을 살피고 돌아볼 계기를 제공함으로써 어떻게 살 것인가의 문제를 생각하게 한다.
    - 책은 인류의 지혜와 경험이 담겨 있는 문화유산이며, 독서는 인류와의 만남이자 끝없는 대화이다.
    - 독서는 자기 성찰의 행위이며, 성찰의 시간은 깊이 사색하고 스스로에게 질문을 던지는 시간이다.
    - 사진 속의 사람들이 책을 찾은 것은 자신의 삶에 대한 숙고의 시간이 필요했기 때문이다.
  ▷ 3문단 : 세상을 바꾸는 동력으로서의 독서
    - 독서는 현실을 올바로 인식하고 당면한 문제를 해결할 논리와 힘을 지니게 한다.
    - 독서는 세상에 대한 안목을 키우는 데 필요한 지식을 얻는 과정이다.
    - 독서는 독자에게 올바른 식견을 갖추고 당면한 문제를 해결할 방법을 모색하게 함으로써 세상을 바꾼다.
    - 서가 앞에 선 사람들도 시대적 과제를 해결할 실마리를 책에서 찾으려 했던 것이다.
  ▷ 4문단 : 자기 내면으로의 여행이자 외부 세계로의 확장으로서의 독서
    - 독서는 자기 내면으로의 여행이며 외부 세계로의 확장이다.
    - 폐허 속에서도 책을 찾은 사람들은 자신과 현실에 대한 이해를 구하고자 책과의 대화를 시도하고 있었던 것이다.

05　세부 내용의 이해　　　정답　②

② ㉠의 질문은 결국 독서의 진정한 가치는 무엇인가를 묻는 것이다. 2문단에 따르면 사진 속의 이들이 책을 찾은 것은 혼란스러운 현실을 외면하려 한 것이 아니라 자신의 삶에 대한 숙고의 시간이 필요했기 때문이다. 즉, 독서는 현실을 외면하려 하는 것이 아니라 자신의 삶에 대한 숙고의 시간을 준다는 가치가 있다. 따라서 폐허 속에서도 사람들이 책을 찾아 서가 앞에 선 것은 현실로부터 도피할 방법을 구하기 위해서라는 ②의 진술은 적절하지 않다.

오답분석

① 2문단에 따르면 책은 인류의 지혜와 경험이 담겨 있는 문화유산이며, 독서는 인류와의 만남이자 끝없는 대화이다. 따라서 폐허 속에서도 사람들이 책을 찾아 서가 앞에 선 것은 인류의 지혜와 경험을 배우기 위해서라는 ①의 진술은 적절하다.

③ 3문단에 따르면 서가 앞에 선 사람들은 시대적 과제를 해결할 실마리를 책에서 찾으려 했던 것이다. 따라서 폐허 속에서도 사람들이 책을 찾아 서가 앞에 선 것은 시대적 과제를 해결할 실마리를 찾기 위해서라는 ③의 진술은 적절하다.

④ 2문단에 따르면 사진 속의 사람들이 책을 찾은 것도 혼란스러운 현실을 외면하려 한 것이 아니라 자신의 삶에 대한 숙고의 시간이 필요했기 때문이다. 따라서 폐허 속에서도 사람들이 책을 찾아 서가 앞에 선 것은 자신의 삶에 대해 숙고할 시간을 갖기 위해서라는 ④의 진술은 적절하다.

⑤ 3문단에 따르면 책은 세상에 대한 안목을 키우는 데 필요한 지식을 담고 있으며, 독서는 그 지식을 얻는 과정이다. 따라서 폐허 속에서도 사람들이 책을 찾아 서가 앞에 선 것은 세상에 대한 안목을 키우는 지식을 얻기 위해서라는 ⑤의 진술은 적절하다.

06　추론하기　　　정답　⑤

⑤ 먼저 〈보기〉에 따르면 관점이 다른 책들을 함께 읽는 것은 해법을 찾는 방법 가운데 하나이다. 이러한 방법의 과정은 '문제가 무엇인지를 명확히 함 → 문제와 관련된 서로 다른 관점의 책 찾기 → 자신의 관점에서 각 관점들을 비교·대조하기 → 정보의 타당성을 비판적으로 검토하기 → 평가한 내용을 통합하기 → 문제를 다각적·심층적으로 이해함 → 자신의 관점을 분명히 함 → 생각을 발전시켜 관점을 재구성함 → 해법 도출'로 도식화해 정리할 수 있다. 3문단에 따르면 세상을 변화시킬 동력을 얻는 독서 시간은 책에 있는 정보를 이해하는 데 그치는 것이 아니라 그 정보가 자신의 관점에서 문제를 해결할 수 있는 타당한 정보인지를 판단하고 분석하는 시간이어야 한다. 따라서 ㉡과 같이 독서하기 위해서는 비판적 판단을 유보해야 한다는 ⑤의 진술은 적절하지 않다.

① 〈보기〉 따르면 해법을 찾기 위해 관점이 다른 책들을 함께 읽을 때는 먼저 문제가 무엇인지를 명확히 한 후에 문제와 관련된 서로 다른 관점의 책을 찾는다. 따라서 ⓒ과 같이 독서하기 위해서는 책을 선택하기 전에 문제가 무엇인지를 명확하게 인식해야 한다는 ①의 진술은 적절하다.

② 〈보기〉 따르면 해법을 찾기 위해 관점이 다른 책들을 함께 읽으면 각 관점들을 비교·대조하면서 정보의 타당성을 비판적으로 검토하고 평가한 내용을 통합함으로써 문제를 다각적·심층적으로 이해하게 된다. 따라서 ⓒ과 같이 독서하기 위해서 편협한 시각에서 벗어나 문제를 폭넓게 보아야 한다는 ②의 진술은 적절하다.

③ 〈보기〉 따르면 해법을 찾기 위해 관점이 다른 책들을 함께 읽을 때는 자신의 관점에서 각 관점들을 비교·대조하면서 정보의 타당성을 비판적으로 검토하고 평가한 내용을 통합함으로써 자신의 생각을 발전시켜 관점을 재구성할 수 있게 된다. 따라서 ⓒ과 같이 독서하기 위해서는 서로 다른 관점을 비판적으로 통합해 문제에 대한 생각을 새롭게 구성할 수 있어야 한다는 ③의 진술은 적절하다.

④ 〈보기〉 따르면 해법을 찾기 위해 관점이 다른 책들을 함께 읽으면 각 관점들을 비교·대조하면서 정보의 타당성을 비판적으로 검토하고 평가한 내용을 통합함으로써 문제를 다각적·심층적으로 이해할 수 있게 된다. 따라서 ⓒ과 같이 독서하기 위해서는 각 관점의 타당성을 검토하고 평가 내용을 통합함으로써 문제를 깊이 이해해야 한다는 ④의 진술은 적절하다.

07 비판하기   정답 ①

① 2문단에 따르면 독자의 경험과 책에 담긴 수많은 경험들의 만남(=독서)은 성찰의 기회를 제공함으로써 독자의 내면을 성장시켜 삶을 바꾸며, 이런 의미에서 독서는 자기 성찰의 행위이고, 성찰의 시간은 깊이 사색하고 스스로에게 질문을 던지는 시간이어야 한다. 또한 독서 기록장에서 '학생'은 스스로에게 질문을 던지는 독서 시간이 자신에 대해 사색하며 삶을 가꾸는 소중한 시간임을 느낀다고 하였다. 따라서 ①의 진술처럼 '학생'은 삶을 성찰하게 하는 독서의 가치를 깨닫고 이를 실천하려는 모습을 보이고 있다고 볼 수 있다.

② 제시된 독서 기록장의 내용 중에는 ②의 진술처럼 독서 습관이 문학 분야에 편중되었는지, 다양한 분야의 책을 읽으려 하는지 등을 판단할 수 있는 근거가 없다.

③ 제시된 독서 기록장의 내용 중에는 ③의 진술처럼 독서를 지속적으로 하지 못했는지, 장기적인 독서 계획을 세우고 있는지 등을 판단할 수 있는 근거가 없다.

④ 제시된 독서 기록장에 따르면 '학생'은 스스로에게 질문을 던지는 독서 시간이 자신에 대해 사색하며 삶을 가꾸는 소중한 시간이라고 느끼고 있다. 즉, 내면적 성장을 위한 도구로서의 독서의 중요성을 인식하고 있는 것이다. 그러나 ④의 진술처럼 다양한 매체를 활용한 독서의 방법을 제안하고 있지 않다.

⑤ 제시된 독서 기록장에 따르면 '학생'의 독서 대부분은 정보 습득을 위한 것이었으며, 책의 내용이 그대로 머릿속으로 옮겨져 지식이 쌓이기만을 바랐지 내면의 성장을 생각하지 못했다. 따라서 개인의 지적 성장에 머무는 자신의 독서의 한계를 지적하고 있는 것이다. 그러나 ⑤의 진술처럼 타인과 경험을 공유하는 독서 토론의 필요성을 강조하고 있지 않다.

인문·예술과 관련한 **지문 독해** 연습하기   DAY **09**   문제편 p.053

맞힌 개수   틀린 개수

개 | 개

PART 1

DAY 01

DAY 02

DAY 03

DAY 04

DAY 05

DAY 06

DAY 07

DAY 08

DAY 09

DAY 10

01	02	03	04	05	06	07	08	09	
①	②	③	③	④	③	④	③	②	

[01] 지문 분석

- 주제 : 조선왕조실록의 간행 과정과 '수정실록'이 간행된 원인
- 핵심 키워드 : 조선왕조실록, 사초, 실록청, 일기청, 붕당
- 글의 구조
  ▷ 1문단 : 조선왕조실록의 역사적 가치
  – 조선왕조실록은 조선 시대 국왕의 재위 기간의 중요 사건들을 정리한 기록물이다.
  – 유네스코는 조선왕조실록을 세계 기록 유산으로 등재하였다.
  ▷ 2문단 : 실록의 간행 과정
  – 실록의 간행 과정은 길고 복잡했는데, 실록청은 사관이 매일 기록한 사초에 담긴 내용을 취사선택해 실록을 만든 후 해산했다.
  – 실록은 전왕의 묘호를 붙여 '○○실록'이라고 불렀다.
  ▷ 3문단 : '일기'가 조선왕조실록에 포함되는 이유
  – 정변으로 왕이 바뀌었을 때에는 그 뒤를 이은 국왕이 실록청 대신 일기청을 설치해 '○○○일기(日記)'라는 명칭으로 간행했다.
  – '일기'의 간행 과정은 실록과 동일했기 때문에 조선왕조실록에 포함되었다.
  – 노산군이 단종으로 복위된 후로 〈노산군일기〉를 〈단종실록〉으로 고쳐 부르게 되었다.
  ▷ 4문단 : 실록 내용에 영향을 끼친 붕당 간의 대립
  – 조선 후기 붕당 간의 대립은 실록 내용에도 영향을 미쳤다.
  – 효종 때부터는 집권 붕당이 다른 붕당을 폄훼하려고 실록을 수정하는 일이 벌어졌고, 원래의 실록과 구분해 '○○수정실록'이라는 명칭을 붙였다.

01 추론하기   정답 ①

① 2문단에 따르면 새로 즉위한 왕은 선왕의 재위 기간 동안 사관이 기록한 사초를 정리해 실록을 간행할 실록청을 세웠다. 또한 4문단에 따르면 효종의 다음 왕은 현종이다.

따라서 ①의 진술처럼 현종 때 설치된 실록청에서 〈효종실록〉을 간행했을 것이다.

오답분석

② 3문단에 따르면 정변으로 왕이 바뀌었을 때에는 실록청이 아니라 일기청을 설치해 물러난 왕의 재위 기간에 있었던 일을 '○○○일기(日記)'라는 명칭으로 정리해 간행했으며, 단종은 계유정난으로 왕위에서 쫓겨난 후에 노산군으로 불렸기 때문에 세조 때 〈노산군일기〉가 간행되었다. 따라서 세조 때 설치된 일기청에서 〈노산군일기〉를 간행했을 것이다.

③ 4문단에 따르면 조선 후기 붕당 간의 대립은 실록 내용에도 영향을 끼쳤는데, 효종 때부터는 집권 붕당이 다른 붕당을 폄훼하려고 이미 만들어진 실록을 수정해 간행하는 일이 벌어졌다. 이때 수정된 실록에는 원래의 실록과 구분해 '○○수정실록'이라는 명칭을 붙였다. 따라서 〈선조실록〉을 수정한 〈선조수정실록〉은 효종 즉위 이후에 간행되었을 것이다.

④ 1문단에 따르면 유네스코는 태조부터 철종까지의 시기에 있었던 사건들이 담긴 조선왕조실록 총 1,893권, 888책을 세계 기록 유산으로 등재하였다. 또한 2문단에서 〈철종실록〉이 고종 때에 간행되었다고 했으므로 고종이 철종보다 나중에 즉위했음을 알 수 있다. 따라서 〈고종실록〉은 세계 기록 유산으로 등재된 조선왕조실록에 포함되지 않음을 알 수 있다.

⑤ 3문단에 따르면 '일기'는 명칭만 '실록'이라고 부르지 않을 뿐이며, 간행 과정은 그와 동일했기 때문에 '일기'도 세계 기록 유산으로 등재된 조선왕조실록에 포함된다. 따라서 〈광해군일기〉도 세계 기록 유산으로 등재된 조선왕조실록에 포함됨을 알 수 있다.

🔍 **배경지식**

조선왕조실록

조선 태조 때부터 철종 때까지 25대 472년 동안(1392~1863)의 역사적 사실을 편년체로 쓴 조선 왕조의 관찬 역사서이다. 다만 〈고종실록〉과 〈순종실록〉은 일제 강점기에 일본인들이 주관하여 편찬했기 때문에 일반적으로 조선왕조실록에 포함하지 않는다. 조선왕조실록(오대산사고본)은 국보로 지정되었으며, 단일 왕조의 방대한 역사서로서 정확성·객관성·공정성을 인정받아 1997년에 유네스코 세계 기록 유산으로 등재되었다. 현재 문화재청 국립고궁박물관에서 소장해 관리하고 있다.

[02] 지문 분석

- 주제 : 조선 시대에 형이 확정되는 과정
- 핵심 키워드 : 평문(平問), 형문(刑問), 본형(本刑), 태형, 장형(곤장)
- 글의 구조
  ▷ 1문단 : 형문을 시행하는 경우와 매를 제한하는 규정
    − 조선 시대에는 죄인이 자백을 한 경우에만 형이 확정되었기 때문에 평문을 시행했을 때 피의자가 자백을 하지 않으면 매를 쳐 자백을 받는 형문을 시행했다.
    − 매는 한 번에 30대를 넘길 수 없었고, 한 번 매를 치면 3일 후에야 다시 매를 칠 수 있었으며, 이렇게 두 번 매를 친 후에는 더 이상 매를 칠 수 없었다.
  ▷ 2문단 : 매를 치는 수효와 도구의 종류
    − 본형으로 매를 맞을 사람에게는 형문 과정에서 맞은 매의 수만큼 빼 주어야 했고, 매의 합계는 그 죄의 대가로 맞도록 규정된 수를 초과할 수 없었다.
    − 매의 종류는 태형과 장형으로 나뉘었으며, 태형은 길고 작은 매로 때리는 것이고(50대 이하), 장형은 태형보다 더 큰 매로 치는 것이다(60대 ~ 100대).
    − 장형을 칠 때 대개는 '신장'이라는 도구를 사용했으며, 종이 상전을 다치게 했을 경우에는 신장보다 더 두꺼운 '성장'을, 반역죄와 같이 중한 죄인을 다룰 경우에는 '성장'보다 더 두꺼운 '국장'을 사용했다.
  ▷ 3문단 : 매를 맞는 피의자가 죽었을 경우의 문책 규정
    − 매를 때리다가 피의자가 죽으면 책임자를 파직하거나 장례 비용을 내게 했다.
    − 반역죄인은 매의 수에 제한이 없으며, 매를 맞다가 죽어도 책임자를 문책하지 않았다.
  ▷ 4문단 : 처벌을 강화하는 경우
    − 남의 재물을 강탈한 초범은 60대를 쳤으나, 재범이거나 3명 이상이 집단으로 강탈하면 처벌을 강화해 100대를 쳤다.
    − 남의 재물을 강탈한 자의 경우 형문할 때와 본형으로 처벌할 때 택하는 매의 종류가 같았다.

02 세부 내용의 이해   정답 ②

② 4문단에 따르면 조선 시대에는 남의 재물을 강탈한 자를 처벌할 때 초범인 경우에는 60대를 쳤으며, 재범이거나 3인 이상 무리를 이루어 남의 재물을 강탈했을 때에는 100대를 때렸다. 또한 2문단에 따르면 50대 이하로 때리는 것은 태형이고, 60대부터 100대까지 때리는 것은 장형이다. 따라서 ②의 진술처럼 3인 이상이 무리를 지어 남의 재물을 강제로 빼앗으면 장형 100대로 처벌했음을 알 수 있다.

오답분석

① 3문단에 따르면 형문이나 본형 과정에서 매를 때리다가 피의자가 죽는 경우에는 책임자를 파직하거나 그로 하여금 장례 비용을 내게 했으나, 반역죄인의 경우에는 문책 규정이 없었다. 그러나 ①의 진술처럼 피의자가 평문을 받다가 사망했을 경우에 심문한 사람이 장례 비용을 내게 했는지는 제시문의 내용만으로는 알 수 없다.

③ 1문단에 따르면 조선 시대에는 어떤 경우라도 피의자로부터 죄를 자백 받아야 하며, 죄인이 자백을 한 경우에만 형이 확정되었다. 또한 관리들은 자백을 받기 위해 대개 말로 타일러 자백을 받아내는 평문을 시행했고, 그래도 자백을 하지 않으면 매를 쳐 자백을 받는 형문을 시행했다. 즉, 형을 확정하려면 반드시 자백을 받아야 했기 때문에 평문과 형문을 시행했던 것이다. 따라서 반역 혐의자의 자백을 받기 위해 형문 과정에서 국장으로 때릴 수는 있겠으나 ③의 진술처럼 자백을 받지 않는 것은 아니다.

④ 1문단에 따르면 형문 과정에서 매를 칠 때에는 한 번에 30대를 넘길 수 없었고, 한 번 매를 친 후에는 3일이 지나야만 다시 매를 칠 수 있었으며, 이렇게 두 번 매를 친 후에는 형문으로 더 이상 매를 칠 수 없었다. 즉, 최대 60대(＝30대×2회)까지만 때릴 수 있었던 것이다. 또한 4문단에 따르면 남의 재물을 강탈한 자를 처벌할 때 초범은 60대를 때렸으나, 초범이더라도 3인 이상이 무리를 지어 범죄했거나 재범인 경우는 100대를 때렸다. 따라서 상전의 명을 어긴 혐의로 형문을 받는 자는 최대 60대를 맞을 수 있고, 남의 재물을 강탈한 자는 경우에 따라 60대 또는 100대를 맞을 수 있다.

⑤ 1문단에 따르면 죄인이 자백을 한 경우에만 형이 확정되는데, 대개 평문을 먼저 시행하며 그래도 자백하지 않으면 형문을 시행했다. 또한 2문단에 따르면 평문이나 형문을 통해 자백을 받아 범죄 사실이 확정되면 본형이 집행되었으며, 본형에서는 50대 이하를 때리는 태형과 60대 ~ 100대를 때리는 장형(곤장)을 시행했다. 따라서 평문 과정에서 죄인이 자백하면 굳이 형문을 시행할 필요가 없으며, 본형이 집행된다. 제시문 중에서 처벌 면제 조항과 관련한 내용은 없다.

🔍 배경지식

태형과 장형
- **태형(笞刑)** : 작고 긴 형장으로 죄인의 볼기를 치는 형벌로서, 죄의 경중에 따라 10대, 20대, 30대, 40대, 50대 등의 5등급으로 구분해 매를 쳤다. 돈이나 면포를 내면 매를 맞지 않을 수도 있었다.
- **장형(杖刑)** : 태형보다 더 큰 형장으로 죄인의 볼기를 치는 형벌로서, 태형보다 한 단계 무거운 형벌이다. 죄의 경중에 따라 60대, 70대, 80대, 90대, 100대 등의 5등급으로 구분해 매를 쳤다. 태형과 마찬가지로 돈이나 면포를 내면 매를 맞지 않을 수도 있었다.

PART 1

DAY 01

DAY 02

DAY 03

DAY 04

DAY 05

DAY 06

DAY 07

DAY 08

DAY 09

DAY 10

[03~05] 지문 분석

- 주제 : 시간 여행의 논리적 문제
- 핵심 키워드 : 4차원주의자(영원주의자), 3차원주의자, 현재주의자, 시간여행, 조건부 결정론자
- 글의 구조
  ▷ 1문단 : 시간의 흐름 여부에 대한 긍정과 부정의 인식 차이
    – 4차원주의자(영원주의자)의 주장처럼 시간이 흐르지 않는다면, 과거·현재·미래는 똑같이 존재할 것이다.
    – 시간의 흐름 여부에 대한 인식의 차이는 과거·현재·미래에 대한 개념과 표상의 차이를 초래한다.
    – 시간의 흐름을 부정하는 영원주의자에게 과거·현재·미래 사이에는 선후 관계만 존재하며, 과거·현재·미래는 동시에 존재한다.
    – 시간의 흐름을 긍정하는 3차원주의자에게 과거·현재·미래는 의미와 표상이 서로 다르며, 이러한 3차원주의자 중에서 현재주의자는 오직 현재만이 존재한다고 본다.
  ▷ 2문단 : 다수의 현재주의자들이 주장하는 도착지 비존재의 문제
    – 현재주의자에 따르면 시간여행은 시간 퍼즐의 여러 조각 중 하나를 찾아가는 것이 아니다.
    – 다수의 현재주의자들은 과거와 미래는 실재하지 않기 때문에 시간여행은 불가능하다고 본다(도착지 비존재의 문제).
  ▷ 3문단 : 소수의 현재주의자들이 주장하는 출발지 비존재의 문제
    – 시간여행이 가능하다고 보는 소수의 현재주의자들에 따르면 시간여행을 통해 도착한 과거는 이제 현재가 된다.
    – 그런데 현재주의자는 미래의 비존재를 주장하므로, 과거에 도착한 시간여행자는 존재하지 않는 미래에서 출발해 현재에 도착한 셈이다(출발지 비존재의 문제).
    – 3차원주의 세계에서 시간여행이 가능하다는 점을 입증하려면 출발지 비존재의 문제를 해소해야 한다.
  ▷ 4문단 : 3차원주의자의 '출발지 미결정' 주장에 대한 비판과 그 비판을 반박하는 조건부 결정론자의 주장
    – 시간여행이 가능하다고 보는 3차원주의자는 '출발지 비존재'를 '출발지 미결정'으로 보게 되면 문제가 해소된다고 주장할 수 있다. 시간여행자가 과거에 도착하는 순간 미결정된 미래로부터 현재로 이동한 것이 된다.

    – 3차원주의자의 주장은 미래는 아직 존재하지 않기에 전혀 결정되지 않았으며 아직 결정되지 않은 것이 다른 어떤 것의 원인이 될 수 없으므로 시간여행은 불가능하다는 비판에 직면할 수 있다.
    – 이러한 비판에 대한 반박으로 조건부 결정론자는 미래는 계속 미결정된 것이 아니라, 시간여행 여부에 따라 미결정 또는 결정되었다고도 할 수 있으므로 출발지 미결정의 문제가 해소되어 시간여행에 걸림돌이 없다고 주장한다.
    – 그러나 시간여행이 3차원주의와 양립할 수 없음을 고수하는 이들은 출발지 비존재의 문제를 출발지 미결정의 문제로 대체해 이를 해소하는 전략을 수용하지 않을 것이다.

03 세부 내용의 이해 [정답] ③

③ 2문단에 따르면 영원주의자는 현재에서 과거, 미래의 특정 시점을 찾아가는 것은 시간 퍼즐의 여러 조각 중 하나를 찾아가는 것이라고 생각했다. 또한 4문단에 따르면 조건부 결정론자는 미래는 계속 미결정된 것이 아니라, 시간여행 여부에 따라 미결정 또는 결정되었다고도 할 수 있으므로 출발지 미결정의 문제가 해소되어 시간여행에 걸림돌이 없다고 주장한다. 즉, 조건부로 시간여행이 가능하다고 보는 것이다. 따라서 ③의 진술처럼 영원주의자와 조건부 결정론자 모두 과거로 가는 시간여행이 가능하다고 봄을 알 수 있다.

[오답분석]

① 1문단에 따르면 영원주의자들에게 매 순간은 시간의 퍼즐을 이루는 하나의 조각처럼 이미 주어져 있다. 즉, 미래는 이미 결정되어 있다고 보는 것이다. 반면에 1문단에 따르면 현재주의자는 과거·현재·미래 가운데 오직 현재만이 존재한다고 보며, 2문단에 따르면 현재주의자 중에 다수는 이미 흘러간 과거와 아직 오지 않은 미래는 실재하지 않는다고 본다. 즉, 현재만이 존재할 뿐 미래에 대해 결정되어 있는 것은 없다고 보는 것이다.

② 1문단에 따르면 영원주의자에게 과거·현재·미래 사이에는 선후 관계만이 존재하는데, 현재는 과거의 뒤이고 동시에 미래의 앞일 뿐이며, 과거·현재·미래는 똑같이 존재한다. 즉, 영원주의자는 과거·현재·미래가 똑같이 존재한다고 보기 때문에 영원주의자는 출발지는 더 이상 존재하지 않는다고 본다는 ②의 진술은 적절하지 않다. 반면에 3문단에 따르면 현재주의자는 미래의 비존재를 주장하므로 과거(T_{n-1})에 도착한 시간여행자는 존재하지 않는 미래에서 출발해 현재에 도착한 셈이다(출발지 비존재의 문제). 즉, 현재주의자 중에 다수는 시간여행자가 과거에 도착하는 순간 T_n이라는 출발지는 미래가 되고, 현재주의자는 미래의 비존재를 주장하므로 출발지는 존재하지 않게 된다고 보는 것이다.

④ 1문단에 따르면 시간이 흐르지 않는다고 주장하는 영원주의자(4차원주의자)에게 시제는 특별한 의미를 가지지 않는다. 반면에 시간이 흐른다고 주장하는 3차원주의자의 견해처럼 시간이 흐른다면 과거·현재·미래 시제는 모두 다른 의미나 표상을 지닌다. 그리고 현재주의자와 조건부 결정론자는 3차원주의자에 속한다. 따라서 현재주의자 중에 다수와 조건부 결정론자는 모두 시제가 특별한 의미를 가지지 않는다고 보는 것이다.

⑤ 2문단에 따르면 현재주의자 중에 다수는 시간여행이 불가능하다고 주장하며, 과거와 미래는 실재하지 않는다는 도착지 비존재의 문제를 제시한다. 즉, 도착지가 존재하지 않는다고 보는 것이다.

04 추론하기 정답 ③

③ 1문단에 따르면 시간이 흐르지 않는다는 4차원주의자의 주장처럼 시간이 흐르지 않는다면 과거·현재·미래는 똑같이 존재할 것이다. 따라서 시간은 흐르지 않는다고 보므로 시간의 흐름을 거슬러 올라갈 수 있다고 생각한다는 ③의 진술은 적절하지 않다.

오답분석

① 1문단에 따르면 시간이 흐른다는 3차원주의자의 견해처럼 시간이 흐른다면 과거·현재·미래 시제는 모두 다른 의미나 표상을 지닌다. 이러한 생각을 지니는 3차원주의자들 중에 오직 현재만이 존재한다고 보는 사람이 바로 현재주의자이다. 또한 2문단에 따르면 다수의 현재주의자는 이미 흘러간 과거와 아직 오지 않은 미래는 실재하지 않기 때문에(도착지 비존재의 문제) 과거나 미래로 이동할 수 없으므로 시간여행이 불가능하다고 주장한다. 따라서 3차원주의자 중에는 과거는 이미 흘러가서 존재하지 않으므로 ①의 진술처럼 과거를 거슬러 올라갈 수 없는 시간으로 여기는 사람이 있을 것이다.

② 1문단에 따르면 3차원주의자로서 시간이 흐른다는 견해를 따르는 현재주의자는 과거·현재·미래 중에 오직 현재만이 존재한다고 본다. 따라서 시간의 흐름에 따른 변화를 인정하는 현재주의자는 ②의 진술처럼 누군가의 외모가 변한 것을 보면 이는 시간이 흘렀기 때문이라고 생각할 것이다.

④ 4문단에 따르면 시간여행의 가능성을 믿는 3차원주의자는 '출발지 비존재'를 '출발지 미결정'으로 보게 되면 문제가 해소된다고 주장할 수 있다. 시간여행자가 과거 T_{n-1}에 도착하는 순간 그는 결정된 미래로부터 현재로 이동한 것이 된다. 따라서 3차원주의자는 ④의 진술처럼 출발지 미결정의 문제가 해결되면 출발지 비존재의 문제가 해소된다고 생각할 것이다.

⑤ 시간여행이 3차원주의와 양립할 수 없음을 고수하는 이들은 출발지 비존재의 문제를 출발지 미결정의 문제로 대체하여 이를 해소하는 전략을 받아들이지 않을 것이다. 따라서 시간여행의 가능성을 부인하는 3차원주의자는 ⑤의 진

술처럼 미래에 도착하는 순간 도착지가 생겨난다는 주장에 대해 그 경우에도 출발지 비존재의 문제가 남아 있다고 비판할 것이다.

05 추론하기 정답 ④

④ 3문단에 따르면 미래의 비존재를 주장하는 현재주의자는 출발지 비존재의 문제를 제기하며, 시간여행의 가능성을 입증하려면 출발지 비존재의 문제를 해소해야 한다. 즉, 출발지 비존재의 문제를 해결하지 않으면 시간여행이 불가능하다고 보는 것이다. 따라서 ④의 진술처럼 미래에 도착하는 시점의 레논과 미래에 있던 레논이 동일한 외모를 가질 수 있다는 가정은 현재주의자가 시간여행의 가능성을 판단하는 요소가 될 수 없다.

오답분석

① 2문단에 따르면 누군가가 시간여행을 하려면 과거나 미래로 이동할 수 있어야 하지만, 현재주의자 중에 다수는 이미 흘러간 과거와 아직 오지 않은 미래는 실재하지 않기 때문에 시간여행이 불가능하다고 주장한다. 즉, 도착할 곳이 없기 때문에 시간여행을 할 수 없다는 것이다. 또한 〈보기〉에서 10년 후의 미래라는 도착지가 존재하면서 과거로부터 온 레논과 미래에 있던 레논이 동시에 존재하므로 '동일한 것은 서로 구별될 수 없다'는 원리에 위배된다. 그런데 다수의 현재주의자들의 주장처럼 도착지가 비존재한다면 ①의 진술처럼 ⓐ에 위배되는 사건이 일어날 가능성은 없게 된다.

② 1문단에 따르면 시간의 흐름을 인정하지 않는 영원주의자에게 과거·현재·미래는 똑같이 존재한다. 또한 영원주의 세계에서 한 사람은 각 시간 단계를 가지는데, 그 사람이 없던 수염을 기르면 이는 시간의 흐름에 따른 변화가 아니다. 외모의 차이는 단지 그 사람의 서로 다른 단계 사이의 차이일 뿐이다. 따라서 영원주의자는 〈보기〉의 경우처럼 레논의 서로 다른 단계 중에 현재 단계(과거로부터 온 단발의 레논)가 뒤의 단계(10년 후 장발의 레논)를 방문할 수 있다고 가정할 수 있다. 이렇게 가정하면 영원주의자에게는 ②의 진술처럼 '동일한 사람이 무명이면서 동시에 스타이다.'라는 논리적 모순은 문제가 되지 않을 것이다.

③ 4문단에 따르면 시간여행의 가능성을 믿는 3차원주의자는 '출발지 비존재'를 '출발지 미결정'으로 보게 되면 문제가 해소된다고 주장할 수 있다. 또한 과거 T_{n-1}에 도착하는 사건의 원인이 T_n에서의 출발이라는 점을 고려한다면 T_{n-1}에 도착하는 순간 미래 사건이 되는 시간여행은 도착 시점에서 이미 결정된 사건으로 여겨질 수 있다. 즉, 미래는 시간여행 여부에 따라 미결정되었다고도 할 수 있고 결정되었다고도 할 수 있다. 이에 조건부 결정론자는 출발지 미결정의 문제가 해소되어 시간여행에 걸림돌이 없다고 주장한다. 따라서 〈보기〉의 경우처럼 레논이 10년 후의 미래에 도착하는 순간 미래는 결정된 상태로 바뀌어 ③의 진술처럼 출발지 비존재의 문제가 해소될 것이다.

PART 1

DAY 01
DAY 02
DAY 03
DAY 04
DAY 05
DAY 06
DAY 07
DAY 08
DAY 09
DAY 10

⑤ 3문단에 따르면 현재주의자 중에도 시간여행이 가능하다고 보는 사람이 있으며, 4문단에 따르면 3차원주의자는 시간여행의 가능성을 믿는다. 따라서 현재주의자의 입장에서는 〈보기〉의 경우에 시간여행으로 과거로부터 온 레논과 미래에 있던 레논이 만나는 시간은 ⑤의 진술처럼 제3의 관찰자가 볼 때는 동시인 것 같지만 각자의 시간 흐름에서는 동시가 아니라고 가정할 수 있다. 따라서 현재주의자 중에는 '동일한 사람이 무명이면서 동시에 스타이다.'라는 논리적 모순의 동시성이 해소될 수 있다고 생각하는 사람도 있을 것이다.

[06~09] 지문 분석

• 주제 : 헤겔의 미학과 그것에 대한 비판
  – (가) 변증법을 바탕으로 한 헤겔의 미학
  – (나) 헤겔의 미학에 대한 비판
• 핵심 키워드 : 헤겔, 변증법, 절대정신, 미학
• 글의 구조
  ▷ 1문단 : 헤겔의 변증법의 논리적 구조
    – '정립 – 반정립 – 종합'의 논리적 구조를 이루는 변증법은 대립적인 두 범주가 조화로운 통일을 이루어 가는 수렴적 상향성을 보인다.
    – 헤겔의 변증법은 논증의 방식이자 논증 대상 자체의 존재 방식이다.
    – 세계의 근원적 질서인 이념과 시·공간적 현실은 하나의 체계를 이루며, 이 두 차원의 원리를 밝히는 철학적 논증도 변증법적 체계성을 지녀야 한다.
  ▷ 2문단 : 절대정신의 세 가지 형태에 각각 대응하는 인식 형식
    – 철저히 변증법적으로 구성된 체계 안에서 미학을 다루는 헤겔에게 미학의 대상인 예술은 종교·철학과 마찬가지로 절대정신의 한 형태이다.
    – 절대적 진리를 동일한 내용으로 하는 예술·종교·철학은 인식 형식의 차이에 따라 구분되며, 이러한 세 형태에 각각 대응하는 형식은 직관·표상·사유이다.
    – 헤겔에 따르면 직관의 외면성과 표상의 내면성은 사유에서 종합되고, 이에 맞춰 예술의 객관성과 종교의 주관성은 철학에서 종합된다.
  ▷ 3문단 : 인식 형식 간의 차이로 인해 발생하는 내용의 인식 수준의 중대한 차이
    – 형식 간의 차이로 인해 내용의 인식 수준에는 중대한 차이가 발생한다.
    – 절대정신의 내용인, 논리적·이성적인 절대적 진리를 예술은 직관하고 종교는 표상하며 철학은 사유하기에 이 세 형태 간에는 초보 – 성장 – 완숙의 단계적 등급이 매겨진다.

    – 명실상부한 절대정신은 최고의 지성에 의거하는 철학뿐이며, 예술이 절대정신으로 기능할 수 있는 것은 머나먼 과거로 한정된다.
  ▷ 4문단 : 변증법에서 논하는 종합의 의미
    – 변증법의 종합은 양자의 본질적 규정이 유기적 조화를 이루어 질적으로 고양된 최상의 범주가 생성됨으로써 성립한다.
  ▷ 5문단 : 헤겔 미학 이론의 변증법적 구조 분석
    – 변증법의 원칙에 최적화된 학문 체계를 조탁하는 것이 바로 헤겔의 철학적 기획이었으나, 헤겔이 미학에 관한 한 그러한 기획을 완수했다고 평가하기 쉽지 않다.
    – 헤겔은 변증법 모델에 따라 절대정신을 예술 – 종교 – 철학 순서로 편성했으나, 실질적 내용을 보면 진정한 변증법적 종합은 이루어지지 않는다. 직관의 외면성과 예술의 객관성이 종합의 단계에서는 완전히 소거되기 때문이다.
  ▷ 6문단 : 헤겔의 미학 이론의 변증법적 구조에 대한 비판
    – 헤겔이 변증법에 충실하려면 철학에서 성취된 완전한 주관성이 재객관화되는 단계의 절대정신을 추가했어야 하며, 예술은 '철학 이후'의 자리를 차지할 수 있는 유력한 후보이다.

---

06 일치·불일치　　　　　　　　　　정답 ③

③ 2문단에 따르면 절대정신은 절대적 진리인 '이념'을 인식하는 인간 정신의 영역을 가리킨다. 또한 절대정신의 세 가지 형태인 예술·종교·철학은 절대적 진리를 동일한 내용으로 하며, 인식 형식의 차이에 따라 구분된다. 이때 예술은 직관이라는 지성에, 종교는 표상이라는 지성에, 철학은 사유라는 지성에 각각 대응해 구분된다. 즉, 절대정신의 세 가지 형태인 예술·종교·철학이 각각 직관·표상·사유라는 인식 형식에 따라 구분되는 것이며, ③의 진술처럼 지성의 세 가지 형식의 인식 대상이 각각 예술·종교·철학인 것은 아니다.

（오답분석）

① 2문단에 따르면 절대정신의 세 가지 형태인 예술·종교·철학은 절대적 진리를 동일한 내용으로 하며, 각각 직관·표상·사유라는 인식 형식의 차이에 따라 구분된다.

② 1문단에 따르면 세계의 근원적 질서인 '이념'의 내적 구조도, 이념이 시·공간적 현실로서 드러나는 방식도 변증법적이기에 이념과 현실은 하나의 체계를 이루며, 이 두 차원의 원리를 밝히는 철학적 논증도 변증법적 체계성을 지녀야 한다. 따라서 '세계의 근원적 질서'와 '시·공간적 현실'은 각각 독자적인 하나의 변증법적 체계를 이룬다고 이해할 수 있다.

④ 1문단에 따르면 헤겔에게서 변증법은 논증의 방식임을 넘어, 논증 대상 자체의 존재 방식이기도 하다. 따라서 변증법은 ④의 진술처럼 철학적 논증 방법인 동시에 논증 대상이 존재하는 방식인 것이다.

③ 3문단에 따르면 헤겔에게서 절대정신의 내용인 절대적 진리는 본질적으로 논리적이고 이성적인 것이다.

07 추론하기   정답 ④

④ 2문단에 따르면 절대정신의 세 형태인 예술·종교·철학에 대응하는 인식 형식은 각각 직관·표상·사유이다. 이때 '직관'은 주어진 물질적 대상을 감각적으로 지각하는 지성이고, '표상'은 물질적 대상의 유무와 무관하게 내면에서 심상을 떠올리는 지성이며, '사유'는 대상을 개념을 통해 파악하는 순수한 논리적 지성이다. ④의 진술에서 "예술의 새로운 개념을 설정하는 것"은 대상을 통해 개념을 파악하는 것이므로 사유를 통해 이루어진다고 볼 수 있으나, "새로운 감각을 일깨우는 작품의 창작을 기획하는 것"은 물질적 대상을 감각적으로 지각하는 직관이 적용된 것으로 볼 수 없는 것은 직관은 주어진 물질적 대상을 감각적으로 지각하는 지성이기 때문이다. "새로운 감각을 일깨우는 작품의 창작을 기획하는 것"은 주어진 물질적 대상도 없고, 이를 감각적으로 지각하는 행위도 성립하지 않으므로 표상(=물질적 대상의 유무와 무관하게 내면에서 심상을 떠올리는 지성)을 적용한 사례에 해당된다고 볼 수 있다.

오답분석

① 2문단에 따르면 '직관'은 주어진 물질적 대상을 감각적으로 지각하는 지성이고, '표상'은 물질적 대상의 유무와 무관하게 내면에서 심상을 떠올리는 지성이다. 따라서 ①의 진술에서 "먼 타향에서 밤하늘의 별들을 바라보는 것"은 물질적 대상을 감각적으로 지각하는 직관에 의해, "고향의 하늘을 상기하는 것"은 내면에서 심상을 떠올리는 표상에 이루어짐을 알 수 있다.

② 2문단에 따르면 '표상'은 물질적 대상의 유무와 무관하게 내면에서 심상을 떠올리는 지성이다. 즉, 표상은 현실 세계에 실존하지 않는 것을 마음속으로 떠올리게 하는 지성이다. 따라서 ②의 진술에서 "타임머신을 타고 미래로 가는 자신의 모습"과 "판타지 영화의 장면"은 실존하지 않는 것으로 물질적 대상의 유무와 무관하게 내면에서 심상을 떠올리는 표상이 적용된 것임을 알 수 있다.

③ 2문단에 따르면 '직관'은 주어진 물질적 대상을 감각적으로 지각하는 지성이고, '사유'는 대상을 개념을 통해 파악하는 순수한 논리적 지성이다. 따라서 ③의 진술에서 "그림을 보는 것"은 물질적 대상을 감각적으로 지각하는 직관을 통해, "작품을 상상력 개념에 의거한 이론에 따라 분석하는 것"은 대상을 개념을 통해 파악하는 사유를 통해 이루어짐을 알 수 있다.

⑤ 2문단에 따르면 '사유'는 대상을 개념을 통해 파악하는 순수한 논리적 지성이다. 따라서 ⑤의 진술에서 "도덕적 배려의 대상을 생물학적 상이성 개념에 따라 규정하는 것"은 개념(=생물학적 상이성)을 통해 대상을 파악하는 사유를 통해 이루어짐을 알 수 있다. 또한 "이에 맞서 감수성 소유 여부를 새로운 기준으로 제시하는 것"도 '감수성 소유 여부'라는 개념을 통해 도덕적 배려의 대상을 파악하려는 것이므로 사유를 통해 이루어짐을 알 수 있다.

08 비판하기   정답 ③

③ 4문단에 따르면 종합의 범주는 두 대립적 범주 중 하나의 일방적 승리로 끝나도 안 되고, 두 범주의 고유한 본질적 규정이 소멸되는 중화 상태로 나타나도 안 되며, 종합은 양자의 본질적 규정이 유기적 조화를 이루어 질적으로 고양된 최상의 범주가 생성됨으로써 성립한다. 또한 5문단에 따르면 글쓴이는 헤겔이 지성의 형식을 '직관-표상-사유' 순서로 구성한 것에 맞춰 절대정신을 '예술-종교-철학' 순서로 편성한 전략은 외관상으로는 '정립-반정립-종합'이라는 변증법 모델에 따른 전형적 구성으로 보이지만, 실질적 내용을 보면 직관으로부터 사유에 이르는 과정에서는 외면성이 점차 지워지고, 예술로부터 철학에 이르는 과정에서는 예술의 객관성이 점차 지워지고 주관성이 점증적으로 강화·완성되고 있을 뿐이며, 진정한 변증법적 종합은 이루어지지 않는다고 비판한다. 또한 직관의 외면성 및 예술의 객관성의 본질은 무엇보다도 감각적 지각성인데, 이러한 핵심 요소가 그가 말하는 종합의 단계에서는 완전히 소거되고 만다고 비판한다. 즉, (나)의 글쓴이는 변증법의 논리적 구조인 ⊙(정립-반정립-종합)에

서 '정립'과 '반정립' 중 하나가 일방적 승리를 거두거나 소멸되지 않으며, '종합'의 범주에서 유기적 조화를 이룬다고 설명한다. 그러나 헤겔의 기획인 ⓛ(예술-종교-철학)에서 예술로부터 철학에 이르는 과정 중에 첫 번째 범주인 '정립'에 해당하는 예술의 객관성이 완전히 소거되므로 진정한 변증법적 종합은 이루어지지 않는다고 비판하는 것이다. ㉠의 논리 구조를 따르는 ⓛ이 실제로는 ㉠과 달리 첫 번째 범주가 약화된다고 보았기 때문에 비판하는 것이다. 즉, ㉠의 논리 구조에 따르면 ⓛ에서 예술(정립)과 종교(반정립)가 조화롭게 종합된 것이 철학이 되어야 하는데, 헤겔의 기획에 따르면 철학이라는 종합 단계에 이르러 예술의 특성(객관성)은 지워지고 종교의 특성(주관성)은 강화되므로 종합이 조화롭지 못하다고 비판하는 것이다. 따라서 ③의 진술은 "㉠과 달리 ⓛ에서는 범주 간 이행에서 두 번째 범주(종교)의 특성이 갈수록 강해지고, 첫 번째 범주의 특성은 약화된다."고 해야 적절하다.

[오답분석]

① 1문단에 따르면 변증법은 대등한 위상을 지니는 세 범주의 병렬이 아니라, 대립적인 두 범주가 조화로운 통일을 이루어 가는 수렴적 상향성을 구조적 특징으로 한다. 그러므로 ㉠ 중에서 첫 번째(정립)와 두 번째의 범주(반정립)는 대립적임을 알 수 있다. 또한 2문단에 따르면 헤겔은 미학도 철저히 변증법적으로 구성된 체계 안에서 다루었으며, 예술의 객관성과 종교의 주관성은 철학에서 종합된다. 그리고 5문단에 따르면 절대정신을 예술-종교-철학 순으로 편성한 전략은 외관상으로는 변증법 모델(=정립-반정립-종합)에 따른 전형적 구성으로 보인다. 그러므로 ⓛ 중에서 첫 번째와 두 번째의 범주인 '예술(객관성)'과 '종교(주관성)'도 대립적임을 알 수 있다.

② 4문단에 따르면 변증법의 종합은 양자(정립과 반정립)의 본질적 규정이 유기적 조화를 이루어 질적으로 고양된 최상의 범주가 생성됨으로써 성립된다. 또한 3문단에 따르면 예술은 초보 단계의, 종교는 성장 단계의, 철학은 완숙 단계의 절대정신이므로 예술-종교-철학 순의 진행에서 명실상부한 절대정신은 최고의 지성에 의거하는 철학뿐이다. 따라서 세 번째 범주(종합·철학)는 그 앞의 첫 번째(정립·예술), 두 번째 범주(반정립·종교)보다 질적으로 더 높은 수준에 있음을 알 수 있다.

④ 4문단에 따르면 변증법에서 종합의 범주는 두 대립적 범주 중 하나의 일방적 승리로 끝나도 안 되고, 두 범주의 고유한 본질적 규정이 소멸되는 중화 상태로 나타나도 안 되며, 양자의 본질적 규정이 유기적 조화를 이루어 질적으로 고양된 최상의 범주가 생성됨으로써 성립한다. 그러나 5문단에 따르면 실질적 내용을 보면 예술로부터 철학에 이르는 과정에서는 예술의 객관성이 점차 지워지고 철학의 주관성이 점증적으로 강화·완성되고 있다. 즉, ㉠에서는 세 번째 범주(종합)에서 첫 번째와 두 번째 범주의 조화로운 통일이 이루어지는 반면, ⓛ에서는 첫 번째 범주(예술)가 약해지고 두 번째 범주(종교)가 강화되어 두 범주의 고유한 본질적 규정이 소멸되는 중화 상태에 도달함으로써 유기적인 조화가 이루어지지 않는다.

⑤ 1문단에 따르면 ㉠(정립-반정립-종합)의 변증법의 논리적 구조는 대등한 위상을 지니는 세 범주의 병렬이 아니라 대립적인 두 범주가 조화로운 통일을 이루어 가는 수렴적 상향성을 구조적 특징으로 한다. 즉, 수렴적 상향성은 대립적인 두 범주가 조화로운 통일을 이루어 가는 것이라고 정의할 수 있다. 또한 4문단에 따르면 종합은 양자의 본질적 규정이 유기적 조화를 이루어 질적으로 고양된 최상의 범주가 생성됨으로써 성립한다. 그러나 직관의 외면성 및 예술의 객관성의 본질은 무엇보다도 감각적 지각성인데, 이러한 핵심 요소가 헤겔이 말하는 종합의 단계에서는 완전히 소거되어 진정한 변증법적 종합은 이루어지지 않는다. 따라서 ⑤의 진술처럼 ㉠에서는 범주 간 이행에서 수렴적 상향성이 드러나지만 ⓛ에서는 그렇지 않음을 알 수 있다.

09 추론하기

정답 ②

② 〈보기〉에서 글쓴이가 말한 "방금 그 말씀"은 "최고의 지성적 통찰을 진정한 예술미로 승화시킬 수 있다"는 헤겔의 발언을 가리키며, "기본 논증 방법"은 2문단에서 말하는 "대립적인 두 범주가 조화로운 통일을 이루어 가는 수렴적 상향성을 구조적 특징"으로 하는 변증법의 논리적 방식을 가리킨다. 또한 2문단에서 글쓴이는 헤겔에 따르면 직관의 외면성과 표상의 내면성은 사유에서 종합되고, 이에 맞춰 예술의 객관성과 종교의 주관성은 철학에서 종합된다고 설명했다. 그리고 (나)에 나타난 글쓴이의 논지를 정리하면 △헤겔의 미학 이론에서는 직관의 외면성과 예술의 객관성이 완전히 소거되어 진정한 변증법적 종합이 이루어지지 않았고(5문단), △변증법에 충실하려면 철학에서 성취된 완전한 주관성이 재객관화되는 단계의 절대정신을 추가해야 하며(6문단), △예술은 '철학 이후'의 자리를 차지할 수 있는 유력한 후보이고(6문단), △실제로 많은 예술 작품은 '사유'를 매개로 해서만 설명되며, △이러한 후보로서의 예술의 가능성은 풍부한 예술적 체험을 한 헤겔 스스로가 잘 알고 있기 때문에 헤겔의 미학에서 드러나는 방법과 철학 체계 간의 불일치는 더욱 아쉬움을 준다(6문단). 이상의 내용을 종합해 요약하면, '정립 단계에 해당하는 예술은 이론에서는 변증법적 과정에서 본질이 소거되었으나 현실에서 예술은 변증법에 충실해 어떠한 대립적 범주도 소거되지 않는 진정한 종합 단계의 절대정신이 될 수 있다'는 것이 글쓴이의 관점이며, 이러한 관점에 따르면 〈보기〉에서 말한 "방금 그 말씀"과 "헤겔의 기본 논증 방식"은 글쓴이 자신의 주장의 근거가 될 수 있다. 따라서 "최고의 지성적 통찰을 진정한 예술미로 승화시킬 수 있었다"는 〈보기〉의 헤겔의 발언에 대해 글쓴이가 ②의 진술처럼 이론에서는 예술이 직관의 외면성에 대응한다고 해도 현실에서는 예술이 내면성을 바탕으로 하는 절대정신일 수 있다고 말할 수 있다.

① 1문단에 따르면 '정립–반정립–종합'의 논리적 구조를 이루는 변증법은 대립적인 두 범주가 조화로운 통일을 이루는 수렴적 상향성을 구조적 특징으로 하며, 4문단에 따르면 종합의 범주는 두 대립적 범주 중 하나의 일방적 승리로 끝나거나 두 범주의 고유한 본질적 규정이 소멸되는 중화 상태로 나타나서는 안 된다. 또한 5문단에 따르면 기존 헤겔의 이론에서는 직관의 외면성과 예술의 객관성의 본질이 완전히 소거되어 진정한 변증법적 종합은 이루어지지 않으며, 6문단에 따르면 철학에서 성취된 완전한 주관성이 재객관화되는 단계의 절대정신을 추가해야 변증법에 충실할 수 있으며, 예술은 철학 이후의 자리를 차지할 가능성이 있는 유력한 후보이다. 그러므로 〈보기〉에서 "최고의 지성적 통찰을 진정한 예술미로 승화시킬 수 있다"는 헤겔의 발언에 대해 글쓴이는 현실의 예술이 변증법에 충실한 진정한 종합 단계의 절대정신이 될 수 있는 가능성을 언급하는 것이 적절하다. 따라서 이론적으로는 대립적 범주들의 종합을 이루어야 하는 세 번째 단계, 즉 철학이 현실적으로는 대립적 범주들을 중화한다는 ①의 진술은 적절하지 않다.

③ 헤겔은 '정립–반정립–종합'이라는 변증법의 논리적 구조를 미학에 적용해 절대정신의 형태를 '예술–종교–철학'의 단계로 구분했다. 그러므로 반정립 단계에 해당하는 것은 ③의 진술에서처럼 예술이 아니라 종교이다. 또한 〈보기〉에서 글쓴이는 "방금 그 말씀", 즉 "최고의 지성적 통찰을 진정한 예술미로 승화시킬 수 있다"는 헤겔의 발언에 대해 예술이 현실적으로는 변증법에 충실한 진정한 종합 단계의 절대정신이 될 수 있는 가능성을 ㉮에서 언급하는 것이 적절하므로 ③의 진술에서 '예술이 현실에서는 정립 단계에 있는 것으로 나타난다'는 내용 또한 적절하지 않다.

④ 2문단에서 헤겔은 예술의 객관성과 종교의 주관성은 철학에서 종합된다고 하였으며, 5문단에 따르면 글쓴이는 예술로부터 철학에 이르는 과정에서는 객관성이 점차 지워지고 주관성이 점증적으로 강화·완성될 뿐 진정한 변증법적 종합은 이루어지지 않는다며 헤겔의 이론을 비판했다. 이때 진정한 변증법적 종합이란 4문단에 따르면 두 대립적 범주 중 하나의 일방적 승리나 두 범주의 고유한 본질적 규정이 소멸되는 중화 상태가 아니라 양자의 본질적 규정이 유기적 조화를 이루어 질적으로 고양된 최상의 범주를 뜻한다. 즉, 예술(정립)의 본질은 객관성이고 종교(반정립)의 본질은 주관성인 것이며, 객관성이나 주관성 중 어느 하나의 일방적 승리 또는 객관성이나 주관성이 소멸되는 중화 상태는 진정한 종합의 단계로 볼 수 없다. 그리고 6문단에 따르면 헤겔이 변증법에 충실하려면 완전한 주관성이 재객관화되는 단계의 절대정신을 추가했어야 하며, 예술은 '철학 이후'의 자리를 차지할 가능성이 있다. 그러므로 예술이 현실에서는 객관성을 잃고 주관성(주관성은 예술이 아니라 종교의 본질이다)을 지닌다는 ④의 진술은 적절하지 않다. 또한 〈보기〉에서 글쓴이는 현실적으로 예술은 지성적 통찰이라는 철학의 주관성을 예술미라는 예술의 객관성으로 승화시킨다고 파악할 것이므로, 글쓴이는 ㉮에서 헤겔의 발언에 대해 현실에서의 예술이 객관성이 사라졌다고 말하지는 않을 것이다. 따라서 현실에서는 예술의 객관성이 사라진다는 ④의 진술 또한 적절하지 않다.

⑤ 2문단에 따르면 헤겔의 이론에서 예술은 직관하는 절대정신이며, 5문단에 따르면 글쓴이는 기존 헤겔의 이론에서는 직관의 외면성과 예술의 객관성이 헤겔이 말하는 종합 단계에서 완전히 소거되어 진정한 변증법적 종합이 이루어지지 못했다고 비판한다. 또한 6문단에 따르면 헤겔이 변증법에 충실하려면 철학에서 성취된 완전한 주관성이 재객관화되는 단계의 절대정신을 추가했어야 한다고 지적하고, 철학 이후의 자리를 차지할 수 있는 후보로 예술을 제시한다. 그러므로 〈보기〉의 글쓴이는 ㉮에서 현실에서의 예술은 변증법에 충실한 진정한 종합 단계의 절대정신이 될 수 있다고 말하는 것이 적절하다. 따라서 예술이 현실에서는 진리의 인식을 수행할 수 없다며 예술의 가능성을 부정하는 ⑤의 진술은 적절하지 않다.

01	02	03	04	05	06	07	08		
③	⑤	⑤	①	②	⑤	④	①		

---

[01] 지문 분석

- 주제 : 설악산의 영역의 변천
- 핵심 키워드 : 설악산, 대청봉, 한계산, 천후산, 여지도, 비변사인 방안지도 양양부 도엽, 조선팔도지도, 대동지지, 동국여지지
- 글의 구조
  ▷ 1문단 : 설악산의 영역에 대한 조선 시대와 오늘날의 차이
  - 오늘날에는 대청봉, 울산바위가 있는 봉우리, 한계령이 있는 봉우리를 하나로 묶어 설악산이라고 부른다.
  - 조선 시대에는 대청봉만 설악산이라고 표시하고 울산바위가 있는 봉우리는 천후산으로, 한계령이 있는 봉우리는 한계산으로 표시한 것이 많다.
  ▷ 2문단 : 조선 후기 시작된 설악산의 범위에 대한 인식의 변화
  - 오늘날은 하나의 산에 수많은 봉우리가 포함되어 있는 것이 당연하다고 생각한다.
  - 고려 시대와 조선 전기에는 하나의 봉우리는 다른 봉우리와 구별된 별도의 산이라는 인식이 강했으나, 조선 후기(18세기)에 인식에 변화가 나타나기 시작했다.
  - 〈여지도〉는 오늘날의 설악산의 범위가 한계산과 설악산이라는 두 개의 권역으로 구분되어 있다.
  - 〈비변사인 방안지도 양양부 도엽〉에는 설악산, 천후산, 한계산의 범위가 모두 따로 표시되어 있다.
  ▷ 3문단 : 조선 후기의 여러 지도에 나타난 설악산의 범위
  - 〈조선팔도지도〉에는 오늘날과 동일하게 설악산의 범위가 표시되어 있고, '설악산'이라는 명칭만 적혀 있다.
  - 김정호는 〈대동지지〉에서 한계산은 설악산에 속한 봉우리에 불과하다고 설명했다.
  - 〈동국여지지〉에는 설악산 아래에 사는 사람들은 다른 지역 사람들이 한계산이라 부르는 봉우리를 설악산 안에 있는 봉우리라고 생각한다는 내용이 나온다.

- 〈조선팔도지도〉에는 천후산이라는 지명이 표시되어 있지 않은 것은 천후산이라고 불리던 곳을 대청봉과 동떨어진 별도의 산이라고 생각하지 않았다는 뜻이다.

01　추론하기　　　　정답　③

③ 1문단에 따르면 오늘날에는 대청봉, 울산바위가 있는 봉우리, 한계령이 있는 봉우리를 하나로 묶어 설악산이라고 부른다. 또한 3문단에 따르면 〈조선팔도지도〉에는 오늘날과 동일하게 설악산의 범위가 표시되어 있고, 그 범위 안에 '설악산'이라는 명칭만 있을 뿐이며 한계산·천후산이라는 지명이 없다. 따라서 ③의 진술처럼 〈조선팔도지도〉에 나타난 설악산의 범위에는 한계령이 있는 봉우리가 포함된다.

오답분석

① 2문단에 따르면 〈여지도〉에는 오늘날 설악산이라는 하나의 지명으로 포괄되어 있는 범위가 한계산과 설악산이라는 두 개의 권역으로 구분되어 있으며, 설악산의 범위와 한계산의 범위를 합치면 오늘날 설악산의 범위와 동일하다. 또한 3문단에 따르면 〈대동지지〉는 한계산은 설악산에 속한 봉우리에 불과하다며 한계산과 설악산을 따로 구분하지 않았다. 따라서 〈여지도〉에서 '설악산'으로 구분한 영역은 〈대동지지〉에서 '설악산'으로 구분한 영역보다 좁을 것이다. 그러나 〈대동지지〉에서 천후산의 영역을 얼마나 크게 설정했는지에 대한 언급이 없으므로 ①의 진술의 진위 여부를 정확히 판단할 수 없다.

② 3문단에 따르면 〈조선팔도지도〉에 나타난 설악산의 범위는 오늘날과 같고 그 범위 안에 설악산이라는 명칭만 적혀 있다. 또한 〈동국여지지〉는 한계산을 별도의 산이 아니라 설악산 안에 있는 봉우리로 간주하지만, 천후산(울산바위가 있는 봉우리)이라는 지명이 있는지와 천후산의 범위를 어떻게 표시했는지 구체적인 언급이 없다. 따라서 ②의 진술의 진위 여부를 정확히 판단할 수 없다.

④ 2문단에 따르면 〈비변사인 방안지도 양양부 도엽〉이라는 지도에는 설악산, 천후산, 한계산의 범위가 모두 따로 표시되어 있다. 또한 〈대동지지〉에서 한계산은 설악산에 속한 봉우리에 불과하다. 그러나 〈대동지지〉에 천후산이라는 지명이 있는지, 또한 천후산을 구분했다면 천후산의 영역을 어떻게 표시했는지에 대한 언급이 없으므로 ④의 진술의 진위 여부를 정확히 판단할 수 없다.

⑤ 2문단에 따르면 〈여지도〉에는 오늘날 설악산이라는 하나의 지명으로 포괄되어 있는 범위가 한계산과 설악산이라는 두 개의 권역으로 구분되어 있으며, 이 두 권역의 범위를 합치면 오늘날의 설악산의 범위와 같다. 또한 〈비변사인 방안지도 양양부 도엽〉에는 설악산, 천후산, 한계산의 범위가 모두 따로 표시되어 있고, 이 세 산의 범위를 합치면 오늘날의 설악산 범위와 같다. 따라서 〈여지도〉와 〈비변사인 방안지도 양양부 도엽〉에 나타난 천후산의 범위는 동일하지 않음을 알 수 있다.

---

[02] 지문 분석

• 주제 : 반쾌락주의자들에 대한 비판과 쾌락주의자들의 주장이 옳은 이유

• 핵심 키워드 : 쾌락자주의자, 반쾌락주의자, 쾌락, 욕구, 행동

• 글의 구조

▷ 1문단 : 인간 행동의 원인에 대한 쾌락주의자와 반쾌락주의자의 견해 차이

   – 쾌락주의자들에 따르면 우리가 쾌락을 욕구하고, 이것이 인간 행동의 원인이 된다.

   – 반쾌락주의자들에 따르면 쾌락을 느끼기 위한 행동의 원인은 음식과 같은 외적 대상에 대한 욕구이므로 쾌락에 대한 욕구는 인간 행동의 원인이 될 수 없다.

   – 반쾌락주의자들이 말하는 인과적 연쇄 : 음식에 대한 욕구 → 먹는 행동 → 쾌락

▷ 2문단 : 반쾌락주의자들이 쾌락은 인간 행동의 원인이 될 수 없다고 보는 이유

   – 반쾌락주의자들이 주장하는 인과적 연쇄를 보았을 때 쾌락은 인간 행동의 원인이 아니다. 쾌락은 행동 이후 생겨났기 때문이다.

▷ 3문단 : 반쾌락주의자들의 주장의 맹점

   – 반쾌락주의자들의 주장은 음식에 대한 욕구와 쾌락에 대한 욕구 사이의 관계, 즉 음식에 대한 욕구의 원인이 무엇인지를 고려하지 않는다.

   – 쾌락주의자들의 주장에 따르면 인과적 연쇄에 음식에 대한 욕구의 원인인 쾌락에 대한 욕구를 추가해야 한다(쾌락에 대한 욕구 → 음식에 대한 욕구 → 먹는 행동 → 쾌락).

▷ 4문단 : 반쾌락주의자들의 주장이 실수를 범하는 원인

   – 반쾌락주의자들의 주장이 범하고 있는 실수는 욕구가 만족되어 경험하는 쾌락과 쾌락에 대한 욕구를 혼동하는 것에서 기인한다.

   – 쾌락에 대한 욕구는 다른 어떤 것에 대한 욕구를 발생시키는 원인이다(쾌락주의자들의 주장이 옳음).

---

02 비판하기 정답 ⑤

⑤ 1문단에 따르면 쾌락주의자들은 우리가 쾌락을 욕구하고, 이것이 우리 행동의 원인이 된다고 주장하며, 5문단에 따르면 쾌락에 대한 욕구는 다른 어떤 것에 대한 욕구를 발생시키는 원인이다. 그러므로 3문단에서 언급한 것처럼 쾌락주의자들은 "쾌락에 대한 욕구 → 음식에 대한 욕구 → 먹는 행동 → 쾌락"의 인과적 연쇄를 제시한다. 그리고 ⑤는 '맛있는 음식을 먹어 얻게 될 쾌락'에 대한 욕구가 '맛있는 음식을 욕구'하는 원인이 된다는 의미로, '맛있는 음식을 먹어 얻게 될 쾌락에 대한 욕구'는 '맛있는 음식에 대한 욕구'를 일으킨다고 이해할 수 있다. 따라서 ⑤는 ㉠(쾌락주의자들의 주장)을 강화한다고 볼 수 있다.

오답분석

① 1문단에 따르면 반쾌락주의자들은 음식과 같은 외적 대상에 대한 욕구는 쾌락을 느끼기 위한 우리 행동의 원인이 되며, 쾌락에 대한 욕구는 인간 행동의 원인이 될 수 없다고 주장하며, 이러한 반쾌락주의자들의 주장에 따르면 "음식에 대한 욕구 → 먹는 행동 → 쾌락"의 인과적 연쇄가 성립하므로 쾌락은 인간 행동의 원인이 될 수 없다. 그러나 3문단에 따르면 이러한 반쾌락주의자들의 주장은 무엇이 음식에 대한 욕구의 원인인지를 고려하지 않았으며, "반쾌락주의자들의 인과적 연쇄에 음식에 대한 욕구의 원인인 쾌락에 대한 욕구를 추가해야 한다"는 쾌락주의자들의 주장은 "쾌락에 대한 욕구 → 음식에 대한 욕구 → 먹는 행동 → 쾌락"의 인과적 연쇄로 정리할 수 있다. 그런데 ①의 진술처럼 '어떤 욕구도 또 다른 욕구의 원인일 수 없다'면 쾌락에 대한 욕구는 음식에 대한 욕구의 원인이 될 수 없고, "음식에 대한 욕구의 원인인 쾌락에 대한 욕구를 추가해야 한다"는 쾌락주의자들이 주장도 거짓이 되므로 ①은 ㉠을 약화시킨다.

② 1문단에 따르면 반쾌락주의자들은 "음식에 대한 욕구 → 먹는 행동 → 쾌락"을 주장하므로, 반쾌락주의자들은 ②처럼 쾌락에 대한 욕구가 없어도 음식에 대한 욕구가 원인이 되어 음식을 먹는 행동이 일어난다고 생각할 것이다. 또한 3문단에 따르면 쾌락주의자들의 주장은 "쾌락에 대한 욕구 → 음식에 대한 욕구 → 먹는 행동 → 쾌락"의 인과적 연쇄로 정리할 수 있다. 쾌락주의자들은 '쾌락에 대한 욕구'가 '음식을 먹는 행동'을 일으키는 원인이라고 보는 것이다. 따라서 ②의 진술처럼 '쾌락에 대한 욕구가 없더라도 음식을 먹는 행동을 한다'면 ㉠은 약화되고, 반쾌락주의자들의 주장은 강화된다.

③ 4문단에 따르면 쾌락주의자들은 쾌락에 대한 욕구는 다른 어떤 것에 대한 욕구를 발생시키는 원인이라고 보았으며, 3문단에 따르면 쾌락주의자들의 주장은 "쾌락에 대한 욕구 → 음식에 대한 욕구 → 먹는 행동 → 쾌락"의 인과적 연쇄로 정리된다. 따라서 ③의 진술처럼 '음식에 대한 욕구 → 쾌락에 대한 욕구 → 행동'이 성립한다면 쾌락주의자들이 주장한 인과적 연쇄 방향이 옳지 않은 것이 되므로 ㉠은 약화된다.

④ 1문단에 따르면 반쾌락주의자들은 쾌락을 느끼기 위한 인간 행동의 원인은 음식과 같은 외적 대상에 대한 욕구(음식에 대한 욕구 → 먹는 행동 → 쾌락)이며, 쾌락에 대한 욕구는 인간 행동의 원인이 될 수 없다고 주장한다. 그런데 3문단에 따르면 이러한 반쾌락주의자들의 주장은 '음식에 대한 욕구'를 일으키는 원인이 무엇인지 고려하지 않았으며, 쾌락주의자들은 '쾌락에 대한 욕구'가 '음식에 대한 욕구'를 일으키는 원인이라고 보았다(쾌락에 대한 욕구 → 음식에 대한 욕구 → 먹는 행동 → 쾌락). 따라서 ④의 진술처럼 '외적 대상(음식)에 대한 욕구는 다른 것에 의해서 야기되지 않는다'면 ㉠의 주장은 약화되고, 반쾌락주의자들의 주장은 강화된다.

⊕ 배경지식

쾌락주의

쾌락과 만족, 고통의 회피를 도덕의 근본 원리로 여기는 주장으로서, 가능한 많은 쾌락을 취하는 것이 행복이라고 주장한 키레네 학파, 정신적 쾌락을 추구하여 쾌락의 질적인 차별을 인정한 에피쿠로스 학파 등은 고대 쾌락주의의 대표적인 학파이다. 이후 근대에 이르러 벤담이 쾌락주의에 공공적인 면을 도입해 '최대 다수의 최대 행복'을 토대로 삼는 공리주의를 제시했다.

[03~05] 지문 분석

- **주제** : 도덕적 의무에서 비롯되는 행위가 선의지에 따른 행위이다.
- **핵심 키워드** : 선의지, 도덕적 의무, 의무에서 비롯하는 행위, 의무에 맞는 행위, 최고선
- **글의 구조**
  - ▷ 1문단 : 의무에 어긋나는 행위, 의무에 맞는 행위, 의무에서 비롯하는 행위 등의 구별
    - 선의지는 행위의 가치를 평가할 때 언제나 우선적이어서 다른 모든 가치들의 조건을 이룬다.
    - 의무에 어긋나는 것으로 인식된 모든 비도덕적인 행위는 의무와 충돌하므로 의무에서 비롯하는 것으로 볼 수 없기 때문에 도덕적 의무라는 개념에서는 고려 대상이 아니다.
    - 의무에서 비롯하는 행위는 오직 당위에만 의거한 행위이며, 의무에서 비롯하는 행위와 의무에 맞는 행위를 구별하는 것은 어렵다.
    - 의무에 맞는 행위를 유발하는 동인은 행위자의 이해관계, 사랑이나 동정심 등의 감정 등 다양하다.
  - ▷ 2문단 : 의무에 맞는 행위이지만 의무에서 비롯하는 행위는 아닌 사례와 그 반대 사례

- 의사가 수입을 늘리기 위해 최선을 다해 진료한 것은 의무에 맞는 행위이지만 의무에서 비롯하는 행위는 아니다.
- 공감 능력이 뛰어나 불행한 이웃을 돕는 사람의 행위가 아무런 도덕적 가치를 갖지 못하는 것은 공감하는 행위는 도덕적 존경의 대상은 아니기 때문이다. 하지만 이 사람이 공감 능력을 잃고도 의무로 인식해 타인을 돕는다면 그 행위는 진정한 도덕적 가치가 있다.
- ▷ 3문단 : 행위를 결정하는 동기인 의지에 의존하는, 의무에서 비롯하는 행위의 도덕적 가치
  - 의무에서 비롯하는 행위의 도덕적 가치는 행위에서 기대되는 결과가 아니라 행위를 결정하는 동기인 의지에서 구할 수 있다.
  - 결과는 이성적 존재자의 의지가 요구되지 않는 반면에 무조건적인 최고선은 이성적 존재자의 의지에서 만날 수 있을 뿐이므로, 법칙에 대한 표상(법칙 자체에 대한 생각)만이 도덕적이라고 부르는 탁월한 선을 이룬다.
  - 탁월한 선은 법칙에 따라 행동하는 인격 자체에 있으므로 결과에서 이 선을 기대할 수 없다.
  - 탁월한 선에 따르면 거짓 약속을 하는 사람의 주관적 원리는 보편적 법칙이 될 수 없다. 행위자의 주관적 원리는 보편적 법칙이 되자마자 자기 파괴를 겪게 된다.
- ▷ 4문단 : 의무에서 비롯하는 행위의 도덕적 가치의 근거가 되는 선의지
  - 행위를 규정하는 의지를 선하다고 할 수 있으려면 법칙을 표상할 때 이로부터 기대되는 결과를 고려하지 않고 표상하는 것이 의지를 규정해야만 한다.
  - 행위 일반의 보편적 합법칙성만을 의지를 일으키는 원리로 사용해야 한다.

---

03 일치·불일치   정답 ⑤

⑤ 2문단에 따르면 공감 능력이 뛰어나 이웃의 불행에 발 벗고 나서서 돕는 사람의 행위는 의무에 부합하지만 아무런 도덕적 가치를 갖지 못하며 단지 성격적 특성이 발현된 것일 뿐이다. 공감하는 행위가 의무에 맞더라도 도덕적 존경의 대상은 아니다. 다만 공감 능력 때문이 아니라 타인을 돕는 것을 의무로 인식했기 때문이라면 그 행위는 진정한 도덕적 가치를 갖게 된다. 따라서 ⑤의 진술처럼 '이타적인 동기에서 유발되는' 행위는 의무에 맞는 행위는 될 수 있으나 도덕적 존경의 대상은 되지 않는다.

(오답분석)
① 3문단에 따르면 의무에서 비롯하는 행위는 그 도덕적 가치를 행위에서 기대되는 결과에 의존하지 않으며 대신에 행위를 결정하는 동기인 의지에서 구한다. 결과는 다른 원

인으로 성취될 수도 있으며, 이성적 존재자의 의지가 요구되지도 않는다. 또한 2문단에 따르면 뛰어난 공감 능력으로 불행한 타인을 돕는 사람의 경우에도 그의 행위는 의무에 부합하지만 아무런 도덕적 가치를 갖지 못한다. 따라서 남을 돕는 행위의 결과가 ①의 진술처럼 이성적 존재자의 공감을 얻더라도 그 행위는 도덕적 가치를 갖지 못할 수 있다. 공감의 여부로 도덕적 행위인지 아닌지를 판단할 수는 없는 것이다.

② 3문단에 따르면 의무에서 비롯하는 행위는 그 도덕적 가치를 행위에서 기대되는 결과에 의존하지 않으며 대신에 행위를 결정하는 동기인 의지에서 구한다. 무조건적인 최고선은 이성적 존재자의 의지에서 만날 수 있을 뿐이다. 그러므로 도덕적 가치를 판단할 때는 동기인 의지를 고려하지만, 의지 이외의 모든 품성을 제외해야 의무로부터 비롯되는 행위를 얻을 수 있다. 따라서 '품성인 덕을 모두 고려해야 한다'는 ②의 진술은 적절하지 않다.

③ 3문단에 따르면 의무에서 비롯하는 행위는 그 도덕적 가치를 행위에서 기대되는 결과에 의존하지 않으며 대신에 행위를 결정하는 동기인 의지에서 구한다. 결과는 다른 원인으로 성취될 수도 있으며, 이성적 존재자의 의지가 요구되지도 않는다. 즉, '의무'라는 동기만이 행위에 도덕적 가치를 부여하는데, '의지'에 의해 '의무'라는 하나의 동기에 따라 행위하는 것이 그 행위를 도덕적으로 만든다는 것이다. 그런데 ③에서 언급한 '보편적 이익'은 행위의 결과로 나타나는 것이므로 보편적 이익을 지향한다면 결과를 지향하는 셈이 되므로 도덕적 행위가 될 수 없다.

④ 2문단에 따르면 공감 능력이 뛰어나 불행한 이웃을 발 벗고 나서서 돕는 행위는 의무에 부합하지만, 단지 성격적 특성이 발현된 것일 뿐이므로 도덕적 존경의 대상이 될 수 없다. 그러나 다만 의무로 인식해 타인을 돕는다면 그 행위는 진정한 도덕적 가치를 갖게 된다. 따라서 ④에서 언급한 '감정에서 우러나는 자발적 행위'는 도덕적 가치를 지닌다고 볼 수 없다.

🔍 배경지식

선의지(善意志)

선을 행하고자 하는 순수한 동기에서 나온 의지를 뜻하는 말로, 칸트가 처음으로 썼다. 경향성에 따르지 않고 도덕 법칙에 의해 규정된 의지를 가리킨다. 곧 선의지란 어떤 행위가 오로지 옳다는 이유만으로 의무로 받아들이고 그 행위를 실천하려는 의지인 것이다. 칸트에 따르면 무조건적으로, 제한 없이 선한 것은 오직 선의지뿐이다. 예를 들어 선의지가 없는 용기는 자신이나 타인에게 유해한 것이 될 수도 있기 때문이다. 또한 칸트는 선의지에서 비롯되는 행위는 곧 도덕 법칙을 따르는 행위이며 '네 의지의 준칙이 항상 동시에 보편적 법칙의 원리에 타당하도록 행위하라'고 말했다. 이 말은 도덕 법칙이 시대나 장소를 초월해 모든 이성적 존재자에게 똑같이 적용될 수 있는 보편타당성을 지녀야 한다는 뜻이다.

04 세부 내용의 이해
정답 ①

① 1문단에 따르면 '의무에 어긋나는' 것으로 인식된 모든 비도덕적인 행위들이 이런저런 의도에는 유용하다고 할지라도 도덕적 의무라는 개념에 대해 생각할 때 '의무에 어긋나는' 행위를 고려하지 않는 이유는 '의무에 어긋나는' 행위는 의무와 충돌하므로 과연 그 행위들이 '의무에서 비롯하는' 것일 수 있느냐는 물음이 이 행위 자체에서 아예 발생할 수 없기 때문이다. 따라서 '의무에 어긋나는' 행위는 의무와 충돌하므로 '의무에 맞는' 행위는 '의무에 어긋나는' 행위가 될 수 없는 것이다.

오답분석

② 1문단에 따르면 '의무에서 비롯하는' 행위는 어떤 조건도 없이 오로지 당위에 따른, 즉 마땅히 해야 하므로 하는 행위이다. '의무에 맞는' 행위를 '의무에서 비롯하는' 행위와 구별하기 어려운 이유는 '의무에 맞는 행위를 유발하는 동인은 행위자의 이해관계, 사랑·동정심 같은 감정 등 다양하기 때문이다. 또한 2문단에 따르면 의사가 수입을 늘리기 위해 최선을 다해 환자를 진료하는 행위와, 뛰어난 공감 능력으로 사랑·동정심 등의 감정을 느껴 불행한 타인을 돕는 사람의 행위는 '의무에 맞는' 행위이지만, '의무에서 비롯되는' 행위는 아니다. 요컨대 '의무에 맞는' 행위를 일으키는 동인은 이해관계나 감정 등 여러 가지이지만, '의무에서 비롯하는' 행위를 일으키는 동인은 오직 당위(當爲)이다. 따라서 ②의 진술처럼 '의무에 맞는' 행위는 '의무에서 비롯하는' 행위가 아닐 수도 있다.

③ 1문단에 따르면 '의무에서 비롯하는' 행위는 어떤 조건도 없이 오로지 당위에 의거한 행위이고, '의무에 맞는' 행위를 유발하는 동인은 이해관계나 감정 등 다양하다. 이처럼 유발 동인이 다른 '의무에서 비롯하는' 행위와 '의무에 맞는' 행위를 구별하기 어려운 이유는 두 가지 행위 모두 결과적으로는 의무에 부합하기 때문이다. 또한 4문단에 따르면 행위를 규정하는 의지를 단적으로 그리고 제한 없이 선하다고 할 수 있으려면 법칙을 표상할 때 이로부터 기대되는 결과를 고려하지 않고 표상하는 것이 의지를 규정해야만 한다. 도덕적인 동기에 의해 유발된 행위는 도덕적인 행위이므로 당연히 도덕적인 행위로 보일 수밖에 없으며, 도덕적인 동기에 의해 유발된 행위는 '의무에서 비롯하는' 행위이고, 도덕적인 것으로 보이는 행위는 '의무에 맞는' 행위인 것이다. 따라서 '의무에 맞는' 행위라고 해서 반드시 '의무에서 비롯하는' 행위인 것은 아니지만, ③의 진술처럼 '의무에서 비롯하는' 모든 행위는 '의무에 맞는' 행위가 된다.

④ 2문단에 등장한 사례에서 의사는 '수입 증대'라는 유발 동인에 의해 '최선을 다한 진료'라는 '의무에 맞는' 행위를 하였다. 그러나 이러한 행위는 마땅히 환자를 도와야 한다는 당위에 기인한 것이 아니므로 '의무에서 비롯하는' 행위는 아니다. 1문단의 진술처럼 '의무에서 비롯하는 행위'는 어떤 조건도 없이 오로지 당위에 의거한 행위이기 때문이다. 그런데 '수입 증대'라는 유발 동인에 의해 허위 진료나 과잉 진료 등 환자를 돈벌이 수단으로 삼는 행위를 할

수도 있다. 따라서 ④의 진술처럼 '의무에 어긋나는' 행위와 '의무에 맞는' 행위의 유발 동인이 같을 수도 있다.

⑤ 1문단에 따르면 선의지는 우리 행위의 가치를 평가할 때 언제나 우선적이어서 여타의 모든 가치들의 조건을 이룬다. 또한 3문단에 따르면 '의무에서 비롯하는' 행위는 그 도덕적 가치를 행위를 결정하는 동기인 의지에서 구하며, 무조건적인 최고선은 이성적 존재자의 의지에서 만날 수 있을 뿐이다. 이런 연유로 오직 법칙에 대한 표상, 즉 법칙 자체에 대한 생각만이 우리가 도덕적이라고 부르는 탁월한 선을 이루는데, 이 표상은 이성적 존재자에게서만 발생한다. 따라서 ⑤의 진술처럼 '의무에서 비롯하는 행위'는 이성적 존재자의 선의지에 따름을 알 수 있다. 그리고 1문단에 따르면 '의무에 어긋나는' 것으로 인식된 모든 비도덕적인 행위는 의무와 충돌하므로 '의무에서 비롯하는' 것일 수 없다. 따라서 '의무에 어긋나는' 행위는 선의지와 전혀 상관이 없음을 알 수 있다.

05 추론하기   정답 ②

② 3문단에 따르면 오직 법칙에 대한 표상, 즉 법칙 자체에 대한 생각만이 우리가 도덕적이라고 부르는 탁월한 선을 이룬다. 또한 4문단에 따르면 행위를 규정하는 의지를 단적으로 그리고 제한 없이 선하다고 할 수 있으려면 법칙을 표상할 때 이로부터 기대되는 결과를 고려하지 않고 표상하는 것이 의지를 규정해야만 한다. 나는 내 주관적 원리가 보편적 법칙이 되어야 한다고 바랄 수 있도록 오로지 그렇게만 행위를 해야 한다. 그러므로 ⓒ처럼 뛰어난 공감 능력으로 인한 동정심 때문에 자발적으로 타인을 돕는 행위를 하는 것은 도덕적으로 의미있는 조건이 아니며, '법칙에 대한 표상으로 자신의 의지를 규정하는가'의 여부만이 도덕적 평가의 기준이 된다고 볼 수 있다. 따라서 ②의 진술처럼 ⓒ이 법칙에 대한 표상만으로 자신의 의지를 규정해 이웃을 돕는 행위는 도덕적으로 정당한 것이다.

오답분석

① 2문단에 따르면 자신의 이득을 우선으로 삼아 수입을 늘리려는 ㉠의 진료 행위는 '의무에 맞는' 일이지만, 환자가 정당하게 대우받는 것처럼 보인다고 해서 이 행위가 의무에서 비롯하여 행해졌다고 말할 수는 없다. 이때 ㉠의 행위의 '동기'는 '자신의 이득 확대'이며, 행위의 '결과'는 공평한 진료이다. 또한 4문단에 따르면 행위를 규정하는 의지를 단적으로 그리고 제한 없이 선하다고 할 수 있으려면 법칙을 표상할 때 이로부터 기대되는 결과를 고려하지 않고 표상하는 것이 의지를 규정해야만 한다. 따라서 기대되는 '결과'와 도덕은 상관이 없음과, '결과'가 도덕적인 것처럼 보여도 ㉠의 행위는 도덕적으로 정당하다고 말할 수 없음을 알 수 있다.

③ 3문단에 따르면 오직 법칙에 대한 표상, 즉 법칙 자체에 대한 생각만이 우리가 도덕적이라고 부르는 탁월한 선을 이루며, 이 탁월한 선은 이미 법칙에 따라 행동하는 인격

자체에 있으므로 우리는 결과에서 이 선을 기대해서는 안 된다. 이때 '인격'은 법칙의 표상을 갖고 법칙에 따르는 인격이며, ③에서 언급한 '극대화할 수 있는 탁월성'과 관련된 것이 아니다. 또한 4문단에 따르면 어떤 법칙을 준수할 때 의지에서 일어날 수 있는 모든 충동을 의지에서 빼앗는다면 남아 있는 것은 행위 일반의 보편적 합법칙성뿐이므로, 보편적 합법칙성만을 의지를 일으키는 원리로 사용해야 한다. 다시 말해 나는 내 주관적 원리가 보편적 법칙이 되어야 한다고 바랄 수 있도록 오로지 그렇게만 행위를 해야 한다. 즉, 도덕적으로 정당한 행위는 ③에서 언급한 '보편적 합법칙성'에 부합하는 행위가 아니라, 보편적 법칙이 될 수 있는 자신의 주관적 원리에 따르는 행위라고 볼 수 있다.

④ 3문단에 따르면 거짓 약속을 하는 사람의 주관적 원리가 모든 사람을 위한 보편적 법칙이 될 수 없는 것은 거짓 약속을 하는 행위를 보편적 법칙으로 삼고자 한다면 그 어떤 약속도 있을 수 없는 모순이 발생하기 때문이다. 즉, 행위자의 주관적 원리는 보편적 법칙이 되자마자 자기 파괴를 겪게 된다. 그러므로 ⓒ의 주관적 원리는 어떠한 조건이 추가된다고 해도 절대 보편적 법칙이 될 수 없는 것이다. 또한 4문단에 따르면 자신의 주관적 원리가 보편적 법칙이 되어야 한다고 바랄 수 있도록 오로지 그렇게만 행위를 해야 한다. 즉, 자신의 주관적 원리가 보편적 법칙이 되어야 한다고 바라는 것이 불가능하다면 행위가 도덕적으로 정당할 수 없다는 것이다. 그리고 보편적 법칙과 최고선은 동일한 것이므로 '보편적 법칙과 최고선 사이의 모순이 있다'는 ④의 진술은 적절하지 않다. 따라서 거짓 약속을 하는 ⓒ의 행위는 어떠한 경우에도 정당할 수 없다.

⑤ 3문단에 따르면 거짓 약속을 하는 사람의 주관적 원리는 모든 사람을 위한 보편적 법칙이 될 수 없다. 즉, ⓒ의 주관적 원리는 어떠한 조건이 추가된다고 하더라도 절대 보편적 법칙이 될 수 없는 것이다. 또한 ⑤의 진술처럼 '친구를 도우려는 선한 의도'였다고 할지라도 거짓 약속은 친구가 아닌 다른 타인들에게 피해를 끼치는 결과를 초래할 수 있기 때문에 도덕적으로 정당할 수 없다.

PART 1
DAY 01
DAY 02
DAY 03
DAY 04
DAY 05
DAY 06
DAY 07
DAY 08
DAY 09
DAY 10

- **주제** : 미적 감수성과 관련된 칸트의 취미 판단 이론의 원리와 의의
- **핵심 키워드** : 합리론, 미적 감수성(미감적 판단력), 취미 판단, 규정적 판단, 공통감
- **글의 구조**
  ▷ 1문단 : 근대 초기의 합리론에 맞선 칸트의 취미 판단 이론
    - 이성에 의한 확실한 지식만을 중시해 미적 감수성의 문제를 거의 논외로 취급했던 근대 초기의 합리론에 맞서 칸트는 미감적 판단력(＝미적 감수성)은 어떤 원리에 의거하며 이성에 못지않은 위상과 가치를 지닌다는 취미 판단 이론을 주장했다.
  ▷ 2문단 : 취미 판단이 규정적 판단과 다른 점
    - 취미 판단은 대상의 미·추를 판정하는, 미감적 판단력의 행위이다.
    - 취미 판단의 경우 'S는 P이다.'라는 명제의 술어 P는 오로지 판단 주체의 쾌 또는 불쾌라는 주관적 감정에 의거한다. ↔ 규정적 판단은 술어 P가 보편적 개념에 따라 객관적 성질로서 주어 S에 부여된다.
    - 취미 판단은 하나의 개별 대상에 대해서만 이루어지므로 복수의 대상을 한 부류로 묶어 말하는 것은 이미 개념적 일반화가 되기 때문에 취미 판단이 될 수 없다. ↔ 규정적 판단은 하나의 개별 대상뿐 아니라 여러 대상이나 모든 대상을 묶은 하나의 단위에 대해서도 이루어진다.
    - 취미 판단은 미감적 태도를 전제로 하며, 일체의 다른 맥락이 끼어들지 않아야 한다.
  ▷ 3문단 : 공동체적 차원으로서의 취미 판단
    - 순수한 미감적 태도를 취할 때, 취미 판단의 주체들은 미감적 공동체를 이룬다. 공통감(공통의 미적 감수성)이 취미 판단의 전제로 작용하기 때문이다.
    - 취미 판단의 미적 규범 역할을 하는 공통감으로 인해 취미 판단은 규정적 판단의 객관적 보편성과 구별되는 주관적 보편성을 지닌다.
  ▷ 4문단 : 칸트의 취미 판단 이론의 의의
    - 칸트가 궁극적으로 지향한 것은 인간의 총체적인 자기 이해이다.
    - 칸트에 따르면 '인간은 무엇인가?'라는 물음에 대한 충실한 답변을 얻고자 한다면, 이성뿐 아니라 미적 감수성의 고유한 원리를 설명해야 한다.
    - 미적 감수성은 개념으로부터의 자유를 통해 세계라는 무한의 영역에 더 가까이 다가갈 수 있다.

06 일치·불일치   정답 ⑤

⑤ 4문단에 따르면 칸트가 궁극적으로 지향한 것은 인간의 총체적인 자기 이해이며, 그에 따르면 '인간은 무엇인가?'라는 물음에 대한 충실한 답변을 얻으려면 이성뿐 아니라 미적 감수성에 대해서도 그 고유한 원리를 설명해야 한다. 따라서 칸트는 ④의 진술처럼 미적 감수성의 원리에 대한 설명이 인간의 총체적 자기 이해에 기여한다고 본 것이다.

오답분석

① 2문단에 따르면 취미 판단은 대상의 미·추를 판정하는, 미감적 판단력의 행위이다. 이때 취미 판단의 경우 'S는 P이다.'라는 명제의 술어 P는 오로지 판단 주체의 쾌 또는 불쾌라는 주관적 감정에 의거하는 반면 규정적 판단은 술어 P가 보편적 개념에 따라 객관적 성질로서 주어 S에 부여된다. 또한 취미 판단은 하나의 개별 대상에 대해서만 이루어지므로 복수의 대상을 한 부류로 묶어 말하는 것은 이미 개념적 일반화가 되기 때문에 취미 판단이 될 수 없는 반면 규정적 판단은 하나의 개별 대상뿐 아니라 여러 대상이나 모든 대상을 묶은 하나의 단위에 대해서도 이루어진다. 요컨대 칸트는 미감적 판단력과 규정적 판단력이 다르다고 본 것이다.

② 2문단에 따르면 규정적 판단은 명제의 객관적이고 보편적인 타당성을 지향한다. 그리고 4문단에 따르면 객관적 타당성이 이성의 미덕인 동시에 한계가 되기도 하는 것은 '세계'는 개념으로는 낱낱이 밝힐 수 없는 무한한 것이기 때문이다. 즉, '세계'는 개념으로 낱낱이 밝힐 수 없는 무한한 것이기 때문에 한계에 봉착한다는 것이다. 따라서 '이성에 의한 지식이 개념의 한계 때문에 객관적 타당성을 결여한다'는 ②의 진술은 적절하지 않다.

③ 3문단에 따르면 취미 판단은 규정적 판단의 객관적 보편성과 구별되는 '주관적 보편성'을 지닌다. 그리고 4문단에 따르면 미적 감수성은 대상을 개념적으로 규정할 수는 없지만 역으로 개념으로부터의 자유(＝비개념적 방식)를 통해 세계라는 무한의 영역에 더 가까이 다가갈 수 있다. 따라서 ③의 진술에서 '미적 감수성이 비개념적 방식으로 세계'에 접근하는 것은 맞지만, '세계에 대한 객관적 지식을 창출한다'는 것은 적절하지 않다.

④ 1문단에 따르면 이성에 의한 확실한 지식만을 중시하여 미적 감수성의 문제를 거의 논외로 취급한 근대 초기의 합리론에 맞서 칸트는 미감적 판단력이 이성에 못지않은 위상과 가치를 지닌다고 주장했다. 따라서 ④의 진술에서 '칸트가 미감적 판단력을 본격적으로 규명'한 것은 맞지만, '근대 초기의 합리론을 선구적으로 이끌었다'는 것은 적절하지 않다.

🔍 배경지식

합리론

진정한 인식은 경험이 아니라 생득적인 이성(理性)에 의해 얻을 수 있다고 보는 철학적 태도로서, 이성적·필연적·논리적인 것을 중시하고 우연적·비합리적인 것을 배척한다. 즉, 진리를 인식하는 근원은 인간의 이성이라고 보는 것이다. 합리론자들은 참된 인식은 필연성·보편타당성을 갖춰야 하는데, 인간의 경험은 사실만을 제시할 뿐 필연성·보편타당성을 제시하지 못하므로 참된 인식은 오직 이성으로만 가능하다고 주장한다. 대표적인 합리론자로는 데카르트·스피노자·라이프니츠 등이 있다.

🔍 배경지식

취미 판단

칸트 철학에서, 미적(美的) 판단 양식의 하나이다. 미의 인상을 결정하는 것이 취미라고 보는 입장에서 어떤 대상을 아름답다거나 미적으로 쾌감을 준다고 단정하는 일을 이른다.

07 세부 내용의 이해 　정답 ④

④ A에 따르면 취미 판단에는 대상에 대한 지식뿐 아니라, 실용적 유익성, 교훈적 내용 등 일체의 다른 맥락이 끼어들지 않아야 한다. 그런데 ④의 진술의 '권선징악'은 교훈적 내용이라는 맥락이 끼어든 것이기 때문에 취미 판단에 해당하지 않는다.

오답분석

① A에 따르면 취미 판단의 경우에 'S는 P이다.'라는 명제의 술어 P, 즉 '미' 또는 '추'가 마치 객관적 성질인 것처럼 S에 부여된다. 이때 ⓐ P는 오로지 판단 주체의 쾌 또는 불쾌라는 주관적 감정에 의거하며, ⓑ 취미 판단은 오로지 하나의 개별 대상에 대해서만 이루어지고, ⓒ 미감적 태도를 전제로 한다. 그런데 ①의 '이 장미는 아름답다.'는 명제는 ⓐ·ⓑ·ⓒ의 조건을 모두 충족하기 때문에 취미 판단에 해당한다.

② A에 따르면 취미 판단에는 대상에 대한 지식뿐 아니라, 실용적 유익성, 교훈적 내용 등 일체의 다른 맥락이 끼어들지 않아야 한다. 그런데 ②의 진술에서 '유용하다'는 술어는 실용적 유익성이라는 맥락이 끼어든 것이므로 취미 판단의 술어가 될 수 없다.

③ A에 따르면 하나의 개별 대상뿐 아니라 여러 대상이나 모든 대상을 묶은 하나의 단위에 대해서도 이루어지는 규정적 판단과 달리 취미 판단은 오로지 하나의 개별 대상에 대해서만 이루어진다. 즉, 복수의 대상을 한 부류로 묶어 말하는 것은 이미 개념적 일반화가 되기 때문에 취미 판단이 될 수 없다. 그런데 ③의 진술에서 '모든 예술'은 모든 대상을 하나로 묶은 단위에 해당하기 때문에 취미 판단의 명제의 주어로 적절하지 않다.

⑤ A에 따르면 취미 판단에는 대상에 대한 지식뿐 아니라, 실용적 유익성, 교훈적 내용 등 일체의 다른 맥락이 끼어들지 않아야 한다. 그런데 ⑤의 진술에서 '액자식 구조'는 '액자식 구조'라는 대상에 대한 지식이 끼어든 것이므로 '이 소설은 액자식 구조로 이루어져 있다.'는 명제는 취미 판단에 해당하지 않는다.

08 추론하기 　정답 ①

① 2문단에 따르면 취미 판단은 대상의 미·추를 판정하는 미감적 판단력의 행위이며, 규정적 판단은 이성이 개념을 통해 지식이나 도덕 준칙을 구성한다. 그리고 4문단에 따르면 미적 감수성은 대상을 개념적으로 규정할 수는 없지만 역으로 개념으로부터의 자유(비개념적 방식)를 통해 세계라는 무한의 영역에 더 가까이 다가갈 수 있다. 개념적 규정은 취미 판단이 아니라 규정적 판단을 가능하게 한다고 볼 수 있다. 따라서 '개념적 규정은 취미 판단을 가능하게 한다'는 ①의 진술은 적절하지 않다.

오답분석

② 3문단에 따르면 순수한 미감적 태도를 취할 때, 취미 판단의 주체들은 미감적 공동체를 이루고 있다고 할 수 있는 것은 그 구성원들 간에는 '공통감'이라 불리는 공통의 미적 감수성이 전제로 작용하고 있기 때문이다. 이때 공통감은 취미 판단의 미적 규범 역할을 하며, 공통감으로 인해 취미 판단은 주관적 보편성을 지닌다. 따라서 공통감은 취미 판단의 미적 규범 역할을 하고 공동체에 작용하기 때문에 ②의 진술처럼 공통감은 미를 판정할 보편적 규범이 될 수 있다.

③ 3문단에 따르면 취미 판단은 공통감으로 인해 규정적 판단의 객관적 보편성과 구별되는 주관적 보편성을 지니므로 어떤 주체가 내리는 취미 판단은 그가 속한 공동체의 공통감을 예시한다. 따라서 ③의 진술처럼 '특정 예술 작품에 대한 사람들의 취미 판단이 일치하는 것'은 공통감으로 인한 주관적 보편성이 작용해 발생하는 것이지 우연으로 발생한 것이 아니다.

④ 3문단에 따르면 미감적 공동체의 구성원들 간에는 '공통감'이라 불리는 공통의 미적 감수성이 전제로 작용하며, 어떤 주체가 내리는 취미 판단은 그가 속한 공동체의 공통감을 예시한다. 따라서 어떤 취미 판단 주체의 취미 판단은 그가 속한 공동체의 공통감이 개입되어 있을 것이기 때문에 ④의 진술처럼 예술 작품에 대한 취미 판단은 소속된 미감적 공동체의 미적 감수성을 보여 준다고 볼 수 있다.

⑤ 2문단에 따르면 취미 판단은 오로지 대상이 일으키는 감정에 따라 미·추를 판정하는 것 이외의 어떤 다른 목적도 배제하는 순수한 태도(미감적 태도)를 전제로 한다. 이를 통해 ⑤의 진술처럼 순수한 미감적 태도를 취하지 못하면 취미 판단이 불가능하다고 말할 수 있다.

I wish you the best of luck!

01	02	03	04	05	06	07	08	09	
⑤	①	⑤	③	③	②	⑤	⑤	④	

---

[01] 지문 분석

- 주제 : 문화마다 다른 기준을 가지고 있으나 그 기준에 반드시 구속되는 것만은 아니다.
- 핵심 키워드 : 상대주의
- 글의 구조
  ▷ 1문단 : 문화의 기준과 사고방식의 불가분성
    − 상대주의자들은 어떤 문화가 다른 문화에서 유래한 사고방식을 압도할 수 없기 때문에 다른 문화권의 과학자들이 이론적 합의에 이를 수 없다고 주장한다.
    − 문화의 기준과 여기서 수용되는 사고방식이 분리 불가능하기 때문이다.
  ▷ 2문단 : 문화의 기준에 따른 배타적인 이론 수용
    − 문화적 차이가 큰 두 과학자 그룹의 사례
    − 각 그룹은 자신의 문화에서 유래한 이론만 수용한다.
  ▷ 3문단 : 실제 이론의 수용은 문화의 기준에 절대적으로 구속되지 않음
    − 특정 문화, 세계관을 따른다고 해서 거기서 유래한 사상만을 고집하지는 않는다.
    − 데카르트주의자들이 뉴턴 물리학을 수용한 사례

---

01 추론하기   정답 ⑤

⑤ 전체적으로 자신의 문화에서 유래한 사고방식을 따르기는 하지만 데카르트주의자들의 예에서 볼 수 있듯, 그것에 절대적으로 구속되지 않는다는 점에서 핵심 논지로 적절하다.

오답분석

① 데카르트주의자들의 사례를 통해 다양한 문화의 평가 기준을 만족하는 것이 존재한다는 것을 알 수는 있으나 이것이 제시문의 핵심 논지라고 보기는 어렵다.
② 기본적으로 자신의 문화에 근거한 이론을 받아들이지만 그것이 절대적이지 않다는 것이지 모든 이론 선택을 상대적인 기준에 따른다는 것은 아니다.
③ 선택지의 내용은 제시문을 통해서는 알 수 없는 내용이다.

④ 제시문에서 예측 가능성과 실용성을 제시한 것은 사례로 든 두 그룹의 판단 기준을 나타낸 것일 뿐이며, 예측 가능성과 실용성의 판단 기준의 고정 여부는 더더욱 알 수 없는 내용이다.

풀이 포인트

추리적 사고 능력을 검증하는 문제로, '일반론 − 사례 − 예외'의 형태를 띠고 있는 전형적인 제시문이다. 이러한 제시문을 통해 핵심 논지를 찾아내기 위해서는 반드시 예외적인 사항을 선택지에서 나열한 논지가 포섭하고 있는지를 찾아보아야 한다. 단순히 일반론만을 다룬 문장은 핵심 논지가 될 수 없다.

---

[02] 지문 분석

- 주제 : 아시아 도시들의 젠트리피케이션의 특성
- 핵심 키워드 : 급격한 전환, 비자발적
- 글의 구조
  ▷ 1문단 : 아시아 도시들의 젠트리피케이션 양태
    − 인문·예술 분야의 종사자들이 중심이 된 아시아 도시들의 변화 형태
    − 젠트리피케이션의 의의
  ▷ 2문단 : 서양과 아시아의 젠트리피케이션 형태 비교
    − 서양의 젠트리피케이션(점진적)
    − 아시아의 젠트리피케이션(급진적)
  ▷ 3문단 : 젠트리피케이션의 부정적 양상
    − 상업이 중심이 된 젠트리피케이션의 부정적 측면
    − 자발적이지 않은 과정과 이로 인한 기존 거주민들의 부정적 감정 초래

---

02 세부 내용의 이해   정답 ①

① 서양 도시에서는 젠트리피케이션이 구역별로 점진적으로 진행된다고 하였으므로 옳지 않은 내용이다.

오답분석

② 상업적 전치 과정이 자발적이지 않으며, 원주민들이 불만, 좌절, 분노 등의 집약된 감정에 사로잡힌다고 하였다.

③ 아시아 도시의 젠트리피케이션은 서양과 달리 소비와 여가를 위한 인기 장소를 갖춘 상권으로 급격하게 전환된다고 하였다.

④ 서양 도시의 젠트리피케이션은 구역별로 점진적으로 진행되지만 서울을 비롯한 아시아의 도시들은 그렇지 않다고 하였다.

⑤ 서울을 비롯한 아시아 도시들이 인문·예술 분야의 종사자들을 통해 장소들의 전반적 성격이 변화되고 있다고 하였다.

풀이 포인트

사실적 사고 능력을 검증하는 문제로, 마지막 단락과 같이 추상적인 문구들이 나열된 경우는 이를 하나하나 뜯어서 해석하려 하지말고 전체적으로 부정적인 뉘앙스를 풍기는 단락이라는 점만 캐치하고 곧바로 선택지를 풀이하는 것이 효과적이다.

🔍 배경지식

젠트리피케이션
낙후된 구도심 지역이 활성화되어 중산층 이상의 계층이 유입됨으로써 기존의 저소득층 원주민을 대체하는 현상을 가리킨다.

[03~05] 지문 분석

• 주제 : 미국 헌법의 목적을 실현 가능하게 해 온 민주주의 규범의 의의와 한계
• 핵심 키워드 : 견제와 균형의 원리, 상호 관용, 제도적 자제, 남북 전쟁, 공화당, 민주당, 인종 차별, 당파적 양극화
• 글의 구조
  ▷ 1문단 : 민주주의 정치 체제의 보호 장치 역할을 해 온 민주주의 규범
    – 권력 기관 간 견제와 균형의 원리에 기초해 대통령제를 규정한 미국 헌법은 그 자체로는 민주주의 정치 체제를 지키기에 미흡하다.
    – 명문화되지 않은 민주주의 규범은 민주주의 정치 체제의 보호 장치로서 중요한 역할을 해왔다.
  ▷ 2문단 : 민주주의 규범으로서의 '상호 관용'과 '제도적 자제'
    – 민주주의 유지에 핵심적 역할을 하는 규범은 '상호 관용'과 '제도적 자제'이다.
    – 상호 관용은 경쟁자가 권력을 차지할 권리를 나와 동등하게 가진다는 사실을 인정하는 것이다.

– 제도적 자제는 제도적으로 허용된 권력을 신중하게 행사하는 태도이다.
– 제도적 자제의 반대 개념은 '헌법적 권력의 공격적 활용'이다.
▷ 3문단 : 상호 연관되어 있는 '상호 관용'과 '제도적 자제'
  – 이 두 가지 규범은 상호 연관되어 있으며, 상대를 경쟁자로 받아들일 때, 제도적 자제도 기꺼이 실천한다.
  – 반면 서로를 적으로 간주할 때 상호 관용의 규범은 무너진다.
▷ 4문단 : 민주주의 규범이 붕괴했을 때 초래될 수 있는 위기 상황 두 가지
  – 상황 1(야당이 입법부 장악, 행정부와 입법부 분열) : 야당은 대통령을 공격하기 위해 헌법에서 부여한 권력을 최대한 휘두른다.
  – 상황 2(여당이 입법부 장악, 권력이 여당에 집중됨) : 여당은 민주주의 규범을 무시하고 대통령의 권력 강화를 위해 노력하며, 야당을 제거하기 위한 대통령의 탄압적 행위를 묵인하기도 한다.
▷ 5문단 : 미국 민주주의의 첫 번째 위기
  – 미국 민주주의의 첫 번째 위기는 남북 전쟁으로 초래되었다.
  – 노예제를 찬성한 남부 백인 농장주들과 민주당은 노예제 폐지를 주장한 공화당을 위협으로 인식했고(상호 관용 규범의 붕괴), 결국 남북 전쟁이 발발했다.
  – 전쟁에서 승리한 북부의 공화당이 인종 차별을 묵인하는 일련의 사건으로 인해 민주당의 적대감이 완화되었고 상호 관용의 규범도 회복된다.
  – 역설적이게도 남북 전쟁 이후의 민주주의 규범은 인종 차별을 묵인한 비민주적인 타협의 산물이었다.
▷ 6문단 : 미국 민주주의의 두 번째 위기
  – 미국 민주주의의 두 번째 위기는 1960년대 이후 민주주의의 확대와 함께 일어났다.
  – 공화당과 민주당이 각기 다른 집단을 대변하게 된 이후 이들의 경쟁은 '당파적 양극화'로 치달았고, 정당 간 경쟁이 적대적 갈등으로까지 확대되었다.
  – 인종 차별에 의존한 기존의 민주주의 규범은 한계를 드러내며 붕괴함에 따라 새로운 민주주의 규범을 확립할 필요가 발생했다.

PART 2

DAY 01
DAY 02
DAY 03
DAY 04
DAY 05
DAY 06
DAY 07
DAY 08
DAY 09
DAY 10

안심Touch

정답 ⑤

⑤ 1문단에 따르면 견제와 균형의 원리에 기초한 대통령제로써 민주주의를 지킨다는 미국 헌법의 입법 목적을 실현하는 데 있어 헌법 그 자체만으로는 충분하지 않으며, 민주주의 규범이 이러한 미흡한 점을 해소하는 중요한 역할을 해왔다. 따라서 ⑤의 진술처럼 민주주의를 보호하고자 한 미국 헌법의 목적을 실현 가능하게 한 것은 민주주의 규범이라고 볼 수 있다.

오답분석

① 3문단에 따르면 상호 관용과 제도적 자제의 두 가지 규범은 상호 연관되어 있는데, 상대를 경쟁자로 받아들일 때, 제도적 자제도 기꺼이 실천한다. 즉, 상호 관용이 강화되면 제도적 자제도 강화되는 것이다. 또한 상호 관용의 규범이 무너지는 상황에서 정치인은 제도가 부여한 법적 권력을 최대한 활용하려 한다. 즉, 상호 관용이 약화되면 제도적 자제도 약화되는 것이다. 따라서 양자가 반비례 관계에 있다는 ①의 진술은 적절하지 않다.

② 2문단에 따르면 합법적 권력 행사라도 자제되지 않을 경우 기존 체제를 위태롭게 할 수 있기 때문에 제도적으로 허용된 권력을 신중하게 행사하는 제도적 자제 규범이 필요하다. 따라서 ②의 진술처럼 대통령과 입법부의 권력 행사가 합법적이라고 해도 제도적 자제 규범을 준수하지 않으면 민주주의 정치 체제 보호에 부정적으로 작용할 수 있다.

③ 2문단에 따르면 민주주의 유지에 핵심적 역할을 하는 상호 관용과 제도적 자제 규범은 민주주의보다 오랜 전통을 가진다. 즉, 민주주의가 등장하기 이전부터 상호 관용과 제도적 자제 규범은 존재한 것이다. 따라서 민주주의 규범은 민주주의 이념으로부터 탄생한 것이라는 ③의 진술은 적절하지 않다. 또한 1문단에 따르면 명문화되지 않은 민주주의 규범은 민주주의 정치 체제를 지키는 역할을 해왔다. 따라서 ③의 진술처럼 민주주의 제도의 확립을 통해 민주주의 규범이 발전되는 것이 아니라, 민주주의 규범이 민주주의 제도의 확립에 중요한 역할을 함을 알 수 있다.

④ 1문단에 따르면 권력 기관 간 견제와 균형의 원리에 기초해 특정 정치인이나 집단이 권력을 독식하거나 남용하지 못하도록 하여 민주주의를 지키도록 한 미국 헌법의 설계는 미국 역사에서 상당 기간 성공적으로 기능했으나 헌법이라는 보호 장치는 그 자체로는 민주주의 정치 체제를 지키기에 미흡하다. 여기에는 헌법이나 법률에 명문화되지 않은 민주주의 규범도 중요한 역할을 해왔다. 즉, 헌법이나 법률 등의 명문화된 제도만으로는 민주주의 정치 체제를 지키기에 부족하므로 명문화되지 않는 민주주의 규범이 필요한 것이다. 그러므로 헌법이나 법률에 명문화되지 않은 민주주의 규범이 민주주의 정치 체제를 지키는 역할을 해왔음을 알 수 있다. 따라서 민주주의 규범은 성문화될 때 민주주의 정치 체제를 보호하는 효과가 극대화된다는 ④의 진술은 적절하지 않다.

🔍 **배경지식**

미국의 헌법
세계 최초의 성문 헌법으로서, 미국 독립 후 1781년에 제정된 13개 독립주의 연합규약 개정을 위해 1787년 필라델피아에 소집된 헌법제정회의가 제정했다. '견제와 균형'의 원칙을 통해 입법부·행정부·사법부의 역할을 제약함으로써 권력의 편중을 방지한다. 또한 국내의 사회·정치·경제적 변화를 반영한 유연한 헌법해석에 의하여 현실에 적합하도록 운영되고 있다. 이처럼 미국 헌법은 문장은 간소하지만 광대한 의미를 포함하고 있으며, 유연한 해석을 통해 현재까지 기능을 잘 수행하고 있다.

정답 ③

③ 미국이 건국 이후 헌법을 제정하고 나서 맞은 민주주의의 두 번째 위기는 6문단에 따르면 1960년대 이후 민주주의의 확대와 함께 일어난 것으로, 보수와 진보 간 정책적 차이뿐만 아니라 인종과 종교, 삶의 방식을 기준으로 첨예하게 나뉘어 정당 간 경쟁이 적대적 갈등으로까지 확대되는 등 '당파적 양극화'로 치달아 결국 인종 차별에 의존한 기존의 민주주의 규범은 한계를 드러내며 붕괴했다. 따라서 ③의 진술처럼 민주주의의 확대로 인해 발생한 당파적 양극화 때문에 기존의 민주주의 규범이 붕괴된 것이 ⓒ의 원인이 되었음을 알 수 있다.

오답분석

① 1문단에 따르면 민주주의 유지에 핵심적 역할을 하는 규범은 민주주의보다 오랜 전통을 가진 '상호 관용'과 '제도적 자제'이다. 즉, 미국이 민주주의를 수호하기 위해 헌법을 제정하기 전부터 상호 관용과 제도적 자제 규범은 존재한 것이다. 그리고 상호 관용의 규범이 무너져 발생한 것이 5문단에서 언급한 남북 전쟁이다. 따라서 남북 전쟁 종전 후 협상 과정에서 발생한 첫 번째 위기를 겪으면서 상호 관용과 제도적 자제의 규범이 처음으로 형성되었다는 ①의 진술은 적절하지 않다.

② 5문단에 따르면 남(민주당)과 북(공화당)이 서로를 적대시함으로써 상호 관용의 규범이 무너지며 발발한 남북 전쟁이 끝나고 협상 과정에서 인종 차별을 묵인한 비민주적인 타협의 결과로 상호 관용의 규범이 회복되고 정치 체제가 안정되었다. 따라서 첫 번째 위기 이후 형성된 상호 관용의 규범은 정치 체제를 안정시키는 역할을 하지 못했다는 ②의 진술은 적절하지 않다.

④ 6문단에 따르면 흑인의 참정권 보장 및 대규모 이민으로 유입된 다양한 민족과 인종 등 다양한 집단이 정치 체제로 유입되는 등 1960년대 이후 민주주의의 확대와 함께 미국 민주주의의 두 번째 위기가 발생했다. 그 결과 민주당과 공화당 사이의 경쟁은 당파적 양극화로 치달았고,

정당 간 경쟁이 적대적 갈등으로까지 확대되는 상황에서 인종 차별에 의존한 기존의 민주주의 규범은 한계를 보이면서 붕괴했다. 요컨대, 두 번째 위기의 결과로 기존의 민주주의 규범이 무너진 것이며, 그래서 6문단의 진술처럼 새로운 민주주의 규범을 확립할 필요가 생긴 것이다. 따라서 두 번째 위기가 점차 완화되었다는 ④의 진술은 적절하지 않다.

⑤ 5문단에 따르면 첫 번째 위기 당시 미국의 양대 정당은 민주당과 공화당인데, 민주당의 지지 기반은 노예제를 찬성한 남부의 백인 농장주들이었고, 공화당의 지지 기반은 노예제 폐지를 주장한 북부의 시민들이었다. 또한 6문단에 따르면 두 번째 위기 당시 공화당과 민주당은 각기 다른 집단의 이익과 가치를 대변하게 되었다. 요컨대, 첫 번째와 두 번째 위기 모두 정당별 지지 집단이 구별되었던 것이다. 따라서 두 번째 위기 당시 정당별 지지 집단이 뚜렷이 구분되지 않았다는 ⑤의 진술은 적절하지 않다.

05 추론하기

정답 ③

③ 2문단에 따르면 제도적 자제는 제도적으로 허용된 권력을 신중하게 행사하는 태도이며, 합법적 권력 행사라도 자제되지 않을 경우 기존 체제를 위태롭게 할 수 있다. 〈보기〉의 아옌데 대통령이 야당이 과반 의석을 확보한 의회를 우회하여 국민투표를 실시하고자 한 것은 그 우회적 시도가 헌법의 규칙을 벗어나지 않는 합법적 권력 행사라고 해도 제도적으로 허용된 권력을 신중하게 행사한 것으로 보기 어렵다. ⓒ 이후의 갈등을 초래하며 기존 체제를 위태롭게 만들고 결국 민주주의가 붕괴되는 결과를 낳았기 때문이다. 따라서 아옌데 대통령이 도적 자제 규범을 실천하고자 했다는 ③의 진술은 적절하지 않다.

[오답분석]

① 〈보기〉의 1960년대 칠레는 좌파와 우파 정당이 이념적으로 대립하며 서로를 적으로 인식함으로써 당파적 양극화가 심화되었다. 한편 좌파 정당의 아옌데 대통령의 국민투표 실시에 반대해 좌파 야당은 불신임 결의안을 통과시켜 아옌데 행정부의 징관들을 해임했다. 좌우가 이념적으로 대립할 뿐만 아니라 좌파 세력이 내부적으로 분열한 것이다. 또한 6문단에 따르면 1960년대 이후 미국의 공화당과 민주당은 각기 다른 집단의 이익과 가치를 대변하면서 당파적 양극화로 치달았는데, 보수와 진보 간 정책적 차이뿐만 아니라 인종과 종교, 삶의 방식을 기준으로 첨예하게 나뉘어 정당 간 경쟁이 적대적 갈등으로까지 확대되었다. 따라서 ①의 진술처럼 ⓐ는 좌우의 이념 대립을 중심으로 심화되었다면, 1960년대 이후 미국에서 심화된 당파적 양극화는 보수와 진보 간 정책적 차이, 인종과 종교, 삶의 방식 등 여러 가지 이유로 심화된 것을 알 수 있다.

② 〈보기〉에 따르면 1960년대 이후 칠레의 좌파와 우파 정당은 서로를 위협적인 적으로 인식했기 때문에 이후에 의회를 우회한 아옌데 대통령의 국민투표 실시 시도, 이에 반대한 좌파 야당의 장관 해임 및 아옌데 행정부 위헌 결의안 통과 등 상호 관용 규범이 무너지게 되었다.

④ 2문단에 따르면 제도적 자제는 제도적으로 허용된 권력을 신중하게 행사하는 태도이며, 제도적 자제의 반대 개념인 '헌법적 권력의 공격적 활용'은 규칙을 벗어나지 않으면서도 그것을 최대한 활용해 경쟁자를 경쟁의 장 자체에서 제거하려는 태도를 의미한다. 〈보기〉에서 의회의 과반 의석을 보유한 좌파 야당이 불신임 결의안을 통과시켜 장관들을 해임한 것은 헌법에 의거한 합법적 권력 행사이지만 규칙을 최대한 활용해 경쟁자를 경쟁의 장에서 제거한 것으로 볼 수 있다. 따라서 ④의 진술처럼 제도적 자제 규범이 무너진 상황에서 여당이 소수이고 야당이 과반인 경우에는 야당이 헌법적 권력을 공격적으로 활용해 여당 세력을 제거할 가능성이 높아질 수 있는 것이다.

⑤ 2문단에 따르면 상호 관용은 경쟁자가 권력을 차지할 권리를 나와 동등하게 가진다는 사실을 인정하는 것이다. 또한 제도적으로 허용된 권력을 신중하게 행사하는 제도적 자제의 반대 개념인 '헌법적 권력의 공격적 활용'은 규칙을 벗어나지 않으면서도 그것을 최대한 활용하여 경쟁자를 경쟁의 장 자체에서 제거하려는 태도를 뜻한다. 〈보기〉에 따르면 칠레 헌법이 인정한, 행정부에 대한 의회의 불신임 결의 권한은 1970년 이전까지 거의 사용되지 않았다. 이는 상대의 존재와 권리를 인정함으로써 상호 관용 규범을 실천하고, 상대를 적이 아니라 정당한 경쟁자로 인식해 경쟁의 장에서 제거하려 하지 않음으로써 제도적 자제 규범을 실천한 것으로 볼 수 있다. 따라서 ⑤의 진술처럼 민주주의 규범을 존중함으로써 민주주의 정착에 기여했다고 볼 수 있다.

PART 2

DAY 01
DAY 02
DAY 03
DAY 04
DAY 05
DAY 06
DAY 07
DAY 08
DAY 09
DAY 10

- **주제** : 브레턴우즈 체제의 붕괴와 기축 통화로서의 달러화
- **핵심 키워드** : 기축 통화, 브레턴우즈 체제, 경상 수지, 유동성, 트리핀 딜레마, 금 본위 체제, 금 환 본위제, 교차 환율, 평가 절하, 평가 절상, 규모의 경제
- **글의 구조**
  ▷ 1문단 : 브레턴우즈 체제에서의 기축 통화인 달러화의 구조적 모순
  - 기축 통화는 국제 거래에 결제 수단으로 통용되고 환율 결정에 기준이 되는 통화이다.
  - 트리핀 교수는 미국이 경상 수지 적자를 허용하지 않아 국제 유동성 공급이 중단되면 세계 경제는 크게 위축될 것"이고 "반면 적자 상태가 지속돼 달러화가 과잉 공급되면 준비 자산으로서의 신뢰도가 저하되고 고정 환율 제도도 붕괴될 것"이라며 브레턴우즈 체제에서의 기축 통화인 달러화의 구조적 모순을 지적했다.
  ▷ 2문단 : 금 본위 체제와 브레턴우즈 체제
  - 트리핀 딜레마는 국제 유동성 확보와 달러화의 신뢰도 간의 문제이다.
  - 금이 국제 유동성의 역할을 하는 금 본위 체제에서는 각 국가의 통화 가치는 정해진 양의 금의 가치에 고정되므로 국가 간의 환율은 자동적으로 결정되었다.
  - 브레턴우즈 체제에서는 국제 유동성으로 달러화가 추가되어 '금 환 본위제'가 되었고, 미국의 중앙은행은 금 1온스와 35달러를 언제나 맞교환해 주어야 하는 의무를 지게 되었다.
  - 다른 국가들은 달러화에 대한 자국 통화의 가치를 고정했고, 달러화로만 금을 매입할 수 있었고 환율은 원칙적으로 ±1% 내에서의 변동만이 허용됨에 따라 달러화 이외의 다른 통화들 간 환율(교차 환율)은 자동적으로 결정되었다.
  ▷ 3문단 : 브레턴우즈 체제의 위기와 붕괴
  - 1970년대 초 미국은 경상 수지 적자의 누적, 달러화의 과잉 공급 등으로 금 준비량이 급감함에 따라 달러화의 금 태환 의무를 더 이상 감당할 수 없게 되었다.
  - 브레턴우즈 체제하에서 달러화의 평가 절하는 규정상 불가능했고, 당시 대규모 대미 무역 흑자 상태였던 독일·일본 등 주요국은 평가 절상에 나서려고 하지 않았다.
  - 마르크화와 엔화에 대한 투기적 수요가 증가했고, 환율의 변동 압력은 커질 수밖에 없었던 상황에서 각국은 보유한 달러화를 대규모로 금으로 바꾸기를 원했다.
  - 미국은 1971년 달러화의 금 태환 정지를 선언(닉슨 쇼크)했고, 브레턴우즈 체제는 붕괴되었다.

  ▷ 4문단 : 브레턴우즈 체제 붕괴 이후 기축 통화로서의 달러화의 역할이 계속된 이유
  - 브레턴우즈 체제 붕괴 이후에도 규모의 경제 때문에 달러화의 기축 통화 역할은 계속되었다.
  - 어떠한 기축 통화도 없이 각각 다른 통화가 사용되는 경우 두 국가를 짝짓는 경우의 수만큼 환율의 가짓수가 생기지만, 하나의 기축 통화를 중심으로 외환 거래를 하면 비용을 절감하고 규모의 경제를 달성할 수 있다.

06 일치·불일치 정답 ②

② 1문단에 따르면 트리핀 교수는 브레턴우즈 체제에서의 기축 통화인 달러화의 구조적 모순을 지적했다. "미국이 경상 수지 적자를 허용하지 않아 국제 유동성 공급이 중단되면 세계 경제는 크게 위축될 것"이고, "반면 적자 상태가 지속돼 달러화가 과잉 공급되면 준비 자산으로서의 신뢰도가 저하되고 고정 환율 제도도 붕괴될 것"이라는 그의 주장은 브레턴우즈 체제에서 국제 유동성 확보와 달러화의 신뢰도 사이의 문제를 지적한 것일 뿐이다. 따라서 ②의 진술처럼 브레턴우즈 체제 붕괴 이후의 세계 경제 위축에 대해 트리핀 교수가 어떤 전망을 했는지는 알 수 없다.

오답분석

① 4문단에 따르면 브레턴우즈 체제 붕괴 이후에도 달러화의 기축 통화 역할이 계속된 이유로 규모의 경제를 생각할 수 있는 것은, 하나의 기축 통화를 중심으로 외환 거래를 하면 비용을 절감하고 규모의 경제를 달성할 수 있기 때문이다.
③ 2문단에 따르면 1944년에 성립된 브레턴우즈 체제는 미국의 중앙은행에 '금 태환 조항'에 따라 금 1온스와 35달러를 언제나 맞교환해 주어야 한다는 의무를 지게 했다.
④ 2문단에 따르면 국제 유동성은 국제적으로 보편적인 통용력을 갖는 지불 수단을 뜻하며, 금 본위 체제에서는 금이 국제 유동성의 역할을 했고, 각 국가의 통화 가치는 정해진 양의 금의 가치에 고정되었다. 이후 브레턴우즈 체제에서는 국제 유동성으로 달러화가 추가되어 '금 환 본위제'가 되었다.
⑤ 1문단에 따르면 트리핀 교수는 경상 수지 적자 상태가 지속돼 달러화가 과잉 공급되면 준비 자산으로서의 신뢰도가 저하되고 고정 환율 제도도 붕괴될 것이라고 말했다.

⊕ 배경지식

브레턴우즈 체제
1944년 7월에 미국의 브레턴우즈에서 발족한 국제 통화 체제이다. 1930년 이후 각국 통화 가치 불안정, 외환 관리, 평가 절하 경쟁, 무역 거래 제한 등을 시정하여 국제 무역의 확대, 고용 및 실질 소득 증대, 외환의 안정과 자유화, 국제 수지 균형 등을 달성할 목적으로 체결된 브레턴우즈 협정에 의하여 발족되었다.

07 추론하기

정답 ⑤

⑤ 2문단에 따르면 브레턴우즈 체제에서는 국제 유동성으로 금에 달러화가 추가되어 '금 환 본위제'가 되었고, 미국의 중앙은행은 '금 태환 조항'에 따라 금 1온스와 35달러를 언제나 맞교환해 주어야 한다는 의무를 부담했다. 그리고 3문단에 따르면 1970년대 초에 미국은 달러화의 금 태환 의무를 더 이상 감당할 수 없는 상황에 도달했으며, 이를 해결할 수 있는 방법의 하나는 달러화에 대한 여타국 통화의 환율을 하락시켜 그 가치를 올리는 평가 절상이었다. 즉, 평가 절상은 자국 통화의 대외가치를 높이는 것이다. 따라서 ⑤의 진술처럼 달러화에 대해 마르크화가 평가 절상되는 경우에는 일정 금액의 마르크화에 대응하는 달러화의 금액이 이전보다 증가하기 때문에 같은 금액의 마르크화로 구입할 수 있는 금의 양은 늘어나게 된다.

오답분석

① 3문단에 따르면 1970년대 초에 미국은 달러화의 금 태환 의무를 더 이상 감당할 수 없는 상황에 도달했으며, 이를 해결할 수 있는 방법의 하나는 달러화의 가치를 내리는 평가 절하였지만 브레턴우즈 체제하에서 달러화의 평가 절하는 규정상 불가능했다. 또한 미국은 1971년 달러화의 금 태환 정지를 선언한 닉슨 쇼크를 단행했고, 브레턴우즈 체제는 붕괴되었다. 따라서 ①의 진술처럼 닉슨 쇼크 이후 달러화의 고평가 문제를 해결할 수 있는 달러화의 평가 절하가 가능해졌다고 추론할 수 있다.

② 3문단에 따르면 1970년대 초에 미국은 달러화의 금 태환 의무를 더 이상 감당할 수 없는 상황에 도달했으며, 이를 해결할 수 있는 방법은 달러화의 가치를 내리는 평가 절하, 또는 달러화에 대한 여타국 통화의 환율을 하락시켜 그 가치를 올리는 평가 절상이었다. 그러나 브레턴우즈 체제하에서 달러화의 평가 절하는 규정상 불가능했고, 당시 대규모 대미 무역 흑자 상태였던 독일·일본 등 주요국은 평가 절상에 나서려고 하지 않았다. 즉, 평가 절하는 규정상 불가능했기 때문에 ②의 진술처럼 독일(마르크화)·일본(엔화) 등 주요국들이 평가 절상을 하는 방법밖에 없을 것이라는 예상에 따라 마르크화와 엔화의 투기적 수요가 증가했다고 추론할 수 있다.

③ 2문단에 따르면 트리핀 딜레마는 국제 유동성 확보와 달러화의 신뢰도 간의 문제이며, 금 본위 체제에서는 금이 국제 유동성의 역할을 했다. 따라서 ③의 진술처럼 금의 생산량이 증가할 경우 국제 유동성 공급도 증가하게 될 것이므로 금의 생산량 증가를 통한 국제 유동성 공급량의 증가는 국제 유동성을 확보함으로써 트리핀 딜레마 상황을 완화하는 방법이 된다고 추론할 수 있다.

④ 1문단에 따르면 트리핀 교수는 "미국이 경상 수지 적자를 허용하지 않아 국제 유동성 공급이 중단되면 세계 경제는 크게 위축될 것"이라면서도 "반면 적자 상태가 지속돼 달러화가 과잉 공급되면 준비 자산으로서의 신뢰도가 저하되고 고정 환율 제도도 붕괴될 것"이라고 말했다. 그리고 2문단에 따르면 트리핀 딜레마는 국제 유동성 확보와 달러화의 신뢰도 간의 문제이다. 즉, 트리핀 교수에 따르면

국제 유동성의 공급이 중단되면 세계 경제가 위축될 것이고, 달러화가 과잉 공급되면 준비 자산으로서의 신뢰도가 저하될 것이다. 따라서 ④의 진술처럼 트리핀 딜레마는 달러화를 통한 국제 유동성 공급을 중단할 수도 없고, 공급량을 무한정 늘릴 수도 없는 상황을 가리키는 것이라고 추론할 수 있다.

> **Q 배경지식**
>
> 트리핀 딜레마
> 한 나라의 통화를 국제 통화로 사용할 경우에 국제 유동성이 커지면 국제 수지 적자로 그 통화의 신뢰도가 떨어지고, 그 나라가 적자를 줄여 통화의 신뢰도를 높이면 국제 유동성이 작아지는 현상을 뜻한다. 이때 국제 유동성은 사전적으로 '국제 경제를 원활하게 하기 위하여 필요한 대외 지급 준비금의 비율'을 뜻하며, 중앙은행이 보유하고 있는 금이나 외화 등이 대외 준비금의 중심이 된다.

08 세부 내용의 이해

정답 ⑤

⑤ 2문단에 따르면 교차 환율은 기축 통화인 달러를 제외한 다른 통화들 간 환율을 뜻한다. 그러므로 문제의 조건처럼 미국을 포함한 세 국가가 존재하고 각각 다른 통화를 사용할 때, 기축 통화가 미국 달러 하나뿐인 ⓛ의 브레턴우즈 체제에서는 미국을 제외한 두 나라 사이의 교차 환율이 존재하며 환율의 가짓수는 1이다. 또한 4문단에 따르면 ⓒ의 어떠한 기축 통화도 없이 각각 다른 통화가 사용되는 경우에는 두 국가를 짝짓는 경우의 수만큼 환율의 가짓수가 생기므로 미국을 포함한 세 국가가 존재하고 각각 다른 통화를 사용할 때에는 ⓒ에서 발생하는 환율의 가짓수는 3이다. 따라서 ⑤의 진술처럼 ⓛ에서 교차 환율의 가짓수는 ⓒ에서 생기는 환율의 가짓수보다 적음을 알 수 있다.

오답분석

① 2문단에 따르면 ⑤의 금 본위 체제에서는 금이 국제 유동성의 역할을 했으며, 각 국가의 통화 가치는 정해진 양의 금의 가치에 고정됨에 따라 국가 간 통화의 교환 비율인 환율은 자동적으로 결정되었다. 또한 브레턴우즈 체제에 들어서 달러화가 국제 유동성으로 추가되었다. 그러므로 문제의 조건처럼 미국을 포함한 세 국가가 존재하고 각각 다른 통화를 사용할 때, ⑤에서의 미국을 포함한 세 국가는 동일한 조건이라고 볼 수 있다. 따라서 ①의 진술에서 금에 자국 통화의 가치를 고정한 국가 수는 3개국이며, 자동적으로 결정되는 환율의 가짓수는 3이다(미국-A국, 미국-B국, A국-B국).

② 2문단에 따르면 ⓛ의 브레턴우즈 체제의 '금 환 본위제'가 성립되어 미국 이외의 다른 국가들은 달러화에 대한 자국 통화의 가치를 고정했고, 달러화로만 금을 매입할 수 있게

PART 2

DAY 01 DAY 02 DAY 03 DAY 04 DAY 05 DAY 06 DAY 07 DAY 08 DAY 09 DAY 10

됨에 따라 기축 통화인 달러화를 제외한 다른 통화들 간 환율인 교차 환율은 자동적으로 결정되었다. 또한 4문단에 따르면 브레턴우즈 체제 붕괴 이후에도 하나의 기축 통화를 중심으로 외환 거래를 하면 비용을 절감하고 규모의 경제를 달성할 수 있기 때문에 미국 달러화는 기축 통화로서의 역할을 유지했다. 그러므로 ⓒ에서의 교차 환율은 달러화를 제외하고 결정되었으며, ⓒ 붕괴 이후에도 하나의 기축 통화를 통해 국가 사이의 외환 거래가 이루어졌음을 알 수 있다. 즉, 문제의 조건처럼 미국을 포함한 세 국가가 존재하고 각각 다른 통화를 사용할 때, ⓒ에서 미국을 제외한 두 국가 사이의 환율이 자동적으로 정해지며, ②의 진술처럼 ⓒ 붕괴 이후에도 여전히 달러화가 기축 통화라면 교차 환율의 결정도 ⓒ 붕괴 이전과 같다. 따라서 교차 환율의 가짓수가 적어지는 것이 아니라 동일하게 유지된다.

③ 4문단에 따르면 세계의 모든 국가에서 ⓒ의 어떠한 기축 통화도 없이 각각 다른 통화가 사용되는 경우 두 국가를 짝짓는 경우의 수만큼 환율의 가짓수가 생긴다. 즉, ⓒ에서 국가 수가 증가할 때마다 ③의 진술처럼 환율의 전체 가짓수는 하나씩 증가하는 것이 아니라 두 국가를 짝짓는 경우의 수만큼 생기는 것이다. 3개국에서 4개국이 되면 가짓수는 3이 증가하고, 4개국에서 5개국이 되면 가짓수는 4가 증가하는 것이다.

④ 2문단에 따르면 ㉠의 금 본위 체제에서는 각 국가의 통화 가치는 정해진 양의 금의 가치에 고정됨 따라 국가 간 통화의 교환 비율인 환율은 자동적으로 결정되었다. ⓒ의 브레턴우즈 체제 성립 이후 미국이 아닌 다른 국가들은 달러화에 대한 자국 통화의 가치를 고정했고, 달러화로만 금을 매입할 수 있었으며, 환율은 경상 수지의 구조적 불균형이 있는 예외적인 경우를 제외하면 ±1% 내에서의 변동만을 허용했다. 이에 따라 기축 통화인 달러화를 제외한 다른 통화들 간 환율인 교차 환율은 자동적으로 결정되었다. 그러므로 ㉠에서는 금이 국제 유동성의 역할을 했고 ⓒ 이후에 달러화가 국제 유동에 추가되므로, 문제의 조건처럼 미국을 포함한 세 국가가 존재하고 각각 다른 통화를 사용할 때, ㉠에서 세 국가는 동일한 조건이므로 이때 자동적으로 결정되는 환율의 가짓수는 3이다. 또한 ⓒ에서는 달러화를 제외하고 달러화를 쓰지 않는 두 국가 사이의 환율만 자동적으로 결정되므로 환율의 가짓수는 1이다. 따라서 ④의 진술과 달리 ㉠에서 ⓒ으로 바뀌면 자동적으로 결정되는 환율의 가짓수는 적어진다.

09 추론하기   정답 ④

④ 1문단에 따르면 경상 수지는 한 국가의 수출과 수입 사이의 차이로서, 수입이 수출을 초과하면 적자이고, 수출이 수입을 초과하면 흑자이다. 또한 2문단에 따르면 기축 통화인 달러화를 제외한 다른 통화들 간 환율인 교차 환율은 자동적으로 결정된다. 그리고 3문단에 따르면 1970년대 초에 미국은 경상 수지 적자의 누적, 달러화의 과잉 공급 등으로 인해 금 준비량이 급감했고, 이를 해결할 있는 방법은 달러화의 가치를 내리는 평가 절하, 또는 달러화에 대한 여타국 통화의 환율을 하락시켜 그 가치를 올리는 평가 절상이었다. 그러나 브레턴우즈 체제에서 달러화의 평가 절하는 규정상 불가능했고, 당시 대규모 대미 무역 흑자 상태였던 독일·일본 등 주요국들은 평가 절상에 나서려고 하지 않았다. 〈보기〉에 따르면 기축 통화국인 A국과 B국, C국의 합의에 의해 A국 통화에 대한 B국 통화와 C국 통화의 환율이 각각 50%, 30% 하락했다. 이때 A국 통화에 대한 C국 통화의 환율 하락 폭(50%)이 B국의 경우(30%)보다 작으므로, A국 통화에 대한 B국 통화의 가치는 A국 통화에 대한 C국 통화의 가치에 비해 상대적으로 더 높게 평가된 것이다. 이를 통해 B국 통화에 대한 C국 통화의 가치가 낮아져 B국 통화에 대한 C국 통화의 환율이 상승할 것임을 알 수 있으며, 환율에 의해 B국에 대한 C국의 수출은 증대되고 수입은 줄어들어 ④의 진술처럼 C국의 경상 수지는 개선되었을 것이다.

[오답분석]

① 1문단에 따르면 트리핀 교수는 "반면 적자 상태가 지속돼 달러화가 과잉 공급되면 준비 자산으로서의 신뢰도가 저하되고 고정 환율 제도도 붕괴될 것"이라고 말했다. 즉, 신뢰도 저하의 원인은 통화 공급의 과잉이지 ①의 진술처럼 통화 공급의 감소가 아니다. 또한 〈보기〉에 따르면 A국은 자국의 금리가 높았기 때문에 외국 자본이 대량으로 유입된 것이지 ①의 진술처럼 외국 자본이 대량으로 유입되었기 때문에 금리기 인상된 것이 아니다. 따라서 외국 자본이 대량으로 유입되어 금리가 인상되고 통화 공급이 감소해 통화의 신뢰도가 낮아졌다는 ①의 진술은 적절하지 않다.

② 3문단에 따르면 1970년대 초에 미국은 경상 수지 적자가 누적되기 시작하고 달러화가 과잉 공급되어 미국의 금 준비량이 급감했으며, 이를 해결할 수 있는 방법은 달러화의 가치를 내리는 평가 절하, 또는 달러화에 대한 여타국 통화의 환율을 하락시켜 그 가치를 올리는 평가 절상이었다. 이를 〈보기〉의 사례에 적용하면 기축 통화인 A국의 통화가 과잉 공급될 경우에 이를 해결할 수 있는 방법은 A국 통화의 가치를 내리거나(평가 절하), A국 통화에 대한 여타국 통화의 환율을 하락(평가 절상)시키는 것이다. 이때 A국 통화에 대한 B국 통화의 환율이 하락하는 것은 B국 통화의 가치 상승(평가 절상)을 뜻하며, 이는 국제 유동성인 A국 통화 공급의 과잉을 해결하기 위한 방법이지 ②의 진술처럼 국제 유동성 공급량을 증가시키기 위한 방법이 아니다. 요컨대, 'A국 통화(기축 통화)에 대한 B국 통화의

환율 하락으로 인해 국제 유동성 공급의 감소 및 B국 통화의 가치 상승'이 일어나는 것이다.

③ 2문단에 따르면 브레턴우즈 체제에서 국제 유동성으로 달러화가 추가되어 '금 환 본위제'가 됨에 따라 기축 통화인 달러화를 제외한 다른 통화들 간 환율인 교차 환율은 자동적으로 결정되었다. 그러므로 〈보기〉에 나타난 기축 통화국 A국의 통화를 제외한 B국과 C국의 통화 사이의 환율은 자동적으로 결정됨을 알 수 있다. 또한 3문단에 따르면 1970년대 초 미국의 경상 수지 적자 누적과 달러화 과잉 공급으로 인해 금 준비량이 급감하는 문제를 해결할 수 있는 방법은 달러화의 가치를 내리는 평가 절하, 또는 달러화에 대한 여타국 통화의 환율을 하락시켜 그 가치를 올리는 평가 절상이었다. 그러므로 〈보기〉에 나타난 A국 통화에 대한 자국 통화의 하락 폭은 C국(30%)보다 B국(50%)이 더 크다는 것은 B국 통화가 C국 통화보다 더 하락하고 더 평가 절상되었다는 의미이다. 따라서 자동적으로 결정되는 B국 통화에 대한 C국 통화의 환율만을 고려할 때 하락 폭이 상대적으로 낮은 C국 통화의 환율은 B국 통화의 환율에 대해 상승한 것이 된다.

⑤ 1문단에 따르면 경상 수지는 한 국가의 재화와 서비스의 수출과 수입 사이의 차이를 의미하며, 수입이 수출을 초과하면 적자이고, 수출이 수입을 초과하면 흑자이다. 또한 3문단에 따르면 1970년대 초 미국의 경상 수지 적자 누적과 달러화 과잉 공급으로 인해 금 준비량이 급감하는 문제를 해결할 수 있는 방법은 달러화의 가치를 내리는 평가 절하, 또는 달러화에 대한 여타국 통화의 환율을 하락시켜 그 가치를 올리는 평가 절상이었다. 또한 〈보기〉에 따르면 A국은 소득세 감면과 군비 증대로 인해 금리가 인상되었고, 이러한 금리 인상 때문에 경상 수지가 악화된 것으로 보인다. 이러한 경상 수지 악화 상황을 해소하기 위해 A국은 B국, C국과 외환 시장에 대한 개입을 인정하는 국제적 합의를 한 것이다. 따라서 A국의 소득세 감면과 군비 증대로 A국의 경상 수지가 악화되었다는 ⑤의 진술은 적절하다. 그러나 경상 수지 악화 완화 방안으로 A국 통화에 대한 B국 통화의 환율을 상승시키는 것은 적절하지 않다. 기축 통화국인 A국의 통화에 대한 여타국 통화의 환율을 하락시키는 것이 적절하기 때문이다.

⊕ 배경지식

평가 절상과 평가 절하

고정환율 제도에서 정부나 중앙은행이 환율을 올리거나 내려서 자국 화폐의 가치를 인위적으로 내리거나 높일 수 있다. 환율을 올려 자국 화폐의 가치가 내려가게 하는 것을 평가 절하라고 하고, 반대로 환율을 내려 자국 통화의 가치를 올리는 것을 평가 절상이라 한다. 예컨대, 1달러(USD)에 1,000원(KRW)이었던 것을 1,100원으로 올리면 원화의 가치가 하락(평가 절하)한다. 이렇게 통화 가치를 평가 절하하면 수출품의 외화 표시 가격이 인하되어 수출 증진을 기대할 수 있지만, 수입품의 가격은 인상되어 인플레이션을 일으킬 수 있다.

01	02	03	04	05	06	07	08	09	
①	④	③	②	④	③	⑤	①	③	

[풀이 포인트]

사실적 사고 능력을 검증하는 문제로, 두 번째와 세 번째 단락은 신념에 부합하는 경우와 신념에 부합하지 않는 경우를 각각 서술하고 있다. 이러한 유형의 지문은 두 경우의 차이점을 나타내는 부분을 확실하게 찾아가면서 읽어야 하며, 이것이 정답 포인트가 되는 경우가 대부분이다.

⊕ 배경지식

인지부조화 이론
개인이 가지고 있는 신념, 생각, 태도와 행동 간의 부조화가 유발하는 심리적 불편감을 해소하기 위한 태도나 행동의 변화를 설명하는 이론

[01] 지문 분석

• 주제 : 가짜 뉴스와 인지부조화
• 핵심 키워드 : 편향적 사고, 팩트체크, 인지부조화
• 글의 구조
  ▷ 1문단 : 신념에 따른 가짜 뉴스의 수용방법
    – 가짜 뉴스의 수용과 자신의 신념과의 관계
    – 신념과 부합하지 않는 가짜 뉴스를 처리하는 방법
  ▷ 2문단 : 신념에 부합하지 않는 가짜 뉴스와 팩트체크
    – 팩트체크 이후의 인지부조화 해소과정
    – 피상적인 정보 처리가 주를 이루며 정보 출처의 신뢰도에 중점
  ▷ 3문단 : 신념에 부합하는 가짜 뉴스와 팩트체크
    – 팩트체크 이후 인지부조화 심화
    – 논리적인 정보 처리를 시도하며 팩트체크 자체의 품질에 중점

01 일치·불일치 [정답] ①

① 자신의 신념에 부합하지 않는 가짜 뉴스를 접할 경우 인지부조화가 발생하는데, 이 경우 팩트 체크에서 활용한 정보의 출처가 얼마나 신뢰할 만하다고 생각하는지가 더 중요하다고 하였다.

[오답분석]

② 자신의 신념에 부합하지 않는 가짜 뉴스가 가짜라는 팩트체크 결과를 접하게 되면 정보의 품질이 얼마나 우수한가보다는 정보의 출처가 얼마나 신뢰할 만하다고 생각하는지가 더 영향을 미친다고 하였다.

③ 가짜 뉴스가 자신의 신념에 부합하는 경우 팩트체크 자체가 얼마나 우수한 품질의 정보를 확보하고 있는지가 더 큰 영향을 미친다고 하였다.

④ 가짜 뉴스로 인해 인지부조화가 발생한 경우는 자신의 신념에 부합하지 않는 가짜 뉴스를 접할 때인데, 이 경우는 팩트체크의 결과를 접하더라도 인지부조화가 발행할 여지가 크지 않다고 하였다.

⑤ 가짜 뉴스가 자신의 신념과 부합하는지에 여부에 따라 다르게 작용한다.

[02] 지문 분석

• 주제 : 추첨식 민주정제도의 정당성
• 핵심 키워드 : 추첨, 평등, 자유, 호혜
• 글의 구조
  ▷ 1문단 : 아테네의 추첨 선발제도
    – 아테네가 추첨 선발제도를 도입한 것은 자유와 평등 개념에서 유래함
  ▷ 2문단 : 추첨 선발제도의 개념적 근원
    – 사회적 재화들이 모든 자유시민에게 고르게 분배되어야 함
    – 평등은 공직을 맡을 기회가 균등할 때, 자유는 개인이 통치의 주체가 되었을 때 실현가능하며 추첨이 이를 보장함
  ▷ 3문단 : 통치와 복종의 순환을 통한 민주정의 확립
    – 통치하고 통치받는 것을 번갈아 하는 것은 민주정의 기본원칙
    – 이것이 이루어지면 치자는 피치자의 입장을 이해할 수 있게 됨
  ▷ 4문단 : 추첨식 민주정의 정당성

02 추론하기 [정답] ④

ⓑ 단지 공직을 맡기만 하면 통치행위의 주체가 된다는 것이 제시문의 내용이지만, 〈보기〉에서 언급한 경우가 존재한다면 공직을 맡는다고 하더라도 통치행위의 주체가 될 수 없으므로 결론을 약화한다.

ⓒ 통치와 복종의 순환을 통해 명령이 피치자에게 미치는 영향을 고려한 정책을 펼칠 것이라고 하였으나, 선택지와 같이 보복심리가 작용한다면 추첨제를 통한 선순환 구조는 깨지게 될 것이므로 결론을 약화한다.

[오답분석]

ⓐ 추첨이 아닌 다른 제도를 통해서도 모든 시민에게 공직을 맡을 기회가 균등하게 열려있다고 하더라도 이것이 추첨제의 장점을 약화시키는 것은 아니다. 단, 제시문에서 추첨 제도만이 자유, 평등, 호혜의 정신을 실천하기 위한 방법이라고 하였다면 이 문장으로 인해 결론이 약화되게 될 것이다.

[풀이 포인트]

추리적 사고 능력을 검증하는 문제로, 이러한 강화·약화 문제는 결론 내지는 그 결론을 이끌어내기 위한 연결고리를 흔들어 보는 것에서 출발한다. 불필요하게 논리식을 세워 분석하기보다는 의미론적으로 논증 구조의 연결고리를 찾아 정답을 찾는 것이 훨씬 효율적이며 정확하다.

[03~05] 지문 분석

• 주제 : 근대국가의 권리와 권력의 관계에 기반을 둔 민주주의의 원칙
• 핵심 키워드 : 자유주의, 인권선언, 전체주의, 국가권력, 세계시민주의
• 글의 구조
  ▷ 1문단 : 인권의 정치를 통해 정치적인 것의 활성화를 제기한 르포르
    – 신자유주의적 반(反)정치의 경향이 강화됐던 1980년대에 르포르는 근대 민주주의 자체의 긴장에 주목하면서 '인권의 정치'를 통한 정치적인 것의 부활을 시도했다.
    – 인권을 공적 공간의 구성 요소로 파악한 르포르는 자유주의가 인권을 개인의 권리로 환원시킴으로써 결국 민주주의를 개인과 국가의 표상관계를 통해 개인들의 이익의 총합으로서 국가의 단일성을 확보하기 위한 수단으로 볼 뿐이라고 비판한다.
  ▷ 2문단 : 인권이 개인들끼리의 특정한 공존 형태에 대한 정치적 개념이라고 본 르포르
    – 르포르는 〈인권선언〉의 조항들이 '개인적 자유'보다 '관계의 자유'를 의미한다고 본다.
    – 르포르는 인권은 개인들끼리의 공존 형태, 특히 권력의 전능으로 인해 인간 간의 관계가 침탈될 우려에서 비롯된 특정한 공존 형태에 대한 정치적 개념이라고 본다.

  ▷ 3문단 : 권력보다 권리가 먼저임을 제기한 르포르
    – 근대에 인권은 시민의 권리로서 존재해 왔으며, 인간은 국민국가의 성원으로서 국가권력에 의해 인정될(=권리들을 가질 수 있는 권리가 전제될) 때 인권을 향유할 수 있다.
    – 그러나 르포르는 권력이 권리에 순응해야 한다고 지적한다. 특히 저항권은 시민 고유의 것이지 결코 국가에게 그것의 보장을 요구할 수 없는 것이다.
  ▷ 4문단 : 전체주의를 예로 들며 권리의 확장은 권력의 동시적인 확장을 가져올 수 있다고 지적한 비판자들
    – 비판자들은 권리가 권력을 통해서만 존재해 온 역사를 르포르가 간과하고 있다고 지적한다.
    – 비판자들은 인권의 정치를 통한 권리의 확장은 권력의 동시적인 확장과 전체주의적 권력의 등장을 가져올 수 있다며 르포르를 비판한다.
  ▷ 5문단 : 전체주의가 상징적으로만 단일한 국가권력을 실제적인 것까지 오해한 것이라고 반박한 르포르
    – 새로운 권리의 발생이 국가권력을 강화시킬 수 있으므로 국가권력에 대한 제어와 감시가 필요하며, 억압에 대한 저항으로서 정치적 자유가 강조된다.
    – 공적 영역에서 실현되는 정치적 자유는 정치적인 것의 활성화를 통해 공론장과 같은 민주적 공간을 구성하며, 민주적 공간을 구성하는 권리로부터 법률이 형성된다.
    – 국가권력은 상징적으로는 단일하지만 실제적으로는 민주적으로 공유되어야 함에도, 이를 오해한 것이 전체주의이다.
  ▷ 6문단 : 쟁의가 발생하는 장소로서 민주주의 국가를 제시하며, 세계시민주의의 가능성을 보여준 르포르
    – 르포르는 쟁의가 발생하는 장소로서 민주주의 국가를 제시함으로써 자유주의적 법치국가의 한계를 넘어서고자 하며, 다양한 권리들이 권력이 정한 경계를 넘어서 생성되어 왔다는 점을 강조한다.
    – '권리들을 가질 수 있는 권리'라는 관념은 자신이 거주하는 곳에서 권리의 실현을 요구하는 급진적 흐름으로서 세계시민주의의 가능성을 보여준다.

03 일치·불일치　　　[정답] ③

③ 1문단에 따르면 자유주의는 인권을 공적 공간의 구성 요소로 파악하면서 개인에 내재된 자연권으로 보거나 개인의 이해관계에 기반한 소유권적 관점에서 파악하려는 입장이다. 그러므로 ③의 진술에서 '자유주의자들은 자연권 혹은 소유권적 관점에서 개인의 권리를 파악'한다는 내용은 적절하다. 그런데 6문단에 따르면 르포르는 권력이 제어할 수 있는 틀을 넘어 쟁의가 발생하는 장소로서 민주주의 국가를 제시함으로써 법이 인정하는 한에서 권리를 사유하는 자유주의적 법치국가의 한계를 넘어서고자 했다.

DAY 01 DAY 02 DAY 03 DAY 04 DAY 05 DAY 06 DAY 07 DAY 08 DAY 09 DAY 10

즉, 르포르는 민주주의 국가를 개인의 권리들의 관계가 만들어 내는 쟁의의 공간으로 이해함으로써 자유주의의 한계를 극복하려 한 것이다. 따라서 '자유주의자들은 민주주의를 개인의 권리들의 관계가 만들어 내는 쟁의의 공간으로 이해한다'는 ③의 진술은 적절하지 않다.

오답분석

① 1문단에 따르면 아렌트는 고대 아테네의 시민적 덕성의 복원을 통한 정치적인 것의 활성화를 제기했다. 그러므로 '아렌트는 시민적 덕성의 복원을 통해 공적 공간의 민주화에 대해 사유한다'는 ①의 진술은 적절하다. 또한 1문단에 따르면 르포르는 근대 민주주의 자체의 긴장에 주목하면서 '인권의 정치'를 통한 정치적인 것의 부활을 시도하였다. 따라서 '르포르는 인권의 정치를 통해 공적 공간의 민주화에 대해 사유한다'는 ①의 진술도 적절하다.

② 5문단에 따르면 르포르는 국가권력은 상징적으로는 단일하지만 실제적으로는 민주적으로 공유되어야 함에도 불구하고 전체주의는 이를 오해하였다고 주장한다. 그러므로 '르포르는 근대 국가권력의 상징적 측면에서 권력의 단일성을 이해한다'는 ②의 진술은 적절하다. 또한 1문단에 따르면 자유주의는 민주주의를 개인과 국가의 표상관계를 통해 개인들의 이익의 총합으로서 국가의 단일성을 확보하기 위한 수단으로 본다. 따라서 '자유주의자들은 개인과 국가의 표상관계를 통해 권력의 단일성을 이해한다'는 ②의 진술도 적절하다.

④ 4문단에 따르면 르포르의 비판자들은 근대 민주주의의 속성인 인민과 대표의 동일시에 따른 대표의 절대화를 통해 '하나로서의 인민'과 '사회적인 것의 총체로서의 당'에 대한 표상의 일치, 당과 국가의 일치, 결국 '일인' 통치로 귀결된 전체주의는 르포르가 주장한 인권의 정치를 통한 권력의 확장 사례라며 르포르를 비판한다. 따라서 '근대 민주주의가 피통치자로서의 인민과 통치자로서의 대표를 동일시하는 경향이 극단화될 때 전체주의가 나타난다'는 ④의 진술은 적절하다.

⑤ 3문단에 따르면 인간은 특정 국민국가의 성원으로서 국가권력에 의해 인정될 때, 즉 '권리들을 가질 수 있는 권리'가 전제될 때 비로소 권리를 향유할 수 있다. 또한 6문단에 따르면 '권리들을 가질 수 있는 권리'라는 관념은 인간의 권리의 실현 조건으로서 국가권력이라는 틀 자체를 거부하면서, 자신이 거주하는 곳에서 권리의 실현을 요구하는 급진적 흐름으로서 세계시민주의의 가능성을 보여준다. 즉, 세계시민주의는 그 실현 조건으로서 국가권력이라는 틀 자체를 거부할 필요가 있다는 것은 ⑤의 언급처럼 '국민국가의 성원이라는 전제를 거부할 필요가 있다'는 뜻으로 이해할 수 있다.

배경지식

자유주의
개인의 인격의 존엄성을 인정하고, 개성을 자발적으로 발전시키고자 하는 사상이다. 개인의 사유(思惟)와 활동

에 대한 간섭을 줄이고, 가능한 한 자유를 증대시켜야 한다고 주장하며, 스스로 선택하고 결정하는 것을 방해하는 일체의 요소를 배격한다. 또한 국가와 사회는 개인의 자유를 보장하는 선에서 존재하며, 개인의 자유를 최대한 발휘할 수 있도록 여건을 조성해주는 데 의미가 있다고 본다.

04 세부 내용의 이해   정답 ②

② 5문단에 나타난 르포르의 주장에 따르면 새로운 권리의 발생이 국가권력을 강화시킬 수 있으므로 국가권력에 대한 제어와 감시, 정치적 자유 등이 필요하다. 이때 정치적 자유는 권력에 대한 통제 수단으로서, 공론장과 같은 민주적 공간을 구성한다. 그러한 민주적 공간을 구성하는 권리로부터 법률이 형성되므로 권리의 근원은 독점되지 않는 권력이어야 한다. 또한 르포르는 국가권력은 상징적으로는 단일하지만 실제적으로는 민주적으로 공유되어야 한다고 보았다. 즉, 국가권력의 단일성은 상징적인 것일 뿐이며, 실제로는 단일성이 아니라 민주적인 공유성이 중요하다는 의미가 된다. 따라서 '근대의 민주적 권력은 상징적 및 실제적 권력의 단일성에 근거하여 권리를 확장시켜 왔다'는 ②의 진술은 실제적 권력의 단일성을 언급하고 있으므로 적절하지 않다.

오답분석

① 3문단에 따르면 르포르는 권력이 권리에 순응해야 한다고 제기했는데, 특히 저항권은 시민 고유의 것이지 결코 국가에게 그것의 보장을 요구할 수 없는 것이다. 그것은 권리가 권력보다 우선하여 먼저가 된다는 뜻이며, 권력이 권리에 어떤 영향도 미칠 수 없다는 것을 뜻한다. 따라서 르포르는 ①의 진술처럼 국가권력이 보장할 수 없는 시민 고유의 권리, 즉 저항권의 존재를 주장하고 있는 것이다.

③ 3문단에 따르면 18세기에 형성된 인간의 권리는 사회 위에 군림하는 권력의 표상을 붕괴시키는 자유의 요구로부터 출현했으며, 근대에 '인간의 권리'는 '시민의 권리'로서 존재해 왔다. 인간은 특정 국민국가의 성원으로서 국가권력에 의해 인정될 때, 즉 '권리들을 가질 수 있는 권리'가 전제될 때 비로소 권리를 향유할 수 있다. 따라서 르포르는 근대국가에서는 ③의 진술처럼 국가권력이 개인을 국민국가의 성원으로 인정하는 한에서 권리를 부여해 왔다고 보는 것이다.

④ 6문단에 따르면 르포르는 권력이 제어할 수 있는 틀을 넘어 쟁의가 발생하는 장소로서 민주주의 국가를 제시함으로써 법이 인정하는 한에서 권리를 사유하는 자유주의적 법치국가의 한계를 넘어서고자 했다. 따라서 르포르는 국가권력이 설정한 권리의 한계를 극복하면서 ④의 진술처럼 국민국가 초기에 인정되지 않았던 권리들이 인정받았다고 보는 것이다.

⑤ 5문단에 따르면 르포르는 새로운 권리의 발생이 국가권력을 강화시킬 수 있음을 인정으로써 국가권력에 대한 제어

와 감시가 필요하며, 억압에 대한 저항으로서 정치적 자유가 강조된다. 공적 영역에서 실현되는 정치적 자유는, 시민들의 관계를 표현하는 장치이자 권력에 대한 통제 수단으로서 정치적인 것의 활성화를 통해 공론장과 같은 민주적 공간을 구성한다. 따라서 르포르는 권리를 사회적 관계의 산물로 이해함으로써 ⑤의 진술처럼 권리는 누구도 독점할 수 없는 민주적 공간을 구성하는 동력이 된다고 보는 것이다.

⊕ 배경지식

68혁명

1968년에 프랑스에서 학생 운동이 노동 운동과 연합하여 일으킨 사회 혁명이다. 처음에는 파리의 일부 대학교 학생들이 대학 행정부와 경찰에 대한 봉기로 시작되었고 드골 정부는 경찰력을 동원해 진압을 시도했다. 그러나 시위 열기가 크게 고조되어 프랑스 전역의 대학생들과 수많은 근로자들이 참여하는 총파업으로 이어졌다. 프랑스 전역에서 보수적인 권위주의, 국민에 대한 정부의 감시와 통제 등 기존의 질서에 항거하고 평등주의를 주장하는 운동이 확산되었다. 이에 드골 정부는 군대를 동원해 의회를 해산하고 총선을 실시하며 사태를 수습하였다.

05 추론하기   정답 ④

④ 6문단에 따르면 르포르는 역사적으로 다양한 권리들이 권력이 정한 경계를 넘어서 생성되어 왔다는 점을 강조한다. 이때 인권의 정치는 차별과 배제에 대한 저항과 새로운 주체들의 자유를 위한 무기가 된다. 그러므로 르포르는 ④의 진술처럼 권력이 설정한 경계를 넘어 권리의 주체를 형성할 것을 주장했다고 볼 수 있다. 또한 〈보기〉에 나타난 푸코의 주장에 따르면 개인이 권력의 시선, 즉 규율을 내면화함으로써 권력이 만들어 낸 주체가 되어간다는 점에서, 근대의 자율적 주체는 사라져 버렸다. 따라서 푸코는 ④의 신술처럼 국가권력이 권력의 시선을 내면화하는 주체를 생산하고 관리한다고 주장했다고 볼 수 있다.

오답분석

① 3문단에 따르면 권력이 권리에 순응해야 하며, 특히 저항권은 시민 고유의 것이지 결코 국가에게 그것의 보장을 요구할 수 없는 것이라는 르포르의 주장은 권력이 권리에 어떤 영향도 미칠 수 없다는 것을 뜻한다. 따라서 르포르가 권리에 대한 권력의 종속을 비판했다는 ①의 진술은 적절하지 않다. 그런데 〈보기〉에 나타난 푸코의 주장에 따르면 근대에 개인의 권리의 확대는 개인을 위험으로부터 보호하려는 문제의식에서 비롯되었지만, 그것은 동시에 국가가 더 깊이 개인의 삶에 침투하는 권력으로 전환되는 역설을 낳았다. 따라서 푸코는 ①의 진술처럼 개인의 삶에 침투하는 권력의 특성에 주목했다고 볼 수 있다.

② 1문단에 따르면 르포르는 근대 민주주의 자체의 긴장에 주목하면서 '인권의 정치'를 통한 정치적인 것의 부활을 시도했다. 그러므로 르포르는 인권의 정치를 통해 민주주의의 확장을 주장했다는 ②의 진술은 적절하다. 그런데 〈보기〉에 나타난 푸코의 주장에 따르면 근대에 개인의 권리의 확대는 개인을 위험으로부터 보호하려는 문제의식에서 비롯되었지만, 그것은 동시에 국가가 더 깊이 개인의 삶에 침투하는 권력으로 전환되는 역설을 낳았다. 따라서 푸코는 권리에 대한 요구를 통해 권력을 제한하려 했다는 ②의 진술은 적절하지 않다.

③ 5문단에 따르면 르포르는 새로운 권리의 발생이 국가권력을 강화시킬 수 있음을 인정하며, 따라서 국가권력에 대한 제어와 감시가 필요하며, 억압에 대한 저항으로서 정치적 자유가 강조된다고 보았다. 또한 권리의 근원은 그 누구에 의해서도 독점되지 않는 권력이어야 한다고 주장했다. 그러므로 르포르는 권리의 확장이 가져올 수 있는 권력의 비대화 및 독점화를 우려했다는 ③의 진술은 적절하다. 그런데 〈보기〉에 나타난 푸코의 주장에 따르면 개인이 권력의 시선, 즉 규율을 내면화함으로써 권력이 만들어 낸 주체가 되어간다는 점에서, 근대의 자율적 주체는 사라져 버렸다. 따라서 푸코는 자율적 주체에 의한 권리의 확장을 주장했다는 ③의 진술은 적절하지 않다.

⑤ 5문단에 따르면 르포르는 새로운 권리의 발생이 국가권력을 강화시킴으로써 전체주의가 나타날 수도 있음을 인정했으며, 따라서 국가권력에 대한 제어와 감시가 필요하며, 억압에 대한 저항으로서 정치적 자유가 강조된다. 이때 정치적 자유는 권력에 대한 통제 수단으로서 정치적인 것의 활성화를 통해 공론장과 같은 민주적 공간을 구성하며, 그러한 민주적 공간을 구성하는 권리로부터 법률이 형성된다. 그러므로 전체주의가 될 위험에서 벗어나기 위한 해결책을 근대민주주의 내에서 찾으려 했다는 ⑤의 진술은 적절하다. 그런데 〈보기〉에 나타난 푸코의 주장에 따르면 국가가 출생에서 죽음에 이르기까지의 개인의 삶 전체를 관리하는 '생명관리권력의 시대'가 등장했으며, 근대에 개인의 권리의 확대는 개인을 위험으로부터 보호하려는 문제의식에서 비롯되었지만 동시에 국가가 더 깊이 개인의 삶에 침투하는 권력으로 전환되었고 근대의 자율적 주체는 사라져 버렸다. 그는 개인에 대한 억압을 강조했던 기존의 권력 관념을 대신하여 국가권력이 생산적 권력임을 강조한다. 따라서 푸코는 권력으로부터 개인의 안전을 확보하기 위한 해결책을 권력 내에서 찾으려 했다는 ⑤의 진술은 적절하지 않다.

⊕ 배경지식

전체주의

개인의 모든 활동은 민족·국가와 같은 전체의 존립과 발전을 위해서만 존재한다는 이념 아래 개인의 자유를 억압하는 사상이다. 이탈리아의 파시즘과 독일의 나치즘이 대표적이다.

PART 2

DAY 01
DAY 02
DAY 03
DAY 04
DAY 05
DAY 06
DAY 07
DAY 08
DAY 09
DAY 10

안심Touch

[06~09] 지문 분석

- **주제** : 매매 계약을 할 때 발생하는 양 당사자의 채권·채무 관계
- **핵심 키워드** : 계약, 법률 행위, 청구권, 채권, 채무, 실체법, 절차법, 이행 불능, 해제권
- **글의 구조**
  - ▷ 1문단 : 계약과 일반적인 다른 약속의 차이점
    - 계약도 약속이므로 서로의 의사 표시가 합치해 성립하지만, 이때의 의사는 일정한 법률 효과의 발생을 목적으로 한다는 점에서 일반적인 약속과 차이가 있다.
    - 예컨대, 매매 계약에 있어 매도인은 매수인은 서로 권리를 행사하고 서로 의무를 이행하는 관계에 놓인다.
  - ▷ 2문단 : 채권과 채무의 의미와 양자의 관계
    - 법률 행위 : 의사 표시를 필수적 요소로 하여 법률 효과를 발생시키는 행위
    - 법률 행위의 일종인 계약은 당사자에게 일정한 청구권과 이행 의무를 발생시키는데, 청구권을 내용으로 하는 권리가 채권이고, 그에 따라 이행을 해야 할 의무가 채무이다.
    - 채권과 채무의 법률 효과는 동전의 양면처럼 서로 다른 방향에서 파악된다.
    - 변제 : 채무자가 채무의 내용대로 이행해 채권을 소멸시키는 것
  - ▷ 3문단 : 매매 계약의 사례로 살펴본 채무의 의미
    - 을이 소유한 그림 A를 갑에게 매도하는 것을 내용으로 하는 매매 계약의 경우에 을의 채무는 그림 A의 소유권을 갑에게 이전(물건을 인도함)하는 것이다(이때 갑의 채무는 을에게 대금을 지급하는 것이다).
    - 갑이 을에게 대금을 지급했는데도 을이 갑에게 그림 A를 인도해 주지 않는다고 해도 갑이 사적으로 물리력을 행사하는 것은 금지된다.
  - ▷ 4문단 : 강제적으로 채권이 실현되도록 하는 법적 제도
    - 갑은 소를 제기해 판결로써 자신의 채권의 존재와 내용을 공적으로 확정받거나 법원에 강제 집행을 신청할 수 있다.
    - 강제 집행은 국가가 물리적 실력을 행사하여 채무자의 의사에 구애받지 않고 채무의 내용을 실행시켜 채권이 실현되도록 하는 제도이다.
  - ▷ 5문단 : 채무 불이행에 대한 책임 소재
    - 을이 매매 대금을 받은 뒤에 을의 과실로 그림 A가 소실되었다면 채무는 이행 불능이 되며, 채무자 을의 과실 때문에 이행 불능이 일어났으므로 을은 채무 불이행에 대한 책임을 진다.
    - 매매 계약 체결 전에 그림 A가 소실된 경우에 계약은 체결할 때부터 이미 무효이다.
  - ▷ 6문단 : 채무 불이행의 경우에 발생하는 법률 효과
    - 매매 목적물의 소실에 따른 이행 불능으로 말미암은 채무 불이행의 경우에도 법률 효과가 발생한다.
    - 갑은 계약을 해제할 권리를 가지는데, 갑이 계약 해제권을 행사하면 계약은 처음부터 무효인 것이 된다. 이때의 계약 해제는 일방의 의사 표시(단독 행위)만으로 성립한다.
  - ▷ 7문단 : 계약 해제 시에 발생하는 원상회복 청구권
    - 갑이 계약을 해제하면 채권과 채무는 없던 것이 된다. 이미 이행한 채무가 있는 경우 계약 체결 이전 상태로 돌려놓을 것을 청구할 수 있는 권리가 원상회복 청구권이다.
    - 갑은 원상회복 청구권을 행사할 수 있으며, 갑의 채권은 결국 을에게 매매 대금을 반환해 달라고 청구할 수 있는 권리가 된다.

06 일치·불일치   정답 ③

③ 2문단에 따르면 법률 행위는 의사 표시를 필수적 요소로 하여 법률 효과를 발생시키는 행위를 뜻한다. 그런데 6문단에 따르면 채무 불이행은 계약 당사자의 의사 표시가 작용한 것이 아니라 매매 목적물의 소실에 따른 이행 불능으로 인한 것이며, 이러한 사건에서도 법률 효과가 발생하므로 법률 행위가 없더라도 법률 효과가 발생함을 알 수 있다. 즉, 법률 효과를 발생시키는 원인은 법률 행위가 아니라 의사 표시의 여부인 것이다. 따라서 법률 효과를 발생시키는 원인은 법률 행위라는 ③의 진술은 적절하지 않다.

오답분석

① 4문단에 따르면 채권의 내용은 민법과 같은 실체법에서 규정하고 있다. 또한 2문단에 따르면 채권은 청구권을 내용으로 하는 권리이다. 즉, '청구권 → 채권 → 실체법'으로 개념을 연결할 수 있다. 따라서 ①의 진술처럼 실체법에는 청구권에 관한 규정이 있음을 알 수 있다.

② 4문단에 따르면 채권의 내용을 강제적으로 실현할 수 있도록 민사 소송법이나 민사 집행법 같은 절차법이 갖추어져 있어 법원에 강제 집행을 신청할 수 있다. 따라서 ②의 진술처럼 절차법에 강제 집행 제도가 마련되어 있음을 알 수 있다.

④ 3문단에 따르면 개인이 사적으로 물리력을 행사해 해결하는 것은 엄격히 금지된다. 또한 4문단에 따르면 민사 소송법이나 민사 집행법 같은 절차법을 통해 소를 제기하여 법원에 강제 집행을 신청할 수 있다. 이때 강제 집행은 국가가 물리적 실력을 행사해 채무자의 의사에 구애받지 않고 채무의 내용을 실행시켜 채권이 실현되도록 하는 제도이다. 따라서 ④의 진술처럼 법원을 통해 물리력으로 채권을 실현할 수 있음을 알 수 있다.

⑤ 5문단에 따르면 매매 계약을 체결하기 전에 그 매매 계약의 목적물인 그림 A가 소실되었다면 그 계약은 실현 불가

능하므로 체결할 때부터 계약 자체가 무효이다. 이미 불에 타 사라진 물건을 인도해 주는 것은 불가능하므로 계약이 원천적으로 무효인 것이다. 따라서 ⑤의 진술처럼 실현 불가능한 것을 내용으로 하는 계약은 무효임을 알 수 있다.

➕ 배경지식

채권(債權)과 채무(債務)

채권은 재산권의 일종으로, 특정인(채권자)이 다른 특정인(채무자)에게 어떤 행위를 청구할 수 있는 권리이다. 이에 상대적으로 채무는 특정인이 다른 특정인에게 어떤 행위를 해야 할 의무이다. 채무자가 채무를 이행하지 않으면 채권자는 법원에 강제 집행을 신청하거나 손해 배상을 청구할 수 있다.

---

07 세부 내용의 이해 정답 ⑤

⑤ 3문단에 따르면 ㉠(을의 채무)은 그림 A의 소유권을 갑에게 이전하는 것이며, 이때 동산인 물건의 소유권을 이전하는 방식은 그 물건을 인도하는 것이다. 즉, ㉠은 그림 A를 갑에게 인도할 의무를 가리킨다. 또한 5문단에 따르면 을이 갑으로부터 매매 대금을 받은 후에 을의 과실로 그림 A가 소실되었기 때문에 ㉠은 이행 불능이 되었다. 그리고 6문단에 따르면 매매 목적물의 소실에 따른 이행 불능으로 말미암은 채무 불이행에 대한 책임은 갑이 계약 해제권을 갖게 하며, 이에 따라 갑이 계약 해제권을 행사하면 계약은 처음부터 효력이 없는 것으로 된다. 즉, 계약 자체가 무효가 된 것이다. 그래서 7문단에서 ㉡(갑의 채권)은 갑이 을에게 매매 대금을 반환해 달라고 청구할 수 있는 권리가 된다고 설명한 것이다. 따라서 ㉠에는 물건을 인도할 의무가, ㉡에는 금전의 지급을 청구할 권리가 있다는 ⑤의 진술은 적절하다.

오답분석

① 3문단에 따르면 갑과 을이 체결한 매매 계약에서 ㉠은 그림 A의 소유권을 갑에게 이전하는 것이다. 즉, 갑(매수인)은 그림 A의 소유권을 이전해 달라고 을(매도인)에게 청구할 권리가 있고, 을에게 매매 대금을 지불할 이행 의무도 있다. 상대적으로 을은 갑에게 매매 대금을 달라고 청구할 권리가 있고, 갑에게 그림 A의 소유권을 이전해야 할 이행 의무가 있다. 따라서 ①의 진술에서 ㉠은 '매도인(을)의 청구와 매수인(갑)의 이행'이 아니라 매수인의 청구와 매도인의 이행으로 소멸함을 알 수 있다.

② 6문단에 따르면 갑과 을 사이의 매매 계약은 처음부터 효력이 없는 것으로 되어 갑은 계약 해제권을 가지며, 7문단에 따르면 계약의 해제로 갑은 원상회복 청구권, 즉 을에게 매매 대금을 반환해 달라고 청구할 수 있는 권리를 가진다. 이때 6문단에 따르면 갑이나 을의 의사 표시가 아니라 매매 목적물의 소실에 따라 발생한 채무 불이행은 ㉡을 성립하게 한다. 이러한 경우에도 갑의 계약 해제는 갑의

일방적인 의사 표시만으로 성립하며, 을의 승낙을 필요로 하지 않는다. 이로써 갑은 7문단에서 언급한 원상회복 청구권을 갖게 된다. 따라서 ②의 진술에서 ㉡은 '채권자와 채무자의 의사 표시'가 아니라 채권자인 갑의 의사 표시가 작용해 성립함을 알 수 있다.

③ 5문단에 따르면 갑과 을의 매매 계약에서 을의 과실로 인해 그림 A가 소실되어 ㉠은 이행 불능이 되었고, 7문단에 따르면 갑이 계약을 해제함으로써 그 계약으로 발생한 채권과 채무는 없던 것이 되었고 ㉡이 성립하게 되었다. 따라서 ㉠이 이행 불능이 된 결과로 ㉡이 성립한 것이므로, ㉠이 이행된 결과로 ㉡이 소멸한다는 ③의 진술은 적절하지 않다.

④ 2문단에 따르면 채권과 채무는 발생한 법률 효과가 동전의 양면처럼 서로 다른 방향에서 파악되는 것이라 할 수 있으며, 채무자가 채무의 내용대로 이행해 채권을 소멸시키는 것을 변제라 한다. 또한 5문단에 따르면 을의 과실로 인해 그림 A가 소실되어 채무는 이행 불능이 되었으며, 계약을 체결할 때부터 계약 자체가 무효이다. 따라서 ㉠과 ㉡은 동일한 계약의 효과를 서로 다른 측면에서 바라본 것이라는 ④의 진술은 적절하지 않다.

➕ 배경지식

이행 불능과 해제권
• 이행 불능 : 채권이 성립한 이후에 채무자가 자신에게 책임이 있는 사유로 채무를 이행할 수 없게 되는 것을 뜻한다. 이때 채권자는 손해 배상을 청구하거나 계약을 해제할 수 있다.
• 해제권 : 계약 당사자의 한쪽이 계약을 해제할 수 있는 권리를 뜻한다. 계약에 의해 발생하는 약정 해제권과 법률 규정에 의해 발생하는 법정 해제권이 있다.

---

08 추론하기 정답 ①

① 3문단에 따르면 체결된 매매 계약에 의한 을(매도인)의 채무는 그림 A의 소유권을 갑(매수인)에게 이전하는 것이다. 그런데 5문단에 따르면 을이 갑으로부터 매매 대금을 받은 후에 을의 과실로 그림 A가 소실되어 ㉮의 상황이 발생했다. 이때 6문단에 따르면 매매 목적물의 소실에 따른 이행 불능으로 말미암은 채무 불이행은 갑에게 계약 해제권을 부여한다. 따라서 ①의 진술처럼 을의 과실로 이행 불능이 되어 갑의 계약 해제권이 발생했음을 알 수 있다.

오답분석

② 5문단에 따르면 을의 과실로 인해 그림 A가 소실되어 채무가 이행 불능이 되었기 때문에 소송을 하더라도 불능의 내용을 이행하라는 판결, 즉 매매 계약의 목적물인 그림 A의 소유권을 이전하라는 판결은 나올 수 없다. 이 경우에 갑은 6문단에서 언급한 계약 해제권과 7문단에서 언급한 원상회복 청구권을 가지므로 을에게 매매 대금을 반환해

PART 2

DAY 01
DAY 02
DAY 03
DAY 04
DAY 05
DAY 06
DAY 07
DAY 08
DAY 09
DAY 10

달라고 청구할 수 있다. 즉, 갑은 이미 존재하지 않는 그림 A에 대한 소유권을 이전받는 것이 아니라, 계약을 해제함으로써 매매 대금을 반환받을 수 있는 원상회복 청구권을 갖는 것이다. 따라서 갑이 소를 제기하면 재산권을 이전받을 수 있다는 ②의 진술은 적절하지 않다.

③ 7문단에 따르면 갑이 계약을 해제함으로써 그 계약으로 발생한 채권과 채무는 없던 것이 되며, 이미 이행된 채무가 있다면 계약이 체결되기 전의 상태로 돌려놓아야 한다. 이를 청구할 수 있는 권리가 원상회복 청구권이다. 그런데 5문단에 따르면 을이 갑으로부터 매매 대금을 받은 뒤에 을의 과실로 그림 A가 소실되어 ㉑의 상황이 발생했다. 그러므로 갑의 채권은 을에게 매매 대금을 반환하라고 청구할 수 있는 권리가 될 뿐이며, 그림 A의 소유권을 회복할 수 있다는 ③의 진술은 적절하지 않다. 그림 A는 소실되어 존재하지 않으므로 소유권을 회복하는 것은 불가능하다.

④ 5문단에 따르면 매매 계약을 체결한 후에 을의 과실로 매매 목적물인 그림 A가 소실되었기 때문에 채무가 이행 불능이 되었다. 즉, 계약을 체결하는 시점에서는 채무를 이행하는 것이 가능했으며, 이행 불능이 된 이유는 계약 내용이 실현 불가능했기 때문이 아니라 매매 목적물인 그림 A가 소실되었기 때문이다. 따라서 애초부터 실현 불가능한 내용의 계약이라서 이행 불능이라는 ④의 진술은 적절하지 않다.

⑤ 5문단에 따르면 을이 갑으로부터 매매 대금을 받은 뒤에 을의 과실로 그림 A가 소실되었고, 이행 불능이 채무자의 과실 때문에 일어난 것이라면 채무자가 채무 불이행에 대한 책임을 져야 한다. 즉, 을은 채무 불이행에 대한 책임을 진다. 따라서 을이 채무 불이행에 대한 책임을 지지 않는다는 ⑤의 진술은 적절하지 않다.

⊕ 배경지식

실체법과 절차법
- 실체법 : 권리나 의무의 발생·변경·소멸·성질·내용·범위 등의 실체적 법률 관계를 규정하는 법률로서, 헌법·민법·형법·상법 등이 있다.
- 절차법 : 권리의 실질적 내용을 실현하는 데 필요한 절차를 규정한 법으로서, 민사 소송법·형사 소송법·부동산 등기법 등이 있다.

09 추론하기   정답 ③

③ 2문단에 따르면 증여는 채무자가 채무의 내용대로 이행하여 채권을 소멸시키는 것을 뜻하며, 청구권을 내용으로 하는 권리가 채권이고, 그에 따라 이행을 해야 할 의무가 채무이다. 〈보기〉에 따르면 증여는 당사자의 일방이 자기의 재산을 무상으로 상대방에게 줄 의사를 표시하고 상대방이 이를 승낙함으로써 성립하는 계약이며, 증여자만 이행

의무를 진다. 즉, 이행 의무는 증여자에게만 있기 때문에 증여자만이 변제의 의무를 진다. 따라서 증여는 변제의 의무를 발생시키지 않는다는 ③의 진술은 적절하지 않다.

오답분석

① 1문단에 따르면 매매 계약은 '팔겠다'는 일방(매도인)의 의사 표시와 '사겠다'는 상대방(매수인)의 의사 표시가 합치함으로써 성립하며, 일방과 상대방의 양 당사자는 서로 권리를 행사하고 서로 의무를 이행하는 관계를 이루는 법률 행위이다. 또한 〈보기〉에 따르면 증여는 당사자의 일방이 자기의 재산을 무상으로 상대방에게 줄 의사를 표시하고 상대방이 이를 승낙함으로써 성립하는 계약이며, 2문단에 따르면 계약은 법률 행위의 일종이다. 그리고 〈보기〉에 따르면 유언자의 사망과 동시에 일정한 법률 효과를 발생시키려는 것을 목적으로 하는 유언은 유언자의 의사 표시만으로 유효하게 성립한다. 그런데 2문단에 따르면 의사 표시를 필수적 요소로 하여 법률 효과를 발생시키는 행위들을 법률 행위라 한다. 따라서 증여, 유언, 매매는 모두 법률 행위로서 의사 표시를 요소로 한다는 ①의 진술은 적절하다.

② 〈보기〉에 따르면 증여는 계약의 일종이며, 2문단에 따르면 계약은 법률 효과를 발생시키는 법률 행위의 일종이다. 그러므로 증여는 법률 효과를 발생시키는 법률 행위이다. 또한 〈보기〉에 따르면 유언의 목적은 유언자의 사망과 동시에 일정한 법률 효과를 발생시키려는 것이다. 따라서 증여와 유언은 법률 효과의 발생을 목적으로 한다는 ②의 진술은 적절하다.

④ 1문단에 따르면 매매 계약의 양 당사자는 서로 권리를 행사하고 서로 의무를 이행하는 관계에 놓인다. 그러나 〈보기〉에 따르면 증여는 증여자만 이행 의무를 진다. 따라서 매매는 양 당사자가 서로 이행할 의무가 있는 반면 증여는 당사자 일방(증여자)만이 이행한다는 ④의 진술은 적절하다.

⑤ 〈보기〉에 따르면 증여는 증여자가 상대방에게 증여 의사를 표시하고 상대방이 이를 승낙해야 성립한다. 반면에 유언은 유언자의 의사 표시만으로 유효하게 성립하고 의사 표시의 상대방이 필요 없다. 따라서 증여는 양 당사자의 의사 표시가 서로 합치해야 하는 반면 유언은 합치가 필요 없다는 ⑤의 진술은 적절하다.

⊕ 배경지식

증여와 유언
- 증여 : 당사자의 일방이 자기의 재산을 무상으로 상대편에게 줄 의사를 표시하고 상대편이 이를 승낙함으로써 성립하는 계약이다.
- 유언 : 자기의 사망으로 인해 효력을 발생시킬 것을 목적으로 하여 행하는 단독의 의사 표시를 뜻한다. 만 17세 이상이면 누구나 할 수 있다. 유언의 방식으로는 자필 증서, 녹음, 공정 증서, 비밀 증서, 구수(口授) 증서 등이 있다.

01	02	03	04	05	06	07	08		
③	⑤	②	②	③	①	③	⑤		

[01] 지문 분석

- **주제** : 15 ~ 16세기 조선을 괴롭힌 이질이 17세기 이후 급감한 이유
- **핵심 키워드** : 이질, 범람원, 수인성 병균, 시겔라균, 살모넬라균
- **글의 구조**
  ▷ **1문단** : 15 ~ 16세기 조선을 괴롭힌 이질
  　- 15 ~ 16세기에 이질은 사람들을 괴롭히는 가장 주요한 질병이 되었다.
  　- 조선은 15세기부터 냇둑을 만들어 범람원을 개간하기 시작했다.
  　- 이질은 벼농사를 중시해 냇가를 개간한 조선이 감당해야 하는 숙명이었다.
  ▷ **2문단** : 시겔라균 등 수인성 병균의 번성으로 인한 이질
  　- 개간으로 새로 생긴 논 주변의 구릉에는 마을들이 생겨났고, 오물이 논으로 흘러들어 수인성 병균이 번성했다.
  　- 수인성 병균 중 시겔라균은 대장까지 곧바로 도달해 이질을 일으켰다.
  ▷ **3문단** : 15 ~ 16세기 이질의 발병률이 높은 원인
  　- 이질이 15세기 초반 급증하기 시작해 17세기 이후 급감한 원인은 생태환경의 측면에서 찾을 수 있다.
  　- 15 ~ 16세기 냇둑에 의한 농지 개간은 범람원을 논으로 바꾸었다. 범람원의 숲이 논으로 개발되면서 여름 동안 습지로 바뀌었고, 습한 환경에 적합한 새로운 미생물 생태계로 바뀌었다.
  　- 수인성 세균인 병원성 살모넬라균과 시겔라균은 습지의 생태계에서 번성해 장티푸스와 이질의 발병률을 크게 높였다.
  ▷ **4문단** : 17세기 이후 수인성 전염병 발생이 급감한 원인
  　- 17세기 이후 농지 개간의 중심축이 범람원 개간에서 산간 지역 개발로 이동함에 따라 수인성 전염병 발생이 급감했다.
  　- 남부지역의 벼농사에서 이모작과 이앙법이 확대되었고, 논에 물을 가둬두는 기간이 줄어서 이질 등 수인성 질병 발생이 감소되었다.

01 　일치·불일치　　　　　정답 ③

③ 2문단에 따르면 이질의 원인은 수인성 병균 중의 하나인 시겔라균이며, 3문단에 따르면 범람원의 숲이 논으로 개발되면서 습한 환경에 적합한 새로운 미생물 생태계로 바뀌었으며, 시겔라균은 이러한 습지의 생태계에서 번성해 이질의 발병률을 크게 높였다. 그런데 4문단에 따르면 17세기 이후 농지 개간의 중심축이 범람원 개간에서 산간 지역 개발로 이동함에 따라 수인성 전염병 발생이 급증했고, 특히 논에 물을 가둬두는 기간이 줄어서 이질 발생이 크게 줄었다. 따라서 ③의 진술처럼 17세기 이후에는 논의 미생물 생태계가 15 ~ 16세기보다 건조하게 변화함에 따라 이질이 감소했음을 알 수 있다.

오답분석

① 1문단에 따르면 15세기 조선은 냇둑을 만들어 범람원을 개간하기 시작하고 〈농사직설〉을 편찬해 적극적으로 벼농사를 보급한 이후 수인성 병균이 번성했다. 그러나 이러한 내용만으로는 ①에서 언급한 벼농사 보급 이전에 수인성 병균에 의한 질병의 발생 여부는 알 수 없다.

② 2문단에 따르면 시겔라균은 이질을 일으키며, 3문단에 따르면 시겔라균은 습한 논의 생태계에서 번성해 이질의 발병률을 높였다. 또한 4문단에 따르면 17세기 이후에는 농지 개간의 중심축이 범람원에서 산간 지역으로 이동하고, 이모작과 이앙법의 확대, 논에 물을 가둬두는 기간 감소 등으로 인해 논의 생태계 환경이 보다 건조하게 변함으로써 이질의 발병률이 감소했다. 즉, 이질 발병률이 줄어든 것은 보다 건조한 환경으로의 변화로 인해 시겔라균이 감소했기 때문인 것으로 추측할 수 있다. 그러나 이런 변화가 이루어진 곳은 논일뿐이며, ②에서 언급한 하천에서도 시겔라균이 감소했는지는 본문의 내용만으로는 알 수 없다.

④ 4문단에 따르면 17세기 이후 조선은 농지 개간의 중심축이 범람원 개간에서 산간 지역 개발로 이동했다. 그러나 ④에서 언급한 인구 밀집지역의 이동이 일어났는지는 본문의 내용만으로는 알 수 없다.

⑤ 4문단에 따르면 17세기 이후 조선은 농지 개간의 중심축이 (습한) 범람원 개간에서 (건조한) 산간 지역 개발로 이동했고, 남부지역의 벼농사에서 이모작과 이앙법이 확대되었다. 그러나 이모작과 이앙법의 확대로 ⑤에서 언급한 것처럼 건조한 지역에서도 농지를 개간할 수 있게 되었는지는 본문의 내용만으로는 알 수 없다.

PART 2

DAY 01
DAY 02
DAY 03
DAY 04
DAY 05
DAY 06
DAY 07
DAY 08
DAY 09
DAY 10

[02] 지문 분석

• 주제 : '안전 제일의 원칙'을 추구하는 전(前)자본주의 농업사회 농민들
• 핵심 키워드 : 전(前)자본주의 농업사회, 안전 제일의 원칙, 소작제도, 분익제, 정액제
• 글의 구조
  ▷ 1문단 : 농민들이 '안전 제일의 원칙'을 추구하기 위해 필요한 기술적·사회적 장치
    – 전(前)자본주의 농업사회 농민들에게 '이윤의 극대화'를 위한 계산의 여지는 거의 없다.
    – 모험을 시도하기보다는 자신과 자신의 가족들을 파멸시킬 수도 있는 실패를 피하려고 하기 마련이다.
    – '안전 제일의 원칙'을 추구하기 위해 농민들은 생계 안정성을 담보하는 기술적 장치를 필요로 한다. 또한 절박한 농민들에게 최소한의 생존을 보장하는 사회적 장치도 필요로 한다.
  ▷ 2문단 : 지주와 소작인 간의 소작제도로서 정액제와 분익제의 비교
    – 소작인이 지주에게 납부하는 지대의 종류에는 수확량의 절반씩을 갖는 분익제와 일정액을 지대로 지불하는 정액제가 있다.
    – 정액제는 분익제에 비해 소작인의 이윤을 극대화할 수도 있는 방법이었지만 전자본주의 농업사회에서 보다 일반적인 방식은 분익제였다.
  ▷ 3문단 : 안전 제일의 원칙의 추구 성향이 나타난 루손 지역의 사례
    – 필리핀 정부는 루손 지역의 소작농들에게 분익제하에서 부담하던 평균 지대의 1/4에 해당하는 수치를 정액제 지대로 제시했다.
    – 그러나 새로운 체제가 제시하는 기대 수입에서의 상당한 이득에도 불구하고, 많은 농민들은 정액제 자체에 내포되어 있는 생계에 관련된 위험성 때문에 전환을 꺼렸다.

---

02 일치·불일치   정답 ⑤

⑤ 2문단에 따르면 분익제는 소작인과 지주가 수확량의 절반씩을 나누어 갖는 방식이고, 정액제는 소작인이 지주에게 일정액을 지대로 지불하는 방식이다. 이때 분익제에서는 수확이 없으면 소작료를 내지 않지만, 정액제에서는 수확물이 없어도 지대를 내야 한다. 그런데 ⑤의 진술처럼 이전 연도 수확량의 절반을 내기로 계약하는 정액제의 경우에는 수확량이 이전 연도보다 2배로 늘었다면 당연히 수확량의 2분의 1을 내는 분익제보다 그것의 4분의 1을 내는 정액제가 이윤이 더 크다. 이해하기 쉽게 수치를 대입해 사례를 생각해 보자. 작년에는 100kg, 올해에는 200kg의 곡물을 생산했다면 분익제로는 200kg(올해 생산량)÷2=100kg을, 정액제로는 100kg(작년 생산량)÷2=50kg을 지대로 내야 한다.

오답분석

① 1문단에 따르면 전(前)자본주의 농업사회 농민들에게, 신고전주의 경제학에서 말하는 '이윤의 극대화'를 위한 계산의 여지는 거의 없다. 또한 농민들이 추구하는 '안전 제일의 원칙'은 큰 벌이는 되지만 모험적인 것을 시도하기보다는 자신과 자신의 가족들을 파멸시킬 수도 있는 실패를 피하려고 하는 것이다. 따라서 농민들의 안전 제일의 원칙은 이윤 극대화를 위한 계산 논리에 부합한다고 볼 수 없다.

② 1문단에 따르면 전자본주의 농업사회 농민들은 큰 벌이는 되지만 모험적인 것을 시도하기보다는 자신과 자신의 가족들을 파멸시킬 수도 있는 실패를 피하려고 하였다. 또한 3문단에 따르면 필리핀 루손 지역의 분익농들은 새로운 정액제 체제에서 이전 연평균 수입의 2배, 새로운 종자를 채택할 경우는 그 이상의 수입을 실현할 수 있으리라는 기대를 할 수 있음에도 불구하고 정액제 자체에 내포되어 있는 생계에 관련된 위험성 때문에 정액제로의 전환을 꺼리는 이들이 많았다. 따라서 전자본주의 농업사회 농민들은 모험적인 시도가 큰 벌이로 이어질 수 있다는 사실을 알고 있지만, 실패의 위험성을 회피하기 위해 안전 제일의 원칙을 추구한 것이다.

③ 1문단에 따르면 '안전 제일의 원칙'을 추구하기 위해 농민들은 생계 안정성을 담보하는 기술적 장치와 농민들에게 최소한의 생존을 보장하는 사회적 장치를 필요로 한다. 그러나 ③에서 언급한 것처럼 기술적 장치가 사회적 장치의 보장 때문에 발달했는지, 즉 양자 사이의 관계가 어떠한지는 본문의 내용만으로는 알 수 없다.

④ 3문단에 따르면 루손 지역에서 분익제를 채택했던 많은 농민들이 정액제를 꺼린 이유는 정액제로 기대할 수 있는 이득이 상당함에도 불구하고 정액제 자체에 내포되어 있는 생계에 관련된 위험성 때문이었다. 따라서 정액제를 택했을 때 생계에 관련된 위험성이 분익제를 택했을 때보다 크다고 느꼈음을 알 수 있다.

PART 2

DAY 01
DAY 02
DAY 03
DAY 04
DAY 05
DAY 06
DAY 07
DAY 08
DAY 09
DAY 10

➕ **배경지식**

소작제도

농민이 토지를 대여하여 경작하고, 그 대가로 토지 소유자인 지주에게 일정한 소작료를 지급하는 봉건적인 생산관계에 따른 제도이다.

[03~05] 지문 분석

• 주제 : 법을 해석하는 기반이 되는 철학적 논의
• 핵심 키워드 : 문언의 구속성, 전통적 법학방법론, 흠결 보충, 법철학, 법률내재적 법형성, 초법률적 법형성
• 글의 구조
  ▷ 1문단 : 법을 해석할 때 문언의 구속성을 둘러싼 논란
    – 긍정론 : 법의 제정과 해석이 구별되어야 함을 이유로 법을 해석할 때 반드시 그 문언에 엄격히 구속되어야 한다.
    – 부정론 : 법의 제정 자체가 완벽할 수 없으므로 사안에 따라서는 문언에 구애되지 않는 편이 더 바람직하다.
  ▷ 2문단 : 전통적인 법학방법론의 입장
    – 전통적인 법학방법론은 '법률의 문언을 넘은 해석(법률내재적 법형성)'이나 '법률의 문언에 반하는 해석(초법률적 법형성)'을 인정할지 여부와 관련지어 다룬다.
    – 형식상 드러나지 않는 법률적 결함에 대처하는 것도 흠결 보충이라 할 수 있지만, 이는 법률이 제시하는 결론을 전체 법질서의 입장에서 뒤집는 것과 다르지 않다.
  ▷ 3문단 : 종래 법철학적 논의의 입장
    – 종래 법철학적 논의에서는 단어의 중심부(확정적인 의미)의 사안에서는 문언에 구속돼야 하지만 주변부(불확정적인 의미)의 사안에서는 해석자의 재량이 인정된다.
  ▷ 4문단 : 종래 법철학적 논의에 대한 반론
    – 종래 법철학적 논의에 대해서는 주변부의 사안을 규칙의 목적에 구속되게 해석해야 하며, 중심부의 사안도 규칙의 목적에 대한 조회 없이는 문언이 해석자를 온전히 구속할 수 없다는 반론이 제기된다.
  ▷ 5문단 : 법학방법론과 법철학적 논의에서 드러났던 난점을 극복하려는 시도
    – 문언이 합당한 답을 제공하는 표준적 사안 외에 아무런 답을 제공하지 않는 사안(문언을 넘은 해석)이나 부적절한 답을 제공하는 사안(문언에 반하는 해석)도 가능하다.

    – 전자를 판단하기 어려운 까닭은 문언의 언어적 불확정성 때문이고, 후자는 문언이 언어적 확정성을 갖추었음에도 불구하고 그것이 제공하는 답을 올바른 것으로 받아들일 수 없어 보이므로 판단하기 어렵기 때문이다.
  ▷ 6문단 : 판단하기 어려운 사안에서도 문언을 신경 써야 하는 이유
    – 문언이 답을 제공하지 않아서 해석을 통한 보충이 필요하더라도 규칙의 언어 그 자체가 해석자로 하여금 규칙의 목적을 가늠하도록 인도해 줄 수 있다.
    – 문언이 제공하는 답이 부적절하고 어리석게 느껴지더라도 그러한 평가 자체가 해석자의 주관이라는 한계 속에서 이루어지는 것임을 부정할 수 없다.
    – 문언을 강조하는 입장은 '재량'이 연상시키는 '사람의 지배'에 대한 우려와, 민주주의의 본질에 대한 성찰을 배경으로 한다.
    – 오로지 법률의 문언 그 자체만이 민주적으로 결정된 것이며, 입법 의도나 법률의 목적이라 해도 동등한 권위를 인정할 수 없다는 입장에서는 법률 적용의 결과가 부적절하다고 결정할 수 있는 권한을 특정인에게 부여할 것인지 여부가 더 중요하다.
    – 부적절한 결과가 예상되더라도 문언에 구속될 것을 요구하는 편이 합리적일 수도 있다.

---

03 일치·불일치　　　　정답 ②

② 3문단에 따르면 문언을 이루고 있는 언어의 불확정성에 주목하는 종래 법철학적 논의 중 대표적인 견해는 문언의 단어의 중심부의 사안에서는 문언에 엄격히 구속돼야 하지만 주변부의 사안에서는 해석자의 재량이 인정될 수밖에 없다고 보는 것이다. 즉, 의미의 중심부와 주변부의 구별을 강조하고 있는 것이다. 이러한 견해에 대한 반론으로 4문단에서는 주변부의 사안을 해석자의 재량에 맡기기보다는 규칙의 목적에 구속되게 해야 할 뿐 아니라, 심지어 중심부의 사안에서조차 규칙의 목적에 대한 조회 없이는 문언이 해석자를 온전히 구속할 수 없다는 견해가 제기된다. 즉, 문언을 해석할 때는 규칙의 목적을 반드시 고려해야 한다고 반박하는 것이다. 따라서 종래의 법철학적 논의에서는 법률의 목적보다 문언에 주목해 해석한다는 ②의 진술은 적절하다.

[오답분석]

① 2문단에 따르면 전통적인 법학방법론은 '법률의 문언을 넘은 해석(법률내재적 법형성)'이나 '법률의 문언에 반하는 해석(초법률적 법형성)'을 구분하며, 전자를 특정 법률의 본래적 구상 범위 내에서 흠결 보충을 위해 시도되는 것으로, 후자를 전체 법질서 및 그 지도 원리의 관점에서

수행되는 것으로 파악하기도 한다. 따라서 ①의 진술과 달리, 전통적인 법학방법론은 문언을 넘은 해석과 문언에 반하는 해석을 구별함을 알 수 있다.

③ 6문단에 따르면 부적절한 결과가 예상되는 경우에도 문언에 구속될 것을 요구하는 것이 불합리하게 보임에도 불구하고 문언을 강조하는 입장은 '재량'이 연상시키는 '사람의 지배'에 대한 우려와, 민주주의의 본질에 대한 성찰을 배경으로 한다. 비록 부적절한 결과가 예상되는 경우라 하더라도 여전히 문언에 구속될 것을 요구하는 편이 오히려 합리적일 수도 있는 것이다. 따라서 ③의 진술과 달리, 민주주의의 본질을 강조하는 입장(＝문언을 강조하는 입장)에서는 실질적으로 부적절한 결과가 예상되더라도 문언에 구속되는 것이 합리적일 수 있다고 보는 것이다.

④ 6문단에 따르면 문언이 답을 제공하지 않아서 해석을 통한 보충이 필요한 경우에도 규칙의 언어 그 자체가 해석자로 하여금 규칙의 목적을 가늠하도록 인도해 줄 수 있으며, 문언이 제공하는 답이 부적절하고 어리석게 느껴질 경우에도 그러한 평가 자체가 어디까지나 해석자의 주관이라는 한계 속에서 이루어지는 것임을 부정할 수 없다. 이러한 입장에서는 법률 적용의 결과가 부적절한지 여부보다는 그것이 부적절하다고 결정할 수 있는 권한을 특정인에게 부여할 것인지 여부가 더 중요한 문제일 수 있는데, 부적절한 결과가 예상되는 경우라 하더라도 여전히 문언에 구속될 것을 요구하는 편이 오히려 합리적일 수도 있는 것이다. 요컨대, 문언을 강조하는 견해에서는 법률 적용의 결과의 합당성은 어디까지나 해석자의 주관적인 평가라는 점을 들어 결과의 합당성을 강조하는 견해를 비판하는 것이다. 따라서 ④의 진술에서는 '법률 적용 결과의 합당성을 강조하는 입장'이 아니라 '문언을 강조하는 입장'이 적절하다.

⑤ 5문단에 따르면 법학방법론적 논의와 법철학적 논의를 하나의 연결된 구성으로 제시함으로써 각각의 논의에서 드러났던 난점을 극복하려는 시도에서는 문언이 합당한 답을 제공하는 표준적 사안 외에 아무런 답을 제공하지 않는 사안이나 부적절한 답을 제공하는 사안도 있을 수 있는데, 이들이 바로 각각 문언을 넘은 해석과 문언에 반하는 해석이 시도되는 경우라고 본다. 이때 전자를 판단하기 어려운 까닭은 문언의 언어적 불확정성 때문이고, 후자는 문언이 언어적 확정성을 갖추었음에도 불구하고 그것이 제공하는 답을 올바른 것으로 받아들일 수 없어 보이므로 판단하기 어렵기 때문이라고 본다. 요컨대, 법학방법론적 논의와 법철학적 논의의 절충적인 입장에서는 부적절한 답을 제공하는 사안을 법률이 언어적 확정성을 갖추고 있는 경우로 보고, 법률이 언어적으로 불확정한 경우에는 아무런 답을 제공하지 못한다고 보는 것이다. 따라서 '부적절한 답을 제공하는 사안에 주목한다'는 ⑤의 진술은 적절하지 않다.

04 세부 내용의 이해 정답 ②

② "판단하기 어려운 사안"과 관련해 4문단에서는 주변부의 사안을 해석할 때는 규칙의 목적에 구속되게 해야 하며, 중심부의 사안을 해석할 때는 규칙의 목적에 대한 조회해야 한다고 본다. 또한 5문단에서는 "판단하기 어려운 사안" 가운데 법률의 문언이 부적절한 답을 제공하는 사안(문언에 반하는 해석)의 경우에는 문언이 언어적 확정성을 갖춘다고 설명한다. 그리고 6문단에서 문언을 강조하는 입장은 '재량'이 연상시키는 '사람의 지배'에 대한 우려와, 민주주의의 본질에 대한 성찰을 배경으로 하며, 문언에 구속될 것을 요구하는 편이 오히려 합리적일 수도 있다고 했으므로 법률의 목적이 아니라 해석자의 '재량'을 인정함으로써 해결하려는 입장도 존재할 수 있으며, 여전히 문언에 구속될 것을 요구할 수도 있다고 볼 수 있다.

오답분석

① "판단하기 어려운 사안"은 5문단에 따르면 법률의 문언이 아무런 답을 제공하지 않는 사안과 부적절한 답을 제공하는 사안으로 구분할 수 있으며, 문언이 언어적 확정성을 갖추었음에도 불구하고 그것이 제공하는 답을 올바른 것으로 받아들일 수 없을 수 있다. 따라서 ①에서 언급한 법률의 문언이 극도로 명확한 경우에도 판단하기 어려운 사안이 발생할 수 있는 것이다.

③ 5문단에 따르면 문언을 넘은 해석은 법률의 문언이 아무런 답을 제공하지 않는 사안의 경우에 시도된다. 또한 이러한 경우에도 6문단에 따르면 언어 그 자체가 해석자로 하여금 규칙의 목적을 가늠하도록 인도해 줄 수 있다. 따라서 ③에서 언급한 법률의 문언이 해석자를 전혀 이끌어 주지 못하는 경우는 존재하지 않으며, 문언을 넘은 해석이 시도될 때에도 문언의 인도를 받을 수 있는 것이다.

④ 2문단에 따르면 전통적인 법학방법론은 법률 문언의 한계 내에서 이루어지는 해석 외에 '법률의 문언을 넘은 해석(법률내재적 법형성)'이나 '법률의 문언에 반하는 해석(초법률적 법형성)'을 인정할지 여부와 관련지어 "법을 해석할 때 반드시 그 문언에 엄격히 구속되어야 하는가"라는 문제를 다룬다. 이때 '법률의 문언을 넘은 해석'을 특정 법률의 본래적 구상 범위 내에서 흠결 보충을 위해 시도되는 것으로 파악한다. 따라서 법률의 흠결이 있을 때 이를 보충하기 위한 것인 한 정당화될 수 있는 것은 ④의 진술과 달리 문언에 반하는 해석이 아니라 문언을 넘은 해석인 것이다.

⑤ 2문단에 따르면 전통적인 법학방법론에서 특정 법률의 본래적 구상 범위 내에서 흠결 보충을 위해 시도되는 것으로 파악하는 '법률의 문언을 넘은 해석'과, 전체 법질서 및 그 지도 원리의 관점에서 수행되는 것으로 파악하는 '법률의 문언에 반하는 해석' 등 두 가지 해석으로 '법을 해석할 때 반드시 그 문언에 엄격히 구속되어야 하는가' 하는 문제를 다루는 것은 완전히 만족스러운 것은 아니다. 그 이유는 형식상 드러나지 않는 법률적 결함에 대처하는 것도 흠결 보충이라 할 수 있지만, 이는 또한 법률이 제시하는 결론을 전체 법질서의 입장에서 뒤집는 것으로 볼 수 있기 때문이다. 따라서 형식상 드러나 있는 법률의 흠결 보충은 ⑤의 진술과 달리 전체 법질서보다는 특정 법률의 본래적 구상을 고려한 해석이 필요하다고 볼 수 있다.

⊕ 배경지식

법의 흠결

- 법의 흠결은 법으로 규율해야 하는 사안에 관해 법이 존재하지 않는 결여의 상태를 뜻한다. 사회의 변화는 복잡하고 끊임이 없으므로 항상 새로운 규범이 필요하며, 이에 따라 법의 흠결이 발생하게 된다. 그러나 법의 흠결을 이유로 법관이 재판을 거부할 수는 없으므로 〈민법〉은 "법률에 규정이 없으면 관습법에 의하고, 관습법이 없으면 조리에 의한다(제1조)"는 규정을 명문화함으로써 법의 흠결이 있을 때는 조리에 의해 재판해야 한다는 원칙을 세웠다. 또한 유추 해석과 논리 해석은 법의 흠결을 보충하는 장치로 기능할 수 있다.
- 유추 해석 : 어떤 사항을 직접 규정한 법규가 없을 때 그와 비슷한 사항을 규정한 법규를 적용하는 방법이다. 다만 〈형법〉에서는 유추 해석을 원칙적으로 금지하므로 법의 흠결 시에는 무죄로 판단한다.
- 논리 해석 : 법규의 자구나 입법자의 의사에 얽매이지 않고 해석할 법규의 제정 목적, 전체 법 체계 속에서의 위치, 다른 법규와의 관계, 법규 적용 결과의 합리성 등을 고려하여 법규의 의미를 확정 짓는 방법이다.

05 추론하기　　　　　　　　　　정답 ③

③ Ⓐ에 나타난 반론에 따르면 주변부의 사안을 해석할 때는 규칙의 목적에 구속되게 해야 하며, 중심부의 사안의 경우에도 규칙의 목적에 대한 조회 없이는 문언이 해석자를 온전히 구속할 수 없다는 반론이 제기되었다. 즉, 목적에 대한 조회가 없다면 구속도 없다고 보아 목적이 중요하다고 여기는 것이다. 따라서 ③의 진술처럼 주민의 안전 확보가 목적이라면 길들여지지 않아서 주민들에게 공격적인 들개를 기르는 것이 금지될 수 있는 것이다.

오답분석

① Ⓐ에 나타난 반론의 입장에서는 희귀 동물을 주택가 시설에 둘 수 없다는 규칙의 목적이 ①의 진술처럼 야생생물의

다양성을 보존하기 위한 것이라면 멸종 위기 동물을 입양해 기르는 것은 금지되어야 하는 것이다.

② Ⓐ에 나타난 반론의 입장에서는 ②에서 언급한 사자가 '야생동물'의 언어적 의미에 해당하는지 또는 그렇지 않은지에 관심이 없으며, 중요하게 여기는 것은 규칙의 목적에 부합하는가 하는 것이다. 따라서 ②의 진술처럼 야성을 잃어버린 사자라고 할지라도 그 사자가 '야생동물'의 언어적 의미에 부합하는지에는 관심이 없는 것으로 볼 수 있다.

④·⑤ Ⓐ에 나타난 반론에 따르면 법률 문언의 언어의 주변부·중심부 사안을 해석할 때는 규칙의 목적을 중요하게 여기며, '야생동물'의 언어적 의미가 무엇인지에 대해서는 관심이 없다. 따라서 ④와 ⑤의 경우처럼 야생동물을 키우는 것을 허용하든 금지하든 중요하게 여기는 것은 규칙의 목적이며, 언어적 의미에는 관심을 두지 않는 것으로 볼 수 있다.

[06~08] 지문 분석

- **주제** : 계약에서 덧붙이는 부관(기한과 조건)이 갖는 법률적 효력
- **핵심 키워드** : 부관, 기한, 조건, 확정 판결, 기판력
- **글의 구조**
  ▷ 1문단 : 프로타고라스(P)와 에우아틀로스(E)의 계약과 관련한 논리 난제
  　- P와 E는 E가 처음으로 승소하면 P에게 수강료를 지불하기로 계약했는데, E가 소송을 하지 않자 P는 E에게 수강료를 내라고 소송했다.
  　- P의 주장 : 내가 승소하면 판결에 따라 수강료를 받으며, 내가 지면 E는 계약에 따라 수강료를 내야 한다.
  　- E의 주장 : 내가 승소하면 판결에 따라 수강료를 내지 않으며, 내가 지면 E는 계약에 따라 수강료를 내지 않을 수 있다.
  ▷ 2문단 : 부관의 의미와 종류
  　- '부관'은 계약에서 일정한 효과의 발생이나 소멸에 제한을 덧붙이는 것이며, 부관에는 '기한'과 '조건'이 있다.
  　- 기한 : 효과의 발생이나 소멸이 장래에 확실히 발생할 사실에 의존하도록 하는 것
  　- 조건 : 효과의 발생이나 소멸이 장래에 일어날 수도 있는 사실에 의존하도록 하는 것
  　- 조건이 실현되었을 때 효과를 발생시키면 '정지 조건', 소멸시키면 '해제 조건'이다.
  ▷ 3문단 : 확정 판결이 갖는 기판력의 효용
  　- 민사 소송에서 판결에 대해 사안이 종결되든가, 그 사안에 대해 대법원에서 최종 판결이 선고되든가 하면 더 이상 그 일을 다툴 수 없다.

안심Touch

－ 확정 판결에 대해 더 이상 같은 사안으로 소송에서 다툴 수 없는 것을 기판력이라 한다. 같은 사안에 대해 서로 모순되는 확정 판결이 존재하도록 할 수는 없는 것이다.

▷ 4문단 : 확정 판결 이후에도 소송을 할 수 있는 경우
－ 확정 판결 이후에 법률상의 새로운 사정이 생기면 다시 소송할 수 있는 것은 전과 다른 사안의 소송이라 하여 이전 판결의 기판력이 미치지 않는다고 보기 때문이다.

▷ 5문단 : P와 E 사이의 분쟁을 해결할 수 있는 두 차례의 판결
－ P와 E 사이의 소송에서는 조건이 성취되지 않았다는 이유로 법원이 E에게 승소 판결을 내리면 된다(첫 번째 판결).
－ 첫 번째 판결 확정 이후에 조건이 실현되었기 때문에 P는 다시 소송을 할 수 있고, 이 두 번째 소송에서는 결국 P가 승소한다(두 번째 판결). 이때부터는 E가 다시 수강료에 관한 소송을 할 만한 사유가 없다.

06   세부 내용의 이해   정답 ①

① 2문단에 따르면 효과의 발생이나 소멸이 장래에 확실히 발생할 사실에 의존하도록 하는 것은 '기한', 장래에 일어날 수도 있는 사실에 의존하도록 하는 것은 '조건'이다. ①의 진술처럼 승소하면 그때 수강료를 내겠다고 할 때 '승소'는 장래에 일어나지 않을 수도 있으므로(패소의 경우) 승소는 수강료 지급(＝효과의 발생) 의무에 대한 '기한'이 아니라 '조건'이 된다.

오답분석

② 2문단에 따르면 '기한'은 효과의 발생이나 소멸이 장래에 확실히 발생할 사실에 의존하며, '조건'은 장래에 일어날 수도 있는 사실에 의존한다. 장래에 발생할 가능성이 확실하면 '기한'이고 그렇지 않으면 '조건'으로 구분하는 것이다. 따라서 ②의 진술처럼 '기한'과 '조건'의 계약상의 효과는 장래의 사실에 의존함을 알 수 있다.

③ 2문단에 따르면 '조건'은 효과의 발생이나 소멸이 장래에 일어날 수도 있는 사실에 의존하도록 하는 것으로서, 조건이 실현되었을 때 효과를 발생시키면 '정지 조건', 소멸시키면 '해제 조건'이다. 따라서 ③의 진술처럼 계약에 해제 조건을 덧붙이면 그 조건이 실현되었을 때 효과를 소멸시킬 수 있음을 알 수 있다.

④ 3문단에 따르면 민사 소송에서 판결에 대해 상소가 기간 안에 제기되지 않아서 사안이 종결되거나, 또는 그 사안에 대해 대법원이 최종 판결을 선고하면 더 이상 그 일을 다툴 수 없다. 이때 확정 판결에 대해 더 이상 같은 사안으로 소송에서 다툴 수 없는 것을 기판력이라 한다. 따라서 ④의 진술처럼 판결 선고 후에 상소 기간 안에 상소가 이루어지지 않으면 그 판결에는 기판력이 생김을 알 수 있다.

⑤ 3문단에 따르면 확정 판결에 대하여 더 이상 같은 사안으로 소송에서 다툴 수 없게 하는 기판력을 인정하는 것은 같은 사안에 대해 서로 모순되는 확정 판결이 존재하도록 할 수 없게 예방하기 위한 것이다. 따라서 ⑤의 진술처럼 기판력에는 법원이 동일한 사안에 대해 모순된 판결을 내릴 수 없다는 전제가 깔려 있음을 알 수 있다.

⊕ 배경지식

기판력(既判力)

확정된 재판의 판단 내용이 소송 당사자 및 같은 사항을 다루는 다른 법원을 구속하여, 그 판단 내용에 어긋나는 주장이나 판단을 할 수 없게 하는 소송법적인 효력을 뜻한다. 만일 기판력을 인정하지 않아 법원이 이전 재판의 내용과 다른 판단을 하면 재판에 모순을 초래하며 불필요한 절차를 반복하게 되어 혼란을 일으킬 것이고, 분쟁을 해결하기 어렵게 된다. 따라서 확정 판결 이후에는 같은 사안에 대해 다시 제소할 수 없게 하는 것이다.

07   추론하기   정답 ③

③ 1문단에 따르면 P(프로타고라스)는 E(에우아틀로스)로부터 수강료를 받아낼 목적으로 E를 상대로 소송을 제기했다. 그러므로 ㉠의 첫 번째 소송에서 P는 'E는 나에게 수강료를 지불하라'며 수강료 지급을 청구할 것이다. 이때 P가 첫 번째 소송에서 패소한다면 E가 승소한 것이므로 'E가 승소하면 P에게 수강료를 내겠다'는 계약에서, 조건이 실현되었을 때 효과를 발생시키는 정지 조건이 실현되었으므로 P는 두 번째 소송에서 'E는 나에게 수강료를 지불하라'는 내용을 청구할 수 있다. 따라서 ③의 진술처럼 첫 번째와 두 번째 소송 모두 P가 청구하는 내용은 수강료는 내라는 것으로 추론할 수 있다.

오답분석

① 계약이 유효하다면 'E가 처음으로 승소하면 그때 수강료를 내겠다'는 계약상의 조건이 실현되지 않았기 때문에 P는 첫 번째 소송에서 '수강료를 내라는 내용'을 청구하지 못한다. 그러므로 첫 번째 소송에서 P는 계약이 유효하지 않다고 주장할 것이라고 추론할 수 있다. 반면에 계약이 유효하지 않다면 수강은 이미 종료된 사안이므로 첫 번째 소송에서 E는 수강료를 내지 않아도 된다고 주장하지 못한다. 따라서 첫 번째 소송에서 P는 계약이 유효하지 않다고, E는 계약이 유효하다고 주장할 것으로 추론할 수 있다.

② 5문단에 따르면 첫 번째 소송에서 법원은 E에게 승소(P에게 패소) 판결을 내리게 되므로 그 판결문에는 E가 수강료를 내야 할 의무가 없다는 내용이 실릴 것이다. 'E가 수강료를 내야 할 의무가 있다'는 것은 E의 패소를 뜻한다. 따라서 E가 수강료를 내야 할 의무가 있다는 내용이 실릴 것이라는 ②의 진술은 적절하지 않다.

④ 5문단에 따르면 두 번째 소송에서는 E가 첫 번째 소송에서 승소한 상황이기 때문에 'E가 처음으로 승소하면 그때 수강료를 내겠다'는 조건이 충족되어 법원은 P에게 승소(E에게 패소) 판결을 내리게 된다. 그러므로 P는 E로부터 수강료를 받을 수 있다. 따라서 두 번째 소송에서는 E가 첫 승소라는 조건을 달성하지 못한 상태라는 ④의 진술은 적절하지 않다.

⑤ 첫 번째 소송에서 E가 승소해 'E가 처음으로 승소하면 그때 수강료를 내겠다'는 조건이 실현되어 P는 다시 소송을 제기할 수 있게 된 것은 4문단에서 설명한 것처럼 법률상의 새로운 사정이 생긴 것(조건의 실현)을 근거로 하여 다시 소송하는 것이 허용되기(이전 판결의 기판력이 미치지 않음) 때문이다. 또한 두 번째 소송의 판결(P의 승소)은 첫 번째 판결에서 E가 승소함을 전제로 이루어진다. 즉, 첫 번째 판결이 유효하다는 전제가 있어야 두 번째 판결에서 P가 승소할 수 있으므로 두 판결 중 하나라고도 무효하면 5문단에서 말한 것 같은 P의 승소는 불가능하게 된다. 따라서 두 판결 모두 유효한 것이므로 두 판결 가운데 하나는 무효하다는 ⑤의 진술은 적절하지 않다.

> **배경지식**
>
> 부관, 기한, 조건
> • 부관(附款) : 법률 행위에 따라 생기는 효과를 제한하기 위해 법률 행위의 당사자가 덧붙이는 조건이나 기한 등의 제한
> • 기한(期限) : 법률 행위의 효력의 발생 및 소멸, 채무 이행을 장래에 발생할 것이 확실한 사실에 의존시키는 것
> • 조건(條件) : 법률 행위 효력의 발생이나 소멸을 장래에 일어날 불확실한 사실에 의해 제한하는 것

08 추론하기   정답 ⑤

⑤ 3문단에 따르면 계약서를 제시하지 못해 매매 사실을 입증하지 못하고 패소한 판결이 확정되면, 이후에 계약서를 발견해도 그 사안에 대해서 다시 소송할 수 없다. 〈보기〉의 계약서를 증거 자료로 제출하지 못한 상황에서 ④의 경우에 갑에게 패소 판결을 내렸다. 3문단에서 제시한 매매 계약의 사례와 〈보기〉의 ④의 경우 모두 기판력이 인정되므로 확정 판결 이후에 계약서를 발견했다고 해도 갑은 소송을 다시 제기할 수 없다. 따라서 갑이 2015년 11월 30일이 되기 전에 소송을 다시 제기할 수 있다는 ⑤의 진술은 적절하지 않다. 또한 4문단에 따르면 전과 다른 사안의 소송이라 하여 이전 판결의 기판력이 미치지 않는다고 인정되려면 확정 판결 이후에 법률상의 새로운 사정이 생겼을 때이다. 그런데 ④에서 발견된 계약서는 확정 판결 이전에 작성된 것이므로 그 발견을 새로운 사정이라고 인정할 수 없으므로 기판력이 인정되어 다시 소송을 제기할

수 없다. 다만, 을이 돈을 갚기로 한 날로 법원이 인정한 2015년 11월 30일 이후에는 계약 기간의 만료라는 법률상의 새로운 사정이 생겨 다시 소송을 제기할 수 있을 것이다.

오답분석

① 3문단에 따르면 확정 판결에 대해서는 기판력을 인정하며, 기판력이 있는 판결에 대해서는 더 이상 같은 사안으로 소송에서 다툴 수 없다. 따라서 〈보기〉의 ㉮의 판결은 확정되었으므로 ①의 진술처럼 기판력이 인정되어 갑은 동일한 사안으로 법원에 상소할 수 없다.

② 3문단에 따르면 계약서를 제시하지 못해 매매 사실을 입증하지 못하고 패소한 판결이 확정되면, 이후에 계약서를 발견하더라도 그 사안에 대하여는 다시 소송하지 못한다. 또한 〈보기〉의 계약서는 ㉮의 확정 판결 이전에 작성된 것이므로 그 계약서를 발견했다고 해도 새로운 사정으로 인정되지 않는다. 따라서 ㉮의 경우에도 확정 판결의 기판력이 인정되므로 ②의 진술처럼 갑이 다시 소송을 제기하는 것은 허용되지 않는다.

③ 2문단에 따르면 효과의 발생이나 소멸이 장래에 확실히 발생할 사실에 의존하도록 하는 것을 기한이라 한다. 그러므로 〈보기〉의 ㉯의 경우에는 금전을 갚기로 한 날로 법원이 인정한 2015년 11월 30일까지 기한이 인정되므로 그날까지 기판력이 인정된다. 따라서 ③의 진술처럼 을은 2015년 11월 30일이 되기 전까지 금전을 갚지 않을 수 있다.

④ 4문단에 따르면 임대인이 임차인에게 집을 비워 달라고 하는 소송에서 임대차 기간이 남아 있다는 이유로 임대인이 패소한 판결이 확정된 후 시일이 흘러 계약 기간이 만료되면, 임대인은 집을 비워 달라는 소송을 다시 할 수 있는 것은 계약상의 기한이 지남으로써 임차인의 권리에 변화가 생겼기 때문이다. 또한 위의 ③에서 설명한 것처럼 ㉯의 확정 판결의 기판력이 인정되는 기한은 2015년 11월 30일까지이다. 을이 빌린 금전을 상환하는 해야 하는 시점이 종료된 11월 31일의 다음날부터는 기한의 종료라는 새로운 사정인 인정되어 기판력이 미치지 않으므로 갑은 소송을 다시 제기할 수 있다.

> **배경지식**
>
> 확정 판결
> 확정된 효력을 지니는 판결이라는 뜻으로, 보통의 불복 신청으로 취소할 수 없는 판결이다. 상소(항소·항고) 기간이 만료된 경우, 상소의 의사가 없는 경우, 대법원에서 최종 판결을 선고한 경우 등에는 판결이 확정된다.

01	02	03	04	05	06	07	08	
④	④	④	④	②	②	①	⑤	

[01] 지문 분석

- 주제 : 올바른 판단을 저해하는 표본의 편향성
- 핵심 키워드 : 표본 추출, 표본의 편향성
- 글의 구조
  - ▷ 1문단 : 전투기의 효과적인 철갑에 대한 미국 군 장성들의 생각
    - 전체 집단에서 특정 표본을 추출할 때 표본이 항상 무작위로 선정되는 것은 아니라는 표본의 편향성은 종종 올바른 판단을 저해한다.
    - 미국의 군 장성들은 (전투기에서 총알을 많이 맞는 동체 쪽에 철갑을 집중해야 보호 효과를 볼 수 있다)고 생각했다.
  - ▷ 2문단 : 군 장성들의 생각에 반대하며 표본의 편향성을 지적한 수학자들의 주장
    - 수학자들은 군 장성들의 생각에 반대해 엔진에 총알을 맞으면 귀환하기 어렵기 때문에 엔진에 총알을 덜 맞은 전투기가 많이 돌아온 것이라고 주장했다.
  - ▷ 3문단 : 잘못된 표본에 근거한 군 장성들의 가정
    - 표본의 편향성을 고려하지 않은 군 장성들은 자신도 모르게 '복귀한 전투기는 (출격한 전투기 전체에서 무작위로 추출된 표본)'이라는 가정을 했다.
    - 잘못된 표본에 근거해 정책을 결정한다면 오히려 전투기의 생존율이 낮아질 수 있다.

01　추론하기　　　정답 ④

ⓐ 1문단에 따르면 기체 전체에 철갑을 두르면 너무 무거워지기에 중요한 부분에만 둘러야 했는데, 교전을 마치고 복귀한 전투기의 난 총알구멍은 동체 쪽에 더 많았고 엔진 쪽에는 그다지 많지 않았다는 점을 근거로 군 장성들은 철갑의 효율을 높일 수 있는 기회를 발견했다. 따라서 군 장성들은 총알구멍이 상대적으로 많은 동체 쪽에 철갑을 집중해야 전투기를 효과적으로 보호할 수 있다고 생각했을 것이다.

ⓑ 2문단에 따르면 수학자들은 엔진에 총알을 맞으면 귀환하기 어렵기 때문에 엔진이 아닌 동체에 총알을 맞은 전투기

만 귀환한 것이라고 주장했다. 수학자들의 주장을 따른다면 군 장성들의 생각처럼 동체 쪽에 철갑을 집중하는 것은 전투기를 효과적으로 보호하지 못한다고 생각할 수 있다. 군 장성들이 표본의 편향성을 충분히 고려하지 않았기 때문에 복귀한 일부 전투기만을 표본으로 삼아 그것이 출격한 전투기 전체에서 무작위로 추출된 표본이라고 판단하는 오류를 범했다고 수학자들이 비판한 것이다.

➕ 배경지식

표본 오차

모집단의 일부인 표본에서 얻은 자료를 통해 모집단 전체의 특성을 추론함으로써 생기는 오차를 뜻한다. 이러한 표본 오차는 모집단을 대표할 수 있는 전형적인 구성 요소를 채택하지 못해 발생할 수 있는데, 편향(Bias), 우연(Chance)에 의해 발생하기도 한다. 이때 편향에 의한 오차는 표본 선택 방법을 엄격히 함으로써, 우연에 의한 오차는 표본의 크기를 증가시킴으로써 감소시킬 수 있다.

[02] 지문 분석

- 주제 : 구성원이 발언이나 침묵을 선택할 때 고려하는 요소와 침묵의 유형
- 핵심 키워드 : 묵종적 침묵, 방어적 침묵, 친사회적 침묵
- 글의 구조
  - ▷ 1문단 : 구성원이 발언 또는 침묵을 선택할 때 고려하는 요소
    - 조직 구성원의 발언은 조직과 구성원 양측에 긍정적 효과를 가져올 수 있는 동시에 발언자의 이미지 실추와 보복의 우려가 있다.
    - 침묵은 조직의 발전 기회를 놓치게 하거나 조직을 위기에 처하게 할 수 있을 뿐만 아니라, 구성원 자신들에게도 부정적 영향을 미칠 수 있다.
    - 구성원들이 조직에서 발언 또는 침묵을 선택할 때는 보복과 관련한 안전도와 변화 가능성에 대한 실효성 등을 고려해 판단한다.
  - ▷ 2문단 : 침묵의 유형 1 - 묵종적 침묵
    - 묵종적 침묵은 조직의 부정적 이슈 등과 관련된 정보나 의견을 알리거나 표출할 행동 유인이 없어 표출하지 않는 행위이다.

- 문제적 현실을 개선할 의지를 상실한 체념의 의미가 있어 방관과 유사한 묵종적 침묵은 발언을 해도 소용이 없을 것이라는 조직에 대한 불신에서 비롯된다.
▷ 3문단 : 침묵의 유형 2 - 방어적 침묵
 - 방어적 침묵은 위협이나 보복으로부터 자신을 보호하기 위해 조직과 관련된 부정적인 정보나 의견을 억누르는 적극적인 행위를 뜻한다.
 - 기존에 가진 것을 보호하고, 추가 이익을 보고자 하는 것은 방어적 침묵을 유발하므로 방어적 침묵은 자기보신적 행위라고 할 수 있다.
▷ 4문단 : 침묵의 유형 3 - 친사회적 침묵
 - 친사회적 침묵은 조직이나 다른 구성원의 이익을 보호하려는 목적에서 조직과 관련된 부정적 정보나 의견 등을 표출하지 않고 억제하는 행위로서, 이타주의적인 침묵이다.
 - 친사회적 침묵은 철저하게 '나'를 배제한 판단 아래에서 이루어진다.

02 추론하기 　　　　　 정답 ④

④ 4문단에 따르면 친사회적 침묵의 목적은 조직이나 다른 구성원의 이익을 보호하려 것이며, 본인의 사회적 관계를 위한 경우에는 해당되지 않고, 철저하게 '나'를 배제한 판단 아래에서 이루어진다. 즉, 발언자 자신에 대한 보호가 있든지 없든지 조직과 구성원의 이익에 해가 된다면 발언하지 않을 것이다. 그런데 ④에서 언급한 '발언자에 대한 익명성'은 발언자 자신에 관한 요소이므로 조직의 친사회적 침묵에 영향을 주지 않을 것이다. 따라서 발언자에 대한 익명성을 보장해도 ④의 진술처럼 친사회적 침묵은 감소할 것이라고 볼 수 없다. 다만, 3문단에 따르면 방어적 침묵은 발언자 자신이 기존에 가진 것을 지키기 위한 것뿐만 아니라, 침묵함으로써 추가적인 이익을 보고자 하는 자기보신적 행위라고 할 수 있으므로 ④의 진술처럼 발언자에 대한 익명성을 보장한다면 방어적 침묵은 감소할 수 있다.

오답분석

① 2문단에 따르면 묵종적 침묵은 조직의 부정적 이슈 등과 관련된 정보나 의견 등을 가지고 있지만 이를 알리거나 표출할 행동 유인이 없어 표출하지 않는 행위로서, 발언을 해도 소용이 없을 것이라는 조직에 대한 불신에서 비롯된다. 따라서 ①의 진술처럼 발언이 조직의 의사결정에 반영되는 정도가 커질수록 묵종적 침묵은 감소할 것이다.
② 3문단에 따르면 방어적 침묵은 외부 위협으로부터 자신을 보호하거나 자신을 향한 보복을 당하지 않기 위해 조직과 관련된 부정적인 정보나 의견을 억누르는 적극적인 성격의 행위를 가리킨다. 따라서 ②의 진술처럼 발언자 자신의 안전을 걱정해 침묵하는 경우는 방어적 침묵에 해당할 것이다.

③ 2문단에 따르면 묵종적 침묵은 발언을 해도 소용이 없을 것이라는 조직에 대한 불신에서 비롯된다. 따라서 ③의 진술처럼 '발언의 실효성이 낮을 것으로 판단하여 침묵'하는 것은 묵종적 침묵에 해당할 것이다.
⑤ 1문단에 따르면 침묵은 구성원들로 하여금 스스로를 가치 없는 존재로 느끼게 만들고, 관련 상황을 통제하지 못한다는 인식을 갖게 함으로써, 구성원들의 정신건강과 신체에 악영향을 미칠 수 있다. 또한 구성원 자신이 발언을 할지 또는 침묵을 할지 선택할 때는 해당 조직의 문화 아래에서 보복과 관련한 안전도와 변화 가능성에 대한 실효성 등을 고려해 판단한다. 따라서 ⑤의 진술처럼 '발언의 안전도와 실효성이 낮은 조직'의 구성원은 발언보다 침묵을 선택할 가능성이 높으므로 정신건강과 신체에 악영향을 받아 건강이 나빠질 수 있다.

🔍 배경지식

조직 침묵의 원인
조직 구성원이 특정 사안에 대한 견해, 아이디어가 있음에도 불구하고 개인적·상황적 동기 때문에 발언으로 인한 부정적 결과 등을 우려해 침묵하거나 중요한 정보의 전달을 축소 또는 보류하는 것을 뜻하는 조직 침묵은 미국의 심리학자 엘리자베스 모리슨이 2000년에 제시한 용어이다. 이러한 조직 침묵을 일으키는 원인으로는 다음의 다섯 가지를 생각해 볼 수 있다.
㉠ 감정적 손상이나 스트레스에 대한 회피
㉡ 말을 해도 반영이 되지 않을 것이라는 무기력감
㉢ 소신 있게 이야기함으로써 대다수의 구성원에게 따돌림을 받을 것에 대한 두려움
㉣ 리더에게 부정적 평가를 받을 것에 대한 두려움
㉤ 윗사람에 대한 복종과 침묵을 미덕이라고 여기는 사회문화적 특성

[03~05] 지문 분석

• 주제 : '물(物)'의 의미 변화 사례처럼 언어를 통해 인식되는 법의 의미는 항상 새롭게 규정된다.
• 핵심 키워드 : 압수물, 유체물, 디지털 증거, 음란물, 비디오물, 게임물, 장물
• 글의 구조
▷ 1문단 : 법의 세계에서 일반적 의미를 넘어서는 개념으로 변화한 '물(物)'의 의미 변화
 - 법조문의 문법 단위들은 일반적 의미를 넘어서는 개념으로 나아가기도 한다.
 - '물(物)'의 의미가 학설과 판례, 입법에서 새롭게 규정되어 가는 모습을 법의 세계에서 발견할 수 있다.

▷ 2문단 : 형사소송과 민사소송에서 '물(物)'의 의미 변화
- 형사소송법은 압수의 대상을 "증거물 또는 몰수할 것으로 사료되는 물건"으로 정의하고 있어서 압수란 유체물에 대해서만 가능한 것으로 이해되었다.
- 유체물과 구별되는 무형의 정보 자체가 핵심인 디지털 증거가 등장함에 따라 정보 그 자체를 압수해야 한다는 인식이 생겼고, 출력이나 복사도 압수 방식으로 규정됐다.
- 민사소송에서 증거조사의 대상이 되는 문서는 유형물로 이해되기 때문에 자기 디스크 등을 문서로 볼 수 있는지에 대한 논쟁이 일었다.
- 민사소송법은 "정보를 담기 위하여 만들어진 물건"에 대한 규정을 두게 되었지만, 여전히 매체 중심의 태도를 유지하고 있다. 최근에 제정된 법률에서는 위 조항에 대한 특칙을 두어 정보 자체를 문서로서 증거조사할 수 있는 근거도 마련되었다.
▷ 3문단 : 음란물, 비디오물, 게임물에서 '물(物)'의 의미 변화
- 형법은 물건의 형태를 취하는 음란물의 제조와 유포를 처벌하도록 하고 있다.
- 판례는 디지털 파일은 유체물이 아니므로 음란물로 여기지 않지만, 신설된 법령에서는 통신망 내의 음란 영상에 대하여도 '아동·청소년 이용 음란물'로 규제한다.
- 과거에는 비디오물을 "영상이 고정되어 있는 테이프나 디스크 등의 물체"로 정의하고 게임물은 이에 포함되었으나, 새로운 법률에서는 게임물을 유체물에 고정되어 있는지를 따지지 않는 영상물로 규정하기 시작했다.
▷ 4문단 : 장물죄에서 '물(物)'의 의미 변화
- 판례는 재산 범죄인 장물죄에서 유통이 금지된 장물의 개념을 재물, 곧 취득한 물건 그 자체로 보면서 전기와 같이 '관리할 수 있는 동력'은 장물이 될 수 있다고 하지만, 장물죄에서는 동력에 대하여 재물로 간주하지 않는다.
- 판례가 물건이 아닌 재산상 가치인 것을 취득했다고 해도 그 역시 장물은 아니라고 보는 것에 대해서 비판이 있다.
- 일반적인 언어의 의미와 마찬가지로 언어를 통해 비로소 인식되는 법의 의미도 고정되어 있지 않으며, 그것을 사용하기에 따라 항상 새롭게 규정된다.

④ 3문단에 따르면 과거에 게임 관계 법령에서 비디오물은 "영상이 고정되어 있는 테이프나 디스크 등의 물체"로 정의되었으나, 이후 새로운 법률을 제정해 게임물에 대한 독자적 정의를 마련할 때 유체물에 고정되어 있는지를 따지지 않는 영상물로 규정하기 시작했고, 관련 법령이 정비되어 이 또한 "연속적인 영상이 디지털 매체나 장치에 담긴 저작물"이라 정의하게 되었다. 즉, 비디오물은 "연속적인 영상이 디지털 매체나 장치에 담긴 저작물"로 정의되어 매체에 고정될 필요가 사라진 것이다. 따라서 ④의 진술처럼 유체물에 고정되어 있는지를 따질 필요도 없게 되었음을 알 수 있다.

오답분석

① 2문단에 따르면 전통적으로 압수는 유체물에 대해서만 가능한 것으로 이해되었는데, 디지털 증거는 유체물인 저장 매체가 아니라 그에 담겨 있으면서 그와 구별되는 무형의 정보 자체가 핵심이다. 그리하여 정보 그 자체를 압수해야 한다는 인식이 생겨났고, 출력이나 복사도 압수 방식으로 형사소송법에 규정되었다. 즉, 인식이 변화함에 따라 출력과 복사도 압수 방식으로 인정된 것이며, ①에서 언급한 저장 장치를 압수하는 것이 아니라 그 안에 담긴 근거가 될 정보만 압수해야 한다고 이해할 수 있다. 따라서 저장 장치를 압수하는 방식으로 압수 절차가 이루어져야 한다는 한계가 있다는 ①의 진술은 적절하지 않다.

② 2문단에 따르면 민사소송에서 증거조사의 대상이 되는 문서는 유형물이라 이해되었기 때문에 발생한 '문자 정보를 담고 있는 자기 디스크 등을 문서로 볼 수 있는가' 하는 논쟁을 해결하기 위해 민사소송법은 "정보를 담기 위하여 만들어진 물건"에 대한 규정을 두게 되었고, 최근에 제정된 법률에서는 위 조항에 대한 특칙을 두어 정보 자체를 문서로서 증거조사할 수 있는 근거도 마련되었다. 따라서 정보 자체만을 증거조사의 대상으로 삼을 수 없다는 ②의 진술은 적절하지 않다.

③ 3문단에 따르면 형법은 문서·필름 등 물건의 형태를 취하는(＝유체물) 음란물의 제조와 유포를 처벌하며, 신설된 법령에서는 필름·비디오물·게임물 외에 통신망 내의 음란 영상에 대해서도 '아동·청소년 이용 음란물'로 규제한다. 즉, 음란물은 유체물로 이해되며, 아동·청소년 이용 음란물은 유체물·무체물 모두로 이해된다. 따라서 아동·청소년 이용 음란물은 무체물이라는 ③의 진술은 아동·청소년 이용 음란물이 무체물뿐만 아니라 유체물로도 이해된다는 점에서 적절하지 않다.

⑤ 3문단에 따르면 과거의 게임 관계 법령에서는 비디오물은 "영상이 고정되어 있는 테이프나 디스크 등의 물체"로 정의했으나, 새로운 법률이 제정되어 게임물을 정의할 때 유체물에 고정되어 있는지를 따지지 않는 영상물로 규정하기 시작했으며, 곧이어 관련 법령이 정비되어 "연속적인 영상이 디지털 매체나 장치에 담긴 저작물"이라고 변화하게 되었다. 따라서 콘텐츠에서 매체로 옮겨갔다는 ⑤의 진술과 반대로 매체에서 콘텐츠로 옮겨갔다고 이해할 수 있다.

배경지식

유체물(有體物)

공간의 일부를 차지하고 사람이 감각을 통해 지각할 수 있는 형태를 가지는 물건을 뜻한다. 즉, 기체·고체·액체처럼 사람의 감각을 통해 인지할 수 있는 물리적·공간적인 의미에서의 존재인 물질을 가리킨다. 민법은 전기, 기타 관리할 수 있는 자연력(빛·열·풍력·원자력)도 물건으로 본다(민법 제98조). 또한 형법에서는 관리할 수 있는 동력은 절도죄의 객체인 재물로 본다(형법 제346조).

04 세부 내용의 이해 　　정답 ④

4문단에 따르면 판례는 재산 범죄인 장물죄에서 장물의 개념을 재물, 곧 취득한 물건 그 자체로 보기 때문에 전기처럼 관리할 수 있는 동력은 장물이 될 수 있다고 본다. 그런데 재물을 팔아서 얻은 무언가는 이미 동일성을 상실한 탓에 더 이상 장물이 아니라 하였으며, 물건이 아닌 재산상 가치인 것을 취득했다고 해도 그 역시 장물이 아니라고 보았다. 이러한 판례의 입장에 대해서 비판이 있는 것은 오늘날 금융 거래 환경에서 금전이 이체된 예금계좌상의 가치가 유체물인 현금과 본질적으로 다르지 않기 때문이다. 즉, 유체물인 현금은 장물이 되지만 그 현금이 이체된 예금계좌상의 가치는 유체물이 아니므로 장물이 될 수 없다는 판례의 견해를 비판하는 것이다.

배경지식

장물죄(贓物罪)

장물은 절도·강도·사기·횡령 등의 재산 범죄에 의해 불법으로 가진 타인 소유의 재물을 뜻하며, 장물죄는 장물을 직접 취득·양여·운반·보관하거나 이러한 행위를 하도록 알선함으로써 성립하는 범죄이다. 형법에 따르면 장물죄를 범한 자는 7년 이하의 징역 또는 1,500만 원 이하의 벌금에 처한다(형법 제363조 제1항).

05 추론하기 　　정답 ②

② 1문단에 따르면 '-물(物)'은 물건이나 물질이라는 사전적 의미를 갖는 형태소인데, '창문(窓門)'의 '창'이나 '문'같이 독자적으로 쓰일 수 있는 자립형태소가 아니라 '동화(童話)'의 '동'과 '화'처럼 다른 어근과 결합할 필요가 있는 의존형태소이다. 그러므로 ②의 진술에서 언급한 '뇌물'의 '뇌', '장물'의 '장'은 다른 어근과 결합할 필요가 있으므로 의존형태소로 이해할 수 있는 반면 '증거물'의 '증거'는 독자적으로 쓰일 수 있으므로 자립형태소임을 알 수 있다. 따라서 ②의 진술처럼 '뇌물'과 '장물'의 '물'은 의존형태소와 결합한 반면 '증거물'에서의 '물'은 자립형태소와 결합한 것이다.

① 1문단에 따르면 '-물(物)'은 물건이나 물질이라는 사전적 의미를 가지며, 다른 어근과 결합할 필요가 있는 의존형태소이다. 또한 〈보기〉에서 판례는 뇌물(賂物)의 내용인 이익은 금전, 물품 기타의 재산적 이익뿐만 아니라 사람의 수요·욕망을 충족시키기에 족한 일체의 유형·무형의 이익을 포함한다고 판시했다고 했으므로 '뇌물'을 고정적·사전적 의미로만 해석하지 않음을 알 수 있다. 따라서 ①의 진술과 달리 '뇌물'의 '물'을 사전적 의미보다 확장된 개념으로 해석하고 있는 것이다.

③ 3문단에 따르면 비디오물과 게임물의 개념도 변화를 겪어 왔는데, 새로운 법률을 제정해 게임물에 대한 독자적 정의를 마련할 때 유체물에 고정되어 있는지를 따지지 않는 영상물로 규정하기 시작했다. 따라서 ③의 진술과 달리 '게임물'에서의 '물'의 의미는 확장되었다고 이해할 수 있다.

④ 4문단에 따르면 판례는 장물의 개념을 재물, 곧 취득한 물건 그 자체로 보지만, 물건이 아닌 재산상 가치는 장물로 보지 않는다. 또한 〈보기〉에 따르면 뇌물은 재산적 이익뿐만 아니라 일체의 유형·무형의 이익을 포함한다. 따라서 ④의 진술과 달리 '뇌물(재산적 이익 포함)'의 '물'과 '장물(재산상 가치 포함하지 않음)'의 '물'은 의미가 다르다고 이해할 수 있다.

⑤ 2문단에 따르면 형사소송법은 압수의 대상을 "증거물 또는 몰수할 것으로 사료되는 물건"으로 정하고 "압수물"이라는 표현도 사용하고 있어서, 전통적으로 압수란 유체물에 대해서만 가능한 것으로 이해되었다. 그런데 무형의 정보 자체가 핵심인 디지털 증거가 등장해 정보 그 자체를 압수해야 한다는 인식이 생겨났고, 마침내 출력이나 복사도 압수 방식으로 형사소송법에 규정되었다. 즉, 압수의 대상을 유체물로만 한정했으나, 입법에 의해 유체물과 무체물 모두가 압수의 대상에 포함되는 변화가 생김으로써 '압수물'의 개념이 변화(확장)된 것이다. 또한 〈보기〉에 따르면 판례는 뇌물의 내용인 이익의 범위에 재산적 이익뿐만 아니라 유형·무형의 이익이 포함된다고 해석하고 있다. 따라서 ⑤의 진술과 반대로 '압수물'의 개념 변화는 입법으로 규정한 결과이고, '뇌물'에서 '물'의 의미 변화는 판례가 새롭게 해석한 결과이다.

배경지식

압수물

압수의 강제처분에 따라 법원이나 수사 기관이 점유를 취득한 물건을 가리킨다. 압수한 경우에는 목록을 작성해 소유자, 소지자, 보관자, 기타 이에 준할 자에게 교부해야 한다(형사소송법 제129조). 또한 운반 또는 보관에 불편한 압수물에 관하여는 간수자를 두거나 소유자 또는 적당한 자의 승낙을 얻어 보관하게 할 수 있으며, 위험발생의 염려가 있는 압수물은 폐기할 수 있다(동법 제130조 제1항~제2항).

06 일치 · 불일치 　　정답 ②

② 3문단에 따르면 1789년 프랑스 혁명 이후 프랑스 사회는 사익을 추구하는 파편화된 개인들의 각축장이 되어 있었고 빈부 격차와 계급 갈등이 격화된 상태였다. 따라서 프랑스가 혁명 이후 개인들의 사익 추구가 불가능한 상황이었다는 ②의 진술은 옳지 않다.

오답분석

① 2문단에 따르면 19세기 초 헤겔이 활동하던 시기의 프러시아에는 절대주의 시대의 잔재가 아직 남아 있었고, 산업 자본주의도 미성숙했다. 따라서 ①의 진술처럼 당시의 프러시아에는 절대주의의 잔재와 미성숙한 산업 자본주의가 혼재했음을 알 수 있다.

③ 2문단에 따르면 헤겔은 시민 사회를 이상적인 국가로 이끌 연결 고리가 될 수 있는 직업 단체와 복지 행정 조직만으로는 시민 사회 내의 빈곤과 계급 갈등을 근원적으로 해결할 수 없었기 때문에 국가를 사회 문제를 해결하고 공적 질서를 확립할 최종 주체로 설정하면서 시민 사회가 국가에 협력해야 한다고 생각했다. 따라서 헤겔은 ③의 진술처럼 빈곤 문제나 계급 갈등과 같은 사회 문제를 해결할 최종 주체는 국가라고 생각했음을 알 수 있다.

④ 3문단에 따르면 프랑스 혁명 이후 프랑스 사회는 사익을 추구하는 파편화된 개인들의 각축장이 되어 있었고 빈부 격차와 계급 갈등은 격화된 상태였고, 이러한 혼란을 극복하기 위해 시행된 르 샤플리에 법은 사익의 추구를 억제하지도 못하면서 오히려 프랑스 시민 사회를 극도로 위축시켰다. 이러한 문제적 상황을 뒤르켐은 아노미(무규범 상태)로 파악했다. 따라서 뒤르켐은 ④의 진술처럼 혁명 이후의 프랑스 사회를 이기적 욕망이 조정되지 않은 아노미 상태로 보았음을 알 수 있다.

⑤ 2문단에 따르면 헤겔은 공리주의가 국부를 증대해 준다는 점을 긍정했으나, 공리주의가 개인들의 무한한 사익 추구로 인한 빈부 격차나 계급 갈등을 해결할 수는 없다고 보았다. 또한 3문단에 따르면 뒤르켐은 공리주의가 사실은 개인의 이기심을 전제로 하고 있기에 아노미를 조장할 뿐이라고 생각했다. 따라서 헤겔과 뒤르켐은 ⑤의 진술처럼 공리주의가 시민 사회의 문제를 해결하지 못한다고 생각했음을 알 수 있다.

> 🔍 **배경지식**
>
> 시민 사회
> 신분적 구속에 지배되지 않으며, 자유롭고 평등한 개인의 이성적 결합으로 이루어진 사회를 뜻한다. 시민 혁명을 계기로 이룩되었고, 자유 경제 체제를 경제적 토대로 하며, 자유·평등·박애를 도덕적 이상으로 내세운다.

07 세부 내용의 이해 　　정답 ①

① 2문단에 따르면 헤겔은 ㉠이 시민 사회 내에서 사익 조정과 공익 실현에 기여하므로 시민 사회를 이상적인 국가로 이끌 연결 고리가 될 것으로 기대했다. 또한 3문단에 따르면 뒤르켐은 사익을 조정하고 공익과 공동체적 연대를 실

현할 주체로 ㉡의 역할을 강조했다. 따라서 ㉠과 ㉡은 ①의 진술처럼 사익을 조정하고 공익 실현을 추구한다는 공통점이 있음을 알 수 있다.

오답분석

② 2문단에 따르면 헤겔은 국가를 사회 문제를 해결하고 공적 질서를 확립할 최종 주체로 설정하면서 시민 사회가 국가에 협력해야 한다고 생각했다. 반면에 3문단에 따르면 뒤르켐은 ㉡이 정치적 중간 집단으로서 구성원의 이해관계를 국가에 전달하는 한편 국가를 견제해야 한다고 보았다. 따라서 ②의 진술에서 국가를 견제하는 정치적 기능을 수행하는 주체는 ㉠과 ㉡ 중에서 ㉡이다.
③ 2문단에 따르면 헤겔은 복지 행정 조직의 역할로 복지 및 치안 문제의 해결을 설정했다. 따라서 ③의 진술에서 치안 및 복지 문제 해결의 기능을 담당하는 주체는 ㉠과 ㉡ 모두 아니다.
④ 2문단에 따르면 헤겔은 사익의 극대화가 국부를 증대해 준다는 점에서 공리주의를 긍정했다. 즉, 헤겔의 논리에 따르면 긍정적 역할을 하는 공리주의를 억제할 필요는 없다. 반면에 3문단에 따르면 뒤르켐은 공리주의가 사실은 개인의 이기심을 전제로 하고 있기에 아노미를 조장할 뿐이라고 생각했으며, 사익을 조정하고 공익과 공동체적 연대를 실현할 도덕적 개인주의의 규범에 주목하면서, 이를 수행할 주체로서 ㉡의 역할을 강조했다. 따라서 ④의 진술에서 공리주의를 억제하고 도덕적 개인주의를 수용하는 것은 ㉠과 ㉡ 중에서 ㉡임을 알 수 있다.
⑤ 2문단에 따르면 헤겔은 ㉠과 복지 행정 조직이 시민 사회를 이상적인 국가로 이끌 연결 고리가 될 것으로 기대했다. 또한 3문단에 따르면 뒤르켐은 사익을 조정하고 공익과 공동체적 연대를 실현할 도덕적 개인주의의 규범에 주목하면서 이를 수행할 주체로서 ㉡의 역할을 강조하는 한편 ㉡이 정치적 중간 집단으로서 국가를 견제해야 한다고 보았다. 따라서 ㉠과 ㉡은 모두 시민 사회 내부에 존재하는 것이며, 시민 사회와 국가 사이의 연결 고리 역할을 하는 것은 ㉠과 ㉡ 중에서 ㉠임을 알 수 있다.

🔍 배경지식

공리주의(功利主義)
• 철학에서 논하는 공리주의는 최대 다수의 최대 행복을 추구함으로써 이기적 쾌락과 사회 전체의 행복을 조화시키려는 사상으로서, 영국의 벤담(Bentham)과 밀(Mill)에 의해 대표된다.
• 경제학에서 논하는 공리주의는 행위의 목적이나 선악 판단의 기준을 인간의 이익과 행복을 증진하는 데에 두는 사상으로서, 개인의 복지를 중시하는 견해와, 최대 다수의 최대 행복을 내세우며 사회 전체의 복지를 중시하는 견해가 있다.

08 추론하기
정답 ⑤

⑤ 1문단에 따르면 사회 이론은 연구 대상뿐 아니라 이론 자체가 사회 상황이나 역사적 조건에 긴밀히 연관되기 때문에 19세기의 시민 사회론을 이야기할 때 그 시대를 함께 살펴보게 된다. 또한 4문단에 따르면 사회 이론이 갖는 객관적 속성은 그 이론이 마주 선 현실의 문제 상황이나 이론가의 주관적인 문제의식으로부터 근본적으로 자유로울 수는 없다. 즉, 사회 이론은 당시의 사회 상황과 시대적 배경과 긴밀히 연관되는 것이다. 따라서 사회 이론을 이해할 때는 ⑤의 진술처럼 당시의 시대적 배경에 대한 이해가 도움이 된다.

오답분석

① 1문단에 따르면 사회구조나 사회적 상호 작용을 연구하는 사회 이론은 과학적 방법을 적용한다. 따라서 사회 문제에 대해서 과학적 연구가 불가능하다는 ①의 진술은 적절하지 않다.
② 4문단에 따르면 헤겔과 뒤르켐의 사회 이론은 객관적으로 타당하다는 평가를 받기도 하지만, 그 이론이 마주 선 현실의 문제 상황이나 이론가의 주관적인 문제의식으로부터 근본적으로 자유로울 수 없다. 따라서 객관적 사회 이론은 이론가의 주관적 문제의식과 무관하다는 ②의 진술은 적절하지 않다.
① 1문단에 따르면 사회 이론은 연구 대상뿐 아니라 이론 자체가 사회 상황이나 역사적 조건에 긴밀히 연관된다. 또한 4문단에 따르면 사회 이론은 그 이론이 마주 선 현실의 문제 상황이나 이론가의 주관적인 문제의식으로부터 자유로울 수 없는, 즉 큰 영향을 받는 것이다. 따라서 ③의 진술과 달리 시·공간을 넘어 보편타당하게 적용할 수 있는 객관적 사회 이론은 성립할 수 없다.
④ 1문단에 따르면 사회 이론은 과학적 방법을 적용하며, 그 이론 자체가 사회 상황이나 역사적 조건에 긴밀히 연관된다. 또한 4문단에 따르면 헤겔과 뒤르켐의 사회 이론은 과학적 연구로서 객관적으로 타당하다는 평가를 받지만, 그 이론이 마주 선 현실의 문제 상황이나 이론가의 주관적인 문제의식으로부터 근본적으로 자유로울 수는 없다. 따라서 ④의 진술과 달리 사회 현실의 문제 상황과 긴밀한 연관을 맺으며 성립할 수 있다.

🔍 배경지식

아노미(Anomie)
행위를 규제하는 공통 가치나 도덕 기준이 없는 혼돈 상태를 가리킨다. 프랑스의 사회학자 뒤르켐이 주장한 사회 병리학의 기본 개념 가운데 하나로, 신경증·비행·범죄·자살처럼 사회에 적응하지 못하는 상태를 이른다.

01	02	03	04	05	06	07	08		
④	④	③	①	⑤	⑤	③	②		

---

[01] 지문 분석

- 주제 : 환자의 자율성 존중을 위해 의사가 지켜야 하는 동의의 의무와 기만 금지 의무
- 핵심 키워드 : 동의의 의무, 기만 금지 의무, 자율성 존중 원리, 악행 금지의 원리
- 글의 구조
  ▷ 1문단 : 환자의 자율성 존중 원리에 기반을 둔 동의의 의무와 기만 금지 의무
    − 의사는 치료를 시작하기 전에 환자의 동의를 얻어야 하며, 환자가 결정하기에 충분한 정보가 제공되어야 한다.
    − 동의의 의무와 기만 금지 의무는 환자의 자율성 존중 원리에 기반을 두고 있다.
  ▷ 2문단 : 서로 충돌하지 않는 악행 금지의 원리와 자율성 존중 원리
    − 20세기 초까지 악행 금지의 원리에 근거해 환자에게 진실을 말하지 않는 기만이 정당화되었으나, 오늘날 '의사와 환자 상호교류 규제법'은 의사의 기만 사례를 금지한다.
    − 사람들은 진실 말하기에 관한 한, 악행 금지의 원리가 자율성 존중 원리와 서로 충돌하지 않는다고 생각한다.
  ▷ 3문단 : 환자의 자율성이 존중되려면 의사가 관련된 정보를 환자에게 모두 밝혀야 함
    − 자율성 존중 원리를 지키기 위해서는 단순히 기만을 삼가는 것만으로는 부족하다.
    − 의사가 정보 제공을 조종하는 것은 환자의 자율성을 존중하지 않는 것이다.
    − 의사가 관련된 정보를 환자에게 모두 밝히면 환자의 자율성은 존중될 것이다.

01　일치·불일치　　　　정답 ④

④ 3문단에 따르면 직접적 관련성이 작은 정보를 필요 이상으로 제공하는 경우처럼 의사가 정보 제공을 조종하는 것은 환자의 자율성을 존중하지 않는 것이다. 또한 의사가 관련된 정보를 환자에게 모두 밝히면 환자는 조종된 결정이 아닌 자신의 결정을 하게 될 것이고, 환자의 자율성은

존중될 것이다. 즉, '직접적 관련성이 작은 정보'가 아니라 '관련성이 있는' 정보를 환자에게 제공해야 환자의 자율성을 존중할 수 있다는 것이다. 따라서 정보의 양이 많을수록 환자의 자율성은 더 존중된다는 ④의 진술은 적절하지 않다.

오답분석

① 1문단에 따르면 의사는 치료를 시작하기 전에 환자의 동의를 얻어야 하며, 환자가 결정하기에 충분한 정보를 제공해야 한다. 따라서 ①의 진술처럼 환자의 동의는 치료를 시작하기 위한 두 가지 필수조건 중 하나임을 알 수 있다.

② 2문단에 따르면 20세기 초까지 복지에 해가 될 수 있는 것을 행하면 안 된다는 악행 금지의 원리에 근거해서 환자에게 진실을 말하는 것이 환자의 복지에 해가 될 수 있다는 생각으로 기만이 정당화되었다. 또한 3문단에 따르면 의사가 관련 정보 제공을 보류하는 경우처럼 의사가 정보 제공을 조종하는 것은 환자의 자율성을 존중하지 않는 것이다. 따라서 ②의 진술처럼 과거에는 악행 금지의 원리가 환자의 자율성을 침해하던 때가 있었음을 알 수 있다.

③ 1문단에 따르면 동의의 의무는 의사가 환자를 기만해서는 안 된다는 기만 금지 의무의 연장선에 있다. 둘 다, 자신에게 영향을 끼칠 치료에 관해 스스로가 결정할 기회를 환자에게 제공해야 한다는 자율성 존중 원리에 기반을 두고 있다. 따라서 ③의 진술처럼 기만 금지 의무와 동의의 의무는 자율성 존중이라는 동일한 원리에 기반을 두고 있음을 알 수 있다.

⑤ 2문단에 따르면 20세기 초까지도 악행 금지의 원리에 근거해 환자에게 진실을 말하는 것이 환자의 복지에 해가 될 수 있다는 생각으로 기만이 정당화되었으나, 오늘날에는 더 이상 이러한 생각을 받아들이지 않는다. 실제로 '의사와 환자 상호교류 규제법'은 의사의 기만 사례를 금지하고 있다. 따라서 ⑤의 진술처럼 의사가 복지를 위해 환자를 기만하는 행위는 오늘날에는 윤리적으로 정당화되지 않음을 알 수 있다.

🔍 **배경지식**

사전 동의

생명윤리에서 중심이 되는 원리로서, 환자를 의학적으로 치료하기 전에 의사가 의료상의 진실을 환자에게 알리고 동의를 구해야 하는 것을 뜻한다. 의사가 환자의 상태를 가장 잘 알고 있다는 전제에서 벗어나 자신을 치료하는 것에 대한 대한 환자의 선택권을 보장하자는 것이다. 사전 동의는 인간을 대상으로 한 의학 실험에서 오용·남용을 예방하는 데 필수적이다.

[02] 지문 분석

- **주제** : 단순 평등 사회가 지속 가능하지 않은 이유와 우리가 지향해야 하는 평등 사회
- **핵심 키워드** : 경제적 재화, 단순 평등 사회, 경제적 불평등
- **글의 구조**
  - ▷ 1문단 : 단순 평등 사회가 유지될 수 없는 이유
    - 사람들은 자신의 선택에 따라 재화를 자유롭게 사용할 것이고, 시간이 지나면 다시 불평등한 사회가 될 것이므로 단순 평등 사회가 달성된다고 해도 유지될 수 없다.
    - 불평등을 반복적으로 제거하면 단순 평등 사회로 되돌아갈 수 있을지도 모르지만, 그것은 오직 국가의 개입과 통제가 있어야만 가능하다.
    - 문제는 국가의 개입과 통제가 필연적으로 개인의 자유를 억압한다는 것이므로 단순 평등 사회는 (㉠).
  - ▷ 2문단 : 우리가 지향해야 하는 평등 사회
    - 경제적 불평등은 부정할 수 없는 현실이지만, 경제적 재화 이외에도 다양한 사회적 가치들이 유용하기 때문에 하나의 사회적 가치가 불평등하게 분배되는 것이 다른 사회적 가치의 분배 문제에서까지 불평등을 유발할 수 있다.
    - 이런 결과를 초래하는 것은 바람직하지 않으며, 따라서 평등한 사회를 달성하기 위해서는 (㉡).

02 추론하기
정답 ④

ⓑ 1문단에 따르면 불평등을 반복적으로 제거하면 다시 단순 평등 사회로 되돌아갈 수 있을지도 모르지만, 그것은 오직 국가의 개입과 통제가 있어야만 가능하다. 그러나 누구도 개인의 자유를 억압하는 사회를 원치 않으며, 국가의 개입과 통제는 필연적으로 개인의 자유를 억압한다. 그러므로 ㉠에는 ⓑ의 진술처럼 단순 평등 사회는 지속 불가능하며, 사람들이 자신의 자유를 포기하면서까지 단순 평등 사회를 원하지 않는다는 내용이 가장 적절하다.

ⓓ 2문단에 따르면 경제적 재화와 같은 하나의 사회적 가치가 불평등하게 분배되는 것이 정당한 이유 없이 다른 사회적 가치의 분배 문제에서까지 불평등을 유발할 수 있다는 것이 더 심각한 문제이다. 그러므로 ㉡에는 ⓓ의 진술처럼 하나의 사회적 가치의 불평등한 분배가 다른 사회적 가치의 불평등한 분배 문제로 이어지는 것을 막아야 한다는 내용이 가장 적절하다.

[오답분석]

ⓐ 1문단에 따르면 단순 평등 사회가 되어 경제적 재화를 똑같이 분배받는다고 해도 사람들은 자신의 선택에 따라 재화를 자유롭게 사용할 것이고, 시간이 지남에 따라 결국 다시 불평등한 사회가 될 것이다. 또한 불평등을 반복적으

로 제거하면 다시 단순 평등 사회로 되돌아갈 수도 있겠지만, 단순 평등 사회는 오직 국가의 개입과 통제가 있어야만 가능하다. 따라서 ⓐ의 진술과 달리 개인의 자유를 억압하지 않더라도 사람들이 자신의 선택에 따라 재화를 자유롭게 사용함에 따라 다시 불평등한 사회가 될 것이다.

ⓒ 2문단에 따르면 경제적 재화는 다양한 사회적 가치 가운데 하나이며, 경제적 불평등은 부정할 수 없는 현실이다. 따라서 ⓒ의 진술과 달리 모든 사회적 가치 각각을 공정하게 분배하는 것은 불가능함을 알 수 있다.

ⓔ 2문단에 따르면 ㉡에는 평등한 사회를 달성할 수 있는 방법이 들어가야 한다. 그런데 ⓔ는 다양한 사회적 가치를 공정하게 분배하는 방법을 언급하고 있으므로 문맥에 어울리지 않는다.

[03~05] 지문 분석

- **주제** : 지식인의 위상과 역할에 대한 논쟁
- **핵심 키워드** : 지식인, 드레퓌스 사건, 하이퍼텍스트, 집단 지성
- **글의 구조**
  - ▷ 1문단 : 지식의 표준 장악을 둘러싼 지식 권력의 중앙 집중화
    - 드레퓌스 사건은 억압적 권력에 저항하는 비판적 지식인이라는 이상을 부각하는 계기가 되었다.
    - 중세에는 사제들이 권력을 행사하는 전문가 지식인으로 존재했으며, 계몽주의 시대에는 모든 분야를 섭렵할 수 있는 능력을 지닌 사람을 지식인으로 정의하기도 했다.
    - 지식 권력은 지식의 표준 장악을 둘러싸고 중앙 집중화되었다.
  - ▷ 2문단 : 드레퓌스 사건에서 촉발된 근대적 지식인상에 대한 논쟁
    - 드레퓌스 사건은 근대적 지식인상에 대한 논쟁을 불러일으켰다.
    - 만하임은 지식인을 단일 계급으로 간주할 수 없으며, 지식인은 사회의 다양한 계급적 이해들을 역동적으로 종합해 최선의 길을 모색해야 한다고 보았다.
    - 그람시는 계급으로부터 독립적인 지식인이란 신화에 불과하다며 계급의 이해에 유기적으로 결합해 그것을 당파적으로 대변하는 유기적 지식인을 대안으로 제시했다.
    - 사르트르는 부르주아 계급에 속한 지식인은 지배 계급이 요구하는 당파적 이해와 지식인이 추구해야 할 보편적 지식 간의 모순을 발견하고, 소외 계급의 해방을 추구해야 하지만, 그 지식인은 결코 유기적 지식인이 될 수 없는 존재라고 보았다.

안심Touch

▷ 3문단 : 오늘날 지식의 개념의 변화와 집단 지성의 출현
  - 오늘날 가상공간이 열려 탈근대적 지식 문화가 창조되면서 지식의 개념이 변하고 있으며, 디지털화된 정보들이 연쇄적으로 재조합되면서 하이퍼텍스트 형태를 띤다.
  - 지식 생산자에 해당하는 저자의 권위는 사라지고 지식 권력은 탈중심화된다.
  - 새로운 지식을 생산하는 기제로서 출현된 집단 지성은 엘리트 집단으로부터 지식 권력을 회수하고 새로운 민주주의의 가능성을 열어놓는다.
  - 그러나 참여와 협업이 결여될 때 순응주의가 등장하고 집단 지성은 군중심리로 전락할 수도 있다.

▷ 4문단 : 집단 지성의 출현에 따라 푸코가 제시한 특수적 지식인
  - 하이퍼텍스트 시대에 집단 지성의 출현에 따라 지식인상은 재조명될 필요가 있다.
  - 푸코는 대중의 지식 및 담론을 금지하는 권력 체계의 대리인 역할을 하는 고전적 지식인이라는 보편적 지식인을 대체할 새로운 지식인상으로 특수적 지식인을 제시했다.
  - 특수적 지식인은 특정한 분야에서 전문인인 지식을 지니고 있는 존재이며, 구체적인 사안에 정치적으로 개입하면서 일상적 공간에서 투쟁한다.

▷ 5문단 : 새로운 지식인상에 근대론적 시각을 더하려는 부르디외의 시도
  - 지식인상의 탈근대적 모색에 있어 근대론적 시각을 더하려는 시도도 있다.
  - 부르디외는 지식인은 지배 계급에 속하지만 문화생산자적 속성을 지니며 시장의 기제에 따라 부르주아지의 지배를 받으므로 피지배 분파에 속한다고 보았다.
  - 문화생산자들은 지식인의 자율성을 위협하는 권력에 저항하며 사회 전체에 보편적인 가치를 전파하는 투쟁을 할 때 지식인의 범주에 들 수 있다.
  - 지식인은 권력이 보편적인 것처럼 제시하는 특수성들을 역사화하는 역할과 과학·철학·문학·법 등에 접근하는 조건들을 보편화하는 역할을 수행한다.

03 일치·불일치 정답 ③

③ 2문단에 따르면 만하임은 지식인은 보편성에 입각해 사회의 다양한 계급적 이해들을 역동적으로 종합하여 최선의 길을 모색해야 한다고 보았다. 그람시는 계급의 이해에 유기적으로 결합해 그것을 당파적으로 대변하는 유기적 지식인을 대안으로 제시하면서, 소외 계급의 해방을 위한 과제는 역사적 보편성을 지닌다고 보았다. 또한 사르트르는 부르주아 계급에 속한 지식인은 지배 계급이 요구하는 당파적 이해와 지식인이 추구해야 할 보편적 지식 간의 모순

을 발견하고, 보편성에 입각하여 소외 계급의 해방을 추구해야 한다고 보았다. 그리고 5문단에 따르면 부르디외에는 문화생산자들은 각자의 특수한 영역에 대한 상징적 권위를 가지고 지식인의 자율성을 위협하는 권력에 저항하며 사회 전체에 보편적인 가치를 전파해 나가는 투쟁을 전개할 때에만 비로소 지식인의 범주에 들 수 있다고 보았다. 요컨대, 이들 학자들은 모두 보편성에 입각해야 하는 지식인의 역할을 강조하고 있는 것이다. 따라서 근대의 지식인은 보편성을 추구해야 하는 존재로 인식되었다는 ③의 진술은 적절하다.

오답분석

① 1문단에 따르면 중세에는 아벨라르 같은 비판적 지식인이 존재했으며, 18세기의 백과전서파가 근대적 분류 체계로 지식을 생산해 개인이 시각 매체에 의존해 지식을 소비하는 문자 문화 시대의 지평을 여는 등 20세기 초 프랑스에서 드레퓌스 사건이 발생하기 전에도 이미 비판적 지식인이 존재했다. 따라서 드레퓌스 사건 이후에 비판적 지식인이 출현했다는 ①의 진술은 적절하지 않다.

② 1문단에 따르면 계몽주의 시대에는 특정 분야를 깊이 파고들지 못하더라도 모든 분야를 두루 섭렵할 수 있는 능력을 지닌 사람을 지식인으로 정의하기도 했다. 따라서 특정 분야의 전문가라는 ②의 진술은 적절하지 않다.

④ 4문단에 따르면 새로운 지식인상으로 특수적 지식인을 제시한 푸코는 특수적 지식인은 특정한 분야에서 전문적인 지식을 지니고 있는 존재이고, 자신의 분야에 해당하는 구체적인 사안에 정치적으로 개입하면서 일상적 공간에서 투쟁한다고 보았다. 또한 5문단에 나타난 부르디외에 따르면 문화생산자들은 각자의 특수한 영역에 대한 상징적 권위를 가지고 지식인의 자율성을 위협하는 권력에 저항하며 사회 전체에 보편적인 가치를 전파해 나가는 투쟁을 전개할 때에만 비로소 지식인의 범주에 들 수 있다. 따라서 지식인은 자신의 전문 분야에서 제기되는 문제의 정치적 특성을 인정하지 않는다는 ④의 진술은 적절하지 않다.

⑤ 3문단에 따르면 오늘날 지식 생산자에 해당하는 저자의 권위는 사라지고 지식 권력은 탈중심화된다. 특히 가상공간에서 정보와 지식이 공유와 논박을 거쳐 소멸 또는 확산되는 과정에서 새로운 지식을 생산하는 기제로 출현한 엘리트 집단으로부터 지식 권력을 회수하고 새로운 민주주의의 가능성을 열어놓기도 하는데, 이는 대중의 자율성에 기초한 참여와 협업을 전제할 때 가능하며, 참여와 협업이 결여되면 순응주의가 등장하고 집단 지성은 군중심리로 전락할 수도 있다. 따라서 탈근대의 대중은 순응주의로부터 벗어났다는 ⑤의 진술은 적절하지 않다.

🔍 배경지식

드레퓌스 사건
1894년 프랑스에서 군 법정이 유대인 사관 드레퓌스에게 독일 간첩 혐의를 씌워 종신형을 선고하자 군의 부정을 탄핵하는 작가 졸라를 비롯한 인권 옹호파·공화파와

군부·우익이 심하게 대립해 프랑스 제3공화제는 심각한 정치적 위기에 빠졌다. 드레퓌스는 1906년 무죄가 확정되어 군에 복직하였다.

04 세부 내용의 이해 정답 ①

① 3문단에 따르면 탈근대적 지식 문화가 창조되면서 지식의 개념도 변하고 있는 오늘날에는 디지털화된 다양한 정보들이 연쇄적으로 재조합되면서 하이퍼텍스트 형태를 띠게 되며, 텍스트의 복수성이 무한해졌다. 또한 하이퍼텍스트와 새로운 독자의 탄생은 집단적이고 감정이입적인 구술 문화가 지녔던 특성들을 지식 문화에서 재활성화한다. 따라서 탈근대적 지식 문화에서는 ①의 진술처럼 구술 문화적 특성이 공유됨을 알 수 있으며, 텍스트의 복수성이 무한해졌다는 것을 통해 다양한 텍스트들이 형성되고 지식이 전파된다는 것 또한 알 수 있다.

오답분석

②·③ 3문단에 따르면 오늘날의 탈근대적 지식 문화에서는 디지털화된 다양한 정보들이 연쇄적으로 재조합되면서 하이퍼텍스트 형태를 띠게 되었고, 독자의 입장에서는 어떤 길을 선택하는가에 따라 텍스트의 복수성이 무한해진 결과로 지식 생산자에 해당하는 저자의 권위는 사라지고 지식 권력은 탈중심화된다. 특히 가상공간에서 정보와 지식이 소멸·확산되는 과정에서 새로운 지식을 생산해 내는 기제로 출현한 집단 지성은 엘리트 집단으로부터 지식 권력을 회수하고 새로운 민주주의의 가능성을 열어놓기도 한다. 요컨대, 텍스트의 복수성은 무한해지고 집단 지성이 등장함으로써 집단으로부터의 지식 권력 회수와 새로운 민주주의가 가능해졌다. 따라서 탈근대적 지식 문화에서는 중앙 집중적 지식 권력의 영향력은 ②의 진술과 달리 축소될 것이다. 또한 텍스트의 복수성이 무한해짐과 집단 지성의 등장으로 인해 탈근대적 지식 문화에서는 지식을 처음 생산한 저자의 권위는 ③의 진술과 달리 이전 시대보다 약화되고 지식 권력은 탈중심화할 것이다.

④ 5문단에 따르면 부르디외는 지식인은 사회 총자본의 관점에서는 지배 계급에 속하지만, 경제 자본보다 문화 자본의 비중이 더 큰 문화생산자적 속성을 지니며, 시장의 기제에 따라 부르주아지의 지배를 받는다고 보았다. 이런 점에서 볼 때 지식인은 피지배 분파에 속한다. 즉, 지식인은 경제 자본에 종속됨으로 인해 지배 계급 내의 피지배 분파에 속한다는 것이다. 따라서 지식인의 계급은 변화하지 않으므로 피지배 '계급'으로 '전락'한다는 ④의 진술은 적절하지 않다.

⑤ 3문단에 따르면 가상공간에서 새로운 지식을 생산해 내는 기제로 출현한 집단 지성은 엘리트 집단으로부터 지식 권력을 회수하고 새로운 민주주의의 가능성을 열었다. 또한 5문단에 따르면 푸코는 대중의 지식 및 담론을 금지하고

봉쇄하는 권력 체계와 이 권력 체계의 대리인 역할을 자임하는 고전적 지식인의 존재에 주목했다. 따라서 ⑤의 진술에서 집단 지성이 엘리트로부터 지식 권력을 회수한다는 내용은 적절하지만, 집단 지성이 대중의 지식 및 담론을 규제하는 새로운 권력 체계를 형성하는 역할을 하는 주체는 집단 지성이 아니라 고전적 지식인임을 알 수 있다.

⊕ 배경지식

집단 지성
집단 구성원들이 서로 협력하거나 경쟁하여 쌓은 지적 능력의 결과로 얻게 된 지성, 또는 그러한 집단적 능력을 뜻한다.

05 추론하기 정답 ⑤

⑤ 4문단에 따르면 대중의 지식 및 담론을 금지하고 봉쇄하는 권력 체계의 대리인 역할을 자임하는 고전적 지식인을 보편적 지식인으로 규정한 푸코는 보편적 지식인을 대체할 새로운 지식인상으로 특수적 지식인을 제시했으며, 특수적 지식인은 특정한 분야에서 전문적인 지식을 지닌다고 보았다. 또한 5문단에 따르면 ⑩(부르디외)은 문화생산자들은 각자의 특수한 영역에 대한 상징적 권위를 가지고 사회 전체에 보편적인 가치를 전파해 나가는 투쟁을 전개할 때에만 지식인의 범주에 들 수 있다고 보았다. 따라서 보편적 지식인과 특수적 지식인을 구분한 푸코와 달리 ⑩은 ⑤의 진술처럼 이 두 종류의 지식인을 명확하게 구분할 수 없다고 볼 것이다.

오답분석

① 2문단에 따르면 ㉠(만하임)은 지식인 가운데도 출신, 직업, 재산, 정치적·사회적 지위 등에 차이가 있는 경우가 많기에 지식인을 단일 계급으로 간주할 수 없다고 보았다. 따라서 ㉠은 지식인을 동질적인 계급으로 형성될 수 있는 존재로 여겼다는 ①의 진술은 적절하지 않다.

② 2문단에 따르면 계급으로부터 독립적인 지식인이란 신화에 불과하다고 지적한 ㉡(그람시)은 계급의 이해에 유기적으로 결합하여 그것을 당파적으로 대변하는 유기적 지식인을 대안으로 제시했으며, 이때 소외 계급의 해방을 위한 과제는 역사적 보편성을 지니며, 지식인은 소외 계급에게 혁명적 자의식을 불어넣고 조직하는 역할을 자임한다. 따라서 ㉡은 지식인을 자신의 계급적 이해관계와 이성적 사유 사이의 모순 사이에서 모순을 느끼는 불안정한 존재로 여겼다는 ②의 진술은 적절하지 않다.

③ 2문단에 따르면 만하임과 그람시의 지식인 개념 사이에서 긴장을 유지한 ㉢(사르트르)은 부르주아 계급에 속한 지식인은 지배 계급이 요구하는 당파적 이해와 지식인이 추구해야 할 보편적 지식 간의 모순을 발견하고, 보편성에 입각하여 소외 계급의 해방을 추구해야 하지만, 그 지식인은 결코 유기적 지식인이 될 수 없는 존재라고 보았다. 결

PART 2

DAY 01
DAY 02
DAY 03
DAY 04
DAY 05
DAY 06
DAY 07
DAY 08
DAY 09
DAY 10

국 소외 계급에서 출현한 전문가가 유기적 지식인이 되도록 계급의식을 일깨우는 계몽적 역할이 지식인에게 부여된다. 즉, ©은 지식인이 소외 계급의 해방의 해방이라는 보편성을 추구하는 존재이며, 계급적 이해들의 종합과는 무관하다고 보았다고 이해할 수 있다.

④ 4문단에 따르면 ⓔ(푸코)은 대중의 지식 및 담론을 금지하는 권력 체계의 대리인 역할을 자임하는 고전적 지식인을 보편적 지식인으로 규정한 후에, 보편적 지식인을 대체할 지식인상으로 특수적 지식인을 제시했다. 이때 특정 분야에서 전문적인 지식을 지니고 있는 특수적 지식인은 자신의 분야에 해당하는 구체적인 사안에 정치적으로 개입하면서 일상적 공간에서 투쟁한다. 그러므로 ⓔ은 지식인을 보편적 지식을 전파하는 존재로 여겼다는 ④의 진술은 적절하지 않다. 또한 4문단에서 ⓔ에 따르면 진실한 담론은 지식과 미시권력 간의 관계에서 발견된다고 했으므로, ⓔ은 지식인을 미시권력에 저항하는 존재로 여겼다는 ④의 진술도 적절하지 않다.

⊕ 배경지식

하이퍼텍스트(Hypertext)
사용자에게 비순차적인 검색을 할 수 있도록 제공되는 텍스트를 뜻한다. 문서 속의 특정 자료가 다른 자료나 데이터베이스와 연결되어 있어 서로 넘나들며 원하는 정보를 얻을 수 있다.

[06~08] 지문 분석

- **주제** : 정신적 사건과 육체적 사건의 관계에 대한 심신 이원론과 심신 일원론의 입장
- **핵심 키워드** : 정신적 사건, 물질적 사건, 심신 이원론, 상호 작용론, 평행론, 부수 현상론, 심신 일원론
- **글의 구조**
  ▷ 1문단 : 심신 이원론의 등장 배경
    - 정신적 사건과 물질적 사건은 구분된다(이질성)는 상식과, 반대로 서로 긴밀히 연결된다(관련성)는 상식을 조화시키기가 쉽지 않다.
    - 정신적 사건과 육체적 사건이 서로 다른 종류의 것이라고 주장하는 심신 이원론은 그 두 종류의 사건이 관련되어 있음을 설명하기 위해 다양한 방법을 시도한다.
  ▷ 2문단 : 심신 이원론이 시도한 상호 작용론의 주장과 한계
    - 정신적 사건과 육체적 사건이 서로에게 인과적으로 영향을 주고받는다고 보는 상호 작용론은 육체적 사건이 원인이 되어 정신적 사건이 일어나고, 정신적 사건이 원인이 되어 육체적 사건이 일어나기도 한다고 설명한다.

- 상호 작용론에는 공간을 차지하고 있지 않은 정신이 어떻게 공간을 차지하고 있는 육체에 영향을 미칠 수 있느냐 하는 문제가 있다.
  ▷ 3문단 : 심신 이원론이 시도한 평행론의 주장과 한계
    - 정신적 사건과 육체적 사건 사이에는 어떤 인과 관계도 성립하지 않는다고 보는 평행론에 따르면 이 두 가지 사건이 상호 작용하는 것처럼 보이는 것은 정신적 사건이 일어날 때 육체적 사건도 평행하게 항상 일어나기 때문이다.
    - 심신 이원론으로는 서로 다른 종류의 사건들이 동시에 일어난다는 사실을 이해하기 힘들다는 문제가 있다.
  ▷ 4문단 : 심신 이원론이 시도한 부수 현상론의 주장과 한계
    - 모든 정신적 사건은 육체적 사건에 의해서 일어나지만 그 역은 성립하지 않는다고 보는 부수 현상론에 따르면 육체적 사건은 정신적 사건과 다른 육체적 사건의 원인이 되며, 정신적 사건은 육체적 사건에 동반되는 부수 현상일 뿐이다.
    - 부수 현상론으로는 정신적 사건이 아무 일도 하지 못한다면 왜 존재해야 하는가 하는 의문을 해소하지 못한다.
  ▷ 5문단 : 심신 이원론의 문제점을 해소하기 위해 제기된 심신 일원론
    - 심신 이원론의 한계에 대한 대안으로 제시된 심신 일원론은 정신적 사건과 육체적 사건은 별개의 사건이 아니라 동일한 사건이라고 본다.
    - 그동안 정신적 사건이라고 알려졌던 것이 사실은 육체적 사건이었다는 것이 밝혀짐에 따라 인과 관계는 오로지 물질적 사건들 사이에서만 존재한다고 보게 되었다.

---

06 일치·불일치 정답 ⑤

⑤ 1문단에 따르면 정신적 사건과 육체적 사건에 대한 두 가지 상식은 △정신적 사건과 물질적 사건은 구분된다고 생각하는 것(이질성), △정신적 사건과 육체적 사건은 서로 긴밀히 연결되어 있다 것(관련성)이다. 그런데 5문단에 따르면 동일론은 정신적 사건과 육체적 사건은 별개의 사건이 아니라 두 사건이 문자 그대로 동일한 사건이며, 정신적 사건이라고 알려졌던 것이 사실은 육체적 사건에 불과하고, 인과 관계는 오로지 물질적 사건들 사이에서만 존재한다고 본다. 따라서 동일론은 두 가지 사건이 모두 성립함을 보여 준다는 ⑤의 진술은 적절하지 않다.

오답분석

① 1문단에 따르면 정신적 사건과 육체적 사건이 서로 다른 종류의 것이라고 주장하는 심신 이원론은 그 두 종류의 사건이 관련되어 있다고 본다. 따라서 심신 이원론에서는 ①의 진술처럼 정신적 사건과 육체적 사건이 구분된다는 상식을 고수할 것이다.

② 정신적 사건과 육체적 사건이 서로 다른 종류의 것이라고 주장하는 심신 이원론에서 그 두 종류의 사건이 관련되어 있음을 설명하기 위해 시도한 방법 가운데 하나인 상호 작용론은 2문단에 따르면 정신적 사건과 육체적 사건이 서로에게 인과적으로 영향을 주고받는다고 본다. 상호 작용론에 따르면 육체적 사건이 원인이 되어 정신적 사건이 일어나기도 하고, 반대로 정신적 사건이 원인이 되어 육체적 사건이 일어나기도 한다. 따라서 상호 작용론은 ②의 진술처럼 정신적 사건이 육체적 사건의 원인이 되기도 하고 결과가 된다고 보는 것이다.

③ 심신 이원론에서 정신적 사건과 육체적 사건이 관련되어 있음을 설명하기 위해 시도한 방법 가운데 하나인 평행론은 3문단에 따르면 이 두 가지 사건 사이에는 인과 관계가 없으며, 상호 작용하는 것처럼 보이는 것은 정신적 사건이 일어날 때 육체적 사건도 평행하게 항상 일어나기 때문이라고 본다. 따라서 평행론은 ③의 진술처럼 정신적 사건이 육체적 사건의 원인이 되지 않으면서도 함께 일어날 수 있다고 보는 것이다.

④ 4문단에 따르면 심신 이원론에서 시도하는 부수 현상론은 모든 정신적 사건은 육체적 사건에 의해서 일어나지만 그 역은 성립하지 않는다고 본다. 이러한 부수 현상론에 따르면 육체적 사건은 정신적 사건과 또 다른 육체적 사건의 원인도 되지만, 정신적 사건은 육체적 사건에 동반되는 부수 현상일 뿐이다. 따라서 부수 현상론은 ④의 진술처럼 육체적 사건이 정신적 사건을 일으킬 수 있다고 보는 것이다.

07 세부 내용의 이해 [정답] ③

③ 3문단에 따르면 평행론은 정신적 사건과 육체적 사건 사이에는 어떤 인과 관계도 성립하지 않으며, 정신적 사건은 정신적 사건대로, 육체적 사건은 육체적 사건대로 인과 관계가 성립한다고 주장한다. 그리고 물질로 이루어진 세계의 모든 사건은 다른 물질적 사건이 원인이 되어 일어난다는, 즉 물질적 사건의 원인을 설명하기 위해서 물질세계 밖으로 나갈 필요가 없다 것이 근대 과학의 기본 전제이며, 평행론은 이러한 근대 과학의 기본 전제와 충돌하지 않는다. 또한 5문단에 따르면 동일론은 정신적 사건과 육체적 사건은 별개의 사건이 아니라 두 사건이 동일한 사건이며, 정신적 사건이라고 알려졌던 것은 육체적 사건일 뿐이고, 인과 관계는 오로지 물질적 사건들 사이에서만 존재한다고 본다. 따라서 평행론과 동일론은 ③의 진술처럼 물질적 사건의 원인을 설명하기 위해서 물질세계 밖으로 나갈 필요가 없다는 생각에 동의할 것이다.

[오답분석]

① 3문단에 따르면 평행론은 정신적 사건은 정신적 사건대로, 육체적 사건은 육체적 사건대로 인과 관계가 성립한다고 주장한다. 또한 5문단에 따르면 동일론은 그동안 정신적 사건이라고 알려졌던 것이 사실은 육체적 사건에 불과하며, 인과 관계는 오로지 물질적 사건들 사이에서만 존재

한다고 본다. 즉, 동일론은 정신적 사건이 존재하지 않는다고 보는 것이다. 따라서 정신적 사건들 사이에는 인과 관계가 존재하지 않는다는 ③의 진술에 대해 평행론은 동의하지 않을 것이다.

② 3문단에 따르면 평행론은 정신적 사건과 육체적 사건 사이에는 인과 관계가 성립하지 않으며, 어떤 정신적 사건이 일어날 때 거기에 해당하는 육체적 사건도 평행하게 항상 일어난다고 본다. 또한 5문단에 따르면 동일론이 정신적 사건과 육체적 사건은 별개의 사건이 아니라 동일한 사건이라고 보는 것은 정신적 사건이라고 알려졌던 것이 사실은 육체적 사건에 불과하기 때문이다. 따라서 이 두 가지 사건은 서로 대응되며 별개의 세계에 존재한다는 ②의 진술에 대해 평행론은 동의할 것이고, 동일론은 동의하지 않을 것이다.

④ 3문단에 따르면 평행론은 정신적 사건과 육체적 사건 사이에는 어떤 인과 관계도 성립하지 않는다고 본다. 또한 5문단에 따르면 동일론은 그동안 정신적 사건이라고 알려졌던 것이 사실은 육체적 사건에 불과하다며 정신적 사건의 존재를 부정한다. 따라서 정신이 육체에 영향을 미칠 수 있다는 ④의 진술에 대해 평행론과 동일론 모두 동의하지 않을 것이다.

⑤ 3문단에 따르면 평행론은 정신적 사건은 정신적 사건대로, 육체적 사건은 육체적 사건대로 인과 관계가 성립한다고 주장한다. 즉, 정신적 또는 육체적 사건은 같은 종류의 사건에만 영향을 줄 수 있다고 보는 것이다. 그리고 5문단에 따르면 동일론은 정신적 사건 자체를 부정한다. 따라서 어떠한 사건에도 영향을 미치지 못하는 정신적 사건이 존재한다는 ⑤의 진술에 대해 동일론은 동의하지 않을 것이다.

08 추론하기 [정답] ②

4문단에 따르면 모든 정신적 사건은 육체적 사건에 의해서 일어나지만 그 역은 성립하지 않는다고 주장하는 부수 현상론은 육체적 사건은 정신적 사건과 또 다른 육체적 사건의 원인이 되지만 정신적 사건은 육체적 사건에 동반되는 부수 현상일 뿐이라고 주장한다. 즉, 정신적 사건은 육체적 사건에 동반되는 부수적 현상이기 때문에 정신적 사건은 육체적 사건과 또 다른 정신적 사건에 영향을 끼치지 못한다고 보는 것이다. 이에 대응해 〈보기〉의 ⓐ~ⓒ를 살펴보면, ⓑ의 발생과 ⓒ의 변화를 일으키는 원인이 되는 ⓐ를 '육체적 사건'에 비유할 수 있다. 또한 개펄의 형성 등과 같은 또 다른 일의 원인이 되는 ⓑ도 '육체적 사건'에 비유할 수 있다. 그리고 ⓒ의 변화는 ⓐ가 원인이 되어 발생하지만, ⓒ는 ⓐ나 ⓑ에 영향을 주지 못하므로 '정신적 사건'에 비유할 수 있다. 따라서 ⓐ와 ⓑ는 정신적 사건에, ⓒ는 육체적 사건에 비유할 수 있다.

PART 2

DAY 01
DAY 02
DAY 03
DAY 04
DAY 05
DAY 06
DAY 07
DAY 08
DAY 09
DAY 10

안심Touch

01	02	03	04	05	06	07	08		
⑤	④	①	①	③	⑤	④	①		

[01] 지문 분석

• 주제 : 미국의 소수집단 우대 정책을 둘러싼 논쟁
• 핵심 키워드 : 공정성, 소수집단
• 글의 구조
  ▷ 1문단 : 미국의 소수집단 우대 정책 옹호론자 내에서 서로 다른 견해 A, B
  – 소수집단 우대 정책은 공정성이라는 미국인들의 믿음에 도전을 제기한다.
  – 대학 입학 심사에서 소수집단을 고려하는 것이 공정하다고 주장하는 옹호론자들 안에서도 A와 B라는 서로 다른 두 가지 견해가 있다.
  ▷ 2문단 : A의 지지자들의 주장과 반론
  – A를 지지하는 이들은 과거의 역사적 차별을 보상하는 의미에서 소수집단 학생들을 우대하는 정책이 공정하다고 주장한다.
  – A에 반대하는 이들은 입학 허가(보상)를 받는 사람이 원래의 피해자인 것은 아니며 보상하는 사람이 과거의 잘못에 대한 책임이 없는 사람인 경우가 많다고 지적한다.
  ▷ 3문단 : B의 지지자들의 주장과 반론
  – B를 지지하는 이들은 입학 허가를 다양성 증진, 대학의 시민사회적 목적의 실현과 공동선에 대한 기여 등 사회적으로 가치 있는 목적을 실현하기 위한 수단으로 여긴다.
  – B에 반대하는 이들은 목적 실현을 위해 특정 배경을 갖추지 못했다는 이유로 학생의 입학을 불허하는 일은 공정하지 않다며 방식에 대해서 문제를 제기한다.

01 세부 내용의 이해　　　　　정답 ⑤

⑤ 3문단에 따르면 B의 지지자들은 다양성 증진, 대학의 시민사회적 목적의 실현과 공동선에 대한 기여 등 사회적으로 가치 있는 목적 실현을 위해 소수집단을 우대할 것을 주장한다. 그러나 B에 반대하는 사람들은 목적이 아니라 그 방식에 대해서 문제를 제기하는데, 인종이나 계층과 같은 특정 배경을 갖추지 못했다는 이유로 학생의 입학을 불허하는 일은 공정하지 않다고 주장한다. 따라서 B의 반대자들은 ⑤의 진술처럼 자신의 배경 때문에 역차별을 받는 경우가 발생할 수 있다고 비판하는 것이다.

[오답분석]

① 2문단에 따르면 A의 지지자들은 소수집단 우대 정책은 역사적 차별 등 과거의 잘못을 보상하고 바로잡는 행위이므로 공정하다고 주장한다. 그러나 3문단에 따르면 B의 지지자들은 소수집단 우대 정책은 보상이나 잘못을 바로잡는 도구가 아니라 사회적으로 가치 있는 목적을 실현하기 위한 수단이라고 주장하며, 소수집단 학생들을 교육해 이들이 주요 공직이나 전문직에서 리더십을 발휘하도록 하는 것은 대학의 시민사회적 목적을 실현하고 공동선에 기여하는 일이라고 말한다. 따라서 ①의 진술은 A가 아니라 B의 지지자들이 주장임을 알 수 있다.

② A와 B의 지지자들은 소수집단 우대 정책을 옹호하며, 3문단에 따르면 B에 반대하는 이들은 인종이나 계층과 같은 특정 배경을 갖추지 못했다는 이유로 학생의 입학을 불허하는 일은 공정하지 않다고 주장한다. 따라서 ②의 진술은 소수집단 우대 정책에 반대하는 이들의 주장임을 알 수 있다.

③ 2문단에 따르면 A의 지지자들은 소수집단 학생들을 불리한 처지로 몰아넣은 역사적 차별을 보상하는 의미에서 그들을 우대하는 것이 공정하다고 주장한다. 따라서 학생의 노력에 대한 보상이라는 ③의 진술은 적절하지 않으며, 역사적 차별을 보상하는 것이라고 해야 적절하다.

④ A에 반대하는 이들은 보상을 받는 사람이 꼭 원래의 피해자인 것은 아니며 보상하는 사람이 과거의 잘못에 대한 책임이 없는 사람인 경우가 많다고 지적하며, 소수집단 우대 정책의 수혜자 가운데 많은 이들이 역사적 차별로 인한 고통을 경험하지 않았다고 주장한다. 즉, 이들은 보상을 하는 사람과 받는 사람이 차별의 가해자와 피해자가 아닌 경우가 많다고 비판하는 것이다. 따라서 A의 반대자들은 소수집단 우대 정책에 의해 보상을 받아야 하는 사람들이 너무 가벼운 보상을 받는다고 비판한다는 ④의 진술은 적절하지 않다.

⊕ 배경지식

미국의 소수집단 우대 정책
인종, 성별, 종교, 장애 등의 소수집단에 대한 불합리한 차별을 없애기 위해 미국은 1960년대 케네디 정부 때부터 소수집단을 우대하는 정책을 본격적으로 도입해 교육·고용 등 사회 여러 분야에서 시행하고 있다. 그러나 이러한 정책에 대해 사회적 다양성을 존중하기 위한 제도라며 찬성하는 사람들과, 위헌 소송을 제기하는 등 평등을 침해하는 역차별이라며 반대하는 사람들이 엇갈린다.

[02] 지문 분석

- 주제 : 미란다 원칙의 도입 배경과 의의
- 핵심 키워드 : 묵비권, 미란다 원칙, 임의성의 원칙, 자백의 증거 능력, 절차의 적법성
- 글의 구조
  ▷ 1문단 : 미란다 원칙의 정의와 유래
    - 수사 기관이 피의자를 체포할 때 피의자에게 묵비권, 불리한 진술을 하지 않을 권리, 변호사 선임권이 있음을 알려야 한다는 것이 미란다 원칙이다.
    - 미국 연방대법원은 경찰관이 미란다 원칙을 고지했다는 것이 입증되지 않으면 신문 결과만으로 얻은 진술은 미란다에게 불리하게 사용될 수 없다고 판결했다.
  ▷ 2문단 : 미란다 원칙의 필요성
    - 미란다 판결 전에는 임의성의 원칙이 지켜졌다면 피의자의 진술은 재판 증거로 사용되었다.
    - 피의자의 자백을 증거로 인정하는 기준은 사건마다 다르게 적용됐으며 수사 기관으로 하여금 강압적인 분위기를 조성하도록 유도했으므로, 잠재적 위협으로부터 피의자를 보호해야 할 수단(＝미란다 원칙)이 필요했다.
  ▷ 3문단 : 미란다 원칙의 의의
    - 미란다 원칙은 수사 기관과 피의자가 대등한 지위에서 법적 다툼을 해야 한다는 원칙을 구현하는 첫출발이었다.
    - 미란다 판결은 임의성의 원칙을 버리고 절차의 적법성을 채택하여, 수사 절차를 피의자의 권리를 보호하는 방향으로 전환하는 데에 크게 기여했다.

02 일치 · 불일치   [정답] ④

④ 2문단에 따르면 미란다 원칙의 도입 계기가 된 미란다 판결 전에는 전체적인 신문 상황에서 피의자가 임의적으로 진술했다는 점이 인정되면 피의자의 진술은 재판 증거로 사용되었다. 경찰관이 회유나 압력을 행사했더라도 제때에 음식을 주고 밤에 잠을 자게 하면서 받아낸 자백은 전체적인 상황이 강압적이지 않았다면 증거로 인정되었다. 즉, 피의자가 자백할 때 회유나 압력처럼 강압적인 요소가 있었더라도 그의 자백은 증거로 인정되었던 것이다.

[오답분석]

① 1문단에는 미란다 원칙의 정의와 이러한 미란다 원칙의 도입 배경으로 미란다에 대한 재판을 제시하고 있다. 그러나 ①의 진술처럼 미란다가 무죄 판정을 받았는지 판단할 수 있는 근거가 나와 있지 않다.

② 3문단에 따르면 미란다 판결은 자백의 증거 능력에 대해 종전의 임의성의 원칙을 버리고 절차의 적법성을 채택하여 수사 절차를 피의자의 권리를 보호하는 방향으로 전환하는 데에 크게 기여했다. 따라서 ②의 진술에서 임의성의 원칙보다는 절차적 적법성이 중시되어야 한다는 점을 부각시킨 것은 옳지만, 이는 피해자가 아니라 피의자의 권리를 보호하기 위한 것이다.

③ 4문단에 따르면 미란다 판결이 제시한 원칙은 수사 절차에서 수사 기관과 피의자가 대등한 지위에서 법적 다툼을 해야 한다는 원칙을 구현하는 첫출발이었다. 그런데 2문단에 따르면 미란다 판결 전에도 경찰관이 고문과 같은 가혹 행위로 받아낸 자백은 효력이 없었다. 다만, ③의 진술처럼 미란다 판결이 고문에 대해 수사 기관의 법적 책임을 묻는 시초가 되었는지 판단할 수 있는 근거가 나와 있지 않다.

⑤ 1문단에 따르면 미국 연방대법원은 미란다 자신이 묵비권과 변호사 선임권을 갖고 있다는 사실을 미란다에게 고지했다는 것이 입증되지 않는 한, 신문 결과만으로 얻어진 진술은 그에게 불리하게 사용될 수 없다고 판결했다. 즉, 수사 기관이 피의자에게 권리가 있음을 고지했느냐에 따라 자백의 효력 여부를 판단한 것이며, 피의자 자신이 권리를 갖고 있음을 알고 있는가는 중요하지 않다.

⊕ 배경지식

미란다 원칙

1963년 미국 애리조나주에서 체포된 미란다는 변호사도 선임하지 않은 상태에서 경찰관의 조사를 받았고 범행을 자백했다. 그러나 재판이 시작되자 미란다는 자백을 번복했고, 미국 수정헌법이 보장하는 진술 거부권과 변호사 선임권을 침해당했다고 주장했다. 결국 1966년 연방대법원은 그에게 무죄를 선고했다.

[03~05] 지문 분석

- 주제 : 법의 본질에 대한 논의들
- 핵심 키워드 : 법의 본질, 관습이론, 구조이론, 갈등이론
- 글의 구조
  ▷ 1문단 : 관습이론
  - 관습에서 법의 본질을 파악하려는 관습이론은 관습을 확인하고 재천명하는 것이 법이 되므로 법은 제도화된 관습이라고 본다.
  - 관습이론은 문화와 관습에 어긋나는 법은 성문화되어도 효력이 없으며, 관습을 강화하는 법이어야 제대로 작동할 수 있다고 주장한다(성문법이 관습을 변화시킬 수 없음).
  ▷ 2문단 : 구조이론
  - 법을 사회구조의 한 요소로 보고 그 속에서 작용하는 기능에서 법의 본질을 찾으려는 구조이론은 관습이론이 규범을 정의하는 개념으로 규범을 설명하는 오류를 범한다고 지적한다.
  - 법은 구조화의 결과물이며, 이 구조를 유지하고 운영할 수 있는 합리적 방책이 필요하기에 도입한 것이 법이라고 보는 구조이론에서는 상이한 법 현상을 사회 구조의 차이에 따른 것으로 설명한다.
  ▷ 3문단 : 구조이론의 분석 사례(정착촌 A와 B에서 판이한 법의 모습)
  - 정착촌 A와 B는 토지와 인구의 규모가 비슷하며, 동종의 작물을 경작했고, 정치적 성향도 같았으나 법의 모습은 서로 판이했다(A는 사법 기구와 성문화된 절차가 있었으나 B는 그렇지 않음).
  - 구조이론에서는 B는 구성원들 사이의 친밀성이 높고 집단 규범의 위반자를 곧바로 직접 제재할 수 있었지만 A는 비공식적인 규율로는 충분하지 않고 공식적인 절차와 기구가 필요했기 때문에 A와 B의 차이가 발생했다고 분석한다.
  ▷ 4문단 : 갈등이론
  - 법의 존재 이유가 사회 전체의 필요라는 구조이론의 전제에 의문을 제기하는 갈등이론은 법과 제도로 유지되고 심화되는 불평등에 주목해야 한다고 주장한다.
  - 갈등이론에서 법은 사회적 통합을 위한 합의의 산물이 아니라, 지배 집단이 억압 구조를 유지·강화해 자신들의 이익을 영위하려는 수단이라고 주장한다.
  - 미국의 아동 노동 보호법의 제정에 대해 관습이론에서는 아동과 가족생활을 보호해야 한다는 미국의 전통적 관습을 재확인하는 움직임이라고 해석할 것이고, 구조이론에서는 이러한 법 제정을 사회구조가 균형을 이루는 과정으로 설명할 것이다.

  ▷ 5문단 : 이론 상호 간의 비판
  - 관습이론은 비합리적·억압적인 사회·문화적 관행을 합리화한다는 공격을 받는다.
  - 구조이론은 법의 존재 이유가 사회적 필요에서 나온다는 단순한 가정을 받아들이는 것일 뿐이라고 비판받는다.
  - 갈등이론은 편향적인 시각으로 흐를 수 있을 것이라고 비판받는다.

03 일치·불일치 정답 ①

① 5문단에 따르면 관습이론은 비합리적이거나 억압적인 사회·문화적 관행을 합리화한다는 공격을 받는다. 따라서 관습이론은 ①의 진술처럼 지배계급의 이익을 위한 억압적 체계를 합리화한다는 비판을 받는다고 이해할 수 있다.

[오답분석]

② 2문단에 따르면 구조이론에서는 교환의 유형, 권력의 상호 관계, 생산과 분배의 방식, 조직의 원리 등 사회 구조의 차이에 따라 법의 모습이 달라진다고, 즉 사회 구조의 차이 때문에 상이한 법 현상이 나타나는 것으로 본다. 따라서 구조이론은 ②의 진술과 달리 법이 그런 모습을 띠는 이유를 설명하려 함을 알 수 있다.

③ 2문단에 따르면 관습이론이 법을 단순히 관습이나 문화라는 사회적 사실에서 유래한다고 보는 것에 대해 구조이론은 규범을 정의하는 개념으로 규범을 설명하는 오류라 지적한다. 따라서 ③의 진술에서 논리적 문제가 있다는 공격을 받는 입장은 구조이론이 아니라 관습이론이다.

④ 4문단에 따르면 갈등이론은 법과 제도로 유지·심화되는 불평등에 주목해야 하며, 법은 지배 집단이 억압 구조를 유지·강화해 자신들의 이익을 영위하려는 하나의 수단이라고 주장한다. 따라서 ④의 진술에서 갈등이론은 '사회관계에서의 대립을 해소하는 역할'이 아니라 '대립을 유지·강화하는 역할'에서 법의 기원을 찾는다고 이해할 수 있다.

⑤ 4문단에 따르면 갈등이론은 법이 사회적 통합을 위한 합의의 산물이 아니라, 지배 집단이 억압 구조를 유지·강화하여 자신들의 이익을 영위하려는 하나의 수단이라고 주장한다. 따라서 ⑤의 진술에서 갈등이론은 '전체로서의 사회적 이익'이 아니라 '지배 집단(기득권층)의 이익'을 유지하는 기능적 체계를 설명한다고 이해할 수 있다.

⊕ 배경지식

관습법(慣習法)

사회생활상 반복되어 나타나는 행동양식인 관습에 의하여 형성된 법, 즉 사회생활에서 습관이나 관행이 굳어져서 법의 효력을 갖게 된 것을 뜻한다. 사회 질서와 선량한 풍속의 변하지 않는 관습이 단순한 예의적 또는 도덕적 규범으로서 지켜질 뿐만 아니라, 사회의 법적 확신

내지 법적 인식을 수반하여 법의 차원으로 굳어진 것을 이른다. 관습법의 효력에 대해서는 법률에 규정이 없는 사항에 한해서만 관습법을 보충적으로 적용해야 한다는 다수의 보충적 효력설과, 기존의 법률과 반대되는 관습법이 성립하면 신법 우선의 원칙에 따라 관습법을 우선해 적용해야 한다는 소수의 변경적 효력설로 구분할 수 있다.

04 세부 내용의 이해 `정답` ①

① 2문단에 따르면 구조이론에서는 법은 구조화의 결과물이며, 이 구조를 유지하고 운영할 수 있는 합리적 방책이 필요하기에 법을 도입한 것이라고 본다. 즉, 구조이론에서는 법이 구조의 유지·운영을 위한 결과물이라고 보는 것이다. 그리고 3문단에 따르면 구조이론은 사적 소유가 인정되는 A에서는 구성원이 독립적인 생활 방식을 바탕으로 살아가기 때문에 비공식적인 규율로는 충분하지 않고 공식적인 절차와 기구가 필요했기 때문에 사법위원회와 성문화된 절차가 발생했다고 본다. 또한 4문단에 따르면 갈등이론에서는 법이 사회적 통합을 위한 합의의 산물이 아니라, 지배 집단이 억압 구조를 유지·강화하여 자신들의 이익을 영위하려는 하나의 수단이라고 주장한다. 그러므로 ①의 진술에서 '사회 구조 유지의 기능이 가정 간 빈부 격차를 고착시키는 역할을 수행했다고 규명'하는 입장은 ㉠의 구조이론이 아니라 갈등이론이다.

`오답분석`

② 3문단에 나타난 구조이론의 분석에 따르면, B에서는 공동 작업으로 생산된 작물을 공동 소유하는 형태를 지니고 있어서 구성원들 사이의 친밀성이 높고 집단 규범의 위반자를 곧바로 직접 제재할 수 있었기 때문에 A의 사법위원회나 성문화된 절차가 필요하지 않았다. 즉, 공동 작업과 공동 소유로 인해 구성원들 사이에 친밀성이 높고, 규범 위반자에 대한 즉각적이고 신속한 제재가 가능하다는 관습이 법처럼 작용한 것이다. 따라서 ㉠의 구조이론의 입장에서는 B의 공동생활 방식 때문에 ②의 진술처럼 천명되지 않은(성문화된 되지 않은) 관습도 법처럼 지켜졌다고 파악할 것이다.

③ 3문단에 따르면 사적 소유가 인정되는 A는 구성원이 독립적인 생활 방식을 바탕으로 살아가기 때문에 비공식적인 규율로는 분쟁의 처리와 제재의 결정이 충분하지 않고 공식적인 절차와 기구가 필요했기에 공동체 규칙을 강제하는 사법위원회가 성문화된 절차가 존재했다. 반면에 B는 공동 작업으로 생산된 작물을 공동 소유하는 형태를 지니고 있어서 구성원들 사이의 친밀성이 높고 집단 규범의 위반자를 곧바로 직접 제재할 수 있었기에 사법 기구 기구나 성문화된 규칙·절차가 없었다. 즉, ㉠의 구조이론에서는 ③의 진술처럼 A와 B의 사회의 조직과 구조의 차이 때문에 법체계 또한 서로 차이가 난다고 분석한 것이다.

④ 3문단에 따르면 구조이론에서는 작물의 사적 소유가 인정되는 A에서는 구성원이 독립적인 생활 방식을 바탕으로 살아가기 때문에 비공식적인 규율로는 충분하지 않고 공식적인 절차와 기구가 필요했기에 A에서 공동체 규칙을 강제하는 사법위원회가 성문화된 절차가 발달한 것이라고 본다. 즉, 독립적인 생활 방식이라는 사회 구조에는 비공식적인 규율이 아니라 공식적인(성문화된) 규율이 필요하다고 보는 것이다. 따라서 ㉠의 구조이론에서는 ④의 진술처럼 A에서 성문화된 규칙이 발전한 것을 두고 사회 관행과 같은 비공식적 규율은 독립적인 생활 방식의 규율에 적합하지 않다고 해석할 것이다.

⑤ 3문단에 따르면 구조이론은 독립화·사유화된 A의 사회에서 성문화·공식화된 법체계가 발달한 것과, 공동생산·공동소유화된 B의 사회에서 성문화·공식화된 법체계가 없는 것은 모두 사회 구조적 요인의 차이 때문이라고 본다. 따라서 ㉠의 구조이론에서는 ⑤의 진술처럼 A는 구성원이 함께 하는 생활 속에서 규범을 체득하는 구조가 아니므로 규율 내용을 명시해야(법으로써 성문화해야) 규범을 둘러싼 갈등을 억제할 수 있었다고 이해할 것이다.

05 추론하기 `정답` ③

③ 1문단에 따르면 사회에서 형성된 관습을 확인하고 재천명하는 것이 법이 된다(제도화된 관습＝법)고 보는 관습이론은 관습에 어긋나는 법은 효력이 없으며, 법은 관습을 강화해야 하고, 성문법은 관습을 변화시킬 수 없다고 주장한다. 이러한 관습이론의 논거에 따르면 성문법은 관행을 변화시킬 수 없다. 따라서 제정된 성문법이 관행의 전환을 유도했다면 관습이론의 논거는 ③의 진술과 반대로 약화할 것이다.

`오답분석`

① 2문단에 따르면 구조이론에서는 법은 사회구조의 한 요소로서, 사회 구조를 유지·운영하기 위해 법이 도입되었다고 주장한다. 그리고 4문단에 따르면 갈등이론은 지배 집단이 억압 구조를 유지·강화하여 자신들의 이익을 영위하기 위한 수단으로서 법이 발생했다고 주장한다. 또한 1문단에 따르면 관습이론은 관습을 확인하고 재천명하는 것이 법이 된다고 본다. 요컨대 구조이론은 사회구조 때문에, 갈등이론은 지배 집단의 기득권 영위 때문에, 관습이론은 관습 때문에 법이 발생했다고 보는 것이다. 따라서 ①의 진술처럼 구조이론, 갈등이론, 관습이론은 모두 법이 자연적으로 발생한 것이 아니라는 생각에 동의할 것이다.

② 2문단에 따르면 구조이론은 교환의 유형, 권력의 상호 관계, 생산과 분배의 방식, 조직의 원리들을 법의 모습을 결정하는 인자로 간주하며 법은 구조화의 결과물이라고 본다. 또한 1문단에 따르면 관습이론은 관습을 확인하고 재천명하는 것이 법이라고 본다. 따라서 ②의 진술처럼 두 사회의 법체계가 다른 것을 두고 구조이론은 조직 원리상의 차이 때문이라고 볼 것이고, 관습이론은 관습이 다르기 때문이라고 볼 것이다.

PART 2

DAY 01
DAY 02
DAY 03
DAY 04
DAY 05
DAY 06
DAY 07
DAY 08
DAY 09
DAY 10

④ 1문단에 따르면 관습이론은 관습을 확인하고 재천명하는 것이 법이 된다고 보며, 현대 법체계에서 관습을 재천명하는 역할은 사법기관이 수행할 수 있으며, 입법기관에서 이루어지는 제정법 또한 관습을 확인한 결과이다. 따라서 ④의 진술처럼 개정법에서 제도를 폐지한 것은 변화된 문화에 맞지 않았기 때문이라는 분석에 대해 관습이론은 관습을 재천명하는 법의 역할을 보여 준다며 지지할 것이다.

⑤ 1문단에 따르면 관습이론은 관습 때문에 법이 발생하며, 관습에 어긋나는 법은 효력이 없고, 법은 관습을 강화해야 하며, 성문법이 관습을 변화시킬 수 없다고 주장한다. 따라서 ⑤의 진술처럼 법으로 관습을 규제함으로써 관습을 변화시키는 데 실패해 결국 법이 폐지된 경우에는 성문법이 관습을 변화시킬 수 없다는 관습법의 주장이 힘을 얻을 것이다.

[06~08] 지문 분석

- 주제 : 베토벤의 교향곡을 통해 살펴본 베토벤의 신화
- 핵심 키워드 : 베토벤, 교향곡, 순수 기악
- 글의 구조
  ▷ 1문단 : 베토벤의 교향곡을 걸작으로 평가하는 내적인 원리
  – 베토벤의 교향곡이 서양 음악사에 한 획을 그은 걸작으로 평가되는 것은 음악 소재를 개발하고 그것을 다채롭게 처리하는 창작 기법의 탁월함으로 설명될 수 있다.
  – 단순한 소재에서 착상해 이를 다양한 방식으로 가공함으로써 성취한 복잡성은 후대 작곡가들이 본받을 창작 방식의 전형이 되었다.
  ▷ 2문단 : 베토벤의 교향곡을 걸작으로 평가하는 외적인 원리
  – 작품의 내적인 원리만이 베토벤의 교향곡을 19세기의 중심 레퍼토리로 자리매김한 것은 아니다.
  – 음악사의 중심에 서고자 했던 독일 민족의 암묵적 염원은 청중의 음악관, 음악에 대한 독일 비평가들의 새로운 관점, 당시 유행한 천재성 담론에 반영되었다.
  ▷ 3문단 : 외적인 원리 1 – 청중의 음악관
  – 빈의 새로운 청중의 귀는 유럽의 다른 지역 청중과는 달리 순수 기악을 향해 열려 있었다.
  – 언어가 순수 기악이 주는 의미를 담기에 부족하다고 생각했던 당시 청중이 원했던 것은 말로 형용할 수 없는, 무한을 향해 열려 있는 '음악 그 자체'였다.
  ▷ 4문단 : 외적인 원리 2 – 비평가들의 새로운 관점
  – 당시 음악 비평가들이 음악을 앎의 방식으로 이해하기를 원했던 것은 음악을 감상자가 능동적

으로 이해해야 할 대상으로 인식하기 시작했음을 뜻한다.
  – 베토벤의 교향곡은 음악의 독립적 가치를 극대화한 음악이자 독일 민족의 보편적 가치를 실현해 주는 순수 기악의 정수라 여겨졌다.
  ▷ 5문단 : 외적인 원리 3 – 천재성 담론
  – 천재성 담론도 베토벤의 교향곡이 특별한 지위를 얻는 데 한몫했다.
  – 베토벤은 기존의 관습에서 벗어나 새로운 전통을 창조한 천재이며, 이전의 교향곡의 새로운 지평을 열었다고 평가받았다.

---

06 일치·불일치 　정답 ⑤

⑤ 5문단에 따르면 베토벤은 이전의 교향곡의 새로운 지평을 열었다고 평가받았다. 즉, 교향곡이라는 장르를 창시한 것이 아니라 기존의 교향곡의 새로운 단계를 제시했다고 평가받은 것이다. 따라서 베토벤이 교향곡이라는 새로운 장르를 창시했다는 ⑤의 진술은 적절하지 않다.

오답분석

① 2문단에 따르면 베토벤의 신화를 이해하기 위해서는 19세기 초 음악사의 중심에 서고자 했던 독일 민족의 암묵적 염원을 들여다볼 필요가 있으며, 이러한 염원은 청중의 음악관, 음악에 대한 독일 비평가들의 새로운 관점, 당시 유행한 천재성 담론에 반영되었다. 따라서 베토벤 신화 형성 과정에는 ①의 진술처럼 독일 민족의 음악적 이상이 반영되었음을 알 수 있다.

② 1문단에 따르면 유례없이 늘어난 베토벤의 교향곡의 길이는 후대 작곡가들이 넘어서야 할 산이었다. 따라서 베토벤 교향곡의 확대된 길이는 ②의 진술처럼 후대 작곡가들이 극복해야 할 과제였음을 알 수 있다.

③ 1문단에 따르면 베토벤은 하나의 평범한 소재를 모티브로 취해 다양한 변주와 변형 기법을 통해 통일성을 유지하면서도 가락을 다채롭게 들리게 했으며, 이처럼 단순한 소재에서 착상해 이를 다양한 방식으로 가공함으로써 성취해 낸 복잡성은 후대 작곡가들이 본받을 창작 방식의 전형이 되었다. 즉, 하나의 평범한 소재를 모티브로 취했음에도 불구하고 가락이 다채롭게 들리는 것은 다양한 변주와 변형 기법을 사용함으로써 복잡성을 성취했기 때문이다. 따라서 베토벤의 교향곡에서 복잡성은 ③의 진술처럼 단순한 모티브를 다양하게 가공하는 창작 방식에 기인함을 알 수 있다.

④ 1문단에 따르면 제3번 교향곡 '영웅'에서 베토벤은 으뜸화음을 펼친 하나의 평범한 소재를 모티브로 취하여 다양한 변주와 변형 기법을 통해 통일성을 유지하면서도 가락을 다채롭게 들리게 했다. 따라서 베토벤 교향곡 '영웅'의 변주와 변형 기법은 ④의 진술처럼 통일성 속에서도 다양성을 구현하게 해 주었음을 알 수 있다.

PART 2

DAY 01
DAY 02
DAY 03
DAY 04
DAY 05
DAY 06
DAY 07
DAY 08
DAY 09
DAY 10

➕ 배경지식

교향곡

관현악을 위하여 작곡한, 소나타 형식의 규모가 큰 곡을 뜻한다. 보통 4악장으로 이루어지며, 하이든이 시작하여 모차르트와 베토벤에 의하여 확립되었다.

---

07 세부 내용의 이해　　정답 ④

④ 3문단에 따르면 악기에서 나오는 소리 외에는 다른 어떤 것과도 연합되지 않는 순수 기악에 열광했던 ㉠은 언어로는 순수 기악이 주는 의미를 담기에 부족하다고 생각했기 때문에 제목이나 가사 등의 음악 외적 단서에는 관심이 없었고, 말로 형용할 수 없는, 무한을 향해 열려 있는 '음악 그 자체'를 원했다. 즉, 음악이 언어가 표현할 수 없는 것을 표현할 수 있다고 생각한 ㉠에게 음악은 언어를 초월하는 예술이었던 것이다.

[오답분석]

① 1문단에 따르면 베토벤은 하나의 평범한 소재를 모티브로 취해 다양한 변주와 변형 기법을 통해 통일성을 유지하면서도 가락을 다채롭게 들리게 했다. 그러나 제시된 글에는 ①의 진술처럼 ㉠이 음악은 인간의 정서를 순화시킨다고 생각했는지 판단할 수 있는 근거가 없다.

② 3문단에 따르면 ㉠이 원했던 것은 말로 형용할 수 없는, 무한을 향해 열려 있는 '음악 그 자체'였으며, 언어가 순수 기악이 주는 의미를 담기에 부족하다고 생각했기 때문에 제목이나 가사 등의 음악 외적 단서를 원하지 않았다. 따라서 ㉠은 음악은 인간의 구체적인 감정을 전달하는 수단이며, 그 자체가 언어라고 보았다는 ②의 진술은 적절하지 않다.

③ 3문단에 따르면 ㉠은 언어가 순수 기악이 주는 의미를 담기에 부족하다고 생각했기 때문에 제목이나 가사 등의 음악 외적 단서를 원하지 않았다. 따라서 ㉠은 언어를 음악의 본질적 요소로 보았다는 ③의 진술은 적절하지 않다.

⑤ 3문단에 따르면 ㉠이 원했던 것은 언어로 형용할 수 없는 음악 그 자체였으며, 음악 외적 단서를 원하지 않았다. 따라서 ㉠은 음악 외적 상황이 음악 이해에 중요한 단서가 된다고 보았다는 ⑤의 진술은 적절하지 않다.

➕ 배경지식

기악(器樂)

사람의 음성으로 하는 성악에 상대하는 개념으로서, 악기를 사용해 연주하는 음악을 뜻한다. 연주자의 수에 따라 독주·중주·합주로 나누고, 표현 형식에 따라 교향곡·협주곡·소나타·실내악곡 등으로 나눈다.

---

08 추론하기　　정답 ①

① 4문단에서 슐레겔은 모든 순수 기악이 철학적이라고 보았다고 했으므로 3문단에서 설명한 새로운 청중의 음악관, 즉 순수 기악을 중시하여 언어로 형용할 수 없는 음악 그 자체를 중시하고 언어 등 음악 외적 단서를 원하지 않는 음악관을 지니고 있음을 알 수 있다. 당시의 빈의 청중과 슐레겔 등 독일의 음악 비평가들은 베토벤의 교향곡이 음악의 독립적 가치를 극대화한 음악이자 순수 기악의 정수라 여겼다. 그런데 〈보기〉에 따르면 로시니는 오페라 작곡가였고, 순수 기악이 우세했던 빈과 달리 이탈리아와 프랑스에서는 오페라가 여전히 음악의 중심에 있었으며, 스탕달은 로시니가 빈의 현학적인 음악가들과 달리 유려한 가락에 능하다고 평가했다. 따라서 순수 기악을 중시한 슐레겔은 ①의 진술처럼 로시니를 베토벤만큼 높이 평가하지 않았을 것이다.

[오답분석]

② 4문단에 따르면 호프만은 베토벤의 교향곡이 '보편적 진리를 향한 문'이라고 주장했다. 따라서 〈보기〉에서 이탈리아와 프랑스에서 유행했다고 설명한 음악, 즉 오페라가 새로운 전통을 창조했다고 평가하지 않았을 것이다.

③ 4문단에 따르면 1800년을 전후해 독일의 음악 비평가들이 음악을 앎의 방식으로 이해하기를 원했던 것은 음악을 정서의 촉발자로 본 이전 시대와 달리 음악을 감상자가 능동적으로 이해해야 할 대상으로 인식하기 시작했음을 뜻한다. 또한 당시의 빈의 청중과 독일의 음악 비평가들은 베토벤의 교향곡이 음악의 독립적 가치를 극대화한 음악이자 독일 민족의 보편적 가치를 실현해 주는 순수 기악의 정수라 여겼다. 따라서 음악을 '앎의 방식'으로 보는 관점을 가진 빈의 청중과 독일의 음악 비평가들은 ③의 진술과 달리 오페라가 교향곡보다 우월한 장르라고 평가하지 않았을 것이다.

④ 〈보기〉에 따르면 스탕달은 로시니가 빈의 현학적인 음악가들과는 달리 유려한 가락에 능하다는 이유를 들어 로시니를 최고의 작곡가로 평가했다. 즉, 스탕달은 베토벤을 현학적인 음악가라며 비판했을 것이다. 따라서 스탕달은 로시니가 베토벤이 세운 창작 방식의 전형을 따랐다고 보았다는 ④의 진술은 적절하지 않다.

⑤ 4문단에 따르면 음악을 정서의 촉발자로 본 이전 시대와 달리 음악을 감상자가 능동적으로 이해해야 할 대상으로 인식한 주체는 빈의 청중과 독일의 음악 비평가들이며, 이들은 베토벤의 교향곡이 음악의 독립적 가치를 극대화한 음악이자 순수 기악의 정수라며 높이 평가했다. 그런데 〈보기〉에 따르면 오페라가 음악의 중심에서 인기를 누렸던 지역은 이탈리아와 프랑스이며, 스탕달은 로시니가 빈의 현학적인 음악가들과는 달리 유려한 가락에 능하다는 이유를 들어 그를 최고의 작곡가로 평가했다. 따라서 ⑤에서 음악을 '정서의 촉발자'가 아닌 '능동적 이해의 대상'으로 보려는 청중은 순수 기악을 중시한 빈의 청중과 독일의 음악 비평가들이다.

01	02	03	04	05	06	07			
②	⑤	④	⑤	①	①	③			

---

[01] 지문 분석

• 주제 : 전투 신경증에 관한 전통주의자와 진보주의자의 견해 비교
• 핵심 키워드 : 심리적 외상, 히스테리, 전투 신경증, 전통주의자, 진보주의자
• 글의 구조
　▷ 1문단 : 1차 대전 이후 심리적 외상의 실재가 인정됨
　　– 제1차 세계대전 이후 심리적 외상의 실재가 인정되었다.
　　– 정신적 증후군의 발병은 심리적 외상을 계기로 발생하며, 심리적 외상은 히스테리에 이르게 하는 신경증적 증후군을 유발하기에 충분했다(심리적 외상 → 신경증적 증후군 → 히스테리).
　▷ 2문단 : '전투 신경증'에 대한 전통주의자들과 진보주의자들 간의 논쟁
　　– 심리적 외상을 계기로 발생하는 '전투 신경증'에 대해 전통주의자들과 진보주의자들 간의 논쟁은 환자의 의지력을 중심으로 이루어졌다.
　　– 전통주의자들은 전투 신경증을 보이는 군인은 체질적으로 열등하며 의지박약자라고 보면서 모욕과 위협, 처벌을 중심으로 하는 치료를 옹호했다.
　　– 반면에 진보주의자들은 전투 신경증이 의지력 높은 군인에게도 나타날 수 있으며, 대화를 통한 인도적 치료를 옹호했다.
　　– 진보주의자들은 히스테리라는 용어가 담고 있는 경멸적인 의미가 환자들에게 낙인을 찍는다는 사실을 깨닫고 이를 대체할 수 있는 명명법을 고민했다.

01　세부 내용의 이해　정답 ②

② 2문단에 따르면 '전투 신경증'이 정신적 증후군의 하나로 실재한다는 사실을 부정할 수 없게 되었을 때, 전통주의자들과 진보주의자들 간의 의학적 논쟁은 환자의 의지력을 중심으로 이루어졌다. 즉, 양측 모두 전투 신경증의 존재를 인정했음을 알 수 있다. 따라서 ②의 진술처럼 ㉠과 ㉡은 전투 신경증의 증세가 실재한다고 보았음을 알 수 있다.

오답분석

① 2문단에 따르면 ㉠은 전투 신경증을 보이는 환자들을 의지박약자라고 기술하면서 모욕과 위협, 처벌을 중심으로 하는 치료를 옹호하였다. 반면에 ㉡은 전투 신경증이 의지력 높은 군인에게도 나타날 수 있다고 보았고, 정신분석 원칙에 입각하여 대화를 통한 인도적 치료를 옹호했다. 따라서 ①의 진술과 달리 ㉠과 ㉡의 히스테리 치료 방식은 다르다.

③ 2문단에 따르면 전쟁에서 폭력적인 죽음에 지속적으로 노출될 경우에 심리적 외상이 발생할 수 있으며, 이러한 심리적 외상이 계기가 되어 전투 신경증이 발생할 수 있다. 그리고 전통주의자들과 진보주의자들 간의 의학적 논쟁은 환자의 의지력을 중심으로 이루어졌다. 따라서 ③의 진술과 달리 ㉠과 ㉡은 전투 신경증이 어떤 계기로 발생하는가에 대해 의견이 다르지 않음을 알 수 있다. 양측이 다른 견해를 보인 것은 환자의 의지력이다.

④ 2문단에 따르면 전통주의자들은 전투 신경증을 보이는 군인은 체질적으로 열등하며, 이 환자들을 의지박약자라고 기술했다. 반면에 진보주의자들은 전투 신경증이 의지력 높은 군인에게도 나타날 수 있다고 보았으며, 히스테리라는 용어가 담고 있는 경멸적인 의미가 환자들에게 낙인을 찍는다는 사실을 깨닫고 이를 대체할 수 있는 명명법에 대한 고민을 거듭했다. 따라서 환자들에게 히스테리라는 용어를 사용하는 것이 부정적인 낙인을 찍는다고 생각한 이들은 ㉡임을 알 수 있으며, ㉠도 그러한 생각을 했는지 여부는 제시문의 내용만으로는 판단할 수 없다.

⑤ 1문단에 따르면 히스테리 증상을 보이는 이들은 울며 비명을 질러대고 얼어붙어 말이 없어졌으며, 자극에 반응을 보이지 않고 기억을 잃으며 감정을 느끼지 못했다. 그러나 ⑤의 진술처럼 ㉡은 ㉠보다 전투 신경증에 의한 히스테리 증상이 더 다양한 형태로 나타난다고 보았는지 여부는 제시문의 내용만으로는 판단할 수 없다.

DAY 01 DAY 02 DAY 03 DAY 04 DAY 05 DAY 06 DAY 07 DAY 08 DAY 09 DAY 10

[02] 지문 분석

- 주제 : 미국의 건축물 화재안전 관리체제
- 핵심 키워드 : 건축모범규준, 화재안전평가제, 화재위험도평가제
- 글의 구조
  ▷ 1문단 : 미국의 건축물 화재안전 관리체제의 구분
    - 미국의 건축물 화재안전 관리체제는 건축모범규준, 화재안전평가제, 화재위험도평가제로 구분된다.
    - 미국은 민간기관이 화재 관련 모범규준이나 평가제를 개발하고 주 정부가 주 상황에 따라 특정 제도를 선택해 운영한다.
  ▷ 2문단 : 건축모범규준, 화재안전평가제, 화재위험도평가제 등의 실제적 운영
    - 건축모범규준은 미국화재예방협회에서 개발한 것이 가장 널리 활용된다(3년마다 개정).
    - 미국화재예방협회가 개발한 화재안전평가제는 공공안전성이 강조되는 5개 용도시설의 화재안전성을 평가하고 대안설계안의 인정 여부를 결정함에 목적이 있다.
    - 화재위험도평가제는 기존 건축물에 대한 데이터를 수집해 화재안전을 효율적으로 평가·관리함에 목적이 있다.

02 일치·불일치   정답 ⑤

⑤ 2문단에 따르면 뉴욕주 소방청의 화재위험도평가제는 공공데이터 공유 플랫폼을 이용하여 수집된 주 내의 모든 정부 기관의 정보를 평가자료로 활용한다. 따라서 뉴욕주 소방청은 ⑤의 진술처럼 화재위험도 평가에 다른 기관(＝주 내의 모든 정부 기관)에서 수집한 정보를 활용함을 알 수 있다.

오답분석

① 2문단에 따르면 건축모범규준의 특정 주요 기준은 대부분의 주가 최근 개정안을 적용하지만, 그 외의 기준은 개정되기 전 규준의 기준을 적용하는 경우도 있다. 또한 화재안전평가제에서 평가 대상으로 삼는 5개 용도시설을 제외한 건축물의 경우에는 건축모범규준의 적용이 권고된다. 그러나 ①의 진술처럼 강제적으로 적용되고 있는지 여부는 제시문의 내용만으로는 판단할 수 없다.

② 1문단에 따르면 건축모범규준과 화재안전평가제는 건축물의 계획 및 시공단계에서 설계지침으로 적용되며, 화재위험도평가제는 기존 건축물의 유지 및 관리단계에서 화재위험도 관리를 위해 활용된다. 따라서 화재위험도평가제가 설계·시공단계에서 화재안전을 확보하는 수단이라는 ②의 진술은 적절하지 않다.

③ 2문단에 따르면 건축모범규준의 특정 주요 기준은 대부분의 주가 최근 개정안을 적용하지만, 그 외의 기준은 개정되기 전 규준의 기준을 적용하는 경우도 있다. 따라서 반드시 가장 최근에 개정된 기준에 따라야 한다는 ③의 진술은 적절하지 않다.

④ 1문단에 따르면 미국은 공신력 있는 민간기관이 화재 관련 모범규준이나 평가제를 개발하고 주 정부가 주 상황에 따라 특정 제도를 선택하여 운영하고 있다. 또한 2문단에 따르면 건축모범규준과 화재안전평가제는 미국화재예방협회에서 개발한 것이 가장 널리 활용된다. 따라서 ④의 진술에서 민간기관인 미국화재예방협회가 건축모범규준과 화재안전평가제를 개발한다는 내용은 옳지만, 운영도 미국화재예방협회가 한다는 내용은 옳지 않다.

[03~05] 지문 분석

- 주제 : 로마의 통치에 대한 식민지 그리스 지식인의 담론
- 핵심 키워드 : 아리스티데스, 로마 송사, 보편 시민, 순응주의, 타협주의, 동화주의, 팍스 로마나
- 글의 구조
  ▷ 1문단 : 아리스티데스의 〈로마 송사〉(서기 2세기 중엽)
    - 아리스티데스의 〈로마 송사〉는 로마 통치를 묘사한 식민지 지식인의 논평이다.
    - 아리스티데스는 '보편 시민'을 구현하려는 시민권 정책의 개방성 원리를 칭찬하지만, 로마인에게 시민권 개방은 분리 통치를 위한 '지배 비결'이었을 뿐이다.
  ▷ 2문단 : 로마의 지배에 대한 식민지 그리스 지식인들의 논의(기원전 2세기 중엽)
    - 아리스티데스는 로마의 정책을 이념의 측면에서 볼 필요가 있었다.
    - 로마의 지배에 들어간 기원전 2세기 중엽 이래 그리스 지식인들은 그리스인의 대처 자세에 대해 고민했다.
    - 파나이티오스와 포세이도니오스는 최선자(最善者)의 지배가 약자에게 유익하다는 논리로써 순응주의를 드러냈으나, 로마인을 최선자로 보기는 어렵다.
  ▷ 3문단 : 정체성을 지키기 위한 타협주의의 등장(서기 1세기 초)
    - 서기 1세기 초 로마의 정치 체제가 제정으로 바뀐 뒤, 로마의 통치가 공고해지고 로마가 가져온 평화의 혜택이 자명해졌다.

－ 그리스인의 자유 상실감은 상당히 약화되었고, 그리스인들은 권력과 타협할 준비가 되어 있었다(＝타협주의).

－ 디오니시우스의 동조론은 그리스인을 위한 타협의 신호였다.

－ 황제들이 타락하지 않으면 그리스인의 이상인 '화합'을 실현할 것이라고 디오가 전망한 것은 자신들의 정체성을 지키기 위한 노력을 포기하지 않았기 때문이다.

▷ 4문단 : 새로운 체제에 대한 일치감을 드러내는 동화주의로의 변화(서기 2세기 중엽)

－ 아리스티데스의 시기에 이르러 속주 지식인들의 기조는 동화주의로 변했다

－ 아피아누스가 제정이 안정과 평화, 풍요를 안겨 주었다고 본 것은 그가 새로운 체제와 일체감을 더 지녔음을 보여 준다.

－ 〈로마 송사〉에서 제국 시민으로서의 관점을 강조한 아리스티데스는 식민지 엘리트들의 탈정치화를 상정했으며, 모든 속주 도시의 정치적 자립성이 세계 제국 안에서 소멸되는 상태를 꿈꿨다.

▷ 5문단 : 로마의 행정 조직에 대한 아리스티데스의 관점(서기 2세기 중엽)

－ 아리스티데스는 로마 제국이 페르시아 제국에 비해 행정 조직과 지배 이념에 있어서 비교 우위에 있다고 보았다.

－ 아리스티데스는 로마의 행정 조직이 체계적이라고 보았는데, 이때 로마 행정 조직의 체계적인 면은 통치의 탈인격성을 뜻한다.

－ 〈로마 송사〉는 로마 정책에 공감·동조하며 결국 동화되었던 그리스 지식인들의 자세를 잘 보여 준다.

03 일치·불일치　　　정답 ④

④ 3문단에 따르면 서기 1세기 초 로마 제정 초기에 그리스 문화를 존중하는 로마 황제들의 배려가 늘어가면서 그리스인들은 문학과 철학에서의 문화 권력을 인정받는 대가로 권력과 타협할 준비가 되었다. 즉, 그리스 지식인들은 그리스 문화를 존중하는 로마 황제들의 배려로 문화 권력을 인정받는 등 자존감을 지킬 수 있었기 때문에 로마의 권력과 타협하는 태도를 보인 것이다.

오답분석

① 2문단에서 로마의 정체가 공화정이었던 기원전 2～1세기에 속주에 배치된 군 지휘관과 관리들에 대한 속주민의 고발이 잦았다고 했으므로, 이 시기에는 전횡성을 극복하지 못했음을 추측할 수 있다. 또한 3문단에 따르면 기원후 1세기 초 제정 초기에 식민지에서 실질적 행정이 시작되었으며, 5문단에 따르면 서기 2세기 중엽에 아리스티데스는 로마의 행정 조직은 체계적인 점이 특징이라고 보았는

데, 이때 체계적인 면이란 곧 통치의 탈인격성을 가리키며, 바로 페르시아 왕의 전횡과 대척을 이루는 것이다. 따라서 ①의 진술에서 '공화정 말기'가 아니라 '제정 시기'라고 해야 제시된 글의 내용과 일치한다.

② 2문단에 따르면 그리스가 로마의 지배를 받기 시작한 기원전 2세기 중엽(공화정 시기)에는 속주에 배치된 군 지휘관과 관리들에 대한 속주민의 고발이 잦았다. 따라서 ②의 진술과 달리 속주민은 로마의 통치에 이견을 표할 수 있음을 알 수 있다.

③ 3문단에 따르면 서기 1세기 초 로마의 정체(政體)가 공화정에서 제정으로 바뀐 뒤에 로마가 가져온 평화의 혜택이 자명해졌으며, 4문단에 따르면 아리스티데스의 시기, 즉 서기 2세기 중엽(＝제정 시기)에 로마의 전통적 지배 계층은 옛 정체인 공화정에 대한 향수를 짙게 간직하고 있었다. 따라서 제정 초기에 로마의 상류층은 ③의 진술과 달리 공화정에서 제정으로의 체제 변화를 환영하지 않았음을 알 수 있다.

⑤ 1문단에 따르면 서기 2세기 중엽(팍스 로마나의 시기)에 그리스의 지식인 아리스티데스는 '보편 시민'을 구현하려는 시민권 정책의 개방성 원리를 칭찬했지만, 정작 로마인들은 그러한 정책 배후의 이념을 숙고하지 않았다. 로마인에게 속주 엘리트들에 대한 시민권 개방은 분리 통치를 위한 '지배 비결'이었을 뿐이다. 따라서 로마의 시민권 정책은 ⑤의 진술과 달리 식민지를 분리 통치하기 위한 '지배 비결'이었을 뿐임을 알 수 있다.

⊕ 배경지식

팍스 로마나(Pax Romana)

라틴어로 Pax는 평화를, Romana는 로마의 영토를 뜻한다. 기원전 1세기 말에 아우구스투스가 내란을 수습하고 제정을 수립한 때부터 약 200년 동안의 안정된 시기를 가리킨다. 강대국 로마가 지배하여 군소국 간의 충돌을 없애고 치안을 확립하여 평화를 누리던 고대 로마의 황금시대였다.

04 세부 내용의 이해　　　정답 ⑤

⑤ 2문단에 따르면 ⓐ의 순응주의는 기원전 2세기 중엽에 드러난 것으로, 이 시기에 로마의 정체는 공화정이었고, 3문단에 따르면 로마의 정체가 공화정에서 제정으로 바뀐 시기는 기원후 1세기 초이다. 따라서 ⓐ은 로마의 정체 변화를 긍정적으로 파악하고 있다는 ⑤의 진술은 적절하지 않다. 또한 3문단과 4문단에 따르면 ⓑ·ⓒ은 평화를 가져온 로마의 지배를 긍정하며, ⓐ·ⓑ·ⓒ이 긍정적으로 파악한 것은 로마의 지배이지 로마의 정체가 아니다.

PART 2
DAY 01
DAY 02
DAY 03
DAY 04
DAY 05
DAY 06
DAY 07
DAY 08
DAY 09
DAY 10

오답분석

① 2문단에 따르면 그리스의 철학자 파나이티오스와 포세이도니오스는 최선자(最善者)의 지배가 약자에게 유익하다는 논리로써 로마인에 대해 지배의 도덕적 정당성을 인정하면서 ㉠의 순응주의를 드러냈다. 따라서 ㉠은 ①의 진술처럼 지배의 정당성을 윤리적 정당성과 일치시키는 논리를 내세움을 알 수 있다.

② 3문단에 따르면 1세기 초에 디오니시우스가 로마인의 뿌리는 그리스인이라는 동조론을 제기하고, 디오가 로마가 관대한 통치로 그리스인의 이상인 '화합'을 실현할 것이라고 전망한 것은 자신들의 정체성을 지키기 위한 노력을 포기하지 않았기 때문이다. 따라서 ㉡은 ②의 진술처럼 그리스 정체성의 유지를 중시했음을 알 수 있다.

③ 4문단에서 아리스티데스의 시기에 이르면 속주 지식인들의 기조가 ㉢의 동화주의로 변했다고 했다. 또한 5문단에 따르면 아리스티데스는 거대한 로마의 행정 조직이 체계적(=통치의 탈인격성)이라며, 왕의 전횡이 나타난 페르시아에 비해 행정 조직에 있어서 비교 우위를 지녔다고 생각했다. 따라서 ㉢은 ③의 진술처럼 로마 제국 행정 시스템의 체계적인 면을 높이 평가했음을 알 수 있다.

④ 3문단에 따르면 서기 1세기 초 로마 제정 초기에 로마가 가져온 평화의 혜택이 자명해졌고, 그리스인의 자유 상실감은 상당히 약화되었으며, 그리스인들이 로마 권력과 타협해 자신들의 문화 권력을 인정받으려 한 것을 ㉡의 타협주의라 부를 수 있다. 또한 4문단에 따르면 속주 지식인들의 기조가 ㉢의 동화주의로 변한 기원후 2세기 중엽에 이르러 아피아누스는 제정이 안정과 평화를 안겨 주었다고 보았고, 아리스티데스는 〈로마 송사〉에서 로마 제국의 통치가 가져다 준 평화의 전망 속에서 그리스의 지역 엘리트들은 더 이상 통치할 권리를 두고 서로 싸우지 않는다고 말한다. 따라서 ㉡과 ㉢은 ④의 진술처럼 자유보다는 평화와 안전을 중시했음을 알 수 있다.

05 추론하기 　　　　　　　　　정답 ①

① 3문단에 따르면 기원후 1세기 초 로마 제정의 초기에 그리스인의 자유 상실감은 상당히 약화되었고, 그리스 지식인들 사이에서 문화 권력을 인정받는 대가로 로마 권력과 타협하려는 타협주의가 나타났으며, 자신들의 정체성을 지키기 위한 노력을 포기하지 않았기 때문에 디오는 로마가 관대한 통치를 펴고 그리스인의 이상인 '화합'을 실현할 것이라고 전망했다. 또한 〈보기〉에 따르면 플루타르코스는 '우리(=그리스인들)'가 로마 거물들과의 우정을 통해 보는 이득이 '우리' 도시의 복지로 이어지도록 하는 것이 바람직하며 '우리' 그리스 도시들이 누리는 화합을 생각해 보라고 말한다. 이처럼 나름의 정체성을 지키려고 한 플루타르코스의 견해를 통해 〈보기〉가 타협주의의 영향을 받았음을 알 수 있다. 따라서 디오와 같은 타협주의자들은 〈보기〉에 대해 ①의 진술처럼 정체성 지키기를 포기하지 않으려는 자세를 견지한다고 볼 것이다.

오답분석

② 위의 ①의 해설에서 〈보기〉에 타나난 플루타르코스의 견해는 로마 제정 초기에 나타난 타협주의의 영향을 받았음을 알 수 있다고 설명했다. 또한 3문단과 4문단을 통해 로마 제정 성립 직후에 타협주의가 나타났고, 그 이후에 타협주의가 동화주의로 변했음을 알 수 있다. 그런데 4문단에 따르면 로마 제정 시대에 그리스 지식인들 사이에서 나타난 동화주의를 지지하는 아피아누스는 로마 제정이 안정과 평화·풍요를 안겨 주었다고 보았고, 로마가 공화정에서 제정으로 전환된 것을 축복이라고 묘사함으로써 새로운 체제에 대한 일체감을 드러냈다. 따라서 〈보기〉의 플루타르코스(타협주의)가 4문단에 나타난 아피아누스(동화주의)보다 앞선 시대의 인물임을 알 수 있으므로, 아피아누스와 동시대인이라는 ②의 진술은 적절하지 않다.

③ 타협주의적 태도를 드러내는 플루타르코스는 〈보기〉에 따르면 로마인은 친구들의 정치적 이익을 증대시켜 주는 데 열심이라고 말했다. 또한 기원후 2세기 중엽 그리스의 지식인이었던 아리스티데스는 1문단에 따르면 로마의 시민권 개방 정책이 '보편 시민'을 구현한다고 보았으며, 4문단에 따르면 그는 동화주의자로서 그리스에 대한 혜택과 배려를 더 이상 논하지 않고, 제국 시민으로서의 관점을 강조하고 식민지 엘리트들의 탈정치화를 상정했다. 따라서 〈보기〉가 아리스티데스와 같은 태도를 보이고 있다는 ③의 진술은 적절하지 않다.

④ 3문단에 따르면 디오니시우스는 로마인의 뿌리는 사실 그리스인이라며 동조론을 제기했다. 또한 〈보기〉에서 로마인을 '친구'라고 부르는 플루타르코스는 우리(그리스인)로서의 정체성을 지키려고 하며, 로마의 통치로 인해 전쟁이 자취를 감춘 평화가 유지되고 있다고 말한다. 그러나 이는 평화를 유지해 준다며 로마의 통치를 긍정하는 것일 뿐이며, 디오니시우스처럼 그리스인과 로마인은 뿌리(조상)가 같다는 동조론을 지지하는 것은 아니다. 따라서 디오니시우스의 주장을 지지한다는 ④의 진술은 적절하지 않다.

⑤ 〈보기〉에 나타난 플루타르코스의 견해에서는 타협주의적 태도가 드러나며, 그리스 지식인 사이에서 타협주의가 나타난 시기는 기원후 1세기 초 로마 제정 초기이다. 그리고 2문단에 따르면 최선자의 지배가 약자에게 유익하다는 논리로써 로마인에 대해 지배의 도덕적 정당성을 인정하면서 순응주의를 드러낸 파나이티오스와 포세이도니오스는 기원전 2~1세기의 철학자이다. 따라서 플루타르코스와 파나이티오스, 포세이도니오스가 동시대인이라는 ⑤의 진술은 적절하지 않다.

[06~07] 지문 분석

- 주제 : 역사 연구를 위한 토인비의 가설의 특징
- 핵심 키워드 : 토인비, 도전과 응전, 창조적 소수와 대중의 모방
- 글의 구조
  ▷ 1문단 : 역사 연구의 기본 단위를 문명으로 설정한 토인비
  - 문명을 역사 연구의 기본 단위로 설정한 토인비는 한 나라의 역사는 그 자체만으로는 제대로 이해할 수 없고 그 나라가 속한 문명의 틀 안에서 바라보아야 한다고 했다.
  - 토인비는 문명 중심의 역사를 이해하기 위한 세운 가설들을 검증함으로써 문명의 발생과 성장, 쇠퇴 요인들을 규명하려 하였다.
  ▷ 2문단 : 토인비가 세운 가설들의 중심축
  - 토인비가 세운 가설들의 중심축은 '도전과 응전' 및 '창조적 소수와 대중의 모방' 개념이다.
  - 토인비에 의하면 환경(역경)의 도전에 대해 성공적으로 응전하는 인간 집단이 문명을 발생시키고 성장시킨다.
  ▷ 3문단 : 토인비가 제시한 세 가지 상호 관계의 비교
  - 토인비가 제시한 '세 가지 상호 관계의 비교'에 따르면 도전의 강도가 지나치게 크거나 작으면 안 되고, 최적의 도전에서만 성공적인 응전이 나타난다.
  ▷ 4문단 : 문명의 성장 조건(창조적 소수의 역량 발휘 +대중의 모방)
  - 성공적인 응전을 통해 나타난 문명이 성장하려면 새로운 도전들을 해결해야 한다.
  - 새로운 도전들을 해결하려면 소수의 창조적 인물들이 역량을 발휘해야 하며, 이때 대중은 모방을 통해 그들의 역할을 수행해야 한다.
  ▷ 5문단 : 모방의 작용 방향
  - 토인비는 모방의 유무가 아니라 모방의 작용 방향이 중요하다고 설명한다.
  - 모방의 방향이 선조들과 구세대가 아니라 창조적 소수에게로 향해야 문명이 지속적으로 성장한다.

06 세부 내용의 이해 정답 ①

① 2문단에 따르면 토인비는 '도전과 응전'의 개념을 제시하고, 환경의 도전에 대해 성공적으로 응전하는 인간 집단이 문명을 발생시키고 성장시킨다고 보았다. 또한 3문단에 따르면 토인비는 도전의 강도가 과대하면 응전이 성공할 수 없고, 반대로 과소하면 반응이 전혀 나타나지 않으며, 최적의 도전에서만 성공적인 응전이 나타난다고 보았다. 따라서 토인비는 ①의 진술처럼 문명은 최적의 도전에 대한 성공적 응전에서 발생한다고 보는 것이다.

오답분석

② 5문단에 따르면 모방은 문명을 발생시키지 못한 원시 사회에서도 찾아볼 수 있는데, 토인비는 모방의 유무가 중요한 것이 아니라 모방의 작용 방향이 중요하다고 보았다. 즉, 문명을 발생시키고 성장하게 하는 데는 모방의 작용 방향이 중요하며, 모방의 유무는 중요하지 않다. 따라서 모방의 존재 여부가 문명 발생과 성장의 기준이 된다는 ②의 진술은 적절하지 않다.

③ 1문단에 따르면 토인비는 역사 연구의 기본 단위를 국가가 아닌 문명으로 설정했다. 한 나라의 역사는 그 자체만으로는 제대로 이해할 수 없고, 서로 영향을 주고받는 문명의 틀 안에서 바라보아야 한다고 여겼기 때문이다. 따라서 국가를 기본 단위로 역사를 연구해야 한다는 ③의 진술은 적절하지 않다.

④ 3문단에 따르면 토인비는 도전의 강도가 지나치게 크면 응전이 성공일 수 없다고 보았다. 따라서 환경의 도전이 강력할수록 응전이 더 효과적이라는 ④의 진술은 적절하지 않다.

⑤ 5문단에 따르면 문명을 발생시키지 못한 원시 사회에서 모방의 방향은 선조들과 구세대를 향하며, 죽은 선조들은 살아 있는 연장자의 권위를 강화함으로써 인습이 사회를 지배하게 되어 발전적 변화가 나타나지 않는다. 따라서 선조에 기대어 기성세대의 권위가 강화되는 사회는 ⑤의 진술과 달리 발전적 변화가 나타나기 어렵다.

⊕ 배경지식

토인비(Arnold J. Toynbee)
영국의 역사가, 문명 비평가로서, 결정론적 사관에 반대하여 인간 및 인간 사회의 자유 의지와 행위에 의하여 역사와 문화가 형성됨을 강조하였다. 저서에 〈역사의 연구〉(12권), 〈시련에 선 문명〉, 〈역사가가 본 종교관〉 등이 있다.

③ 〈보기〉에 따르면 둘째 집단은 수렵 생활에서 유목 생활로 생활양식만을 변경했으며, 문명 단계에 들어간 이후에는 더 이상 발전하지 못하고 정체되었다. 그리고 4문단에 따르면 문명이 성장하기 위해 새로운 도전들을 해결하려면 그 사회에서 창조적인 소수의 인물들이 역량을 발휘해야 한다. 따라서 문명의 발전이 정체된 둘째 집단은 창조적인 소수의 인물들이 역량을 발휘하지 못해 새로운 도전들을 해결하지 못했음을 알 수 있다.

오답분석

① 〈보기〉에 따르면 기후 변화로 인한 서남아시아 일부 초원 지역의 사막화 때문에 초원 지역에서 수렵 생활을 하던 사람들이 서로 다른 세 가지 길(멸망, 정체, 발전)을 걷게 되었다. 그리고 2문단에 따르면 인간의 창의적 행동은 역경을 극복하려는 분투 과정에서 발생하기 때문에 토인비는 역경의 도전에 성공적으로 응전해야 문명을 발생·성장시킬 수 있다고 보았다. 따라서 초원 지역에서 수렵 생활을 하던 사람들에게 사막화는 기존의 생활양식과 생존을 위협하는 도전(역경)인 것이고, 응전의 성공 정도에 따라 서로 다른 세 가지 길을 걷게 된 것이다.

② 〈보기〉에 따르면 첫째 집단은 사막화라는 도전에 응전하지 않고 기존의 수렵 생활을 고수하며 겨우 생존만 하다가 결국 멸망했다. 이는 2문단에서 언급한 토인비 가설의 중심축 '도전과 응전'을 충족하지 못한 사례이다. 또한 5문단에서 언급한 것처럼 모방의 작용 방향이 선조들과 구세대를 향함으로써, 즉 죽은 선조들과 구세대를 모방함으로써 발전적 변화가 나타나지 못한 사례로 볼 수 있다.

④ 4문단에 따르면 문명을 성장시키려면 새로운 도전들을 해결해야 하며, 이때 그 사회의 창조적 인물들이 역량을 발휘해야 도전들을 해결할 수 있다. 그러나 창조적 인물들은 소수이기 때문에 도전들에 성공적으로 응전하려면 대중이 창조적 인물들을 모방함으로써 자신들의 역할을 수행해야 한다. 그리고 〈보기〉에 따르면 셋째 집단은 문명을 발생시킨 이후에 이어지는 문제들도 성공적으로 해결해 나갔다. 따라서 셋째 집단에서는 ④의 진술처럼 창조적 소수가 나타났고, 대중의 모방이 그들을 향했다고 볼 수 있다.

⑤ 2문단에 따르면 토인비는 환경의 도전(역경)에 대해 성공적으로 응전하는 인간 집단이 문명을 발생시킨다고 보았다. 그리고 〈보기〉에 따르면 셋째 집단은 사막화라는 역경에 대해 강 유역으로 이주해 농경 생활로 변화하는 방식으로 응전해 문명을 발생시켰다. 따라서 셋째 집단은 ⑤의 진술처럼 생활 터전과 생활양식을 바꾸는 방식으로 환경의 변화에 성공적으로 응전해 문명을 발생시켰다고 볼 수 있다.

DAY 01
DAY 02
DAY 03
DAY 04
DAY 05
DAY 06
DAY 07
DAY 08
DAY 09
DAY 10

01	02	03	04	05	06	07			
①	⑤	②	②	①	⑤	①			

[01] 지문 분석

• 주제 : 복지 재원 마련을 둘러싼 독일의 보수파와 자유주의자들 사이의 갈등
• 핵심 키워드 : 비스마르크의 복지 정책, 보수파, 자유주의자
• 글의 구조
  ▷ 1문단 : 정파들 간에 논쟁과 갈등을 빚은 비스마르크의 복지 정책
    – 비스마르크가 추진한 노령연금과 의료보험 정책의 일차적 목표는 사회주의자들을 견제하면서 독일 노동자들이 미국으로 이탈하는 것을 방지하는 데 있었다.
    – 그의 복지 정책 실행 과정에서 각 정파들 간에 논쟁과 갈등이 발생한 것은 복지 재원 확보를 위해 징세하면 국민들의 불만을 살 우려가 있었고, 제공되는 복지 수준이 기대치와 다를 경우 수혜자의 불만을 살 우려가 있었기 때문이다.
  ▷ 2문단 : 복지 재원 마련을 둘러싼 독일 보수파와 자유주의자들 사이의 갈등
    – 복지 정책의 입안과 관련 조세 정책의 수립에 적극적이었던 독일의 사회주의자들, 보수주의자들은 국가가 직접 복지 재원을 마련하는 데 찬성했다.
    – 개인의 사유재산권이나 절차상의 공정성을 강조했던 독일 자유주의자들은 장애인이나 가난한 이들에 대한 복지를 구휼 정책이라고 간주해 찬성하지 않았다.
    – 독일 자유주의자들은 개인이 자발적으로 사회적 약자들을 돕는 것에는 반대하지 않고 적극 권장하는 입장을 취했다.
    – 독일의 보수파와 자유주의자들과의 갈등은 현재까지도 지속되고 있다.

01 **세부 내용의 이해** 정답 ①

① 2문단에 따르면 독일 자유주의자들은 장애인이나 가난한 이들에 대한 복지를 구휼 정책이라고 간주해 찬성하지 않았다. 그러나 개인이 자발적으로 사회적 약자들을 돕는 것

에는 반대하지 않고 적극 권장하는 입장을 취했다. 따라서 독일 자유주의자들은 ①의 진술처럼 구휼 정책에는 반대했지만 개인적 자선 활동에는 찬성했음을 알 수 있다.

[오답분석]

② 2문단에 따르면 공동체적 가치를 중요시해 온 독일의 보수주의자들은 복지 정책을 입안하고 그 집행과 관련된 각종 조세 정책을 수립하는 데에 적극적이었으며, 보편적 복지를 시행하기 위한 재원을 국가가 직접 나서서 마련하는 데 찬성했다. 그러나 복지 정책에 소요되는 재원을 마련하기 위해 ②의 진술처럼 그 부담을 특정 계층에게 전가하였는지는 제시된 글의 내용만으로는 판단할 수 없다.

③ 2문단에 나타난 논리에 따른다면 ③의 진술처럼 보수주의자들이 집권할 경우 국가가 복지 재원 확보를 위해 징수할 때 자유주의자들이 강제로 개인에게 세금을 거두고자 한다면 이는 자유의 침해이자 강요된 노동이 될 수 있다고 주장하며 징수에 반대할 수 있다. 그러나 ③의 진술처럼 국민의 노동 강도가 높아질 것인지는 제시된 글의 내용만으로는 판단할 수 없다.

④ 2문단에 따르면 공동체적 가치를 중요시해 온 독일의 사회주의자들은 복지 정책을 입안하고 그 집행과 관련된 각종 조세 정책을 수립하는 데에 적극적이었다. 그러나 ④의 진술처럼 국민들의 불만이 완화되었는지는 제시된 글의 내용만으로는 판단할 수 없다.

⑤ 1문단에 따르면 복지정책을 주도한 비스마르크는 보수파였다. 그리고 그가 추진한 복지 정책의 일차적 목표는 당시 노동자를 대변하는 사회주의자들을 견제하면서 독일 노동자들이 미국으로 이탈하는 것을 방지하는 데 있었다. 보수파가 사회주의자들을 견제하는 것이 목표 중 하나였던 것이다. 또한 그러나 ⑤의 진술처럼 사회주의자들이 제안한 사회 보장 정책을 보수주의자들이 전 국민으로 확대했는지는 제시된 글의 내용만으로는 판단할 수 없다.

⊕ 배경지식

비스마르크
근세 독일의 정치가(1815 ~ 1898). 1862년에 프로이센의 수상으로 임명된 후, 강력한 부국강병책을 써서 프로이센·오스트리아, 프로이센·프랑스 전쟁에서 승리하고 1871년에 독일 통일을 완성한 후, 신제국의 재상이 되었다. 밖으로는 유럽 외교의 주도권을 장악하고, 안으로는 가톨릭교도, 사회주의 운동을 탄압하여 '철혈재상'이라고 불린다.

PART 2

DAY 01
DAY 02
DAY 03
DAY 04
DAY 05
DAY 06
DAY 07
DAY 08
DAY 09
DAY 10

[02] 지문 분석

- 주제 : ADR의 구분과 각각의 특징
- 핵심 키워드 : ADR, 법치주의, 중재, 조정, 협상, 자기결정권
- 글의 구조
  ▷ 1문단 : ADR의 특징과 구분
   – 분쟁당사자 간 자율적 분쟁해결을 도모하는 ADR은 시간과 비용이 절감되나 법치주의에 위배될 우려가 있다.
   – ADR은 자기결정권의 정도에 따라 중재·조정·협상으로 구분되며, 중재에서 조정·협상으로 갈수록 자기결정권의 정도가 크다.
  ▷ 2문단 : ADR 중 중재의 특징
   – 중재는 전문성을 보유한 중재인 또는 중재단 등 제3자가 당사자들의 의뢰에 따라 분쟁을 해결하며, 중재인이 제시한 중재안은 구속력이 있다.
   – 중재에서 당사자의 자기결정권은 중재 선택 여부를 결정하는 것일 뿐이며, 그 이후의 절차나 결과에 관해서는 결정권이 제한된다.
  ▷ 3문단 : ADR 중 조정의 특징
   – 조정은 당사자 간 대화를 통하여 창의적 해결안을 모색하기 때문에 결과 도출 시 당사자의 만족도가 크다.
   – 조정은 제3자의 개입 수준에 따라 알선과 순수한 의미의 조정으로 재구분한다.
  ▷ 4문단 : ADR 중 조정의 협상
   – 협상은 제3자의 관여 없이 분쟁당사자 간의 협의를 통해 분쟁을 해결하기 때문에 사회적·경제적 우위 등이 반영된 해결안이 마련되기도 한다.
   – 협상은 자율적으로 분쟁을 해결한다는 점에서 가장 이상적이지만, 비공개 의사결정에 의존하므로 사회 정의를 실현하는 측면에서는 미흡한 점이 있다.

만족도가 크다. 그리고 4문단에 따르면 협상은 결과에 대한 만족도가 다양하다. 그러나 제시된 글의 내용만으로는 중재, 조정, 협상 등의 만족도를 비교해 우열을 단정할 수 없다. 따라서 ①의 진술처럼 중재는 결과에 대한 만족도가 가장 낮은지는 정확히 알 수 없다.

② 1문단에 따르면 ADR은 사법적 통제가 이루어지지 않는다. 또한 4문단에 따르면 ADR 중 협상은 제3자의 관여 없이 분쟁당사자 간의 협의를 통해 분쟁을 해결하는 것이다. 그러나 제시된 글의 내용만으로는 협상에 대한 사법적 통제의 정도를 판단할 수 없다. 따라서 ②의 진술처럼 협상이 사법적 통제가 가장 낮게 이루어지는지는 알 수 없다.

③ 1문단에 따르면 조정, 협상, 중재 등의 ADR은 재판과 비교해 시간이 절감된다. 그러나 제시된 글의 내용만으로는 조정, 협상, 중재의 해결에 요구되는 시간을 비교할 수 없다. 따라서 ③의 진술처럼 협상은 분쟁 해결에 요구되는 시간이 가장 짧은 수단인지는 알 수 없다.

④ 1문단에 따르면 중재에서 조정, 협상으로 갈수록 자기결정권의 정도가 크다. 또한 3문단에 따르면 조정은 알선과 순수한 의미의 조정으로 구분된다. 이를 토대로 자기결정권의 정도를 도식화하면 '협상〉조정(알선, 조정)〉중재'이다. 따라서 알선은 협상보다 자기결정권의 정도가 크다는 ④의 진술은 옳지 않다.

⊕ 배경지식

ADR(Alternative Dispute Resolution)
우리말로 '대안적 분쟁 해결 방안'으로 풀이할 수 있는 ADR은 당사자가 선정한 분쟁해결 주체가 알선, 조정, 중재 등 소송 이외의 수단으로 분쟁을 해결하는 것이다. 우리나라의 대표적인 중재·조정 기관으로는 기업과 소비자 사이의 분쟁에 관여하는 한국소비자원이 있다.

---

02 일치·불일치   정답 ⑤

⑤ 4문단에 따르면 ADR 중에서 협상은 제3자의 관여 없이 분쟁당사자 간의 협의를 통해 분쟁을 해결하기 때문에 자기결정권의 정도가 가장 크지만, 분쟁당사자 간의 비공개 의사결정에 의존해 분쟁해결안을 만들기 때문에 사회 정의 실현 측면에서 미흡한 점이 있다. 따라서 ADR 중에서 자기결정권의 정도가 가장 큰 협상은 ⑤의 진술처럼 사회 정의 실현에 충분히 기여하는 것은 아님을 알 수 있다.

오답분석

① 2문단에 따르면 중재는 중재인이 제시한 중재안이 구속력이 있기 때문에 중재안에 만족하지 못하는 당사자도 발생한다. 또한 3문단에 따르면 조정은 결과 도출 시 당사자의

[03~05] 지문 분석

- 주제 : 포식에 관련한 비판이 지적하는 동물감정론과 동물권리론의 윤리적 문제
- 핵심 키워드 : 동물감정론, 동물권리론, 윤리 결과주의, 공리주의, 의무론
- 글의 구조
  ▷ 1문단 : 동물감정론과 동물권리론으로 인한 윤리적 문제
   – 포식에 관련한 비판은 동물도 윤리적 대상으로 고려해야 한다는 동물감정론, 동물권리론으로 인한 윤리적 문제의 발생 가능성을 지적한다.

▷ 2문단 : 동물감정론과 동물권리론을 비판할 수 있는 이유
- 인간의 육식, 실험 등이 고통 유발이나 권리 침해 때문에 그르다면, 야생 동물의 포식이 피식 동물의 고통을 유발하거나 그 권리를 침해하는 것 또한 그르다.
- 동물감정론과 동물권리론이 야생 동물의 포식을 방지해야 한다는 과도한 의무까지 함축할 수 있다는 점만으로도 그 이론을 비판할 충분한 이유가 된다.
▷ 3문단 : 동물감정론이 포식 방지의 의무를 부과한다는 지적에 대한 공리주의자의 응답
- 동물감정론은 윤리 결과주의에 근거하며, 윤리 결과주의인 공리주의는 행동으로 인한 쾌락의 극대화 여부를 행동의 올바름과 그름을 평가하는 기준으로 본다.
- 동물감정론이 포식 방지의 의무를 부과한다는 지적에 대해 공리주의자들은 동물을 이유 없이 죽이거나 학대하지 않는 것으로 인간이 의무를 다한 것이며, 동물의 행동까지 규제해야 할 의무는 없다고 응답한다.
▷ 4문단 : 공리주의를 동원한 동물감정론에 대한 비판
- 포식에 대한 인간의 개입이 수월해져 쾌락이 고통보다 더 커질 수 있으므로 공리주의를 동원한 동물감정론은 포식 방지가 인간의 의무가 될 수 없음을 증명하지 못한다.
- 쾌락 총량의 극대화를 기치로 내건 동물감정론에서의 효용 계산으로 여전히 포식 방지의 의무가 산출될 수 있다.
▷ 5문단 : 동물권리론이 포식 방지의 의무를 부과한다는 지적에 대한 공리주의자의 응답
- 동물권리론은 윤리 비결과주의에 근거하며, 윤리 비결과주의인 의무론은 행위의 도덕성은 행위자의 의무가 적절히 수행되었는지의 여부에 따라 결정된다고 본다.
- 동물권리론이 포식 방지와 같은 의무를 부과한다는 지적에 대해 의무론자들은 동물은 도덕 수동자이므로 다른 동물을 잡아먹지 않을 의무가 없고, 동물의 포식을 막을 인간의 의무도 없다고 응답한다.
▷ 6문단 : 의무론을 동원한 동물권리론의 문제점
- 포식 방지에 대한 비판의 핵심은 동물의 포식을 금지할 인간의 의무의 유무이지 동물이 포식을 그만둘 의무의 유무는 아니기 때문에 의무론을 동원한 동물권리론은 포식에 관련한 비판을 오해했다.
- 도덕 수동자에게 의무가 없다고 해도 동물권리론의 주장처럼 도덕 행위자도 의무가 없는 것은 아니기에 비판을 받는다.

03 일치·불일치   정답 ②

② 5문단에 따르면 동물권리론은 윤리 비결과주의를 근거로 내세우며, 전형적 윤리 비결과주의인 의무론은 행위의 도덕성은 행위자의 의무가 적절히 수행되었는지의 여부에 따라 결정된다고 본다. 또한 도덕 행위자는 자신의 행동을 조절하고 설명할 수 있는 능력을 지니고 있으므로 의무도 지는 반면, 도덕 수동자는 그러한 능력이 없으므로 의무를 지지 않는다고 본다. 즉, 도덕 수동자는 도덕 의무자와 달리 의무를 지지 않기 때문에 ②의 진술처럼 인간이 동물에 대해 의무가 있는지를 판단할 때는 인간이 도덕 행위자에 해당하는지 여부를 먼저 고려해서 도덕 행위자이어야 의무를 적절히 수행했는지 판단할 수 있다는 전제에 대해 우선적으로 고려해야 하는 것이다.

오답분석

① 3문단에 따르면 ⊙의 동물감정론은 윤리 결과주의에 근거하며, 전형적 윤리 결과주의인 공리주의에서는 행동이 쾌락을 극대화하는지의 여부, 즉 행동의 효용이 행동의 올바름과 그름을 판단하는 기준이 된다. 이때 효용은 쾌락의 총량에서 고통을 차감해 계산한다. 따라서 ⊙에서는 고통을 충분히 고려할 것이므로 효용 계산에서 고통은 무시해도 된다는 ①의 진술은 적절하지 않다.

③ 2문단에 따르면 인간의 육식이나 실험 등이 고통 유발이나 권리 침해 때문에 그르다면, 야생 동물의 포식이 피식 동물의 고통을 유발하거나 그 권리를 침해하는 것 또한 그르다고 해야 할 것이다. 그렇다 해도 동물의 포식까지 막아야 한다고 하는 것은 터무니없다. 이러한 내용에서 논거를 정리하면 "인간의 육식이 그르다면 동물의 포식도 그르다. 그런데 동물의 포식은 그르지 않다. 따라서 인간의 육식은 그르지 않다."고 이해할 수 있다. 그러므로 ⓒ에서는 인간의 육식은 그르다고 본다는 ③의 진술은 적절하지 않다. 논리의 전개를 위해 인간의 육식이 그를 수 있다고 가정한 것일 뿐이며, 그르다고 단정한 것이 아니다.

④ 제시된 글에 나타난 ⊙의 동물감정론과 ⓛ의 동물권리론에서는 동물의 포식을 인간이 금지할 의무가 없고, 동물에게도 포식을 하지 않을 의무 또한 없다고 본다. 그리고 이에 대해 ⓒ의 포식에 관련한 비판에서는 동물의 포식을 금지할 의무가 인간에게 주어질 수 있다며 ⊙과 ⓛ을 반박한다. 따라서 ⊙과 ⓛ은 동물에게 포식 금지의 의무가 있다고 본다는 ④의 진술은 적절하지 않다.

⑤ 2문단에 따르면 ⓒ의 포식에 관련한 비판은 포식을 방지하는 행동이 설령 가능해도 그렇게 하는 것은 자연 질서를 깨뜨리므로 올바르지 않다고 본다. 즉, ⓒ은 포식을 방지하는 행동은 올바르지 않다고 보는 것이므로 ⓒ은 포식을 방지하는 행동이 그르다고 본다는 ⑤의 진술은 적절하지 않다. 또한 3문단에 나타난 ⊙의 동물감정론의 공리주의적 논리에 따른다면 쾌락보다 고통이 더 클 경우에는 포식 방지 행동이 그르게 된다. 따라서 ⊙은 포식을 방지하는 행동이 그른 까닭을 생명 공동체의 안정성 파괴에서 찾는다는 ⑤의 진술은 적절하지 않다.

04 추론하기   정답 ②

㉠ 3문단에 따르면 공리주의는 행동의 효용, 곧 행동이 쾌락을 극대화하는지의 여부를 그 행동의 평가에서 가장 주요한 기준으로 간주하며, 이때 효용은 발생할 것으로 기대되는 고통의 총량을 차감한 쾌락의 총량에 의해 계산한다. 따라서 ㉠이 진술처럼 포식 동물을 제거하면 쾌락의 총량이 고통의 총량보다 커지는 경우에는 포식 동물을 제거하는 것이 적절하다.

㉣ 5문단에 따르면 동물권리론은 행동의 평가가 '의무의 수행' 등 행동 그 자체의 성격에 의거해야 한다는 윤리 비결과주의를 근거로 내세우며, 전형적 윤리 비결과주의인 의무론에서는 행위의 도덕성은 행위자의 의무가 적절히 수행되었는지의 여부에 따라 결정된다고 본다. 즉, 행위자가 의무를 적절히 수행하면 그의 행위는 도덕성을 가지며, 행위로 인한 결과는 따지지 않는 것이다. 따라서 의무론에서는 ㉣의 진술처럼 인간 행동의 올바름 또는 그릇됨은 행동으로 인한 결과가 아니라 행동 그 자체의 성질에서 찾을 수 있다고 볼 것이다.

오답분석

㉡ 4문단에 따르면 기술 발전 등으로 인해 포식에 대한 인간의 개입이 더욱 수월해지고, 그로 인해 기대할 수 있는 쾌락의 총량이 고통의 총량보다 더 커질 경우에는 공리주의를 동원한 동물감정론은 포식 방지가 인간의 의무가 될 수 없음을 증명하는 데 실패한다. 즉, 쾌락의 총량이 고통의 총량보다 더 클 경우에는 포식 방지 의무를 인정해야 하는 것이다. 따라서 동물에 대한 윤리적 대우의 범위는 ㉡의 진술과 달리 인간의 기술 발전 수준에 비례할 것이다.

㉢ 5문단에 따르면 의무론을 동원한 동물권리론에서는 의무를 지니려면 먼저 자신의 행동을 조절하고 설명할 수 있는 능력을 지녀야 하며, 도덕 수동자인 포식 동물은 그러한 능력이 없으므로 의무도 없다고 본다. 즉, 의무가 있다면 반드시 능력도 있을 것이라고 이해할 수 있고, 능력이 있다고 해도 반드시 의무가 있는 것은 아님을 알 수 있다. 따라서 능력이 있다면 반드시 의무가 있을 것이라는 ㉢의 진술은 적절하지 않다.

05 비판하기   정답 ①

① 6문단에 따르면 '문제점'은 의무론을 동원한 동물권리론은 포식에 관련한 비판을 오해했다는 것이며, 포식 방지에 대한 비판의 핵심은 사자(도덕 수동자)가 사슴을 잡아먹는다고 할 때 인간(도덕 행위자)이 그것을 그만두게 할 의무가 있는지의 문제이지, 사자가 그만두어야 할 의무가 있는지의 여부는 아니다. 즉, 도덕 수동자의 행위를 도덕 행위자가 그만 두게 할 의무가 있는지가 포식 방지에 대한 비판의 핵심인 것이다. 아이(도덕 수동자)가 고양이를 괴롭힐 때 그 행동을 멈출 의무가 없더라도 그 부모(도덕 행위자)가 이를 막을 의무가 없는 것은 아닌 것이다. 다시 말해

도덕 수동자가 책임이 없다고 해도 도덕 수동자의 행위에 대한 도덕 행위자의 책임이 없는 것은 아니라는 문제가 있다는 뜻이다.

[06~07] 지문 분석

• 주제 : 자산(子産)의 개혁의 특징과 결과
• 핵심 키워드 : 자산(子産), 부국강병, 성문법, 역치(力治)
• 글의 구조
  ▷ 1문단 : 인간사는 인간 스스로의 문제라 여기며 현실 문제를 극복하고자 한 자산
    – 인간사는 인간 스스로 해결할 문제라 생각한 자산은 인간의 문제 해결 범위를 확대했고, 정나라의 현실 문제를 극복하고자 하였다.
  ▷ 2문단 : 자산이 개혁을 추진한 배경
    – 귀족 정치의 위기를 수습하고 부국강병을 통해 강대한 제후국의 지배를 받지 않는 것이 정나라와 자산에게 부여된 과제였다.
    – 자산은 집권과 동시에 귀족에게 집중됐던 정치적·경제적 특권을 약화시키는 데 초점을 맞춰 개혁을 추진하였다.
  ▷ 3문단 : 자산의 개혁의 긍정적 효과
    – 자산은 백성들도 토지를 소유할 수 있게 하고, 이것을 문서화해 세금을 부과함으로써 민부(民富)를 국부(國富)로 연결시켰다.
    – 자산은 귀족들의 정치 기반을 약화시키고, 형법을 성문화해 법치의 체계를 세웠다.
  ▷ 4문단 : 새로운 폐단을 초래한 자산의 개혁
    – 자산의 개혁 조치에 따라 정나라는 부국강병을 이루었고, 백성의 위상을 높였다.
    – 그러나 자산의 개혁은 힘에만 의존해 다스리는 역치(力治)의 가능성이 농후했고, 결국 국가의 엄한 형벌과 과중한 세금 수취로 이어지는 폐단을 낳기도 했다.

06 추론하기   정답 ⑤

⑤ 3문단에 따르면 자산은 중간 계급도 정치 득실을 논할 수 있도록 하여 귀족들의 정치 기반을 약화시키는 한편, 형법을 성문화해 법치의 체계를 세움으로써 귀족의 임의적인 법 제정과 집행을 막아 그들의 지배력을 약화시키려 했다. 그래서 당시의 귀족들은 자산의 개혁 조치에 반발했다. 따라서 법치 전통을 세우려 한 자산의 개혁 조치에 대해 귀족들은 자신들의 세력 약화를 우려해 반대했으므로 ⑤와 같은 귀족의 반응은 적절하지 않다.

PART 2

DAY 01
DAY 02
DAY 03
DAY 04
DAY 05
DAY 06
DAY 07
DAY 08
DAY 09
DAY 10

① 3문단에 따르면 자산이 성문법을 도입한 조치는 귀족의 임의적인 법 제정과 집행을 막았다. 따라서 백성의 입장에서는 ①의 반응처럼 이전보다 일관성 있는 법 적용을 받을 수 있다고 생각할 것이다.

② 4문단에 따르면 성문법 도입은 백성들도 교육을 받을 수 있는 계기가 되는 등 자산의 개혁 조치는 이전보다 상대적으로 백성의 위상을 높였다. 따라서 백성의 입장에서는 ②의 반응처럼 법을 알기 위해 글을 배워야겠다고 생각할 것이다.

③ 3문단에 따르면 자산이 백성들도 토지를 소유할 수 있게 하고 이를 문서화함에 따라 백성들은 개간을 통해 경작지를 늘려 생산을 증대했다. 따라서 백성의 입장에서는 ③의 반응처럼 개간한 땅은 자신의 재산이 될 것이라고 생각할 것이다.

④ 2문단에 따르면 자산의 개혁은 귀족에게 집중됐던 정치적·경제적 특권을 약화시키는 데 초점이 맞춰져 있었으며, 3문단에 따르면 자산은 귀족이 독점하던 토지를 백성들도 소유할 수 있게 하였다. 즉, 일반 백성들이 토지를 소유하게 됨에 따라 귀족이 독점하던 경제적 특권이 약화되었을 것이다. 따라서 귀족들의 입장에서는 ④의 반응처럼 백성들의 토지 소유로 인해 자신들의 입지가 약화될 것이라고 생각할 것이다.

⊕ 배경지식

자산(子産)
본명은 국교(國僑)이며, 중국 정(鄭)나라의 재상이다. 중국 최초로 성문법을 제정해 인습적인 귀족 정치를 없애려 했으며, 농지를 정리하고 전부(田賦)를 설정함으로써 국가의 재정을 강화했다. 또한 초(楚)나라와 진(晉)나라 등의 주변 강대국 사이에서 외교적으로 성공을 이룬 것으로 평가받는다.

07 비판하기 　　　　정답 ①

① 1문단에 따르면 천도(天道)는 멀고, 인도(人道)는 가깝다고 인식한 자산은 인간사는 인간 스스로 해결할 문제라 생각했으며, 인간의 문제 해결 범위를 확대했고, 정나라의 현실 문제를 극복하고자 했다. 그러나 4문단에 따르면 그의 개혁은 힘에만 의존하여 다스리는 역치(力治)의 가능성이 농후했고, 결국 국가의 엄한 형벌과 과중한 세금 수취로 이어지는 폐단을 초래했다. 그런데 〈보기〉에 나타난 노자는 통치자의 무위(無爲)를 강조하며, 사회의 도덕·법률·제도는 인간의 삶을 인위적으로 규정하는 허위라고 간주하고 그것의 해체를 주장했다. 따라서 인간의 문제를 인간 스스로 해결하려 한 자산의 개혁에 대해 〈보기〉에 나타난 노자는 엄한 형벌과 과중한 세금이라는 폐단을 낳았을 뿐이라고 비판할 수 있다. 따라서 노자는 인간의 문

제를 스스로 해결하려는 자산의 개혁적 시도는 ①의 진술처럼 결국 현실 사회를 허위로 가득 차게 할 것이라고 평가할 것이다.

② 1문단에 따르면 자산은 자연 변화는 인간의 화복과는 거리가 멀다고 생각했다. 따라서 자산이 ②의 진술처럼 자연이 인간의 화복을 주관하지 않는다는 생각한 것은 적절하다. 그러나 〈보기〉의 노자가 만물의 생성과 변화는 무의지적이라고 했으므로 자연의 의지를 강조하고 있는 것은 아니다.

③ 자산은 개혁을 통해 백성들의 경제력을 확대하고 부국강병을 이루며 백성들의 위상을 높이는 등의 긍정적 효과를 거두었다. 그러나 4문단에 따르면 그의 개혁은 결국 국가의 엄한 형벌과 과중한 세금 수취로 이어지는 폐단을 낳기도 했다. 따라서 통치자의 무위(無爲)를 주장하는 〈보기〉의 노자는 ③의 진술과 달리 자산의 현실주의적 개혁은 궁극적으로 백성들에게 안정과 혜택을 줄 것이라고 생각하지 않을 것이다.

④ 〈보기〉의 노자는 사회의 도덕, 법률, 제도 등은 모두 인간의 삶을 인위적으로 규정하는 허위이므로 그것을 해체해야 한다고 주장했다. 따라서 〈보기〉의 노자는 ④의 진술과 달리 사회 제도에 의거하는 자산의 정치 개혁은 사회 발전을 극대화할 것이라고 생각하지 않을 것이다.

⑤ 〈보기〉에 따르면 노자는 사회의 도덕, 법률, 제도 등은 모두 인간의 삶을 인위적으로 규정하는 허위라 파악했다. 따라서 〈보기〉의 노자는 ⑤의 진술과 달리 사회 규범의 법제화는 자발적인 도덕의 실현으로 이어지지 못할 것이라고 생각할 것이다.

⊕ 배경지식

노자(老子)
중국 춘추 시대의 사상가이며, 도가(道家)의 시조로서, 상식적인 인의와 도덕에 구애되지 않고 만물의 근원인 도를 좇아서 살 것을 역설하고, 무위자연(無爲自然)을 존중하였다.

01	02	03	04	05	06	07	08	
③	②	⑤	④	⑤	⑤	③	②	

[01] 지문 분석

- 주제 : 인종차별을 허용하는 법률은 불의하므로 거부해야 합니다.
- 핵심 키워드 : 인종차별, 도덕법, 자연법
- 글의 구조
  ▷ 1문단 : 정의로운 법률과 불의한 법률의 구분
    - '어떤 법률은 준수해야 한다고 하면서도 어떤 법률에 대해서는 그를 거부하라 할 수 있습니까?'라는 물음에는 '불의한 법률은 결코 법률이 아니다.'라는 아우구스티누스의 말로 답할 수 있습니다.
    - 법률에는 정의로운 법률과 불의한 법률, 두 가지가 있습니다.
  ▷ 2문단 : 정의로운 법률과 불의한 법률의 차이
    - 정의로운 법률과 불의한 법률 모두 사람에게 적용되는 규약이지만, 정의로운 법률은 도덕법에 해당하고, 불의한 법률은 도덕법에 배치됩니다.
    - 도덕법이 자연법이라는 입장에서 불의한 법률이 사람끼리의 규약에 불과하다고 보는 것은 사람끼리의 규약은 자연법에 기원한 것이 아니므로 불의하기 때문입니다.
  ▷ 3문단 : 인종차별을 허용하는 법률이 불의한 이유
    - 인간의 성품을 고양하는 법률은 정의롭고, 인간의 품성을 타락시키는 법률은 불의합니다.
    - 인종차별을 허용하는 법률이 모두 불의한 까닭은 인종차별이 영혼을 왜곡하고 인격을 해치기 때문입니다.
  ▷ 4문단 : 인종차별을 허용하는 법률의 거부에 동참할 것을 호소하는 이유
    - 인종차별은 불건전할 뿐 아니라 죄악이며 도덕적으로 그른 것입니다.
    - 분리는 죄악이라 할 것인데, 인종차별은 인간의 비극적인 분리를 실존적으로 드러내는 상징입니다.
    - 인종차별을 허용하는 법률은 결단코 그르기에 이에 대한 거부에 동참해달라고 호소하는 바입니다.

01 추론하기   정답 ③

㉠ 3문단에 따르면 인간의 성품을 고양하는 법률은 정의로우며, 2문단에 따르면 정의로운 법률은 신의 법, 곧 도덕법에 해당한다. 따라서 인간의 성품을 고양하는 법률은 ㉠의 진술처럼 도덕법에 해당한다고 추론할 수 있다.

㉡ 2문단에 따르면 불의한 법률은 사람끼리의 규약에 불과하며, 사람끼리의 규약이 불의한 이유는 그것이 자연법에 기원한 것이 아니기 때문이다. 따라서 사람끼리의 규약에 해당하는 법률은 ㉡의 진술처럼 자연법이 아니라고 추론할 수 있다.

[오답분석]

㉢ 3문단에 따르면 인종차별을 허용하는 법률은 모두 불의하다. 그리고 1문단에 따르면 법률에는 정의로운 법률과 불의한 법률, 두 가지가 있다. 또한 2문단에 따르면 정의로운 법률은 신의 법, 곧 도덕법에 해당하며, 불의한 법률은 그 도덕법에 배치되는 규약이다. 즉, 인종차별적 내용을 포함한 법률은 신의 법에 해당하지 않는다고 볼 수 있다. 그러나 ㉢의 진술과 달리 인종차별적 내용을 포함하지 않는 모든 법률은 신의 법에 해당한다고 볼 수는 없는 것은 'p는 q이다.'라는 명제의 이 'p가 아니면 반드시 q가 아니다'가 항상 참이 되는 것은 아니기 때문이다. 따라서 ㉢의 진술이 참인지 또는 거짓인지 판단할 수 없다.

⊕ 배경지식

도덕법과 자연법
- 도덕법 : 도덕적 행위의 기준이 되는 보편타당한 법칙으로서, 자연법칙과 달리 명령의 형식을 취하는 법칙이다.
- 자연법 : 인간 이성을 통하여 발견한 자연적 정의 또는 자연적 질서를 사회 질서의 근본 원리로 생각하는 법을 뜻한다.

[02] 지문 분석

- 주제 : 토론이 중요한 이유
- 핵심 키워드 : 토론, 경험
- 글의 구조
  - ▷ 1문단 : 과오를 고치려면 토론이 반드시 필요하다.
    - 인간이 이성적인 방향으로 발전해올 수 있었던 것은 자신의 잘못을 시정할 수 있는 능력 덕분이다.
    - 자신의 과오를 고치려면 경험만으로는 부족하고, 경험을 해석하려면 토론이 반드시 있어야 한다.
  - ▷ 2문단 : 타인의 의사 표현을 통제할 권리는 누구에게도 없다.
    - 어느 누구에게도 다른 사람들의 의사 표현을 통제할 권리는 없다.
    - 정부가 사람들의 의사 표현을 통제한다면 토론을 통해 잘못을 드러내고 진리를 찾을 기회가 박탈된다.

02 비판하기 정답 ②

ⓒ 1문단에 따르면 인간이 이성적인 방향으로 발전해올 수 있었던 것은 자신의 잘못을 스스로 시정할 수 있는 능력 덕분이며, 인간은 토론과 경험을 통해서만 자신의 과오를 고칠 수 있다. 이때 단지 경험만으로는 부족하며, 경험을 해석하기 위해서 토론이 반드시 필요하다. 또한 2문단에 따르면 정부가 토론의 자유를 제한하려 하는 행위를 해서는 안 되는 것은 사람들이 토론을 통해 잘못을 드러내고 진리를 찾을 기회를 박탈하기 때문이다. 따라서 ⓒ의 경우처럼 갈릴레오의 저서를 금서로 지정하면 천문학의 과오를 드러내고 진리를 찾을 기회를 박탈하게 되므로 ⓒ의 사례는 제시된 글의 논지를 강화한다.

오답분석

ㄱ 1문단에 따르면 인간은 토론과 경험에 힘입을 때에만 자신의 과오를 고칠 수 있는데, 이때 단지 경험만으로는 부족하며, 경험을 해석하기 위해서 토론이 반드시 있어야 한다. 그런데 ㄱ의 경우처럼 화재 사고 기록의 축적이라는 경험만 있고 토론은 없는데도 화재 사고를 잘 예방하였다면 토론은 필요 없게 되므로 ㄱ의 사례는 제시된 글의 논지를 약화한다.

ㄴ 2문단에 따르면 정부에 다른 사람들의 의사 표현을 통제할 권리는 없는 것은 토론을 봉쇄하면 사람들이 토론을 통해 잘못을 드러내고 진리를 찾을 기회가 박탈되기 때문이다. 그런데 ㄴ의 경우처럼 의견 표출을 억누르지 않는 사회에서 사람들이 가짜 뉴스를 더 많이 믿은 것은 제시된 글의 논지와 무관하다. 사람들이 무엇을 믿는지는 제시된 글의 논지와 관련이 없기 때문이다. 따라서 ㄴ의 사례는 글의 논지를 약화하지도 강화하지도 않는다.

[03~05] 지문 분석

- 주제 : 프랑스의 최근 극우민족주의에 대한 비판
- 핵심 키워드 : 극우민족주의, 라이시테(정교분리), 국민국가, 네이션, 신자유주의, 포퓰리즘, 대의제, 전체주의
- 글의 구조
  - ▷ 1문단 : 최근 극우민족주의와 정교분리라는 세속화(라이시테) 원칙
    - 최근 프랑스 극우민족주의 세력인 국민연합은 공화주의의 핵심 원칙인 라이시테(정치와 종교의 엄격한 분리라는 세속화)를 강조한다.
    - 프랑스 사회에서는 라이시테 원칙에 따라 무슬림을 억압하고 있으며, 통합을 위한 국가의 역할보다는 통합되는 자의 책임과 의지가 중시되기 시작했다.
  - ▷ 2문단 : 네이션의 개념 변화(기존 네이션의 개념과 극우민족주의에서 제시하는 네이션)
    - 국민국가 시기에 인민은 동일성에 기반한 네이션('민족/국민'이라는 틀)을 통해 민주주의적 주체로서 구성되었다.
    - 네이션의 동일성은 문화적 기반을 강조하는 폐쇄적 '민족' 개념과 정치적 원칙에 대한 동의만을 조건으로 하는 개방적 '국민' 개념으로 구분되어 형성되어 왔으며, 후자가 전자보다 바람직한 것으로 여겨져 왔다.
    - 하지만 최근의 극우민족주의에서 제시하는 네이션은 문화적 개념과 시민적 개념 사이의 차이를 없애고, 경계를 갖는 포섭과 배제의 논리로만 작동하고 있다.
    - 네이션의 구성에서 극우민족주의자들은 소극적 방식으로 네이션을 재구성한다.
  - ▷ 3문단 : 극우민족주의와 신자유주의의 배제 정치 전략
    - 네이션은 정치적 주체로서보다는 치안과 통치의 대상으로 전락하고 있다.
    - 극우민족주의는 신자유주의와의 동거를 통해 국민/비국민 혹은 시민/비시민의 구분 전략을 구사한다.
    - 극우민족주의자들은 이민 노동자나 '위험한 외국인'을 통합 불가능한 자들로 여겨 배제의 대상으로 삼았다.
  - ▷ 4문단 : 특정 집단을 공동의 적으로 만드는 극우민족주의에 대한 비판
    - 극우민족주의는 기존 좌우 정당의 틀을 넘어서 특정 집단을 공동의 적으로 만들면서 세력화를 추구한다.
    - 포퓰리즘의 출발이 근대 대의제의 거부와 인민의 직접적 정치 실천에 대한 욕망의 발현이기 때문에 극우민족주의는 포퓰리즘의 한 유형으로 볼 수 있다.

– 하지만 극우민족주의자는 근대 대의제 정치가 전제하는 대표자의 단일성을 위해 내부의 타자를 부정한다.

배경지식

극우민족주의
민족 및 국가의 가치를 극단적으로 중요시하는 보수주의적이거나 국수주의적인 입장이나 태도를 뜻하며, 외국인에 대한 혐오와 자민족 중심주의로 이어지는 경향이 있다.

03 일치·불일치 정답 ⑤

⑤ 3문단에 따르면 네이션은 시민들의 집합체, 연대와 삶의 공동체로서 국민국가의 주권자라는 위상을 잃고, 정치적 주체로서보다는 치안과 통치의 대상으로 전락하고 있다. 또한 사회적 배제의 정치 전략이 작동함에 따라 극우민족주의는 신자유주의와의 동거를 통해 국민/비국민 혹은 시민/비시민의 구분 전략을 구사하며, 이민 노동자를 '위험한 외국인'을 통합 불가능한 자들로 여겨 배제의 대상이 되었고, 이주 노동자를 '위험한 계급'으로 여겨 이주 노동자에 대한 권력의 예외적인 행사가 일상화된다. 따라서 ⑤에서 네이션은 주권자로서의 위상을 강화한다는 진술도, 네이션은 직접적 정치 실천을 확대한다는 진술도 적절하지 않다.

오답분석

① 1문단에 따르면 최근 프랑스 사회에서는 극우민족주의 세력인 국민연합이 강조하는, 공화주의의 핵심적 원칙인 라이시테, 즉 정치와 종교의 엄격한 분리라는 세속화 원칙에 의거해 공공장소에서 종교적 표지를 드러내는 것을 금지해 결과적으로 무슬림에 대한 억압이 이루어지고 있다. 따라서 프랑스 극우민족주의는 ①의 진술처럼 공화주의 원칙을 무슬림에 대한 배제의 기준으로 활용하고 있음을 알 수 있다.

② 1문단에 따르면 시민권 획득에서 프랑스어 및 프랑스 법과 가치에 대한 의무가 강조됨으로써 통합을 위한 국가의 역할보다는 통합되는 자의 책임과 의지가 중시되기 시작했다. 따라서 프랑스 시민권 획득의 조건에서는 ②의 진술처럼 통합을 위한 국가의 역할보다는 이주자의 책임이 강조되고 있음을 알 수 있다.

③ 4문단에 따르면 극우민족주의는 기존 좌우 정당의 틀을 넘어서 특정 집단을 공동의 적으로 만들면서 세력화를 추구하며, 극우민족주의 정당에 대한 지지 세력의 30～40%가 과거 좌파 정당을 지지했던 노동자 계급이라는 사실에서도 그것을 알 수 있다. 따라서 극우민족주의는 ③의 진술처럼 기존에 좌파 정당을 지지했던 노동자 계급을 흡수하면서 세력을 확장하고 있음을 알 수 있다.

④ 2문단에 따르면 국민국가 시기에 인민은 동일성에 기반한 네이션('민족/국민')이라는 틀을 통해 민주주의적 주체로서 구성되었다. 또한 네이션의 동일성은 문화적 기반을 강조하는 폐쇄적 '민족' 개념과, 정치적 원칙에 대한 동의만을 조건으로 하는 개방적 '국민' 개념으로 구분되어 형성되어 왔으며, 후자가 전자보다 공화주의적 논리에 기반하고 있다는 점 때문에 바람직한 것으로 여겨져 왔다. 따라서 국민국가 시기에 정치적 원칙에 기반한 국민 개념은 ④의 진술처럼 문화적 민족 개념보다 개방적인 것으로 간주되었음을 알 수 있다.

04 추론하기 정답 ④

④ 2문단에 따르면 극우민족주의는 네이션을 새로운 상징, 가치 등을 중심으로 재구성하면서 네이션에 대한 호명을 시도한다. 또한 3문단에 따르면 안전의 위협이라는 비상 상황이 일상적인 것이라고 강조되면서 '위험한 계급'으로서 이주 노동자에 대한 권력의 예외적인 행사 역시 일상화된다. 그리고 4문단에 따르면 극우민족주의는 특정 집단을 공동의 적으로 만들면서 세력화를 추구한다. 따라서 최근의 극우민족주의는 ④의 진술처럼 이주 노동자를 공동의 적으로 간주하고 사회의 안전에 대한 위협을 강조함으로써 국가 권력의 예외적 행사를 정당화하려 한다고 이해할 수 있다.

오답분석

① 2문단에 따르면 최근의 극우민족주의에서 제시하는 네이션은 문화적 민족 개념과 시민적 개념 사이의 차이를 없애고 경계를 갖는 포섭과 배제의 논리로만 작동하고 있다. 즉, 문화적 개념과 시민적 개념 사이의 차이를 없앤 것은 동일성에 기반한 네이션 자체를 부정한 것이 아니며, 네이션 안에 있는 '민족/국민'의 개념 구분을 부정한 것으로 이해할 수 있다. 따라서 최근의 극우민족주의에서는 문화적 민족 개념과 시민적 국민 개념의 차이를 없애려 한다는 ①의 진술은 적절하지만, ①의 진술과 달리 동일성에 기반한 정치를 제거하려고 하는 것은 아니라고 이해할 수 있다.

② 3문단에 따르면 네이션은 시민들의 집합체, 연대와 삶의 공동체로서 국민국가의 주권자라는 위상을 잃고, 정치적 주체로서보다는 치안과 통치의 대상으로 전락하고 있다. 또한 안전의 위협이라는 비상 상황이 일상적인 것이라고 강조되면서 '위험한 계급'으로서 이주 노동자에 대한 권력의 예외적인 행사 역시 일상화된다. 따라서 최근의 극우민족주의에서는 ②의 진술과 달리 연대의 공동체로서 국민국가의 위상을 강조하지는 않는다고 이해할 수 있다.

③ 4문단에 따르면 극우민족주의는 포퓰리즘의 한 유형으로 볼 수 있는데, 이는 포퓰리즘의 출발이 근대 대의제의 거부와 인민의 직접적 정치 실천에 대한 욕망의 발현이기 때문이다. 하지만 극우민족주의자들은 여전히 근대 대의제 정치가 전제하는 대표되는 자의 단일성을 위해 내부의 타자를 부정하고 있다. 즉, 극우민족주의자들은 근대 대의제를 거부하지 않는다고 이해할 수 있다. 따라서 ③에서 최근의

안심Touch

극우민족주의는 근대의 대의제 정치를 폐기하려 한다는 진술과, 직접적 정치를 통해 민주주의의 위기를 극복하고자 한다는 진술은 적절하지 않다. 또한 최근의 극우민족주의는 민주주의의 위기를 초래했다고 이해할 수 있다.

⑤ 3문단에 따르면 오늘날 국가는 시장이 야기한 삶의 불확실성과 불안에 대한 개입을 중단하고 있으며, 국민국가 수준에서 '사회적인 것'을 해결하기 위해 밑안이 되었던 공화주의와 케인즈주의의 사회적 국민국가는 후퇴한다. 따라서 최근의 극우민족주의에서는 ⑤의 진술과 달리 안전의 정치를 확대하고자 한다고 볼 수 없다.

05 비판하기   정답 ⑤

⑤ 4문단에서 극우민족주의는 포퓰리즘의 한 유형으로 볼 수 있다고 했으나, 보기에서는 포퓰리즘은 ⓐ(민주주의적 정치의 확장 가능성)를 지닌다고 평가한다. 또한 보기에 따르면 신자유주의 시대에 새롭게 출현하는 '사회적인 것', 예컨대 비정규직 노동자, 불법 체류자 등의 문제 해결과 편협한 동일성의 정치 극복을 위해서는 새로운 민주주의를 실천할 주체의 모색과 민주주의의 재구성이 필요하다. 이러한 모색과 재구성의 과정에서 포퓰리즘은 편협한 국가주의 이념을 극복하고 극우민족주의와 영합한 신자유주의에 대항해 새로운 공동체와 국제적 연대를 이끌어 낼 가능성을 함축하고 있다고 본다. 따라서 신자유주의 시대에 새롭게 출현하는 '사회적인 것'의 해결을 위해 ⑤의 진술처럼 사회적 국민국가 방식의 해결을 넘어서는 민주주의적 실천을 모색한다면(=새로운 민주주의를 실천할 주체의 모색), 경계 구분을 통한 배제의 정치를 극복하고(=편협한 국가주의 이념의 극복) 새로운 공동체와 세계 질서가 도래할(=새로운 공동체와 국제적 연대의 도래) 수 있다고 평가할 수 있다.

오답분석

① 2문단에 따르면 최근의 극우민족주의에서 제시하는 네이션은 포섭과 배제의 논리로만 작동하고 있으며, 3문단에 따르면 네이션은 정치적 주체로서보다는 치안과 통치의 대상으로 전락하고 있다. 또한 극우민족주의자들은 이민

노동자나 '위험한 외국인'을 통합 불가능한 자들로 여겨 배제의 대상으로 삼아 국가 권력이 수행하는 '안전의 정치'의 대상으로 확정하고, 이들에 대한 권력의 예외적인 행사 역시 일상화했다. 즉, 제시된 글에서는 ①에서 언급한 '대중의 안전을 최우선하는 치안의 정치'를 극우민족주의의 사회적 배제의 정치 전략이라며 비판하고 있는 것이다. 따라서 대중의 안전을 최우선하는 치안의 정치의 실현은 극우민족주의의 극복과는 거리가 멀다.

② 4문단에 따르면 극우민족주의자들은 여전히 근대 대의제 정치가 '상징적'으로 전제하는 대표되는 자의 단일성을 위해 내부의 타자를 부정하고 있으며, 전체주의적 권력은 단일성을 위한 상징적 권력과 사회적·계급적 분할에 의해 단일화될 수 없는 실재적 권력을 동일시함으로써 인류 역사에 불행한 결과를 초래했다. 즉, 대표자의 단일성을 위해 내부의 타자를 부정하는 대표적 사례로 전체주의적 권력을 제시한 것이다. 따라서 이주민을 포용하는 통합의 장치를 작동시킬 경우에는 ②의 진술과 달리 전체주의가 등장할 위험이 있다고 볼 수 없다.

③ 특정 집단을 배제한 전체주의적 권력은 4문단에 따르면 단일성을 위한 상징적 권력과 사회적·계급적 분할에 의해 단일화될 수 없는 실재적 권력을 동일시했다. 즉, 상징적 권력과 실재적 권력을 구분하지 않는 것이다. 따라서 ③의 진술처럼 '대중이 정치체의 단일성을 확보하기 위한 상징적 권력과 단일화될 수 없는 실재적 권력을 구별'할 경우에는 ③의 진술과 달리 '동일화될 수 없는 인민을 배제'한다고 볼 수 없다.

④ 보기에 따르면 신자유주의 시대에 새롭게 출현하는 '사회적인 것'을 해결하고 편협한 동일성의 정치를 극복하려면 새로운 민주주의를 실천할 주체를 모색하고 민주주의를 재구성할 수 있어야 한다. 이 과정에서 포퓰리즘은 편협한 국가주의 이념을 극복하고 신자유주의에 대항하는 새로운 공동체와 국제적 연대를 이끌어 낼 가능성을 함축하고 있다. 그런데 2문단에 따르면 공화주의적 논리에 기반해 적극적 방식으로 네이션을 구성하는 것은 과거 국민국가 시기의 인민을 뜻한다. 따라서 ④의 진술은 과거로의 회귀를 뜻하며, 이러한 회귀는 보기에서 언급한 '새로운 공동체'와 부합하지 않는다.

06 일치·불일치 정답 ⑤

⑤ 1문단에 따르면 기업은 기업 결합을 통해 긍정적 효과들을 기대할 수 있지만, 간혹 역기능이 나타나기 때문에 정부는 기업 결합의 순기능을 보호하는 한편 역기능(=시장과 소비자에게 폐해를 끼침)을 차단하기 위한 법적 조치들을 강구하고 있으며, 이러한 조치의 일환으로 기업 결합에 대해 여러 단계의 심사 과정을 거치도록 하고 있다. 또한 4문단에 따르면 기업 결합이 시장의 경쟁을 제한할 우려가 있다고 판명되더라도 곧바로 위법으로 판단하지 않으며, 기업 당사자들의 항변을 들은 후에 시정 조치 부과 여부를 최종 결정한다. 따라서 제시문의 취지는 ⑤의 진술처럼 기업 결합의 순기능을 살리되 기업 결합에 따른 부정적 측면을 신중히 가려내야 한다는 것이다.

<u>오답분석</u>

① 1문단에 따르면 정부는 기업 결합의 역기능(=시장과 소비자에게 폐해를 끼침)을 차단하기 위해 여러 단계의 심사 과정을 거치도록 하는 등의 법적 조치들을 강구하고 있다. 따라서 기업 결합의 성립 여부를 기업 스스로 판단하게 해야 한다는 ①의 진술은 제시문의 취지로 적절하지 않다.

② 제시문은 기업 결합의 취지와 순기능을 보호하고, 기업 결합의 역기능은 차단하기 위한 심사 단계를 설명하고 있다. 그러나 ②에서 언급한 기업 결합으로 얻은 이익의 환원과 관련한 내용은 없으므로 ②의 진술은 제시문의 취지로 적절하지 않다.

③ 1문단에 따르면 기업은 기업 결합을 통해 효율성 증대, 비용 절감, 국제 경쟁력 강화 등의 긍정적 효과를 기대할 수 있다. 즉, 기업 결합은 경제 발전에 도움이 될 수 있는 것이다. 따라서 기업 결합은 경제 발전에 도움이 되지 않는다는 ③의 진술은 제시문의 취지로 적절하지 않다.

④ 1문단에 따르면 기업 결합은 시장의 경쟁을 제한하거나 소비자의 이익을 침해하는 등의 역기능을 낳기도 하기 때문에 정부는 시장과 소비자에게 끼칠 폐해를 가려내어 이를 차단하기 위한 법적 조치들을 강구하고 있다. 하지만 기업 결합의 위법성을 섣불리 판단해서는 안 되므로 여러 단계의 심사 과정을 거치도록 하고 있다. 즉, 기업 결합의 위법성 여부를 판단할 때는 매우 신중해야 한다는 것이다. 따라서 기업 활동에 대한 위법성 판단에는 ④에서 언급한 소비자의 평가가 가장 중요한 것은 아니므로 ④의 진술은 제시문의 취지로 적절하지 않다.

⊕ 배경지식

기업 결합
둘 이상의 기업이 장기적인 경쟁으로 이윤이 감소되고 적자 경영의 위기에 처했을 때 이러한 위험을 분산하고 시장을 지배하며 경제적인 규모를 이루기 위하여 법적 계약에 따라 하나의 기업으로 합병하는 것으로서, 주식·자산의 흡수 합병과 신설 합병이 있다.

PART 2

DAY 01
DAY 02
DAY 03
DAY 04
DAY 05
DAY 06
DAY 07
DAY 08
DAY 09
DAY 10

ⓐ 1문단에서 정부는 기업 결합의 순기능을 살리고 역기능은 막기 위해 여러 단계의 심사 과정을 거치게 한다고 제시한 다음, 2문단 ~ 4문단에서 심사 과정을 단계별로 설명하고 있다. 2문단에 따르면 주식 취득을 통한 결합의 경우에 취득 기업이 피취득 기업을 경제적으로 지배할 정도의 지분을 확보하지 못하면 결합의 성립이 인정되지 않고 심사도 종료된다. 역으로, 취득 기업이 피취득 기업을 경제적으로 지배할 정도의 지분을 확보하면 결합의 성립이 인정됨을 알 수 있다. 그리고 도식화한 표에서 A기업은 B기업의 주식을 획득한 취득 기업이고, B기업은 피취득 기업이다. 따라서 ⓐ에는 'B기업에 대한 지배 관계 형성'이 들어가야 한다.

ⓑ 3문단에 따르면 기업 결합의 성립이 인정되면 정부는 기업 결합이 영향을 줄 시장의 범위를 획정한다(심사 2단계 과정). 그리고 4문단에 따르면 시장의 범위가 정해지면 기업 결합이 시장의 경쟁을 제한하는지를 판단한다(심사 3단계 과정). 따라서 ⓑ에는 '경쟁 제한'이 들어가야 한다.

ⓒ 4문단에 따르면 기업 결합이 시장의 경쟁을 제한할 우려가 있는 것으로 판명되더라도 곧바로 위법으로 결정하지 않으며, 당사자들의 항변을 검토한 후에 항변이 타당하지 않다면 비로소 시정 조치 부과 여부를 최종 결정한다. 따라서 ⓒ에는 '항변의 타당성'이 들어가야 한다.

> **➕ 배경지식**
>
> **대체재**
> 서로 대신 쓸 수 있는 관계에 있는 두 가지의 재화를 가리킨다. 예컨대 쌀과 밀가루, 만년필과 연필, 버터와 마가린 등이 있다.

② 3문단에 따르면 시장의 범위를 획정할 때는 소비자들이 한 상품의 가격 인상에 얼마나 민감하게 반응해 다른 상품으로 옮겨 가는지를 기준으로 삼으며, 그 민감도가 높을수록 그 상품들은 소비자에게 같은 효용을 줄 수 있는 상품(＝대체재)에 가까워진다. 이 경우 생산자들이 동일 시장 내의 경쟁자일 가능성(＝수평 결합)도 커진다. 즉, 서로에 대해 대체재의 역할을 할 수 있는가를 기준으로 동일 시장 내의 경쟁자인지를 판단하는 것이다. 그런데 보기의 도표에서 A의 가격이 인상될 때 판매량 증가가 가장 큰 것은 B였고, 반대로 B의 가격 인상은 A의 판매량을 가장 크게 높였다. 따라서 A와 B는 대체재로서 경쟁 관계를 이루며, ②의 진술처럼 동일한 시장으로 획정될 가능성이 가장 크다.

오답분석

① 보기의 도표에서 A의 가격이 인상될 때 C의 판매량 증가는 5%로 B의 15%의 3분의 1 수준이다. 따라서 A의 소비자들은 ①의 진술과 달리 C보다 B를 대체재에 가까운 것으로 인식하고 있음을 알 수 있다.

③ 보기의 도표에서 C의 가격이 인상될 때 가장 예민하게 반응한 것은 판매량이 15% 증가한 D이며, B의 판매량은 2% 증가해 A, B, D 중에 가장 낮았다. 즉, C와 경쟁 관계를 이룰 가능성이 가장 높은 상품은 D이다. 따라서 ③의 진술에서 C의 가격 인상에 대한 민감도가 가장 높은 상품은 B가 아니라 D이다.

④ 3문단에 따르면 결합이 동일 시장 내 경쟁자 간에 이루어지면 수평 결합이고, 특별한 관련이 없는 기업 간의 결합은 혼합 결합이다. 보기의 도표에서 A의 가격이 인상될 때 D의 판매량은 변화가 없었으며, D의 가격 인상에 따른 A, B, C의 판매량 변화에 대한 자료는 제시되어 있지 않다. 즉, A와 D는 경쟁 관계를 이룬다고 볼 수 없다. 따라서 ④의 진술처럼 A와 D의 생산 회사가 결합한다면 수평 결합이 아니라 혼합 결합으로 볼 가능성이 크다.

⑤ 3문단에 따르면 동일 시장 내 경쟁자 간에 이루어진 결합은 수평 결합이고, 혼합 결합은 특별한 관련이 없는 기업 간의 결합을 뜻한다. 또한 위의 ③의 해설에서 C와 경쟁 관계를 이룰 가능성이 가장 높은 상품은 D라고 설명했다. 따라서 ⑤의 진술에서 C 생산 회사와 D 생산 회사가 결합한다면 혼합 결합이 아니라 수평 결합으로 볼 가능성이 크다.

> **➕ 배경지식**
>
> **수평 결합, 수직 결합, 혼합 결합**
> • 수평 결합 : 동종 제품이나 유사 제품을 생산하는 경쟁 기업 간의 결합으로서, 예컨대 자동차 회사끼리 또는 동일 지역의 백화점끼리 결합하는 것을 말한다.
> • 수직 결합 : 생산자와 도매업자 또는 소매업자와 같이 동종 산업에 속하지만 거래 단계를 달리하는 사업자 간의 결합을 가리킨다.
> • 혼합 결합 : 인수·합병 절차 등을 이용해 기업을 결합하는 과정에서 서로 전혀 상관없는 업종을 결합하는 것을 가리킨다.

01	02	03	04	05	06	07			
①	④	②	①	③	④	④			

[01] 지문 분석

• 주제 : 정관헌의 특징과 역사적 의의
• 핵심 키워드 : 양관(洋館), 정관헌
• 글의 구조
 ▷ 1문단 : 대표적인 양관인 정관헌의 용도
  − 개항 이후 나타난 서양식 건축물은 양관(洋館)이라고 불렸다.
  − 정관헌은 대한제국 정부가 경운궁에 지은 대표적인 양관이다.
 ▷ 2문단 : 정관헌의 이국적인 구성
  − 정관헌은 중앙의 큰 홀과 부속실로 구성되었으며 중앙 홀 밖에는 회랑이 있다.
  − 정관헌 건물의 외형은 서양식 외부 기둥, 붉은 벽돌, 화려한 색채의 난간, 로마네스크풍의 내부 기둥 등 상당히 이국적이다.
 ▷ 3문단 : 정관헌의 전통적 요소와 이국적 요소
  − 정관헌에는 팔작지붕, 소나무·사슴·박쥐 문양 등 우리의 문화와 정서가 녹아들어 있어 우리 건축의 맛이 느껴진다.
  − 정관헌에는 전형적인 서양식 기둥이 지닌 날렵한 비례감 같은 이국적인 요소도 많다.
 ▷ 4문단 : 정관헌이 소홀히 취급되어 온 이유
  − 당시 정부가 재정적 여력을 갖지 못했기 때문에 정관헌 바깥 기둥의 재료로 철이 아니라 목재가 사용되었다.
  − 정관헌은 규모도 크지 않고 가벼운 용도로 지어졌기 때문에 소홀히 취급되어 왔다.

01 일치·불일치 · 정답 ①

① 3문단에 따르면 정관헌의 회랑을 덮고 있는 처마를 지지하는 바깥 기둥은 전형적인 서양식 기둥의 모습으로, 이 기둥은 19세기 말 서양의 석조 기둥이 철제 기둥으로 바뀌는 과정에서 갖게 된 날렵한 비례감을 지니고 있다. 또한 정관헌에는 서양과 달리 철이 아닌 목재가 바깥 기둥의 재료로 사용된 것은 당시 정부가 철을 자유롭게 사용할 수 있을 정도의 재정적 여력을 갖지 못했기 때문이다. 따라서 ①의 진술에서 정관헌의 바깥 기둥은 서양식 철 기둥 모양을 하고 있는 것은 옳지만, 목재를 사용한 이유는 우리 문화와 정서를 반영하기 위해서가 아니라 정부의 재정적 여력이 부족했기 때문이다.

오답분석

② 3문단에 따르면 정관헌 회랑의 난간에 소나무, 사슴, 박쥐 문양을 새긴 것은 이 동물들이 전통적으로 장수와 복을 상징하기 때문이다. 또한 4문단에 따르면 정관헌의 바깥 기둥 윗부분에 오얏꽃 장식을 새긴 이유는 오얏꽃이 대한제국을 상징하기 때문이다.

③ 4문단에 따르면 정관헌은 건축적 가치가 큰 궁궐 건물이었지만 규모도 크지 않고 가벼운 용도로 지어졌기 때문에 그동안 소홀히 취급되어 왔다.

④ 2문단에 따르면 처마가 밖으로 길게 드러나 있지 않은 점, 바깥쪽의 서양식 기둥과 함께 붉은 벽돌이 사용된 점, 회랑과 바깥 공간을 구분하는 난간이 색채가 화려한 점, 내부에 인조석으로 만든 로마네스크풍의 기둥이 있는 점 등에서 정관헌 건물의 외형은 상당히 이국적이다.

⑤ 3문단에서는 정관헌의 전통적 특징과 이국적 요소를 함께 소개하고 있으며, 1문단에 따르면 정관헌은 대한제국 정부가 경운궁에 지은 대표적인 양관이다.

[02] 지문 분석

• 주제 : 변법유신론자들이 유교와 예교를 구별하고 예교를 비판한 이유
• 핵심 키워드 : 유교, 예교, 명교(名教), 강상(綱常), 삼강(三綱), 오상(五常), 변법유신론
• 글의 구조
 ▷ 1문단 : 실질적으로 분명히 구분되는 유교와 예교
  − 행위 규범으로서의 유교를 '예교(禮教)'라고 부른다.
  − 예교를 통해 유교적 가치를 실현할 수 있었기 때문에 유교를 신봉하는 사람들에게 예교는 유교 자체라고 할 수도 있다.
  − 중국인들에게 유교적 가치는 구체적 규율이었으며, 유교와 예교는 원리적으로는 하나이지만, 실질적으로 분명히 구분된다.
 ▷ 2문단 : 근대 중국 지식인들이 명교와 삼강을 비판한 이유
  − 전통적으로 중국에서는 법이 강제적·외재적 규율이라면, 예교는 자발적·내면적인 규율이다.

– '명교(名敎)'와 '강상(綱常)'은 예교와 비슷한 의미로 사용되었는데, 둘 다 예교에 포함되는 개념이다.

– 명교와 삼강은 현실적 이름, 신분, 성별에 따른 행위 규범이었기 때문에 근대 중국 지식인들은 신분 질서를 옹호하는 명교와 삼강을 집중적으로 비판했다. 이름이나 신분, 성별에 따른 우열은 분명 평등과 민주의 이념에 어긋나는 것이었다.

▷ 3문단 : 입헌군주국 건설을 위해 유교와 예교를 명확하게 구별한 변법유신론자들

– 유교와 예교를 분리시켰던 사람들은 캉유웨이 등의 변법유신론자들이었다.

– 변법유신론자들이 중국을 입헌군주국으로 만들려면 기존의 정치 질서를 핵심적으로 구성하고 있던 예교를 해체하는 작업이 우선이었다.

– 캉유웨이는 유교를 재편하기 위해 예교가 공자의 원래 정신에 어긋난다고 비판함에 따라 그에게 유교와 예교는 명확하게 구별되었다.

02 일치·불일치　　　정답 ④

④ 2문단에 따르면 근대 중국 지식인들의 유교 비판은 신분 질서를 옹호하는 의미가 내포된 예교 규칙인 명교와 삼강에 집중되었는데, 이름이나 신분, 성별에 따른 우열은 분명 평등과 민주의 이념에 어긋나는 것이었기 때문이다.

오답분석

① 3문단에 따르면 캉유웨이 등의 변법유신론자들은 유교와 예교를 분리했는데, 캉유웨이는 유교 자체를 공격하고자 하지는 않았으며, 공자의 원래 생각을 중심으로 유교를 재편하기 위해 예교가 공자의 원래 정신에 어긋난다고 비판했다. 따라서 ①의 진술에서 비판의 대상이 된 것은 공자 정신이 아니라 예교이다.

② 2문단에 따르면 예교는 자발적·내면적인 규율이며, 명교와 강상(삼강+오상)은 예교에 포함되는 개념이다. 그러므로 삼강은 자발적·내면적인 규율이다. 또한 삼강은 신분, 성별에 따른 우열을 규정한 것이다. 따라서 ②의 진술에서 삼강이 신분과 성별에 따른 우열을 옹호하는 것은 맞지만, 강제적·외재적인 규율이라는 내용은 적절하지 않다.

③ 1문단에 따르면 유교를 신봉하는 사람들에게 예교는 유교 자체라고 할 수 있는 것은 그들에게 예교는 유교적 원리에서 자연스럽게 도출되는 것이었고, 예교를 통해 유교적 가치를 실현할 수 있었기 때문이다. 또한 2문단에 따르면 전통적으로 중국에서는 예교와 법이 구분되었는데, 법이 강제적·외재적 규율이라면 예교는 자발적·내면적인 규율이다. 따라서 ③의 진술처럼 법을 준수하는 생활이 아니라 예교를 따르는 생활 속에서 유교적 가치를 체험했을 것이다.

⑤ 1문단에 따르면 유교는 그 근본 정신과 행위 규범으로 구분될 수 있는데, 유교의 근본 정신을 그대로 '유교'라고 일컫고, 유교의 행위 규범은 '예교'라고 일컫기로 한다. 그리고 2문단에 따르면 자발적·내면적인 규율인 예교에 포함되는 개념인 명교는 이름이나 신분에 걸맞도록 행동하라는 행위 규범이다. 또한 3문단에 따르면 입헌군주국을 지향한 변법유신론자들은 예교가 기존의 정치 질서를 핵심적으로 구성하고 있었기 때문에 예교를 해체하려고 했다. 이러한 해체를 위해 캉유웨이는 공자의 원래 생각을 중심으로 유교(＝근본 정신으로서의 유교)를 재편하기 위해 예교가 공자의 원래 정신에 어긋난다고 비판했다. 즉, 해체하려 한 대상은 유교 자체가 아니라 명교가 포함되는 예교인 것이다. 따라서 ⑤의 진술에서 '유교적 근본 정신'을 담은 것은 '명교'가 아니라 '유교'이며, 예교 해체 과정에서 핵심적 가치로 재발견된 것 또한 '명교'가 아니라 '유교'이다.

[03~05] 지문 분석

• 주제 : 근대법의 기획에 대한 문제점 지적과 그러한 지적에 대한 답변의 한계

• 핵심 키워드 : 근대법의 기획, 법률의 명확성 원칙, 법의 해석

• 글의 구조

▷ 1문단 : 근대법의 기획과 법률의 명확성

– 법관의 자의적 해석을 막기 위해 법률을 명확히 기술해야 한다는 근대법의 기획에 따르면 법의 적용을 받는 국민 개개인이 이해할 수 있도록 법을 제정해야 한다.

– 헌법 이념에서도 자의적인 법 집행을 막기 위해 법률의 내용은 명확해야 한다는 원리가 정립되었다.

– 법률의 명확성이란 일정한 해석의 필요성을 배제하지 않는 개념이다.

▷ 2문단 : 입법자의 의사나 법률의 목적을 참조하는 법 해석 방법에 대한 비판

– 해석을 통해 법문의 의미를 구체화할 때에는 입법자의 의사나 법률 그 자체의 객관적 목적까지 참조하기도 한다.

– 그러나 입법자의 의사나 법률의 객관적 목적이 무엇인지를 확정하는 작업부터 녹록지 않다.

– 법이 요구하는 바가 무엇인지 파악할 것을 여느 국민에게 기대할 수는 없으며, 법문의 의미를 구체화하는 작업은 국민의 이해 수준의 한계 내에서 이루어져야 한다.

– 법문의 한계를 넘어서는 방편으로 활용되며 남용의 위험에 놓이기도 한다.

▷ 3문단 : 법의 해석을 의미를 구성해 내는 활동으로 보는 시각에서 제기하는 문제
　– 법의 적용을 위한 해석을 법문의 의미를 구성해 내는 활동으로 보는 시각에서는 근본적인 문제를 제기한다.
　– 법관의 해석을 거친 이후에야 법률이 규율하는 내용의 의미가 구성되는 것이라면 국민이 행위 당시에 그것을 알고 자신의 행동 지침으로 삼는다는 것은 불가능하다.
　– 또한 입법기관과 사법기관의 권력 분립 원칙도 처음부터 실현 불가능하다
▷ 4문단 : 근대법의 기획은 불가능한 것인가에 대한 답변
　– '근대법의 기획은 그 자체가 허구적이거나 불가능한 것인가?' 하는 물음에 대해서는 다음과 같이 대답할 수 있다.
　– 첫째, 법의 해석이 의미를 구성하는 기능을 갖는다는 통찰로부터 구성적 활동이 해석자의 자의와 주관적 판단에 완전히 맡겨져 있다는 결론을 내릴 수는 없다. 언어 사용은 집단적인 것이며, 따라서 법의 해석과 관련한 다양한 방법론적 규칙들 또한 해석자의 자유를 제한하기 때문이다.
　– 둘째, 해석의 한계나 법률의 명확성 원칙은 법의 해석을 담당하는 전문가(법관)를 겨냥한 것이며, 일반인이 의미 내용을 정확히 파악할 수 없다고 해도 법관의 보충적인 해석을 통해서 그 의미 내용을 확인할 수 있다면 크게 문제되지 않는다.
▷ 5문단 : 위의 4문단에서 제시한 답변에 대한 의문
　– '일반인'이라는 추상화된 개념의 도입을 통해 이미 타협했는데, '전문가'라는 기준을 도입해 입법자의 부담을 재차 줄이면 근대법의 기획이 제기한 문제의 본질로부터 너무 멀어져 버릴 수도 있다.

03　세부 내용의 이해

정답 ②

② 1문단에 따르면 법관의 자의적 해석의 여지를 없애기 위하여 법률을 명확히 기술해야 한다는 '근대법의 기획'에서, 법의 적용을 받는 국민 개개인이 이해할 수 있도록 법을 제정해야 한다고 보는 것은 법이 정하는 바가 무엇인지를 국민이 이해해야 법을 통한 행위의 지도와 평가도 가능하기 때문이다. 따라서 ②의 진술처럼 금지된 행위임을 알고도(＝법이 정하는 바가 무엇인지를 이해하고도) 금지된 행위를 했다는 점을 형사 처벌(＝법을 통한 행위의 지도와 평가)의 기본 근거로 삼는 것이다.

[오답분석]

① 1문단에 따르면 근대법의 기획은 법관의 자의적 해석의 여지를 없애기 위해 법률을 명확히 기술해야 한다는 것이다. 즉, 입법기관에서 법률을 제정할 때 법관이 법을 자의적으로 해석하지 못하도록 법률을 명확하게 기술해야 한다는 것이다. 따라서 ①의 진술과 반대로 입법 권력으로 사법 권력을 통제하려 한 것으로 이해할 수 있다.

③ 1문단에 따르면 입법 당시에는 미처 예상하지 못한 사태가 언제든지 생길 수 있기 때문에 법률은 일반적이고 추상적인 형식을 띨 수밖에 없으므로 근대법의 기획에서 말하는 법률의 명확성이란 일정한 해석의 필요성을 배제하지 않는 개념이다. 즉, 법문이 의미하는 한계를 넘지 않는 범위 안에서 법관의 해석이 필요함을 인정하는 것이다. 그래서 5문단에서 말한 것처럼 법관의 보충적인 해석을 통해서 법률의 의미 내용을 평균적인 일반인이 확인할 수 있다면 크게 문제되지 않는다는 것이다. 따라서 ③의 진술과 달리 법관의 해석 없이도 잘 작동하는 법률을 만들고자 한 것은 아니라고 이해할 수 있다.

④ 2문단에 따르면 입법자의 의사나 법률 그 자체의 객관적 목적을 고려해서 법이 요구하는 바가 무엇인지 파악할 것을 법의 전문가(법관)가 아닌 여느 국민에게 기대할 수는 없다. 또한 4문단에 따르면 법률이 다소 모호하게 제정되어 평균적인 일반인이 그 의미 내용을 정확히 파악할 수 없다고 해도 법관의 보충적인 해석을 통해서 그 의미 내용을 확인할 수 있다면 크게 문제되지 않는다. 즉, 근대법의 기획의 요지는 국민 개개인이 법률을 이해하는 것이며, 이를 위해 법관의 해석이 필요함을 인정한다는 것이다. 따라서 법률을 해석할 부담은 법관이 지므로 ④의 진술처럼 법률의 해석을 국민에게 전가하는 것은 오히려 근대법의 기획을 벗어난 것이다.

⑤ 1문단에 따르면 법이 정하고 있는 바가 무엇인지를 국민이 이해할 수 있어야 법을 통한 행위의 지도와 평가가 가능하기 때문에 근대법의 기획에서는 법의 적용을 받는 국민 개개인이 이해할 수 있도록 법을 제정할 때 법률을 명확히 기술해야 한다고 본다. 따라서 국민이 이해할 수 없는 법률로도 국민의 행위를 평가할 수 있다는 ⑤의 진술은 적절하지 않다.

⊕ 배경지식

근대법
근대 시민사회를 규율하는 법으로서, 경제생활의 자유를 보장하기 위해 제정된 시민 사회 및 자본주의 사회의 법을 뜻한다. 추상적 평등과 형식적 합리성이 특징이다.

04 비판하기 정답 ①

① ㉠은 근대법의 기획에서 주장하는 법률의 명확성 원리이다. 1문단에 따르면 입법 당시에 예상하지 못한 사태는 언제든 발생할 수 있으므로 법률은 일반적이고 추상적인 형식을 띨 수밖에 없기 때문에 법률의 명확성은 일정한 해석의 필요성을 배제하지 않는다. 그런데 근대법의 기획을 비판하는 3문단에 따르면 법률 제정 당시에 그 규율 내용이 불분명해 다의적으로 해석될 수 있게 해서는 안 되는 것은, 실제로는 법관의 해석을 거친 이후에야 비로소 법률의 규율 내용의 의미가 구성되는 것이라면 국민이 행위 당시에 그것을 알고 자신의 행동 지침으로 삼는다는 것은 원천적으로 불가능하기 때문이다. 즉, 법관의 해석을 거친 이후에 의미가 구성되는 점을 비판하는 것이다. 따라서 법관에 의해 법문의 의미가 구성되지 않으면 자의적 해석에서 벗어나기 어렵다는 ①의 진술은 법관에 의한 법문의 의미 구성에 대한 제시문의 내용과는 상충되므로 ㉠을 비판하는 논거가 될 수 없다.

오답분석

② 3문단에 따르면 법의 적용을 위한 법의 해석을 법문의 의미를 구성해 내는 활동으로 보는 시각에서는 법률의 제정과 그 적용은 각각 입법기관과 사법기관의 영역이라는 권력 분립 원칙은 처음부터 실현 불가능하다며 근대법의 기획을 비판한다. 즉, 법관의 해석을 통해서야 비로소 법의 의미가 구성될(=법문의 의미를 구성해 내는 활동) 경우에는 권력 분립 원칙이 훼손될 수 있다는 ②의 진술은 ㉠을 비판하는 논거가 될 수 있다.

③ 2문단에 따르면 입법자의 의사나 법률 그 자체의 객관적 목적을 고려한 해석은 법문의 의미를 구체화하는 데 머물지 않고 종종 법문의 한계를 넘어서는 방편으로 활용되며 남용의 위험에 놓이기도 한다. 따라서 객관적 목적을 고려한 법문 해석은 법문 의미의 한계를 넘어서는 방편으로 남용된다며 해석에 따른 부작용을 공격하는 ③의 진술은 ㉠을 비판하는 논거가 될 수 있다.

④ 3문단에 따르면 입법자가 법률을 제정할 때 그 규율 내용이 불분명하여 다의적으로 해석될 수 있게 해서는 안 되는데, 이러한 기대와 달리 법률의 규율 내용이 실제로는 법관의 해석을 거친 이후에야 비로소 그 의미가 구성되는 것이라면 국민이 행위 당시에 그것을 알고 자신의 행동 지침으로 삼는다는 것은 원천적으로 불가능하다. 따라서 법관의 해석을 통해서야 비로소 법의 의미가 구성된다고 하면 법을 국민의 행동 지침으로 삼기 어렵다는 ④의 진술은 ㉠을 비판하는 논거가 될 수 있다.

⑤ 2문단에 따르면 입법자의 의사가 무엇인지를 고려해서 법이 요구하는 바가 무엇인지 파악할 것을 여느 국민에게 기대할 수는 없다. 따라서 국민이 입법자의 의사를 일일이 확인해 법문의 의미를 이해하는 것은 어렵다는 ⑤의 진술은 ㉠을 비판하는 논거가 될 수 있다.

05 추론하기 정답 ③

③ ④에 따르면 국민 각자가 법이 요구하는 바를 이해할 수 있어야 된다는 이념은 '일반인'이라는 추상화된 개념의 도입을 통해 한 차례 타협한 것인데, '전문가'라는 기준을 도입함으로써 입법자의 부담을 재차 줄이면 근대법의 기획이 제기한 문제의 본질로부터 너무 멀어져 버릴 수도 있다. 즉, 한 차례 타협했다는 것은 법의 적용을 받는 '국민' 모두에서 '일반인'으로 범위를 축소한 것이며, '전문가'라는 기준을 도입해 입법자의 부담을 재차 줄였다는 것은 '일반인'에서 '전문가'로 범위를 한 번 더 축소한 것으로 이해할 수 있다. 그러므로 '일반인'이 이해할 수 있는 입법은 '국민' 모두가 이해할 수 있는 입법보다 입법자의 부담을 경감시킬 것이라고 추론할 수 있다. 다시 말해 입법자의 부담은 '국민' 모두가 이해할 수 있는 법률 → '일반인'이 이해할 수 있는 법률 → '전문가'의 보충적 해석을 통해 이해할 수 있는 법률의 순서로 경감된다. 따라서 '일반인'이 이해할 수 있는 입법은 국민 각자가 이해할 수 있는 입법보다 입법자의 부담을 경감시킬 것이라는 ③의 진술은 적절한 추론이다.

오답분석

① ④에 따르면 국민 각자가 법이 요구하는 바를 이해할 수 있어야 된다는 이념은 사실 '일반인'이라는 추상화된 개념의 도입을 통해 한 차례 타협을 겪은 것이었다. 즉, 가장 이상적인 법은 '일반인'이 아니라 법의 적용을 받는 '국민' 모두가 이해할 수 있는 법이라고 이해할 수 있다. 따라서 가장 이상적인 법은 '일반인'이 이해할 수 있는 법이라는 ①의 추론은 적절하지 않다.

② ④에 따르면 '전문가'라는 기준을 도입함으로써 입법자의 부담을 재차 줄이면 근대법의 기획이 제기한 문제의 본질로부터 너무 멀어져 버릴 수도 있다. 즉, 법치국가의 이념을 구현하려면 '전문가'의 역할을 축소하고 국민의 역할은 확대해야 한다고 이해할 수 있다. 따라서 법률 전문가의 역할을 확대해야 한다는 ②의 추론은 ④의 내용과 상충하므로 적절하지 않다.

④ 4문단에서 '법률이 다소 모호하게 제정되어 평균적인 일반인이 직접 그 의미 내용을 정확히 파악할 수 없다 하더라도 법관의 보충적인 해석을 통해서 그 의미 내용을 확인할 수 있다면 크게 문제되지 않는다는 것이'라며 '전문가'라는 기준을 도입하는 것에 대해 ④는 의문을 제기한다. 따라서 일상적인 의미와는 다른 법률 전문 용어의 도입을 확대해야 한다는 ④의 추론은 ④의 내용과 상충하므로 적절하지 않다. 또한 ④에서 언급한 법률 전문 용어의 도입은 법률 전문가의 개입을 강화할 수 있으므로, 입법자의 부담을 재차 줄이는 것을 부정적으로 보는 ④의 입장에서는 법률 전문 용어의 도입을 반대할 것이다.

⑤ ④에서는 국민 각자가 법이 요구하는 바를 이해할 수 있어야 된다는 이념을 중요하게 여긴다. 따라서 행위가 법률로 금지되는 것인지 여부를 행위 당시에 알 수 있었는지에 대해 법관은 입법자의 입장에서 판단해야 할 것이라는 ⑤의 추론은 국민 각자가 법이 요구하는 바를 이해할 수 있어야

된다는 Ⓐ의 내용과 상충되므로 적절하지 않다. 또한 ⑤의 진술과 달리 법관은 입법자가 아니라 법을 적용받는 국민의 입장에서 판단해야 할 것이다.

[06~07] 지문 분석

- **주제** : 창조 도시의 동력과 필요한 조건
- **핵심 키워드** : 창조 도시, 창조 산업, 창조 계층
- **글의 구조**
  ▷ 1문단 : 창조 도시의 개념
  - 창조 도시는 창조적 인재들이 창의성을 발휘할 수 있는 환경을 갖춘 도시이다.
  - 창조 도시는 인재들을 위한 문화 및 거주 환경의 창조성이 풍부하며, 혁신적이고도 유연한 경제 시스템을 구비하고 있는 도시이다.
  ▷ 2문단 : 창조 도시의 동력을 창조 산업으로 보는 관점
  - 창조 산업을 중시하는 관점에서는, 창조 산업이 도시에 인적·사회적·문화적·경제적 다양성을 불어넣어 도시의 재구조화, 부가가치와 고용의 창출 등을 이룬다고 본다.
  ▷ 3문단 : 창조 도시의 동력을 창조 계층으로 보는 관점
  - 창조 계층을 중시하는 관점에서는, 창조 계층이 모여서 창조 자본을 형성하고, 이를 통해 도시는 경제적 부를 축적할 수 있는 자생력을 갖춘다고 본다.
  - 창조 계층을 끌어들이고 유지하는 것이 도시의 경쟁력을 제고하는 관건이 된다.
  ▷ 4문단 : 창조 환경의 필요성과 구성 요소
  - 창조 도시로 성장하려면 창조 산업과 창조 계층을 유인하는 창조 환경이 먼저 마련되어야 한다.
  - 랜드리는 창조성이 도시의 유전자 코드로 바뀌기 위해서는 개인의 자질, 의지와 리더십, 다양한 재능을 가진 사람들과의 접근성, 조직 문화, 지역 정체성, 도시의 공공 공간과 시설, 역동적 네트워크의 구축 등 환경적 요소들이 필요하다고 보았다.
  ▷ 5문단 : 창조 도시 건설의 선결 과제
  - 창조 도시는 단기간에 인위적으로 만들어지지 않으며 추진 과정에서 위험이 따르기도 한다. 또한 창조 계층의 창의력은 표준화되기 어렵고 그들의 전문화된 노동력은 대체하기 어렵다.
  - 창조 도시를 만들기 위해서는 도시 고유의 특성을 면밀히 고찰하여 창조 산업, 창조 계층, 창조 환경의 역동성을 최대화할 수 있는 조건이 무엇인지 밝혀내야 한다.

---

06 추론하기

정답 ④

④ 보기에 따르면 B시는 창의적 연구에 종사하는 전문 인력(＝창조 계층)과 대기업 부설 연구 기관이 풍부하다. 그러나 이 연구 기관들은 지역 산업체와의 교류가 부족해 경제적 부(富)가 지역으로 환류되지 못하고 있다. 따라서 창조 계층은 풍부하지만, ④의 진술과 달리 창조 계층과 산업 환경 간에 네트워크가 잘 구축되어 있다고 보기 어렵다.

오답분석

① 보기에 따르면 A시는 '예술의 산업화'를 위해 공장을 미술관으로 개조하고 보행자 전용의 아름다운 현수교를 세워 관광객을 유치하고 고용도 창출하고 있다. 따라서 A시는 ①의 진술처럼 문화 및 거주 환경의 창조성을 중시하고 있다고 평가할 수 있다.

② 보기에 따르면 A시 시장은 '예술의 산업화'를 위해 사업 추진체를 구성하고, 이해 당사자 설득에 힘써 왔다. 따라서 A시는 ②의 진술처럼 시장의 의지와 리더십을 바탕으로 창조 환경을 마련하고 있다고 평가할 수 있다.

③ 보기에 따르면 B시는 창의적 연구에 종사하는 전문 인력이 많다. 따라서 B시는 ③의 진술처럼 창조 환경의 요소 중 개인의 자질이 우수하다고 평가할 수 있다.

⑤ 보기에 따르면 A시는 경제 침체가 제조업 퇴조에 따른 것이라는 점, 즉 제조업의 비중이 큰 도시라는 특성을 창조 도시 건설에 반영하고 있다. 또한 B시는 창조 계층과 연구 기관이 풍부하지만 연구 기관들과 지역 산업체의 교류가 부족하다는 특성을 창조 도시 건설에 반영하고 있다. 따라서 A시와 B시는 ⑤의 진술처럼 지역 특성을 반영해 창조 도시에 접근하고 있다고 평가할 수 있다.

⊕ 배경지식

창조 도시

영국의 도시공학자 찰스 랜드리(C. Landry)가 서구 선진 공업국의 주요 도시들이 겪은 탈공업화 문제에 대한 해결안으로 제시한 개념으로, 그는 창조 도시를 '독자적인 예술·문화를 육성하고, 지속적·내생적인 발전을 통해 새로운 산업을 창출할 수 있는 능력을 갖춘 도시, 인간이 자유롭게 창조적 활동을 함으로써 문화와 산업의 창조성이 풍부하며 혁신적이고 유연한 도시 경제 시스템을 갖춘 도시'라고 정의했다. 즉, 인간의 창조성을 토대로 도시를 재개발하고 경제 구조를 개선하자는 주장으로 볼 수 있다.

PART 2

DAY 01
DAY 02
DAY 03
DAY 04
DAY 05
DAY 06
DAY 07
DAY 08
DAY 09
DAY 10

④ 1문단에 따르면 창조 도시는 인재들을 위한 문화 및 거주 환경의 창조성(＝문화적 요소)이 풍부하며, 혁신적이고도 유연한 경제 시스템(＝경제적 요소)을 구비하고 있는 도시이다. 따라서 창조 도시에는 ④의 진술처럼 문화적 요소와 경제적 요소가 복합적으로 작용함을 알 수 있다.

[오답분석]

① 5문단에 따르면 창조 도시는 추진 과정에서 위험이 수반되기도 하며, 창조 산업의 산출물은 그것에 대한 소비자의 수요와 가치 평가를 예측하기 어렵다. 따라서 창조 산업은 미래 예측성과 성공 가능성이 크다는 ①의 진술은 적절하지 않다.

② 5문단에 따르면 창조 도시는 하루아침에 인위적으로 만들어지지 않는다. 따라서 기존 환경을 단시간에 개조해야 한다는 ②의 진술은 적절하지 않다.

③ 4문단에 따르면 한 도시가 창조 도시로 성장하려면 창조 산업과 창조 계층을 유인하는 창조 환경이 먼저 마련되어야 한다. 따라서 ③의 진술과 달리 창조 환경을 먼저 마련해야 창조 산업과 창조 계층을 유인할 수 있음을 알 수 있다.

⑤ 5문단에 따르면 창조 계층의 창의력은 표준화되기 어렵고 그들의 전문화된 노동력은 대체하기가 쉽지 않다. 따라서 창조 계층의 창의력을 이끌어내려면 그 능력을 표준화해야 한다는 ⑤의 진술은 적절하지 않다.

I wish you the best of luck!

시면접은 **win** 시대로 www.winsidaero.com

I wish you the best of luck!

2023 최신판 PSAT · LEET 대비 고난도 지문 독해 20일 완성(인문예술 · 사회문화 편)

개정1판1쇄 발행	2023년 06월 30일 (인쇄 2023년 04월 27일)
초 판 발 행	2022년 03월 15일 (인쇄 2022년 03월 04일)
발 행 인	박영일
책 임 편 집	이해욱
편 저	SD공무원시험연구소
편 집 진 행	오세혁 · 이종훈
표지디자인	조혜령
편집디자인	이은미 · 장성복
발 행 처	(주)시대고시기획
출 판 등 록	제10-1521호
주 소	서울시 마포구 큰우물로 75 [도화동 538 성지 B/D] 9F
전 화	1600-3600
팩 스	02-701-8823
홈 페 이 지	www.sdedu.co.kr

I S B N	979-11-383-5062-4 (13320)
정 가	20,000원